Dieu et les dieux
dans le théâtre de la Renaissance

ÉTUDES RENAISSANTES

Sous la direction de Marie-Luce Demonet

Titres parus

Frédérique LEMERLE
La Renaissance et les antiquités de la Gaule, 2005

Titres à paraître

Chiara LASTRAIOLI & Maria Rosa CHIAPPARO (éds.)
*Réforme et Contre-Réforme
à l'époque de la naissance et de l'affirmation des totalitarismes (1900-1940)*

Pierre AQUILON, Thierry CLAERR (éds.)
Le berceau du livre imprimé : autour des incunables

Maurice BROCK, Francesco FURLAN & Frank LA BRASCA (éds.)
La Bibliothèque de Pétrarque. Livres et auteurs autour d'un humaniste

CENTRE D'ÉTUDES SUPÉRIEURES DE LA RENAISSANCE, TOURS
CENTRE NATIONAL DE LA RECHERCHE SCIENTIFIQUE ♦ UNIVERSITÉ FRANÇOIS-RABELAIS DE TOURS

JEAN-PIERRE BORDIER ♦ ANDRÉ LASCOMBES

Dieu et les dieux
dans le théâtre de la Renaissance

*Actes du XLVe Colloque International d'Études Humanistes
01-06 juillet 2002*

BREPOLS
2006

Couverture: *La naissance de Dionysos*, détail d'un bas-relief, martelé par des iconoclastes, de la parodos du théâtre de Pergé (Asie Mineure) – cliché J.-P. Bordier.

Conception graphique et mise en page
Nora HELWEG

© **Brepols Publishers** 2006
ISBN 2-503-51653-X
D/2006/0095/106

All rights reserved. No part of this publication may be reproduced, stored in a retrieval system, or transmitted, in any form or by any means, electronic, mechanical, photocopying, recording, or otherwise, without the prior permission of the publisher.

Printed in the E.U. on acid-free paper

Remerciements

Au moment de réunir pour publication les communications présentées durant le Colloque International d'Études Humanistes, du 2 au 6 juillet 2002, consacré à « Dieu et les dieux dans le théâtre de la Renaissance », les organisateurs expriment leur très vive gratitude aux différents responsables des Collectivités territoriales et des Institutions Universitaires auxquels ils doivent d'avoir matériellement et financièrement pu préparer une importante et fructueuse rencontre.

Il leur faut, en toute logique, remercier d'abord les responsables universitaires qui, en amont du projet, ont bien voulu le porter, l'inscrire dans les projets scientifiques et financiers, et le défendre devant les instances qui avaient à en juger. Ce sont, de prime abord, le Doyen du CESR et ses Conseils, le Président de l'Université François Rabelais, son Conseil d'Administration et son Conseil scientifique qui ont droit à notre chaleureuse gratitude. Celle-ci est également acquise aux services du CNRS ainsi qu'aux membres des Collectivités territoriales (Conseil Régional, Conseil Général, Mairie de la Ville de Tours) qui, faisant confiance à l'entreprise, ont accepté de l'aider et/ou la doter, lui permettant ainsi de prendre la dimension requise en termes de nombre de spécialistes invités et de journées de fonctionnement (soit plus de cinquante spécialistes des productions théâtrales de sept corpus de pays européens, français, anglais, espagnol, portugais, italien, néerlandais, allemand). Que les rapporteurs, commissions et conseils de ces assemblées trouvent ici l'expression de notre reconnaissance. Un Colloque étant réunion d'hommes et de femmes venu(e)s parfois de très loin et partageant des journées souvent éprouvantes, nous n'oublions pas combien peuvent être fructueux les moments de socialisation. Ainsi, notre Colloque apprécia pleinement et la réception généreusement offerte par le Conseil Général d'Indre-et-Loire et celle donnée par la Mairie de Tours au cours de laquelle la médaille de la Ville de Tours fut solennellement remise à deux éminents collègues étrangers, autorités reconnues dans leur discipline, le Professeur Jonathan Beck de l'Université de l'Arizona à Tucson, USA, et le Docteur Peter Happé, de l'Université de Southampton au Royaume-Uni. Il goûta aussi à leur pleine valeur les deux représentations théâtrales (une farce néerlandaise, une moralité anglaise), respectivement données par le Marot Ensemble de l'université de Groningue et la troupe de l'Institut Universitaire de Northampton. Les Dr. Femke Kramer et Bob Godfrey peuvent être assurés de notre durable gratitude.

Mais nos remerciements incluent aussi, bien évidemment, tous les responsables et les personnels qui œuvrent au sein de l'Institution où travaille notre Groupe de Recherche, services du secrétariat, de la logistique, de la documentation, de l'édition qui, très tôt en amont du Colloque et parfois très loin après sa conclusion, ont mis leur compétence et leur habituel dévouement au service de sa réussite. Nous savons, et eux tout autant, que le succès de notre manifestation doit à l'action de chacun d'eux. Nous n'aurions garde d'oublier, pour finir celles et ceux en l'absence de qui toutes les autres sollicitudes eussent été inutiles, et le Colloque n'eût pas été : les participants eux-mêmes, ainsi que celles et ceux, parfois issus de leurs rangs, qui, de leur autorité scientifique et de leurs conseils, assistèrent le travail des organisateurs. Que les uns et les autres trouvent ici réaffirmé le témoignage de tout ce que le Colloque de 2002 leur doit.

Conférence inaugurale

François Bœspflug

Dieu en images, Dieu en rôles. Positions théoriques et faits d'histoire

« Mais qu'allait-il donc faire dans cette galère ? » (Molière, *Les Fourberies de Scapin*). Je me suis appliqué la question, je l'avoue, en préparant cette conférence. Non que je vous compare à des galériens, ni que je m'assimile à un condamné. Tant s'en faut : j'ai plus d'un motif de me réjouir d'avoir été convié en votre savante compagnie. Mais n'étant pas spécialiste du théâtre religieux, je crains de ne pas tenir la cadence parmi vous, qui avez déjà beaucoup ramé dans cet océan de textes et de publications savantes où il faut un sérieux sens du cap pour s'orienter et une érudition musclée pour progresser sans être submergé. Pour les seuls drames liturgiques allemands, l'abbé G. Duriez parlait, en 1914 déjà, d'un « dédale inextricable »[1]. Et dans la bibliographie d'aujourd'hui, *a fortiori*, il y a vraiment de quoi être englouti.

Que dire, dans ces conditions, qui puisse vous être utile ? Je m'appuierai sur le domaine que je connais le moins mal, l'histoire des images plastiques de Dieu et de la Trinité[2], pour vous livrer et mettre ainsi à l'épreuve quelques réflexions sur un aspect – un aspect seulement – du thème de ce colloque. Laissant de côté les dieux (païens), ma réflexion se limite en effet à l'apparition au théâtre du rôle du Dieu de la foi chrétienne[3].

---

1. Duriez G., *La Théologie dans le drame religieux en Allemagne au Moyen Âge*, Lille, 1914, p. 281. Je dois de précieuses observations à Françoise Monfrin et à Geneviève Hasenohr, à qui j'exprime ma vive reconnaissance.
2. Bœspflug F., *Dieu dans l'art. Sollicitudini Nostræ de Benoît XIV (1745) et l'affaire Crescence de Kaufbeuren*, Paris, 1984 ; *La Trinité dans l'art d'Occident (1400-1460). Sept chefs-d'œuvre de la peinture*, Strasbourg, Presses univ. de Strasbourg, 2000 ; « Pour une histoire iconique du Dieu chrétien. Une esquisse », dans *Histoire du christianisme (des origines à nos jours)*, t. XIV, *Anamnèsis*, Paris, Desclée, 2001, p. 83-122 ; « Visages de Dieu », dans Dalarun J. (dir.), *Le Moyen Âge en lumière. Manuscrits enluminés des bibliothèques de France*, Paris, 2002, p. 294-327.
3. Bien que le rôle du Diable ait précédé celui de Dieu, l'étude conjointe de leurs rôles respectifs était pensable dans la mesure où ils sont souvent liés dans les moralités et mystères.

FRANÇOIS BŒSPFLUG

Suivant le conseil donné par Descartes dans ses *Règles pour la direction de l'esprit*, j'ai procédé par étapes, en allant du simple au compliqué, et donc en repartant de constats élémentaires. Après avoir rappelé le caractère relativement tardif de l'émergence du rôle de Dieu, je voudrais m'interroger sur ce qui l'a rendue possible, sur les divers phénomènes culturels dont elle est solidaire et en particulier sur ce qu'elle doit à l'apparition des figures de Dieu dans les arts plastiques. J'évoquerai ensuite les résistances qu'elle a rencontrées; puis je tenterai de cerner ce qu'elle représente de neuf, voire de problématique, et enfin d'évaluer les effets qu'on peut lui imputer dans l'histoire des rapports des sociétés occidentales au christianisme et à son credo. Pour que cette conférence d'ouverture n'ait pas une signification purement décorative et puisse servir à la discussion, j'ai donné la forme de thèses brièvement commentées à mes réflexions.

I.
L'apparition du rôle de Dieu au sens théâtral du terme est un phénomène tardif à l'échelle de l'histoire du christianisme.

Dans les drames liturgiques, dont l'origine en Occident[4] remonte au xe siècle[5], le rôle du Christ ne semble pas antérieur au xiie siècle. Le Ressuscité

Dans sa contribution à ce volume, Jonathan Beck établit que dans la moralité *Bien Avisé Mal Avisé*, par exemple, Dieu n'apparaît pas sans le diable. J'ai cependant renoncé à cette possibilité et renvoie aux textes de J. Beck et de J. Subrenat. S'agissant de l'antithèse (et parfois du parallélisme) entre Dieu et le Diable dans la peinture médiévale, voir Baschet J., « Satan ou la majesté maléfique dans les miniatures de la fin du Moyen Âge », dans Nabert N. (dir.), *Le Mal et le diable. Leurs figures à la fin du Moyen Âge*, Paris, Beauchesne, 1996, p. 187-210, et Bœspflug F., « Le Singe de Dieu. À propos du Diable dans l'art d'Occident (xiie-xxe siècle) », *Notre Histoire*, mars 2003.
4. Rappelons ici à toutes fins utiles, s'agissant de l'Orient, que le *Paschôn Christos* attribué à Grégoire de Nazianze (Grégoire de Nazianze, *La Passion du Christ, Tragédie*, éd. Tuilier A., « Sources chrétiennes », n° 149, Paris, Éd. du Cerf, 1969) a été reconnu par la plupart des philologues modernes comme une supercherie littéraire. Ce drame est en fait une œuvre apocryphe de l'époque byzantine (xiie siècle). Sur les 2602 vers, près de la moitié proviennent en tout ou en partie des sept drames suivants d'Euripide: *Hécube, Oreste, Hippolyte, Médée, les Troyennes, Rhésos* et *Les Bacchantes*. Cette pièce fait parler le Christ, la Vierge, mais pas Dieu le Père. Elle comporte de nombreux traits antijuifs. Proche dans sa forme de la tragédie classique, elle confie le rôle principal à la Vierge Marie et au chœur; des messagers viennent l'informer de la progression de la Passion, étape par étape; le Christ y a un rôle plus limité mais qui est bien dramatique, et non liturgique. On ignore comment le *Paschôn Christos* était mis en scène, concrètement.
5. Berger B.-D., *Le Drame liturgique de Pâques du xe au xiiie siècle. Liturgie et théâtre*, Paris, Beauchesne, 1976.

apparaît d'abord dans la *Visitatio sepulcri* qui était jouée au cours des matines du jour de Pâques (les premières versions, du xe siècle, n'avaient pas ce rôle[6]) et dans le *Jeu des Pèlerins d'Emmaüs*, joué aux vêpres du mardi de Pâques (*Peregrinus*). *La Sainte Resurreccion*, drame anglo-normand du xiie siècle, « a ce qui est peut-être la plus ancienne des scènes conservées du drame médiéval avec le *Christ en croix* »[7]. Le Ressuscité sortant du tombeau fit son entrée dans les jeux de la Passion du xiiie siècle (ainsi dans les *Carmina Burana*[8]). L'on s'en douterait, le rôle était tenu habituellement par un homme. Mais l'on connaît une exception à cette règle. Dans la *Visite au sépulcre* d'Origny, qui forme une partie des vêpres de Pâques, les femmes jouaient non seulement le rôle des trois femmes prénommées Marie, qui fut tenu par des hommes jusqu'au xve siècle[9], mais aussi celui du Christ (une rubrique précise : « celle qui fait Dieu »[10]) : « c'est probablement l'unique exemple d'une femme tenant le rôle de Dieu »[11].

Les sujets des jeux liturgiques ne requéraient pas absolument la présence de Dieu le Père. Le rôle n'avait pas « lieu d'être », au sens où, de fait, il n'avait pas encore de lieu approprié[12]. Tout change avec l'invention du paradis comme lieu théâtral, au xve siècle. Peut-être, cependant, n'a-t-il pas fallu attendre jusqu'au xve siècle pour que l'on ose concevoir et confier à un acteur le rôle de Dieu le Père. Certains auteurs citent comme pionnier à cet égard le *Jeu d'Adam*[13] (titre original : *Ordo Representacionis Adæ*), drame

---

6. Dans la *Visitatio*, c'est la Croix, enveloppée du linceul et déposée dans le sépulcre, pour symboliser à la fois la mort du Christ et l'absence de son corps, qui a, pendant près de deux siècles, servi à dire la Résurrection, comme en creux. Pour le traitement (parfois très réaliste) de la Crucifixion dans les mystères et les moralités, voir ici la contribution d'Alan Hindley.
7. Muir L.R., « The Trinity in Medieval Drama », dans Davidson C., Gianakaris C., Stoupe J. H., *The Drama in the Middle Ages. Comparative and Critical Essays*, New York, 1982, p. 75-88 ; *La Sainte Resurreccion*, éd. Atkinson-Jenkins T., Manly J., Pope M., Wright J., Oxford, Anglo-Norman Text Society, 1943.
8. Muir L.R., « The Trinity... », *op. cit.*, p. 77.
9. « On voulait sans doute par là se conformer au précepte de saint Paul : *Mulieres in Ecclesia taceant* (1re Épître aux Corinthiens, XIV, 34). Même quand le drame fut sécularisé, on réserva toujours les rôles principaux à des hommes de bonne vie et mœurs » (Duriez G., *La Théologie...* », *op. cit.*, p. 14, n. 2).
10. Young K., *The Drama of the Medieval Church*, t. I, Oxford, Clarendon Press, 1933 (réimpr. 1962), p. 689.
11. Muir L.R., « The Trinity... », *op. cit.*, p. 77.
12. Voir ici la contribution de Jean-Pierre Bordier, qui revient sur cette question : « L'apparition de Dieu le Père est liée à celle du Paradis ».
13. Éd. Van Emden W., Édimbourg, Société Rencesvals, British Branch, 1996 ; Noomen W., « Le *Jeu d'Adam*, étude descriptive et analytique », *Romania*, t. 89, 1968, p. 145-193.

para-liturgique pour la fête de la Septuagésime, seuil du cycle pascal et occasion de récapituler l'histoire du salut[14]. Ce pourrait être le premier jeu où apparaît le rôle de Dieu[15], désigné d'abord de manière apparemment indécise comme *Saluator (tunc veniat Salvator*[16]), puis comme *Figura*[17]. Dans ce jeu, « le Père et le Fils sont très peu distingués »[18] – nous y reviendrons (voir notre thèse V). D'autres auteurs, prenant précisément pour critère la désignation exclusive du rôle (*Pater, Deus Pater, Pater cœlestis*, Dieu le Père), situent ses premières apparitions dans les Passions françaises : entre autres, dans *La Passion d'Arras*, composée dans les années 1430 par Eustache Marcadé, qui commence par un Procès en paradis avec un rôle désigné comme celui de Dieu le Père[19] ; et, vers 1450, dans la *Passion*

14. Bordier J.-P., « Le Fils et le fruit. Le *Jeu d'Adam* entre la théologie et le mythe », dans Braet H., Nowé J., Tournoy G. (éd.), *The Theatre in the Middle Ages*, Leuven, Leuven Univ. Press, 1985, p. 84-102 [p. 93].
15. C'est de loin, précise L.R. Muir (« The Trinity… », *op. cit.*, p. 79), le plus élaboré des rôles de Dieu jusqu'au XVe siècle.
16. S'agissant de l'identité du Créateur, G. Duriez (*La Théologie…*, *op. cit.*, p. 40), rappelle à ce propos la théologie des appropriations et cite saint Thomas : *In principio, id est in Filio. Sicut enim principium effectivum appropriatur Patri propter potentiam, ita principium exemplare appropriatur Filio propter sapientiam* (*Somme Théologique*, I^a, q. 46, a. 3). « C'est pourquoi dans Eger, Dieu Créateur est appelé Salvator, nom qui d'ordinaire est réservé au Christ » (*op. cit.*, p. 237). L'affaire se complique, car le drame colporte la coutume, bien attestée au Moyen Âge, de désigner Jésus comme Père (*op. cit.*, p. 41-42).
17. « Ce qui certainement sous-entend le Fils comme Figure du Père (*Figura substantiæ ejus*, Épître aux Hébreux, I, 3) » (Muir L.R., *Liturgy and Drama in the Anglo-Norman Adam*, Oxford, Blackwell, 1973, p. 15), ou « le Christ en tant qu'il révèle la Trinité » (Bordier J.-P., « Théophanie négative, amour des images : deux théâtres religieux au Moyen Âge », dans Houpert J.-M., Petitier P. (éd.), *De l'Irreprésentable en littérature*, Paris, L'Harmattan, 2002, p. 49). L'usage de ce terme comme désignation conventionnelle de ce rôle ne va cependant pas forcément dans ce sens. En effet, durant tout le Moyen Âge, *Figura* semble avoir été un terme à peu près aussi général qu'*imago*. Parlant (sans le nommer) du triangle, le pape Innocent III écrit par exemple : *Quod ad exprimendum Trinitatis et unitatis mysterium in subjecta figura potest plenius denotari* (Innocent III, *Epistola* ; *Patr. Lat.*, t. 215, col. 215a). Il se pourrait en définitive que *Figura* désigne plutôt cette « forme humaine », cette « créature visible », « soumise à Dieu », dont parle abondamment Augustin dans le livre XII du *De Genesi ad litteram* et dans le livre II du *De Trinitate*, et à travers laquelle, seule, Dieu a pu se manifester et parler aux hommes avant l'Incarnation. Voir à ce sujet Madec G., « Savoir, c'est voir. Les trois sortes de "vues" selon Augustin », dans Bœspflug F., Dunand F. (dir.), *Voir les dieux, voir Dieu*, Strasbourg, Presses univ. de Strasbourg, 2002, p. 123-139.
18. Bordier J.-P., « Le Fils et le fruit », *op. cit.*, p. 94. L'A. poursuit : « déjà la didascalie latine initiale donne au Créateur le nom de Salvator, qui revient au Christ comme lui revient aussi le titre de Figura […] Le théâtre médiéval a souvent rapporté la Création à la Deuxième Personne de la Trinité. Dans le *Jeu d'Adam*, c'est de l'homme surtout que Jésus est le Fils » [p. 101].
19. Il représenterait en l'occurrence la Trinité, ou l'essence divine : « le nom de Dieu le Père est donné à un personnage théâtral qui représente l'essence divine, distinguée des attributs »

d'Arnoul Gréban, qui s'ouvre et se ferme pareillement sur la scène du Procès tenu devant Dieu le Père[20], celui-ci se désignant comme Trinité[21]. Quoi qu'il en soit, vers la fin du XVe siècle, le rôle du Père se répand dans la plupart des genres existants (drames liturgiques, moralités[22], mystères, miracles, théâtre à l'italienne[23]). Enfin, Dieu le Père est le personnage principal des quatre comédies bibliques de Marguerite de Navarre composées entre 1536 et 1540[24], dont la sobriété d'écriture et d'inspiration renoue, par delà le spectaculaire et la structure foisonnante des mystères du XVe siècle, avec celle de drames comme le *Jeu d'Adam*.

Les attitudes des différents auteurs de scénarios varient considérablement à l'égard de ce rôle, mais il y a beaucoup d'exemples où *Deus Pater* est explicitement et physiquement représenté[25], par un « acteur » habillé comme il sied, en l'occurrence un homme barbu, vêtu d'une tunique blanche et/ou d'un manteau royal (doublé d'hermine) impérial (la pourpre) ou sacerdotal (la chasuble), couronné ou tiaré, escorté d'anges, siégeant sur un trône[26].

(Bordier J.-P., « Théophanie négative... », *op. cit.*, p. 41). Faut-il faire appel à la notion d'essence indivise ? Il me semble en tout cas que l'on retrouve au théâtre cette « puissance trinitaire » de la figure de Dieu qui, d'après Panofsky, est présente dans la figure qui couronne le Retable de l'Agneau mystique de Gand (peint en 1432) ; sur la figure picturale du Christ comme « image » de la Trinité, voir Bœspflug F., « Visages de Dieu », *op. cit.*, p. 308-309, et ma thèse V.
20.   Arnoult Gréban, *Le Mystère de la Passion de notre Sauveur Jésus-Christ*, trad. de Combarieu du Grès M., Subrenat J., Paris 1987 ; voir ici même la contribution de J.-P. Bordier, qui rappelle les principaux faits et présente une hypothèse explicative pour l'apparition tardive du rôle. Dans cette Passion, au soir du jeudi saint, pour répondre à la prière de Jésus au Jardin des Oliviers, « Dieu le Père convoque Justice et lui demande de modérer ses exigences [...] Dieu le Père entre en conflit avec l'un de ses attributs et il cède » (Bordier J.-P., « Théophanie négative », *op. cit.*, p. 42). Cette scène sera supprimée (comme le Procès en Paradis qui ouvrait et fermait le spectacle) dans la réécriture de la représentation par Jean Michel (1486). D'autres « scènes dans le ciel » ont été imaginées par Gréban, notamment une lamentation du Père sur le Fils en train de gravir le chemin du Calvaire. Immédiatement après le mort du Christ en croix, Gréban redonne la parole au Père, pour rassurer les spectateurs sur l'amour que le Père porte au Fils ; voir de Combarieu du Grès M., « Dieu le Père et Dieu le Fils dans le *Mystère de la Passion* d'Arnoul Gréban », dans *Les Relations de parenté dans le monde médiéval*, Aix-en-Provence, Publications de l'université de Provence (« Senefiance », 26), p. 439-468 [p. 457-459].
21.   Voir ici la contribution de Véronique Dominguez.
22.   Sur le rôle de Dieu dans les moralités, voir ici la contribution d'Alan Hindley.
23.   Pour la différence entre ces deux genres, voir Surgers A., *Scénographies du théâtre occidental*, Paris, Nathan, 2000, p. 91.
24.   Voir ici la contribution d'Olivier Millet sur les pièces profanes de Marguerite de Navarre.
25.   Muir L.R., « The Trinity... », *op. cit.*, p. 81.
26.   Dans le *Jeu de Moïse* de York, Dieu le Père serait représenté [évoqué] sous la forme indirecte d'un Buisson ardent (Muir L.R., « The Trinity... », *op. cit.*, p. 87, n. 5.).

Le rôle a pour mission de faire voir Dieu en souverain dans son paradis[27]. Mais quand intervient-il, dans quels contextes ? Loin d'être captif de certains épisodes canoniques ou apocryphes de l'histoire du salut, le rôle est prévu dans bon nombre de scènes, depuis la Création d'Adam et Ève jusqu'au Jugement dernier, en passant par le Procès en paradis, le « Vieil Testament », certaines scènes comme le Sacrifice d'Abraham, le Songe de Jacob, Moïse au Buisson ardent, divers épisodes de la vie du Christ (Annonciation, Baptême du Christ, Transfiguration, Prière au Jardin des Oliviers, Crucifixion, Ascension), divers moments clefs des actes des Apôtres (Pentecôte, Lapidation d'Étienne, Conversion de Paul), jusqu'à des événements récents de l'histoire de l'Église (*Le Mystère du siège d'Orléans*[28]).

Pour l'Annonciation, par exemple, on ne se contente plus de faire apparaître l'ange Gabriel sous la forme d'une effigie peinte au parapet du chœur, on fait descendre un acteur dûment ailé par une corde tendue depuis le balcon considéré comme paradis, où l'on a placé un Dieu le Père chargé de présider à l'envoi de son messager ; une Colombe peinte entourée non plus seulement d'une couronne de fleurs mais de bougies allumées a également été utilisée. À l'Annunziata de Florence, en 1439, une tribune est érigée au-dessus du porche, tournée vers le chœur et voilée de rideaux qui s'écartent pour « dévoiler » Dieu le Père entouré d'anges musiciens[29] ; on le sait par un évêque russe, Abraham de Souzdal, qui s'était rendu au concile[30], et qui a assisté à la pièce[31].

---

27. Le paradis des mystères est reconnaissable à sa grande élévation au-dessus du sol et à la présence de Dieu le Père et des anges. Ainsi dans le Martyre de sainte Apolline, miniature de Fouquet dans les *Heures d'Étienne Chevalier*, vers 1460 : Dieu le Père apparaît sur la gauche, dans une loge couverte.
28. *Le Mystère du Siège d'Orléans*, joué le 8 mai 1428, organisé par Gilles de Rays (!), sur une scène de 400 pieds de long et de 100 de large, avec plus de 140 acteurs et de 500 figurants.
29. Konigson É., *La Représentation d'un Mystère de la Passion à Valenciennes en 1547*, Paris, CNRS, 1969 ; Id., *L'Espace théâtral médiéval*, Paris, CNRS, 1975, 1982, p. 241 (dans le cadre d'une description systématique des paradis, p. 239-244).
30. Baxandall M., *L'Œil du Quattrocento*, trad. fr., Paris, Gallimard, 1985, p. 114 (*Painting and Experience in Fifteenth-Century Italy*, Oxford, Oxford Univ. Press, 1972) ; Larson O.K., « Bishop Abraham of Souzdal's Descriptions of Sacre Rappresentazioni », *Educational Theatre Journal*, t. IX, 1957, p. 208-213.
31. Larson O.K., « Ascension Images in Art and Theatre », *Gazette des Beaux-Arts*, 101ᵉ année, VIᵉ période, t. 54, juillet-décembre 1959, p. 161-176 [p. 171]. L'évêque en a vu deux, une Annonciation et une Ascension : Dieu le Père est assis sur un trône, figuré comme un homme majestueux drapé dans des habits sacerdotaux avec une couronne sur sa tête et l'évangile dans la main ; un groupe d'enfants habillés de blanc accompagne la divinité.

« La Passion de Jean Michel[32] s'ouvre comme une Somme ou un commentaire des Sentences par une réflexion sur Dieu et sur la Trinité, auxquels l'auteur consacre le premier point de son "prologue capital"[33] ». Au Baptême du Christ, Dieu le Père déclare vouloir se manifester en sa Trinité, ce qui n'implique pas nécessairement l'apparition de trois figures distinctes. Trois voix y suffiront, voire trois intonations d'une même voix. Les indications du metteur en scène précisent en effet que Dieu le Père peut ici s'exprimer sur trois registres, « hault dessus, une hault contre et une basse contre bien accordées »[34]. Même situation scénique pour la Transfiguration : « Icy parle Dieu le Père en trois voix comme il fit au Baptême de Jésus »[35].

L'apparition de la Trinité jouée par deux (ainsi chez Gréban) ou trois personnages différents (dans la pièce XI du *Ludus Coventriæ*) date sensiblement de la même époque (à savoir la seconde moitié du XVe siècle), mais elle est limitée à quelques situations typiques : création du monde, procès en paradis, conseil de l'incarnation ou de la rédemption, couronnement de la Vierge au ciel[36]. *Le Procès en paradis* ou Parlement au ciel serait le seul type de drame où les trois personnes parlent ensemble. Très commune

---

32. Éd. Jodogne O., Gembloux, Duculot, 1959 ; voir aussi *Id.*, « Recherches sur les débuts du théâtre religieux en France », *Cahiers de Civilisation Médiévale*, t. VIII, 1965, p. 1-24 et p. 179-189 ; Accarie M., *Le Théâtre sacré à la fin du Moyen Âge. Étude sur le sens moral de la Passion de Jean Michel*, Genève, Droz, 1979.
33. Accarie M., *Le Théâtre sacré, op. cit.*, p. 477 : « L'étude des prologues de Gréban et de Michel fait comprendre leurs intentions différentes. Gréban met en scène la Création, même sous forme "abrégée" (voir p. 118-119), parce qu'il ne peut se passer de la représentation des événements : tout chez lui est d'ordre visuel (p. 119-121) ; p. 118 : L'œuvre de Gréban commence ainsi par une "création abrégée" dont on a cru découvrir qu'elle était une contraction du début du *Mystère du Viel Testament*. Elle retrace la création et la chute des anges et de l'homme, le crime de Caïn et la mort des premiers hommes […] C'est donc seulement au vers 1511 que "cy commence le mistère de la passion Nostre Sauveur Jhesuscrist", et l'on peut considérer que l'ensemble précédent était un hors-d'œuvre destiné à introduire le sujet en l'expliquant. Cette partie "est bien conçue pour la mise en scène, comme l'indique l'importance des didascalies, ce qui ne veut pas dire, d'un autre côté, qu'elle ait toujours été représentée". Jean Michel, en revanche, refuse la représentation des événements antérieurs au baptême du Christ et les présente sous forme narrative (p. 121-122). Il s'efforce d'expliquer le mystère de la Trinité, mais, d'un autre côté, dénonce les faiblesses du discours humain (122-124). Il critique à la fois l'ambition des fatistes de vouloir tout représenter, et celle des philosophes de vouloir tout expliquer (p. 124-125). Lui-même ne désavoue pas complètement la spéculation mais, comme Gerson, veut la maintenir dans ses limites ».
34. Jodogne O., p. 26, cité par Muir L.R., « The Trinity », *op. cit.*, p. 82 ; voir ici les remarques de Véronique Dominguez au sujet de ce chœur à trois voix.
35. Jodogne O., p. 128.
36. Dans des jeux espagnols des XIIIe et XIVe siècles.

en français, la scène du procès se rencontre aussi en flamand, en bas allemand, anglais et italien[37]. La *Passion de Zuckmantel* et *Les Jeux de paradis de Vordenberg*, par exemple, retracent longuement, dans la ligne de saint Bernard et des *Meditationes*, les fameux débats des vertus personnalisées du *Psaume* LXXXIV devant les trois Personnes[38]. Ce dernier rôle est sans doute plus rare que celui de Dieu le Père. Mais il faut se garder de les opposer, dans la mesure où il arrive que le rôle de Dieu le Père demande, explicitement parfois, à être compris comme Trinité (voir thèse V). La Trinité « jouée » par trois acteurs est néanmoins bien attestée et perdure obstinément dans certaines régions d'Europe traditionnellement catholiques (en Styrie, par exemple, jusque dans les années 1960[39]).

Comme dans les arts plastiques, la troisième Personne de la Trinité est le parent pauvre de la distribution. Même quand elle fait l'objet d'une présentation visuelle (par un accessoire, en général une colombe « feinte », peinte sur carton ou un « pigeon en fer blanc », ou par des langues de feu (rendues par des étoupes enflammées), il est rare qu'on lui fasse prendre la parole[40]. Pour symboliser la Descente de l'Esprit à la Pentecôte, on faisait tomber de la tribune des fleurs ou des étoupes enflammées, tout en pratiquant un lâcher de pigeon[41]. Dans le jeu de la Pentecôte du cycle de Chester, *Lyttle God* demande à Dieu d'envoyer l'Esprit-Saint promis aux Apôtres, ce qui est fait *in specie ignis* : le feu et les colombes étaient les manifestations les plus communes de l'Esprit dans le drame médiéval. Dans la Passion de Lucerne[42], une personne spéciale est consacrée à l'étoile des Mages et à l'Esprit-Saint.

---

37. Muir L.R., « The Trinity... », *op. cit.*, p. 83 ; voir aussi la contribution de Véronique Dominguez.
38. Duriez G., *La Théologie...*, *op. cit.*, p. 195-199.
39. La *Litigatio sororum* fut encore jouée à Graz au début du XXe siècle et vers 1960 en Styrie occidentale. Elle avait trois acteurs revêtues d'aubes blanches, coiffées de couronnes de papier doré, siégeant sur un simple banc au milieu des spectateurs – *Stubenspiele* – pour représenter la Trinité : Kretzenbacher L., « Zur Dreifaltigkeits-Darstellung im steirischen Paradeisspiel », *Österreichische Zeitschrift für Volkskunde*, t. 46, 1992, p. 149-168 [p. 151-153], qui donne une photo de 1958.
40. Une fois n'est pas coutume, le Réconfort personnifié (= le Paraclet) intervient pour consoler Adam et Ève après la Chute et leur promettre le salut, dans le Jeu des *Grocers* de Norwich (L.R. Muir, « The Trinity... », *op. cit.*, p. 83).
41. Van Gennep A., *Manuel du folklore français contemporain*, Paris, Picard, t. I/4, 2, 1949, p. 1659.
42. Evans, *Passionplay of Lucern*.

À partir du xIV⁰ siècle, mais surtout du xv⁰, âge d'or des jeux bibliques en langue vernaculaire, « Dieu apparaît comme juge ou *deus ex machina* dans des Jeux des saints et des Miracles de la Vierge » – l'analyse de ces textes nécessite d'introduire la Vierge car « c'est dans leurs relations avec elle que les Personnes de la Trinité sont surtout significatives dans ces jeux »[43]. Les machineries permettaient, à l'aide de poulies, palans et tambours, des effets d'apparition, disparition, vol, etc.[44]

II.
La création des rôles de Dieu suppose la réconciliation du christianisme avec le théâtre.

Celle-ci s'est faite progressivement, sans discours théorique. Elle implique la fin du grand *vacuum dramaticum* que fut l'Antiquité chrétienne, et le dépassement de l'opposition patristique (Tertullien et Augustin[45] surtout) qui s'adossait, entre autres, au rejet des pratiques réputées spécifiquement païennes et à la dénonciation des ambiguïtés des termes *prosopon* et *persona* (masque ou personne?) appliqués au Christ[46]. Elle suppose aussi que les rares contestations médiévales du bien-fondé du théâtre religieux, telle celle de Gerhoh de Reichersberg (1092-1167), un réformateur virulent, ont été sans effet. Cette réintégration pacifique a mis en œuvre les potentialités scéniques et dramaturgiques de l'histoire sainte et de la geste christique[47], en permettant aux « germes du drame chrétien » présents dans l'homilétique et la littérature patristiques[48] de se développer de plus

---
43. Muir L.R., « The Trinity… », *op. cit.*, p. 79.
44. Surgers A., *Scénographies…, op. cit.,* p. 56. Sur les machineries dans le théâtre élisabéthain et le goût du public pour les apparitions, *ibid.*, p. 106-107 ; les esprits et fantômes pouvaient n'être pas interprétés par des acteurs, mais par des objets avec voix off.
45. de Reyff S., *L'Église et le théâtre. L'exemple de la France au xvII⁰ siècle*, Paris, Éd. du Cerf, 1998, p. 23-27.
46. Milano A., *Persona in Teologia. Alle origini del significato di* persona *nel cristianesimo antico*, Naples, 1984.
47. Clément d'Alexandrie, dans son *Protreptique*, X, 110 (« Sources Chrétiennes », 2) p. 170, a cette déclaration symptomatique : « La première prédication qui l'avait annoncé d'avance trouva créance, et il ne fut pas méconnu quand il prit le masque de l'homme et se revêtit de chair, pour jouer le drame du salut de l'humanité ».
48. Longosz St., « I germi del dramma cristiano nella letteratura patristica », dans Livingstone E.A. (éd.), *Studia Patristica*, vol. XXXI, 1997, p. 59-69. L'A. s'appuie sur une analyse d'Origène (les deux éléments principaux du drame sont les dialogues et l'action dramatique) pour montrer que le genre homilétique, à l'époque patristique, notamment en Syrie, contient diverses sortes d'homélies dialoguées qui ont contribué à préparer la réconciliation du christianisme avec

en plus librement. Elle a eu pour matrice la liturgie monastique, son faste, ses rites et leurs incitations mimétiques, et non la réflexion théologique ou l'action pastorale en tant que telles. Elle n'a pu se faire qu'avec le consentement tacite, la complicité, voire la participation active de certains ecclésiastiques sur lesquels il a été possible de tabler, de la fin du Xe siècle à la fin du XVe, au moins.

Les indications données dans la *Regularis Concordia* par Æthelwold, abbé de Winchester (908-984), sont assez connues[49]. De loin en loin se révèle le goût de certains théologiens pour la mise en scène. Ils ont mis la main à la pâte, soit comme concepteurs, soit comme acteurs. Pour l'inauguration de la basilique de Saint-Denis reconstruite, en 1144, Suger a imaginé et fait exécuter un scénario de solennelle prise de possession de l'édifice flambant neuf par les trois Personnes de la Trinité, celles-ci étant jouées par trois religieux vêtus d'aube blanche et rentrant de concert par les trois portails de la façade[50], comme l'évêque prend possession de son église cathédrale. Un Thomas d'Aquin justifie avec une intelligente prudence, en considération de la « cause finale », c'est-à-dire de l'objectif poursuivi dans l'un et l'autre cas, la vénération des images du Christ et la participation aux jeux du théâtre[51]. Au XVe siècle, « les quelques fatistes qui échappent à l'anonymat [Mercadé, Gréban, Michel] sont explicitement d'Église »[52]; les auteurs de drames liturgiques sont pour la plupart des prêtres ou du moins des clercs, séculiers ou réguliers, et ne dédaignent pas de jouer eux-mêmes les rôles nobles, en particulier celui du Christ[53].

Autre indice, en creux celui-là: s'agissant du rôle du Christ et de Dieu le Père, il convient de relever l'absence de toute réprobation ou condamnation ecclésiastiques de niveau épiscopal, pontifical ou conci-

---

le théâtre. Sur la parenté entre sermon et moralité, voir ici la contribution de Jonathan Beck et l'étude à laquelle il renvoie: Hindley A., « Preaching and Plays: The Sermon and the Late Medieval French Moralities », *Le Moyen Français*, t. 42, 1998, p. 71-85.
49. Young K., *The Drama...*, op. cit., t. I, p. 249; trad. fr. de ce passage dans Berger B.-D., *Le Drame liturgique...*, op. cit., p. 269-270.
50. Cité dans Kretzenbacher L., « Zur Dreifaltigkeits-Darstellung », op. cit., p. 166.
51. de Reyff S., *L'Église et le théâtre*, op. cit., p. 32 sq.
52. *Ibid.*, p. 30.
53. La création des rôles de Dieu ne saurait être présentée comme une affaire de laïcs à laquelle les clercs auraient voulu s'opposer. « Non seulement les ecclésiastiques composaient ces drames, ils en étaient encore les acteurs: clercs, diacres, prêtres, chanoines même, tous considéraient comme un honneur de jouer le rôle des anges, des saintes femmes, des apôtres et surtout du Sauveur » (Duriez G., *La Théologie...*, op. cit., p. 13-14; p. 20).

liaire. L'apparition de ces rôles n'a donc pas provoqué de graves débats théoriques ou disciplinaires. La pensée d'un Gerson a pu servir de caution théologique à l'art d'un Gréban[54]. Sans doute n'y aura-t-on vu qu'une affaire sans grande portée[55]. Quoi qu'il en soit, « qui ne dit mot consent ». Les réclamations et résistances rapportées par Rabelais dans le *Quart Livre* ne sont encore que des escarmouches déclenchées par des curés las d'avoir à prêter des ornements liturgiques pour le jeu des mystères, et inquiets de ce que l'on en fera[56]. La mise en question de ces rôles ne survient qu'avec la Réforme, et dans l'aire géographique qu'elle domine (voir thèse VII). Quant au Concile de Trente, il ne se prononce clairement, ni à propos des images de Dieu[57], ni à propos du théâtre[58], question que le magistère a sans doute jugée « peut-être trop complexe ou plus vraisemblablement trop secondaire pour faire l'objet d'une déclaration unilatérale »[59].

III
L'apparition de ces rôles paraît solidaire d'une vaste tendance à l'omni-figuration de Dieu, tendance qui est à l'œuvre dans bien d'autres domaines de la culture, de la piété et de la foi chrétiennes.

L'Occident médiéval a été saisi d'une véritable passion de voir et de montrer. Cette *libido videndi et ostendendi* s'est manifestée de manière à la fois diversifiée et cohérente. Le christianisme latin se réconcilie avec la sculpture en trois dimensions vers l'an mil[60] ; les images plastiques de Dieu le Père morphologiquement distinctes de celles du Christ y font leur apparition vers le XIe siècle[61] ; les images plastiques de la Trinité, qui se diversifient au

---
54. C'est ce que démontre ici la contribution de Véronique Dominguez.
55. L.R. Muir suppose – parce que l'art, selon elle, ne montre presque jamais Dieu le Père avant le XIIIe siècle (« The Trinity… », *op. cit.*, p. 78), en quoi elle se trompe – que ce fut un problème théorique bien plus difficile à surmonter que celui que soulevait le rôle du Christ. Elle n'en fournit aucun indice.
56. Rabelais, *Le Quart Livre*, chap. XIII.
57. Bœspflug F., *Dieu dans l'art, op. cit.*, p. 175-198.
58. de Reyff S., *L'Église et le théâtre, op. cit.*, p. 61.
59. *Ibid.*, p. 113.
60. Les premiers crucifix en ronde bosse, par exemple celui de Saint-Géréon de Cologne, sont de la fin du Xe siècle, comme la Sainte Foy de Conques ; les statues des portails des cathédrales peuvent encore être considérées comme des innovations audacieuses ; le « Beau Dieu » d'Amiens est impensable au premier millénaire.
61. Bœspflug F., Załuska Y., « Le dogme trinitaire et l'essor de son iconographie en Occident

XIIe siècle, se répandent lentement au XIIIe et deviennent nombreuses aux XIVe et XVe siècles; les visions mystiques du Paradis apparaissent au XIe siècle[62]; celles de la Trinité, au XIIe siècle[63]. Parallèlement, la liturgie enregistre la création de fêtes consacrées à des aspects proprement dogmatiques de la foi[64], sur lesquels la catéchèse et les dévotions ne vont pas tarder à se fixer. Des ouvrages comme le *Miroir* de Vincent de Beauvais, la *Légende Dorée* de Jacques de Voragine, les *Méditations* du pseudo-Bonaventure, le *Speculum humanæ salvationis*, la *Concordia caritatis*, feront le reste pour nourrir le solide appétit de l'imagination des fidèles, sans parler du prodigieux développement de l'iconographie narrative du Christ, surtout en ce qui concerne les cycles de l'Enfance et de la Passion.

Mais ni les motifs de la peinture, ni les récits de visions mystiques ou de la littérature hagiographique, ni les rôles de Dieu au théâtre n'ont jamais prétendu contester le moins du monde la doctrine théologique officielle et immuable selon laquelle Dieu est invisible et proprement irreprésentable[65]. S'il est possible de parler de « déni » d'irreprésentabilité (J.-P. Bordier[66]) à propos du théâtre du XVe siècle, c'est au sens non d'une négation hétérodoxe, d'une contre proposition argumentée, mais d'un oubli libératoire sans aucune prétention théologique. C'est à peine s'il l'on ose en parler comme d'une transgression. Car le statut iconique de Dieu n'a pas changé en théorie; c'est sa situation iconique *de facto* qui a évolué[67]. L'émergence des rôles de Dieu est avant tout une licence tolérée, un fait social, le produit de l'évolution lente des mentalités religieuses, beaucoup plus qu'un coup de force ou une dérive doctrinale.

---

de l'époque carolingienne au IVe Concile du Latran (1215) », *Cahiers de Civilisation Médiévale*, t. 37, 1994, p. 181-240.

62. Baschet J., « Vision béatifique et représentations du Paradis (XIe-XVe siècle) », dans Paravicini Bagliani A. (éd.), *Vue et Vision au Moyen Âge*, t. II, *Micrologus*, t. VI, 1998, p. 73-93.

63. Les premiers « bénéficiaires » de telles visions que j'ai pu repérer sont Rupert de Deutz et Christine de Markyate : Bœspflug F., « La vision-en-rêve de la Trinité de Rupert de Deutz (v. 1100). Liturgie, spiritualité et histoire de l'art », *Revue des Sciences Religieuses*, t. 71, n° 2, avril 1997, p. 205-229; *Id.*, « La vision de la Trinité de Christine de Markyate et le *Psautier de Saint-Alban* », dans Paravicini-Bagliani A. (éd.), *Vue et Vision au Moyen Âge*, t. II, *Micrologus*, VI, 1998, p. 95-111. Pour une vision d'ensemble, voir *Id.*, « Visions (de la Trinité) », dans Sbalchiero P. (dir.), *Dictionnaire des miracles et de l'extraordinaire chrétiens*, Paris, Fayard, 2002.

64. Fête-Dieu, ou fête du corps du Christ, au XIIIe siècle; fête de la Trinité, en 1334.

65. Bœspflug F., « Apophatisme théologique et abstinence figurative. Sur l'"irreprésentabilité" de Dieu (le Père) », *Revue des sciences religieuses*, 72, n° 4, 1998, p. 425-447.

66. Bordier J.-P., « Théophanie négative… », *op. cit.*, p. 37.

67. Pour cette distinction, voir Bœspflug F., « Pour une histoire iconique de Dieu », *op. cit.*, p. 84.

IV.
L'apparition de Dieu au théâtre, de quelque Personne de la Trinité et de quelque situation thématique qu'il s'agisse, a été précédée et préparée par son équivalent dans les arts plastiques.

Les figures picturales et sculpturales du Dieu chrétien précèdent de beaucoup ses rôles au théâtre. Les images du Christ font leur apparition dès les débuts de l'art chrétien, et acquièrent leur pleine légitimité théologique, liturgique et dévotionnelle au septième concile œcuménique (Nicée II, 787). Les images de Dieu le Père, au sens spécifique de figures visuelles voulues distinctes de celles du Fils, non pas seulement numériquement mais morphologiquement, font leur apparition au xie (Bible de Roda) et surtout au xiie siècle (Baptistère de René de Huy, Liège, 1107-1118; miniature, Trône de grâce, Missel de Cambrai, vers 1120) et se répandent progressivement aux xiiie et xive siècles. Il est vrai qu'elles ne deviennent vraiment nombreuses voire banales que dans les deux dernières décennies du xive siècle – un demi-siècle, tout de même, avant l'apparition du rôle de Dieu le Père au théâtre.

Quelques sujets offrent à cet égard un bon observatoire : telle l'Annonciation, où un Dieu le Père en buste, motif que n'exige pas la fidélité au seul texte scripturaire de référence (*Luc*, II), est peint dès le xiiie siècle, et de plus en plus souvent à partir du xive siècle, dans l'angle supérieur gauche des compositions, présidant à l'envoi de l'Esprit et parfois d'un homoncule nu qui figure l'âme du Christ à naître de Marie. Cette âme du Christ glissant vers Marie n'a pas été rendue au théâtre, sauf erreur. Le pouvoir de montrer de ce dernier est limité; s'il peut, mieux que la peinture, donner une idée du temps, il est moins à son aise pour inventer des formes fictives et hybrides, ne peut guère jouer sur la différence d'échelle, et reste soumis aux lois des corps et de l'espace physique, même si ses machineries, poulies, palans et tambours, veulent le faire oublier autant que possible. Le rôle a pour lui la parole, mais l'image a pour elle, immense avantage, un espace plus ou moins fictif, libre des lois de la nature et des corps, de la pesanteur et de la réalité elle-même – du moins jusqu'à la Renaissance.

Le théâtre, en raison de son lien obligé à la narrativité scénique, n'a pas pu s'aventurer aussi loin que les arts plastiques dans l'exploration du mystère de Dieu : eux seuls, parmi les arts, se sont risqués à montrer, entre autres aspects restés peu ou prou inaccessibles au théâtre, la préexistence du Christ dans le sein du Père (images du type Paternité), les relations intra-trinitaires (circuminsession, procession de l'Esprit *a Patre Filioque*) et les missions (descente du Verbe, infusion de l'âme du Christ créée par concomitance, inhabitation de la Trinité dans le cœur des croyants, etc.). De la même façon, il semble que le théâtre, en dépit de sa tendance à tout montrer, se soit arrêté sur le seuil de *gestes* exprimant certains sentiments putatifs en Dieu, que la peinture a traités. La colère de Dieu, par exemple, n'est certes pas un thème étranger au théâtre[68], elle affleure, entre autres, dans la plupart des tragédies bibliques de la Renaissance[69]; et le chœur peut aller jusqu'à dire que « Dieu brandit contre nous de son ire la foudre », mais ce ne sont là que des mots prononcés ou chantés; le théâtre ne montre pas, semble-t-il, un acteur passant à l'acte, il ne traduit pas cette colère, sauf exception[70], comme l'a fait la peinture, par le motif des flèches ou des lances que Dieu décoche en direction de l'humanité pécheresse, et qui se brisent sur le manteau de la Vierge ou des saints « antipesteux ». Le théâtre ignore de même, sauf erreur, le motif de Dieu le Père serrant lui-même la vis du pressoir écrasant le corps du Rédempteur[71]. Quant à la tristesse et à la compassion du Père, elles ont été exprimées avec une éloquence parfois pathétique dans les images où le Fils descendu de croix est tenu aux aisselles par Dieu le Père, ou accueilli sur ses genoux, comme la Vierge de Pietà[72]. L'on ne sache pas que le théâtre soit allé aussi loin. Pourquoi? Risquons une réponse, à titre d'hypothèse. La colère a ses gestes caractéristiques, et la compassion les siens : il ne faut pas plus d'un geste pour faire une image, alors qu'il faut une histoire (un *exemplum*[73]) pour faire une scène.

---

68. Voir, dans ce volume, la contribution de Charles Mazouer. La colère de Dieu est bien présente dans le *Jeu d'Adam*, elle est même inscrite dans la mise en scène, lors de tirades de malédiction, par les indications scéniques suivantes, à l'adresse de Figura: *minaci vultu, quasi iratus* (je dois cette indication à Geneviève Hasenohr, qui prépare l'édition de ce *Jeu* dans le volume de la « Bibliothèque de la Pléiade » sous la direction de J.-P. Bordier).
69. Voir, dans ce volume, la contribution de Charles Mazouer.
70. Nous en signalons un plus loin (thèse VII).
71. Bœspflug F., « Un Dieu déicide? Dieu le Père au Pressoir mystique : notations et hypothèses », dans Alexandre-Bidon D. (éd.), *Le Pressoir mystique*, Paris, Éd. du Cerf, 1990, p. 197-220.
72. Bœspflug F., « La compassion de Dieu le Père dans l'art occidental (XIIIe-XVIIe siècle) », dans *Le Supplément* n° 172, mars 1990, p. 123-159; *Id.*, « La [Com]passion de la Trinité dans l'art flamand du XVe siècle », dans Guesché A. (dir.), *Dieu à l'épreuve de notre cri*, Paris/Louvain, Éd. du Cerf, 1999, p. 45-67; *Id.*, *La Trinité dans l'art d'Occident, op. cit.*, chap. I et III. D'après de Combarieu du Grès M., « Dieu le Père et Dieu le Fils... », *op. cit.*, p. 467, il y aurait cependant une scène avec Dieu le Père portant son Fils mort sur les genoux, telle une Pietà. Gréban, qui a une solide formation théologique, se garde toutefois de parler d'une tristesse du Père.
73. Bordier J.-P., « *Magis movent exempla quam verba*. Une définition du jeu théâtral dans

Il se pourrait, contrairement à ce qu'a d'abord cru et écrit Émile Mâle[74], que cette antériorité des figures de Dieu dans les arts plastiques sur les rôles de Dieu au théâtre se vérifie par le menu, en particulier en ce qui concerne les attributs de Dieu le Père. J'ai pu le vérifier pour la tiare pontificale, qui n'est pas, comme on l'a longtemps soutenu, une « trouvaille de metteur en scène », mais une trouvaille de miniaturiste ou d'orfèvre. Les premières occurrences de la tiare triple sur la tête de Dieu le Père sont sur une valve de miroir de 1378 conservée au Louvre, puis sur quelques miniatures[75]. De même, c'est sans doute dans l'enluminure que l'on a eu d'abord l'idée de doter Dieu le Père d'une aube à cordon, d'une chape sacerdotale à fermoir, d'un globe ou d'un sceptre, d'une couronne impériale à étrier, fût-elle en carton, d'un trône, d'une tente à dais : la « sacerdotalisation » et l'« impérialisation » de la figure ont précédé celles du rôle.

En revanche, il se pourrait que les enlumineurs, peintres et sculpteurs aient tiré parti de certains dispositifs scéniques et que certains attributs du rôle, tel le masque d'or pour Dieu le Père, soient des innovations propres au théâtre et demeurées à peu près inconnues des arts plastiques jusqu'à une date tardive à laquelle ceux-ci ont pu faire un emprunt au théâtre (d'après mes repérages, la coloration dorée en place de carnation du visage apparaît chez Hans Baldung Grien, en 1516[76]).

v.
Les diverses désignations du rôle de Dieu le Père dans les livrets témoignent d'une persistance de la règle générale du christomorphisme de la représentation du Dieu chrétien.

L'apparition du motif de Dieu le Père, dans les arts plastiques, a très longtemps été exclue ou retardée par une règle longtemps en vigueur quoique

---

La moralité du jour Saint Antoine (1427) », dans Bordier J.-P. (dir.), *Le Jeu théâtral, ses marges, ses frontières*, Actes de la deuxième rencontre sur l'ancien théâtre européen de 1997, Paris, Champion, 1999, p. 91-104 [96-97].
74. Mâle E., « Le renouvellement de l'art par les "mystères" à la fin du Moyen Âge », *Gazette des Beaux-Arts*, 1904, p. 89-106, 215-230, 283-301 et 379-394. Il est vrai que l'A. s'est souvent corrigé par la suite. Mais s'agissant par exemple de la tiare, ce sont ses premières déclarations qui ont fait date.
75. Bœspflug F., « Dieu en pape. Une singularité de l'art religieux de la fin du Moyen Âge », *Revue Mabillon* (n.s.), t. II (= t. 63), 1991, p. 167-205.
76. Bœspflug F., « La Trinité dans l'art alsacien (xiie-xve siècle). À propos de quelques œuvres, du *Hortus Deliciarum* à la tapisserie de Saint-Jean-Saverne », *Cahiers alsaciens d'archéologie, d'art et d'histoire*, t. 40, 1997, p. 99-123 [p. 111-112].

non écrite, celle du christomorphisme de la représentation de Dieu. On peut, pour faire comprendre de quoi il s'agit, en forger une formulation à l'endroit des artistes : « Tu ne représenteras de Dieu que le visible de Dieu, à savoir Dieu incarné », et une autre, qui est son corollaire, pour les spectateurs : « En toute image de Dieu incarné et au-delà de ce qu'elle montre, tu sauras discerner la figure invisible de Dieu le Père, voire le mystère du Dieu unique en trois Personnes ». Le respect de cette règle inspirée par certains passages des évangiles (en particulier, la réponse faite par Jésus à la demande de l'apôtre Philippe, « Montre-nous le Père, et cela nous suffit ! – Qui m'a vu a vu le Père ! » : *Jean* XIV, 9) explique que l'on se soit durablement abstenu de toute image de Dieu le Père distincte de celle du Fils, lors même que le sujet impliquait, en raison du texte scripturaire de référence, une figure de Dieu le Père.

Dans la scène du Baptême du Christ, par exemple, la *Vox paterna* a longtemps été traduite par une Main de Dieu conventionnelle, ou par une tête, un buste ou une figure de Christ, comme si le Christ assistait depuis le ciel à son propre baptême. En réalité, les médiévaux contemplant ces œuvres savaient voir dans cette figure christique l'image substitutive de Dieu le Père, comme ils devinaient, au moins pour les mieux informés d'entre eux, derrière l'allure christique du Dieu siégeant du *Retable de l'Agneau mystique* des frères Van Eyck, à Saint-Bavon de Gand, la face visible de Dieu Trinité – Panofsky reste convaincant sur ce point[77]. Dans le *Couronnement de la Vierge* d'Enguerrand Quarton, peint en 1453-1454, Dieu le Père a les traits du Christ, et c'est voulu : une clause du contrat signé par-devant notaire par l'artiste l'exigeait explicitement : « Du Père au Fils n'y aura nulle différence », et il est vain de traquer les différences infimes dans l'espoir de distinguer l'un de l'autre[78].

---

77. Panofsky E., « Once More "The Friedsam Annunciation" and the Problem of Ghent Altarpiece », *The Art Bulletin*, t. 20, 1938, p. 419-442, repris dans *Id.*, *Peinture et dévotion en Europe du Nord à la fin du Moyen Âge*, Paris, Flammarion, 1997, p. 47-71, [60 *sq.*]. Une enquête sur les inscriptions présentes dans les images antiques et médiévales parvient à la même conclusion (Favreau R., « Épigraphie et théologie », dans *Épigraphie et iconographie*, Poitiers, CESCM, 1996, p. 37-56, [p. 45] : « Ainsi, là où l'on voit un Christ en majesté […], il faut parfois dépasser la représentation que l'on a sous les yeux pour considérer que l'auteur a voulu donner à l'image une valeur trinitaire […] »).
78. Bœspflug F., « "Du Père au Fils ne doit avoir nulle différence". À propos du christomorphisme de la représentation de Dieu à la Renaissance », dans Girard A., Le Blévec D. (éd.), *Les Chartreux et l'art (XIVᵉ-XVIIIᵉ siècle)*, Paris, Éd. du Cerf, 1989, p. 325-345.

Ce christomorphisme traditionnel pourrait rendre compte du fait que le rôle de Dieu au théâtre continue, en plein xve siècle, de recevoir des désignations christiques ou indifférenciées, c'est-à-dire valables pour chacune des trois Personnes ou pour Dieu sans autre précision : *Majestas, Dieu, Figura, Dominus, Salvator,* etc. Celles-ci ne sont pas nécessairement le signe d'une réticence[79], mais témoignent plutôt de la force d'une tradition pluriséculaire. Dieu le Père apparaît, pour reprendre une formule d'Irénée de Lyon, comme « l'invisible du Fils »[80], il est comme « le surplus de sens et de présence » sous-jacent à la figure du Christ. Il justifie aussi qu'un même acteur puisse jouer au cours d'une même pièce les différentes Personnes. « À Chester, on ne distingue pas les Personnes » : le même acteur joue Dieu de bout en bout, passant du rôle de Dieu le Père à celui du Christ »[81]. Point n'est besoin, pour interpréter ce phénomène, d'imaginer que les metteurs en scène se seraient inféodés à des écoles théologiques particulières ou auraient choisi de faire intervenir l'essence de Dieu plutôt que l'une ou l'autre des personnes.

Par ailleurs, il convient, pour interpréter aussi bien les rôles que les figures, de tenir compte de deux données bien établies de l'histoire des dogmes et de la spiritualité. La doctrine théologique commune, depuis saint Augustin, tient que les actions de Dieu *ad extra* sont l'œuvre de la Trinité tout entière du point de vue ontologique, même si chacune de ces actions peut être « appropriée » à l'une des Personnes, conformément à tel ou tel *modus dicendi* traditionnels. Ainsi, la Création, l'Incarnation, la Rédemption, la Sanctification sont l'œuvre commune et indivise des trois, même si la Création est attribuée le plus souvent au Père, l'Incarnation et la Rédemption au Fils et la Sanctification à l'Esprit, et même s'il est clair que seul le Fils s'incarne et seul l'Esprit est envoyé à la Pentecôte.

---

79. Muir L.R. « The Trinity… », *op. cit.*, interprète comme signe de réticence à « l'enrôlement » du Père le fait que ce soit le Sauveur (*Salvator*) qui apparaisse dans Jeu de la Création ancien, l'*Adam* anglo-normand (p. 78). Si réticence il y a, elle s'applique à toute figuration du Père. Le choix du régisseur reflète la règle encore en vigueur du christomorphisme. Il semblerait en tout cas, sauf révélation de textes de protestations spécifiques qui m'auraient échappé, que les théologiens ont été plus nombreux (Luc de Tuy, Durand de Saint-Pourçain, Wycliff et les Lollards, etc.) à émettre des réserves ou des critiques à l'égard des images picturales non christiques de Dieu qu'il ne s'en est trouvé pour formuer des critiques à l'encontre du rôle de Dieu le Père au théâtre, du moins avant le milieu du xvie siècle.
80. Irénée de Lyon, *Adversus Hæreses*, IV, 6, 6 ; *Patrologie grecque*, t. VII, col. 989 C ; « Sources Chrétiennes » 100, t. I, Paris, Éd. du Cerf, 1965, p. 208-209, et t. II, p. 451 ; trad. F. A. Rousseau, *Contre les Hérésies*, Paris, Éd. du Cerf, 1984, p. 421.
81. Muir L.R., « The Trinity… », *op. cit.*, p. 81.

En outre, la spiritualité et les dévotions médiévales ont usé de souplesse dans la manière de désigner les Personnes divines, qualifiant fréquemment Jésus Christ de Père[82] (et aussi de Mère, comme l'a expliqué Carolyn Walter Bynum[83]). Les miniatures en portent la trace, qui varient du tout au tout l'âge des Personnes divines – mais pas leur « sexe », sauf exception rarissime.

Parmi les exemples d'application de cette règle, mentionnons le fait que dans la *Rappresentazione ciclica* de Bologne[84], c'est le Fils et non le Père qui envoie l'archange Gabriel vers Marie. Il ne convient pas d'y voir un « motif inusuel »[85], mais le reflet de l'allure christique de Dieu dans la plupart des images de cette scène à cette époque. Chez Eustache Marcadé, le rôle de la Trinité est réduit à celui du Père, en ce sens que Marcadé renonce à montrer la Trinité autrement que sous la figure de Dieu le Père, qui « représente » à lui seul la Trinité tout entière, comme le prouvent les discours qu'on lui adresse. De la même façon, dans le Prologue de la Passion d'Arnoul Gréban, le Père prend la parole en s'auto-désignant comme la Trinité[86].

VI.
L'apparition du rôle de Dieu le Père n'est pas un phénomène anodin. Elle expose le spectateur à une perte du sens de la différence entre les différents niveaux de réalité et prête à Dieu un dire qui va parfois bien au-delà du dire que l'Écriture lui prête.

Il est clair qu'il n'y a pas rupture mais au contraire continuité profonde entre la tendance narrative de l'iconographie occidentale et le développement du théâtre – on pourrait presque parler, comme le faisaient naguère les spécialistes de l'histoire des dogmes, de « développement homogène ». Car le penchant de l'iconographie pour la mise en scène est attesté dès le XIIe siècle au moins : les conseillers iconographiques étaient de véritables scénaristes, créateurs de séquences savamment rythmées ; et d'un autre côté, il est bien connu que de nombreux peintres et enlumineurs furent requis pour la confection de décors de théâtre. Pourtant, l'apparition du

---

82. Bordier J.-P., « Magis movent », *op. cit.*, p. 92, en donne un exemple tiré de la *Moralité pour le jour de Saint-Antoine*.
83. Bynum C.W., *Jesus as Mother. Studies in the Spirituality of the High Middle Ages*, Berkeley/Los Angeles/London, California Univ. Press, 1982.
84. Éd. V. de Bartholomæis, 1943.
85. Muir L.R., « The Trinity… », *op. cit.*, p. 79.
86. Voir les textes de Véronique Dominguez et Jean-Pierre Bordier.

rôle de Dieu ne saurait être réduite à une conséquence banale, normale et inéluctable, de l'apparition des figures picturales de Dieu le Père, pas plus que ces dernières ne pouvaient être déduites ou réclamées comme la suite nécessaire de la présence dans l'Écriture sainte de la métaphore du père. À chaque fois, il y a eu un saut qualitatif, que certaines époques ont hésité à franchir, et que certains courants théologiques, par après, ont refusé et/ou dénoncé.

Qu'on le juge blasphématoire ou non, ce rôle prolonge ou achève la banalisation du mystère de Dieu par l'oubli de la frontière entre « l'économie » et la « théologie » (pour parler comme Irénée de Lyon), entre le mystère intime de Dieu et ce qui est communiqué de lui, entre la transcendance et ses symboles d'une part, et les réalités historiques et sublunaires d'autre part. Dire cela ne revient pas à suspecter la pureté des intention des fatistes, et encore moins l'orthodoxie de leur livret. S'interroger en théologien sur l'opportunité du rôle ne dispense évidemment pas de prendre au sérieux le texte prononcé par les acteurs et n'interdit nullement de reconnaître, dans le cas de Gréban par exemple, qu'« il arrache la doctrine de la rédemption au juridisme pour la replacer dans la perspective chrétienne de l'amour et rend sa pureté dogmatique à la représentation de Dieu le Père »[87]. Mais les mots dits ont-ils le pouvoir de contrôler entièrement les effets à long terme du rôle lui-même ? Il est permis d'en douter.

La création de ce rôle entretient la dérive anthropomorphique de la piété et soumet Dieu au processus d'humanisation qui frappe en général les figures du Bien et du Mal[88]. Il est complice, sinon d'une illusion, du moins de la fiction d'une communauté d'espace, voire d'une mise à disposition, d'une communication complète du mystère de Dieu, et contribue de ce fait à l'épuiser et à le décrédibiliser. Non pas seulement parce que Dieu serait montré sans la distance requise, mais aussi parce que son rôle le prive du silence que sa figure picturale sauvegardait tant bien que mal. Dieu parle, on le fait parler ; il est vrai qu'il parle peu, dans bien des drames, n'ouvrant la bouche que pour redire, à peu de choses près, les paroles que la Bible

---

87. J.-P. Bordier, dans ce volume, p. 135. Le rapprochement fait un peu plus loin par l'auteur (p. 138) entre le spectacle et l'image du Trône de grâce est très suggestif et fait justice à l'intelligence de Gréban. Mais il suppose un degré supérieur de culture et de réflexion dont je ne suis pas sûr que l'on puisse créditer le spectateur moyen de l'époque, ni même tout lecteur d'aujourd'hui. L'une des propriétés communes aux motifs (de la peinture) et aux rôles (de théâtre) est que l'imaginaire peut aisément s'emparer des uns comme des autres, en oubliant le tissu interprétatif qui leur donnait sens.
88. Je renvoie aux réflexions de Jonathan Beck à ce sujet.

lui prête, ou pour procéder à un bref rappel de son identité divine[89]; mais d'autres pièces le rendent carrément disert[90], et voir parler Dieu, ce sera toujours bien autre chose que de recueillir les paroles de l'Invisible. C'est la fin d'une réserve, d'un respect du silence et du retrait de Dieu le Père dont la théologie de nos jours, qu'elle médite sur la Crucifixion ou sur la Shoah, fait de nouveau l'un de ses thèmes majeurs, parce qu'elle sait qu'il constitue l'un des principaux problèmes de toujours de la théologie fondamentale comme de la théodicée[91]. Le théâtre des siècles que nous étudions dans ce colloque, en créant le rôle de Dieu le Père, a enjambé le fait que si Dieu parle, il se tait aussi, et plus souvent encore qu'il ne parle. On peut forger un néologisme pour désigner ce phénomène: l'hyperphatisme, opposé à l'apophatisme. Huizinga, l'auteur d'*Homo ludens*, parlait, à propos de la fin du Moyen Âge, d'un maximum de familiarité avec le Dieu chrétien: cela vaut des arts figuratifs comme du théâtre[92].

La figure de Dieu, dans les arts plastiques, était encore prise dans une peinture de significations, même si elle convoquait Dieu dans un espace qui petit à petit va le forcer à s'intégrer dans le monde du visible; du moins respectait-elle son silence et aussi son mystère. Ce n'est plus le cas avec le rôle de Dieu. Enrôlé, convoqué sur les tréteaux, fût-ce pour être révérencieusement logé dans la mansion sommitale, Dieu se vulgarise; et comme il n'est pas pensable qu'il fasse seulement de la figuration, il est tenu de s'exprimer, là même où l'Écriture le représentait plutôt comme silencieux, voire absent. Surtout, on le fait comparaître. N'est-ce pas une criante inversion des rôles, pour le coup ?

C'est sans doute pour l'avoir perçu que certains réformés ont dénoncé dans ce rôle une atteinte à la Majesté et au mystère de Dieu, et crié au scandale. L'histoire de Dieu au théâtre croise ici l'histoire sociale du blasphème[93]. Cependant, le fait que le Parlement de Paris supprima toutes les représentations des mystères, le 17 novembre 1548, recouvre une mesure

---

89. Comme le signale ici Jonathan Beck, dans *Bien Avisé Mal Avisé*, Dieu ne parle qu'à la fin, et n'a droit qu'à quatorze vers (sur plus de 7 000 en tout), pour rappeler qui il est, avant de donner ses ordres. La modestie du rôle de Dieu dans les moralités est soulignée aussi dans la contribution d'Alan Hindley.
90. Bordier J.-P., « Magis movent », *op. cit.*, p. 94, 100 et 104.
91. Wackenheim C., *Quand Dieu se tait*, Paris, Éd. du Cerf, 1999.
92. Huizinga J., *Le Déclin du Moyen Âge*, trad. fr., Paris, Payot, 1948; F. Bœspflug, *La Trinité dans l'art d'Occident (1400-1460)*, *op. cit.*
93. Delumeau J. (dir.), *Injures et blasphèmes*, Paris, Imago, 1989; Cabantous A., *Histoire du blasphème en Occident, XVIᵉ-XIXᵉ siècle*, Paris, Albin Michel, 1998.

globale, non une mesure spécifique contre le rôle de Dieu ; cette décision fut légitimée par le fait que les acteurs étaient censément « gens ignares », n'avaient aucune intelligence de ce qu'ils disaient, que leur jeu prêtait à scandale et dérision et entraînait la cessation du service divin[94].

« La personne physique d'un acteur représentant Dieu disparaît de la scène entre 1550 et 1600 »[95]. La tragédie humaniste ne voudra pas non plus d'un rôle de Dieu, même là où l'intrigue suppose à tout moment les effets de la justice de Dieu, comme c'est le cas dans *Saül le furieux* de Jean de la Taille (publiée en 1572)[96]. Et si la divinité est omniprésente dans la tragédie biblique à l'antique[97], c'est comme instance ultime de référence : elle n'y apparaît pas comme rôle rendu visible par un acteur jouant Dieu.

VII.
Le rôle de Dieu le Père a constitué un clivage, voire une ligne de fracture entre diverses confessions chrétiennes, ou du moins entre diverses sensibilités chrétiennes.

Le christianisme latin[98] de la fin du Moyen Âge est la seule forme de christianisme, et *a fortiori* la seule forme historique de monothéisme abrahamique, semble-t-il, qui ait jamais toléré que Dieu (le Père) fasse l'objet, au théâtre, non plus seulement d'une évocation indirecte ou d'une citation par le truchement d'une voix off, mais d'une présentation par un rôle effectivement tenu par un acteur[99].

Les calvinistes et les anglicans semblent s'être élevés contre la possibilité même d'un tel rôle, qui aurait été interdit sur la scène anglaise sous Henri VIII, sous peine de poursuites judiciaires[100]. Théodore de Bèze, dans

---

94. Surgers A., *Scénographies...*, op. cit., p. 52 ; Véronique Dominguez date cette mesure de 1541, et relève que les moqueries du public sur la descente de l'Esprit ont compté parmi les arguments allégués.
95. Voir ci-après la contribution de Marie-Madeleine Fragonard.
96. Voir ci-après la contribution d'Emmanuel Buron.
97. Voir ci-après la contribution de Jean-Raymond Fanlo.
98. Muir L.R., « The Trinity... », op. cit., p. 75. Le rôle de Dieu au théâtre paraît être une spécificité des pays chrétiens d'Occident. Pour l'Orient, voir plus haut ce qui a été dit du *Paschôn Christos* (n. 4) et des homélies « dramatiques » syriennes (n. 48). Je n'ai pas pu accéder à La Piana G., *Le rappresentazioni sacre nella letteratura bizantina*, Grottaferrata, 1912.
99. Il semble que le théâtre religieux soit chose inconnue de l'islam. Dans le cadre du judaïsme post-biblique, en revanche, on en trouve quelques exemple, tels les *Purimspiele* ; mais jamais ceux-ci ne font jamais parler Dieu.
100. Je ne suis pas parvenu à faire l'histoire de cette interdiction qui, encore en vigueur

son *Abraham sacrifiant* de 1550[101], s'est fait une obligation de supprimer l'apparition de Dieu telle qu'elle était prévue dans *Le mistère du Viel Testament*. Ce jeu de Bèze va dans le sens de la théologie de Calvin. Chez les réformés, le souci d'en revenir à la Bible et le combat contre les indulgences, auxquelles était liée la participation active aux mystères[102], ont été deux des facteurs parmi les plus déterminants qui se puissent invoquer pour expliquer la disparition des mystères médiévaux. « Les Protestants considéraient que beaucoup de scènes profanes, de diableries, de clowneries licencieuses avaient envahi le canevas, biblique à l'origine, des mystères ; l'apparition de Dieu ou le réalisme de la crucifixion de Jésus-Christ étaient à leurs yeux blasphématoires, et ils ne pouvaient souffrir de voir exalter la vie des saints ou les miracles de la Vierge ». Mais les réserves et interdictions ne seront pas venues facilement à bout du goût que le public avait de ce type de réjouissances. À Bâle, encore en 1546, fut donnée la représentation de *La Conversion de saint Paul*, de Valentin Boltz, un théologien protestant et dramaturge né à Rouffach en Alsace, mort en 1560 à Bade[103] : « Le Bourgmestre von Brun jouait le rôle de Saul, Balthasar Han celui du Bon Dieu, il était perché dans un ciel rond qui pendait de la Maison du Paon, c'est de là qu'il tira la foudre – une fusée incandescente – qui, lorsque Saul tomba de son cheval, mit le feu à ses pantalons. Hans Rudolf Fry était le capitaine, il avait sous son drapeau à peu près cent bourgeois, tous portant ses couleurs. Dans le ciel on fit le tonnerre en faisant tourner des tonneaux remplis de pierre »[104].

---

au XXe siècle, aurait empêché que fût jouée à Londres la pièce intitulée *Green Pastures*. Cette pièce fut jouée à New York en plein Broadway, ainsi qu'en France (*Les Verts pâturages*). Elle provoqua de vives discussions et fut défendue ici et là par les PP. jésuites ; voir Donœur P., s.j., « D'Oberammergau à "Mansfieldtheatre". Essai sur le drame religieux populaire – *Jedermann, The Green Pastures* », *Études*, 207, 1931/2, p. 58-81 [p. 68].
101. Reymond B., *Théâtre et christianisme*, Genève, Labor et Fides, 2002, p. 52 ; voir, dans le présent volume, la contribution de Richard Hillman.
102. Barth F., « Theater », *Theologische Realenzyklopädie* (TRE), vol. 33, 2002, p. 180-181.
103. Reymond B., *op. cit.*, p. 62.
104. Kully R. M., « Le Drame religieux en Allemagne : une fête populaire », dans Boglioni P. (dir.), *La Culture populaire au Moyen Âge*, Montréal, Éd. de l'Aurore, 1979, p. 205-230 [205]. D'après l'A., on peut admettre que les jeux de la Passion et de Pâques se déroulaient de la même façon à cette époque ; dans la Passion jouée à Bolzen en 1495, le rôle du Salvator était tenu par le maître d'école (p. 209) et six des douze apôtres étaient joués par des prêtres. À Lucerne, en 1597, on distinguait cinq catégories de rôles (n. 22, p. 210) : *furnembste = vornhemste*, les plus nobles, *Proclamator* (le récitant, le *festaiuolo* était un ange, souvent : voir à ce sujet Baxandall M., *L'Œil...*, *op. cit.*, p. 115), Dieu le Père, *Salvator*, Moïse, les bienheureux,

Quant aux catholiques, « ils craignaient qu'à la faveur des diableries ou des propos du fou l'on n'entendît des critiques du clergé ou l'on ne vît parodier certains rites, ce qui aurait fait le jeu des hérétiques »[105]. J'ignore ce qu'il en est dans la tradition du théâtre scolaire d'inspiration jésuite. Mais Dieu, sauf erreur, n'est un rôle ni chez Corneille (*Polyeucte*) ni chez Racine (*Esther et Athalie*) ni ailleurs dans le théâtre classique. Les dieux non plus, d'ailleurs (sauf dans *Amphytrion*). On évoque encore les uns et l'autre, on ne les convoque plus sur scène. Dieu disparaît des planches pour deux siècles, semble-t-il, sauf peut-être dans les pièces jouées dans les collèges et les couvents. Il y est revenu timidement à la fin du XIXe siècle, pas toujours sous son meilleur angle : l'un des derniers européens condamné à une peine de prison ferme pour blasphème public est Oscar Panizza, l'auteur allemand d'une pièce de théâtre satirique, *Le Concile d'amour*[106].

VIII.
La mise en rôle de Dieu le Père a participé à sa disqualification culturelle et à sa décrédibilisation[107].

L'image de Dieu en homme âgé est une donnée fondamentale de l'histoire des mentalités religieuses d'Occident. Elle a eu et continue d'avoir une énorme influence résiduelle, par effet d'incrustation dans la mémoire visuelle. Preuve en est le fait que de nombreux occidentaux, chrétiens ou non, quand ils sont interrogés sur leur foi, ont soin de repousser un Dieu

---

Lucifer ; *furnembste nach den ertsen*, les plus nobles après les premiers : Marie, Adam, Ève, Jésus à douze ans, David, Lazare), les *mittler*, les *kleinere*, les *kleinste*. L'opposition des goûts et des avis ne passerait donc pas entre clercs et laïcs, mais entre théologie savante et livresque, d'une part, et pastorale populaire (qui rassemble les fidèles et leurs pasteurs), d'autre part ; donc plutôt entre science et fête, livre et spectacle, concept et images.
105. Soulié M., « Le théâtre et la Bible au XVIe siècle », dans Bedouelle G. et Roussel B. (dir.), *Le Temps des Réformes et la Bible*, Paris, Beauchesne, (« Bible de tous les temps, 5 »), 1989, p. 635-658 [635-636].
106. Panizza O., *Le Concile d'amour. Tragédie céleste*, 1895 ; trad. fr. Bréjoux J., introd. Palmier J.-M., Grenoble, Presses univ. de Grenoble, 1983. La pièce a pour sujet la propagation de la vérole par les ecclésiastiques dans l'Italie du XVIe siècle. Au passage, l'auteur réclame pour les papes le privilège de l'immaculée conception accordé à Marie en 1854.
107. Le processus de « désémantisation » étudié ici même par Jonathan Beck concerne surtout la perte de poids sémantique du nom de Dieu, invoqué de plus en plus souvent « en vain », sans y penser vraiment. Ce processus est l'un des signes (ou l'un des facteurs) d'un processus plus vaste, qui concerne plus globalement la *Res* elle-même, ou si l'on préfère la foi théologale elle-même et le taux de confiance (de *fides qua*) accordée aux figures de Dieu en général.

patriarcal, « machiste », juge omniscient et monarque céleste, qu'ils disent ne « plus voir en peinture ». L'expression familière, quoique paradoxale, est exacte : ce Dieu-là vient tout droit de l'art chrétien. L'histoire de la perception de Dieu, de son idée vécue, est tressée avec celle de ses représentations plastiques et théâtrales.

Durant les deux siècles que privilégient les travaux de notre colloque (XVe et XVIe siècles), le rôle de Dieu le Père comptait assurément parmi les beaux rôles, et il ne s'y mêle encore, semble-t-il, aucune touche de dérision, même si la drôlerie, on peut le croire, a bien dû s'en mêler à l'occasion. Il n'empêche : contribuer, de sa personne ou de ses deniers, à la tenue d'un mystère était considéré comme un acte méritoire doté d'indulgences ; les rôles étaient convoités ; même riche en chahuts et en bouffonneries, le théâtre religieux conservait un propos édifiant, comme l'atteste cette déclaration en forme de vœu : « fasse Dieu que nous puissions jouer ce drame pour sa plus grande gloire et que tous les pécheurs et toutes les pécheresses qui nous verront et nous entendront puissent se convertir »[108].

Aujourd'hui, le motif et le rôle ont disparu ou sont confinés dans les productions pieuses, hormis quelques exceptions. Dans le « grand art », ils endurent une même déshérence. En peinture, il n'est à peu près aucun grand artiste qui se soit risqué à reprendre à nouveaux frais les thèmes de Dieu le Père ou de la Trinité – c'est d'autant plus frappant que l'art pictural du XXe siècle a fait grand cas, en revanche, du thème de la Passion du Christ[109]. Même constat au théâtre et au cinéma, en ce qui concerne le rôle de Dieu. Les films et spectacles sont nombreux, qui donnent la vedette au Christ[110], mais « Dieu », Dieu le Père et la Trinité, n'y apparaissent à peu près plus jamais, comme s'ils risquaient de s'y faire siffler. Jean-Louis Barrault, dit-on, aurait réussi à dissuader Paul Claudel de faire entendre Dieu, en voix off, dans *Le Partage de midi*, en faisant valoir à l'auteur que l'audition de cette voix ruinerait l'intrigue et « casserait » la pièce. Même Robert Hossein ne se risque pas à réintroduire un tel rôle. Que Dieu puisse faire retour en tant que « beau rôle », ce n'est pas exclu – on a eu la preuve récemment sur la scène parisienne[111] – mais c'est vraiment exceptionnel.

---

108. Prologue d'Asfeld, cité par Duriez G., *La Théologie...*, op. cit., p. 15.
109. Bœspflug F. et al., *Le Christ dans l'art, des catacombes au XXe siècle*, Paris, 2000.
110. Agel H., *Le Visage du Christ à l'écran*, Paris, Desclée, 1985.
111. Ainsi dans la pièce intitulée *Le Livre de Job*, adaptée du livre biblique correspondant par André Engel, jouée lors du Bicentenaire de la Révolution, en 1989, au Palais de Chaillot, avec Jean Dautremay dans le rôle de Job et Roger Dumas dans le rôle de Dieu. J'ignore si *Genesi*, de Romeo Castellucci, donne un rôle à Dieu.

Que s'est-il produit ? C'est une longue histoire, et un autre sujet. Mais il se pourrait que le rejet du Dieu chrétien, qui est pour l'historien des sociétés occidentales l'un des phénomènes majeurs de l'Europe des dernières décennies du xxe siècle, soit pour une bonne part le rejet de sa figure, telle qu'elle a été véhiculée par les façons de peindre et les façons de jouer, ici solidaires.

Année du bicentenaire oblige, je terminerai par une citation de Victor Hugo, qui peut ici servir de témoin de ce qu'on peut appeler le front du refus à l'égard du legs iconique médiéval. Voici ce qu'il déclara dans *L'Année terrible*, en 1871, en réponse à un évêque qui l'avait soupçonné d'athéisme :

> S'il s'agit [avec Dieu] d'un bonhomme à longue barbe blanche, d'une espèce de pape ou d'empereur, assis sur un trône qu'on nomme au théâtre châssis, [...] prêtre, oui, je suis athée à ce vieux Bon Dieu-là. Mais s'il s'agit du principe éternel, simple, immense, qui pense puisqu'il est, qui de tout est le lieu, et que, faute d'un nom plus grand, j'appelle Dieu, alors tout change... Et c'est moi le croyant, prêtre, et c'est toi l'athée.

La foi de Hugo ne fut assurément pas un modèle d'orthodoxie théologique. Mais elle n'était dépourvue ni de grandeur d'âme, ni de sensibilité religieuse, ni de familiarité avec la Bible[112]. Et dans son refus d'identifier Dieu, si peu que ce soit, à un bonhomme à longue barbe blanche, observant depuis son ciel chacun de nos actes, beaucoup de nos contemporains reconnaîtraient leur propre refus. J'ose penser que cette forme de révolte a valeur religieuse : car il se pourrait qu'il faille en effet s'alléger des images et des rôles de Dieu pour conserver quelque chance de pouvoir dire encore : je crois en Dieu.

---

112. Godo E., *Victor Hugo et Dieu. Bibliographie d'une âme*, Paris, Éd. du Cerf, 2001 ; Bordet G., « Victor Hugo et la Bible », *Le Monde de la Bible*, n° 147, nov. déc. 2002, p. 6-9.

Première partie
Dieu Personnage

Jean-Paul Debax

Dieu comme destinateur ?

La théorie sémiotique d'obédience circumgreimassienne a à mes yeux le mérite inappréciable de distinguer des niveaux dans l'étude d'un texte. Elle nous convie à nous mouvoir entre ces niveaux pour, dans un premier temps, les distinguer, en définir les relations, et ensuite les restructurer car, comme le proposaient déjà Saussure et Hjemslev, « il n'y a de sens que par et dans la différence ». Il paraît inutile ici de rappeler en détail l'analyse narrative telle qu'elle est pratiquée de Propp à Greimas ; je me permettai seulement d'insister sur un point qui servira de base à la démonstration que je souhaite proposer dans ce texte[1].

Négligeant les niveaux de surface des composantes discursives et figuratives, je rappellerai seulement les relations et les opérations qui constituent le niveau plus profond de la composante narrative. Ces opérations se résument en une série de conjonctions et de disjonctions entre un sujet (sujet d'« état » ou sujet de « faire ») et un objet (qui peut figurer l'état ou le faire déjà mentionné). Ces modifications semblent d'ailleurs calquées sur le mouvement même de la vie : Ronsard n'a-t-il pas écrit, « Mais la forme se change en une autre nouvelle/Et ce changement-là, vivre au monde s'appelle »[2]. Pour agir, c'est-à-dire pour pouvoir être impliqué dans les conjonctions/disjonctions sus-mentionnées, le sujet doit posséder une compétence, et donc l'acquérir au préalable par des opérations de même nature (conj/disj), dont elle constitue l'objet, (objet secondaire et temporaire) au cours d'un programme secondaire inclus dans le schéma narratif global. Mais « pouvoir agir » n'est pas suffisant, le sujet doit avoir aussi une « motivation », une « incitation » qui le « fait agir » (en termes

---
1. Mes explications sont inspirées de *Analyse sémiotique des textes*, du Groupe d'Entrevernes, Lyon, Presses Univ. de Lyon, 1977.
2. Cité dans Jeanneret M., *Perpetuum Mobile : Métamorphoses des corps et des œuvres de Vinci à Montaigne*, Paris, Macula, s.d. (1998 ?), p. 44.

greimassiens, le « faire-faire »), dont l'action sera désignée comme « manipulation ». Le programme narratif une fois arrivé à son terme, il fera l'objet d'une interprétation, connue sous le nom de « sanction » (être-paraître, véridiction). Le manipulateur initial et interprète final porte le nom de Destinateur (Anglais « Addresser »). Il peut y avoir dans un récit une cascade de manipulateurs, c'est-à-dire, de destinateurs, chacun manipulant celui qui lui fait suite dans l'ordre des opérations ; mais il faut bien imaginer un Destinateur ultime, sorte de « Primum mobile », premier moteur de toutes les opérations. Et, dans l'état de civilisation qui nous intéresse (Moyen Âge tardif et Renaissance) et dans un territoire traditionnellement connu sous le nom de Chrétienté, qui peut-on naturellement supposer dans ce rôle de Destinateur non manipulé, sinon Dieu ?

Je me propose donc de suivre l'évolution du rôle sémiotique de Dieu dans ce que je postule être une tradition dramatique continue se développant à partir des cycles de Mystères, passant par les interludes moraux et polémiques, pour aboutir à la pièce historique (chronicle play) avec ses deux variantes, pièces romanesques et pièces de la vengeance.

J'examinerai donc maintenant quelques pièces repères de cette longue période (deux siècles au moins), illustrant l'évolution que j'ai postulée. En premier lieu, le Mystère. Pour procéder à l'examen des sujets impliqués dans les opérations narratives, je ferai appel à la distinction particulièrement claivoyante d'André Lascombes (dans la tradition de J.W. Robinson), entre personnages médiateurs et personnages agonistes[3]. En ce qui concerne les premiers c'est la pièce d'Abraham de Northampton qui nous fournira notre premier exemple. Nous y trouvons en effet explicitement exposé le processus entier de délégation de pouvoir et de la remise de message à un envoyé. Pas moins de dix items lexicaux renvoyant à la procédure de délégation de pouvoir figurent dans les discours de Dieu, le mandant, et de l'ange messager (en tout 71 vers). L'ensemble de la pièce met en scène une cascade d'opérations de ce type. Je les retrace en commençant par la fin : Abraham entreprend le sacrifice d'Isaac, qui ne parvient pas à réalisation, car au terme d'un contre-programme, non mis en scène, l'ange arrête son

---

3. A. Lascombes (dans sa thèse non publiée, « Culture et théâtre populaire en Angleterre à la fin du Moyen Âge », 1979) et C. Gauvin (*Un cycle du théâtre religieux anglais du Moyen Âge : Le jeu de la ville de « N »*, Paris, CNRS, 1973) reconnaissent à de nombreuses reprises leur dette envers les analyses pionnières de Robinson J.W., « Medieval English Dramaturgy », Ph.D. dissertation (non publiée), Univ. de Glasgow, 1961.

bras. Avant cette ébauche d'action, l'Ange avait convaincu Abraham de procéder à ce sacrifice (faire faire); l'Ange, à son tour, avait reçu le message de Dieu qui agissait, lui, de son propre chef : à la fois sujet du premier acte de persuasion et Destinateur.

De même, dans la pièce de Noé de Newcastle, l'ange qui va avertir Noé reçoit sa mission de Dieu. Une particularité de la pièce de Noé de *N-Town* peut nous arrêter. D'entrée de jeu, avant même d'avoir reçu la visite de l'ange, Noé déclare bénéficier de la grâce divine et se présente comme un deuxième Adam, l'initiateur du deuxième âge du monde (*N-Town*, 4/v. 14-17), et ce n'est que plus loin dans la pièce que Dieu donnera son message à l'ange annonciateur : les opérations narratives ne sont pas dépendantes de la chronologie.

Le personnage de Contemplacio, qui paraît à sept reprises dans le cycle de *N-Town* est un envoyé d'un autre type. Apparaissant entre la Conception de Marie et la Passion de Jésus, il attire l'attention du spectateur-participant sur la vie et la mort de Jésus, mystère central de la Rédemption. Ce personnage est suceptible d'une double interprétation ; Contemplation est une vertu chrétienne qui caractérise ce qui était tenu au Moyen Âge pour le type de vie le plus élevé, la vie contemplative, mais aussi disposition d'esprit particulièrement recommandée au spectateur. Dans les deux cas, son nom fait que ce personnage n'a pas besoin d'être introduit par une procédure de justification, les contextes religieux et dramatique constituant une légitimisation suffisante. Et nous ne pouvons douter que dans ce cas Dieu soit le Destinateur implicite de la manipulation.

Pour traiter rapidement des personnages agonistes, je ne ferai allusion qu'au premier d'entre eux, Jésus lui-même. Remarquons sa première parole au cours de sa première apparition dans la pièce de *N-Town*, Jésus au milieu des Docteurs, « *Omnis sciencia a Domino deo est* », justification explicite s'il en était besoin après celles fournies par les épisodes compris entre la pièce des Prophètes et le Massacre des Innocents. Ces exemples nous montrent la distinction faite entre Destinateur et sujet d'action, mais mettent aussi en évidence un étrange phénomène de ventriloquisme, comme si tous ces personnages, agonistes comme médiateurs, n'étaient que le redoublement d'une voix unique reproduite par une infinité d'échos : pluralité qui paraît être un calque théologique du modèle de la Trinité qui, je me permets de le rappeler, propose une seule divinité sous la forme de plusieurs personnes, trois en l'occurrence (*N-Town*, 1/v. 14-26).

Mais ces pièces sont aussi le lieu d'un discours déviant. Celui, par exemple, de Madame Noé refusant de monter dans l'Arche, celui des anges déchus (*N-Town*, 1/v. 62-65), et celui bien entendu de César, d'Hérode et de Pilate. Ce discours suit le schéma du discours divin. Dans la Création de *N-Town*, Lucifer revendique la même vénération que celle dont Dieu est l'objet, le même trône, la même puissance ; mais ce discours s'oppose à la parole divine, d'abord par le contexte (le nom de Lucifer), ensuite parce qu'il est abandonné par les locuteurs qui finissent par admettre leur erreur : Lucifer reconnaît la puissance de Dieu, Madame Noé se rend aux arguments de son époux, les diables qui se révoltent contre le Christ lors de la descente aux Enfers sont finalement mis en déroute.

Les épisodes extrêmes des cycles, c'est-à-dire la Création et le Jugement Dernier, posent des problèmes particuliers. Dans le Jugement Dernier de *N-Town*, Dieu et ses messagers habituels, Gabriel, Michel, l'apôtre Pierre et les élus sont concurremment en scène ; de même, les diables sont multiples et côtoient les damnés, produisant un concert de voix aux riches harmoniques ; ou plutôt faudrait-il dire, à la dissonante cacophonie. Cet épisode de sanction réunit ce que la Création avait séparé, la cause et la chose créée, et rassemble dans un grand Tout, aux connotations platoniciennes, Dieu et les élus, à l'exception des réprouvés qu'elle rejette dans la non-existence d'un enfer de poix et de bitume (j'emprunte cette conclusion au cycle de Towneley, 32/v. 597, celui de *N-Town* étant incomplet). Dans l'épisode de le Création de *N-Town*, comme dans celui du Jugement, Dieu est à la fois sujet et Destinateur, superposition qui semble créer un certain embarras : l'action projetée (« All thyng xal be wrowth be me », I, 11), n'est pas vraiment réalisée en scène (comment pourrait-elle l'être ?) et se résout plutôt en énoncés d'état, à forte valeur performative : déclaration de puissance de la part de Dieu, et adoration de la part des anges qui symptomatiquement célèbrent leur propre création par le chant du *Te Deum*.

Au théâtre tout ne s'exprime pas par la parole, loin de là. Au contraire un support visuel est nécessaire à l'opération d'ostension propre à cette catégorie artistique. La permanence évidemment souhaitée par les organisateurs de la présence en scène de Dieu/Destinateur est matérialisée par l'accessoire trône. Il me paraît évident que, dans les Mystères anglais, cet accessoire reste visible en dehors même des épisodes où sa présence est requise par l'action représentée, Création et Jugement Dernier par exemple. Il est constamment rappelé dans le dialogue par les termes, *trone, se, sette, syt*. Un trône est aussi utilisé par les actants (Hérode, Pilate et Lucifer) engagés dans les actions du contre programme. Il n'est d'ailleurs pas impossible de supposer que le trône du mal puisse être physiquement confondu avec le siège divin ; cette coïncidence rehaussant par contraste la majesté du vrai trône, siège du vrai pouvoir.

Dans le *Château de Persévérance*, la mise en scène utilisée des trônes multiples, alternant des trônes positifs et négatifs, a un effet comparable. De plus, un élément nouveau, qui est promis à une riche descendance, est présent dans cette pièce du premier quart du XVe siècle, c'est le Monde : personnage ambigu, à la fois terrain neutre servant de cadre aux jeux de la tentation, et en même temps tentation lui-même car complice de Calomnie et d'Avarice. Un autre motif qui sera appelé à un brillant avenir : la Vengeance, fille de l'Orgueil et de la Colère, elle pousse l'homme à médire et à assassiner par simple penchant vers le mal. Elle est somme et conséquence des tentations mondaines.

Mon deuxième exemple sera le *Kyng Johan* de J. Bale (c. 1538)[4]. Ce choix se justifie par la conformité de l'œuvre de Bale avec la tradition des Mystères, ou tout au moins du théâtre religieux ; Bale était lui-même homme d'église (carmélite). Bien que nous ne sachions rien des rapports de Bale avec le théâtre antérieurement à la composition de *Kyng Johan*, nous pouvons supposer qu'il a retiré une conviction de l'efficacité du théâtre de son long séjour à Cambridge (1514-1530) où l'activité théâtrale était intense.

La première apparition de King John est assez surprenante. Il déclare se placer sous l'autorité de l'Écriture (p. 2), et être roi d'Angleterre par la seule volonté de Dieu (p. 15), ce qui était certes la prétention de tous les souverains médiévaux, mais était jusque là interprétée comme se manifestant par l'intermédiaire institutionnel des évêques et du Pape. La pièce appartient à la période 1530-1538. Ceci implique que, quelle que soit l'année exacte de sa composition, sa date est voisine de celle de la rupture entre Henry VIII et Rome (1534), période de tractations et de discussions, qui ne pouvaient que jeter le trouble dans l'esprit du spectateur non prévenu lorsqu'il constate la même violence verbale chez le tenant du Pape, Sedition (p. 90-91) et le fidèle du Roi, England (p. 107 ; voir p. 119). La différence de position revient en effet à ceci, que le Roi prétend posséder le pouvoir directement de Dieu, comme England le déclare à sa place (p. 128, 137-138), alors que les partisans du Pape ont monopolisé la parole divine.

Il semble qu'il y ait dans ce cas deux Destinateurs concurrents ; mais si, d'un côté les avocats du pouvoir papal sont bouffons et ridicules, les

---

4. « The complete Plays of John Bale, I », in *Tudor Interludes IV*, ed. Happé P., Cambridge, D.S. Brewer, 1985.

partisans de la Réforme plaident pour l'autorité du pouvoir politique et civil, sans que le domaine religieux soit jamais proprement défini, ni même évoqué, si bien qu'il semble que les deux partis s'opposent plus sur le plan politique que religieux. Il semble que la rhétorique de la pièce s'adresse plus à des enthousiastes de la Réforme qu'à des indécis à convertir, car la pièce suit le schéma d'une vie de saint (en l'occurrence d'un martyr, voir l'épisode de l'empoisonnement) et non celui d'une pièce historique. *Kyng Johan* n'est pas la « première pièce historique anglaise » comme cela semble être généralement admis, car l'appartenance du Destinateur principal relève plus du domaine politique que du patriotique. Sedition partage avec son ami Dissimulation la fonction « Vice » typique des interludes, et ces deux personnages peuvent être vus comme des équivalents politiques des Vices à caractère plus religieux, Doctrine Pervertie et Ignorance, dans l'interlude, également protestant, *New Custom*. Bien que présenté comme appartenant au parti catholique, l'esprit de ces Vices pénètre l'ensemble de la pièce, y provoquant comme un brouillage des valeurs en même temps qu'une incertitude sur la nature du Destinateur. Sur le plan dramatique, même si Dieu n'est pas absent, l'initiative revient à des agents subalternes. Même le roi semble être plus spectateur que responsable de sa propre histoire, et la sanction est finalement apportée par le couple abstrait et aux attributions relativement imprécises Veritas et Majesté Impériale.

L'influence grandissante des agents subalternes nous paraît particulièrement évidente dans deux interludes qui traitent aussi du même problème patriotico-politique. Pour le premier, le titre *Albion Knight* (1537) révèle évidemment le thème traité. Dans cet interlude on voit se préciser la silhouette du Vice. Même s'il n'est pas désigné par ce nom, et s'il partage la fonction avec d'autres compères, Injury peut prétendre à cet emploi. Il ne nous reste de cette pièce qu'un fragment de 402 vers. Même si cette situation nous empêche d'avoir une vision claire du plan d'ensemble, il semble que le vers 125 marque le début d'une deuxième partie. En effet, Injury entre en annonçant qu'une nouvelle intrigue va commencer et il se pose implicitement comme le manipulateur de ce nouveau jeu. Il dévoile que jusque là il a caché son vrai nom, Injury, le malfaisant, quasi-synonyme de Iniquity, nom emblématique du Vice tel qu'il était resté vivant dans les mémoires, et par la même occasion révèle qu'il se fait appeler Manhood, terme qui contient, au même titre que « Monde », une ambiguïté fondamentale : ou bien valeur neutre d'humanité, mais aussi acception négative de virilité dans le sens de brutalité et cruauté. Il est accompagné du compère Division (v. 153), qui entre affublé d'un équipement, (lance, épée, bouclier et poignard) qui rappelle celui d'Ambidexter, le Vice de *Cambyses*, et évoque la figure du Miles Gloriosus. Comme confirmation de son rôle de Vice, Injury devient le « capitaine » d'une bande de malfrats, au nombre desquels Division, et aussi les espions Double Device (double jeu), au nom évoquant celui d'Ambidexter (encore lui !) et Old Debate (vieux débat), et enfin Dissension (doublure de Division ?), qui est chauve comme le comique de la comédie latine. Injury a pour projet de provoquer la zizanie entre le roi et le Parlement et au sein du parlement entre les nobles et les évêques. De même, il veut séparer le roi de Dame Plenty (Madame Abondance), sa fiancée. Bien que nous ne possédions ni l'introduction (la « manipulation » au sens sémiotique du terme), ni la sanction finale, il semble que, comme dans *Ane Satire* de Lindsay, les mauvais garçons fondent leur volonté de nuire tout autant sur un désir ludique – ou malicieux – de détruire ce qui est pour mettre du mouvement là où régnaient le repos et la paix, que sur un propos délibérément démoniaque.

Avec l'interlude de *Cambyses*, le Vice a atteint son plein développement. Ambidexter est en effet souvent cité comme l'archétype de ce personnage. *Cambyses* aurait pu être un exemplum moral médiéval : l'histoire d'un roi qui, en son absence, délègue ses prérogatives à un ministre irréprochable tant qu'il n'a pas goûté au pouvoir, mais qui pèche gravement quand il règne sur la Perse. Cambise le punit alors, reprend le pouvoir mais suit la même voie que son ministre. Comme un roi ne peut être puni par la justice humaine, c'est Dieu qui exerce directement sa vengeance. Histoire édifiante, mais dans la pièce l'initiative dramatique revient au Vice. Il donne d'abord l'exemple dans les scènes en compagnie des soldats, de Mérétrix et des rustres ; il propose ensuite le cas imaginaire d'un cousin pickpocket comme modèle de délinquance ; il souffle ensuite directement de mauvais conseils à l'oreille du ministre et enfin, se moque ouvertement du roi blessé par sa propre épée et sur le point de mourir. Il semble donc être l'incarnation du mauvais exemple et de la dépravation, sans référence à un modèle moral supérieur, mais sans non plus endosser la responsabilité des actions dont nous sommes les témoins. Ambidexter est le sujet du faire faire (i.e. manipulation) et aussi Destinateur, mais un Destinateur plus dramatique qu'idéologique. Cette irresponsabilité du Vice opère le lien entre la présence divine dans les pièces pré-tudor et l'action totalement dépourvue de référence surnaturelle du théâtre élisabéthain.

Notre tour d'horizon se terminera par une pièce populaire appartenant à la grande période des pièces historiques, *Woodstock* (1591). Elle revendique elle-même cette qualité « historique » dans la petite scène incise où Bushy lit en présence du roi les chroniques anglaises pour qu'elles servent de modèles à un Richard encore inexpérimenté (II, i, 55 et III, i, 88). Les pièces historiques se situent dans la continuité des Mystères. Le trône reste un centre focal autour duquel s'organise l'action, comme elle s'organisait autour du trône de Dieu. Mais, à la différence de ce qui se passait dans les Mystères, la vengeance est ici un ressort fréquent et reconnu de l'action des hommes (I, i, 69 et V, IV, 49). Et pourtant, trait surprenant, nous ne trouvons dans cette pièce pas moins de 75 évocations – faut-il dire invocations ? – du nom de Dieu (ou équivalent : ciel, anges, croix, messe, Vierge). La question se pose de savoir si Dieu, si souvent invoqué, agit ou du moins inspire l'action des personnages, s'il est le manipulateur suprême de cette histoire. Pourtant, l'intrigue raconte une rivalité familiale qui, de par la position des actants, devient une affaire politique. Elle voit le triomphe du parti malhonnête et intrigant, alors que l'honnête Woodstock, « plain Thomas », est assassiné à Calais. Dieu est invoqué le plus souvent par les membres du parti du bien, Woodstock et ses partisans, rarement par ses adversaires ou alors sous les formes désémantisées ('Sfoot et 'Sblood), devenues des blasphèmes dans la langue courante. Dans la bouche des vertueux ces invocations constituent comme un programme secondaire destiné à l'acquisition d'une compétence pour réaliser l'action projetée : Dieu est le sujet/Destinateur de ce programme d'usage qui échoue momentanément, car la compétence n'est pas acquise. Nous remarquons l'expression « afore my God » (18 occurrences) qui caractérise le langage de Thomas Woodstock. Dans ce cas il s'agit d'une prise à témoin de la divinité qui doit opérer la vérification d'une affirmation (modalisation d'un énoncé). Mais là non plus, Dieu n'est pas Destinateur du programme principal.

La question se pose donc : quel est le Destinateur/manipulateur de cette pièce ? Bien qu'il n'y ait ici ni le personnage de l'Angleterre (England de *Kyng Johan*) ni Albion Knight, le Destinateur semble être le concept de patrie, qui se construit lentement à travers crises et guerres, règnes heureux et tragiques, au fil des différentes pièces historiques élisabéthaines. Les vastes panoramas comme celui-ci qui prétendent faire état de mutations à long terme sont le plus souvent trompeurs. Le mien n'échappe évidemment pas à la règle. La réalité est bien entendu plus chaotique et moins disciplinée que ce qu'une sélection biaisée a l'ambition et l'hypocrisie de démontrer.

Il me paraît néanmoins qu'en ce qui concerne le problème traité ici, la place attribuée à Dieu dans la dramaturgie, ce survol du théâtre anglais de la fin du Moyen Âge et de l'époque Tudor fait apparaître une évolution générale et en clarifie certaines modalités.

La méthode utilisée signale en premier lieu la diminution de la présence de Dieu, au fur et à mesure que se succèdent à une place dominante chacun des trois genres considérés, mystère, interlude et pièce historique. Mais cela était connu depuis longtemps. Dieu/Destinateur, puisant sa légitimité dans l'extra-théâtral, est supplanté dans cette fonction par le Vice des interludes, d'origine peut-être maléfique, en tout cas de nature turbulente et irrespectueuse, qui légitime l'action en tant que jeu – ce qui explique la grande flexibilité de l'interlude (moral, polémique, satirique ou patriotique, etc. voir Polonius!), dont la forme n'est pas déterminée *a priori* par un choix axiologique. Si, comme Isidore de Séville, nous croyions à la valeur explicative de l'étymologie nous dirions que l'interlude est bien nommé, qui, par l'inclusion de « ludus » dans son nom, affirme ainsi, plus qu'aucun autre genre théâtral, la primauté du jeu. Les pièces historiques enfin, inaugurent la distinction moderne entre Sujet et Destinateur. Le Destinateur qui n'est plus sujet, est concept : en l'occurrence celui de patrie.

On peut donc proposer que les trois étapes correspondent à trois modalités de la représentation du non visible, du non sensible ou du non individuel : réalisme dans les mystères qui représentent un monde postulé comme réel bien qu'échappant normalement à la perception des sens ; personnification dans les interludes où Humanum Genus représente tout humain engagé dans le parcours terrestre, enfin allégorie dans les pièces élisabéthaines où les valeurs se lisent en toile de fond à des actions apparemment naturalistes (ex. de *Kyng Johan*).

Enfin, si nous envisageons ce déplacement du Destinateur en termes idéologiques, on pourrait proposer que le passage d'une motivation, (c'est-à-dire d'un contenu), idéologique à une autre (Dieu → patrie), s'opère par une étape non idéologique, une étape où le contenu de forme l'emporte sur le contenu de contenu.

Danièle Becker

Dieu, les dieux et la magie dans le théâtre de Gil Vicente

Le portugais Gil Vicente est un laïc qui écrit indifféremment dans les deux langues ibériques, comme homme de la frontière. À l'instar de son homologue et prédécesseur Juan del Encina, en Espagne, il utilise aussi les parlers déformés des paysans, ainsi que des esclaves noirs de Guinée introduits au Portugal. Né entre 1465 et 1470, il a reçu sans doute une première éducation comme petit clerc de maîtrise : il a appris le latin d'Église, les offices religieux, la musique ; il a assisté aux spectacles semi-liturgiques des Visitations à la crèche des Bergers, puis des Rois Mages, à la récitation de la Kalenda ou généalogie du Christ, au jeu scénique de la prophétie de la Sibylle, à la Visitation au Sépulcre, à l'Adoration au reposoir du jeudi saint, etc.

Poète et musicien, il a fondé au gré des commandes un répertoire théâtral pour la cour de Lisbonne[1]. S'il n'est pas entré dans les ordres ou comme chantre adulte dans quelque collégiale, c'est qu'il n'en avait pas la vocation[2] ou qu'il avait mal mué. L'Église a pu lui offrir quelques années d'études après cette mue ou le diriger vers l'apprentissage de l'orfèvrerie d'église. Il se mariera deux fois : d'abord vers 1496 ; il aura deux fils, l'un mourra en 1519 au retour de l'Inde, alors qu'il venait d'entrer comme grand clerc à la chapelle royale ; l'autre, né vers 1504, l'y remplacera, mais deviendra *escudeiro*. Le second mariage, avec Melicia Rodrigues, a pu avoir lieu en 1517 ; une première fille, Paula, naît en 1519, puis deux fils,

---
1. Artiste, peut-être doit-on le confondre avec l'orfèvre Gil Vicente qui a terminé en 1506 la custode ouvragée du monastère de Belém. En 1517, une lettre du roi Manoel le nomme orfèvre de sa sœur bien-aimée Dona Leonor la reine veuve ; la mention marginale indique *Gil Vicente « trovador », mestre da balança*.
2. Le clerc indigne est souvent l'objet de ses sarcasmes dans les *farsas* et les comédies de magie.

Luis et Valerio[3]. Or la *Comédia do Viuvo* (du veuf) donne aux filles de celui-ci les prénoms de Mélicia et Paula : on peut supposer que la pièce date de 1519 : est-ce malice ? Le roi Manoel vient de se remarier pour la troisième fois, alors que sa seconde épouse, Maria, morte en 1517, lui a déjà donné dix enfants vivants. Don Manoel, né en 1469, est contemporain de Gil Vicente. À la mort du roi le 13 décembre 1521, G. Vicente servira son fils aîné, le roi don João III, époux en 1525 de Catalina, sœur cadette de l'empereur élu Charles Quint[4].

Gil Vicente fait de modestes débuts en 1502, avec le compliment d'un vacher à la reine Maria accouchée du prince João. Il invite à la fin d'autres pâtres à venir avec des présents faire leur révérence à la mère et à l'enfant. Cette œuvre de circonstance enthousiasme la reine douairière Leonor ; elle pense qu'il suffit de la réadapter pour Noël 1502. Mais G. Vicente refuse : il fait mieux en présentant un *Auto pastoril castelhano* (la reine Maria est espagnole), inspiré des matines de Noël. Les noms des bergers sont tous symboliques : Gil (Vicente) et Bras (Blaise le naïf), Luc et Mathieu, l'un qui raconte la vie de la Vierge et l'autre qui ouvre son évangile par la fameuse Kalenda, Grégoire et Sylvestre, les premiers papes de l'Église, qui en installent la puissance à Rome[5]. Si l'Ange y annonce la venue du Rédempteur, il est diversement entendu : *Angelus* ou chant du grillon du soir ! Pourtant, Gil rappelle les prophéties fondatrices de Malachie et Michée. Il exalte les *Mirabilia Dei*.

La princesse Beatriz, mère de Don Manoel, commande ensuite un *Auto dos Reis Magos*, dont G. Vicente sait exploiter les aspects comiques et satiriques, sans craindre les anachronismes[6].

L'ermite Alberto a du mal à se faire reconnaître comme tel par le méfiant berger Grégoire. Égaré et craintif, il exige de voir un bréviaire,

---

3. Paula, femme cultivée, deviendra dame de compagnie de l'infante Maria, dernière fille du roi Manoel et de sa troisième épouse, Leonor d'Autriche, nièce des deux reines précédentes, filles des Rois catholiques. Avec son frère Luis, Paula éditera la *Copilaçam* ou recueil posthume des *Œuvres* de Gil Vicente en 1562.
4. En 1526, l'empereur épousera Isabelle de Portugal, sœur de João III. Leur fils Philippe II d'Espagne recueillera la succession de Portugal après la mort du Cardinal-roi Henrique et la disparition au Maroc de son neveu le roi Don Sebastião, au grand dam des Portugais qui attendirent en vain le retour de ce nouvel Arthur de Bretagne.
5. Voir la légende de Sylvestre I qui soumet Constantin.
6. La question des dates reste controversée pour ces deux *autos* entre 1503 et 1510, probablement à cause du degré d'inventivité dont fait montre Vicente, surtout dans celui des Rois mages.

un calendrier et un chapelet où Alberto devra réciter un trentenaire, pour preuve qu'il n'est pas le démon. Le berger Valerio pose mille questions sur ce qui est péché ou non. Sa défense de l'amour comme institution légitime, puisque Dieu a fait de si belles créatures, fait rire mais dénonce la figure du clerc amoureux. L'ermite répond honorablement : la contemplation de la crèche suffit à éloigner les tentations. Il faut attendre la dernière partie de la pièce pour voir arriver un cavalier égaré de la suite des Rois de Tarsis, Saba et Arabie porteurs des présents d'or, d'encens et de myrrhe. Il est d'abord mal accueilli par les bergers, mais ceux-ci se repentent et sont pardonnés[7]. Enfin paraissent les Rois mages chantant un bref *vilhancete* à trois voix pour offrir leurs présents.

Pour la Fête-Dieu du couvent d'Odivelas, en 1504, la reine Leonor avait obtenu un très bref *Auto de San Martinho*.

La chronologie s'estompe quelque peu, mais il semble que, désormais, Gil Vicente choisisse ses sujets et prenne son temps pour les présenter. Non seulement il va renouveler et développer le théâtre de Noël, mais ce qu'il ne peut pas bien dire dans ce genre, il l'inscrira dans un répertoire satirique de *Farsas*.

Ainsi en 1510, l'*Auto da Fe* montre la Foi faisant ses efforts pour expliquer les mystères de la religion aux bergers incultes, qui ne comprennent rien à ses discours savants. On entend les réflexions naïves des Bergers, pour qui nommer Jésus revient à lui donner plusieurs noms comme en a leur patron, ou qui comprennent *ora pro nubes* pour les Rogations, en soulignant avec malice le peu d'effet de la procession ; les mêmes se demandent pourquoi il faut veiller cette nuit-là[8], etc. La Foi se résigne à leur recommander... la foi du charbonnier : croire ce que l'Église croit, chanter ce qu'elle chante ; mais lorsque les bergers vont chanter pour elle en remerciements de ses leçons, ils exécuteront « une fricassée venue de France » à quatre voix, « mieux que quatre cornemuseux » déclarent-ils, ce qui laisse à penser sur leurs qualités vocales.

Un laïc dénonce l'état d'inculture religieuse du petit peuple, qui croit sur ordre et par compassion envers l'Homme crucifié Jésus, qui a montré la voie du Ciel et que les bergers s'attendent à voir renaître réellement dans la crèche de Noël.

---

7. Citation approximative du *Pater noster*.
8. Voir *Non la devemos dormir la noche sancta*, noël du chansonnier dit d'Uppsal (H. Scotto, Venise, 1560).

Or, ces petites gens, pour arranger leurs affaires, ont volontiers recours aux jeteuses de sorts ou *feiticeiras* et autres sorcières entremetteuses. *O Velho da Horta* se laisse escroquer par celle qui sera ensuite arrêtée et jugée (1512-1513). Peu après, l'*Auto das Fadas* va plus loin dans l'audace spectaculaire : la sorcière se retrouve au Palais et s'adresse aux souverains et à la cour pour les convaincre de la pureté de ses intentions lorsqu'elle se livre à des sortilèges pour le bien des amants ; elle souligne les risques qu'elle court dans ses pratiques magiques nocturnes ; elle propose une démonstration aux souverains pourvu qu'ils lèvent les mains vers le ciel afin de voir des merveilles. Elle va chercher son attirail et se livre à des incantations qui effraieraient si elles ne faisaient pas rire, sur la confection d'un chaudron, sorte d'anti-graal, où tout est noir et d'où sort finalement un diable noir au parler « picard », totalement incompréhensible à la sorcière, qu'il injurie copieusement et vice-versa. Elle lui ordonne d'aller aux Îles Perdues de la Mer des Chagrins chercher trois fées marines parmi les meilleures, trois sirènes à la voix... de sirènes (celtes évidemment, selon la tradition de la poésie galaïco-portugaise). Mais le diable ne distingue pas entre *frades*, les moines et *fades* ou fées et ramène de l'Enfer deux moines, l'un joueur de cornemuse et l'autre prédicateur, jadis grand amoureux. La saynète tourne à la galanterie auprès des dames, avec un écho goliard d'heures canoniques inspirées de celles du *Libro de Buen Amor*. Funeste dévotion à Cupidon auquel ils chantent un *Te Deum laudamus*. Passons sur l'aporie du sermon joyeux *Omnia vincit Amor*. La sorcière est indignée de l'incapacité de son démon. Elle va s'adresser directement aux sirènes sous forme de litanies (*Te rogamus*). Cette fois elle lit sa formule inquiétante et bizarre, curieuse annonciation ! Les sirènes arrivent épuisées du voyage et ne s'expriment qu'en chantant. Elles jetteront des sorts favorables aux souverains et à la cour ; à chacun sa planète emblématique, Jupiter pour le roi, le Soleil pour la reine, Cupidon, le prince héritier, la Lune pour l'infante Isabel et Venus pour Beatriz[9]. Chaque gentilhomme reçoit son emblème animal avec sa devise : il y en a trente-six, et vingt-trois dames dont les emblèmes sont des oiseaux. Tout s'achève en musique. La sorcière semble avoir gagné sa cause tant qu'il ne s'agit que de magie naturelle et bénéfique et qu'elle ne se mêle pas de dévoiler un avenir qui n'appartient qu'à Dieu.

Le thème de la prédiction inconsidérée est repris pour Noël 1513 dans l'*Auto da Sibila Cassandra*, fondé sur un mélange des traditions scripturaires

---

9. Voir de Mena J., *Las CCC coplas o El Laberinto de Fortuna*, 1444, pour Juan II de Castille.

des prophètes et de la tradition latino-italienne des sibylles, auxquelles sont attribuées des annonces de la venue du Messie et de sa Passion. Le *Jeu de la Sibylle*, encore en vigueur dans la Péninsule ibérique, a fourni une partie de l'argument, l'autre est rapportée dans *Guarino Meschino*, où la sibylle a été condamnée à vivre en une grotte obscure pour avoir cru et proclamé qu'elle-même pouvait être la Vierge, mère du Messie. Cassandre, prophétesse vaniteuse et malheureuse, a refusé d'épouser le berger Salomon, malgré les avis des autres sibylles et des prophètes ; elle a perdu ses pouvoirs et l'opportunité de figurer dans la Kalenda du Messie. L'*auto* est une exaltation des qualités d'humilité de la véritable Vierge Mère.

Peu après, le mélange de la mythologie et du christianisme apparaît dans l'*Auto des quatre temps ou saisons*. D'abord l'exposé doctrinal confié à l'annoncier, le Séraphin qui s'adresse aux deux anges et à l'archange qui l'accompagnent, avec de nouveau l'exaltation de la très belle dame souveraine dont les titres sont issus de ses litanies ; ils chantent ensuite un noël sous forme de *vilhancete* en adorant le Seigneur à la crèche. Puis les quatre saisons se présentent tour à tour, l'Hiver puis le Printemps avec leur chant propre, puis l'Été fiévreux et l'Automne, qui les renvoie tous car le temps de la récolte est venu. Au nom des dieux gréco-latins, Jupiter vient faire amende honorable et déclare que la Nature entière se soumet au Nouveau-né. Il invite les Quatre Saisons à le suivre ; en arrivant à la crèche ils chanteront la fricassée ¡ *Ay de la noble villa de Pris* !, conservée dans le *Cancionero Musical de Palacio* à Madrid, et qui n'a rien à voir avec le sujet, mais devait être la nouvelle pièce à la mode[10]. Puis, c'est l'hommage de tous les lieux sacrés du monde connu, dont le Gange où s'affirme la présence portugaise, et des Saisons. Enfin, David le psalmiste représente la Loi écrite qui vient s'incliner devant la Loi de Grâce et conclut le spectacle devant la crèche en récitant le *Psaume* CXLVIII et une salutation où il affirme sa contrition, le présent le plus agréable à Dieu. Le *Te Deum* conclut le spectacle[11]. Cependant ce mélange des genres n'a qu'un temps. Entre 1517 et 1519, quatre *autos* essentiels se replient sur un argument purement religieux, même si on peut penser que la Barque des Morts de l'Antiquité en a fourni la base, si ce n'est pas la Barque celtique de l'Autre Monde.

---

10. Le théâtre de Vicente offre plusieurs mentions de ces fricassées ou *ensaladas* tantôt indiquées comme celle-ci par leur *incipit*, tantôt complètement citées et que Vicente revendique comme siennes.
11. On reverra les héros de l'*Iliade* dans l'*Exhortação da guerra* de 1514, repris en 1521, introduits par un clerc nigromant venu de la grotte de la Sibylle et qui convoque les démons.

La reine Maria est épuisée par sa dernière grossesse et c'est dans ses appartements que sera représentée la première des trois *Barcas*: *La Barque de l'Enfer*. Les âmes humaines arrivent au terme de leur vie sur la rive d'un bras de mer: deux barques sont en partance, celle de l'Enfer et celle du Paradis, avec chacune leur capitaine. Celle de l'Enfer va à l'Île perdue. Les âmes espèrent entrer dans celle du Paradis: elles en sont indignes. Le gentilhomme compte sur la communion des saints: d'autres prieront pour lui. Il a mésusé de cette communion solidaire, déclare le Démon. L'Ange le refuse comme tyran bouffi d'orgueil et pesant trop lourd pour cette barque du salut. Sa dame a pleuré de joie à ses obsèques: dans la mort nous découvrons notre vérité. L'Usurier pèse aussi trop lourd pour le Paradis avec sa bourse pleine. L'Innocent échappe à celle d'Enfer car il injurie le démon sans crainte; l'Ange lui fait place pour vide mental. Le Cordonnier, confessé et ayant reçu la Communion, sera damné car, malgré les mille messes entendues, il a continué à escroquer ses clients. Le Moine et sa garce Florencia arrivent en dansant le tourdion; lui veut protéger sa dame de son épée contre le démon: peine perdue, son habit ne le protège pas et ses jurons le condamnent aussi bien que son talent pour l'amour impur. Toute une théorie de gens de justice, une entremetteuse, un juif, un procureur, le pendu « martyr de la justice » seront condamnés à ramer et à écoper dans la Barque d'Enfer. Enfin, quatre chevaliers de l'Ordre du Christ, de retour des guerres contre les Maures, embarqueront dans celle du Paradis, en chantant à quatre voix un *vilhancete* sur le bon choix de la Barque de la Vie: ils sont morts pour la Foi, les voici sauvés.

On a pu croire que Gil Vicente suivait la pensée érasmienne, mais son raisonnement se fonde sur la constatation de l'irrespect des commandements divins, la pratique insouciante des péchés capitaux et la croyance dans le salut des guerriers du Christ. C'est un chrétien ordinaire, indigné par les exactions du bas clergé sans vocation et par celles des puissants. Le diable et l'ange sont antagonistes et complémentaires pour faire la leçon à l'homme oublieux de ses devoirs. L'ange n'est pas nommément désigné comme l'archange Michel, mais il est psychopompe comme lui.

La *Barque du Purgatoire*, représentée aux matines de Noël 1518 devant la reine douairière Leonor, traite du salut des paysans. Comme il n'y a pas de lieu défini du Purgatoire, leur cas est réservé. La Barque de Gloire ou du Paradis est menée ici par le Fils de Dieu, sous l'étendard d'Espérance, et convoyée par trois anges. La voile est cousue par la Foi. La Barque d'Enfer est en cale sèche, car le démon procède à des travaux d'agrandissement de la nef, en vue de la fin du monde, proche; de plus, il est las de ses incessants allers et retours. L'Ange donne ses conseils pour accéder à sa barque: « Il faut se préparer au départ »; la vie est un songe et la mort un réveil pour ne plus jamais dormir ni se souvenir[12]. L'Ange, paraphrasant le *Salve Regina*, conseille de s'adreser à la Vierge avocate pour qu'elle accorde un voyage tranquille.

Lorsque le diable veut mettre à l'eau, il trouve son bateau à sec car la promesse d'Abraham s'est accomplie ce soir-là. Ceux qui ne seront pas admis dans la Barque de Paradis resteront sur le bord à souffrir pour se purifier de leurs fautes. Ainsi, un Berger se présente, qui a l'intuition de la naissance du Fils de David: un bref examen des bribes latines de prière et l'assurance donnée par le berger qu'il n'a ni tué ni volé, qu'il a cru en Dieu et a bien fait son devoir et c'est assez pour être sauvé. Il a bien eu quelques vues sur la bergère Madalena, insinue le démon, mais comme elle s'est enfuie, il n'y a pas eu péché, selon le Berger (« en pensée cela ne compte pas », croit-il), et pourtant! L'Ange le laissera sur la rive à se morfondre et à brûler quelque temps. Une Demoiselle fuit le démon, en appelle à Dieu, aux Plaies de Jésus-Christ; séduisante, cette fille d'Ève est morte en grand péril; l'Ange l'appelle, elle souhaite qu'il lui enseigne la voie du salut; elle confond Dieu et la Forme de l'hostie, mais est bien aise d'aller à la Messe voir Dieu[13]. Le diable la dénonce comme cancannière, gourmande et buveuse: un peu de purgatoire pour elle! L'Enfant mort en bas âge est embarqué d'office par l'Ange: Dieu lui a secrètement fait grâce[14]. Le Diable aura tout de même un passager, joueur, tricheur et blasphémateur du mystère de la Sainte Trinité. G. Vicente ne tarit sur la liste de ses péchés, ce qui invite les assistants à accomplir leur catharsis et à prendre leçon pour l'avenir. Les diables partent sur un chant dissonant, difforme, qui pourrait bien singer les jeux de la *musica reservata* flamande, devenue à la mode au Portugal[15]. La Barque des Anges avec l'Enfant part sur des chants mélodieux.

---

12. Voir Manrique J., « Coplas a la muerte de su padre: *nuestras vidas son los ríos/ que van a dar a la mar que es el morir* ».
13. En espagnol comme en portugais, la *forma* est l'azyme de l'hostie, non consacrée. Après consécration elle devient *sagrada forma*. La jeune fille assimile le Corps du Christ à Dieu le Père ou même l'azyme non consacré à Dieu; Lazarillo de Tormes se fait l'écho de cette confusion en appelant, un jour de grande faim, le pain bénit des offrandes, subtilisé du coffre de son maître le curé, *la cara de Dios*, « le visage de Dieu », qu'il adore avant de le manger.
14. Calderón, en 1635, laissera dans les limbes l'enfant mort-né dans *El gran teatro del mundo*.
15. Cette musique « secrète » consiste à ne pas écrire toutes les altérations nécessaires à la bonne marche des modulations, *semitonia subintellecta*, en comptant sur la connaissance

Avant la représentation en 1519 de *La Barque du Paradis* ou *Barca da Glôria*, le regretté Paul Teyssier pensait qu'il convenait de situer l'*Auto da Alma* au Jeudi saint, 1er avril 1518[16].

C'est un voyage sur le chemin de la vie (qui rappelle Dante, mais aussi le *Psaume* XXVII) plein d'embûches et de tentations. Dans ce voyage vers le Paradis, l'Âme est assistée de l'Ange gardien. Saint Augustin, annoncier de l'argument, indique qu'il faut prévoir un lieu de réfection, de repos et d'étape pour ce voyage ; ce sera l'Auberge de l'Église où l'on trouvera le Viatique nécessaire, la méditation sur les Instruments de la Passion. Gil Vicente fournit un contenu doctrinal étoffé, en rapport avec le Jeudi saint et l'institution de l'Eucharistie, d'une part, les leçons des Ténèbres du Vendredi saint, qui préparent à la mort, d'autre part ; cependant l'Âme réconfortée pourra mieux résister aux tentations mondaines. L'Ange lui rappellera l'existence de son libre arbitre. L'Auberge est desservie par les Docteurs de l'Église qui préparent cette « cuisine symbolique », représentée par les divers « services » présentés sur des plats, accompagnés des chants de ces docteurs : *Salve sancta facies*, pour le linge de Véronique, *Ave Flagellum, Ave Corona espinarum, Dulce Lignum, dulces Clavos.*

L'Âme doit se dépouiller des vêtements mondains pour le dernier service préparé par l'Esprit de Dieu dans la Custode Virginale et offert au Père éternel : le Crucifié dans la métonymie du Crucifix, adoré par le chant *Domine Jesu Christe*. Évidemment l'Âme se sent indigne de louer Dieu alors qu'elle est coupable : *Domine, non sum dignus...* Elle pose la question d'un Dieu créateur qui, quoique immortel, a consenti a être tué.

On imagine la procession vers le reposoir au chant du *Te Deum* à quatre voix : l'Ange et l'Église (dessus) l'Âme (alto), saint Augustin et saint Jérôme (basses, car rôles parlés à voix graves) avec, pour tenors, saint Thomas et saint Ambroise, le musicien de Milan.

L'*Auto* s'inscrit bien dans le programme du Jeudi saint : il rappelle les paroles évangéliques, en préparation à la communion annuelle de Pâques, avec le rappel des hymnes et motets classiques.

---

des règles de la solmisation par les chanteurs. Apparemment tout semble correct, mais l'exécution fait apparaître les dissonances de l'ignorance. Ou bien les anges savent chanter une polyphonie complexe secrète, ou bien ils chantent *una voce* une mélodie grégorienne, jamais altérée, donc pure.

16. Il aurait semblé encore plus à propos s'il avait été représenté du vivant de la reine Maria, comme consolation pour une mort annoncée.

En 1519, pour le 22 avril, est représentée *La Barque de Gloire (ou du Paradis)*, à Almeirim pour D. Manuel. Elle traite des hautes hiérarchies ; c'est la pièce la plus audacieuse politiquement et la plus proche de la partie aristocratique d'une danse macabre : il est diffcile pour la Mort d'attraper les grands de ce monde. L'Ange espère qu'à l'heure de la mort la Vierge secourra le Comte qui se présente. Celui-ci, attrapé par le démon, commence à réciter un peu de l'Office des Défunts : *Parce mihi* « *Dios mío* » ; en juriste, il invoque la Passion du Christ ; le démon l'accuse d'avoir ainsi parié sur l'avenir, négligé Dieu, d'avoir été porté sur la vanité, les femmes et d'avoir été dur avec les pauvres. Dans une oraison jaculatoire le Comte convoque la Vierge, mais le diable ne l'a jamais rien vu faire pour Elle[17].

Successivement, nous verrons un Duc avare, un Roi qui crie la leçon *Taedet anima mea*, un répons pour implorer miséricorde. Mais l'Ange lui-même se montre sévère. L'Empereur est conscient de ses péchés, il invoque les mérites de la Vierge et ceux du Christ, il se fait humble : *O libera me Domine* ; les anges se montrent bienveillants mais ne prennent aucune décision.

L'Évêque se confie, comme les autres, au Rédempteur et à sa crucifixion. L'Archevêque n'a pas pu vaincre la mort et a dû se dépouiller de sa pompe (*Sic transit gloria mundi*). Le diable parodie en guise de réponse *Lo que queda es lo seguro*[18]. L'Archevêque a sa leçon et son répons de plus en plus chargé de latin, mais il ne convainc pas les Anges. Il implore alors la Vierge et son assomption glorieuse, évoque ses attributs litaniques, *Porta coeli, hortus conclusus, consolatrice*… Le Cardinal, conscient de la brièveté de la vie (*Peccantem me quotidie*), invoque Dieu dans ce répons. Le Diable le moque : « *Vuelta, vuelta a los franceses* » (allusion aux Guerres d'Italie). Sur les conseils de l'Ange, il se confie à Marie : *Regina caeli*. Enfin la Mort entraîne un Pape pas plus immortel que les autres et qui récrimine contre Ève, mère des hommes. Le diable l'invite à se dépouiller de ses ornements pour aller baiser le pied de Lucifer : le pape se rebelle comme vicaire sacré du saint temple ; mais il n'a vécu que dans l'orgueil, la simonie et la luxure qui l'ont « déconsacré ». Sa leçon est une plainte sur sa naissance et les honneurs qu'il a reçus ; son répons indique un repentir : il implore la pitié divine. L'Ange a pitié du pasteur et prie pour lui Jésus Sauveur. Le pape

---

17. On ignore si Gil Vicente a eu en main les écrits d'Érasme, mais cette scène rappelle les présupposés de la Devotio Moderna qu'on retrouvera en 1527 chez Alonso de Valdés dans le *Lactancio* à propos du sac de Rome, ou encore dans le *Diálogo de Mercurio y Carón*.
18. Pièce du *Cancionero musical de Palacio*, f° 129, pièce à trois voix d'Escobar, et dans celui d'Elvas, le supérius au n° 9.

en appelle aux Douleurs de la Vierge à la mort de son Fils (*Stabat mater dolorosa*) Cependant l'Ange donne la sentence: les prières n'ont pas été entendues, la barque partira à vide.

Coup de théâtre final: la voile déployée laisse apparaître le Crucifix; tous s'agenouillent pour prier encore un à un. Les anges n'en ont cure. Les âmes font une ronde de lamentations en musique: alors le Christ de la Résurrection leur distribue les rames de ses plaies et les emmène avec Lui. Et vogue la galère!

Si la cour n'est pas à la fois effrayée et rassurée *in fine*, c'est à désespérer du théâtre de mystère.

Le remariage de D. Manuel en 1518 n'a pas suscité de théâtre particulier, sauf peut-être la *Comedia do Viuvo*, où il est raconté comment un veuf va marier ses deux filles avec deux princes dont le premier s'est fait passer pour un ouvrier agricole ignorant pour mieux approcher les deux jeunes filles; son frère Gilberto le retrouve et les voici bientôt mariés aux jeunes filles avec la bénédiction d'un clerc. Incitation à pourvoir au mariage des infantes Beatriz et Isabel?

Les *Barcas* ont impressionné le roi et sa cour. Gil Vicente n'écrira plus de théâtre para-religieux avant Noël 1523 pour le nouveau roi D. Jean III. Cependant le travail ne manque pas: fiançailles et mariages se préparent.

Le 4 août 1521 Dona Beatriz s'embarque pour rejoindre son époux en Savoie; pour la circonstance, Vicente écrit *Las Cortes de Jupiter*: la Providence, envoyée par Dieu, charge Jupiter, promu roi de la Mer, des Vents et des Signes zodiacaux d'exécuter les volontés célestes; il devra réunir son conseil pour préparer le voyage de la future duchesse de Savoie. Les personnages allégoriques sont des planètes déesses qui règnent sur la mer: la Lune, le Soleil et Vénus. Jupiter convoque la Mer, furieuse du vacarme de ces messagers stupides que sont les trompettes des Vents; il emprisonnera les Vents du Sud dangereux; la Mer devra obéissance à la Lune. Soleil, Lune et Vénus arrivent alors en dansant au son des trompettes des Vents du Nord et Nord-Ouest, les seuls utiles à cette navigation. Les chants d'amour et de liesse ne manquent pas. À trois voix les planètes chantent[19] au nom du futur époux: « Niña erguidme los ojos [...] que a mí n'amorado m'hão ».

Vénus est l'étoile qui guide les marins, la divinité de l'amour et la beauté tout à la fois. La pièce tourne à la mômerie évoquée par Jupiter: il prévoit une escorte de courtisans et chanteurs métamorphosés en

---

19. *Cancionero Musical de Palacio*, n° 72, avec la musique de Peñalosa, f° 50 v°, puis au n° 108, anonyme, f° 66°, où le *Cantus* de Peñalosa passe au tenor le *cantus*, enfin au n° 403, version

poissons de diverses sortes, supposés allégoriques de leur fonction ou de leur importance à la cour, voire de leurs défauts[20]. Les dames sont caractérisées par des citations de villancicos toutes référencées dans le *Cancionero musical de Palacio*. Elles se présentent en file, dansant et chantant *Llevadme por el río*. Mars arrive avec ses Signes zodiacaux – Cancer, Lion et Capricorne –, chargé de la sécurité sur mer de la fille du maître de l'Océan. D'ailleurs la nef *Catherine*, nef divine qui s'oriente seule vers Alexandrie, la protègera[21].

Pour terminer le spectacle dans la joie, les planètes musicales, Diane et Vénus, ramèneront de son lieu enchanté la magicienne mauresque Taïs. Elle concèdera ses trois dons ariostéens : l'anneau magique qui révèle les secrets, un dé enchanté d'abondance et le précieux poignard de Roland trouvé sur le champ de bataille. Taïs se rend aux prières des déesses lorsqu'on lui chante la *romance* de l'histoire de la princesse *Ninha era la infanta*, interprétée par les Signes et Planètes à quatre voix[22]. Taïs parle un langage « petit nègre », se déclare fille de l'Enfer en compagnie d'Aïcha, petite fille d'une ancienne reine de l'Algarve. Elle remet ses présents à la princesse. Les *Cortes* sont closes par Jupiter. Le Chant des Sirènes qui attendent en mer sera repris avec des danses : « Por el rio me llevad ».

Ce divertissement, qui suit un défilé et un bal, mêle un merveilleux païen, burlesque à la fin, aux vœux du peuple chrétien, qui s'en remet à la Providence pour le succès de ce voyage. Sirènes et magicienne sont aux ordres des signes zodiacaux dans leur dimension mythologique, le tout avec la permission du Très Haut selon un schéma déjà pratiqué par Dante et ensuite Juan de Mena en 1444.

Pour les fiançailles d'Isabel avec Charles Quint en 1524 et celles prévues de D. Jean III avec Catherine, sœur de l'empereur, en 1523, Gil Vicente

---

en canon d'Alonso sur le *Cantus* exposé au dessus par Peñalosa, au f° 265°. Ces trois pièces ont été ajoutées par des mains différentes au manuscrit original dans les espaces laissés libres par le premier copiste. Francisco de Peñalosa, mort en 1528, est à la fois le plus ancien et le plus célèbre ; mais la musique de l'anonyme retravaillée plus simplement pourrait bien être celle chantée dans les *Cortes de Jupiter*.

20. Ainsi les *contralti*, maigrichons, seront des épinoches, et les basses des morues. Le maître de chapelle Pedro do Porto en congre de rivière, pour un mauvais jeu de mot, Pedro Zafio ou le grossier, etc.

21. Cette nef Santa Catalina do monte Sinai, qui a souffert bien des tribulations par la suite nous évoque aussi la Nao Catarineta, dont l'errance sur la Mer Mediterrannée est connue de toute l'Europe au XVIe siècle.

22. Voir Morais M. (ed.), *Cancioneiro de Lisboa*, ms. C.I.C n° 60, *Vilancetes, cantigas e romances do século XVI*, Fondation Calouste Gulbenkian, 1986, Lisbonne (*Portugaliae Musicae*, 77).

choisit les thèmes chevaleresques des parfaits amants : *Don Duardos* tiré du *Primaleón* et *Amadis* sans intervention magique.

Auparavant, en 1521, il développe amplement la comédie de magie dans la *Comedia de Rubena* où démons et clercs libidineux jouent leur rôle dans la naissance de la fille de Rubena, Cismenia. Sorcières et fées font ensuite leur office : Cismenia triomphera des embûches d'une méchante béguine et des prétendants interessés par son nouvel héritage ; elle saura dire « oui » au riche et séduisant prince de Syrie.

Gil Vicente, qui écrit aussi des farces, revient à ce style pour un *auto pastoril português* de Noël en 1523. On commence par les malheurs amoureux de bergers dont l'un, en fuite, est venu chercher auprès du roi licence de se marier en dépit de l'opposition des familles et même du curé qui a des vues sur la future ! Ce paysan est introduit par Gil auprès du roi et il en présente treize autres de la Beira en difficultés amoureuses, puis viennent vingt-sept moines voleurs de melons et trois jardiniers qui auront attrapé un mousse sans veste ni caleçons ! Les moines danseront un *contrapas* varié, suivis par les autres. Voilà le projet de cette mômerie exposé. En réalité nous n'aurons pour tout potage que les amours de quatre bergères et trois bergers en intermède comique, car Margarida vient d'arriver avec une image qu'elle dissimule et tente de faire deviner aux autres. Elle évoque l'apparition de la Vierge de l'Étoile de la montagne[23] et transmet au curé son message : qu'il s'amende et récite son office.

De retour du village, Margarida arrive avec quatre clercs qui tombent en adoration devant l'Image et récitent une version portugaise glosée de l'hymne de Venance Fortunat, litanie des mystères mariaux et résumé de la doctrine qui associe la Vierge à la célébration de la Gloire de Dieu comme reine des cieux.

L'aspect naïf et miraculeux de l'apparition de la Vierge de l'Étoile vient à propos à Évora. Il relance la dévotion mariale populaire de type franciscain, loin du luthéranisme.

La critique des clercs ignorants et indécents se fait de plus en plus rude, dans le registre de la farce, en 1528-1529, après le sac de Rome de 1527 par les lansquenets de Charles Quint, où Rome est qualifiée par les érasmites de nouvelle Babylone[24]. Ainsi le *Clerc de la Beira* va à la chasse aux

---

23. La Serra da Estrêla.
24. Voir Alonso de Valdés, *El Lactancio o diálogo de las cosas ocurridas en Roma* (ca. 1528-1529) et *Diálogo de Mercurio y Carón* ; Becker D. dans *Actes du XIVᵉ Congrès de la SHF. Les genres littéraires et leurs rapports avec l'Histoire*, 1978, Nice, éd. de l'Université de Nice, 1979, p. 49-76.

lapins, la veille de Noël, avec son fils : la mère de ce dernier sert de sacristine et range les ornements religieux avec les instruments du ménage. Les matines sont expédiées avant la chasse, mi en latin, mi en portugais. Après divers épisodes scandaleux, la pièce débouche sur la convocation d'un « medium », Cécilia, qui révèle dans le personnage de Pedreanes, incarné en elle, tout ce qui a été volé et caché. Cécilia-Pedreanes est aussi entremetteuse et révèle les amours secrètes des nobles de la cour, nommément désignés. Pour les dames, il/elle les remet à une autre fois.

La critique anticléricale et la dénonciation des superstitions s'effectuent sous le signe du rire. Dieu n'est pas directement impliqué ni concerné. Tout se passe dans l'impunité la plus totale.

En 1527 on revoyait des pièces allégoriques comme la *Devise de la Cité de Coimbre* et la *Nef des Amours* pour le retour à Lisbonne des souverains, un temps réfugiés à Coïmbre pour cause d'épidémie à Lisbonne. 1527 est une année clef pour la chrétienté, avec le sac de Rome. Alonso de Valdés sera commis par l'empereur pour écrire aux chancelleries d'Europe et défendre le bien-fondé d'une pareille exaction. On en verra la trace dans ses dialogues. Ces pièces, mise à part la complication de l'intrigue pour la première, n'apportent rien d'original ou de neuf pour le sujet qui nous occupe. En revanche la secousse de la chrétienté semble avoir induit Gil Vicente à reprendre la composition d'*autos* religieux avec d'autant plus de conviction.

Pour Pâques 1527 ou 1528, le *Dialogue entre les Juifs sur la Résurrection* nous montre quatre rabbins qui discutent de la venue possible du Messie. Ils finissent par être convaincus de sa résurrection, annoncée par les Écritures mais, craignant que cela ne nuise à leurs affaires (les baux emphythéotiques expirant à l'arrivée du Messie), ils décident d'élaborer un énorme Talmud qui voilera la vérité à tout un chacun. Pour masquer leur défaite ils chanteront et danseront, fendant les oreilles de tous : leur fête consistera à se lamenter en se balançant et en déchirant leur vêtement. Évidemment tout le comique repose sur ce paradoxe de la révélation biblique et de sa négation apparente par ceux-là mêmes qui auraient dû la recevoir, mais dont le veau d'or aveugle l'entendement. Implicitement, on trouve ici l'annonce d'une Inquisition pour la purification du dogme, maintes fois refusée jusque-là par la papauté pour le Portugal, peut-être au vu de l'usage qui en a été fait par les rois en Espagne.

La *Brève Histoire de Dieu* représentée à Almeirim, hors de Lisbonne, devant les souverains, présente les vues catéchétiques officielles. Dieu n'apparaît pas directement. Son envoyé, l'Ange, introduit le spectacle : il rappelle que l'Arbre de la Croix est celui de la faute d'Adam. Aussitôt il nous conduit dans les Enfers de Lucifer, le chef, Satan et Belial. Satan est chargé d'induire Ève en tentation, Lucifer donne la marche à suivre. Bélial se plaint d'être le délaissé de cette trinité inversée. Nous ne connaîtrons que la relation par Satan de son entreprise. Satan est promu duc et capitaine du monde jusqu'à la fin des temps. Il lui faut perdre aussi les enfants des hommes pour éviter qu'ils ne s'attirent la bienveillance divine par leur bonne conduite.

Nous voici hors du Paradis, dans le Monde et dans le Temps. L'Ange annonce l'Espérance et le Salut de Dieu dont la bonté est infinie. Le Monde fournira le nécessaire à Adam et Ève pour leur bien-être moyennant leurs efforts ; le Temps avec son horloge organisera le flux de la vie ; Satan pourra conseiller l'Homme et la Mort sera… « ce que vous verrez ». Nous sommes dans la Loi de Nature : les personnages en fin de vie sont conduits aux Limbes. Le Monde a choisi quatre exemples dans la Loi de Nature : Adam et Ève, Abel (sans Caïn) qui résistera aux tentatives de Satan l'hypocrite. Il est le premier à entrer dans la tristesse des Limbes. Puis Adam et Ève y entonneront avec lui un *Planctus* à trois voix[25]. Enfin Job verra sa patience et sa fidélité mises à l'épreuve : pendant son agonie Job récite un « concentré » de l'Office des morts en latin mêlé de portugais. Bélial est alors le gardien des Limbes.

Pour la Loi écrite, le Monde choisit Moïse, Isaïe, David et Abraham. Ce dernier a l'intuition d'un Dieu unique ; Moïse décrit comment ce Dieu créa l'Univers et, dans sa Loi, dit les figures de la Trinité. Dieu l'accompagne dans sa rédaction du Pentateuque, tout en faisant remarquer que le texte n'est pas à prendre au pied de la lettre. David et Isaïe indiqueront plus brièvement que le sacrifice le plus agréable à Dieu est un esprit inquiet, souffrant et humble. Isaïe voit comme victime idéale le Messie, né à Bethléem de Juda, fils d'une Vierge. Il compare cette dernière au buisson qui brûle sans se consumer. Ce Messie est l'Agneau bien-aimé qui enlève le péché du monde. David nous renvoie à ses psaumes et aux merveilles de Dieu, mais Jérémie se lamente aussi sur l'avenir du Messie. L'esssentiel est écrit : le Temps et la Mort font leur œuvre ; tous passeront par les Limbes.

---

25. Sans doute un motet fondé sur le *De Profundis* mais que Vicente n'expose pas. Ce pourrait être aussi une variation sur le fameux *Circumdederunt me dolores* déjà paraphrasé par Juan del Encina dans l'*Eglogue de Plácida y Vitoriano* et dont une partition figurait dans le *Cancionero Musical de Palacio* avant d'être arrachée.

Dans la Loi de Grâce, les mortels ont accès à la Gloire éternelle, représentée par Jean le Baptiste et ses principales prophéties au sujet de Jésus. Jean mourra mais continuera à désigner le Christ depuis le séjour des morts, suscitant l'Espérance : les prisonniers des Limbes imploreront la Vierge dans un *romance* chanté pour qu'elle mette le Seigneur au monde afin que les hommes soient rachetés, vivants et morts, sans oublier l'annonce de sa Passion.

Le dernier tableau, beaucoup plus long, montre le désarroi des enfers, les vains essais pour tenter le Christ. Le Monde aura pour mission de contempler et méditer la Passion du Christ, au long du Chemin de Croix. On revient en arrière avec la Tentation au Désert, la Montée à Jérusalem pour le supplice. La Mort du Christ n'est pas montrée, mais ses effets sur l'Enfer ébranlé le sont à travers Bélial frissonnant et grelottant. Au son des trompettes et chalemies, après une brève *Visitatio Sepulchri* évoquée par deux chanteurs, la figure du Christ en résurrection apparaît et libère des Limbes les prisonniers bienheureux. Nous sommes dans le droit fil des décors des porches de la Résurrection des cathédrales, mais aussi du retable européen et de l'art de l'icône plus lointain.

En 1526 au plus tôt, l'*Auto de la Foire de Noël* reprend l'argument de type allégorique, *Le grand marché du Monde*, dira Calderón un bon siècle plus tard. L'*auto* est dans la ligne des critiques de la papauté. La Foire est imaginée par Mercure et son zodiaque, emmenés par Vénus, planète de la musique et Jupiter, roi des constellations. Le Temps sera responsable de la Foire de Grâce en l'honneur de la Vierge accouchée à Bethléem. À côté des échoppes reconnues, offrant des remèdes contre l'adversité, des conseils de la raison, de la justice, la vérité et la paix désirée (car la chrétienté se perd dans le point d'honneur), la zizanie (ou ivraie) sera représentée par l'éventaire furtif du démon : il vend, lui, et ne fait concurrence à personne, puisqu'il ne s'adresse qu'aux méchants qui ignorent le geste gratuit. Les Séraphins appellent les chalands, églises, moûtiers, pasteurs des âmes, princes qui pourront acquérir la crainte de Dieu en suffisance. Rome se présente en chantant qu'elle est mise à l'encan entre trois prétendants. Elle veut acheter la paix qui la délivrera de sa mauvaise fortune où ses partisans l'ont enfoncée, sinon elle cherchera un morisque pour protecteur. Elle refuse les offres du diable et ses mensonges ; mais elle veut payer la paix en indulgences, pèlerinages, jubilés etc. Comme elle a pouvoir sur la Terre, elle pense acheter la paix des Cieux. Mercure, dans son rôle d'Hermès Trismégiste, psychopompe, lui reproche de poursuivre les péchés d'autrui en laissant les siens prospérer. Rien ne s'achète ; la paix s'obtient en échange d'une vie sainte et décente : chose difficile pour Rome. Voici pour la partie politico-religieuse. Ensuite c'est un défilé plutôt comique de paysans mal mariés, puis ce sont les femmes qui s'approchent de l'éventaire du diable, mais ses blasphèmes les font fuir. Les femmes cherchent du concret dans cette foire. Le Séraphin leur propose un peu d'amour de Dieu pour aller au ciel de la Vertu, mais les filles refusent : ce n'est pas avec cela qu'on déniche aujourd'hui un mari ! Cependant, elles sont venues à la Foire de Notre-Dame, car elle donne ses grâces aux personnes qui les demandent. Pour la naissance de Jésus, elles chanteront une *Folia* à la gloire de la Vierge et de l'Enfant sur le thème de la Rose et du Rosier, en double chœur dansé. Ainsi Gil Vicente expose la situation de déchristianisation des gens simples, peu instruits de leur religion, mais désireux de ferveur et de dévotion, comme ces femmes qui font ce qu'elles peuvent pour être agréables à Notre-Dame, à l'instar du jongleur du conte ou du moine dévot de la Vierge des *Cantigas* d'Alphonse le Sage. Les clercs ne font pas leur office, Rome non plus : une réforme disciplinaire s'impose. Telle est la leçon implicite de la pièce. Gil Vicente insinue aussi que la dévotion mariale et le *Salve Regina* à quoi se raccroche le peuple ne suffisent pas pour obtenir le salut.

Les pièces de Triomphes pour les princesses, comme *La Forge d'Amour*, intermède comique et satirique de 1524, *Le Temple d'Apollon* pour le départ d'Isabel vers l'Espagne en 1526, font figure de divertissements décoratifs. Apollon prend la place de la Divinité sur son trône ; il édicte des règles d'admission au temple, réservée aux très grands de ce monde, l'Empereur et Isabel, accompagnés de leurs vertus et qualités diverses. Les prières des fidèles échouent dans les bureaux d'une curie ! À la fin le villageois portugais, arrivé avec force cadeaux de valeur (pour lui) tempête parce qu'on lui refuse l'accès au temple. Il aura gain de cause avec son raffut[26] car Apollon vient aux nouvelles et se déclare plus intéressé par les chants et danses des paysans que par la pompe courtisane ; il se mêlera aux danses finales, des *folias* en l'honneur d'Isabel : tel est le sujet des folies finales.

Le théâtre décoratif d'allégorie et de merveilleux se poursuivra sans réellement rien ajouter au rôle des dieux mythologiques : il s'achèvera par la *Floresta dos Engannos* (« La Forêt des tromperies »), en 1536, où Cupidon

---

26. « Frappez et on vous ouvrira, [...] demandez sans vous lasser », *Matthieu*, VII, 7-11 ; *Jean*, XIV, 13-14 ; *Luc*, XI, 9-11.

abuse Apollon qui abuse le roi Telebano pour qu'il envoie sa fille Grata Celia dans la forêt s'exposer aux désirs de Cupidon. Elle résiste et trompe ses espoirs. Finalement, beau joueur, Cupidon lui suscite un prince qui l'épousera.

Déjà en 1532, l'*Auto de Lusitanie* proposait à la fille de Lisibea (Lisbonne) et du Soleil de la marier à Mercure, avec l'aval de toutes les déesses gréco-romaines du mariage ou de l'union amoureuse. Déesses aveugles, car, trop occupé de lui-même, l'époux n'en n'est pas vraiment un. C'est le prince Portugal, grand chasseur venu d'Orient, qui emportera le cœur de la belle. Les dieux mythologiques font de plus en plus piètre figure, dans un registre plaisant.

En revanche les deux derniers *autos* religieux, écrits totalement en portugais et représentés en 1534, prennent un relief remarquable, tant au plan théâtral que doctrinal.

L'abbesse de Saint-Bernard d'Odivelas commande un *Auto de la Cananéenne*, sans doute pour le lendemain de la fête de la Transfiguration de N.S., le 7 Août, selon l'évangile du jour. L'*auto* pourrait se représenter dans des mansions : celle de *La loi de Nature*, Silvestra, bergère d'ouailles récalcitrantes. Hebrea, Loi de l'Écriture, vient se plaindre avec elle, car son troupeau vague et mange à la table des autres : témoins la captivité de Babylone, Jérémie et Isaïe. Si le troupeau de Nature est perdu par définition, selon Hebrea, le sien, choisi par Dieu, s'est laissé pervertir. Silvestra proteste du sien. La *Loi de Grâce* apparaît, sainte et bénie, selon Silvestra ; elle a nom *Veredina*, le renouveau. Elle guide son troupeau dans les voies du Rédempteur, le berger chef ; elle annonce l'arrivée du Messie qui marque la fin du pouvoir d'Hebrea ; elle rappelle l'échec de Satan face à Lui au désert.

La seconde mansion, celle de Satan et Belzébuth, montre le retour de Satan dépité. Belzébuth est inquiet du savoir et du pouvoir de cet Homme. Il tourmentera la fille de la Cananéenne, mais craint d'échouer encore si elle rencontre le Chevalier que sa mère s'efforce d'amener au village. Satan n'est pas pressé d'aider Belzébuth : il a déjà souffert du pouvoir de celui-ci.

Dans la troisième mansion paraissent le Christ et six de ses apôtres : Pierre, Jacques et Jean, les pasteurs, Philippe, André et Simon, les pêcheurs. Santiago (Jacques le Majeur) demande à Pierre de demander au Seigneur de leur apprendre à prier : c'est l'institution du *Pater*, avec les commentaires en portugais, verset par verset.

Dans cette première partie Vicente rappelle aux moniales l'essentiel de leur rôle : prier et recourir à Dieu et à sa Loi de Grâce dans le péril.

Dans la seconde partie, la Cananéenne se présente selon le récit de Mathieu (XV, 21-28). Elle implore le Seigneur, car c'est d'un mal surnaturel que souffre sa fille. Les apôtres pasteurs interviennent en sa faveur : l'adversaire est Satan et la mère a dû être conseillée par un ange pour venir trouver Jésus : c'est une foi certaine que la sienne. La Cananéenne insiste ; Pierre est ému ; le Christ devrait montrer sa puisssance même auprès des Cananéens étrangers. Alors Belzébuth proteste avec des arguties bibliques telles que Pierre est indigné. Belzébuth prétend, comme le Saint-Esprit, parler par la bouche de quelqu'un ! Il veut encore s'égaler à Dieu. Enfin le Christ consent à exaucer la femme et à reconnaître la sincérité de sa foi. Belzébuth en fuite se heurte à Satan dans la mansion de l'Enfer ; il porte un message de Jésus de « Nazaré » : *Ite maledicti Patris mei*. Il fait un récit incohérent, peut-être issu d'un commentaire de l'Apocalypse johannnique : les Cieux, les Trônes et les Dominations sont bouleversés. Ils disparaissent.

Le Christ apparaît alors en prédicateur enseignant aux foules la persévérance dans la prière comme dans les actes, citant Elie, Job, Jérémie, et Jacob en exemples. La Cananéenne chante en préface de l'adoration et l'*auto* s'achève par le Motet de Pedro de Escobar *Clamabat autem mulier cananea*[27].

L'*Auto de Mofina Mendes ou des Mystères de la Vierge*, représenté aux rois pour Noël 1534, est encore plus complexe, en quatre parties : d'abord un prologue sous la forme du sermon joyeux d'un moine, citant d'abondance les autorités chrétiennes et païennes sur la générosité et contre l'avarice. Il introduit une momerie parlée où défileront les « hymnes orphiques » personnifiés : *Domine labia mea, Venite adoremus, Te Deum laudamus* en cape d'écarlate. *Jam lucis orto sidera* chantera... le *Benedicamus*, car c'est jour de gloire.

La première entrée est celle de Notre-Dame, en reine, entourée de ses quatre demoiselles, Pauvreté, Foi, Humilité et Prudence, précédées de quatre anges musiciens. Chacune lit dans son livre les prophéties bibliques et sibyllines concernant une Vierge sans péché qui concevra un fils dans l'humilité et la pauvreté, le Messie, thème connu dès les *cantigas* d'Alphonse X le Sage. Gil Vicente montre sa science mariale biblique en citant aussi le *Cantique des Cantiques*. Cette princesse modeste souhaiterait pouvoir connaître cette précieuse dame pour la servir : ce faisant, sans le savoir, elle fait son propre éloge.

---

27. Hypothèse plausible : ce motet est conservé dans le Cancionero de Barcelona M. 454. Coimbra Bib. Gêral ms. mus. n° 12, f° 193 v°-194 ; Tarazona, Cat. n° 2, 98 ; Sevilla, ms. Colombina, n° 7. Pedro de Escobar, chanteur d'Isabelle la catholique, est appelé le Portugais.

L'Ange Gabriel se manifeste alors par la salutation angélique en latin, qu'il glosera verset par verset devant les servantes de Marie. Dans le doute, Marie prend conseil de ses Vertus. Elle se range à l'avis de la Foi, mais demande un signe du ciel : apparemment la visite de l'Ange ne lui suffit pas. Gabriel transmet la fin de son message ; il invite Marie à devenir la mère du Sauveur : la Vierge prononce et achève en portugais son acceptation de lui offrir sa liberté. G. Vicente rappelle que le consentement de la créature est nécessaire au Créateur pour accomplir son projet. Dans la théologie mariale le *Fiat* est essentiel. Le tableau s'achève par le départ de Gabriel et des anges musiciens. Le rideau se ferme.

La solution de continuité entre l'Annonciation et l'Incarnation de Noël est comblée par la fable de *Mofina Mendes*, la malchanceuse, déjà personnifiée dans les contes de *Khalila e Dimna* et du *Conde Lucanor* de don Juan Manuel au XIIIe siècle et qu'on retrouvera chez La Fontaine dans *Perrette et le pot au lait*. Il en ressort que lorsque la malchance s'attache à vous et vous sert, tout va de travers : ainsi de la bergère Mofina à qui son maître Payo, pour s'en débarrasser, donne pour salaire une cruche d'huile. Catastrophe, le pot sera brisé pendant que Mofina tirait des plans sur l'avenir. Ayant tout perdu, Mofina n'est pas marrie ; elle en tire la leçon : les biens terrestres sont sans valeur, inutile de s'en soucier[28].

La dernière partie correspond à l'éveil des bergers endormis par les anges musiciens. Auparavant, la Foi a voulu propager sa lumière au village, sans succès, car sa chandelle s'est éteinte : le *Memento mori* n'est pas pour ce peuple ; pourtant la Vierge et ses dames ont chanté le *Psaume* CXLVIII des bénédictions divines. La Vierge demande à Prudence la lumière d'Espérance, chandelle du salut et du pouvoir du libre-arbitre. Joseph est réticent : on ne peut faire entrer par la force les révélations divines. Elle n'éclairera pas non plus ; mais Prudence console Marie : son fils est la Lumière du monde (*Jean*, VIII, 12), le pain de Vie (*Jean*, VI, 35), et il revêt la nature de parure[29].

Tout est prêt pour la scène finale : l'Enfant couché est bercé par le chœur des anges. Il n'y a plus qu'à éveiller les bergers ; mais les choses se compliquent ; G. Vicente s'appuie sur les paraboles du Royaume des Cieux, celle du semeur et celle des noces pour évoquer les bons, les endormis, les récal-

---

28. *Luc*, XII, 13.
29. Plaisanterie fondée sur l'*Évangile de Luc*, XII, 22-29, et *Matthieu*, VI, 25, du lis des champs et sur le noël où la Vierge se demande qui lui donnera des langes pour emmailloter son Fils. Voir *Cancionero de Upsall*, n° 39, Venise, 1556. Thème fréquent dans les noëls ibériques.

citrants au Verbe de Dieu. L'Ange est déçu du peu de réponses positives. Ici l'épisode comique de Payo (sans Mofina Mendes) : rejoignant la crèche, Payo prend d'abord le chant angélique pour celui des grillons. Certains ne songent qu'à s'empiffrer à la fête sinon ils n'iront pas : beaucoup d'appelés, peu d'élus. Payo interroge l'Ange : « vous voulez tant de monde, est-ce pour travailler à la vigne ? » L'Ange, dépité, lui répond qu'il serait refusé pour incapacité. Il fait une allusion rapide aux noces de Royaume. Puis Payo le tranquillise : à défaut de trente bergers, il aura cent vachers qui feront la haie sur la route de Jérusalem pour la Présentation de Jésus au Temple et pour la Purification de la Vierge.

Tout s'achève dans la liesse générale, les chants et les danses, au son des instruments des anges musiciens. Souvenons-nous que les danses liturgiques se pratiquent en Espagne, et que cet *Auto* est représenté aux matines de Noël.

Gil Vicente s'est pris au jeu des commandes de la reine Leonor et de la princesse Beatriz. Il progresse dans le choix et la conduite de ses arguments avec la *Sibila Casandra* et surtout les *Barcas* et l'*Auto da Alma*, riches en allégories et en matière doctrinale. Il s'approche du futur concept de l'*auto sacramental*, alors qu'il ne traite jamais directement ce sujet qui sera un point litigieux du Concile de Trente, non encore discuté. En revanche, le Voyage, la Foire, l'Histoire de Dieu sont autant de catéchèses directes.

Si dans ses débuts G. Vicente faisait encore appel aux figures mythologiques (*Auto des Quatre Saisons*) comme succédanés des esprits inférieurs, il les réservera ensuite aux pièces d'apparat et des festivités princières, souvent réduites à leur aspects comiques.

En revanche le contenu doctrinal se développe dans l'exposé des trois Lois, l'explication du *Pater*, de l'*Ave Maria*, la notion du libre arbitre, la libération des justes anciens de l'Enfer des limbes, selon le *Credo*, message d'espoir pour la chrétienté fidèle en ces temps d'hérésie. Message ascétique dans les derniers temps où il insiste sur les paraboles du royaume par allusions discrètes, dans *Mofina Mendes*.

Dans sa veine plus laïque, il met en cause les superstitions, les conjurations qui échouent, les sirènes, les incantations d'un domaine paganocelte qu'il faut surmonter : il le fait souvent par le rire. Son théâtre qui utilise les dieux mythologiques reste décoratif comme celui d'inspiration chevaleresque. Théâtre de féerie sans charge philosophique réelle sinon que ces dieux sont impuissants, livrés à eux-mêmes, sauf pour abuser et tromper les hommes crédules.

DIEU, LES DIEUX ET LA MAGIE

Finalement ce laïc sait faire passer dans son théâtre de Noël ou de Semaine Sainte l'essentiel du dogme chrétien, en respectant l'interdit de montrer Dieu comme *Figura* et ses miracles sur scène, avec l'exception de la personne du Christ prédicateur, nécessairement présent dans l'*Histoire de Dieu* et dans ses rapports avec la Cananéenne. Celle-ci illustre la persévérance de la femme étrangère qui prie mieux que les naturels (défense des nouveaux chrétiens face à la menace de l'Inquisition qui sera instaurée en 1536?)

Pour l'ornement de ses pièces et comme références fonctionnelles, il use amplement des chants traditionnels, des folies, de la mode des fricassées, ou *ensaladas* concoctées pour guérir le mal d'amour d'un clerc, dans la *Farce des Médecins*, par exemple.

Dans les dernières pièces religieuses, les références aux offices et aux motets angéliques sont de plus en plus nombreuses et s'allient aux chants plus naïfs des bergers de la Beira qui valent prière par leur ingénuité. Gil Vicente a amplement dépassé ses prédécesseurs ; il faudra attendre en Espagne les *autos sacramentales* de la fin du seizième siècle et surtout du dix-septième siècle pour retrouver voire dépasser cette qualité théâtrale.

Nadine Ly

Du Dieu des *autos* du XVIe siècle au Dieu des *autos sacramentales* du XVIIe siècle : l'invention d'un personnage

Dans l'importante thèse qu'il a consacrée à *La formation de l'« auto » religieux en Espagne avant Calderón (1550-1635)*[1], Jean-Louis Flecniakoska observe à propos du théâtre de collège des jésuites (Chap. V) :

> On pourra s'étonner de ne pas voir de paragraphe consacré au Christ, à la Vierge, à Dieu le Père et à la Trinité ; le théâtre des Jésuites ne les met pas sur la scène : le Christ n'apparaît que deux fois et Dieu le Père une fois. Quant à la Vierge et à la Trinité, il n'en est pas question.

Il ajoute que le personnage de *Satan*, si important dans les *autos*, n'apparaît que très discrètement dans le corpus des pièces composées par les jésuites : cette différence tient au fait que leur théâtre était avant tout moralisateur, et celui des *autos* doctrinaire, dans la plus rigoureuse orthodoxie catholique. Les *autos* du XVIe siècle, en effet, qu'ils aient été joués ou non pour la fête du Corpus, comme le seront les *autos sacramentales* du XVIIe siècle, présentaient environ de trois à dix personnages, généralement désignés soit par le terme de *personas* « personnages », soit par celui de *figuras* « rôles », alors qu'au XVIIe siècle leur nombre va augmenter et varier de dix à quinze et que, par ailleurs, la désignation par le terme *figuras* disparaît complètement. La variation du nombre de ces personnages, on le sait, était étroitement liée au nombre des « acteurs », issus des confréries et des corporations, religieux ou simples dévots d'abord, professionnels ensuite et appartenant à des troupes, susceptibles d'endosser tel ou tel rôle.

---

1. Flecniakoska J.-L., *La Formation de l'« auto » religieux en Espagne avant Calderón (1550-1635)*, Montpellier, 1961, p. 260.

Le rôle de l'Âme, par exemple, ou celui de la Vierge, correspond à la première actrice de la troupe, tandis que Dieu est interprété par le barbon et le Christ ou Satan le séducteur par le jeune premier. Dans la thèse[2] qu'elle consacre au *Códice de Autos viejos*[3] du XVIe siècle espagnol, Mercedes de los Reyes Peña établit une liste des types de personnages qu'elle classe en : personnages historiques (sous-catégories : bibliques, Ancien et Nouveau Testaments, profanes et hagiographiques) ; personnages génériques, nommés ou non selon leur profession, leur nationalité, leur religion, leur âge etc. ; les entités spirituelles ; les personnages allégoriques ; les personnages mythologiques ; les personnages légendaires. Dieu appartient aux personnages définis comme entités spirituelles, dont Mercedes de los Reyes Peña décrit ainsi les caractéristiques (ma traduction)[4] :

> Entités spirituelles : par ces termes nous désignons des personnages qui, bien qu'ils apparaissent sous figure humaine dans les *autos* (et parfois aussi dans la Bible), sont des êtres de substance spirituelle et d'existence réelle, selon la doctrine catholique : Dieu, les anges, les démons, ou les trois Personnes de la Sainte Trinité. Pour le Christ, quand il apparaît sous ce nom, nous avons choisi une terminologie spécifique, à savoir que nous le considérons comme « entité spirituelle incarnée », eu égard à sa double nature.

---

2. de los Reyes Peña M., *El Códice de Autos Viejos, Un estudio de historia literaria*, Prólogo de López Estrada F. (ed.), Sevilla, Alfar, 1988, 3 vols.

3. *Códice de Autos viejos*, ms. 14.711 de la Bibliothèque nationale de Madrid, publié en France sous le titre : *Colección de Autos, Farsas y Coloquios del siglo XVI*, Léo Rouanet (ed.), Barcelona, Madrid, 1901, 4 vols. L'édition que j'ai utilisée est : Rouanet L. (ed.), *Colección de autos, farsas y coloquios del siglo XVI*, 4 vols., Hildesheim-New York, Georg Olms Verlag, 1979. Toutes les indications de pages renvoient à cette édition.

4. Thèse citée, vol. I, p. 232-233 : « Entidades espirituales : con estos términos, designamos personajes que, si bien aparecen en forma humana en los autos (y a veces en la Biblia), son seres de sustantividad espiritual y existencia real, según la doctrina católica : Dios, los ángeles, los demonios o las tres Personas de la Santísima Trinidad. Para Cristo, cuando aparece bajo esta denominación, hemos utilizado una terminología especial al considerarlo como "entidad espiritual encarnada", matización que permite recoger su doble naturaleza. Aunque dichos personajes intervengan en pasajes concretos de las Escrituras junto a otros histórico-bíblicos del Antiguo o del Nuevo Testamento (v.g. la presencia de Dios junto a Abraham para ordenarle el sacrificio de Isaac o la posterior del Ángel deteniendo a aquél : Gen XXII, *1-2 y 11-12*), no los hemos considerado como tales porque su existencia no se puede localizar en un momento determinado de la historia, ya que debido a su naturaleza están por encima de ella. La única excepción remite de nuevo al caso de Cristo, considerado como histórico-bíblico cuando aparece en obras que escenifican algún episodio de su vida privada o pública durante su estancia en la tierra ».

> Bien que ces personnages interviennent dans des passages précis des Écritures à côté d'autres, historico-bibliques, de l'Ancien et du Nouveau Testament (par exemple: la présence de Dieu auprès d'Abraham pour lui ordonner le sacrifice d'Isaac, ou plus tard, la présence de l'Ange, arrêtant Abraham: *Gen* XXII, 1-2 et 11-12), nous ne les avons pas définis comme historiques parce que leur existence ne peut être temporellement localisée, leur nature les plaçant au-dessus de l'Histoire. L'unique exception est encore une fois le Christ, considéré comme historico-biblique quand il apparaît dans des œuvres qui mettent en scène des épisodes de sa vie privée ou publique lors de son séjour sur terre.

On est encore loin, dans ces pièces de la deuxième moitié du XVIe siècle, de l'extraordinaire construction caldéronienne de l'*auto sacramental El gran teatro del mundo*, où Dieu apparaît sous le nom de *Autor* et déploie toutes les implications de son nom, sur lesquelles nous reviendrons. Un court siècle et pour certains cas entre trente-cinq et cinquante ans seulement séparent l'*auto* de Calderón, composé en 1635, des *representaciones*, *autos* ou *farsas* d'un Hernán López de Yanguas, d'un Sebastián de Horozco, d'un Diego Sánchez de Badajoz, des quatre-vingt-seize pièces recueillies dans le *Códice* et des pièces sacramentelles de Juan de Timoneda, pour ne citer que quelques noms et pour ne pas citer les Juan del Encina, Lucas Fernández et Gil Vicente qui font l'objet, au cours de ce même colloque, des analyses d'autres hispanistes. Entre ces *autos*, *farsas* ou *representaciones* et le triomphe de l'*auto sacramental* caldéronien, les *autos* de Lope de Vega, du Maestro Josef de Valdivieso et de Fray Gabriel Téllez alias Tirso de Molina assurent la transition de la figuration directe de Dieu à sa figuration allégorique et, plus largement, à une construction conceptiste des pièces théologiques, construites en forme de pointes composées ou *agudezas compuestas*, que Baltasar Gracián décrira, en 1642 puis en 1648, dans son célèbre traité *Agudeza y arte de ingenio*[5]. Certains des *autos* ou *representaciones* présentent une structure élémentaire statique, un exposé sur l'Eucha-

---

5. Baltasar Gracián, *Agudeza y Arte de ingenio* (1648), ed. Evaristo Correa Calderón, Clásicos Castalia, n° 14 et 15, Madrid, 1981. *Id.*, *La Pointe ou l'art du génie*, trad. Gendreau-Massaloux M. et Laurens P., préface de M. Fumaroli, Lausanne, Paris, UNESCO, coll. « L'Âge d'Homme », 1983. *Id.*, *Art et figures de l'esprit*, trad., intro., notes par Pelegrín B., Paris, Éditions du Seuil, 1983. Le traducteur précise (p. 85-87) que, bien qu'elle respecte tous les chapitres du traité de Gracián, sa version est allégée de certains exemples jugés « superfétatoires ».

ristie par exemple, sans action dramatique proprement dite ; d'autres, plus animés, offrent des échanges dialogués joyeux et dynamiques qui commentent les mystères et les fêtes de la Nativité ou du Corpus ; les plus complexes construisent, à propos du mystère de la transsubstantiation et de l'Eucharistie, la dramaturgie d'un conflit qui se noue, se développe et se dénoue : c'est le propre des *autos sacramentales* du XVIIe siècle. Les pièces du XVIe siècle que j'ai choisi de retenir ne sont pas encore toutes des *autos sacramentales* proprement dits : celles qui s'intitulent *autos* tiennent en un seul acte comme l'*auto sacramental*, d'où leur nom, mais elles ne sont pas toutes consacrées au thème eucharistique et elles ne sont pas toutes allégoriques ; les *farsas* les plus tardives, surtout celles qui mettent en scène le Saint Sacrement, s'apparentent à l'auto sacramentel non seulement par le thème eucharistique mais par son traitement allégorique, comme par exemple, les *Farsa militar, Farsa moral, Farsa racional del libre albedrío, Farsa del juego de cañas* de Diego Sánchez de Badajoz, publiées en 1554 dans un recueil miscellané, la *Recopilación en verso*, mais elles ne mettent pas en scène le personnage de Dieu. Ces pièces présentent généralement une structure en trois parties : la *loa*, ou *argumento* « prologue », l'ancien *introït*, qui présente les habituels saluts à l'illustre auditoire, la *captatio benevolentiæ* et le topique de déclaration de modestie, une anticipation de l'argument, une pétition de silence et d'attention ; le corps de la pièce, qui développe une action généralement inspirée d'épisodes bibliques, évangéliques, hagiographiques ou légendaires (seules les farces sacramentelles manifestent une plus grande inventivité allégorique) : la théâtralisation de la *fabula* y est plus ou moins sophistiquée et, en dehors de la mise en dialogue, suscite des tirades monologiques, le développement de germes dramatiques seulement évoqués dans les textes originaux, le dédoublement de certains personnages, la complexification du personnage du Berger, l'introduction d'intermèdes comiques, rustiques ou pastoraux ; enfin, la dernière partie de ces pièces, lorsqu'elle existe, est chantée et peut être occupée soit par un hymne liturgique, soit par un *villancico* ou une *copla*.

La question qui se pose ici tient du paradoxe : comment Dieu, l'auteur et l'acteur suprêmes, inconcevable, inimaginable, peut-il devenir « personnage », l'un des masques ou l'un des rôles de la liste aperturale des *autos* ? Comment les dramaturges en ont-ils fait un véritable personnage dramatique et quel rôle lui ont-ils donné ? Comment ont-ils théâtralisé et inscrit dans un système de signes dramatiques profanes (même à l'intérieur d'un théâtre religieux et de dévotion) la sémiologie préétablie du rôle que les textes sacrés lui assignent? Les réponses que je vais essayer de donner à ces questions émanent d'un corpus relativement restreint mais significatif de pièces du XVIe siècle espagnol[6] et de quelques sondages dans les *autos sacramentales* du XVIIe siècle[7]; elles concerneront d'abord le rôle de Dieu comme destinataire absent de certaines pièces et « public », symétrique du public humain; puis son ou ses rôles comme personnage; ses masques et ses métamorphoses et enfin son statut de *Autor*.

Dieu : destinataire absent

Diego Sánchez, dit de Badajoz parce qu'il était né à la fin du XVe siècle dans la Province de Badajoz, à Talavera la Real, était prêtre et auteur dramatique. Il laisse vingt-huit *Farsas* et des compositions lyriques, éditées à Séville après sa mort (antérieure semble-t-il à 1552), par son neveu, Juan de Figueroa, sous la forme d'un ouvrage imprimé : la *Recopilación en metro* (1554). Contemporain des plus grands (Juan del Encina, Torres Naharro, Gil Vicente et Lucas Fernández), Diego Sánchez a sans doute souffert de leur éclat et de leur rôle décisif dans l'histoire du théâtre espagnol. Pourtant, les études les plus sérieuses, tout en jugeant parfois ses *Farsas* statiques et « primitives », leur reconnaissent un rôle précurseur dans la constitution de l'*auto sacramental* qui triomphe au XVIIe siècle. Elles abordent en effet tous les thèmes mis en scène par le théâtre religieux dans la première moitié du XVIe siècle : la Nativité; des épisodes de l'Ancien Testament pris pour euxmêmes ou traités symboliquement comme préfigurations du Nouveau; la théologie (notamment l'Eucharistie); l'hagiographie; certains corps de métier (les forgerons, par exemple ou le meunier et l'apiculteur); le thème de la mort, etc. Pièces paraliturgiques, les *Farsas* de Diego Sánchez ne mettent pas Dieu en scène mais seulement la Vierge ou le Christ enfant. Dans une thèse récente, Teresa Saintier[8] montre bien comment ces deux

---

6. Il s'agit pour l'essentiel de : Diego Sánchez de Badajoz, *Farsas* (selec.), ed. Díez Borque J.M., Madrid, Cátedra, 1978; *Farsas* (selec.), ed. Pérez Priego M.Á., Madrid, Cátedra, 1985. *Códice de Autos viejos* (ed. cit.); de Horozco S., *Representaciones*, ed. de Ollé F.G., Madrid, Clásicos Castalia, 1979.
7. Je ne ferai état ici que du résultat le plus achevé et le plus abstrait du personnage de Dieu, comme *Autor*, dans *El gran teatro del mundo* de Calderón, ed. y estudio preliminar, Allen J.J. y Ynduráin D., Barcelone, Crítica, 1997; *Le Grand Théâtre du monde, Auto sacramental*, trad. et annotations par Pomès M., Paris, Klincksieck, 1993.
8. Saintier T., *Les* farsas *religieuses de Diego Sánchez de Badajoz, Théâtre et propagande dans la première moitié du XVIe siècle*, Toulouse, Univ. de Toulouse-le-Mirail, Janvier 2001, p. 146-147.

personnages peuvent faire l'objet, dans une seule et même pièce, la *Farsa de los doctores* d'un double traitement dramatique :

> Le hiératisme et la rigidité président encore à la représentation dramatique de ces deux personnages dans la dernière séquence de la *Farsa de los doctores* (v. 491-619). Le personnage de Marie rejoint la scène en compagnie de son Enfant ([…] *tornan al tablado la María con el Niño por la mano*) et s'asseoit pour recevoir passivement la prière du Berger. Ensuite, Vierge et Enfant assistent impassibles à la lutte qui oppose le Berger et le Diable. Marie n'intervient verbalement qu'à la fin, dans la clôture du jeu théâtral, pour chanter le traditionnel *villancico* final avec le Berger et l'Enfant […]. Il convient de rappeler que cette intervention des personnages de la Vierge et de l'Enfant n'est pas la seule qui a lieu dans cette *Farsa de los doctores*. Ces mêmes personnages apparaissent également dans la dramatisation du récit évangélique (*Luc*, II, 40-50), épisode fondamental dans la composition de la pièce. Et, curieusement, la nature et la densité dramatique qui sont les leurs sont bien différentes d'une intervention à l'autre. Au caractère figé et solennel que présentent les personnages dans la séquence de la fin, le dramaturge oppose, dans les premières séquences, la forte émotivité d'une Mère qui retrouve enfin l'Enfant qu'elle croyait égaré. Cette émotivité, Diego Sánchez l'exprime théâtralement en incorporant au texte évangélique le jeu gestuel de l'acteur, c'est-à-dire en mettant l'accent sur un mouvement qui sera fortement réduit dans la dernière séquence : *Aquí entra la María/con Ioseph, y en viendo al Niño/vase a él a braços abiertos, diziendo* […].

Teresa Saintier conclut de ce double traitement – dynamique, humanisé et théâtralisé d'une part, hiératique et dogmatique d'autre part – qu'à la fin de la pièce la lutte entre le Berger et le Diable et l'inaction du couple sacré que forment la Vierge et l'Enfant, organisent momentanément la scène en deux aires, « l'aire de la divinité et l'aire de l'homme » (p. 147), puisque l'Incarnation du Christ a doté l'Homme de la force utile à terrasser le Mal. On pourrait aller peut-être un peu plus loin : ce n'est pas seulement la co-présence, dans une même scène, du Berger et du Diable en lutte d'une part, et de la Vierge et du Christ d'autre part, qui met en contact le divin et l'humain. C'est, au niveau de toute la pièce, la double attitude assumée par la Vierge et le Christ qui me semble signifier leur rôle de médiation – ici dédoublé en un rôle de spectateurs immobiles et en un rôle d'acteurs/personnages dynamiques – et de transition entre le plan humain (le public de la *farsa*) et le plan divin, autrement dit le destinataire ultime et absent, Dieu, contemplateur impassible et souverain des actions humaines. L'une des réussites du théâtre de Diego Sánchez et l'un des traits de sa complexité pourraient bien résider précisément dans le fait que l'absence matérielle de Dieu dans l'action dramatique semble compensée par l'impression très vive que ce théâtre s'adresse à un double public : celui, humain et divers, qui pouvait assister aux représentations ; celui, immensément lointain, intelligent, savant et supérieur, vers lequel ces pièces s'élèvent comme une offrande ou parfois comme une interpellation et une demande d'explications, et qui n'est autre que Dieu, l'absent de la scène. Cette hypothèse m'a été suggérée par le texte de l'une des *farsas* du dramaturge, la *Farsa teologal*, ainsi annoncée :

> *Farsa teologal* qui traite principalement de quelques questions relatives à l'Incarnation et à la Nativité de Notre Seigneur Jésus-Christ. Les interlocuteurs sont un Berger qui interroge et un Théologien qui répond, une Négresse et un Soldat, un Maître Arracheur de dents et un curé. C'est le Berger qui parle le premier[9].

Ce Berger va raconter longuement, dans le patois de Sayago, une péripétie comique de sa vie conjugale qui n'est autre qu'une historiette facétieuse traditionnelle : celle du chat qui, croyant avoir affaire à l'un des poissons qu'est en train d'écailler sa femme, s'en prend au membre du Berger et le laisse très mal en point. La mésaventure est racontée comme leçon de morale adressée aux épouses qui dédaignent et repoussent leur mari et qui finissent par en être punies. Cependant, à la fin de son long discours, le Berger affirme que les rires et les plaisanteries n'empêchent pas qu'il soit venu pour entendre dire la vérité. Il annonce alors l'entrée en scène d'un nouveau personnage : « Quel est ce misérable/tout encapuchonné/ comme castrat invétéré ? » En exact contrepoint à l'introït folklorique et comique, en patois quasiment incompréhensible, voici que le Théologien

---

9. Ma traduction. Texte original : « *Farsa teologal* en que principalmente se tratan algunas razones de la Encarnatión y Natividad de nuestro señor Iesuchristo. Son interlocutores un *Pastor* que pregunta y un *Teólogo* que responde, y una *Negra* y un *Soldado*, y un *Maestro* de sacar muelas y un *Cura*. Comienza a hablar el *Pastor* » (ed. Díez Borque J.M., p. 63).

– car c'est de lui qu'il s'agit – assène au public et au Berger une tirade en latin tout aussi « incompréhensible », puisqu'il sera tenu de la traduire quelques répliques après son entrée en scène. Or, la plupart des critiques estiment que, bien que les *latines* soient devenus un procédé comique conventionnel au XVIIe siècle, l'utilisation du latin dans la *Farsa teologal* n'a pas encore cette fonction, même si les réactions du Berger, qui n'y comprend rien, provoquent le rire. Le Berger taxe en effet le discours de *conjuro* « conjuration » et il menace « l'avorton », *escaravajón*, de lui donner de mauvaises sueurs s'il n'explique pas le sermon (v. 234-240). Il applique, un peu plus loin, à la bizarrerie de son expression les trois termes de *algaravía,/Vascuenzo o divinación* (v. 263-264), c'est-à-dire : « baragouin, basque ou énigmatique abracadabra ». Or, il y a fort à parier qu'une partie du public qui pouvait assister à ces représentations savait aussi peu le latin que le Berger, et que son « idiotie » rustique, loin d'être la seule critiquée, mettait aussi en lumière « l'idiotie » érudite du *Theólogo* dont ce dernier prend conscience, reconnaissant ainsi la pertinence des reproches du Berger (v. 273-288). C'est très précisément dans cette mise en parallèle et sur un même plan d'incongruité comique du discours rustique et du discours en latin que, pour ma part, je verrais comme une remarquable prise de distance, une prise de hauteur plutôt qui, du point de vue du dramaturge signalerait la maîtrise ironique du maniement de deux langages dramatiques diamétralement opposés et, du point de vue de l'ultime destinataire divin, la naïveté et la vanité, dérisoires et pardonnables, des deux types conventionnels de foi : celle du charbonnier et celle du savant, celle, innée et intuitive, du Berger rustaud, et celle du clerc lettré dont la science s'arrête aux mystères divins. Le dialogue entre les deux personnages est remarquable. Le Berger, toujours dans son patois de théâtre et en les mêlant d'historiettes, d'anecdotes et de facéties traditionnelles ou folkloriques, y pose les questions fondamentales, qu'il jette à l'autre comme autant d'os à ronger (v. 680), à savoir : pourquoi Dieu a-t-il permis le péché originel ? pourquoi, s'il aimait tant l'homme et la femme, les a-t-il précipités dans le péché, alors qu'il aurait pu les retenir ? pourquoi a-t-il tant tardé à envoyer le Rédempteur sur terre ? pourquoi a-t-il accordé son pardon à Adam et pas à Lucifer ? pourquoi, s'il a permis que l'on s'interroge sur les choses et la Création, n'a-t-il pas permis qu'on les comprenne ? pourquoi, enfin, a-t-il fallu que le Sauveur meure, puisqu'il pouvait sauver l'humanité sans mourir ? Le Théologien répond jusqu'où le lui permet la science de la religion, et c'est l'une de ses répliques au

Berger qui semble indiquer, sous forme de dénégation, que le destinataire de la *Farsa* pourrait bien être Dieu lui-même :

THÉOLOGIEN : Je ne suis pas content, mon frère,
de te voir penser si profond,
car on dirait que tu demandes
des comptes à Dieu pour ce qu'il fait ;
qu'il te suffise de savoir en ton cœur   565
que Dieu souverain est qui il est,
dont rien ne sort de travers
de ce qui est droit, juste et bon.
Car cette spéculation
de sottes curiosités   570
entraîne mille sottises
et parfois même perdition[10].

Si on accepte l'hypothèse que la pièce se donne un double destinataire, le public auquel l'introït du Berger s'adresse explicitement (*Gente honrada*) et Dieu, l'autre récepteur – implicite – des questions présumées innocentes et des réponses théologiques, on peut immédiatement en déduire que les deux personnages du Berger et du Théologien incarnent, sur la scène et chacun à sa manière, l'univers divin et le monde humain, dont ils participent également l'un et l'autre de manière différente. L'hypothèse permet aussi de mieux comprendre la structure même de la *Farsa* qui, loin de se restreindre à une succession de tableaux comiques, combine avec subtilité dédoublements, enchâssements et défilé de séquences. On comprend alors que le coup d'envoi de la pièce ne présente pas qu'un introït, il en offre deux : le discours monologique, grossier et scabreux du Berger, puis l'entretien dialogique du Berger et du Théologien, monologue et débat s'amorçant chacun sur un « grand air » langagier et instaurant un dialogue en écho contrasté entre le *sayagués* et le latin, entre le comique grossier en quête de vérité et le sérieux pédant en quête d'audience. Au moment

---

10. TEÓLOGO *No estó, hermano, satisfecho*
de verte en tantas honduras :
paresce que ya procuras
cuenta a Dios de lo que ha hecho ;
baste tener en tu pecho
quel sumo Dios es quien es,
de quien no saldrá revés
de lo ques justo y derecho.

où l'échange se termine (v. 752), le Berger pleure à l'idée que la nuit de la Nativité implique la Crucifixion et le sacrifice du Christ pour les ingrats au nombre desquels il se range, alors que le Théologien se réjouit et se réserve de pleurer le jour du sacrifice venu. C'est alors que s'ouvre, à l'intérieur de la pièce, ce qu'on pourrait bien considérer une pièce « intérieure » : un défilé de personnages d'abord qui entrent très vite en situation dialogale, puis la brève intrigue dramatique du Soldat et de l'Arracheur de dents. Le défilé fait entrer successivement en scène une *Negra* et un Soldat, puis un Curé. La Négresse et le Soldat ont droit, eux aussi, comme le Berger et le Théologien à une tirade aperturale qui est encore une fois le « grand air » de ces deux rôles : un sabir ou « petit-nègre » à l'espagnole pour la première, une fanfaronnade ridicule pour le deuxième. Structuralement, le discours faussement incompréhensible de la Noire occupe la même place que l'histoire racontée par le Berger et les rodomontades du Soldat la même place que le sermon en latin du Théologien ; mais sémantiquement, le Soldat défie tous les diables des enfers avant de se laisser aller à une couardise ridicule, inversant la mésaventure du Berger dont la virilité avait été mise à mal par un chat mais qui avait pu ainsi punir sa femme, alors que c'est la Négresse qui, comme le Théologien, annonce la naissance du Christ : elle chante un *villancico*, dont les mots burlesquement déformés ne dissimulent absolument pas le sens. Or, le Théologien se moque d'elle, rejoignant ainsi par ses sarcasmes les rires inévitables du public présumé alors que le Berger s'empare du pichet qui lui servait d'instrument de musique pour en faire un épouvantail, un masque nègre, celui-là même qui, aussitôt après, terrorise le Soldat fanfaron. C'est donc le Berger, représentant de la justice de Dieu, qui « invente » la punition du vaniteux et du blasphémateur, dont la conversion ne se fait pas attendre[11], alors que le Théologien disparaît du texte et de la scène :

SOLDAT   Voilà mon effrayoir ;
         c'est Dieu qui l'a voulu,

---

11.   SOLDADO   *Este fue mi espantadero;*
                fue divina permisión,
                que la loca presunción
                ansí tiene el paradero.
                Mi fe, desde agora quiero
                enmendar mi desatino
                y tomar otro camino
                de christiano verdadero.

et la folle présomption
c'est ainsi qu'elle finit.
Par ma foi, désormais je veux
corriger ma déraison
et suivre le droit chemin
du bon et juste chrétien.

Malheureusement, la vanité est tenace et le Soldat décide de ne pas confesser la vérité au Curé qu'il a envoyé chercher : pour justifier ses cris et son agitation il feindra d'avoir eu une épouvantable rage de dents. La dynamique des enchâssements se poursuivant, c'est maintenant le Curé qui, prenant la place du Théologien, explique au Soldat, au Berger et à l'esclave noire ce que sont les sept Sacrements, la signification du 7, les prières à apprendre. Tous ces personnages, enfin, se mettent au spectacle de l'intermède final, le véritable noyau dramatique de la *Farsa*, l'affrontement entre l'Arracheur de dents et le Soldat. Le *Sacamuelas* entonne lui aussi l'air de son rôle : *Bonos días, mosior*, en un jargon imaginaire, un espagnol aux intonations apparemment françaises infiltrées de mots portugais et italiens, et il soumet le Soldat au traitement qu'on imagine, en lui arrachant deux ou trois dents parfaitement saines. La pièce s'achève sur le repentir du Soldat et un dernier rebondissement burlesque, un dialogue entre l'esclave noire, le Curé et le Berger. Pur divertissement comique de théâtre, ce dernier échange scelle au plan humain l'allégresse et la joie liées au mystère de la Nativité.

Je conclurai de cette première analyse que le véritable espace dramatique de la *Farsa teologal* est celui dans lequel s'inscrit le dialogue masqué entre le Dramaturge et Dieu, les deux grands absents de la représentation textuelle.

Le père des « compagnies »

Un autre dramaturge, dont la vie s'inscrit des dix premières années du XVIe siècle à 1578 ou peu après, Sebastián de Horozco, intellectuel tolédan, licencié en droit canon, a laissé quelques *Representaciones*, au nombre desquelles j'ai retenu la *Parábola de San Mateo a los veinte capítulos de su Sagrado Evangelio*, dont le titre indique qu'elle a été représentée à Tolède pour la fête du Corpus en 1548. J'ai retenu cette parabole théâtralisée pour un seul mot, dont l'emploi m'a semblé intéressant dans la perspective que j'ai choisie d'orienter mes analyses en les inscrivant dans la visée de l'*auto sacramental* du *Grand Théâtre du monde*. Avant d'en parler, j'ajouterai que Sebastián de Horozco est le père de deux érudits : Juan de Horozco y Covarrubias, célèbre pour ses *Emblemas morales* (1580) et Sebastián de Covarrubias y Horozco, encore plus connu pour son *Tesoro de la lengua castellana* (1611). Le mot qui a retenu mon attention est celui de *compaña*, équivalent ancien de *compañía*. Dans la *Parábola* retenue, le Père de famille est appelé *Padre de las compañas* alors que dans l'*auto* de Calderón, Dieu le Père est directeur d'une *compañía* de comédiens. Au début du XVIIe siècle, et plus précisément à la date où a été composé le *Tesoro*, le mot *compañía* que Covarrubias fait dériver sémantiquement de *societas* latin, proviendrait de *compar*, qui établit l'égalité entre les amis et les compagnons ; il rappelle aussi l'étymologie *cum pane*, parce que les compagnons mangent du même pain ; enfin, *compañía* désigne aussi les relations suivies entre plusieurs marchands. *Compañía* désigne en outre la troupe de soldats commandée par le même capitaine et les étudiants qui vivent dans la même maison, mangent à la même table et partagent équitablement leurs dépenses. Covarrubias cite enfin la sainte Compagnie de Jésus. Dans son *Tesoro de las dos lenguas española y francesa*[12], le lexicographe français César Oudin définit ainsi les référents du mot : *Compagnie, bande, troupe, société*. Quant au dictionnaire de *la Real Academia española*, dit des *Autoridades* (1726), il sépare les deux entrées *compaña* et *compañía* et leur attribue des référents relativement proches, parfois même communs. Le premier désigne : une réunion de personnes suffisamment nombreuses pour former une compagnie ; une troupe de soldats aux ordres d'un capitaine ; le groupe de personnes qui accompagnent un individu et lui font compagnie ; employé comme adjectif : aimable, sociable, familier. Le deuxième terme désigne l'association de deux ou plusieurs personnes et le partage égal des biens et des maux entre elles ; il peut désigner le mari ou l'épouse ; il signifie : la famille, l'ensemble de la domesticité qui sert et que l'on fait vivre chez soi ; il désigne la convention et le contrat d'association entre deux ou plusieurs marchands ; la troupe de soldats aux ordres d'un capitaine ; la Religion sacrée, sainte et vénérable des Pères Jésuites ; vulgairement, le mot désigne aussi les comédiens et comédiennes, regroupés en troupe, qui assurent

---

12. Oudin C., *Tesoro de las dos lenguas española y francesa*, 1675, éd. en fac-similé, Paris, Hispano-americanas, 1968. La première édition est de 1607, puis Paris 1616, Bruxelles 1625 et 1660, Paris 1660, Lyon 1675.

les représentations des comédies et des farces et les troupes ambulantes (*compañías de la legua, cómicos de la legua*).

Paraphrasant et théâtralisant la parabole de Matthieu (le Père de famille engage à des heures différentes de la journée les ouvriers qui cultiveront sa vigne), la pièce adopte la structure du défilé des personnages que le *Père des Compagnies* (c'est-à-dire vraisemblablement le Maître de maison ou encore le Père de famille) rencontre successivement après avoir exposé son projet : deux journaliers, deux soldats (Picardo et Rodulfo), deux frères, l'un de la Merci et l'autre quêteur, un paysan et son fils Antón, le *Bobo* ou bouffon rustique. Cette pièce met donc en scène une représentation allégorique de Dieu (le Père des Compagnies et de famille) et un faisceau de dialogues dont le centre et l'interlocuteur commun et unique est précisément le *Padre de las Compañas*. Mais avant même que ce dernier ne s'avance pour proposer tour à tour du travail aux demandeurs d'emploi, chacun des couples se livre à un échange dialogué. Ces échanges sont autant de brefs « spectacles » : les soldats, misérables au retour des guerres d'Allemagne, décident de mendier en se feignant infirmes ; les frères « mendiants » proposent au *Padre de las Compañas* une bulle pour remise de ses péchés ; le *Bobo* meurt de faim et sent son âme bouillir au point de jaillir de son estomac... Le *Padre*, qui a fait l'éloge de la vie simple et laborieuse, dissuade les oisifs de mendier, car ils ne sont pas de vrais pauvres : il incarne ainsi tous les débats politiques et théologiques sur la pauvreté, la mendicité et l'aumône et il envoie promptement à sa vigne les bien-portants oisifs. À tous il donne le même travail et promet la même rétribution. Tous, d'ailleurs, travaillent dans la joie et vont en chantant percevoir leur salaire. Or, tous ces éléments, qu'il m'a semblé utile de rappeler même si le rapport en est un peu fastidieux, se retrouveront, retravaillés, recomposés, reconstruits dans le seul *auto sacramental* qui soit connu hors de l'Espagne : *Le Grand Théâtre du Monde* de Calderón, où Dieu le Père est précisément le Directeur d'une troupe de théâtre, l'humanité étant assimilée à la *compagnie* des acteurs qui, pour le plus grand plaisir de leur directeur, doivent représenter devant lui la pièce de leur vie. Du point de vue de la genèse de la pièce de Calderón et de son *Dios/Autor*, l'œuvre de Sebastián de Horozco peut ajouter une pièce, par le biais du mot *compañas* et des référents qu'il peut dénoter ou connoter, à l'important dossier critique qui glose le chef-d'œuvre du XVIIe siècle.

Dieu et le Christ entrent en scène

Dieu descend sur scène dans certaines pièces de la célèbre et énigmatique collection réunie dans la deuxième moitié du XVIe siècle évoquée plus haut et intitulée *Códice de autos viejos*[13]. De cette collection, probablement constituée entre 1570 et 1578, la plupart des pièces auraient été composées entre 1559-1560 et 1577-1578, et certaines d'entre elles pourraient bien être des refontes ou des copies d'œuvres plus anciennes. Elles sont toutes anonymes, à l'exception de l'*Auto de Caín y Abel* signée du « Maestro Ferruz », mais il n'est pas impossible que l'*Auto del martirio de Sant Justo y Pastor* soit d'Alonso de Torres, latiniste et professeur de rhétorique à Alcalá, l'*Auto de Naval y Abigail* de Lope de Rueda, l'*Auto de la prevaricación de nuestro padre Adán* du dramaturge Micael de Carvajal et l'*Auto del Rey Nabucodonosor quando se hizo adorar* du Père Juan Álvarez, recteur du Collège de Jésuites de Plasencia[14]. Le manuscrit de la collection, d'une seule et même plume, a laissé penser qu'il pouvait avoir été composé sur commande par le directeur d'une troupe de comédiens pour les fêtes du Corpus, ou encore par le chapitre d'une église ou encore par un collectionneur.

Dans les pièces du *Códice de autos viejos* qui mettent en scène Dieu, le Christ ou l'une des représentations métonymiques de ces deux « personnages », Dieu est couramment appelé *Dios Padre* – « Dieu le Père » – et une fois *Padre*. C'est le cas des huit pièces de thématique biblique et d'une pièce consacrée à l'assomption de Marie[15] (II, p. 16) où, quand la Vierge est couronnée, c'est *Padre* qui la salue et l'accueille comme Épouse.

---

13. Voir note 3.
14. C'est ce que suggère avec beaucoup plus de précisions et de détails Mercedes de los Reyes Peña, dans la thèse citée plus haut (vol. I, p. 123-180). Miguel Ángel Pérez Priego dans son édition du *Códice* (sélection), Clásicos Castalia, Madrid, 1988, reprend ces éléments mais ne cite nulle part la thèse de M. de los Reyes.
15. Volume I (3 pièces) :
– *Auto del sacrificio de Abraham*, Dios Padre, p. 14, v. 388-392 ;
– *Auto de quando Abrahán se fue a tierra de Canaán*, Dios Padre, p. 36, v. 11-20, p. 49, v. 426-435 ;
– *Aucto de la Ungión de David*, Dios Padre, p. 317, v. 41-60, 71-85.
Volume II (5 pièces) :
– *La Asunción de Nuestra Señora*, Dios Padre, Hijo, p. 16 (un blanc…), v. 227-231 ;
– *Aucto del pecado de Adán*, Dios Padre, p. 134, v. 24-47, p. 143-146 ;
– *Auto de Caín y Abel*, Dios Padre, p. 154, v. 116-125, p. 160-162 ;
– *Auto de la prevaricación de nuestro padre Adán* [PROSE]. Voir : Argumento. Dios Padre : p. 175-179, v. 246-360 ;
– *La Justicia divina contra el peccado de Adán*, Dios Padre/Dios Hijo = Christo/Dios Spiritu Sancto,

Le Christ y est presque toujours appelé *Cristo* (une fois seulement *Hijo* – « Fils » – et une fois *Dios Hijo* – « Dieu le Fils »). Son nom y est parfois graphié par son abréviation grecque : *Xpo*[16]. Enfin, deux représentations métonymiques de Dieu, *Amor divino* (« Amour divin ») et *Sabiduría divina* (« Sagesse divine ») sont mises en scène dans cinq pièces du recueil[17].

Ce qui retient immédiatement l'attention, ce sont les noms de scène de Dieu et du Christ. En effet, la désignation au propre, sans aucune distance, suffirait presque, à elle seule, à caractériser la teneur de ces pièces et elle suggère d'emblée que le théâtre s'approprie, sans grandes modifications, les rôles fixés par le double « scénario » testamentaire et la sémiologie conventionnelle imposée par l'Église aux figurations plastiques du divin.

---

p. 187-209 (toute la première partie).
    Volume IV (1 pièce) :
– *Auto de la Paciencia de Job*, Dios Padre, p. 106-108, 115-116, 125.
16.   Volume I (1 pièce) :
– *La conversión de San Pablo*, Christo, p. 431-435 ;
    Volume II (8 pièces) :
– *La Asunción de Nuestra Señora*, Christo, p. 6, v. 147-154 ;
– *La Asunción de Nuestra Señora*, Dios Padre, Hijo, Spiritu Santo, p. 16, v. 212-231 ;
– *La Justicia divina contra el peccado de Adán*, Dios Padre/Dios Hijo = Christo/Dios Spiritu Sancto, p. 187–209 (toute la première partie) ;
– *La entrada de Xpo en Jerusalén*, p. 265, v. 31-42, p. 273-277 ;
– *Auto del despedimiento de Xpo de su Madre*, p. 408-418 ;
– *Auto del hospedamiento que hizo Sancta Marta a Xpo*, p. 438–446 ;
– *Auto de acusación contra el género humano*, Dialogue Satán/Xpo et autres, p. 456-477 ;
– *Auto de los Triunfos de Petrarca (a lo divino)*, Christo, p. 498-501.
    Volume III (4 pièces) :
– *Aucto de la conversión de San Pablo*, Christo, p. 38-41 ;
– *Aucto de la conversión de la Madalena*, Christo, p. 53-56, v. 97-190, p. 59, p. 63-65 ;
– *Farsa del Sacramento llamada La Esposa de los Cantares*, La Gracia, Christo, 214-216, 221-223, Providencia, Gracia, p. 288-297 ;
– *Farsa sacramental de la Moneda*, Christo, p. 412-413, p. 414-417.
    Volume IV (2 pièces) :
– *Auto de la Redención del género humano*, Christo, p. 63-64 ;
– *Auto de la Resurrección de Nuestro Señor*, Xpo, 72-74, 79-87, 96-99.
17.   Volume I (1 pièce) :
– *Farsa del Sacramento del Amor divino*, Amor divino dialogue avec Contentamiento, Labrador, Sembrador, Segador, Trillador, Panadera, Hornera.
    Volume III (3 pièces) :
– *Farsa del sacramento de los Sembradores*, Amor divino, p. 166-168, 169-173, 174-178 ;
– *Farsa del Sacramento, llamada de los Lenguajes*, Amor divino ;
– *Farsa del sacramento del Entendimiento Niño*, La Sabiduría de Dios, p. 437-443.
    Volume IV (1 pièce) :
– *Farsa sacramental de las Bodas de España*, Amor divino, p. 23-28.

C'est vrai pour les *autos* bibliques, par exemple celui du *Sacreficio de Abrahan* (I, p. 14). Après l'évocation du banquet qu'Abraham offre pour célébrer le sevrage de son fils Isaac, mise en place et mise en scène qui permet d'introduire, avec le personnage du *Bobo* (le bouffon rustique et niais), des dialogues comiques mais aussi des chants (*villancicos* et *coplas*) qui annoncent que ce banquet n'est que la préfiguration du repas eucharistique, et une fois les tables levées, Dieu déboule sur scène :

DIEU	Abraham, où es-tu ?
ABRAHAM	Me voici, Seigneur ? Que veux-tu ?
DIEU	Prends Isaac, le fils que tu aimes,
	car ainsi tu m'honoreras,
	et sur ce mont élevé
	moi-même t'indiquerai
	le lieu de son sacrifice.

Il n'y fera plus aucune intervention. La pièce offre alors, en alternance, la tirade d'acceptation d'Abraham, un échange comique du Patriarche avec le *Bobo* et un dialogue pathétique entre Abraham et Isaac qui ne peut pas ne pas évoquer le Christ au Jardin des Oliviers. C'est toujours ce Dieu autoritaire ou encore ulcéré par la désobéissance qui apparaît dans les pièces où il est mis en présence de Caïn ou d'Adam et Ève. Plus intéressant est l'*Auto de la paciencia de Job* (IV, p. 105-127), qui s'ouvre sur un monologue jubilatoire de Satan, qui se vante de mener le monde, puis sur un affrontement entre Dieu et Satan. Comme dans la Bible, Dieu prend Satan à témoin de l'extraordinaire vertu de Job et de la perfection de sa piété. Satan lui démontre alors qu'il a gratifié Job de tant de biens mondains, de tant de richesses, qu'il n'a vraiment aucun mérite à honorer son Seigneur. Mais que Dieu veuille bien ôter sa main de Job et il verra si son élu résiste à l'épreuve des tentations auxquelles Satan se propose de le soumettre. La réaction de Dieu est étonnante : il est vrai que ses desseins sont impénétrables et que, s'il cède lui-même à la tentation, c'est pour mieux confondre Satan et préfigurer le sacrifice du Christ en sacrifiant son élu. Contrairement au Jéhovah biblique, sobre et concis, il s'humanise au point de se laisser aller à la colère et d'accabler Satan d'insultes, avant de s'incliner et de lui laisser le champ libre :

DIEU	Oh, traître, enjôleur, arrogant, malin,
	rusé, expert en toutes mauvaisetés,
	moi je sais que toutes ses œuvres

	sont destinées au service divin
	et qu'il ne sait les employer ailleurs.
	Mais je te donne licence
	de toucher à tout ce qui lui appartient.
	Vas-y, Satan, si tel est ton désir,
	mais ne t'avise pas, je te l'interdis,
	de toucher à sa personne.
SATAN	Avec ta permission, je vais le toucher,
	mais que ta main, Seigneur, l'abandonne,
	sinon, mon entreprise est vaine.
DIEU	Vas-y, arrogant, va donc éprouver
	ta force du Mal. À l'œuvre, tyran.

Une fois son forfait accompli, Job dépouillé de tout, de ses biens, de ses enfants et même de son chat (comme le fait valoir le *Bobo*), mais indéfectiblement fidèle à Dieu (alors que son double comique, le *Bobo*, pleure et se plaint), Satan revient devant le Seigneur qui lui reproche de « l'avoir poussé à affliger Job sans raison », mais d'avoir ainsi « permis que resplendisse sa très haute conduite et qu'apparaisse en pleine lumière son immense patience ». Satan soumet alors Dieu à une deuxième épreuve : retirer une fois encore sa main protectrice de Job et le laisser l'affliger d'une « très longue, insupportable, terrible, et épouvantable maladie » qui lui rongera les os et le contraindra à blasphémer. Pour la deuxième fois, Dieu accepte de sacrifier Job, à condition toutefois que Satan ne s'en prenne qu'à son corps, pas à son âme, et une fois encore il insulte l'Ennemi :

	Il est en ton pouvoir de l'atteindre,
DIEU	mais garde-toi bien, pervers, cruel, faux frère
	des hommes, garde-toi de toucher à son âme ;
	quant à son corps tu peux l'affliger
	des maladies. Va, mets-toi en route, ennemi.

On sait que Job ne blasphèmera pas et que tout lui sera restitué, santé et richesses, conformément au texte sacré. Le personnage de Job, dans cet *auto*, ne prend en charge que le rôle de la patience et de l'admirable résignation ; il revient à son double contrasté et symétrique, le *Bobo*, le bouffon rustique, de prendre en charge, sur le mode comique, les lamentations. Quant à Dieu, son personnage, si l'on peut dire, se complexifie en s'humanisant : il reste conforme au scénario biblique en acceptant l'épreuve satanique infligée à Job, il s'en différencie par les invectives et la colère des mots. À titre d'information, Léo Rouanet cite dans les notes (IV, p. 365-367) à son édition, un texte de Pérez Pastor relatif à une représentation, en 1592, d'un *Auto de Job* qui n'est pas celui du *Códice*, mais qui détaille admirablement les costumes des acteurs (ma traduction) et qui montre que ces costumes sont anachroniques et complètement adaptés à l'époque de la représentation :

> [...] le susdit Gaspar de Porres (directeur de troupe) donnera pour la fête du Saint-Sacrement de cette année 92, deux *autos*, le premier de *Job*, dans lequel entreront en scène : le personnage de Job, vêtu d'un caban de damas violet, d'un chapeau de taffetas et de ses brodequins ; quatre fils vêtus de leurs quatre casaques de damas et brocatelle, leurs manteaux de couleur, leurs coiffures et leurs brodequins [suivent : un domestique, trois bergers, trois amis, quatre vertus, la femme de Job, habillée à la juive, le démon principal en noir, trois autres démons, ce qui fait vingt-et-un personnages, sur lesquels je passe], et le personnage de Dieu le Père, vêtu d'une tunique de satin ou de taffetas qui ait de l'or et du violet et d'une cape de taffetas blanc ; et un ange, habillé selon la coutume (*Nuevos datos acerca del histrionismo en España*, dans la *Revista española*, du 1er avril 1901, p. 211).

Si les églises et les cathédrales étaient devenues la « Bible du pauvre » et si leurs peintures, leurs sculptures, leurs chapiteaux et leurs vitraux permettaient aux fidèles de « lire » l'Histoire sainte, le théâtre permet désormais d'incarner les acteurs de cette histoire, de les animer, de leur donner un corps, une voix, un visage. Un pas de plus est franchi quand ce corps, cette voix et ce visage sont chargés d'incarner un discours qui, issu d'un texte littéraire profane à thématique sacrée, renvoie immanquablement à une représentation plastique « moderne ». C'est le cas de l'un des *autos* de la collection du *Códice*, intitulé *Auto de los Triunfos de Petrarca (a lo divino)* (II, p. 479-501), où on observe que le discours du Christ du Jugement dernier, inspiré du texte de Pétrarque, ne peut pas ne pas évoquer son imposante et extraordinaire représentation de la Chapelle Sixtine. Mettant en œuvre la double structure déjà évoquée du défilé et de l'enchâssement, la pièce introduit les deux figures de Raison et de Sensualité, absolument jumelles puisqu'elles sont toutes deux vêtues *de salvajes*, de peaux de bêtes, et en fait à la fois les spectateurs du défilé et les acteurs du drame : l'Amour triomphe d'Adam, de Salomon, de Samson et de David ; Chasteté s'oppose à l'Amour ; la Mort entre en scène dans un char tiré par Abraham, Absalon,

Alexandre et Hercule et elle place Chasteté à sa droite; la Renommée Évangélique apparaît à son tour dans un char tiré par les quatre évangélistes et elle exige de prendre place sur le trône triomphal occupé par la Mort; apparaît le Temps conduit par les quatre Saisons et il reconnaît la prééminence de Raison sur Sensualité; une nuée s'ouvre enfin et découvre le Christ entouré de ses anges: son discours est terrible car il parle non en Fils du Dieu de miséricorde, mais comme Dieu lui-même et comme le Dieu vengeur de la Genèse et de l'Ancien Testament. Le Christ parle comme le Père: il est devenu le Père: « J'ai créé le ciel et la terre, je suis terrible » (*op. cit.*, p. 498-499).

La relation entre ces pièces et l'*auto sacramental*, si elle paraît moins nette puisque Dieu et le Christ n'y sont pas représentés par des allégories, n'en est pas moins réelle puisque le Christ en majesté, qui représente le Père et est désormais le Père, peut aussi en être comme l'allégorie. Se définissant lui-même comme Créateur (alors que c'est là la définition du Père), le Christ s'attribue l'une des références du nom *Autor*, qui désigne Dieu dans *Le Grand Théâtre du Monde*.

Dieu: roi et maître de cérémonie

La *Obra llamada « Los Desposorios de Cristo »* (« *Les noces du Christ* ») de Joan Timoneda (15??-1583), composée en 1575, se fonde sur le chapitre XXI de l'*Évangile selon Matthieu*. La liste des *personas* ou personnages est ainsi composée:

> Le Roi divin, qui est Dieu le Père,
> Nature humaine, l'Épouse (une *serrana*, une montagnarde),
> Nouveau Testament,
> Adam, notre père,
> Don Juan Menezes, soldat,
> L'Époux, qui est le Christ,
> Vieux Testament,
> Vie active, jeune fille,
> Vie contemplative, jeune fille,
> Lucifer,
> Satan. [ma traduction]

Le Roi divin, après s'être défini comme Créateur du monde, décide, dans le secret de son éternelle Trinité, de marier son fils à la faible Humanité. Il convoque Vieux Testament et lui commande de rassembler les invités. À

Nouveau Testament il confie le marié pour qu'il l'habille : la livrée est rouge et doublée de brocart ; c'est le tissu d'Humanité qui recouvrira l'Époux, et à l'intérieur il sera vêtu d'or et de divinité. Nouveau Testament trouvant étranges le vêtement et les couleurs, il lui est répondu qu'ils sont teints du sang des entrailles de la Vierge ; l'Esprit-Saint en ourdit la toile, avant de la couper et de la coudre ; la Vierge en revêtira le Fils qui y entrera et en sortira sans l'abîmer en aucune façon. Vie active doit préparer le repas et Testament mettre le couvert : la table est charité ; les sièges obéissance ; les nappes, pureté ; les couteaux, vérité ; la salière, sagesse ou sapience ; les riches buffets : autels, ministres et temple ; les parfums et encensoirs, autant de bonnes œuvres[18]. Cette étonnante mise en scène verbale pourrait être qualifiée, si l'on ne craignait le monstre conceptuel ou l'insoutenable oxymore, d'*hyper-réalisme allégorico-religieux* et ce d'autant plus que la sapience représentée par la salière et le sel relève, quant à elle, d'un *hyperréalisme étymologique* et biblique. Le sel de la terre, le sel de l'alliance et le sel de la sagesse (*sapientia*) conjuguent la sapidité à la sapience et la première est à la deuxième ce que la saveur est au savoir : la même chose, le verbe latin *sápere* désignant les opérations de goûter, connaître et savoir.

Le Roi divin a invité au repas de mariage tous les hommes de la Création, mais Vieux Testament annonce que ceux qui ont été confiés à Moïse ne viendront pas : le Roi, militaire et militant, convoque alors ses armées pour les détruire et rayer Jérusalem de la surface de la terre. Adam et le soldat Joan de Menezes, qui a combattu à Lépante (1571) et sera condamné pour son orgueil, sont les premiers à se présenter. Les noces et le banquet allégoriques sont ponctués de chansons et les mets servis à la table du mariage sont constitués des souffrances et de l'agonie du Christ[19], du

---

18. On est au plus près des rites et des repas sacrificiels ou des banquets de mariage de l'Antiquité grecque, au cours desquels la myrrhe, les aromates et l'encens « montaient vers les dieux en les invitant à venir s'approcher du repas des mortels » (Detienne M., *Les Jardins d'Adonis, La mythologie des aromates en Grèce*, introd. J.-P. Vernant, Paris, Gallimard, 1972).

19. La métamorphose des aliments sacrés et spirituels en trait d'ingéniosité conceptiste presque insoutenable en raison de sa brutalité anthropophagique, trouve son expression la plus achevée dans l'œuvre de Alonso de Ledesma (1552-1623), auteur de *Conceptos Espirituales* (1607-1612) et notamment de ce dizain, dédié à saint Laurent et à son martyre (le gril du supplice, ne l'oublions pas, ayant donné sa structure architecturale au monastère de San Lorenzo del Escorial) :

> Esas encendidas barras
> que abrasan vuestras costillas,
> para otros son parrillas,

calice d'amertume que l'Épouse boit ; la sueur de sang du Christ rachètera la faute d'Adam ; les fouets, la couronne sanglante et la Croix sont les plats qu'on apporte ensuite, avec la lance et l'échelle. Vieux Testament rappelle alors les noms des personnages bibliques qui ont préfiguré le sacrifice christique et notamment Jacob dont l'échelle servira à la descente de la Croix. Adam, confondu, malheureux, ne peut plus supporter de manger tant de douleurs et, pour le consoler, le Christ lui offre le vin de son sang et le pain de son corps. Le Roi divin réapparaît pour clore le banquet : Vie contemplative emportera les restes, Vie active lèvera la table et les Époux iront se reposer dans son Palais. Une courte strophe chantée referme la pièce : lors de ces Noces d'Amour, l'Époux a tant aimé l'Épouse qu'il s'est transformé en nourriture et s'est lui-même donné à manger à elle.

Cette pièce du dernier quart du XVIe siècle, lourdement allégorique, traite au pied de la lettre le repas eucharistique tout en théâtralisant la question théologique des rapports entre Dieu et l'Humanité. Tissée d'une

> mas para vos frescas parras.
> Seréis sabroso bocado,
> para la mesa de Dios,
> pues sois crudo para vos
> y para todos asado.

Le dizain est cité par Baltasar Gracián, dans le *Discurso XXXIII* de son *Agudeza y Arte de ingenio*, *op. cit.*, t. II, p. 55. On y trouve un premier jeu de mots sur *parrilla* (gril) et *parra* (treille), annoncé par *barras* (les barres), qui crée une fausse relation étymologique entre les deux mots et motive un rapport de dérivation suffixale de *parra*, promu étymon, à *parrilla* par le biais du suffixe « diminutif » *-illa*. Ce jeu fait jaillir au-delà de l'identité des signifiants une violente bifurcation des référents et il bouleverse en même temps de façon radicale, la valeur du diminutif. Le deuxième jeu de mots affecte le couple d'adjectifs *crudo/asado*, le « cru et le cuit », ou plutôt le cru et le rôti. Mais si la proximité de *asado*/rôti fait jaillir la référence *crudo*/cru ou saignant, l'équivoque consiste à refouler les sens étymologiques de *crudo*, « encore vert ou frais » (pour un vieillard) et « cruel », dont la prégnance est d'autant plus forte que l'opposition cru/cuit est envahissante et spectaculaire. Le dizain est très difficile à traduire et on ne peut que saluer la tentative de transposition offerte par Michèle Gendreau-Massaloux et Pierre Laurens dans Baltasar Gracián, *La pointe ou l'art du génie*, *op. cit.*, p. 241 :

> Ces barres enflammées
> qui embrasent vos flancs,
> pour d'autres sont un gril,
> mais pour vous fraîches treilles.
> Pour la table de Dieu
> vous serez mets exquis,
> étant pour vous intact,
> pour les autres rôti.

puissante série de relations analogiques entre le spirituel et le profane et à l'intérieur du spirituel entre le symbolique et le littéral, elle est, au sens propre, la mise en scène de l'incarnation, du sacrifice manducatoire du Christ et de la transsubstantiation.

Il reste un pas à franchir, qui est celui que Calderón franchit dans *Le Grand Théâtre du monde* : il manque encore à Dieu de devenir *Autor*, au monde d'être le théâtre qu'il a été dans la philosophie antique et les textes des Pères de l'Église et des théologiens, et aux hommes de devenir des acteurs et des personnages, pour que théâtre et théologie, par la grâce du *concepto*, du trait d'esprit et du jeu sur et avec les mots, ne fassent plus qu'un. C'est ce que nous montrerons brièvement en conclusion.

Dieu *autor*, un *concepto* caldéronien

Dans le célèbre *auto sacramental* de Calderón, en effet, le *concepto*, désormais, régit jusqu'au moindre des emboîtements d'une mécanique verbale parfaite, dont tous les éléments entrent en résonance et en correspondance et font simultanément sens pour tous les univers référentiels convoqués par la représentation de Dieu *Autor*.

J'amorcerai cette conclusion en citant, dans leur traduction française[20], trois fragments de *Agudeza y Arte de Ingenio* relatifs à l'acuité composée et à l'allégorie, car il apparaît que tout le théâtre religieux de Calderón en est comme l'application, anticipée ou ultérieure, au pied de la lettre :

Discours 3 (Traité premier, Variété de l'acuité ou figures de l'esprit) :

> L'acuité composée est faite de nombreux actes et parties principales, bien qu'assemblées dans l'intellectuelle et artificieuse union d'un discours. Chacune des pierres précieuses peut s'opposer, à soi toute seule, à une étoile, mais, toutes unies en un joyau, pourraient prétendre rivaliser avec tout un firmament ; artificieuse composition de l'esprit sur quoi se dresse une sublime machine, non de colonnes ni d'architraves, mais de sujets et de concepts.

---

20. J'emprunte ici à une autre traduction du traité de Gracián, partielle cette fois, mais ingénieuse, celle de Benito Pelegrín : Gracián B., *Art et figures de l'esprit, Agudeza y Arte de ingenio, 1647*, trad., introd., et notes de Pelegrín B., Paris, Seuil, 1983, p. 102, 280-281 et 284.

Discours 55 (Traité second, De l'acuité composée):

De l'acuité fictionnelle composée en général :

> L'analogie est le fondement de toute fiction et la translation du faux au véritable est l'âme de cette figure. L'on propose la fable, l'emblème ou l'allégorie et on l'applique par une convenance ajustée. Ce que le vulgaire dirait simplement, ce qu'un savant, se haussant du col à se le rompre, dirait par une comparaison, le bel esprit [*ingenio*] l'exprime par une de ces œuvres de l'imagination. De sorte que l'acuité complexe est un corps, un tout harmonieux fictif qui, par translation et similitude, peint et propose à notre jugement les événements humains. Ce genre universel comprend en soi toutes les manières de fictions comme les épopées, les métamorphoses, les allégories, les apologues, les comédies, contes, romans, emblèmes, hiéroglyphes, devises, dialogues.

Allégories :

> Grande preuve de leur artifice, leur faveur à toutes les époques [...] Les objets spirituels se peignent en figures matérielles et visibles et on leur invente une action avec nœuds et dénouements. Supérieur en ce genre d'artifice *Le Berger de la nuit de Noël*, sujet bien digne de la piété et de l'esprit du très illustre Seigneur don Juan de Palafox, très méritant évêque de la Puebla de los Ángeles [...]

Précédant ce deuxième traité sur l'acuité composée, le premier en définit les formes simples et notamment le *concepto* : acte de l'entendement qui exprime, c'est-à-dire qui déclare et qui fait jaillir la correspondance ingénieuse qui existe entre les objets (c'est moi qui explicite[21]). L'une de ces formes d'analogie est l'acuité nominale, celle qui conjoint le trait d'esprit et le jeu sur les noms, et que met en œuvre l'auto sacramental *Le Grand Théâtre du monde*, de 1635 : la représentation de Dieu, en effet, y est un trait d'esprit construit sur le nom qui fonde le personnage et la constellation

---

21. Trad. Gendreau-Laurens (p. 47) : « De sorte qu'on peut définir le trait ingénieux : un acte de l'entendement qui exprime la correspondance qui existe entre les objets ». Trad. Benito Pelegrín (p. 97) : « De sorte que l'on peut définir le concept : c'est un acte de l'entendement qui exprime la correspondance qui se trouve entre les objets ». Sur toutes ces questions, voir l'importante thèse de Blanco M., *Les Rhétoriques de la pointe. Baltasar Gracián et le Conceptisme en Europe*, Paris, Champion, 1992.

rayonnante des correspondances qui s'établissent entre lui et tous les éléments de l'ingénieux édifice verbal. Dieu, comme je l'ai déjà signalé, y est appelé *Autor*: en conséquence, la question théologique des rapports entre Dieu, la créature et la Création y est conçue analogiquement comme la série des relations qui s'établissent entre le directeur d'une troupe de théâtre, le dramaturge, les acteurs, le spectacle qu'ils jouent et le public[22]. C'est ce qui permet à Calderón, sans scandale et au plus grand bénéfice de son œuvre, de donner de Dieu, irreprésentable, une ingénieuse représentation dramatique, comme le montre bien Mercédès Blanco (art. cit., p. 184):

> Il y a donc à un premier stade transposition allégorique de Dieu (irreprésentable) en une idée, celle d'auteur, qui peut convenir à Dieu et qui, elle, est représentable. Représentable dans la mesure où il n'est pas inadmissible à l'égard des bienséances, telles qu'on les entend à Madrid, plus libéralement qu'à Paris, de faire paraître sur scène un personnage nommé *Autor*, même si cet auteur est une allégorie de Dieu. Dieu-Auteur est en outre une idée porteuse d'une possibilité de développement dramatique, parce que ce n'est pas une idée mais plutôt un trait d'esprit, un *concepto* [...].

Le terme *Autor*, en effet, au XVIIe siècle espagnol, désigne simultanément: le directeur de théâtre, le chef d'une troupe de comédiens, le producteur du spectacle, le metteur en scène, le comptable, qui rétribue les comédiens et le poète, c'est-à-dire le dramaturge. C'est encore *Autor* qui choisit la pièce qu'il va faire représenter et, dans *Le Grand Théâtre du monde*, *Autor* est aussi, au sens actuel, le poète ou le dramaturge, l'auteur de la pièce représentée. C'est en effet lui qui a composé la *Comedia de la vida humana*, dont le titre *Obrar bien, que Dios es Dios* (« Bien faire, car Dieu est Dieu »; Mathilde Pomès [*op. cit.*] traduit: *Agir bien, car Dieu est Dieu*) est aussi la moitié du texte total de la pièce: *Ama al otro como a ti,/y obra bien, que Dios es Dios* (« Aime ton prochain comme toi-même/et agis bien, car Dieu est Dieu »). Ce texte de deux vers sera constamment répété aux sept acteurs qui interprètent les rôles qui leur sont attribués par Loi de Grâce, le souffleur. Les

---

22. Cette conclusion doit beaucoup, pour ne pas dire tout, au bel article de Mercédès Blanco: « Dramaturgie et métaphore dans *El gran teatro del mundo* », dans Nadine Ly (dir.), *Aspects du théâtre de Calderón: « La vida es sueño » et « El gran teatro del mundo »*, Paris, Éditions du Temps, 1999, p. 167-206.

sept rôles sont ceux de : Roi, Sagesse ou Religion, Beauté, Riche, Laboureur, Pauvre et Enfant (mort-né). *Autor* assiste au spectacle de la *comedia* dont il est l'auteur et le metteur en scène, alors que *Mundo*, le Monde, d'abord matière informe de l'univers, ordonnée en Création harmonieuse et splendide par le souffle même de *Autor*, en est à la fois le théâtre, la scène, le décorateur, l'habilleur, l'accessoiriste, l'assistant de réalisation et, comme *Autor*, le spectateur. Or, *Autor*, lorsqu'il décide de faire jouer, pour son plus grand plaisir, la comédie de la vie humaine par les hommes, déclare :

> *Si soy autor y si la fiesta es mía,*
> *por fuerza la ha de hacer mi compañía ;*
> *y pues que yo escogí de los primeros*
> *los hombres y ellos son mis* compañeros.
>
> Et si je suis l'Auteur, et donneur de la fête,
> ma compagnie forcément y jouera.
> J'ai choisi pour jouer parmi les hommes
> les plus marquants, ce sont eux mes acteurs[23].

On observe que la résurgence du terme, sous la plume de Calderón, du terme de *compañía*, précédemment analysé à propos de la *Parábola de San Mateo* du XVIe siècle, acquiert, dans l'*auto* du XVIIe siècle, une puissance dénotative et connotative hors du commun. Voici ce qu'en dit Mercédès Blanco (art. cit., p. 187-188) :

> Lorsque l'Auteur dit : « Si soy autor y si la fiesta es mía,/por fuerza la ha de hacer mi compañía ;/y pues que yo escogí de los primeros/los hombres y ellos son mis compañeros », il annonce le pain céleste offert à l'adoration des élus dans la dernière séquence de l'auto. Les acteurs qui ont réussi l'épreuve de la représentation resteront dans une compagnie, qui est à la fois la troupe des comédiens (*compañía*) et la civitas sanctorum, la cité céleste fondée sur la communion des saints [...] Cette formule « ma compagnie » qui vient souder les différents éléments de l'action, est un concepto au sens de Baltasar Gracián, comme le sont les formules de l'office de saint Thomas qui versent dans un même moule syntaxique et phonique le Christ incarné, le Christ de la Passion, le Christ régnant et triomphant (« Se nascens dedit socium [...],

---

23. Trad. Pomès M.: « acteurs » y transpose *compañeros*, les membres de la *compañía* avec une réduction notable des référents.

se moriens dat in pretium, se regnans dat in praemium »).
Par un mot, Calderón relie deux idées éloignées, le théâtre du
monde (les hommes comme *compañía* d'acteurs) et la communion fondatrice de l'Église, corps mystique composé de ceux
qui mangent le pain devenu, par transsubstantiation, corps
réel du Christ (les hommes comme *compañía* du Dieu eucharistique) […]. Le *concepto* produit une conjonction acrobatique
entre la finalité essentielle et générale de l'*auto sacramental*,
la célébration de l'Eucharistie, et la finalité conjoncturelle de
cet *auto* particulier, développer et justifier la métaphore du
« grand théâtre du monde ». Au-delà de cette connexion qui
n'aurait pas été possible si le groupement des acteurs s'était
nommé *bojiganga* ou *farándula* ou *tropa*, on peut imaginer une
connexion conceptuelle. La proposition « le monde est un
grand théâtre », comme la proposition « ce pain est le corps
du Christ » demande que l'on suspende la croyance en la consistance ontologique des apparences de la réalité.

Cette suspension de « la croyance en la consistance ontologique des apparences de la réalité » n'est-elle pas celle qui est réclamée au spectateur d'une comédie, celle qui précisément fonde l'*illusion théâtrale*?

La structure de l'*auto* est ternaire ou trinitaire. Elle présente une pièce-cadre dont les deux moments, initial et final, sont séparés par une pièce intérieure, enchâssée dans la première. La pièce-cadre concerne dans son moment initial la mise en place et la préparation de la pièce intérieure et, dans son moment final, une fois achevée la représentation de la pièce intérieure, la rétribution des acteurs. La récompense est, pour les acteurs qui auront « bien » interprété leur rôle, le rôle de la vie plutôt que celui de la pièce[24], l'invitation au banquet eucharistique; les mauvais acteurs, ceux qui n'auront pas interprété correctement le rôle de la vie, iront en Enfer ou feront un séjour au Purgatoire. La pièce enchâssée adopte, elle aussi, une structure trinitaire avec tripartition de l'espace scénique: un prologue

---

24. Les rôles « dangereux » de Riche, Roi, Beauté, Laboureur, par exemple, impliquent pour les acteurs concernés qu'ils ne se comportent pas comme le Riche odieux des Écritures, ni comme le Roi puissant et ambitieux, ni comme la Coquette frivole et superficielle de la tradition, ni comme le Laboureur rustaud, ridicule, paresseux et grossier du théâtre primitif, mais qu'au-delà du rôle que leur assignent les clichés et une imagerie d'Épinal, ils découvrent leur rôle profond et véritable: moral, éthique et spirituel et, s'ils n'ont pas su tenir ce rôle-là, qu'ils acceptent simplement de se repentir au moment de mourir.

dramatique, prononcé par Loi de Grâce, la représentation elle-même et la mise à l'épreuve de la charité, la fin de la pièce : les acteurs, appelés à mourir par une Voix, sortent de scène l'un après l'autre.

Je n'en dirai pas plus sur *Le Grand Théâtre du monde* qui déborde les limites chronologiques de ce colloque mais qui, avec une économie de mots et de moyens extraordinaire, réussit à transposer en « idée représentable » les questions de la théologie (l'expression est de Calderón lui-même). Je vais simplement faire le bilan de ce parcours orienté à travers le XVIe siècle espagnol et le premier tiers du XVIIe siècle. Le « pèlerinage » accompli ici, à travers les représentations de Dieu, avait pour objet d'instaurer une continuité entre ces représentations dans les *autos* du XVIe siècle et celle, ingénieuse, d'un Dieu *concepto* dans la pièce de Calderón. L'itinéraire théâtral que j'ai proposé est le fait de ma propre sélection qu'un historien du théâtre pourrait juger un peu trop commode et sans doute faussée. Cette sélection, pour partiale et partielle qu'elle soit, a néanmoins permis d'assister à la naissance d'un personnage qui, d'absent qu'il était d'abord, s'est incarné ensuite, métamorphosé et, en quelque sorte, « spiritualisé » au point de devenir un pur trait d'esprit. Enfin, cette sélection aura peut-être permis de mettre en évidence la richesse des représentations de Dieu dans un théâtre relativement abondant et divers mais malheureusement encore trop peu connu, en Espagne et dans le reste de l'Europe, éclipsé comme il l'a été par l'explosion inouïe de la *Comedia Nueva* et les noms des trois grands du théâtre classique espagnol : Lope de Vega, Tirso de Molina et Calderón, dont il a pourtant contribué à nourrir les chefs-d'œuvre.

Véronique Dominguez

La vision et le don : la représentation de la Trinité dans le *Mystère de la Passion* d'Arnoul Gréban

« Nous, ung en vraye trinyté/trin en egale eternité/Dieu regnant sans fin ne mesure » (v. 33-35) : lorsque Dieu le Père prend la parole, au tout début du Mystère, c'est par une formule trinitaire qu'il se désigne. C'est dire l'importance que Gréban accorde à ce mystère de la foi. Va-t-il pour autant, à l'instar d'un drame flamand, de la pièce XI du *Ludus Coventriæ*[1], ou encore de la convention iconographique triandrique souvent observée au xve siècle[2], proposer une Trinité entièrement « par personnaiges », conformément au type de représentation qu'il déclare adopter[3] ? Il n'en est rien : comme la plupart de ses successeurs[4], Gréban offre une Trinité à deux personnages,

---

1. Voir Muir L.R., « The Trinity in Medieval Drama », *Comparative Drama* 10, 1976, p. 116-129. Dans *Die eerste Bliscap von Maria* (éd. Beuken W.H., 1973), et dans la pièce des *Ludi Coventriæ*, la Trinité est représentée par trois personnages anthropomorphiques. Ils forment un conseil qui réfléchit à la façon de procéder au salut, dans le cadre du Procès de Paradis ou avant celui-ci.

2. Sur la représentation iconographique de la Trinité, au Moyen Âge et plus tard, voir Bœspflug F., *Dieu dans l'art. Sollicitudini Nostræ de Benoît XIV (1745) et l'affaire Crescence de Kaufbeuren*, Paris, Éd. du Cerf, 1984 ; *Id.*, « La compassion de Dieu dans l'art flamand du xve siècle », dans *Dieu à l'épreuve de notre cri*, Paris-Louvain, Éd. du Cerf/Faculté de théologie, 1999, p. 45-67 ; *Id.*, *La Trinité dans l'art d'Occident (1400-1460)*, Strasbourg, Presses univ. de Strasbourg, 2000.

3. « Monstrer voulons, par personnaiges/aucuns des principaulx ouvraiges/que feist Nostre Seigneur pour nous, » (v. 1621-1623) ; « ce devost mirouer pour le mieulx/vous ramenons devant les yeulx,/senssiblement, par parsonnaiges » (v. 19954-19955).

4. Les analyses qui suivent se fondent sur *Le Mystère de la Passion* d'Arnoul Gréban, éd. Jodogne O., Bruxelles, Palais des Académies, 2 vols., 1965, 1983. Mais elles prêtent aussi attention aux indications de mise en scène données par les récritures de cette œuvre (Jehan Michel, *Le Mystère de la Passion d'Angers*, 1486, éd. Jodogne O., Gembloux, Duculot, 1959 ; la *Résurrection* attribuée au même Jehan Michel).

Père et Fils, le Saint-Esprit étant représenté par *un coulomb*, ou un autre de ses symboles convenus depuis les débuts du christianisme[5].

Pour comprendre ce choix, il convient d'examiner d'abord l'emploi de ce terme. Gréban utilise le mot « Trinité » de deux façons : comme déictique de Dieu, et dans des scènes qui glosent un des aspects de ce mystère de la foi. Bien entendu, le premier usage peut sembler commode : en appelant Trinité ici le Fils, là le Père, ailleurs les trois personnes réunies[6], Gréban semble satisfaire à peu de frais aux exigences logiques du trois en un – le substantif, singulier, désignant une réalité singulière ou multiple. Cependant, cet usage, on le découvre variable selon les éditions de la Passion grébanienne[7] ; et dans les répliques précédentes, le vocable de Trinité permet plus souvent l'invocation que la désignation précise d'un des protagonistes.

Rare, problématique, l'usage du terme « Trinité » n'épuise pas la question de cette « chose sensible » (v. 26), qu'est sa représentation sur une scène théâtrale. Nous examinerons d'abord les épisodes trinitaires à deux personnages et un accessoire, voire sans accessoire. Quoique conformes au canon de la tradition scripturaire et exégétique qui entoure la représentation de la Trinité, ces épisodes proposent des images du Père et du Fils qui ne rappellent pas l'union des personnes ni le mystère trinitaire. Puis nous nous concentrerons sur les représentations de l'Esprit Saint, la plupart du temps des *fainctes*, des trucages, peu susceptibles eux aussi d'illustrer le mystère de la foi. Mais en écoutant Gréban, qui définit avec insistance le Saint-Esprit comme don, comme amour réciproque de Dieu et de sa créature, nous changerons de perspective : la Trinité se trouve alors entre l'œil et l'échafaud, dans la définition de la pièce comme don,

---

5. Le Saint-Esprit est figuré en colombe dès les premiers siècles du christianisme. La légitimation officielle de cette représentation est effectuée par le concile de Nicée II. Voir Boespflug F., *Dieu dans l'art, op. cit.*, p. 255.
6. Si le Père s'autodésigne comme Trinité dans le Prologue, Joseph admire cette Trinité dans le nouveau-né divin : « O glorïeuse Trinité/qu'esse que je voy de ceste heure ?/J'apperçoy un enffant qui pleure […] » (v. 5024-5026), et Notre-Dame s'adresse au trône divin où siègent Père et Fils pour célébrer la Descente de l'Esprit-Saint, comme à la « Haulte trinité,/parfaicte unité,/singuliere essence » (v. 33755-33757).
7. Dans le manuscrit A, support de l'édition Raynaud-Paris (Paris, Vieweg, 1878), l'archange Michel accepte une mission de Dieu le Père en l'appelant « tres souveraine trinité » (v. 23221) ; ce vers devient « tres souveraine eternité/qui regnes en gloire parfaicte,/vostre voulenté sera faicte […] » (v. 23185-23187) dans le manuscrit B, support de l'édition Jodogne, et ce sans dommage pour le système métrique ni, pensons-nous, pour le sens profond du passage.

et dans la réception qu'en fait le spectateur. Enfin, nous verrons comment cette vision théâtrale de la Trinité, produit d'une opération esthétique, est légitimée par la conception de la vision mystique proposée au XVe siècle entre autres par Jean Gerson.

Intéressons-nous, tout d'abord, aux Trinités à deux personnages et un accessoire à géométrie variable. Ces apparitions sont dans la pièce de Gréban peu nombreuses, et conformes à la tradition la plus attendue: Baptême, Transfiguration, et trône divin où siègent le Père et le Fils figurent dans les textes scripturaires. Au baptême, Gréban manifeste sa révérence à l'égard du modèle évangélique en plaçant dans la bouche du Père les paroles qui sont les siennes dans les synoptiques[8] et qui saluent la manifestation conjointe des trois personnes de la Trinité : « *Hic est filius meus dilectus/in quo michi bene complacui* » (v. 10381-10382 et 13275-13276). Au théâtre les vers sont dits, traduits ; puis « Icy descent coulon sur Jhesus » (ap. 10384). Comme le dit le Père, il s'agit de venir

> demonstrer, par une puissance,
> vraye lumiere et congnoissance
> de nostre unie trinité
> et de nostre trine unité,
> et apparoir senssiblement
> a ce tres saint baptisement. (v. 10370-10375)

« Demonstrance » (v. 10388) : le terme est repris par Jean-Baptiste, qui fait l'exégèse de la scène :

> Tu es mon Dieu, jamés ne metz doubtance ;
> tu es Cristus né de la vierge franche.
>   Et qu'il soit voir,
> la voix du Pere en fait signiffiance
> le Saint Esperit, de coulon en semblance,
>   le fait scavoir. (v. 10391-10396)

Réunissant une voix, un protagoniste et un accessoire, la *demonstrance* grébanienne retrouve un mode de représentation de la Trinité par les formes sensibles et distinctes que sont la voix, le corps et l'objet, toléré depuis saint Augustin à certaines conditions : les manifestations de la Trinité peuvent être mises en espace et en mots, la Trinité en elle-même demeure

---

8. *Matthieu*, III, 17 ; *Marc*, I, 11 ; *Luc*, III, 22.

indivisible et insondable ; tout est envisageable, pourvu que les manifestations de la Trinité soient distinguées de sa substance[9]. Même chose pour la Transfiguration : les apôtres mentionnent la « merveilleuse eloquence » (v. 13281) du Père, la scène globale étant une « haulte advision » (v. 13306), qui réunit cette fois le Christ, le Père et un nouvel accessoire : « la clere nuee qui se euvre/et toute la montaigne cueuvre/et l'enlumine par vertuz » (v. 13272-13274), une forme possible de l'Esprit-Saint dans la tradition patristique[10]. Même chose enfin, pour ce « trône divin » où Jésus vient se placer à la quarte Journée, et qui actualise le *Psaume* 109, « Oracle du Seigneur à mon Seigneur : siège à ma droite » : DIEU LE PÈRE : « Venez et vous seez a ma dextre :/vostre siege y est preparé » – « Riche est et richement paré : par raison me doit bien souffire » répond le Fils avant d'obéir (v. 33051-33054). Cette fois, Père et Fils apparaissent côte à côte, sans l'Esprit-Saint – du moins, le texte ne le mentionne pas –, alors que la tradition iconographique de la même époque propose pour ces images du Père et du Fils réunis en Paradis des Trinités à trois figures (avec une colombe pour le Saint-Esprit). Comment expliquer ce trois devenu deux – et ses conséquences ?

Gréban se saisit des grands concepts théologiques qui des Pères aux scolastiques ont permis de discuter les aspects délicats de la Trinité :

---

9. *La Trinité*, VIII, 1 : « Si l'on parle de trois personnes ou de trois "substances", ce n'est pas pour faire entendre une diversité d'essence, mais c'est pour essayer de répondre d'un seul mot à cette question : qui sont ces trois ou que sont ces trois ? » (*Bibliothèque Augustinienne* XVI, 1955, p. 25). Ailleurs, saint Augustin effectue lui-même la distinction entre l'essence et les substances de la Trinité. Dans le « Sermon LII », qui résume *La Trinité*, il décrit ainsi le baptême de Jésus : « Nous voyons donc ici distinctement les trois personnes de la Sainte Trinité, le Père, dans la voix qui se fait entendre, le Fils, dans l'homme qui est baptisé, le Saint-Esprit dans la colombe » (I, 1) ; puis il distingue la Trinité indivisible de ses manifestations : « à ne considérer que les lieux et l'espace, j'ose le dire, quoique je le fasse en tremblant, j'ose dire que la Trinité est divisible », étant entendu qu'on ne peut voir ce mystère « ni des yeux du cœur, ni des yeux du corps » mais dans la foi. (Sermon LII, II, 2 ; trad. Raulx, citée par Marie-Anne Vannier, *Saint Augustin et le mystère trinitaire*, Paris, Éd. du Cerf, 1993, p. 44-45). On doit se rappeler malgré tout ses protestations virulentes contre les excès de la représentation de Dieu – notamment du Père : « N'allez pas croire que Dieu le Père est circonscrit comme dans une forme humaine, de telle sorte qu'en y pensant une droite et une gauche se présenteraient à l'esprit ; que le Père soit dit siéger ne doit pas non plus faire songer à un repliement des genoux […]. Une telle représentation est interdite dans un temple chrétien », *De la foi et du symbole*, VII, 14 (*Bibliothèque Augustinienne*, t. IX, p. 44-45).
10. Sur la représentation de l'Esprit-Saint par la nuée lors de la Transfiguration, voir Boespflug F., *Dieu dans l'art*, *op. cit.*, p. 272 sq.

circumincession et mission du Fils[11]. Mais ceux-ci sont intégrés à la représentation théâtrale d'une façon qui pour finir distingue les personnes de la Trinité plutôt que d'insister sur leur unité.

« [...] [D]edens moy, Dieu mon pere est/et je en luy » (v. 14626-14627) : c'est avec de telles affirmations, gloses de *Jean*, X, 30, nombreuses dans la deuxième Journée, que Jésus souligne la circumincession du Père et du Fils, ou pénétration réciproque des personnes divines[12]. Le concept travaille avant tout la relation du Père et du Fils – d'où la prédilection pour ces deux personnes. Selon la circumincession, le Fils veut ce que veut le Père : la chose est exprimée sans ambiguïté lorsque Jésus explique à sa mère éplorée par l'inéluctabilité de la Passion[13], ou pour la résurrection de Lazare : « Pere du Ciel, par vray desir/vous rens graces com vous scavez/que ma voix exaussee avez » (v. 15023-15025) : le Fils célèbre au passé l'approbation du Père, avant l'accomplissement du miracle, qui réalise alors leurs deux volontés : « Lazaron, viens hors, beaulx amis!/Je le vueil et le te commande » (v. 15033-15034). Tout se complique pour l'envoi de l'Esprit-Saint, dans la quatrième Journée. Gréban doit à ce moment rappeler l'union des volontés du Père et du Fils, qui préside à cet envoi ; il correspond sur le plan théorique à la *spiration active* commune au Père et au Fils, laquelle s'oppose aux trois autres relations entre les personnes divines (paternité, filiation et spiration passive). Après l'Ascension, « Or ay accompli les ascriptz/qui *de moy* ont esté escriptz » rappelle le Fils. Le Père accepte cette justification, « il suffist : le devoir est fait » (v. 33128-33129) ; puis, sans transition, il prend en charge l'annonce de la Pentecôte, un thème jusqu'à présent réservé au Fils :

> Vos chers apostres se tendront
> en ung lieu encor une espace
> et *nostre* haultain don de grace
> leur envoyro*ns* prochainement
> en la maniere proprement
> comme vous leur avez promis. (v. 33132-33137)

---

11. Pour une mise au point contemporaine sur la doctrine trinitaire, nous avons utilisé l'ouvrage de Kasper W., *Le Dieu des chrétiens*, (trad. 1982), Paris, Éd. du Cerf, 1985 ; pour les références thomistes, la *Somme Théologique (ST)*, t. I à IV, Paris, Éd. du Cerf, 1984-1986.
12. Thomas d'Aquin, *ST* I, q. 42, a. 5, « Les Personnes divines sont-elles l'une dans l'autre ? », p. 451-452.
13. Voir v. 16384 *sq*.

Réaction du Fils: « [...] *je* vous remercye/de la beningne courtoisie/que, *de par moy*, leur promectez » (v. 33139-33141). L'union des volontés n'est que grammaticale. Elle repose sur un jeu entre le « nous » de majesté du Père et le « je/moy » du Fils; jeu de pronoms repris par le Père, souligné par l'usage du « ung » avec un sens exclusif, quelques instants avant la descente des langues de feu:

> Jhesus, mon tres bieneuré filz,
> *nous* sommes *ung* povoir, *ung* vuel
> *et ce que vous voulez, je vueil*
> ne jamais n'y puis dissentir,
> mais *me* vueil du tout consentir
> que vos bons amys et loyaulx,
> vos disciples especiaulx
> obtiengnent la promission [...]. (v. 33643-33650)

Pourquoi réaffirmer ici l'union des volontés? Parce que parvenu à la quatrième Journée, le Mystère a donné à voir deux personnages, dont les actions supposent plutôt la division que l'union des volontés, notamment depuis la Passion: Gréban accorde une importance considérable à l'épisode de Gethsémani, développant ce que l'évangile de Luc laisse imaginer[14]. Ici comme ailleurs, c'est l'obéissance du Fils au Père, la soumission à son autorité, qui est finalement mise en valeur; mais on ne fait pas l'économie de sa peur, sinon de sa révolte.

Si le concept de circumincession est mis à mal avec la Trinité *par personnages*, il faut noter la cohérence profonde qui préside à son infléchissement, dans un sens qui le sert plutôt qu'il ne le trahit. Car Gréban prétend moins penser la Trinité qu'en montrer les effets. Si Trinité il y a dans sa pièce, elle est moins immanente qu'économique; les différences du Fils et du Père sont les développements théâtraux de la réflexion scolastique sur un point essentiel de l'économie trinitaire: la mission de la deuxième Personne, qui s'accomplit dans l'Incarnation. Or, comme pour son prédécesseur Eustache Mercadé, celle-ci constitue le socle de la structure dramatique: l'Incarnation est la décision du Procès de Paradis qui encadre toute la pièce – Procès que Gréban traite, selon ses dires, en

---

14. Cet aspect a été analysé par Micheline de Combarieu du Grès dans « Dieu le Père, Dieu le Fils dans le Mystère de la Passion d'Arnoul Gréban », dans *Les Relations de parenté dans le monde médiéval*, Senefiance 26, Aix-en-Provence, CUER MA, 1989, p. 437-468.

s'inspirant de saint Thomas. Pour expliquer « [...] pourquoy ce divin mistere/appartient au Filz plus qu'au Pere/ou au Saint Esperit de nom », « S'argurons que sy et que non/comme saint Thomas l'a traictié/soubtillement en son traictié/sur le tiers Livre des Sentences » (v. 1689-1695). De fait, l'argumentation de Sapience reprend précisément la *responsio* d'un article du commentaire de Pierre Lombard par Thomas d'Aquin. Cet article s'ouvre sur la *distinctio* suivante : *propter quid et quo fine Filius Dei carnem assumpsit*, – comment et pourquoi l'Incarnation – qui commence par établir *quare Filius carnem assumpsit, non Pater vel Spiritus Sanctus* – et pourquoi par le Fils plutôt que par le Père ou l'Esprit Saint ? Or, l'article 2 de la question 3, *utrum magis fuerit conveniens Filium Incarnari quam Patrem vel Spiritum Sanctum*, résout ainsi les objections : *In propriis autem ipsius possunt quatuor considerari, scilicet quod Filius est, quod Verbum est, quod imago, quod media in Trinitate persona* : la *responsio* fournit à Gréban le plan de la démonstration de Sapïence[15] :

> S'ameine a mon propos prouver,
> quatre proprietéz moult belles
> qui lui conviennent, qui sont teles.
> Et primes, le puis extimer
> selon que Filz se fait nommer ;
> la seconde, qu'il est ymaige
> de Dieu le Pere noble et saige ;
> tiercement, est parolle et verbe
> de Dieu qui est noble proverbe ;
> a la quarte, qui bien consonne,
> il est la moyenne personne
> en la Trinité bieneuree. (v. 3130-3138)

La glose de Gréban est scrupuleuse, traduction pure et simple du texte latin, qui ne fait qu'inverser les deuxième et troisième propriétés. Pour illustrer la notion de filiation, il traite comme Thomas, d'abord la relation du Père au Fils, où « obeïssance » (v. 3144) et « auctorité » (v. 3147) se répondent, puis celle du Fils à la Vierge, qui permet d'unir « umanité et deïté » (v. 3162) et d'offrir le Ciel en héritage aux humains « comme loyaulx filz adoptifz » (v. 3170). Comme le docteur angélique, c'est en citant la *Genèse*, I, 27, « comme *Genesis* maintient » (v. 3172) qu'il évoque le rap-

---

15. Citations extraites du *S. Thomæ Aquinatis doctoris communis ecclesiæ Scriptum super Sententiis*, t. III, Paris, P. Lethielleux, 1933, respectivement p. 3 et 33.

port des deux images, *increata creatam*, celle de Dieu et celle de l'homme réunies dans l'Incarnation : « par ce point l'ymaige incree/joindra celle qui est creee (v. 3177-3178). Puis, *inquantum Verbum est, congruentiam habet ad officium prædicationis et doctrinæ* : le Verbe est celui qui par excellence dispense « bonnes doctrines » (v. 3187) et « predicacions » (v. 3190). Enfin, *decet ut qui est medius sit etiam mediator* : la « personne moyenne » (v. 3193) devient naturellement « souffisant medïateur » (v. 3198). Pourquoi cet ouvrage de Thomas d'Aquin plutôt que la *Somme*[16], difficile de le dire – mais toute référence au docteur angélique a en elle-même valeur d'autorité. On retiendra donc ici la justification de l'obéissance du Fils à l'autorité du Père – mais aussi, le travail théâtral opéré par Gréban sur la réflexion thomiste, et sur le *Psaume* LXXXIV.

Ce dernier pose des problèmes cette fois difficilement compatibles avec le concept de mission. En effet, Gréban ajoute aux quatre Filles de Dieu une cinquième, capitale puisque c'est par elle que le Procès de Paradis parvient à sa conclusion. Mais Sapïence, la Sagesse, n'est-elle pas par ailleurs l'attribut approprié au Fils[17] ? Ni Thomas ni Gréban n'oublient de rappeler ce lieu commun, le premier citant entre autres endroits à la suite du texte précédent Paul, *Ire Épître aux Corinthiens*, I, 24 *Christum Dei virtutem et Dei sapientiam* ; le second apposant les deux substantifs dans une réplique du Père célébrant l'Ascension : « c'est mon filz, c'est ma sapïence » (v. 33084). La représentation de la Trinité trouve au théâtre une forme nouvelle, inattendue : au Fils, non présent au Procès de Paradis, se substitue un personnage féminin qui porte le nom de son principal attribut. Le système de représentation allégorique des Moralités – Gréban mène le Procès de Paradis « pour moraliser ung petit » (v. 1669) – vient doubler le système « par personnages ».

---

16. Thomas d'Aquin traite ces points dans la *ST* I, q. 43, a. 4 à 8, p. 456-461. La présentation des arguments y est totalement différente.
17. Pour l'explication de l'appropriation, voir Thomas d'Aquin, *ST* I, q. 39, a. 7, p. 429 : « quand nous approprions les attributs essentiels aux personnes, nous n'entendons pas les déclarer propriétés personnelles ; nous cherchons seulement à manifester les Personnes en faisant valoir des analogies et des différences » ; puis, pour l'appropriation de la sagesse au Fils : « La troisième considération qui envisage en Dieu sa puissance efficiente donne lieu à la troisième appropriation, celle des attributs de puissance, sagesse et bonté. Cette appropriation procède par analogie, si l'on considère ce qui appartient aux personnes divines […] La sagesse s'apparente au Fils qui est dans les cieux, car il est le Verbe, c'est-à-dire le concept de la sagesse », *ST* I, q. 39, a. 8, p. 431.

Avec Sapïence, allégorie devenue personnage, apparaissent les limites théoriques de la Trinité à deux personnages de Gréban. En admettant, avec la tradition, la représentation des manifestations divines dans leur diversité, le « système par personnages » donne lieu à des images des personnes divines si singularisées que toute perception de leur unité essentielle semble compromise. Ainsi, quel rapport entre le Père, qui prenait probablement les traits de l'Ancien des Jours (*Daniel*, VII, 9), coiffé de la tiare pontificale, ou revêtu d'une pourpre impériale[18], et son Fils aux si multiples visages ? Pour « [celuy qui] se fait appeler Jhesus »[19] (v. 23289), l'unité même de la représentation est menacée par les exigences mêlées de la vraisemblance et de la représentation traditionnelle de la mort. Bébé adoré pendant la Nativité – et probablement, poupée de paille à ce moment – ; enfant de douze ans dans la première Journée ; adulte de trente ans pour la Passion, il doit être, après sa mort, à la fois « l'Esperit de Jhesus » *et* le corps glorieux du Ressuscité. Que ces deux dernières réalités soient représentées par un même corps, et que ce corps soit celui de l'acteur de trente ans est vraisemblable, mais mis en doute par l'inscription de « l'Esperit de Jhesus » dans la distribution des personnages (v. 26112 *sq.*) et par les interrogations des diables sur sa disparition (v. 28801 *sq.*). Il reste que les représentations multiples, diverses, des deux premières personnes de la Trinité risquent d'engendrer la confusion entre manifestation et substance que craignait saint Augustin. Comprend-on mieux, dès lors, les caractéristiques de la représentation de l'Esprit-Saint ?

Gréban n'a pas choisi, on l'a vu, de représenter l'Esprit-Saint par un personnage. Il est à nouveau fidèle à des traditions de représentation solidement établies. Ainsi, toutes les « missions visibles » qui suivent sont considérées comme licites par Thomas d'Aquin dans la *Somme* : la colombe du Baptême, *Matthieu*, III, 16 ; les « langues de feu » de la Pentecôte, *Actes* II, 3, « Icy soit fait ung grant son a maniere de tonnerre et doit descendre le Saint Esperit en façon de feu et de langues » (ap. 33678). « Icy vient une nuee couvrir la montaigne puis dit. *Scilete* », (ap. 13274) : la didascalie précise le fonctionnement de la « clere nuee » décrite par les apôtres pour

---

18. Voir Cohen G., *Le Livre de conduite du régisseur et le Compte des dépenses pour le Mystère de la Passion joué à Mons en 1501*, Paris, Champion, 1925, p. LII.
19. La réplique est ici de Lucifer, mais l'idée est souvent reprise – la question de l'identité de Jésus constituant l'un des pôles structurants de l'action, pour les diables et pour les juifs.

la Transfiguration. Enfin, le Ressuscité glose lui-même son souffle sur le cénacle comme une figure de la prochaine descente de l'Esprit-Saint :

> *Icy aspire Jhesus de son alaine et puis dit Jhesus :*
> Freres charitables et doulx,
> prenez le Saint Esperit en vous. (ap. 31300, 31301-31302[20])

Figures, effectivement, que ces représentations : elles doivent en théorie fonctionner comme des symboles et renvoyer à la divinité de l'Esprit parce qu'elles sont faites d'air, de lumière et de son – choses impalpables. Cependant, dans la pratique théâtrale, il en va autrement. Ces figures sont incontestablement lestées de matière. Ainsi, comme le rappelle Gustave Cohen, « [...] du paradis [...] descend sans doute, retenu par un simple fil, le pigeon en fer blanc [...] qui représente le Saint-Esprit et qui se pose sur la tête de Jésus pendant son baptême dans les eaux du Jourdain [...] » – la substance en est indiquée dans le manuscrit de la *Résurrection* attribuée à Jehan Michel, BnF, ms. fr 972, f° 133[21]. Et quand la colombe n'est pas une « faincte », c'est pire. Le célèbre réquisitoire du Parlement de Paris, qui condamne en 1541 la représentation du *Mystère du Vieil Testament*, rapporte les sarcasmes du public devant « chose mal faite, criant par dérision que le Saint Esperit n'avoit point voulu descendre, et autres mocqueries »[22]. Décidément, mieux vaut, pour représenter ce dernier, assumer pleinement la « faincte » – et l'on sait l'importance du « conducteur de secrez » pour les Mystères. Sous son égide, les langues de feu de la Pentecôte prennent la forme de l'étoupe imbibée d'eau-de-vie dans la *Résurrection* attribuée à Jehan Michel[23].

---

20. *ST, op. cit.*, I, q. 43, a. 7, p. 460.
21. Cohen G., *Histoire de la mise en scène dans le théâtre religieux du Moyen Âge*, Paris, Champion, 1926, p. 152-153.
22. Texte cité par B. Faivre d'après Sainte-Beuve, *Tableau de la poésie française et du théâtre français au XVIᵉ siècle*, 1828, dans *Le Théâtre en France*, Jomaron J. de (dir.), Paris, A. Colin, (1988), 1992, p. 84-85. Dans « The Trinity in Medieval Drama », *op. cit.*, L.R. Muir mentionne également la nécessité d'un préposé à l'étoile et au Saint-Esprit pour la *Passion de Lucerne*. On imagine les difficultés techniques qu'il pouvait rencontrer, lui qui devait envoyer une colombe vivante (*lebende Tuben*) pour le Baptême et l'Annonciation, et qu'on invitait à vérifier le bon fonctionnement des trucages dont il était chargé : « Item, das der Stern und Heiliggesit sin rüstung probiere » (art. cit., n. 11, p. 128). Cohen G., dans *Le Livre de conduite..., op. cit.*, p. LIV, rappelle aussi les oiseaux nourris pendant les répétitions, cette fois pour la représentation de la Création du monde, et la difficulté de les maîtriser.
23. « Icy endroit doit descendre grant brandon de feu artificiellement faict par eaue de vie et doit visiblement descendre en la maison du cénacle sur notre dame et sur les femmes et

LA VISION ET LE DON : LA REPRÉSENTATION DE LA TRINITÉ

Cependant, donner des corps, même « faincts », aux symboles de l'Esprit-Saint, c'est aussi les priver d'une partie de leur légitimité, et les colombes de Gréban ne sont pas sans rappeler les « pigeons » d'un certain pourfendeur de la représentation sensible de la Trinité, Calvin[24]. Mais cette désacralisation semble chez Gréban consciente, maîtrisée. On peut noter une certaine irrévérence, assurément volontaire quoique discrète, à l'endroit du divin oiseau. Certes, les apôtres à qui Jésus confie la mission de la Bonne Parole, seront des martyrs innocents et « simples comme les *coulons* » (v. 11811). Cependant, la première allusion à la colombe est ... militaire ! Les bourreaux du massacre des Innocents sont « arméz [...] et adoubéz/aussi fiers que coulons tubé » (v. 7567-7568). Puis la colombe est l'oiseau vendu par Emilius, marchand du Temple, et elle est ce que Jésus veut éloigner de la maison de son Père : « Portez ailleurs ces coulons vendre » (v. 11359). Dans le langage comme dans la *faincte*, la colombe de théâtre ne prétend en rien contenir le Saint-Esprit. À l'instar des manifestations multiples et colorées du Père et/ou du Fils, elle est, à la limite, légitimée dans cet écart maximal avec son référent divin que déclarent ensemble la *faincte* et le texte, l'excès de matière et les mots.

Mais alors, y a-t-il vraiment représentation de l'Esprit-Saint – et de la Trinité – chez Gréban ? Reprenons le texte. Jésus qui apparaît treize fois dans la quatrième Journée, ne cesse d'y annoncer la Pentecôte, expliquant alors, si l'on ose dire, le « fonctionnement » de l'Esprit-Saint – ce qu'il a déjà fait dans la deuxième Journée, face aux Pharisiens, aux apôtres, et à Nicodème. Pour les apôtres, le Saint-Esprit est ce qui permettra de répandre la Bonne Parole :

> Et quant lors vous verrez confondre,
> ne soignez que doyez respondre,
> car l'en vous donrra en celle heure
> contre eulx response active et sceure.
> *Et n'estes pas qui respondez*
> *mais vueil bien que vous aprendez*
> *que c'est l'esperit Dieu, vostre pere*
> *qui vostre parolle modere.* (v. 11821-11828)

---

apostres, qui alors doivent être assis [...] sur chascun d'eulx, doit choir une langue de feu ardant du dit brandon et seront vingt et un en nombre [...] », ms. X, f° 26, cité par G. Cohen, *Histoire de la mise en scène, op. cit.*, p. 156.
24. Dans l'*Institution chrétienne*, l. I, chap. XI, § 3, cité par Boespflug F., *Dieu dans l'art*, p. 275.

Le Saint-Esprit, réponse du non-savoir, venue de Dieu par ses porte-parole : son inaccessibilité ne peut être mieux soulignée. Même chose ensuite, dans l'entretien avec Nicodème :

> Le Saint Esperit franchement puet
> espirer en tel lieu qu'il vueult ;
> et oz sa voix, mais tu ne sces
> dont il vient ne ou sont ses accés.
> Tu oz les escriptures faictes
> ou par la bouche des prophetes
> le Saint Esperit parler convient ;
> mais du principe dont il vient
> n'a quel fin celluy sermon tend,
> en ton scavoir pas ne s'estend. (v. 11430-11439)

Longueurs et répétitions autour de l'Esprit-Saint jouent donc un rôle capital. Si elles entravent quelque peu la lecture du Mystère, dans la représentation, elles sont destinées à compenser l'excès de matière de la colombe et des « langues de feu », en ravivant la définition de l'Esprit comme chose inattingible, incompréhensible, mais aussi, en soulignant un aspect majeur de sa définition théologique : c'est comme don que l'Esprit-Saint prend sens, dans la relation de charité qui unit Dieu à sa créature.

De fait, quelle est l'appropriation traditionnelle du Saint-Esprit ? Pour Augustin, on l'a vu, c'est l'amour. Pour Thomas d'Aquin[25], c'est aussi la bonté, l'amour, celui que Dieu porte à sa créature, et que manifeste la grâce, surabondante, qu'Il lui offre avec le salut. Gréban, qui accorde une place centrale aux notions de charité et de fraternité dans la définition de ses personnages et de leurs relations, se souvient peut-être du « tu vois la Trinité, quand tu vois la charité » d'Augustin[26]. Charité, fraternité sont les fondements d'un comportement exemplaire, défini par le *Penitentiam agite* de Saint Jehan Baptiste : l'essentiel est de cultiver la fraternité, c'est le but de la Bonne Parole, présentée par Jésus comme un « don » dans la Parabole du Semeur[27]. En outre, on ne compte pas les faits et gestes glosés dans ce sens : Jésus lors du Lavement des Pieds[28], Madeleine répandant

---

25. « Quant à la bonté, motif et objet d'amour, elle s'apparente à l'Esprit divin, qui est l'Amour », *ST* I, q. 39, a. 8, p. 431-32.
26. *La Trinité*, VIII, 8, édition citée, p. 65.
27. « Benoistz soient vos yeulx/a qui telz dons sont octroiéz » (v. 12684).
28. « Voicy humilité sans nombre/et parfaicte amour enterine » (v. 18000) ; « C'est tousjours pour nous advoyer/a dilection fraternelle » (v. 18005), « grand signe de charité […] » (v. 18017).

l'onguent sur le Christ[29], Joseph d'Arimathie lui accordant la sépulture[30] ; et à l'inverse, Hérode l'incestueux dévoie la fraternité pour la bestialité[31] ; ou encore, les juifs qui voulant la mort de l'Ecce Homo nient en lui, Pilate le déplore, sa qualité de « frere »[32].

Pour qui cherche la Trinité, la pratique de la fraternité et de la charité est probablement, pour reprendre Augustin, « le lieu où il doit chercher quelque chose. Il ne l'a point trouvée encore, mais il a trouvé où la chercher »[33]. Don de Dieu, l'essence de « l'Esperit » telle que la (re)définit le théâtre ne saurait être représentée ni par une réalité sensible, ni par un symbole. C'est dans la relation, dans l'échange dont la fraternité et la charité ne cessent de produire l'exemple ou le contre-exemple, que se situe au théâtre la chance de la Trinité. Si la charité est opérante, elle devient le mode de production et de réception de la pièce. La Trinité change alors de statut. De manifestation hyper-sensible, hyper-réaliste de la divinité, elle devient vision, et existe dans l'impalpabilité du regard.

Le geste du don, Gréban l'utilise maintes fois au sein du Mystère, au point qu'on y découvre la définition de son œuvre. Matériel, sensible, ce don est traversé de spiritualité dans un dispositif théâtral qui confie au spectateur le soin d'y introduire le sacré. Dans ce processus, les images de la Trinité retrouvent leur dimension de mystère de la foi.

En effet, le don principal de la pièce, c'est celui du Père à l'humaine nature : « [son] filz pour [elle] mort et deffait » (v. 3303) est l'« offrande » (v. 3304), le « don de mercy » (v. 3289) qu'il accorde la peine au cœur; don consubstantiel à la Passion théâtrale, et que son titre rappelle. En outre, le Mystère contient une impressionnante quantité d'échanges de toutes sortes : vente de tissus, d'onguents – avec marchandage ou à crédit[34] – horrible don de la tête de Saint Jehan Baptiste[35], qui répond au don généreux des pains et poissons multipliés par Jésus ; ou encore, célèbre don des Rois Mages.

---

29. « Dont, pour cause qu'en moy a mis/tres grant amour, luy sont remis/plusieurs péchéz et pardonnéz, glose Jésus pour les Pharisiens » (v. 13961-13963).
30. « Charité et parfaicte amour/ne se puet tenir enfermee,/mais fault qu'elle soit deffermee/ et que doulcement s'abandonne/vers cil a qui elle s'adonne [...] Si ne le [Jhesus] delaisseray mie/que sa doulce et saintisme face/service après la mort ne face [...] » (v. 26566-26568 ; 26574-26576).
31. « Tel cas n'est pas fraternité/mais plus que bestialité » (v. 10734-10735).
32. « Toute beste ayme son semblable :/le regard, donc, d'humanité/modere vostre inhumanité./Vostre frere est, vous le voiez [...] » (v. 22975-22978 sqq.).
33. *La Trinité*, VIII, 10, éd. cit., p. 71.
34. Joseph paie cher le *sidonne* du Christ, v. 26672 sq. ; l'épicier fait crédit à Nicodème pour l'onguent, v. 26722 sq., mais les trois Marie marchandent le leur « pour cent besans », v. 28296 !
35. Voir v. 12068, 12070, 12095 et « Ma dame, vous n'avez pas telz/presens comme je vous apporte » (v. 12148-12149).

Arrêtons-nous à un don plus humble, moins souvent glosé, mais dont Gréban choisit de faire une scène. Avant l'Adoration du divin enfant, tableau attendu qu'une didascalie organise[36], les bergers discutent longuement de leurs dons : « encor n'avons point devisé/quelz presens ne de quel façon/nous ferons à cest enfançon » (v. 5455-5457). S'amorce alors une discussion sur le « don » (v. 5478, 5487, 5489, 5509, 5519), le « present » (v. 5461), qu'il faudra « donner » à Jésus (v. 5465, 5472, 5475, 5477, 5479, 5491, 5497, 5510, 5512). Après plusieurs propositions jugées déplacées – « chien », « pain bis » et « chataignes » (v. 5473-5476) – le choix s'arrête sur cinq objets : un « flajollet » (v. 5479), « une hochete » (v. 5491), « ung beau kalendrier de bois » (v. 5498), « une sonnecte » (v. 5512) « et puis ung tres beau pilouët » (v. 5515). Peu sérieuse, cette liste l'est assurément, comme l'univers d'où elle provient, le microcosme léger et naïf de la pastorale. Or, c'est dans ce monde décalé par rapport à l'univers de la Passion que se loge, voilé par la naïveté et le rire, l'esprit du don chez Gréban. Les bergers donnent des instruments et un calendrier, c'est-à-dire de la musique et du temps : peut-on mieux définir le Mystère ? Le Mystère, ce sont quatre Journées qui firent la Rédemption, et dont tout moment fort est l'occasion d'un *silete*, « armonieux » ou « discors » selon qu'il vient du Ciel ou de la Gueule d'Enfer.

Au demeurant, la pièce, qui s'achève sur un *silete* au Paradis « en l'armonie de voz sons,/[et en…] doulces chansons » (v. 34401-34402), propose dans sa Moralité Finale un ensemble d'expressions définissant les « moyens tres haultains » (v. 34392) dont elle a fait usage. On y retrouve l'alliance de la musique et du temps, auxquels s'ajoutent les mots. La Moralité Finale réunit une dernière fois les Filles de Dieu autour de leur Père et du Fils ressuscité. Dieu le Père propose un résumé de la représentation, rappelant que la Passion fut décidée par le Procès de Paradis :

> Il fut en la forme et maniere
> que vous l'avez cy recollé.
> Vous avez recapitullé
> en briefz termes et tout deduit
> comment le procés fut conduit. (v. 34111-34115)

Quand les filles de Dieu félicitent leur Père, elles désignent la représentation comme un ensemble de « termes », comme une « forme ». Auparavant,

---

36. « Ycy prend Nostre Dame l'enffant et s'assiet, puis le met sur son genoul et les pastours l'adorent, chascun faisant son present » (ap. 5583).

LA VISION ET LE DON : LA REPRÉSENTATION DE LA TRINITÉ

l'élection de Mathias a été présentée comme indispensable « pour la prophecie adverer/et Dieu, nostre sire, honnorer » (v. 33408-33409) : elle « réalise », « rend vraie » un psaume de David, ces « belles narracions » (v. 33392) « dont en ceste forme chanta » (v. 33396). « Adverir », « adverer » par la « manière », la « narration », la « forme » : l'actualisation du texte biblique par une forme sensible permet de désigner la représentation tout entière. « Averir nous fault en avant/le ver qui est joingnant devant » (v. 34335-34336), dit encore Sapïence au sujet du baiser final des filles de Dieu mentionné par le *Psaume* LXXXIV. Et Justice, au moment de la « narracion » de Dieu le Pere (v. 33991), reconnaît avoir attendu « […] que *seroit veriffiee*/la sainte Escripture auctentique/que, *sus vision prophetique*,/les anciens avoient escript […] » (v. 34139-34143). Dans ces expressions, la pièce tout entière est désignée comme une série d'images constituée par des personnages dont les paroles, versifiées, sont mises en musique : elle est poésie, qui donne à voir et à entendre les « beaux ditz » (v. 34107) des prophètes. Par conséquent, le poème dramatique de la Passion a su « accomplir les Escriptures ». L'expression, chère à Jésus comme à Justice (v. 3259-3261), est prise au pied de la lettre. À l'instar du don des bergers, la Passion fait don au spectateur d'une forme sensible. Dans une combinaison de musique, de mots et de corps, elle lui propose des images singulières du Dieu chrétien, « visions prophetiques adverees » faites de matière, adressées aux sens, parmi lesquelles les scènes trinitaires figurent en bonne place.

Mais ces visions, ces images de la Trinité, ne sont-elle pas un avatar des colombes maladroites du Saint-Esprit ? Comment peuvent-elles espérer évoquer le mystère de la foi ? Le Prologue de la Troisième Journée est clair : si et seulement si la Passion théâtrale est reçue comme un « mirouer par personnages ». La Passion devient alors miroir de dévotion, où les représentations matérielles, sensibles, du Père, du Fils ou de l'Esprit-Saint, prennent sens dans une contemplation de nature dévote :

> [U]ng peu de scilence prestez
> et l'entendement aprestez
> a incorporer la doulceur,
> charité et parfaicte amour
> ou ceste passion admene
> et joinct toute nature humaine. (v. 19920-19925)

Le spectateur doit considérer la pièce comme un témoignage de la grâce que la Passion lui offre et se rappeler le lien qui l'unit au Créateur. S'il considère le Fils de Dieu souffrant comme un miroir, « ainsi va ses dueulz moderant ». Le but du théâtre est de créer ce miroir « senssiblement, par personnaiges » (v. 19956). « Mirez vous si serez bien saiges,/chascun sa fourme y entrevoit » (v. 19957-19958). Complexe, cette vision mêle deux types de temps. Dans le temps du spectacle, temps humain, l'histoire du Christ est un événement passé, dont l'appréhension théâtrale, présente, visuelle et sonore, permet la méditation, future. Dans le temps chrétien, proche de la liturgie, le spectacle est présentation de la Passion, commémoration d'un élément à valeur eschatologique, qui échappe au temps humain. Et c'est bien le face-à-face après la mort que promet la double appréhension de la pièce :

> Dieu doint que si bien nous mirons
> que, par mirer, nous remirons,
> après ceste vie mortelle
> la puissant essence immortelle
> qui regne sans jamais tarir. (v. 19960-19963)

Pour citer Georges Didi-Huberman, une telle réception « déchire » l'image de la Trinité : dans la représentation sensible, elle réintroduit la *figure*, qui condense la mémoire, le futur, et le présent[37]. Grâce à cette définition du « personnaige » divin comme miroir, et à la double temporalité qui l'accompagne, l'image théâtrale de la Trinité trouve une chance de contenir le mystère de la foi. L'image de Dieu se donne au spectateur, qui lui donne un regard témoignant de son amour – un échange conforme à la « charité », que l'Esprit-Saint représente et doit susciter.

Certes, comme tout discours sur la réception de l'œuvre, la définition de la Passion comme miroir de dévotion, lieu d'un échange conforme à la *caritas*, relève de l'hypothèse – quoique faire d'une œuvre d'art un objet de dévotion soit fréquent au XVe siècle. Mais une fois de plus, Gréban manie avec habileté et respect le dispositif d'échange venu de la tradition théologique ; et en l'occurrence, c'est son talent de dramaturge qu'il faut saluer. Se saisissant des caractéristiques du théâtre à son époque, et leur ajoutant

---

37. La temporalité multiple impliquée par la lecture de la pièce comme miroir dévot correspond au travail de l'œil devant l'image tel que l'analyse Georges Didi-Huberman dans *Devant l'image*, Paris, Éd. de Minuit, 1990, p. 171 sq. Pour la mise en œuvre de cette analyse sur une œuvre précise, voir, du même auteur, « l'armoire à mémoire », sur la porte de l'*Armadio degli Argenti* (1450-1452) de Fra Angelico, dans *Phasmes. Essais sur l'apparition*, Paris, Éd. de Minuit, 1998, p. 137-148.

ses choix propres, il parvient à donner à ses images de Dieu la profondeur voulue pour y introduire la « figure ». Intégrées au décor, au système des personnages, les images trinitaires captivent le spectateur tout en le tenant à distance et en se dérobant à lui. De façon neuve, efficace, et proprement théâtrale, elles traitent avec révérence le mystère de la Trinité.

Bien entendu, la Passion de Gréban bénéficie, ou souffre, des conditions objectives de représentation de son époque. Si l'on se réfère aux travaux de Konigson ou de Rey-Flaud, la disposition et la taille des échafauds rendent assurément difficile, voire impossible, une vision globale de la scène des Mystères. Mais cette carence favorise la construction d'une image trinitaire incomplète, d'une certaine façon conforme à son invisible essence. Imposée par le décor, la cécité partielle du spectateur est accentuée par les choix du dramaturge. Même si les grandes lignes de l'action sont posées par la tradition, la structure de la pièce et les déplacements des acteurs qu'elle suppose révèlent une fragmentation volontaire de l'image trinitaire. Quelle que soit sa mise en scène, la pièce implique la mise en valeur successive plutôt que simultanée des personnages divins. Ainsi, Père et Fils ne jouent qu'une fois ensemble le premier rôle : après l'Ascension, qui les place côte à côte. Même là, l'image triomphante des deux rois de Paradis partageant le même trône[38] apparaît comme l'aboutissement d'un processus qui sous-tend la dramaturgie de toute la pièce. Conforme à la tradition, la qualité royale de Jésus est mentionnée dès sa naissance, et souvent rappelée, pour les Rameaux adressés au « Filz de David, roy de magesté » (v. 16196), ou pour la Descente aux Enfers du *rex gloriæ*[39]. Dramatisée par un effet d'annonce permanent, l'installation du Fils près du Père constitue un véritable programme[40]. Ascension, puis Trône divin : l'image trinitaire de Gréban a ceci de particulier qu'elle met en mouvement le texte biblique, mais aussi ses représentations iconographiques, comme la Trinité du Psautier. Ce mouvement, le spectateur est invité à le suivre, et donc, à se concentrer sur l'un ou l'autre des personnages avant de les contempler ensemble. Et le plus souvent, c'est le Fils qui occupe le devant de la scène, l'action reléguant au second plan le personnage du

---

38. Voir les vers cités en n. 3.
39. Voir respectivement autour de la Nativité les v. 4968, 4980, 5091, R (rondeau) 5571-5583, v. 6637 *sq.*, surtout R 6645-6672 ; pour les Rameaux, v. 16118 *sq.* ; pour la Descente aux Enfers, v. 26081 *sq.*
40. Donné par Jésus en personne à ses disciples aux v. 31755-31760 ; 32483-2487 ; 32597-2602.

Père. Seul le Prologue lui avait confié le premier rôle, celui de Créateur, qui associait paroles et déplacements, entre le champ et son trône[41]. Créateur exigeant, Père compatissant ou icône brillante du Paradis, Dieu le Père tantôt s'efface, tantôt s'affirme à l'œil du spectateur : mais c'est peut-être lorsqu'il est lointain, inconsciente vision, que l'image globale de Dieu délivrée par la scène, où s'affirme le Fils, peut prétendre être une image de la Trinité. Parce qu'elles sont éclatées dans un décor immense, parce qu'elles étirent dans le temps et dans l'espace des passages bien connus de la tradition chrétienne – que l'iconographie saisit au contraire dans l'instant – ; parce que Gréban accentue cette discontinuité dans le déséquilibre des rôles divins, les images théâtrales de Dieu dérobent leur unité à l'œil du spectateur. Gréban produit des images de la Trinité incomplètes, fragmentées ; et c'est ainsi qu'il parvient à pointer l'invisible qui les constitue.

Dans ce dispositif, le spectateur participe à l'élaboration de l'image trinitaire : la Trinité est moins une réalité qu'un rapport entre le spectateur et l'image de Dieu – et l'on retrouve la charité, le don de l'image suscitant celui du regard. Mais alors, la lecture de cette image de Dieu peut-elle rester tributaire de l'analyse symbolique ? Force est de passer à un autre système d'interprétation, qui n'est plus fondé sur la correspondance entre des personnages considérés comme des signes et leur interprétation univoque ; à un système de lecture qui accepte l'absence, le manque que supposent l'incomplétude et la fragmentation propres aux images trinitaires. Ainsi, on a souvent interprété le chœur à trois voix qui accompagne le Baptême dans la *Passion* de Jehan Michel comme un équivalent de la Trinité[42]. Pour nous, si cette représentation évoque la Trinité, c'est surtout parce qu'elle fait partie de cette production festive qu'est le Mystère tout entier, une production offerte aux sens autant qu'à la conscience du spectateur chrétien. Ce n'est pas dans la représentation d'une, deux ou trois personnes divines qu'il faut chercher la Trinité, mais dans cette grande production d'un texte souvent mis en musique et en chants qui caractérise l'esthétique des Passions. Et le travail du vers chanté manifeste par excellence dans la Passion la présence du sacré et des mystères de la foi.

---

41. « Dieu le Pere se revient en son siege et chantent les anges » (ap. 426) ; « Icy vient par devers Adam » (ap. 532).
42. « Et est a noter que la loquence de Dieu le Pere se peut prununcer entendiblement et bien a traict en troys voyx : c'est asçavoir ung hault desus, une haulte contre et une basse contre bien acordees, et en ceste armonie se peut dire toute la clause qui s'ensuyt », éd. Jodogne, ap. 2123.

Un exemple : le chœur des apôtres et de la Vierge devant le mystère de la Pentecôte.

> Haulte Trinité,
> parfaicte unité,
> singuliere essence,
> a ta magesté
> soit huy protesté
> loz et preference,
> car, par ta clemence,
> en nostre presence,
> nous a envoyé
> l'Esperit de science
> qui nostre credence
> a fortiffié. (v. 33755-33767)

Certes, la « Trinité » est employée, mais à qui s'adressent exactement ces termes, qui dissocient l'Esperit des deux autres personnes divines ? Nul ne peut le dire. La Trinité est moins dans l'image théâtrale du Père et/ou du Fils et du Saint-Esprit que dans la célébration dont elle fait l'objet. Célébrer plutôt que désigner ; signaler la Trinité, sans lui assigner de lieu, ni de contours : le chant de grâces auquel le spectateur est invité à participer manifeste le mystère trinitaire, en lui évitant de prendre les formes monstrueuses, anthropomorphes et spatialisées, que récusait saint Augustin.

Dernier caractère de cette vision de la Trinité, musicale et matérielle : le don de Gréban est « surabondant », ce que ne cessent de rappeler les Prologues. « Le trespas d'Adam traicterons/sans nostre matiere deffaire/le plus brief qu'il se pourra faire » (v. 1102-1104) : suivent quelques centaines de vers. « Et, sur briefz motz et voulentiers,/tantost la nous verrez traictie » (v. 27478-27479) : puis vient la Quatrième Journée. L'obsession du « faire brief » est peut-être la preuve de la conception particulière de l'image trinitaire grébanienne ; le désir d'amendement révèle la réalité de la pièce. L'*hybris* signale la présence de la grâce, surabondante, dont Dieu couvre le chrétien, et que celui-ci, reconnaissant, s'efforce de lui renvoyer. L'excès, qui à bien des égards – de la longueur du texte aux tortures de Jésus – est le propre du *Mystère* théâtral, trouve alors une justification profonde. Il actualise sur le plan formel la « doctrine de la satisfaction » utilisée par Gréban dans son Procès de Paradis[43]. Entre le spectateur et

---

43. Voir Bordier J.-P., *Le Jeu de la Passion. Le message chrétien et le théâtre français (XIIIe-XVIe siècles)*, Paris, Champion, 1998, p. 191-206.

l'échafaud, il se produit une image de la Trinité qui respecte la dimension incommensurable du mystère de la foi, parce que la représentation « par personnages » de la Trinité est toujours incomplète, fragmentée, et parce que malgré les limites que lui pose la scène, elle désigne dans son *hybris* l'inaccessibilité de ce mystère.

Ainsi conçue, l'image trinitaire grébanienne entretient des relations profondes avec une conception de la vision mystique qui lui est contemporaine. La Trinité comme « vision prophetique avérée », œuvre d'art où l'excès désigne un invisible qu'on n'atteint pas, n'est pas sans rapport avec une approche de la vision que Gréban n'hérite pas seulement de Thomas d'Aquin, ni d'Augustin, dont les trois visions – corporelle, spirituelle et intellectuelle – constituent le socle de la réflexion chrétienne[44]. S'il a cherché des sources d'inspiration, c'est plus probablement dans les débats sur la vision mystique où se sont engagés certains membres du chapitre de Notre-Dame.

Déjà, dans l'article 7 de la question 43, saint Thomas déclare que les « missions visibles » du Saint-Esprit ne sont nécessaires que pour « confirmer et [...] propager la foi » : autrement dit, pour signifier la manifestation du Dieu chrétien propre à la religion de l'Incarnation. Il est « spécialement besoin » de visions si elles sont utiles à l'Église et à sa mission. Dès lors, il se montre tolérant à l'égard des visions de Dieu, présentes et passées. Dans le Traité de Prophétie de la *Somme*, commentant le propos de saint Grégoire selon lequel « la connaissance de Dieu a augmenté avec la suite des temps », il le réduit à « la période qui a précédé l'Incarnation du Christ » ; ensuite, « à chaque période, il n'a pas manqué d'hommes ayant l'esprit de prophétie, non sans doute pour développer une nouvelle doctrine de la foi, mais pour diriger l'activité humaine »[45]. Ce texte révèle l'attention que Pères et scolastiques ont portée aux apparitions de Dieu ainsi qu'à ceux qui s'en disent les témoins : il faut intégrer à la réflexion et au dogme la présence et les propos des mystiques.

À l'époque de Gréban, les débats sur la vision mystique n'ont pas cessé. On en trouve un exemple frappant dans les nombreux traités qui tentent de discerner les vraies des fausses, les bonnes des mauvaises visions. Nous n'en citerons que deux, écrits par deux chanceliers de l'université, Robert Ciboule et Jean Gerson. Le premier, en exercice à Notre-Dame

---

44. *La Genèse au sens littéral*, XII, vi, sq. (Bibliothèque Augustinienne, t. 49, p. 347 sq.).
45. *ST* II, q. 174, a. 8, p. 995.

quand Gréban y travaille – et travaille à sa Passion – produit un mémoire sur le Procès de condamnation de Jeanne d'Arc. Il se concentre sur les fautes qui ont trait à la foi, et notamment sur les apparitions divines. Pour lui, toutes ne se trouvent pas dans la Bible. Il peut exister des « revelacions privees salutaires », et Jeanne a pu en être le réceptacle[46]. En cela, il hérite des principes de Jean Gerson. Le célèbre chancelier de l'Université a également mis par écrit sa pensée sur les visions mystiques, non seulement dans ses ouvrages latins et français sur la théologie mystique, mais dans quelques traités, le *De distinctione verarum visionum a falsis*, le *De probatione spiritum* et le *De examinatione doctrinarum*. Il s'y méfie notamment des malades, des mélancoliques et des femmes, réceptacles peu fiables d'une vision mystique digne de ce nom ; mais il accepte l'idée de la révélation divine accordée à d'autres qu'aux saints, et notamment aux humbles[47].

Cette définition clémente de la vision mystique dépend chez Gerson d'une approche globale de la vision de Dieu qui éloigne cette dernière de l'apophase qui est la sienne dans la théologie négative traditionnelle. Rappelons-le, la mystique gersonienne est *cognitio Dei experimentalis*, « connaissance expérimentale de Dieu », cela est précisé à plusieurs endroits de sa *Theologia Mystica*[48]. Ainsi, si « la religion de Gerson […] exige, même au point culminant de sa dialectique négative, un contenu positif, [et qu'e]lle ne peut renoncer à connaître son Dieu »[49], c'est que le chancelier, illustre prédicateur, est plus ducteur d'âmes que rigoureux théologien. À ce titre, les buts de son œuvre, et notamment de l'œuvre française, qu'il destine aux humbles, aux ignorants, comme le rappelle l'*incipit* de sa *Montaigne de*

---

46. Je remercie Darwin Smith de m'avoir aiguillée sur les liens de Ciboule et de Gerson, indiqués dans l'article d'André Combes, « Un témoin du socratisme chrétien au XVᵉ siècle : Robert Ciboule (1403-1458) », *Archives d'Histoire doctrinale et littéraire du Moyen Âge*, 1933, p. 93-259 ; sur le mémoire, voir p. 153-155.
47. Pour une présentation de ces textes, voir Bonnet F., « Jugement de Gerson sur deux expériences de la vie mystique de son époque : les visions d'Ermine et de Jeanne d'Arc », dans *Champagne et pays de la Meuse. Questions d'histoire et de philologie*, Paris, BnF, 1974, p. 187-195.
48. *Theologia mistica est cognitio experimentalis habita de Deo per amoris unitivi complexum*, (éd. Glorieux P., Paris, Desclée, t. VIII, 1971) consid. 28 § 6 ; ou encore *Per theologiam misticam sumus in Deo, hoc est in eo stabilimur*, consid. 24 § 1 ; ou encore *Mistica theologia est cognitio experimentalis habita de Deo per conjunctionem affectus spiritualis cum eodem; […] que nimirum adhesio fit per extaticum amorem, teste beato Dyonisio […]*, consid. 43 § 2.
49. Sur les rapports problématiques de Gerson avec la pensée de Denys l'Aréopagite, voir Combes A., *La Théologie mystique de Gerson. Profil de son évolution*, Paris, Desclée, t. I, 1963, surtout p. 73 *sq.* et p. 99 *sq.* [citation p. 88].

Contemplation, ne sont pas sans rapport avec les buts moraux de la Passion théâtrale lorsqu'elle s'offre au spectateur comme un Miroir de dévotion, un don qui doit susciter le contre-don, l'amour de Dieu. Au demeurant, le chancelier, auteur lui-même de nombreux dialogues versifiés et de deux Moralités[50], ne reconnaît-il pas *de facto* à l'œuvre théâtrale la capacité de susciter une vision de la Trinité digne d'être méditée[51] ?

Dans cette perspective, les sermons sur la Trinité de Jean Gerson constituent, sinon une source précise de Gréban, du moins une production d'inspiration et de vocation similaires à sa « représentation par personnaiges ». Ils cautionnent à bien des égards la définition d'un spectacle comme « vision prophetique averee », et du regard du spectateur comme contemplation dévote, mue par la charité[52].

L'accès à une « vision prophetique » de nature sensible est la seule possible, comme le rappelle le sermon *Videmus nunc per speculum in enigmate*, sur la *Ire Épître aux Corinthiens*, XII, 13. Gerson y souligne l'impossibilité de comprendre la parole de Dieu. Il cite alors le thème d'un autre sermon sur la Trinité, *Si terrena dixi vobis et non creditis, quomodo si dixero celestia creditis* – paroles de Jésus à Nicodème[53] qui font l'objet d'une belle scène chez Gréban. Dans *Videmus nunc*, Gerson expose sans ambages la fonction de ses sermons : comme toute production humaine concernant le divin, « c'est grant consolacion d'oïr parler de Dieu et des choses divines et n'est pas temps perdu jassoit ce que on ne entent pas tout ». C'est pourquoi l'œuvre d'art comme support de l'approche de Dieu est acceptée : « si exposeray ung secret parlement et comme ung personnaige ou ung dyalogue de l'Ame devote avec sa suer Raison la saige, pour montrer aucunement la maniere de pervenir a la congnoissance de Dieu et de la benoite Trinité […] ».

---

50. À ce sujet, voir Bossuat R., « Gerson et le théâtre », *Bibliothèque de l'École des Chartes*, 109, 1951, p. 295-298 ; Id., *Deux moralités inédites composées en 1427 et 1428 au Collège de Navarre*, Paris, 1955, p. 19 sq.

51. Ailleurs, Gerson affirme en bon humaniste ecclésiastique la possibilité d'un lien entre littérature et théologie : « *Potest utique et Poetria, et Rhetorica, et Philosophia cum theologia, et sacris litteris admitti, vel misceri : quod et Paulus, Augustinus, Hieronymus, ceterique maximorum fecerunt, et adhuc faciunt. Modus attamen habendus est (fateor) ut illæ scientiæ non dominæ sed ancillæ, ministræ sint* […] », extrait d'un sermon *Collatio de Angelis*, cité n. 32, p. 282 d'André Combes, « Gerson et la naissance de l'humanisme », *Revue du Moyen Âge latin*, 1, 1945, n° 3, p. 259-284.

52. J'ai proposé une interprétation du même type pour la scène de l'Ascension dans « Une expérience de Dieu », à paraître aux éditions Brepols.

53. *Jean*, III, 12.

L'œuvre d'art prend d'abord la forme du dialogue entre deux personnages allégoriques, Âme et Raison. Puis sa définition s'élargit :

> tout ainsy comme en regardant une ymaige bien faicte, soit en ung miroir bien clair et poly soit par dehors en painture ou en tailleure, on a congnoissance du maistre qui a fait l'imaige ou le miroir qu'il estoit saige, pareillement, mon Ame, quant je te puis regarder […], j'ai congnoissance aucune telle que elle souffist de nostre Dieu qu'il est une essence en trois personnes […].

La comparaison est précise, respectueuse du mystère de la Trinité : les œuvres d'art ne sont qu'un reflet par nature imparfait, insuffisant, de Dieu, elles en permettent non la pleine connaissance, mais une approche limitée.

Que l'âme soit le lieu de l'analogie qui permet d'approcher le mystère trinitaire est un lieu commun de la tradition chrétienne depuis saint Augustin. En revanche, que l'œuvre d'art en soit un autre lieu, dérivé, est exploité de façon singulière et récurrente par Gerson – ainsi, quelques lignes plus bas avec « l'imaige du tailleur [qui] seroit une mesme chose avec le tailleur en distinction personnelle, relative, telle comme elle est entre le faiseur et la faicture » ; ou encore avec « l'exemple des miroirs materielz », à qualité de reflet variable, qu'on peut « appliquer par similitude ou mirouer espirituel de l'ame au regard de la Divinité ». Le miroir, reflet de l'âme et de Dieu, tisse un lien profond entre *Videmus nunc* et *Si terrena* : « En l'autre annee, bien m'en souvient, je parlay de trois mirouers de nature, de l'Escripture, et de l'humaine creature » : *Videmus nunc* fait explicitement allusion à *Si terrena*, et à ses « trois escoles enquelles entrerez pour vous parler aucunement grossement [du hault mistere de la benoite trinite], non pas que je la veille prouver evidemment ou comprendre, car ce ne se peut faire ; mais vous amenray aucune similitude et aucune esperance de raison pour monstrer que non mie du tout sans raison nous creons ce que nous creons ».

Enfin, par un système d'échos, les deux sermons sont liés à un troisième, *In nomine Patris*, qui poursuit la réflexion sur les relations de l'œuvre d'art à l'image de Dieu. Là aussi, ceux qui peuvent bien connaître leur âme, « puisque elle est la belle ymaige de Dieu et de la Trinité, ils congnoisteront Dieu et la Trinité comme en ung miroir ». Certes, cette connaissance est réservée à « peu de gens » – et Gerson a cité dans *Si terrena* « les sains de paradis, […] Adam, […] les haus theologiens qui ostoient toute leur cure du monde, comme saint Paul, saint Augustin et saint Hilaire et autres ». Néanmoins, toute sa théologie mystique vise à souligner la possibilité pour quelques-uns, notamment les humbles et les ignorants, d'accéder au divin face-à-face : du moins, de s'y préparer par l'exercice de la méditation. Nous avons déjà vu sa prudence : jamais pour lui, cette image de la Trinité, reflétée dans les œuvres diverses que sont l'âme, la sculpture, le miroir ou le dialogue, n'est adéquate à Dieu. C'est pourquoi, comme dans les traités définissant les visions, il s'évertue à condamner ceux qui croient trouver dans l'image sensible de la Trinité un équivalent de celle-ci :

> Et pleust à Dieu que jamais on ne le figurast comme il feust jadis deffendu. C'est ce qui fait errer les Sarrasins et les juifs et les simples crestiens quand ils pensent a Dieu et aux trois personnes : ils y pansent comme se ils fucent trois hommes ou trois choses diversement figurees ou coulourees, et jugent de Dieu non mye selon l'esperit mais selond leur ymaginacion. Si n'est il pas de merveille, se ilz errent ou en cuydent que se le Père ha filz que femme y soit, ou que ilz soient trois Dieux, et ainsy de teles frenesies ou fantasies sotes er bestiales.
>
> (*In nomine*, 676-677)

Comme ses précédesseurs, Gerson met le chrétien en garde contre la tentation de croire qu'on trouve Dieu dans ses manifestations. « Ycy convient l'ame entrer forment dedens sa memoire [...] mettre au bas et en oubly toutes les nuees et obscurtez des ymaginacions et fantasies des choses sensibles [...] »[54]. Mais dans son œuvre pastorale, il ménage à l'œuvre d'art une place dans le parcours du chrétien vers les mystères de la foi.

Certes, le Père, le Fils et l'Esprit-Saint apparaissent chez Gréban, ensemble ou séparés. Ils constituent des images de Dieu qui malgré toute sa prudence ne peuvent que déroger au mystère de la Trinité. Faire exister la Trinité dans un rapport, dans la célébration visuelle ou musicale des images de Dieu, constitue alors le projet esthétique d'un grand dramaturge théologien : conscient des limites de son art, mais aussi de ses particularités. La pensée mystique de Gerson semble alors une caution théologique possible à l'image théâtrale de Gréban. Malgré les limites de l'œuvre d'art

---

54. *Videmus nunc*, 1137. Son *Sermo devotissimus de Christi Nativitate* est probablement à l'origine de la condamnation par l'Église des Vierges ouvrantes. Voir Boespflug F., *Dieu dans l'art, op. cit.*, p. 281.

– sculpture ou peinture, elle n'est que miroir, imparfait et dépoli, de l'image de Dieu à jamais inaccessible –, Gerson lui confie un rôle dans l'édification du chrétien : et c'est aussi le rôle du Mystère. Matérielle ou spirituelle, l'image de la Trinité chez Gerson comme chez Gréban, constitue le socle d'une démarche, d'un élan. L'un comme l'autre cherchent à façonner un regard, qui n'oublie pas les limites de ce qu'il voit, mais sache y retrouver, s'il le désire, la trace de sa relation au divin.

Jean-Pierre Bordier

Le rôle de Dieu le Père dans la *Passion* d'Arnoul Gréban : un Dieu (trop?) humain

Panurge était si heureux et si fier de se voir entouré tous les matins de « ces crediteurs tant humbles, serviables et copieux en reverences », qu'il déclarait : « Il m'est avis que je joue encores de Dieu de la passion de Saulmur accompaigné de ses Anges et Cherubins »[1]. Rabelais ne nous dit pas si ce Dieu était le Père, mais nous avons de bonnes raisons de le penser, car nous savons qu'à Châteaudun, en 1510, un acteur était chargé de jouer le rôle de Dieu le Père en Paradis et qu'il était entouré d'anges. Il en allait déjà de même à Mons en 1501 et Dieu le Père trônait encore dans le Paradis de la *Passion* jouée à Valenciennes en 1547[2]. Ce rôle devenu habituel n'était pourtant apparu que tardivement sur la scène du théâtre français, puisque nous ne le trouvons pas avant la *Passion* d'Eustache Mercadé, créée à Arras vers 1435[3]. Auparavant, la seule figure divine qui eût droit de cité sur les *eschauffaus* était celle du Christ. Pourquoi et comment les auteurs et les organisateurs de mystères ont-ils surmonté les obstacles qui s'opposent à la représentation par un acteur de celui qu'on appelait couramment au Moyen Âge *li peres esperitaus*, le Père qui est pur esprit ? Ce ne sont probablement pas des scrupules théologiques, une quelconque réserve à l'égard des images de Dieu qui les ont retenus, car dès le XIIIᵉ siècle l'ico-

---

1. François Rabelais, *Tiers Livre*, dans *Œuvres complètes*, éd. Huchon M., Paris, Gallimard, 1994, p. 362.
2. *Compte du Mystère de la Passion (Châteaudun, 1510)*, éd. Runnalls G.A., Couturier M., Chartres, Société archéologique d'Eure-et-Loir, s.d. [1990] ; *Le Livre de conduite du régisseur et le Compte des dépenses pour le mystère de la Passion joué à Mons en 1501*, éd. Cohen G., Paris, Champion, 1923, (rééd. Genève, Slatkine, 1974) ; Konigson É., *Une représentation du mystère de la Passion à Valenciennes en 1547*, Paris, CNRS, 1969.
3. Éd. Richard J.-M., Arras, Société du Pas-de-Calais, 1891, rééd. Genève, Slatkine, 1976.

nographie de la Trinité est bien attestée et ses canons sont bien établis[4]. À tout prendre, on s'étonnerait plutôt qu'il ait fallu attendre l'invention du mystère de la Passion pour que le théâtre religieux confie à un acteur le rôle de Dieu le Père. Nous avancerons que cette innovation tient à la structure du mystère, à ses fondements théologiques et à son organisation dramatique. Quelques années après qu'Eustache Mercadé eut fait jouer à Arras le plus ancien mystère de la Passion que nous connaissions, Arnoul Gréban reprend cette structure et il humanise davantage encore Dieu le Père, quitte à lui donner les apparences d'un juge, d'un souverain et d'un père soumis comme un homme aux sollicitations, aux résistances, aux passions de notre bas monde ; moyennant quoi il déplace le problème de la représentation de Dieu et dirige le regard vers l'image authentique du Père, qui n'est pas le personnage théâtral de ce nom mais le Christ[5]. Nous essayerons d'abord d'analyser le rôle de Dieu le Père dans l'œuvre de Mercadé, ce qui nous permettra de mieux apprécier l'audace d'Arnoul Gréban, audace dramaturgique et théologique qui concorde avec le dessein général et la légitimité profonde du spectacle de la *Passion*.

Mercadé : « Dieu régnant en Trinité »

Avant Mercadé, il était déjà banal de faire jouer le rôle du Dieu fait homme par un acteur. Cette pratique ne soulève pas plus d'objection théologique que la production et la vénération des images du Crucifié, bien au contraire : aucun danger d'idolâtrie ne menace les laïcs et les esprits simples, car tout le monde sait parfaitement que le rôle est joué par un homme de chair et d'os, un homme que les autres acteurs et le public connaissent bien ; personne ne s'aviserait d'attendre de lui un miracle, il ne viendrait à l'esprit de personne de l'adorer. Le théâtre médiéval suscite l'émotion, mais en dépit de ce qu'on peut lire ici ou là il ne suscite pas l'illusion, encore moins l'hallucination, fût-elle sacrée.

En revanche, il n'y avait pas d'acteur pour interpréter le rôle de Dieu le Père. Il y avait un diable, et même plusieurs, mais il n'y avait en face d'eux d'autre Dieu que l'homme-Dieu. Il n'y aurait d'ailleurs pas eu sur

---

4. Voir Bœspflug F., Załuska Y., « Le dogme trinitaire et l'essor de son iconographie en Occident de l'époque carolingienne au IVe Concile de Latran (1215) », *Cahiers de Civilisation Médiévale*, t. 37, 1994, p. 181-240.
5. *Le Mystère de la Passion de notre Sauveur Jésus-Christ*, éd. O. Jodogne, Bruxelles, Palais des Académies, 2 vols., 1965, 1984.

le théâtre de lieu où installer Dieu le Père. Dans tout le théâtre médiéval, chaque lieu est déterminé par un personnage principal et le groupe qui l'entoure; réciproquement, à chaque acteur, à l'exception notable du Christ, est dévolu un lieu propre. La didascalie initiale de la *Seinte Resurreccion* anglo-normande du XIIe siècle établit ce principe avec la plus grande clarté : elle énumère dans l'ordre du dispositif scénique les lieux nécessaires à l'action et les personnages appelés à occuper ces lieux[6]. La miniature d'Hubert Cailleau pour les manuscrits de la *Passion* de Valenciennes de 1547 prouve que ce principe s'appliquait encore quatre siècles plus tard. Grands et petits, les décors, identifiés sur le manuscrit par une inscription, sont juxtaposées le long d'une « ligne géante » dont nous savons qu'elle était en vigueur aussi à Mons en 1501 et à Châteaudun en 1510. L'apparition de Dieu le Père est liée à celle du Paradis. Or, il n'y a pas de paradis dans les *Passions* du XIIIe et du XIVe siècle; le *Miracle de Théophile* n'en comportait pas non plus[7]. Tout nous conduit à penser que l'invention du paradis est le fait d'Eustache Mercadé et que cette invention est liée au personnage de Dieu le Père et au rôle nouveau qui lui est dévolu dans le premier mystère de la Passion.

Nous ne savons pas comment le paradis d'Arras était construit et décoré, mais nous sommes mieux renseignés pour Mons et pour Châteaudun grâce aux comptes qui nous ont été conservés. Ils nous apprennent que le paradis était bâti en hauteur (il allait, à Châteaudun, jusqu'à vingt-quatre mètres) et qu'il était maintenu en place par de fortes poutres assujetties à une architecture permanente, la façade d'une maison à Mons et le clocher d'une église à Châteaudun. Ce clocher a même été endommagé par l'édification du *hourdement*. Le siège de Dieu était entouré du soleil, du ciel, et d'une roue à laquelle étaient attachés des anges de plâtre. Le décor permettait d'évoquer la Création du monde. Certains anges, vivants ceux-là, se tenaient auprès de Dieu et descendaient sur l'aire de jeu pour parler aux hommes quand l'action le requérait. D'autres formaient un chœur et peut-être un orchestre pour célébrer en musique les grands moments de l'histoire du salut. Aucun document écrit ne nous donne de détails à leur sujet, mais la miniature de Jean Fouquet représentant le mystère de sainte

---

6. *La Seinte Resurreccion*, éd. Atkinson-Jenkins T., Manly J., Pope M., Wright J., Oxford, Anglo-Norman Text Society, 1943.
7. Il y a dans la *Seinte Resurreccion* un lieu nommé « le ciel », lieu que Jésus rejoignait probablement après l'Ascension, mais aucun des deux manuscrits conservés, incomplets l'un et l'autre, ne nous donne ce passage.

Apolline atteste l'importance de leur musique dans le spectacle et le texte d'Arnoul Gréban nous a conservé quelques-uns de leurs chants. Nous ne savons rien du costume du Dieu de Châteaudun, mais celui de Mons portait un manteau écarlate fourré d'hermine, un diadème et des gants. Les miniatures des manuscrits d'Arras et de Valenciennes sont plus difficiles à interpréter, car celles de Valenciennes dépendent de celles d'Arras, lesquelles ne représentent pas le théâtre réel. Toutefois, ces miniatures ne contredisent pas le témoignage des archives comptables. On perçoit à Valenciennes une structure étagée. En bas, au même niveau que les autres grands décors, une salle est désignée comme « lieu pour jouer silete » : c'était certainement l'orchestre. Au-dessus, comme suspendu en l'air, le lieu de Dieu le Père est fait de cercles concentriques ; le personnage est assis sur un large siège, ses pieds reposent sur un escabeau ; derrière lui, un fond brillant peint de rayons représente le soleil. Autour, deux cercles d'anges ; le cercle intérieur, assez étroit, porte sept visages d'anges encadrés d'ailes, rouges sur fond très clair ; sur le cercle extérieur sont peints sept autres anges, en pied, les ailes dressées vers le haut. Dieu bénit de la main droite et de la gauche il porte le globe surmonté de la croix. Il est vêtu d'une tunique blanche sous un manteau sombre et porte sur la tête une coiffure pointue dont la base est une couronne et qui évoque probablement une tiare. On reconnaît dans cette figure l'« Ancien des Jours » dont parle le Livre de Daniel, et qui sert de support scripturaire à l'image habituelle de Dieu le Père.

À quel rôle Eustache Mercadé destinait-il ce nouveau personnage et à quelles actions ce nouveau lieu devait-il servir de cadre ? Dieu le Père est immobile[8], il ne quitte pas le paradis, qui est son palais à lui, plus élevé que le palais d'Hérode et de Pilate. En principe, dans le théâtre médiéval, le personnage immobile est le plus digne et le plus fort. Dieu le Père intervient peu dans les quatre journées de spectacle. Il ne s'adresse pas aux hommes, mais seulement aux habitants du paradis, les Vertus et les anges. Il envoie l'archange Gabriel annoncer à Marie l'incarnation du Fils, ordonner à saint Joseph de garder chez lui son épouse enceinte, aux trois rois de repartir dans leur pays sans passer par Jérusalem, à Joseph de fuir

---

8. Il n'en va pas de même dans les scènes de la Genèse, par exemple dans le préambule à la *Passion* de Gréban, puisque le texte sacré impose aux dramaturges que Dieu parle à Adam, à Ève, au serpent, à Caïn etc. et même qu'il se promène dans le jardin d'Éden. Dans les *Passions* en revanche, Jésus se déplace sans cesse, ce qui traduit visuellement l'abaissement du Dieu fait homme.

en Égypte puis de revenir en Judée. Il envoie un ange réconforter Jésus en prière au Mont des Oliviers. Il sanctionne de sa voix les théophanies trinitaires du Baptême et de la Transfiguration. Tous ces épisodes sont imposés par les Évangiles, mais aucun d'entre eux ne rendait nécessaire la présence d'un acteur dans le rôle de Dieu le Père; les anges auraient pu remplir leur mission sans qu'on les vît recevoir les ordres de leur seigneur, comme dans les *Passions* antérieures, et la voix divine aurait pu se faire entendre sans que le personnage apparût sur la scène. Le lieu, le personnage et le rôle sont donc appelés par la scène initiale et la scène finale du mystère, le Procès de Paradis. L'action commence lorsque Miséricorde réclame la fin de la punition à laquelle l'homme est soumis depuis le péché originel. Justice s'y oppose, Vérité prend le parti de Miséricorde et propose que Dieu se fasse homme pour remédier lui-même à la Chute. L'accord étant impossible, les trois Vertus s'adjoignent Sapience qui va se faire devant Dieu l'avocate de Miséricorde. L'intercession des archanges et de Charité obtient le consentement divin et Gabriel est envoyé à Nazareth. À la fin de la quatrième journée, Jésus revenu à la droite du Père demande que les Vertus soient convoquées; elles se déclarent satisfaites et elles échangent le baiser de réconciliation annoncé par le *Psaume* LXXXIV, base de tout l'épisode[9].

Ce Procès de Paradis donne au dramaturge le moyen d'exposer une théologie de la Rédemption; il rend intelligibles au public les enjeux, les raisons et la forme de l'acte rédempteur. Les quatre journées sont prises dans un cadre intellectuel rigoureux qui éclaire les deux mouvements annoncés par le sermon-prologue, l'opposition entre les trois premières journées, consacrées à l'abaissement du Christ vers l'humanité et vers la mort, et la quatrième qui montre son retour au ciel avec les humains rachetés: *A summo celo egressio eius, et occursus eius usque ad summum.* Eustache Mercadé était rompu aux raisonnements théologiques et juridiques de la scolastique. Il établit la nécessité conditionnelle de l'Incarnation et de la Passion: seul un homme sujet à la mortalité devait payer la dette de l'homme, mais comme aucun homme n'est exempt de la faute originelle, Dieu seul pouvait le faire. Si donc Dieu voulait sauver l'homme, il devait se faire homme et mourir. Il avait fallu montrer au préalable que la faute de l'homme était susceptible de rachat, tandis que celle du diable ne l'était pas; il fallait déterminer pour finir laquelle des Personnes divi-

---

9. *Misericordia et Veritas obviaverunt sibi, Justitia et Pax osculatae sunt* (Psaume LXXXIV, 11).

nes devait s'incarner. Tout cela était exposé dans le *Livre des Sentences* de Pierre Lombard, que tous les théologiens de l'Université commentaient au début de leur carrière, quand ils étaient bacheliers sententiaires. Mercadé, qui n'était pas seulement docteur en droit canon, mais encore bachelier en théologie, connaissait cette œuvre et il reprend à son compte le concept de satisfaction, maître mot de la théologie de la Rédemption chez le Lombard.

Le Dieu que les spectateurs voient et entendent n'est pas seulement le Père, mais la Trinité tout entière. Sous la première enluminure du manuscrit, une légende interprète la scène peinte, qui correspond à peu près à la disposition des personnages à la fin du Procès de Paradis :

> Cy est la Trinité en Paradis, c'est assavoir Dieu le Pere assis en son throne et entour lui angles et archangles grant multitude qui font les aulcuns melodie, les aultres sont a genoulx par devant Dieu avec Misericorde qui tien ung ramisiel d'olivier en sa main et Justice est emprés ly toute droite qui tient une espee en sa main, et avec Misericorde sont a genoulx Verité, Sapience et Charité. (v. 82-83)

Le dialogue confirme cette légende : lorsqu'ils s'adressent à Dieu, les Vertus et les anges emploient une formule trinitaire ; la sentence finale du Procès, prononcée par Dieu lui-même, confirme que c'est la Trinité qui parle :

> Je me consens a vo requeste,
> Car, pour oster l'homme d'exil,
> Nous, en personne de no fil,
> Prenderons incarnation [...]
> Mon sang en sera espendus
> Je seray en croix estendus. (v. 950-953, 967-968)

La figure à un seul personnage renvoie donc aux trois Personnes de la Trinité indivise. Sur le plan des images théâtrales, cette formule présente de nombreux avantages. Elle évite de créer une figure complexe où l'Esprit-Saint aurait dû paraître sous une forme ou sous une autre, aux dépens de ses manifestations attestées par le Nouveau Testament sous les espèces d'une colombe au Baptême, de langues de feu à la Pentecôte. Elle évite en outre de représenter deux fois la Personne du Fils, homme sur terre et Dieu au paradis, ce qui aurait été peu lisible pour le public et inadmissible au plan de la doctrine. Cette dernière difficulté n'est d'ailleurs pas toujours esquivée. Dans la scène du jardin des Oliviers, le texte du dialogue suggère à plusieurs reprises que c'est la nature humaine de Jésus qui souffre, qui prie et qui reçoit le réconfort divin, tandis que sa nature divine est séparée de son humanité. Entendant la prière de Jésus, Dieu dit : « Se humanité la mort redoute » (v. 11655). Saint Michel ne s'adresse qu'à la nature humaine de Jésus, dont il promet qu'elle sera réunie à la divinité plus tard, on ne sait quand :

> Ha, tres haultaine humanité
> Conjoincte a la divinité,
> Prens en toy espoir et confort,
> Filz tu es de la deïté. (v. 11660-11664)

Immortelle, la divinité de Jésus ne pouvait craindre la mort ; impassible et incorporelle, elle ne pouvait pas verser de sueur de sang. Sur terre, on ne voit que l'homme. Au paradis, on ne peut faire parler, en la circonstance, que le Père : comment Jésus homme aurait-il pu dialoguer avec Jésus Dieu ? La nature divine du Christ connaît une étrange éclipse, dont saint Michel annonce la fin au futur :

> O humanité souveraine,
> La divinité tres haultaine
> Avec toy fera residence [...]
> Tousjours sera en ta presence [...]. (v. 11700-11702, 11705)

Mercadé ne semble pas disposer d'un langage théâtral assez souple pour satisfaire toutes les exigences de la doctrine. L'intensité dramatique du dialogue exigeait des personnages nettement distincts, occupant des positions aisément perceptibles et puissamment évocatrices, un Dieu père, un fils homme. Mercadé a choisi de ne faire figurer au paradis qu'un seul acteur, ce qui le conduisit souvent à réduire le rôle de la Trinité au rôle de Dieu le Père.

Gréban : le Fils, image de Dieu le Père

C'est aussi la solution qu'a retenue Arnoul Gréban. Toutefois, nous semble-t-il, le dramaturge parisien a choisi résolument de ne mettre en scène que le Père et il a tiré de ce choix toutes les conséquences artistiques.

Gréban emprunte à Mercadé l'essentiel de sa matière et la distribution des épisodes en quatre journées. Il prévoit un paradis habité par Dieu, autour duquel se tiennent des anges messagers et des anges chanteurs.

Dieu intervient dans les mêmes circonstances que chez Mercadé, c'est-à-dire quand les Évangiles mentionnent un songe, une apparition angélique, une théophanie ; il intervient dans le Procès de Paradis, au début et à la fin du mystère[10]. Tout au long des quatre journées, le Dieu de Gréban est le Père. La plupart des rubriques du meilleur manuscrit portent d'ailleurs « Dieu le Père » et la formule « Dieu » n'est qu'une abréviation. Il n'est pas question d'oublier que le Dieu chrétien est Trinité : cela est rappelé au moment opportun, c'est-à-dire dans la première réplique du personnage :

> Nous, ung en vraye trinyté,
> trin en egale eternité
> Dieu regnant sans fin ne mesure […].
> voulons faire crëacion […]. (v. 33-35, 41)

Cette précaution prise, le rôle sera assumé par le Père et lui seul jusqu'à la fin. Pour s'en convaincre, on peut comparer la scène de l'Agonie à Gethsémani chez Gréban et chez Mercadé. Alors que dans la *Passion* d'Arras c'est l'humanité du Christ qui tremble devant les souffrances du Vendredi saint, dans la *Passion* parisienne l'humanité du Christ reste inséparable de sa divinité ; l'Agonie – et cela justifie qu'on emploie ce terme traditionnel pour désigner ce moment de la Passion – est une division et une lutte intérieures à la nature humaine du Christ : les puissances supérieures de l'âme, restées unies à la divinité, consentent aux souffrances à venir parce qu'elles se conforment à la volonté divine tandis que les puissances inférieures de l'âme, le « vouloir sensuel », s'unissent au corps pour les écarter. Dans ces conditions, c'est bien le Père qui prête l'oreille à la prière du Fils, « comme pere a son filz amé » (v. 18776), qui dialogue avec lui et qui envoie saint Michel pour le réconforter.

Un tel parti expose à l'anthropomorphisme. Les conventions théâtrales et iconographiques permettent de représenter le Père par un acteur. Le péril n'est pas là. Il est dans les relations que ce personnage entretient avec les

---

10. Gréban fait précéder ses quatre journées d'un préambule vétéro-testamentaire où sont représentés la création et la chute des anges, la création et la chute des hommes, le meurtre d'Abel. Dans ce préambule, qui était probablement joué la veille de la première journée, après la *monstre*, le Dieu Créateur descend du Paradis pour s'entretenir avec Adam, avec Ève, avec Caïn. Le rôle ne pouvait être tenu que par un acteur unique et toute représentation triandrique de la Trinité était exclue, mais nous ne pouvons pas savoir si cet acteur ressemblait plutôt au Fils du *Jeu d'Adam* ou au vieillard des Trinités contemporaines. Le corps du mystère fait pencher pour cette seconde hypothèse.

autres, dans les émotions qu'il ressent et dans les justifications qu'il avance à l'appui de ses décisions. Dans le Procès de Paradis, Dieu est en proie à la dissension des Vertus, c'est-à-dire à la contradiction qui oppose sa miséricorde et sa justice ; il est comme un juge ou un prince soumis aux deux devoirs de sa fonction. Rien n'est fait pour atténuer l'âpreté du débat et la difficulté du problème. Un échange de huitains contradictoires distribués entre Justice et Miséricorde semble imité du chef-d'œuvre de la poésie dialoguée de l'époque, la *Belle Dame sans Mercy* d'Alain Chartier ; les Vertus ne se ménagent pas plus que la Dame sans mercy ne ménage son amoureux (v. 2456-2543). À d'autres moments, les parties recourent à des arguments tirés de la procédure pénale contemporaine (v. 2913-2934). Plus le procès avance et plus se creuse la contradiction entre Dieu le Père, qui s'est laissé très tôt fléchir par complaisance envers Miséricorde, sa fille préférée, et Justice, qui n'hésite pas à faire valoir sèchement ses droits et à imposer ses revendications à Dieu lui-même (v. 2844). Pour sortir d'embarras, il faut faire venir Dame Sapience. C'est elle, experte en lois, qui propose successivement les éléments de la solution : la substitution d'un rédempteur à l'homme insolvable, l'incarnation de Dieu, le choix du Fils pour cette mission (v. 2950-2954 ; 2984-2986 ; 3121). On sait bien que les Vertus sont des attributs de Dieu et qu'elles sont attachées à son essence. Dieu est donc divisé intérieurement et il ne peut se tirer d'embarras que grâce à une manœuvre juridique subtile, aussi digne du Parlement que de l'Université de Paris.

Dieu le Père est aussi un père, un père très humain. Il est contraint de choisir entre le rachat d'un serviteur coupable et la vie d'un fils. Ce sont là, d'ailleurs, des termes traditionnels qu'on chante dans l'*Exsultet* pascal (« *ut servum redimeres, Filium tradidisti* ») et qui sont repris dans des versions narratives du Procès de Paradis[11]. Dès que Sapience fait adopter sa solution par les Vertus, Dieu proteste contre Justice :

> Faisons aultrement
> Avec vous et plus doulcement :
> Vous me demandez trop hault pris. (v. 3254-3256)

Mais il envoie Gabriel à Nazareth. L'action théâtrale donne l'impression que l'initiative de Miséricorde conduit Dieu à changer d'avis et à faire

---

11. Fumagalli M., *Le quattro sorelle, il re e il servo. Studio sull'allegoria medievale del Ps. 84. 11*, Milano, Cisalpina-La Goliardica, 1981 ; voir Hasenohr G., *Cahiers de Civilisation Médiévale*, t. XXX, 1987, p. 188-189.

grâce à l'homme cinq mille ans après l'avoir condamné. L'immutabilité des desseins divins en fait les frais. La toute-puissance n'est pas épargnée, si Dieu est soumis mal gré qu'il en ait aux contraintes de la justice. Quant à l'impassibilité de l'essence divine, qu'en reste-t-il quand on entend le Père s'apitoyer sur les souffrances de son fils:

> Justice, il a beaucoup souffert!
> Justice, il s'est tousjours ouffert
> a porter ceste dure charge
> dont nature humaine le charge [...]
> O Justice, pitié prenez
> De cil qui porte le meffait
> d'autruy et qui riens n'a meffait. (v. 18806-18809, 18816-18818)
> Pitié doit tout cueur esmouvoir [...] (v. 24209)

Non seulement Gréban ne recule pas devant l'anthropomorphisme, mais encore il l'accentue. Les vers que nous venons de citer sont extraits d'un épisode que Gréban ajoute au rôle du Père tel qu'il le trouvait chez Mercadé. Témoin de l'Agonie, sollicité par l'imploration de Jésus, Dieu le Père appelle Justice et intercède auprès d'elle. Miséricorde intervient elle aussi. Elle ne se borne pas à implorer la pitié de son adversaire, mais elle avance un argument de la plus haute importance si l'on veut comprendre la théologie de la Rédemption et la visée du mystère. Contre toute interprétation strictement juridique des mots *rachat, rédemption, satisfaction* qui étaient couramment employés par les scolastiques, elle fait observer qu'une seule goutte de la sueur de sang versée par l'homme-Dieu suffirait à payer d'un prix infini toute la dette humaine:

> Justice, tauxez la valeur
> de si precïeuse liqueur:
> n'a goucte qui ne deust suffire
> a vostre rigueur desconfire
> et qui ne soit bien suffisant
> aux humains estre garissant. (v. 18834-18839)

C'est ce que chante Thomas d'Aquin poète dans l'*Adoro te*:

> Pie pellicane, Jesu Domine,
> Me immundum munda tuo sanguine,
> Cuius una stilla salvum facere
> Totum mundum quit ab omni scelere.

Miséricorde accuse même Justice de tomber dans une démesure coupable, l'*oultraige* (v. 18841). Gréban a tiré toutes les conséquences du Procès de Paradis jusqu'à l'absurde ; arrivé à ce point, par un retournement complet, il subvertit les conventions de l'allégorie, arrache la doctrine de la Rédemption au juridisme pour la replacer dans la perspective chrétienne de l'amour et rend sa pureté dogmatique à la représentation de Dieu le Père.

Justice n'oppose plus à Miséricorde la rigueur répressive qu'on lui connaît depuis le premier Procès de Paradis, mais une exigence d'amour apparemment surprenante dans sa bouche, mais plus conforme à la tradition chrétienne :

> Et, de fait, vous argüez bien
> qu'il n'a goucte qui de luy ysse
> qui notablement ne suffise
> a trouver ce haultain remede.
> Il est vray, je le vous concede ;
> mais, pour monstrer plus grant poincture
> d'amour a humaine nature
> et plus ardante charité,
> je vueil qu'il me soit presenté
> en l'arbre de la croix pendu,
> fichié, cloué et estendu
> tant que l'ame a son pere rende,
> et n'est admende que j'en prende
> tant qu'en ce party le verray. (v. 18851-18886)

Justice ne renonce pas à exiger le sacrifice qui se célèbre sur la croix, mais ce sacrifice ne vise pas seulement, pas d'abord, à compenser une faute et à satisfaire une partie offensée, il vise à exhiber l'image d'un amour infini[12]. Les souffrances de la Passion, dont la troisième journée étale le spectacle, ne sont pas seulement, pas d'abord, punitives. Elles sont l'expression de l'amour de Dieu pour l'homme. Justice complète la dernière réplique de Dieu le Père à la fin du premier Procès de Paradis ; apprenant ce que lui coûterait la rédemption de l'humanité, le Père adressait à « nature humaine » un poème d'amour et demandait en échange un amour réciproque :

---

12. Le verbe *monstrer* impose d'entendre le mot *poincture* comme une forme de « peinture » et non de « piqûre », selon la juste interprétation avancée par Stéphanie Le Briz-Orgeur, *À la recherche d'une écriture dramatique : conventions du dialogue dans quelques mystères du xve siècle*, Lille, Presses univ. du Septentrion, 2000, p. 794-795.

> O tres chiere nature humaine [...]
> regarde quel honneur te fais,
> regarde par qui tes meffais
> seront reparéz et reffaiz
> au parvenir! [...]
> Le don de mercy t'est ouvert;
> pues tu estre mieulx recouvert
> que mon propre filz soit couvert
> de ta nature? [...]
> Et encor, quant tout sera fait,
> ton mal pardonné et reffait,
> mon filz pour toy mort et deffait,
> pour mon offrande,
> pour ceste grace large et grande
> rien que ton amour ne demande. (v. 3273-3277, 3289-3292, 3301-3305)

Ces vers, comme ceux que prononce Justice dans la scène de l'Agonie, rejoignent la pensée centrale de Thomas d'Aquin sur le salut[13]. Réagissant contre les dangers d'une exploitation purement juridique de la notion de satisfaction, le maître dont Gréban suit fidèlement la doctrine soulignait que la satisfaction n'est punitive que selon une première approche, mais qu'elle est surtout réconciliatrice, qu'elle ressortit à l'amour autant qu'à la justice. Pour qu'un être puisse satisfaire à la place d'un autre, il faut qu'un lien de charité unisse à celui qui satisfait celui pour qui il satisfait. Thomas avançait aussi deux propositions capables de subvertir toute conception juridique ou mécanique de l'acte rédempteur et propres à ramener la doctrine dans la ligne du Nouveau Testament: la satisfaction offerte par le Christ n'est pas seulement suffisante, elle est surabondante: « il offrit à Dieu plus que ne l'eût exigé la compensation de toute l'offense du genre humain »[14]. Plus encore, « si Dieu avait décidé de libérer l'humanité sans recevoir de satisfaction, il ne serait pas allé contre la justice »[15]. En effet, la justice de Dieu n'est comparable à la justice des hommes qu'en vertu

---

13. Nous nous appuierons en particulier sur les travaux de Bernard Catão (*Salut et rédemption chez saint Thomas d'Aquin. L'acte sauveur du Christ*, Paris, Aubier, 1965) et de Jean-Pierre Torrell (*Le Christ en ses mystères. La vie et l'œuvre de Jésus selon saint Thomas d'Aquin*, Paris, Desclée, 1999, 2 vols.).
14. [...] *maius aliquid Deo exhibuit quam exigeret recompensatio totius offensæ humani generis* (*Somme de théologie*, III^a, qu. 48, art. 2).
15. *Si uoluisset absque omni satisfactione hominem a peccato liberare, contra iustitiam non fecisset* (*Somme de théologie*, III^a, qu. 46, art. 2, ad 3m).

d'une analogie. Elle ne s'oppose pas à sa miséricorde, elle la grandit ; l'acte sauveur n'abaisse pas la nature humaine, il l'élève « et cela fut d'une plus grande miséricorde que s'il avait remis le péché sans aucune satisfaction »[16]. En d'autres termes, « Dieu agit miséricordieusement, non pas contre la justice mais au-delà de la justice »[17]. La déclaration d'amour de Dieu le Père à la nature humaine et le retournement paradoxal de Justice au centre du *Mystère de la Passion* de Gréban paraissent en tout point fidèles à ces formules capitales.

Au moment précis où l'image de Dieu le Père semble s'effacer devant l'image d'un père qui ne serait plus Dieu, il appartient à Justice de rétablir la véritable image divine que doivent contempler les spectateurs du mystère. Cette image est la plus courante, la plus banale de toutes celles que le christianisme latin produisait et vénérait en nombre infini. De même que Ponce Pilate exhibe aux juifs l'image de l'homme de douleurs (*Ecce homo*), de même Dieu le Père présente aux chrétiens dans le Crucifié le portrait authentique de sa propre essence. D'ailleurs, l'un des arguments avancés par Sapience, au début de la première journée, pour que l'Incarnation soit le fait du Fils est que le Fils est image du Père (v. 3132-3133).

Si la mort du Christ est la théophanie la plus vraie, le mystère en est le reflet. C'est ce qu'enseigne le prologue de la troisième journée, celle de la Passion proprement dite. Avant de résumer le spectacle de la veille, le prédicateur invite le public à se recueillir :

> Et l'entendement aprestez
> a incorporer la doulceur,
> charité et parfaicte amour
> ou ceste passion admainne
> et joinct toute nature humaine. (v. 19920-19925)

Le mystère de la Passion ne recule pas devant la représentation anthropomorphique de Dieu le Père. Bien plus, Arnoul Gréban la revendique par une argumentation qui peut à bon droit se réclamer des thèses les plus traditionnelles de saint Thomas d'Aquin, les moins marquées par le développements médiévaux de la scolastique. Il passe outre les objections de principe relatives à l'impossibilité et à l'illégitimité de toute représentation

---

16. *Ibid.*, art. 1, ad 3m.
17. *Non quidem contra justitiam faciendo, sed aliquid supra justitiam operando* (*Somme de théologie*, III^a, qu. 21, art. 3 ad 2m).

matérielle de l'essence divine. Le véritable anthropomorphisme consisterait plutôt à expliquer l'acte sauveur du Christ par des analogies tirées de l'expérience humaine. Gréban s'accorde le droit de faire jouer le rôle du Père par un acteur en grand costume juché au haut d'un paradis de bois, entouré d'un chœur de chantres emplumés. Ce n'est pas là qu'il donne à reconnaître l'image du Père. L'image du Père que le mystère désigne, c'est le Fils crucifié. Le mystère n'est pas une théophanie, mais il représente une théophanie qui a eu lieu une fois dans l'histoire et à laquelle les chrétiens croient. Si l'on veut bien accorder quelque crédit au texte que prononcent les acteurs, un tel spectacle rejoint l'image trinitaire du Trône de Grâce, où le Père soutient de ses mains les bras de la croix et montre au spectateur le Christ crucifié tandis que l'Esprit, sous la forme d'une colombe, réunit les deux personnages. Au total, les puissantes ressources du théâtre illustrent une phrase de saint Jean qui pesa d'un grand poids dans la réflexion de l'Occident sur l'image divine : « Qui m'a vu, a vu le Père »[18]. Le postulat de ce théâtre est que Dieu a aimé le premier la belle image que donne de lui le mystère de la Passion et que le public dévot ne doit pas craindre de l'aimer à son tour.

---

18. *Évangile de Jean*, XIV, 9.

Jean Subrenat

La caricature de Dieu dans l'enfer des *mystères*

> *Chez Gréban les diableries sont plus nécessaires que jamais, elles sont aussi parfaitement inutiles**.

Il peut paraître quelque peu provocant, voire blasphématoire, de prétendre, dans un colloque consacré à Dieu (et aux dieux), parler de Lucifer dans les *Mystères de la Passion*, joués au XVe siècle. Nous pourrions nous justifier aisément en nous abritant derrière l'autorité des auteurs de ces drames qui n'ont pas, quant à eux, hésité à mettre en scène, souvent avec un luxe de détails, aussi bien par ses paroles[1] que par ses jeux, le maître des enfers entouré de ses suppôts dans des compositions à la gloire du Dieu trinitaire et particulièrement du Fils rédempteur de l'humanité. Leurs intentions étaient d'une pureté totalement orthodoxe. C'est qu'en effet, Lucifer, Satan, les autres démons représentent le mal absolu, la mort, vaincus précisément par la *Passion Nostre Sauveur Jhesucrist*[2]. Il fallait donc présenter ce mal en respectant les données de la foi et le mettre en scène en faisant appel à l'imagerie et aux symboles du temps, afin de mieux signifier sa défaite. Le théâtre exige une visualisation interprétative – une « incarnation » même si dans le cas présent le terme est audacieux – des idées, des symboles, des entités, aussi bien que des personnages.

---

* Bordier J.-P., *Le Jeu de la Passion. Le message chrétien et le théâtre français (XIIIe–XVIe siècle)*, Paris, Champion, 1998, p. 615.
1. Il est intéressant de consulter sur ce point la thèse de Stéphanie Le Briz, *À la recherche d'une écriture dramatique : conventions du dialogue dans quelques mystères du XVe siècle*, soutenue devant l'Université de Tours le 18 décembre 1998, en particulier les p. 19-122.
2. Tel est le titre – sauveur – porté en tête du prologue de la première journée dans le *mystère* d'Arnoul Gréban (édition Jodogne, p. 32).

Les diables, l'enfer! On les connaissait de vue par la sculpture, les fresques, les enluminures, on les imaginait par les récits divers[3], les légendes et, sans doute aussi, la prédication. C'est ainsi que le public devait les retrouver sur la scène, – dans une certaine mesure « conformément aux Écritures » d'ailleurs. Par exemple, la tentation au jardin d'Éden est attestée dans la Genèse[4] et les trois évangiles synoptiques relatent la rencontre au désert entre Satan et Jésus[5]; il était donc difficilement envisageable de faire l'économie de tels événements. Mais ce qui importe évidemment est l'interprétation qu'ils suggèrent, les *senefiances* dont ils sont porteurs.

La question qui se pose alors est celle de l'importance et de la luxuriance des développements concédés aux personnages infernaux. Se justifient-elles? On a, à juste titre, argué qu'une mise en scène un peu spectaculaire aurait un effet salutaire sur les fidèles (en provoquant ce que les catéchismes de mon enfance appelaient encore la « contrition imparfaite »), qu'il était rassurant de voir des diables ridicules et en situation quasi-permanente d'échec, sans oublier l'effet reposant d'intermèdes comiques et distrayants.

Certes! Toutefois, en particulier dans l'œuvre d'Arnoul Gréban suivi en cela – ce qui n'est pas pour surprendre – par l'auteur du *Mystère de la Passion* joué à Troyes, une intention complémentaire ou primordiale (?) semble sous-jacente: mettre en scène l'organisation infernale et son chef en les présentant comme une image inversée et dégradée du paradis et du Dieu créateur et rédempteur pourrait être une manière de susciter une autre approche de la méditation spirituelle, amènerait d'autant mieux à contempler la bonté et la perfection divines. En clair, à apercevoir Lucifer prétendre copier Dieu, on a vraiment envie de proclamer, pour reprendre l'exorde de Fléchier au XVIIe siècle: « Dieu seul est grand! ». Regarder Lucifer fait admirer et adorer Dieu!

Arnoul Gréban représente dans son prologue la chute des anges, développe plus largement des séquences déjà présentes dans la *Passion d'Arras*[6], en ajoute parfois et montre le constat d'échec définitif des enfers au moment de l'Ascension. Une vue des scènes les plus caractéristiques

---

3. Aussi bien les récits des pères du désert, les vies de saints que, par exemple, l'œuvre de Guillaume de Digulleville au siècle précédent.
4. *Genèse*, III, 1-6.
5. *Matthieu*, IV, 1-11; *Marc*, I, 12-13; *Luc*, IV, 1-13.
6. *Le mystère de la Passion*, texte du manuscrit 697 de la bibliothèque d'Arras, publié par Jules-Marie Richard, Arras, 1891.

prouvera le parti-pris délibéré du dramaturge sur ce point et conduira à une analyse des justifications que Lucifer se donne – ou que ses suppôts lui offrent – fallacieusement pour se poser en égal de Dieu. Il ne restera plus alors qu'à dresser le bilan de cette approche de la question.

Ce qui peut *a priori* surprendre dans un tel contexte, c'est que la longueur des scènes situées en paradis est bien inférieure, si l'on excepte les plaidoiries du « procès de paradis » à celle des scènes situées en enfer. Ce sont pourtant bien elles qui doivent servir d'élément de comparaison.

Après une très brève *captatio benevolentiæ*, si nous suivons l'édition d'Omer Jodogne[7], apparaît Dieu en majesté, créant les quatre éléments, puis les neuf légions d'anges qui vont chanter :

> Honneur, puissance et reverence
> soit a vous, Dieu et crëateur ! (v. 98-99, 104-105, 110-111)

C'est une ouverture grandiose et sereine, mais brutalement et brièvement[8] interrompue par la révolte de Lucifer ; Dieu, sans y prêter autrement attention, enchaîne par la création du monde sensible selon l'ordonnance rapportée par la *Genèse*. Et, jamais, Il ne se départit de ce calme rayonnant, joyeux ou grave, qu'Il envoie Gabriel ou Michel sur la terre, qu'Il les accueille chaleureusement et affectueusement à leur retour de mission[9], qu'Il soit heureux, au terme du « procès de paradis », de pouvoir sauver l'humanité, fût-ce au prix que l'on sait[10], qu'Il souffre au temps de la passion de son Fils qui est Lui-même[11], qu'enfin Il l'accueille à sa droite[12], le dramaturge suggérant alors la beauté et l'enthousiasme des chants célestes[13].

Lucifer se révolte donc dès sa création, avant même que Dieu ait façonné le monde matériel, de sorte que le rapprochement et l'opposition entre les deux êtres apparaissent immédiatement. La mise en scène les

---

7. Le manuscrit suivi par Gaston Paris et Gaston Raynaud, dans leur ancienne édition, place en tout début de mystère (avant cette *captatio*), le sermon *Venite ad liberandum* qui, dans l'édition Jodogne, introduit la première journée.
8. 111 vers seulement (v. 118-228).
9. Par exemple, v. 3333 *sqq.* et 3627 *sqq.*, 6762 *sqq.*, 7161 *sqq.*, 7958 *sqq.*, 18872 *sqq.* 23167 *sqq.*, 24429 *sqq.*, 28869 *sqq.*
10. Voir v. 3267-3308.
11. Voir v. 18771 *sqq.* et 18869-18871, 24409 *sqq.*, 25997 *sqq.* ; mais aussi v. 28840 *sqq.*, dans la joie de la nuit de la Résurrection.
12. Voir v. 33035-33062, 33084-33095, 33105-33141.
13. Voir, par exemple, v. 3351-3376 et 3639-3686 (au temps de l'Annonciation), v. 4892-4907 (au moment de la Nativité), v. 26020-26070 (au soir du Vendredi saint), v. 28927-28938 (pour la résurrection), v. 33069-33104.

souligne. Révolte dans le cours même de la création, mais également première intervention diabolique sitôt la création terminée ! Tandis que Dieu se repose le septième jour sur son trône entouré de ses anges qui chantent « ung joyeulx *silete* » (v. 425), Lucifer, simultanément « enraige/de dueil et de mortel courroux » (v. 427-428) et envoie, avec violence et colère, Satan pour dévoyer nos premiers parents. Le ton est donné d'emblée, Lucifer prétendant agir selon un schéma parallèle à l'action divine.

En fait, c'est lorsqu'il réunit solennellement sa cour afin de montrer que son autorité serait semblable à celle de Dieu, que la caricature est patente, c'est-à-dire catastrophique pour lui. Arnoul Gréban développe une seule fois cette situation, intentionnellement dès le début du mystère ; cela suffit pour édifier son public. Il vaut la peine de s'arrêter quelque peu sur cette scène.

Tout d'abord, elle se situe, brutalement, sans transition, dans la suite directe de la représentation de la joie au ciel au moment du retour de Gabriel rapportant le succès de l'Annonciation. Effet de contraste dramaturgique et psychologique saisissant !

Lucifer, qui n'avait rien pressenti du drame qui allait abattre son orgueil et le désespérer, convoque ses diables[14] en ces termes :

> Saultez hors des abismes noirs,
> des obscurs infernaulx manoirs
> tous pugnais de feu et de soufre,
> deables, saultez de vostre gouffre
> et des orribles regions
> par milliers et par legions ;
> venez entendre mon proces.
> Laissez les chaines et crochéz,
> gibéz et larronceaulx pendans,
> fourneaulx fourniz, serpens mordans,
> dragons plus ardans que tempeste ;
> ne vous brullez plus groing ne teste […]. (v. 3687-3698)

À quoi Satan fait remarquer :

> Lucifer, roy des ennemis,
> vous hullez comme ung lou famis
> quant vous cuidez chanter ou rire. (v. 3705-3707)

---

14. Si l'on en croit Belzebuth dans *le Mystère de la Passion* de Jean Michel (éd. Jodogne O., Gembloux, Duculot, 1959, v. 2244-2247), ils sont plus d'un millier pour « etriller » Satan. Nombre à mettre en parallèle avec les « légions » d'anges.

Cela entraîne une définition étonnante et désespérée (déjà!), dans la bouche même de Lucifer, de ce qu'est son pouvoir et son royaume :

> Ha, Sathan, Dieu te puist maudire!
> Quant est de mes ditz et mes chans,
> ilz sont maleureux et meschans ;
> ma noblesse et ma grant beaulté
> est tournee en difformité ;
> mon chant en lamentacion,
> mon ris en desolacion,
> ma lumiere en tenebre umbraige,
> ma gloire en destreteuse raige,
> ma joye en incurable dueil. (v. 3708-3717)

Puis il agonit d'injures Satan qui est pourtant son messager préféré, celui qu'il envoie souvent en mission sur terre comme Dieu envoie Michel ou Gabriel.

On comprend, dans ces conditions, le peu d'enthousiasme que les démons mettent à se rendre à la convocation : tentation de fuir, peur de se salir, peur d'être torturés. Et quand Lucifer voit sa cour réunie en tourbe a grosse quantité (v. 3813)[15], il exprime sa

> joye par courroux desconfite,
> meslee de raige confite. (v. 3797-3798)

Comme il s'agit d'une réunion solennelle, il demande que l'on chante. Mais le public n'entendra jamais que la première strophe de cette hymne de l'enfer qu'est « le chant des damnés », tant il écorche les oreilles de Lucifer, au point qu'il refuse à Satan de le laisser reprendre sur le mode *solempnel*, alors qu'il n'était chanté ici que sur le mode *ferial*.

Après cette désolante et dégradante mise en scène commence ce qu'il faut bien considérer comme une séance de travail. Lucifer est inquiet d'entendre les humains qu'ils gardent prisonniers « aux enfers », dans le « limbe des pères », demander secours et délivrance. Après un semblant de délibération, Satan est envoyé sur terre voir si ne naîtrait pas un « homme de vertu si parfaicte » (v. 3933) qu'il faudrait alors le pervertir. Et c'est en rôdant sous les parvis du Temple (v. 7095 *sqq.*) qu'il entend, le jour de la Présentation, le cantique du vieillard Siméon et les paroles de la prophétesse Anne auxquels il ne comprend rien.

---

15. Voir aussi v. 444 et 689.

Telle est donc la réalité du pseudo-pouvoir de Lucifer! Pitoyablement espionner pour savoir quoi faire, donc être toujours informé avec un temps de retard! Quand Dieu envoie un ange sur la terre, c'est au contraire d'une manière réfléchie, en toute connaissance de cause, avec sérénité, pour porter une bonne nouvelle. On mesure là encore l'opposition.

Ainsi se rend-on également compte à la fois de l'atmosphère et de l'organisation hiérarchique et, si l'on ose dire, politico-administative du royaume des ténèbres. Quand le paradis baignait dans le calme et le chant joyeux des anges, l'enfer retentit de cris assourdissants et de musique discordante. Là où Dieu s'adressait à ses anges avec affection et douceur, Lucifer, dans un environnement où tous les démons ne parlent que de violences et de tortures en termes des plus vulgaires, menace ses suppôts et particulièrement Satan des plus cruels supplices tantôt présentés comme récompenses pour bons services rendus[16], le plus souvent comme punitions et manifestations de rage[17].

C'est qu'en effet Satan est omniprésent avec un statut assez particulier auprès de son maître; il remplit une fonction de messager chargé des missions de confiance, symétrique en cela de Michel ou Raphaël auprès de Dieu. C'est lui qui tente Ève: son unique succès! Encore sera-t-il transformé en échec retentissant en présence du public au moment de la descente aux enfers. Tous les autres sont des leurres. C'est lui, disais-je, qui tente Ève, qui est envoyé pour faire ordonner par Hérode le massacre des Innocents (v. 7408 *sqq.*), puis pour tenter le Christ au désert (v. 10517 *sqq.*), pour convaincre Judas de trahir (v. 17400-17423), pour souffler à la femme de Pilate le songe qui devrait sauver Jésus, ou encore pour chercher à savoir où est le corps de Jésus (v. 28809 *sqq.*) avant la résurrection.

---

16. Ainsi, lorsque Satan rentre après avoir réussi à pervertir nos premiers parents, Lucifer ordonne:
> Aourez Sathan en personne
> et luy affublez la couronne
> comme au roy de tous noz heraulx!
> [...] Mais de gros barreaulx,
> ardans comme un feu de tonnerre. (v. 711-715)

17. Ainsi en est-il lorsque Satan avoue son incapacité à pervertir Marie:
> Suz, Belzebuth, viens si le lye
> devant moy de chaines de fer
> emflanbeez du feu d'enfer,
> plus ardant que feu de tempeste,
> et le batez par tel moleste
> qu'il soit brullé de part en part. (v. 7345-7350)

Voir encore v. 10479-10492.

Comme Dieu encore pouvait présider aux délibérations de ses « Vertus » (Paix, Justice, Sagesse, Miséricorde, Vérité), Lucifer fait appel à deux personnages également allégoriques : Désespérance et Mort.

C'est Désespérance qui est envoyée auprès de Judas pris de remords après sa trahison. Lucifer, « Pour luy aidier a ce besoing » (v. 21735) ordonne :

> Saultez dehors, Desesperance,
> ma fille et mon tres amé gendre[18],
> allez a mon servant entendre
> qui tous nous appelle si hault
> et lui baillez ce qui luy fault,
> comme vous savez la maniere
> et en estes bien coustumiere. (v. 21737-21743)

Ce qui est poignant, c'est de voir Désespérance raisonner d'une manière très rigoureuse[19] en face d'un Judas qui cherche tous les arguments pour obtenir le salut ; il est donc bien clair qu'Arnoul Gréban a, en arrière-pensée, le contre-modèle des Vertus divines. Mais le rôle de Désespérance est limité à cette séquence, suffisant toutefois pour l'effet de contre-symétrie recherché.

Quant à Mort, que Lucifer appelle au moment de la grande catastrophe – pour lui – de la descente aux enfers :

> Mort, Mort, ou es tu enserree ?
> gette l'ueil au dueil ou je suis ;
> ma fille de moy engendree,
> partout te quiers et tu me fuis ! (v. 26233-26236)

Elle ne répond pas, elle n'obéit pas, elle reste invisible. C'est qu'en effet, Lucifer est immortel, mais surtout c'est assurément une extraordinaire allusion à l'exclamation de saint Paul : « Mort, où est ta victoire ? »[20]

---

18. Voir v. 22046-22047 :
> Desesperance, chiere fille,
> Vous estes prouvee subtille.
19. René Ménage suggérait : « Pourquoi Désespérance, et Désespérance seule, du côté du mal ? Finalement ne témoigne-t-elle pas de l'impuissance de son *père* Lucifer ? de l'impuissance de toute la mesnie ? N'est-elle pas le dernier secret ? Ne serait-elle pas le diable ? », « La mesnie infernale dans la *Passion* d'Arnoul Gréban », dans *Le Diable au Moyen Âge*, Senefiance n° 6, Aix-en-Provence, 1979, p. 331-346.
20. I *Corinthiens*, XV, 55.

Ainsi donc, sur le plan dramaturgique, nous assistons bien à une volonté de l'auteur de montrer l'opposition absolue entre le paradis et l'enfer, entre Dieu et Lucifer. Pourquoi ? Si l'on dépasse le seul aspect comique, burlesque, distrayant, comme on voudra, non négligeable sans doute, mais de peu d'intérêt pour Arnoul Gréban et pour nous-mêmes, on voit, en ce tout début de la représentation, pour que les positions de chacun soient claires, un enfer qui voudrait être sur le même plan que le ciel, mais qui ne parvient pas à être crédible, dont le désordre est absolu, dans lequel les êtres se déchirent mutuellement et tout le monde sait que « tout royaume divisé contre lui-même court à la ruine »[21]. C'est pourquoi toutes les entreprises de Lucifer, toutes les missions de Satan aboutissent à des échecs.

Bref, ce désordre permanent qui rappelle le saisissant tympan du Jugement dernier à Conques, est très réconfortant. Lucifer se veut l'égal de Dieu ; il n'arrive à rien ; il prouve, quelque dépit qu'il en ait, la gloire et la force de Dieu. L'humanité n'a pas à le craindre.

Mais comment Lucifer en est-il arrivé là ? C'est précisément – un comble ! – en prétendant s'établir lui-même comme l'égal de Dieu. Et là encore, Arnoul Gréban s'empresse, dès le prologue de son drame, de signifier très clairement le problème. Dieu vient de créer les anges. Séraphin, Michel, Gabriel, accompagnés de Raphaël, chantent tour à tour respectivement la puissance de Dieu (v. 98-99, 104-105, 110-111 déjà cités), tandis que Lucifer, approuvé par Satan, Belzébuth et Astaroth enchaîne immédiatement avec une naïveté qui en d'autres circonstances serait touchante :

> Quant mon estat bien considere,
> je suis de nature plaisant,
> clere, subtille, reluisant,
> de hault fait et puissance ardue.
> De qui que me soit descendue,
> de moy seul le tiens et tendray.
> Grace ne mercy n'en rendray.
> Trop grandement m'abaisseroye,
> serviteur me reputeroye
> ou je suis maistre et gouverneur.
> [...]
> Je n'ai pas paour que je descende ;
> prestement me verrez monter
> et tous les haulx cieulx seurmonter. (v. 118-127, 145-148)

---

21. *Matthieu*, XII, 25.

Il conclut, défiant Dieu : « son pareil me clame » (v. 172). Ce ne pouvait être que la chute immédiate. Avant même d'avoir – au sens propre – touché terre, Lucifer hurle son repentir, puis, du fond des enfers, sa rage et sa colère, maudissant son détestable orgueil.

Dieu continue sereinement, comme si de rien n'était, sa création et l'achève en façonnant l'homme « a [sa] semblance et ymage » (v. 323). Tandis que les anges se réjouissent dans le ciel (v. 421-425 et didascalie), Lucifer y voit une offense personnelle ; c'est le monde à l'envers :

> Ce hault triumphant de lasus,
> a nostre grant honte et diffame
> a voulu crëer homme et femme
> doués de si haulx privilèges
> qu'ilz seront pour raemplir les sieges
> dont nostre tourbe est forbanye. (v. 439-444)

C'est pourquoi, il lui est si important de pervertir l'homme ; ainsi, grâce à l'humanité perdue[22], il affaiblira la cour céleste pour se constituer la sienne et pourra continuer à faire semblant de se croire l'égal de Dieu.

Il faut avouer que, dans un premier temps, Lucifer semble réussir ; c'est sans doute d'ailleurs pourquoi, après la tentation au jardin d'Éden, Arnoul Gréban met en scène le drame de Caïn et Abel, si bien que la première âme conduite « aux enfers » – non pas « en enfer » – par Belzébuth est celle d'Abel. Victoire, mais victoire à la Pyrrhus si j'ose dire ; car Lucifer est contraint d'interdire à son serviteur de la torturer :

> Tu n'as puissance de luy nuyre,
> se le grant deable ne t'emporte.
> Elle est juste ; porte la, porte
> lassuz ou limbe et la la metz. (v. 1000-1003)

Il n'est même pas maître chez lui ; il n'est pas libre. Ensuite, à leur mort, Adam et Ève sont conduits par Satan, directement, dans le limbe des Pères, sans même que soit désormais demandé l'avis de Lucifer. Ainsi se termine le prologue ; ainsi Lucifer a-t-il ses premières âmes, mais sans

---

22. Faite d'êtres, espère-t-il, à sa semblance, ainsi que le fait exprimé par Satan, contrefaisant la parole de Dieu dans la *Genèse*, l'auteur du Mystère joué à Troyes (v. 1849-1850) :
> Resjouÿssez vous hault et bas,
> *Car j'ay fait l'homme a nous semblable.*

aucun pouvoir sur elles ; elles ne sont en effet pas dans le véritable enfer[23], qui ne semble guère contenir que Caïn, Hérode, le mauvais larron, puis Judas. C'est peu. En revanche, les limbes, surpeuplées, échappent à son autorité réelle ; cela, Lucifer ne veut pas le comprendre. Il ne veut pas comprendre que Dieu a voulu « que tout, au nom de Jésus, s'agenouille au plus haut des cieux, sur la terre et dans les enfers »[24]. Il suffit alors de l'*Attolite portas* (repris du *Psaume* XXIII) proclamé par l'Esprit de Jésus pour que, sous le choc de la hampe de la croix, s'écroulent les portes des enfers (v. 26113). Aucune défense matérielle ne peut rien contre la puissance de la parole de Dieu. Tout est définitivement perdu. Lucifer a vécu sur une illusion dont il n'était pas, à vrai dire, totalement dupe. Il n'aura même pas la consolation qu'au moment de l'Ascension, Satan, Cerbère, Fergalus soient parvenus à

> [...] en recouvrer, par les champs,
> ou cinq ou six des plus mescheans
> et trainner en nostre fournaise. (v. 33304-33306)

Dans un enfer, désormais quasiment vide tandis que la foule des justes se presse au Paradis autour de Dieu, il ne lui reste plus qu'à ordonner de torturer ses propres suppôts prétendument incompétents. Ce sera son ultime présence sur scène, tandis que la joie éclate au ciel.

En fait, c'est depuis la résurrection de Lazare qu'il avait compris qu'il ne maîtriserait plus rien et que toutes ses tentatives ne seraient plus que des combats d'arrière-garde.

> Nous en serons destruiz en fin :
> cela ne puet hors de ma teste.
> Par ses faiz, il est magnifeste
> que c'est propre celuy Cristus
> qui, par ses divines vertuz,
> doit racheter l'umain lignaige. (v. 15085-15090[25])

Aussi maudit-il « la journee/de [sa] prime crëation » (v. 15079-15080). Car tel est bien, tout au long du mystère, le drame de Lucifer. Sitôt créé, il se prétend l'égal, voire le supérieur de Dieu ; ce choix est irréversible. À peine

---

23. Voir v. 15797-15817 la description qu'en donne Lazare.
24. *Philippiens*, II, 10.
25. Voir encore les v. 23273-23286, 23346-23354, au moment de la condamnation de Jésus.

s'était-il déterminé qu'il s'en repentait et enrageait; mais c'était trop tard; il est donc prisonnier de ce tourbillon d'orgueil, de haine, de rage, d'une manière d'autant plus désespérée qu'il en a conscience sans cesse, qu'il a conscience de ne plus être libre ni de son propre destin ni de son influence sur la création. La liberté – liberté de choisir le bien – est l'apanage de Dieu. Nous avons assisté à sa chute, en début de drame, nous avons assisté à tous ses échecs; l'humanité est sauvée, y compris les hommes qu'il gardait dans les limbes. De désespoir, il en avait appelé la mort, en vain car il est immortel.

En définitive, quelle était l'intention d'Arnoul Gréban? Comme tous les dramaturges de son époque, il se devait de représenter les enfers; mais il semble en avoir profité pour dépasser la simple leçon que pouvait provoquer la vue des supplices et des horreurs, sur lesquels d'ailleurs il ne s'étend guère[26]; il joue si peu de cette corde qu'il laisse entendre à son public que le véritable enfer est quasiment vide, comme si, pour lui, la damnation était incompatible avec la souveraine bonté de Dieu qui sacrifie son Fils pour sauver les hommes. C'est une première manière de faire rendre un hommage indirect à Dieu par Lucifer et son royaume.

L'on est même tenté (sic!) d'aller plus loin. Le désordre même de l'empire de Lucifer, sa désorganisation, sa révolte intérieure, la mauvaise volonté, voire la désobéissance de sa cour prouvent son impuissance. Bref, le dérisoire de son règne, opposé à la stabilité de celui de Dieu, est rassurant. Le mystère d'Arnoul Gréban est un mystère de l'espérance. En outre, cette matérialité grossière qui caractérise l'environnement de Lucifer clarifie un point théologique important. Il n'y a pas de divinité du mal; le diable n'est qu'une créature vaniteuse et vaine[27]; le manichéisme n'existe pas. Toute tentative de révolte est vouée à l'échec. Tout cela va bien dans le sens du souci pédagogique permanent de l'auteur. Qui, sur terre, désormais, pourrait encore avoir envie de devenir sectateur de Lucifer – d'une pseudo-puissance – qui a perdu?

---

26. René Ménage écrivait: « Il faut avouer que le jardin des supplices ne produit pas, dans l'univers grébanien, des essences très diverses. A-t-il vraiment essayé de terroriser? On peut en douter. Au lieu de varier les instruments de torture, il exerce un raffinement d'esthète plutôt que de bourreau en multipliant les métaphores sur le thème du feu » (art. cit., p. 341).
27. « Tout se passe en définitive comme s'il n'avait rien fait, les porte-parole du dramaturge sont les premiers à dire la nullité de son rôle. », Bordier J.-P., *Le Jeu de la Passion, op. cit.*, p. 615.

Mais l'essentiel reste incontestablement l'opposition avec le calme et la sérénité du ciel, le bel ordonnancement autour d'un Dieu affectueux pour ses anges et toutes ses autres créatures, conformément à la péricope répétée de la Genèse (« Et Dieu vit que cela était bon »[28]). Les anges chantaient pour le repos du septième jour (v. 421-425) et personne ne se souciait plus de la chute des révoltés dont la première réunion en enfer autour de Lucifer démontrait un horrible désordre. Ce désordre impuissant des enfers souligne dramaturgiquement sur scène pour le public, mais aussi spirituellement pour qui veut quelque peu le méditer, le sens de cette *Passion* tout de même assez remarquablement composée, la perfection de l'action de Dieu pour les hommes afin qu'ils entrent dans la gloire sereine et définitive de son royaume.

Le mystère peut alors se terminer sur la joie bien ordonnée du Paradis ; Dieu dit :

> Angelz, pour conclurre le fait,
> mectez vous en belle ordonnance,
> chantez par doulce concordance,
> menez joye parfaicte et plainne
> tant que la region haultainne,
> en l'armonye de vos sons,
> resonne par doulces chançons. (v. 34396-34402)

Lucifer définitivement neutralisé a contribué à cet accomplissement de la volonté divine ; les spectateurs, « joyeusement d'amour promus » (v. 34426), peuvent à leur tour comme les y invitent les derniers vers du « prologue final et total » continuer le chant des anges par un *Te Deum laudamus* d'action de grâces.

---

28. Voir v. 302, 320.

Peter Happé

Staging God in Some Last Judgement Plays

In this paper I have selected a number of Last Judgement plays for discussion, principally the versions in the four extant mystery cycles in English, *Le Jugement Général* from Rouergue, the *Jour de Jugement* from the area of Besançon, and two Italian versions of the *Giudizio*, one by Feo Belcari. In approaching the stage presentation of God in such plays, we find that there are a number of intersecting factors which account for both similarities and differences in the procedures adopted by dramatists. For example, whilst in the English cycles the Last Judgement completes the narrative, the ending is handled with different emphases. York and Chester seem concerned to pick up more emphatically their respective beginnings than do either Towneley or N-Town. To some extent this follows from the significant differences in the nature and status of each of these four texts. Nevertheless to judge from comparable large-scale cycles from elsewhere in western Europe we may take the practice of ending with this episode as particularly, even peculiarly, English. This may be supported by records of lost Judgement plays performed as part of a cycle by the Drapers Guild at Coventry, and the Merchants at Beverley[1]. The chief exception to this is the Cornish *Ordinalia*, which has a different dynamic. There are a few German examples, including Künzelsau where the Last Judgement is also used as an ending for cycle plays, but these are a minority[2]. In general the episode is rather unusual, especially in relation to the large corpus

---
1. King P.M. & Davidson C. (eds.), *The Coventry Corpus Christi Plays*, Kalamazoo, Medieval Institute Publications, 2000, p. 46; Chambers E.K., *The Medieval Stage*, Oxford Univ. Press, 2 vols., 1903, II.341.
2. Muir L.R., *The Biblical Drama of Medieval Europe*, Cambridge Univ. Press, 1995, p. 151-152; p. 262, n. 27, 29, 31. For Künzelsau see Liebenow P. (ed.), *Das Künzelsauer Fronleichnamspiel*, Berlin, De Gruyter, 1969.

of French *Passions*, where the narrative often ends with the Ascension. In Italy the incidence of cycle plays is infrequent because the dramatists were writing for different local objectives. There, and in France, plays dealing with the Last Judgement tend to be freestanding and not designed to fit in with larger cyclic schemes. I should add that here I am concerned principally with vernacular drama of the fifteenth and sixteenth centuries, and that the relative rarity of treatments of the Last Judgement on the stage at this time is in marked contrast with the popularity of the subject in iconographic contexts. Indeed iconographic traditions were evolved much earlier and were of much greater continuity than were those of the stage. Moreover, it cannot be doubted that the topic of the Last Judgement had great theological and didactic importance in the Middle Ages as it was part of the art or craft of dying[3]. In order to give an account of how God was presented we shall therefore have to take due notice of the place of the Last Judgement in its theatrical contexts. In this connection we should note that it is not a subject which appeared in the liturgical drama. The closest analogue is the *Sponsus*, dealing with the Wise and Foolish Virgins attending upon arrival of Christ, deriving from *Matthew* 25:1-13, and there was some interest in the Antichrist myth to which we shall return[4].

In the first place the relative absence of interest in the episode in theatrical presentations may be partly due to some inherent difficulty in the dramatisation of the episode. Based upon Chapters 24 and 25 of *Matthew*, the plot does actually seem rather intractable and it is not one in which inventive treatment of narrative could readily play a large part. The biblical account allows for Christ to descend from heaven to carry out judgement, for the separation of the good and the bad, and for an instructive motif about the value of the Works of Mercy, but my point is that though this may have been terrible to contemplate, and therefore of value in moral and didactic terms, it does not contain great narrative interest. To this we should add that there is the specific theological distinction between the particular and the general judgement. In itself this means that the fate of the individual soul was decided at the moment of death, at which point we frequently find portrayed the struggle between a devil and an angel over the departing soul. This subject was very common in pictorial form. The

---

3. Duffy E., *The Stripping of the Altars*, New Haven, Yale Univ. Press, 1992, p. 309.
4. Young K., *The Drama of the Medieval Church*, Oxford, Clarendon Press, 2 vols., 1933, II. p. 361-369.

outcome was confirmed at the general judgement when scripturally the angels were instructed to separate the good from the bad. Perhaps this is one of the reasons why dramatisation may have seemed difficult and even unattractive: to put it bluntly, there was not much suspense, if suspense really is an essential ingredient of the biblical drama. On the other hand the episode can be made into a powerful spectacle, and this is one of the significant features of several of the versions we shall look at here. It may also be noted that this allows in part for the incorporation of iconographic material in the development of theatrical spectacle.

It follows that the presentation of God must be affected by these features. Moreover there is scope for different manifestations of the divine presence and for variations in exactly how he is to carry out judgement. One of the most important decisions, as we shall see, is how to deal with the distinction between God the Father and God the Son. The Holy Spirit is usually absent, though, as in some iconographical instances, there are some deliberate attempts to include it in representations of the Trinity, especially at Chester. The dramatic personality presented in Christ himself is also a matter of changing interest, and this may well be related to the overall structure in the case of the cycle plays. He may be a severe but just, judge, a shepherd, or a loving Son and Father. In theatrical terms there is also a contrast between a somewhat static figure, having strong iconographical attributes, and a character who becomes involved in vigorous dialogue with those he has to judge as well as with those who plead for them. In short the dramatic techniques employed have an impact upon the nature of the figure as he appears in these plays, and these techniques are determined, at least in part, by the dramatic contexts in so far as we can establish them. Let us now turn to the processes by which God was revealed on the stage in individual instances.

The English Cycles

There seems to me to be a significant amount of evidence to indicate a measure of interconnection between the four English cycles, and it is appropriate to suggest they all follow the same broad outlines, even though we find interesting and perhaps revealing individual variations. In respect of Doomsday in York and Towneley, we can point quite specifically to an interaction since the latter incorporates the former word for word in several passages and indeed the outline of these two versions is substantially the same. This does not mean however that the overall effect of the two versions is identical. Indeed the interpolations, which are thought to be substantially the work of the Wakefield Master, have the effect of changing the original considerably in so far as we can be sure of the texts. This is not to overlook some doubt about when the interaction actually took place, but it is incontestable that Towneley follows York and not vice versa, since it is inconceivable that the York text could have arisen as the result of cutting out the section dealing with devils which is attributed to the Wakefield Master. In at least one instance it appears that the Towneley version (T25/l. 261-264) has a reading earlier than that of the extant York text of 1461-1465 (Y37/l. 241-234)[5].

The different elements which were introduced into Towneley turn the centre of attention away from God towards sinful human beings. The York version has God, with the speech head « Deus », as the dominating figure throughout. It has some specific dramatic attributes in the way in which the pageant cart is used. There can be no doubt that the York version was designed for performance upon a pageant cart in a processional context: the same is not necessarily true of the partially dependent Towneley version, as we shall see. This is especially of interest in view of the surviving York indenture for the construction in 1433 of the cart for the Mercers' guild which was responsible for this episode[6]. It is apparent from the provisions in the indenture, and from the action implied in the speeches, that God is to function at two physical levels. No doubt this is derived from the scriptural account which says that Christ will come in the clouds of heaven for the Judgement (*Matthew* 24:30). To some extent this is related to the complex personification of Deus here since he reveals some attributes which clearly represent God as creator, and some as God the Son. In the monologue of eighty lines with which he begins the play, there is a retrospect to the creation, when man was made in God's likeness and placed in Paradise, where he ate the forbidden apple. At this point he says « I sente my sone [...] Till erthe » (Y47/l. 27-28), so that the speaker is clearly separate from the Son. But later, after the instruction to the angels to blow the trumpets, Deus says:

---

5. Stevens M. and Cawley A.C. (eds.), *The Towneley Plays*, EETS, ss.13/14, Oxford Univ. Press, 2 vols., 1994, I, p. xxviii.
6. Spectacle was apparently enhanced on this wagon by means of a rainbow. Johnston A.F. and Rogerson M. (eds.), *York*, REED, Manchester Univ. Press, 2 vols., 1979, I, p. 55-56.

> This woffull worlde is brought till ende
> Mi fadir of hevene he woll it be,
> Therfore till erthe nowe will I wende,
> Mi-selve to sitte in mageste. (Y47/l. 177-180)

The next line, « To deme my domes I woll descende » (Y47/l. 181) shows that two levels were envisaged, and he goes on to say that he will bear « this body » with him, a remark which may suggest a change of costume in order to represent and recall the physical body of the Christ who has suffered. He then calls the apostles to sit beside him as judges (Y47/l. 216). During the judgement the identification with the Son continues, especially when Deus displays the wounds he suffered at the Crucifixion. After the souls have been sent to heaven or hell it seems that Deus is once again the creator. The last stanza of the play begins:

> Nowe is fulfillid all my forthoght
> For endid is all erthely thing [...] (Y47/l. 373-374)

At the end the stage direction, « *transiens a loco ad locum* » (47/l. 380 sd), suggests that « Deus » re-ascends to heaven. I think the important thing about these apparent inconsistencies, is actually that they are there. To an extent they are justified in scripture, for Matthew reports Christ as saying no one knows when the hour will come: « not even the Son: only the Father » (24:36: less strong in Vulgate). Their occurrence implies that they presented no real difficulty and it was easy and possible, and even desirable, to see the central figure as having a complex identity. Even so, the Protean nature of the divine figure allows several images to be shown: God in glory as creator and overall intelligence of the world, the crucified Christ, the shepherd who cares for his flock, and also the « cround king » (Y47/l. 232), a figure which signifies Christ after the crucifixion.

The development of the York play into the Towneley Judicium presents us with some problems which must be briefly summarized here. The beginning of the latter version is lost because the manuscript was mutilated in order to excise some Marian material preceding the Judgement in accordance with Protestant ideology. It is therefore only an assumption that the Towneley play followed the York's first 144 lines. The major interpolation in Towneley, written in the stanzaic form of the Wakefield Master, contains speeches by three devils, including Tutivillus. In addition, at the beginning of the mutilated text, there are some 26 lines which are neither from the York version nor in the form of the Wakefield Master (actually five quatrains and one sestet). Further minor changes increase the number of Good and Bad Souls from 2 to 4 in each case (T30/l. 632-639, 684-689). The part of God in Towneley is largely the same, much of it word for word, though it is headed « Iesus » throughout. However, the context in which it appears invites a different reading of what are essentially the same words and actions. The lost beginning leaves us with some uncertainty, but his first extant speech, referring to the descent to earth, repeats the words of York (T30/l. 123-130). There is no reference to the accompanying apostles in the following lines. Instead there is the first large insertion of the devils, which presents a range and variety of human wickedness (T30/l. 131-559). Jesus then proceeds to the judgement. After showing his wounds, as at York, he addresses first the Good and then the Bad Souls. His speeches end with the welcome to the Good and the separating of the Bad. After this the devils take over the action again as they drive the condemned souls, like animals, into hell. Instead of the triumphant re-ascension into heaven, accompanied by angelic music, as at York, Jesus is silent in Towneley: in the last moments of the play the Good Souls introduce *Te Deum laudamus*, a song of thanksgiving.

In the Towneley text there is thus less concern with the dual nature of God, and it may help here to note that the style of performance for Towneley is problematic. There is no certainty that the plays at Wakefield were done on pageant wagons, and indeed some of them, such as the Second Shepherds play (T13) and the Conspiracy and Capture (T20), seem to have been written for a multi-centred stage more reminiscent of those used for large-scale plays on the continent, especially in France and Germany. This makes the absence of the first speeches by God all the more frustrating, and the possible descent by Jesus now depends upon only one brief passage. Besides, we have no reason to suppose that the players at Wakefield had at their disposal such a splendid wagon with a lift as the Mercers had in York. In other words the text as well as the theatrical presentation may embody a considerable shift at Wakefield, away from the cosmic splendour of York, towards one more concerned with earthly wickedness. Such a shift would undoubtedly reflect upon how God was presented. Since the Wakefield Master had such a prominent part in the expansions, it is tempting to see this change in the presentation of God as being in line with his preoccupation, manifest elsewhere in the Towneley cycle, with the wickedness and cruelty of the human condition. I do not wish, however, to suggest that the Towneley version is inferior to the York, but it does seem to me that it is grimmer, and this implies a shift in the theatrical presentation of the divinity.

In the Chester Judgement the characters of Deus and Jesus appear to be interrelated. The beginning by Deus emphasises his power and also draws attention to the Trinity – « In my godhead are persons three » (C24/l. 5). This is in line with a number of other references to the Trinity which occur through the whole cycle, reflecting a distinct preoccupation with it. References to the Trinity are frequent as at 1/l. 9-10; 4/l. 10; 7/l. 337; 9/l. 117, 21 *passim*; and 23/l. 491-493. Along with this goes a series of references to the Holy Ghost 15/l. 245; 20/l. 65-6; 21 passim, and to Christ as the Son 12/l. 141-142; 16/l. 298; 16A/l. 305-312; 17/l. 155; 18/l. 227; and 23/l. 514. The introduction by Deus is brief, however, and he quickly orders the wakening of the dead so that all may see him apparelled in his crucified body, and see the instruments of the Passion. After the summons by the angels, the play is extensively concerned with a series of souls from different ranks of society, both damned and saved, more so than are the other English cycles. It is apparent that the decision has already been made, in terms of the particular judgement noticed above, as the saved as well as the damned speak of their sins. During these speeches some of the Deadly Sins are mentioned, especially lechery, pride and covetousness, though they do not actually appear as characters. The critical point is whether penitence has had an effect upon the eligibility for pardon. These speeches are referred to in a stage direction as the « laments of the dead » (« *Finitis lamentationibus mortuorum* »), and at the same point Jesus is to descend to earth « as though in a cloud » in order that he may judge (C24/l. 356 sd).

The retrospect by Jesus is less specific about the creation than that at York, but he puts emphasis upon the sin of mankind and his own wish to recover man into his own company (C24/l. 375-376). What seems to be developing here is a theatrical image centering upon the divine blood, which was shed by the Jews and which Christ offered to this father at the Ascension in the hope of obtaining mercy for human beings. Then comes a spectacular moment:

> Now that you shall appertlye see
> freshe blood bleede, man, for thee –
> good to joye and full greate lee,
> the evyll to damnatyon.

> Behould nowe, all men! Looke on mee
> And see my blood freshe owt flee
> That I bleede on roode-tree
> For your salvation.
> *Tunc emittet sanguinem de latere eius.* (C24/l. 421-428)

It seems highly likely that this is a deliberate follow-up to his appearance in the Chester Ascension, red with the blood of the Crucifixion, where Christ specifically anticipates Doomsday (C20/l. 129-136).

In the rest of the play Jesus is concerned to separate the good from the bad, and also to carry out the scriptural emphasis upon the Works of Mercy. These also play a part in the York version. At the ending, however, Jesus has no specific role in the text. The devils take away the damned, and then the four Evangelists have the last words. Instead of the triumphal ascent at York, they follow a theme about the importance of their witness and of the warning they had given to those who did not heed what they had written about. Thus the cycle ends upon a more didactic note than does the York version. The bulk of the play consists of the words of the souls explaining their failings, also as a warning. We might recall here that there are other didactic figures in the cycle, especially the Expositor who appears in plays 4, 5, 6, 12, 22.

The presentation of God at Chester is also affected by contextual features generated by the rest of the cycle. Apart from the concept of the Trinity there are two which seem significant: the reference to the power manifested at the beginning of the world and in the creation, and the presence in the cycle of the Play of the Antichrist, which precedes the Judgement. For the former the first speech by Deus refers to his being « pearles of postee » and to his « soveraygne might » (C24/l. 3, 7). Though it might have seemed a long time to the spectators since he had begun the cycle more than two days earlier, the phraseology is striking. In the first few moments of the first day we find « pearles patron ymperiall » and « the meirth of majestye » (C1/l. 11, 20): self presentation is there extended to 51 lines, and it does include reference to the Trinity.

The Chester cycle is unique among the English cycles in having a play on the Prophets of the Antichrist, and one on the Antichrist himself. For the purposes of this discussion about the presentation of God it is useful to recall that although Chester is thought to have had a cycle as early as York, the actual cyclic texts we have are all later than 1590, reflecting a possible exemplar which was almost certainly later than the reorganisation of the plays which occurred about 1530. Since this is so late, the possibility arises that the inclusion of the Antichrist material was influenced by continental practice. In discussing the Judgement plays from southern France below, we shall note that they sometimes occurred in association with the Antichrist legend, especially at Modane. Lumiansky and Mills refer to ample evidence that this material was to be found in a range of non-dramatic texts such as the *Legenda Aurea*[7], but the possibility remains that the authors of the cycle were attracted by the dramatic effect of having the Antichrist material as the immediate predecessor of the Judgement play. In the case of the Chester Antichrist play there is, as it happens, an earlier manuscript from about 1500 known as the Peniarth copy. This version was most likely part of a cycle since it is headed « *Incipit Pagina XX* »[8]. But even this is preceded by the manuscript of the *Jour de Jugement*, which we shall consider later. This is thought by its most recent editors to have been written as early as 1340-1350, probably after a performance[9]. About three-fifths of it are concerned with Antichrist.

In this Chester play we have references in connection with Antichrist to supreme power, creation, miracles, a sacrificial death and resurrection. Antichrist sits in judgement upon Enoch and Elias, and in doing so he uses many phrases recalling God's words earlier in the cycle, as well as anticipating the power to come in the Judgement play. Two examples may be sufficient here:

> I made thee man of flesh and fell,
> And all that ys lyvinge
> For other godes have yee nonne. (C23/l. 468-470)

> You dead men ryse through my postye,
> Come eate and drynke, that men may see,
> And prove me worthye of deitee. (C23/l. 557-559)

When it actually comes to his judgement, however, Antichristus behaves in a manner wanting dignity: he descends from his throne and, with his sword, he kills the converted kings as well as Enoch and Elias who had

---

7. Lumiansky R.M. and Mills D. (eds.), *The Chester Mystery Cycle*, EETS, ss.3/9, Oxford Univ. Press, 2 vols., 1974 and 1986, II, 1986, p. 319, 331-332.
8. *Ibid.*, p. 491.
9. Perrot J.-P. and Nonot J.-J. (eds.), *Le Mystère du Jour de Jugement*, French trans., Besançon, Éditions Comp'Act, 2000, p. 12.

challenged him (C23/l. 624 sd). Eventually Michael puts an end to him and he is dragged off to hell, calling upon the devils, his true allies, to come to his assistance. These anticipations of the Judgement, and of God's role in it are palpable and intriguing. The episode looks like parody, and it may well have been a kind of carnivalesque anticipation, making this particular false god look ridiculous, and yet perhaps attractive if licence prevailed. It does indeed point to the nature of the divinity, which is central to the Judgement play, and it also has some reflection upon the wickedness of God's opponents. What the Antichrist does wrongly the true God does properly.

One important ingredient in the role of the true God, of which we ought to take note at Chester, is the repeated emphasis upon how he presents himself as a didactic icon. We have seen this in the construction of the image of the flowing blood, noticed above. He also wants those watching to be aware of his divinity and in order to do so he refers to the relationship between his divinity and his human existence:

> Behould on mee and you may lere
> Whether I be God in full powere
> Or elles man onlye. (C24/l. 402-404)

He also makes clear the justice of what he does. In doing so he picks up briefly a motif which we shall find made much more explicit in some of the continental versions of the Judgement: the plea for mercy made by the Virgin. In this play, however, Mary is silent throughout, and Jesus refers to the plea of « my sweete mother deere » in an oblique manner (C24/l. 613). Mary is also silent in the York play, though the 1415 list of plays with summaries indicates that she was in the cast at that point[10].

In addressing the N-Town Judgement, we should again attend first to the codex in which it is found. Because it seems unlikely that this cycle was ever performed as it is found in the manuscript, because indeed this is probably a compilation of material from different provenances, it is safest to consider it as more of a book of possibilities rather than a cycle emanating from one town or city, which might have had the resources to mount it. Nevertheless the compiler, presumably the same person as the scribe who wrote out almost the whole of the codex, probably assembled his material at the end of the fifteenth century in accordance with established

---

10. Johnston A.F. and Rogerson M. (eds.), *York*, REED, Manchester Univ. Press, 2 vols., 1979, I, p. 24.

precedents such as York and Coventry. Thus he ended the cycle with the Judgement, play 41. As the Judgement is preceded by the Assumption of Mary as at York, the compelling contrast with the Antichrist seen at Chester is not present here. The dramatic style of N-Town Assumption is in marked contrast to the Judgement: the former is one of the most musically sophisticated of all English mystery play episodes. It seems to be a distinct interpolation as it is not mentioned in the Proclamation, and it is separated from the rest of the cycle by unique scribal features. As to staging, this episode does include a higher level. The Judgement is curtailed after line 130, the last leaf or leaves of the codex presumably having become detached. Dramatically it has a very simple structure and it may well be closely related to the outline in the Proclamation. God, Deus here, descends with Michael and Gabriel, but he does not speak until the souls have risen. The Proclamation mentions an earthquake as the graves open. Along with the devils, the souls strike a note of terror – « It is to late to aske mercye » (N42/l. 39). Deus speaks of the transformation of the saved souls:

> All tho fowle wyrmys from yow falle.
> With my right hand I blysse yow here.
> By blyssynge burnyschith yow clere
> As crystal clene it clensyth yow clere,
> All fylth from yow fade. (N42/l. 44-48)

Perhaps this is a hint at the costuming required for these souls (in Chester the decay of the flesh is also restored, C24/l. 85-86). As Peter welcomes them into heaven the damned souls cry for mercy. But Deus now says it is too late, and he turns the discourse to the failure described in scripture concerning the Works of Mercy and the shedding of his own blood. Before the fragment breaks off the devils take over the action and, finding signs of the Deadly Sins on the faces of the damned, they show that it is too late for them.

Two further conjectures may be fruitful. One is that the devil appears more frequently in N-Town than in the other English cycles. The second is that the cycle also accords prominence to Mary. Both these aspects may have influenced the dynamic of the lost parts of the Judgement. The Proclamation indicates that there will be no grace (N Proc/l. 515). In this fragment there is no attempt to present the dual or triple nature of the divinity, but if we assume that the Deus is primarily Christ, he appears in one of his most threatening aspects here.

PETER HAPPÉ

Italian and French Versions

It must be axiomatic that the underlying non-dramatic material about the Judgement will be broadly similar for all versions under Catholic Christendom: but there are notable differences in the dramatic traditions. Of the small number of these plays available to us from Italy the most relevant for our purposes is *La Rappresentazione del Dì del Giudizio* by Feo Belcari and Antonio Araldo[11]. It appears to be in part a collaborative work in that the published text refers to interpolations by Belcari[12]. However this text, which was printed at the end of the fifteenth century, and reprinted in the sixteenth, and again in 1617, contains many lines in common with *La Festa del Giudizio*, a shorter play from Bologna[13]. This earlier version is of interest because Bologna had a cycle of plays performed on *edifizi* on carts (p. 190), and it is likely that this was part of it, though it is not clear that it necessarily formed the conclusion. However the speeches by Cristo and Dio are contained within the longer version which itself adds more speeches for Dio, as well as other devilish details. I shall concentrate here upon the more extensive version.

The play has a long prologue by an angel, who speaks for God and urges the audience to attend to the play with devotion when the Son sits in judgement, bringing joy to the faithful and pain to the wicked, This framework tends to emphasize the separateness of the play as an individual devotional unit. When the angels have sounded their trumpets and Minos, the chief devil, has sent Calcabrin to fetch the « goats », Cristo speaks as the shepherd who sees that the sheep are separated and placed on the right side, the goats on the left. The separation is carried out by angels who direct the emperor Trajan to the right, for being just, and, more surprisingly, Solomon to the left for being lecherous. The individuals from the condemned appeal unavailingly in turn to St Peter, St Francis,

---

11. I have not been able to consult the Mondovì play in the Vatican printed in 1500, but I note from Berra's account (1946) that in it Mary and the Baptist actively plead for sinners, and that there is a dialogue between Christ and the Good Soul. There is a preacher who concludes by drawing attention to the need for grace in this world. See also Piccat M., « The Figure of Antichrist in the 16th-century Italian mystery play: *La Judicio e la Fine del Mondo* », *METh* 11, 1989, p. 66.
12. D'Ancona A. (ed.), *Sacre Rappresentazioni dei Secoli xiv^e, xv^e, xvi^e*, Firenze, Successori Le Monnier, 3 vols., 1872, III, p. 502.
13. De Bartholomaeis V. (ed.), *Laude Drammatiche e Rapprezentazioni Sacre*, Firenze, Felice Le Monnier, 3 vols., 1943, III, p. 278-291.

St Nicholas and St Jerome. Finally the sinners appeal collectively to the Virgin, but she says that the time for grace has passed:

> Passato è 'l tempo, che mai più non chieggo
> Veruna grazia per voi com'io soglio. (l. 510-511)
> *The time is passed in which I could ask*
> *for any grace for you as I am accustomed to do.*

Cristo has been silent for a long time, but now a stage direction requires that he turn with angry face and terrible voice towards those on his left, to condemn them. He recalls the Incarnation and his having shed his blood. He confirms that they will be excluded and reproaches them for not having followed good examples (l. 540-541).

The next part of the play is an elaborate dialogue between speakers from among the condemned, each in turn representing one of the Seven Deadly Sins. To each of them a corresponding one from the elect makes an appropriate reply, beginning with a proud one answered by a humble one, and so on. When this picture of human wickedness is complete, Cristo makes his final intervention. He tells the elect that they are « blessed by my father », and he follows closely the scriptural account praising them for carrying out the deeds of mercy. When they ask about when they have done these deeds, he replies that when they did them to one of his they did them to him, just as in scripture. And similarly the failure of the damned is explained in the same way. This completes his part. The devils take away the damned, and an angel again addresses the audience urging them to avoid the vices, and to pursue acts of devotion. In this version we have a very threatening Cristo, apparently the representative of the Father, and the imagery of the Shepherd invoked here is very hard on the goats. Perhaps there is often some ambiguity over such an image.

There are three French versions of the Judgement, which in themselves show some similarity to the Italian. The most elaborate and useful one for our purposes is the Rouergue *Jugement Général*; I shall supplement this by some initial discussion of the Besançon *Jour de Jugement* (1340-1350), and the lost, and relatively late, *Mystère du Jugement de Dieu* from Modane.

The earliest of the three is the *Jour de Jugement*, which seems to be a freestanding text of some 2438 lines. It begins with a preacher who speaks of the day of sadness, bitterness, grief and tribulation foretold by Ezechias (l. 93-96). It deals first with the Antichrist story which no doubt acts as an anticipatory contrast in much the same way as the Chester version.

After his death Enoch and Elijah are accepted into paradise (l. 1410). God is described as sitting in majesty, receiving the praise of the angels (l. 1503 sd). He declares himself displeased with the sinful state of the world:

> Ne pourroie les grans pechiez
> Dont li monde est entachiez. (l. 1509-1510)
>
> *I cannot suffer the great sins*
> *with which the world is stained.*

This theme appears elsewhere in the *Passions* where it is often the starting point for the debate of the Four Daughters of God as a prelude to the Incarnation. However his speeches also bring a number of themes we have noted elsewhere. These include being the end and the beginning (« Finis sum et inicion », l. 1692). He explains that he is « Dieux de toute nature » and refers to having made all creatures (l. 1695-1696). He decides that he must take up the role of judge and threatens the fire.

At this point the Cherubim, who are supported by saints and apostles, beg the Virgin, whom they describe as the daughter and mother of God, to intercede. This occurs in a separate location, and she makes her way to the « sanctuary » where God sits. He welcomes her and looks forward to crowning her. The four evangelists also plead, but Dieu sends them to the four corners of the world to sound the trumpets (l. 1880-1881). A stage direction has Christ descend to the throne of judgement (l. 1937 sd). In the detail of the drama which follows it appears that the dramatist was interested in mounting a complex narrative and in doing so he went some way towards countering the problem of the plot in Judgement plays noted earlier. For one thing he makes the various characters active and vociferous. He associates the disciples with the judging, and some of them have speeches. He has Dieu make a particular attack upon usury, and he invents a family for the usurer, all of whom Azart, the devil, carries off to hell (l. 2070 *sqq.*). Dieu is eloquent about the betrayal and suffering at the Passion:

> Li miens peuple m'a mis
> A la mort, cui jestoie amis. (l. 2174-2175)
>
> *My own people, whom I loved,*
> *have put me to death.*

He stresses how he bought back the people and he shows his wounds and the instruments.

The figure of Dieu plays a vigorous part in the exchanges which take place in this lively drama. Although it is conceived on a smaller scale than many of the Passions, there is clear exploitation of a multi-centred playing area, and in the positioning of Dieu in the sanctuary, and in the descent to judgement there is scope for spectacle. Grace Frank[14] has pointed out that more than 94 characters are listed for the play, though a good proportion of these are concerned only in the Antichrist section. The most recent editors have suggested that the 88 miniatures in the manuscript support the idea of a theatre in the round, possibly with the audience in a raked auditorium, giving close proximity for the audience[15]. The early date of this text makes it a remarkable achievement as it anticipates by a century or so the development of the Passions, and apparently it precedes all the English cycle plays.

Some details regarding the fragmentary *Mystère du Jugement de Dieu* may add a little to the discussion here. The play is much later than the other examples under consideration, being performed in 1580 and 1606[16] but it uses many of the motifs we have been considering. It was originally meant for a three-day performance, the first two being devoted to the Antichrist, but much of them is lost. The subject for the third day is the Judgement, and from Emile Roy's summary[17] it is clear that Christ is sent to the Judgement by the Father, accompanied by the Virgin and the personified Justice. Because, after the trumpet, the good souls arrive transformed and the bad ones disfigured, it is clear that the particular judgement has already taken place. A very large number of individual characters are brought before the judge, including Judas, the Antichrist, the Seven Deadly Sins and their corresponding Virtues. Christ interrogates the Sins and condemns them. Justice invites Christ to pronounce the final sentence. It appears that there were three acting levels for this performance: below for the devils, the middle area for the judgement and heaven above to which Christ returns at the end[18].

---

14. Frank G., *The Medieval French Drama*, Oxford, Clarendon Press, 1954, p. 133.
15. Perrot J.-P. and Nonot J.-J. (eds.), *Le Mystère du Jour de Jugement*, French trans., *op. cit.*, p. 50.
16. Chocheyras J., *Le Théâtre religieux en Savoie au xvie siècle*, Geneva, Droz, 1971, p. 20.
17. Roy E. (ed.), *Le Jour de Jugement : Mystère Français sur le grand schisme*, Paris, Bouillion, 1902, p. 416-421.
18. *Ibid.*, p. 420-421.

This exploitation of different levels seems to have a major feature of the staging of the Rouergue *Jugement Général*. First, however, we must deal with the status of the codex in which it is found. It is a collection of plays in dialect amounting to some 9000 lines, written out at some point after 1481. There are ten episodes, but they are not arranged in the conventional order for biblical cycles even though their subject matter is typical of such works. In the manuscript there are also two lists of plays, themselves detailing differing orders, and containing some titles which were not copied out or which have not survived[19]. The most likely explanation is that this is a compilation done piecemeal, filling up the pages as texts became available. It is possible, but not certain, that the manuscript relates to some kind of cyclic presentation. The evidence points to there being enough material for two days of performance in the codex if we count the named but missing items. The *Jugement Général* would come naturally at the conclusion, but its individual characteristics could be interpreted in this way, or in the direction of a freestanding performance.

The text begins with a very long stage direction which sets an elaborate scene[20]. The salient points are that Our Lord, presumably Christ, sits on his richly decorated throne showing his wounds all in gold (« dauradas », auréolés[21]), with two angels on each side carrying the instruments of the Passion. This in itself seems aimed at an iconographic effect. At the right moment another decorated throne will be used for the Virgin. At this level St Michael leads a crown of angels. On another scaffold (« escadafal »), which is apparently at a lower level and accommodates several different locations, the saints are seated in rows. Then the costumes for different social groups, including emperors, kings and Jews, are mentioned, including St Peter with a tiara.

On another page an extension of this stage direction gives more specific detail for the layout of the acting areas. There is a hell on one side of the main stage, which apparently stands below the level of the heavenly throne. On this level the Virgin also has a place in addition to her throne in heaven. Justice, Miséricorde and La Vie together have another place on the

---

19. Jeanroy A. and Teulié H. (eds.), *Mystères provençaux du XVᵉ siècle*, Toulouse, Privat, 1893, p. viii.
20. See the Appendix.
21. Lazar M. (ed.), *Le Jugement Dernier (Lo Jutgamen General)*, Paris, Éditions Klincksieck, 1971, p. 58-59. All references are to this edition.

same level, and La Mort also has his own space. Similarly there are places for the Jews, the bad Christians, and the religious orders.

The action begins with God, here called « God Eternal », setting up the judgement and he brings together several roles for himself:

> Ieu voly far,
> Coma Dieu he home he jutge eternal
> Sertas mon jutgamen general. (l. 6-8)
>
> *I wish to carry out,*
> *as God and man and eternal judge, without delay,*
> *my general judgement.*

The angels descend to the main stage to blow their trumpets at opposite ends (l. 16 sd). Dieu also prompts them to summon the devils, and Lucifer brings his company from hell before Dieu, who in this play apparently remains in Paradise. In the following exchange the speech head for God shifts to Jutge Eternal (l. 147) as he reproves Lucifer's pride. The scene develops into a forensic exchange as Lucifer claims that Adam was as bad, in response to which the Judge praises Adam's penitence.

Much of the rest of the play is developed more like a trial than many of the other versions. For example, as « God Eternal » is condemning Lucifer at this relatively early point, he hears evidence from David and other rulers who bear witness against him (l. 246-254) and he immediately asks Lucifer what he has to say for himself. It is almost as though the witnesses join in the condemnation. When asked for his opinion David says:

> Nos sertas totses te disem
> Que elses so justamen condapnatz. (l. 294-295)
>
> *We all say to you with certainty*
> *that they have been justly condemned.*

Lucifer and his companions are then sent to the left side of the stage, where hell is situated, and St Michael returns to Paradise as the angels blow again to summon the Jews. The case against them is substantially made by Dieu himself, who accuses them of bringing about his death and the persecution of the apostles (l. 329-340). Again, after a response from a number of the Jews, Dieu returns to the attack, citing the destruction of the temple of his body (l. 480) and other circumstances including the biblical dispute over the Sabbath (*Matthew* 12:11-12). To increase the pressure Dieu turns to the elect, for whom St Peter now speaks.

The rest of the hearings follow the same pattern. Dieu blames the idolaters for not heeding his signs and miracles (l. 605-628), the false churchmen for not looking after his flock (l. 653), and for not reading the scriptures (l. 686), and those in religious orders for hypocrisy (l. 764). Accusations are also made against rulers, and lawyers. In each case a representative voice pleads in vain for the defence. When they are all condemned to the left, Misericordia and Justicia leave their places to make their contrasting pleas for mercy or strict justice, kneeling before the Judge. Dieu reassures them that justice will be done and this is the cue for Lucifer to try another ploy. From hell he sends Belzebuc to beg Mary to intercede, she being in her lower place on the main stage. This sets off a complex series of moves on stage. She agrees to intercede for all sinners, crosses the big stage and summons the angels to accompany her. Then she returns to her chamber, where *Ave Regina* is sung. While Misericordia and Justicia raise further points, an angel informs Our Lord that Mary wishes to speak to him. Mary then goes to Paradise where Our Lord welcomes her. We note that at this point God is identifiable as Our Lord, the Son of Mary.

Though he says that Mary will be heeded, he makes it quite clear that his justice involves the condemnation of persistent and unrepentant sinners. Mary is seated at this point in Paradise and she summons Misericordia and Justicia, who are still implacably opposed to one another. The great debate continues vigorously as Mary now speaks for both the Virtues, but Our Lord ends the sequence by condemning those who have followed the Deadly Sins (l. 1432-1441). In response to a plea from Misericordia for those who had been condemned though young, God, now called the Judge, sends for and condemns La Mort for failing to allow a full life of 120 years to all. Correspondingly La Vie is admitted to Paradise. Then comes a turning point in the proceedings:

> Aras se aparelhe Nostre Senhor per donar sa sentencia; he sonaran trompetas sans mesura he an votz taribla he aspra, he pueys cridaran « Silete ». (l. 1698 sd)
>
> *Now Our Lord prepares to give his verdict; and trumpets sound without limit a terrible and bitter call, and then comes the cry « Silete ».*

The saved are placed on a small stage to the right and the condemned on the left of the large stage. God pronounces his verdict, displaying his wounds. He repeats the phrase about God, Man and eternal Judge (l. 1716-

1717), and explains that he had been sent into the world, as an innocent lamb to deliver the human race from the power of Lucifer. He sends the damned to eternal torment and harshly rejects pleas from Pilate, Caiaphas and Annas (l. 1802-1804). His last action in the play, after another « Silete » is to welcome the saved to Paradise to which they now ascend (l. 1818 sd).

The last major sequence of the play need not concern us in detail here, though the stage presentation continues to be lively and inventive. Possibly God, the saved and the heavenly community now look down upon what happens on the main stage. The devils emerge from hell and one by one they enact the tormenting of the Seven Deadly Sins on the main stage in a sequence lasting for about one-third of the whole play. Each Sin is brought on stage and has a named devil as his tormentor. In the case of Pride, a dummy is used when molten lead is poured into his mouth. Several of the Sins appeal to Death for release, but she explains that she has been deprived of her power. All the Sins are cast into the pit of hell, and hell is sealed with four keys. However some of the goings on are revealed, as the devils push back any head which emerges (l. 2647 sd). It is of interest that Satan has almost the last word. It is he, not God, who says to the audience that it is too late to complain after the Judgement and warns them that they must do good in the world; and he ends by asking a blessing upon the gathering. Finally a Messenger addresses a prayer to God and asks for a kind reception for the actors. God takes no active part in this last sequence, but it does make a contribution in that it intensifies the warning emanating from an implacable deity.

Perhaps the various roles for the divinity we have been discussing are all contingent upon certain ambivalences: the shepherd who is unkind to goats, the Son who is also a Father, the God who is also a man. My interest in these is primarily in terms of the dramatisation, and it seems to me that the force and success of the drama which has emerged derives in part from the presentation of these intriguing contrasts within the characterisation of God. In a climate of belief they had a particular force and value.

Appendix

Et primo Nostre Senhor deu estre asetiat en una cadieyra ben parada he deu mostrar totas sas plaguas, en presentia de totz, totas dauradas. He après hy deu aver quatre angiels, dos de cascun costat: que la hun porte la crotz, he l'autre lo pilar he la corda liada an lo pilar, he l'autre los clavels he los foetz, he l'autre la lansa he l'esponsia. He hy deu avar una cadieyra ben parada per asetiar Nostra Dama, quant sera hora, al costat drech de son filh. He hy deu aver dos angiels, cascun an sa trompeta, he en paradis deu estre Sant Miquel he gran cop de angials anb el. He los Sans devo estre a l'autre escadafal, cascun en son loc, ordenats an bancz. He deu portar sant Peire sa tiera coma papa, he los emperados he reis segon lor estat, habilhatz segon lor esse, las vestimentas qui verdas, qui negras, qui an mosa. He i aura emperados, reys, he de glieza, he femnas abilhatz segon lor esse, los Juzieus seran ensenble he los autres aitant be, he venran quant seran apelatz per los angials.

Los demonis seran a part, quant seran vengutz de infern, he seran davant Dieu eternal he auran aguda lor centensia. Nostra Dama tota sola sera en son loc riquamen abilhada en lo escadafal gran, he estara aqui tro que sera hora de venir. Justicia he Misericordia he Vida seran totas ensemps sus lo escadafal gran. La Mort sera en son loc sur lo escadafal. Los Juzieus seran a part a l'escadaffal gran, coma so: Melchisedec, Aymo, Lamec, Zorobabel. Los ydolatres seran a part sus lo escadafal, coma so: Abiatar, Salatiel, Piquaausel, Talhafer he d'autres. Los malvatz crestias seran a part coma los autres, coma so: Symon, Aniquet, Mella, Amon he los autres. Los religios bernardins, carmes, auguistis, predicadors, cordelies, menoretas, coma so: Nason, Mathatias, Semey, Aminadas, Balam, Hobet[22].

---

22. Jeanroy A. and Teulié H. (eds.), *Mystères provençaux du XVe siècle, op. cit.*, p. 193.

Janette Dillon

Chariots and cloud machines: gods and goddesses on early English stages[*]

« Jupiter descends in thunder and lighning, sitting upon an eagle »[1]; « Enter Pluto, his Chariot drawne in by Diuels »[2]; « Enter the ghost of Andrea and with him Revenge »[3]. There are basically three ways in which supernatural beings enter or exit on early stages: they may ascend or descend in some kind of machinery; they may enter riding – usually in a chariot or occasionally on an animal, real or artificial; or they may simply walk on and off, with differing degrees of formality. It is often assumed that supernatural beings appearing in English public playhouses after about 1576 routinely made a mechanical descent or ascent. This is despite Glynne Wickham's trenchant querying of the grounds for this orthodoxy in 1979, on the evidence of extant stage directions in conjunction with the dating of Philip Henslowe's known alterations to the Rose in 1592 (heavens) and 1595 (throne)[4]. What I want to do here is look more closely at the recorded modes of entry and exit available across the range of English stages before 1595, seeking to establish the dating and relative frequency of each within particular forms of theatre and spectacle.

Evidence for mechanical ascent or descent is first available in two very different kinds of performance, which are nonetheless linked by similarities in their modes of staging: the royal entry and the mystery play. Both are forms of street theatre; both use temporary stages, sometimes two- or

---
[*] This essay was first published in *Tudor Drama before Shakespeare, 1485-1590*, New Directions for Research, Criticism, and Pedagogy, ed. Kermode L.E., Scott-Warren J. & van Elk M., Houndmills, Basinstoke, Palgrave, 2004, p. 111-129.
1. *Cymbeline*, V, 4, 92.
2. *The Silver Age*, 135.
3. *The Spanish Tragedy*, I, 1, 1.
4. Rutter C.C. (ed.), *Documents of the Rose Playhouse*, 1984, Manchester, Manchester Univ. Press, 1999, p. 48-49, 91.

three-tiered; and both involve urban guilds and civic authorities to varying degrees in the planning, organisation, design and funding of the events. Because these are the earliest kinds of theatre recorded as using mechanical ascent or descent, they will be considered first, alongside later forms of civic theatre using similar effects. After that the essay turns, in sequence, to different kinds of « in-house » court performance; to invited performances before the court (where either different groups were invited to court or the court was invited out to view a performance elsewhere); to performances at the universities and inns of court; and finally to public playhouse performance.

Royal Entries

Entrance itself was of course the centrepiece of royal entries, which normally showcased the monarch in a wheeled chariot. Pageants for these entries were static by contrast, since they were constructed as fixed tableaux to welcome the moving monarch. As such they were usually raised on temporary scaffolds, often constructed on or around existing permanent raised structures such as fountains or gates, where they could incorporate some limited movement, including the ascent or descent of human or mechanical figures, especially at the moment of the monarch's approach. The earliest English evidence of which I am aware for a mechanical descent in a royal entry is the London entry of Richard II in 1392, in which « an Aungell come a downe from þe stage on hye bi a vyse and sette a croune of golde and precious stones and perles vpon þe Kynges hede and a noþer croune vpon the Queenys hede »[5]. Robert Withington (1963) and Glynne

---

5. Bodleian Ashmole, ms. 793, quoted in Withington R., *English Pageantry: An Historical Outline*, 1918, 2 vols., New York and London, Benjamin Blom, 1963, vol. I, p. 130. A « vice » can mean a spiral staircase, but another, fuller description of the pageant makes clear that this is not the meaning. Glynne Wickham quotes this fuller description in *Early English Stages 1300-1600*, 1959-1981, 2nd ed., 3 vols., London, Routledge, 2002, vol. I, p. 64-71. « A heavenly host » stationed on top of the Great Conduit sings; maidens scatter gold coins on all sides; adjacent to the conduit is a tower specially constructed for the occasion. « The whole structure of the tower is suspended on cords, and towers into the sky. A youth and a beautiful girl stand in this tower; he represents an angel: she wears a crown [...] [they] descend together from the tower without the aid of any visible steps or ladder. In their descent they were surrounded by clouds and suspended on air – by what machines I know not ».

> Pendula per funes est fabrica totaque turris,
> Ætheris et medium vendicat illa locum
> Stant et in hac turri juvenis formosaque virgo,
> Hic velut angelus est, hæc coronata fuit. [...]

Wickham (2002) agree in suggesting that this could be the same mechanical device as was used for Richard's coronation entry in 1377, but it is not clear that Walsingham's description of an angel bending forward to crown the King on that occasion can be equated with an angel coming down from a stage[6]. Indeed, it is possible that the 1377 device involved a mechanical angel and the 1392 device employed an actor within a mechanical structure (Withington also suggests that the same machine was perhaps used again in 1415 for Henry V's return from Agincourt, but the description he cites does not clearly indicate the presence of either a mechanical device or an artificial angel[7]).

Gods and goddesses appear in numerous later pageants, and pageant-stages are often two- or three-tiered, thus allowing supernatural beings to inhabit vertically raised realms, even where ascents and descents are not involved. As Wickham points out in his excellent chapter on street pageants in *Early English Stages*, horizontal space was at a premium in street theatre (chap. III). In his view, « [t]he idea of distributing the spectacle in the vertical plane came automatically with the employment of city gateways as pageant theatres »[8]. Not only gateways, but other forms of city architecture drawn into service as street theatres, such as fountains and crosses, mounted on steps and plinths, already invited performance at more than one level of the structure. Multi-level pageants are thus an integral part of street theatre *per se*, but their association with gods and goddesses, angels and heavenly choirs, saints and virtues, is particularly strong.

The show for Henry VI's return to London in 1432 included two multi-level pageants. One, at Cornhill, incorporated a beautiful child dressed like a king « in the summet or toppe therof », flanked by Mercy and Truth, with Cleanness standing over them « enbrasyinge ye kynges trone »; while

---

> *Descendunt ab ea juvenis simul ipsaque virgo,*
> *Nulla fuit scala, nec patuere gradus.*
> *Nubibus inclusi veniunt, et in æthere pendunt,*
> *Quo tamen ingenio nescio, crede mihi.*

6. On top of the castle, Walsingham writes, « *positus erat angelus aureus, tenens auream coronam in manibus, qui tali ingenio factus fuerat, ut adventanti Regi coronam porrigeret inclinando* » [« a golden angel was positioned, holding a golden crown in its hands, which angel was constructed with such skill that it might bend down to hand the crown to the King as he approached »], *Historia Anglicana*, ed. Riley H.T., London, Longman, Roberts and Green, 2 vols., 1863-1864, vol. I, p. 332.
7. Withington R., *English Pageantry: An Historical Outline, op. cit.*, I, p. 135, n. 3.
8. Wickham G., *Early English Stages 1300-1600, op. cit.*, p. 86-87.

a second, at Paul's Gate conduit, displayed « a celestyall trone, and therin was sette a personage of the Trinite, with a multytude of aungellys playinge and syngynge vpon all instrumentes of musyk »[9]. When Henry VII returned from Warwick to London in 1487 for the coronation of his queen, Elizabeth of York, an angel descended from the roof of St Paul's to cense him[10].

The sixteenth century began with probably the most spectacular pageant series of either the fifteenth or the sixteenth century: the entry and marriage of Katherine of Aragon in 1501. It included « a tab(er)nacle of two flowres [*floors*], assemblaunt unto tweyne rodelofts », with representations of St Katherine in the lower floor and St Ursula in the upper floor, both surrounded by virgins, with « a pictour of the Trinyté » above both floors, but no descent is mentioned[11]. There was also a moving pageant of the sun containing « a whele, wondurffully wrought with clowdis aboughte the compasse owtward », the father of heaven in the upper part and angels above him, and Prince Arthur seated in a chair at the centre of the wheel[12]. The movement, however, again did not involve any divine ascent or descent.

Pageants for the entry of Charles V in 1522 included two stages incorporating domes (or, as the chronicler Edward Hall called them, « types ») on the top representing the heavens, one of which, the pageant at the Little Conduit in Cheapside, incorporated mechanical ascent and descent. A structure built « lyke heaven curiously painted with cloudes, [o]rbes, starres and the Ierarchies of angels » had « a great type » on the top, « and out of this type sodainly issued out of a cloude a fayre Lady [representing the Virgin Mary] richely apparelled, and then all the minstrels whiche wer in the pagiant played and the angels sang, and sodainly agayne she was assumpted into the cloud whiche was very curiously done »[13].

---

9. Fabyan R., *The New Chronicles of England and France*, ed. Ellis H., London, Rivington F.C. and J. et al., 1811, p. 605-606; Welsford E., *The Court Masque*, Cambridge, Cambridge Univ. Press, 1927, p. 51.
10. Leland J., *De Rebus Britannicis Collectanea*, ed. Hearne T., 2nd ed., 6 vols., London, White, 1774, IV, p. 217-218.
11. Kipling G. (ed.), *The Receyt of the Lady Kateryne*, EETS 296, Oxford, Oxford Univ. Press, 1990, p. 12-13; see also Wickham G., *Early English Stages 1300-1600, op. cit.*, I, p. 87.
12. Kipling, G. (ed.), *The Receyt of the Lady Kateryne*, *op. cit.*, p. 26-27; see the description from ms. Cotton Vitellius A XVI, cited by Wickham in a note, *Early English Stages 1300-1600, op. cit.*, I, p. 97.
13. Dillon J. (ed.), *Performance and Spectacle in Hall's Chronicle*, London, Society for Theatre Research, 2002, p. 111.

Pagan deities figured for the first time in an English pageant series in the coronation entry of Anne Boleyn in 1533 (Charles V's entry had included a pageant of the Golden Fleece incorporating the classical figures of Jason and Medea, honouring the Emperor's position as head of the Order of the Toison d'Or, but no classical gods or goddesses). Three pageants in all represented classical gods and goddesses or similar: Apollo and the Muses on Mount Parnassus at Gracious Street; the three Graces further along the route at the conduit in Cornhill; and the judgement of Paris at the Little Conduit in Cheapside (this last allowed Mercury to present Anne with a ball of gold representing the golden apple[14]). But it was one of the Christian pageants, a representation of St Anne with her daughters, that included a mechanical descent with elements reminiscent of both 1392 and 1522. This pageant had « a type and a heavenly roffe, and under the type was a rote of golde set on a litle mountaine environed with red roses and white, out of the type came doune a Fawcon all white and sate upon the rote, and incontinent came doune an Angell with greate melody and set a close croune of golde on the Fawcons head », the Falcon, of course, representing Anne Boleyn[15].

A descent from the clouds by a Phoenix rather than a falcon featured in the coronation entry for Edward VI in 1547, within a complicated « double scaffold »[16]. There were apparently no mechanical descents at the coronations of Mary I (1553) or Elizabeth I (1559), though a child in the guise of an angel descended from a cloud for Mary Queen of Scots' entry into Edinburgh in 1561. Great height, however, was a feature mentioned in two of the shows for Mary I, the pageant on Gracious St « made by the Florentins verie high », with a mechanical angel blowing a trumpet on top, and the Dutchman who waved a streamer five yards long from the top of St Paul's steeple[17], while multi-tiered arches were a notable feature of the pageants for Elizabeth.

---

14. The Judgement of Paris had figured earlier in a Scottish pageant for the 1503 marriage of Margaret and James IV in Edinburgh; see Withington R., *English Pageantry: An Historical Outline*, op. cit., vol. I, p. 169; Leland J., *De Rebus Britannicis Collectanea*, op. cit., vol. IV, p. 289.
15. Dillon J. (ed.), *Performance and Spectacle in Hall's Chronicle*, op. cit., p. 145.
16. The pageant featured « a double Scaffold one above the other [...] under the uper Scaffold, an Element or Heaven, with the Sunn, Starrs and Clowdes very naturally. From this Clowde there spread abroad another lesser Cloud of white Sarsenet [...] out of the which there descended a Phenix downe to the neither [lower] Scaffold [...] », Wickham G., *Early English Stages 1300-1600*, op. cit., vol. I, p. 98.
17. Holinshed R., *Holinshed's Chronicles of England, Scotland, and Ireland*, ed. Ellis H.], London, Johnson J. et al., 6 vols., 1807-1808, IV, p. 6.

JANETTE DILLON

Civic Shows and Mystery Cycles

Not surprisingly, other forms of street theatre, such as civic shows and mystery plays, featured similar use of spectacular ascents and descents. The cross-fertilisation was almost bound to happen, not only because of the common location, but because of the involvement of the same groups of people. The city authorities always had responsibility for organising civic shows; they normally had prime responsibility for organising the pageantry for royal entries; and they were also often in charge of organising arrangements for the mystery cycles. To this end they might appoint a committee to co-ordinate arrangements, which in turn could delegate responsibility for individual pageants or plays to particular groups, usually by trade or nationality. Hence, just as the York Mercers, for example, were expected to mount and bear the cost of the Judgement play in the York mystery cycle, so the Hanseatic merchants took charge of particular pageants for Charles V's entry in 1522 and Anne Boleyn's entry in 1533[18]. Borrowing of effects between different places and kinds of performance was well established at a European as well as a local level. The mechanically ascending rose and lily that graced the pageants for Mary Tudor's marriage to Louis XII in 1514 replicated a device already used to welcome Henry VII to York in 1486[19].

Not only the locations and modes of production regularly featured across these different types of performance, moreover, but so too did some of the subjects. The Assumption of the Virgin, for example, featured in

---

18. Sometimes pressure had to be brought to bear on the groups in question. Dillon J. (ed.), *Performance and Spectacle in Hall's Chronicle, op. cit.*, p. 237, 254.
19. Johnston A.F., Rogerson M. (eds.), *Records of Early English Drama: York*, Manchester, Manchester Univ. Press, 2 vols., 1979, I. p. 139; Wickham G., *Early English Stages 1300-1600*, *op. cit.*, I, p. 89-90, 95). I do not attempt to cover here the vast topic of cross-cultural influence. Suffice to say that intermarriage between the royal houses of Europe and the gradual establishment of resident ambassadors at foreign courts were merely two of the routes by which revels and ceremonies borrowed from one another. Italian practice, as Hall's famous account of a mask « after the maner of Italie, [...] a thyng not seen afore in Englande » makes clear, was the most innovative and culturally prestigious in the early sixteenth century, Dillon J. (ed.), *Performance and Spectacle in Hall's Chronicle, op. cit.*, p. 43. Spectacular entries, whether in pageant cars or descent machinery, were highly developed across numerous forms of secular and religious display, with *intermezzi* (performed in the intervals between other kinds of performance) and *trionfi* being especially influential. Vasari's life of Brunelleschi gives a clearer sense of how the elaborate machinery he developed actually worked than does any English source of the period. Italian ambassadors responses' to English court performances are noted above and in notes 33 and 47 below.

midsummer shows and mystery cycles as well as in royal entries such as the 1522 pageant described above. The records of the Drapers' Company show payments for « mending of the Cloudes Incarnacions » (l. 1520), for « ij stays of Irn' for the assumpc[ion] » (l. 1523) and to « the Ioyner that kept the wynche of the same pagent of the Assumpc[i]on bothe nyghtte[s] » (l. 1535-1536)[20], clearly indicating mechanical ascent and descent, as do the stage-directions of the N-Town Assumption play and other plays across the four extant cycles, most regularly the Ascension and Judgement Plays[21]. Like the pageants for royal entries, mystery plays quite frequently use two- or three-level vertical staging, and all four major cycles contain at least one play with explicit directions for ascent. One, the Chester Judgement Play, includes the permissive direction for Jesus to come down « *quasi in nube, si fieri poterit* » (« as if in a cloud, if it can be done »)[22], signalling an awareness of possible limitations on staging[23].

Though there can be little doubt that mechanical ascent and descent are signalled by most of the directions that include the terms « ascend » or « descend » or their Latin equivalents in the mystery plays, as other documents like the York Mercers' props list occasionally confirm[24], it should be remembered that the occurrence of these terms in stage directions generally is not necessarily an indicator of mechanical contrivance. When stage directions in the *Digby Mary Magdalene*, for example, instruct angels to descend (« Tunc descendet angelus », l. 1375; « Here xall to angyllys desend into wyldyrnesse », l. 2018), the descent may have been a descent

---

20. *Malone Society Collections*, vol. III, Oxford, Malone Society, 1954, p. 5, 15, 29. Withington argued that the machine used for the Assumption in the 1522 royal entry was in fact the Drapers', but there is no evidence for this (Withington R., « The Lord Mayor's Show for 1623 », *PMLA* n° 30, 1915, p. 110-115 [p. 113]; *Malone Society Collections*, vol. III, op. cit., p. 11). See Lodovico Spinelli's letter, Brown R. et al. (eds.), *Calendar of State Papers, Venetian*, London, Longman, 1864-1947, vol. III, p. 136-137.
21. The N-Town Assumption Play has at least six directions explicitly signalling ascent or descent by Christ, the Virgin, angels and other figures; the York text is unclear about whether physical ascent accompanies Christ's invitation to his mother to ascend into bliss with him. Chester and Wakefield (Towneley) have no Assumption pageant.
22. Lumiansky R.M., Mills D. (eds.), *The Chester Mystery Cycle*, EETS, s.s. 3/9, Oxford, Oxford Univ. Press, 2 vols., 1974, l. 356.
23. Manuscripts of the Chester plays are of course very late, and so may not inform us directly about medieval practice. (The wording of this stage direction comes from ms. Huntington 2; slight variations appear in BL Add. 10305 and BL Harley 2013.) Nowhere does any play clearly signal a descent or ascent for God the Father, a point which merits further exploration.
24. Johnston A.F., Rogerson M. (eds.), *Records of Early English Drama*, op. cit., I, 55.

by steps from a scaffold into the place. The continuation of this second direction, however, (« and other to xall bryng an oble [offering], opynly aperyng aloft in þe clowddys ») suggests by its wording a two-tiered structure rather than merely a single-level heavens scaffold, while the final assumption of Mary Magdalene (« Her xall she be halsyd wyth angellys wyth reverent song. Asumpta est Maria in nubibus. Celi gavdent, angeli lavdantes felium Dei », l. 2030) also uses a terminology that suggests more than just a lifting from place to scaffold[25]. Evidence from sources already discussed that the technology was available and fairly widely used in other modes of performance, of course, helps to lend weight to the probability that mechanical ascent is intended. This in turn points us to yet another mode of performance over and beyond royal entries, civic shows and mystery cycles making use of this special effect[26].

Court Disguisings, Masks and Tournaments

Mechanical ascent and descent seem to be much more strongly associated with outdoor than with indoor staging in the early Tudor period. This is partly, as Wickham suggests, a matter of available lateral space, and of raised as opposed to ground-level staging. The typical indoor spectacular mode of entry is not the mechanical descent but the wheeled pageant car, a piece of display borrowed from the Burgundian court. From their earliest introduction to the English court by William Cornish in 1501, these pageant cars could be two-storied, as in the Richmond disguising of that year, when there was a « trone and pagant [...] of ij storys »[27]; but the car

---

25. Glynne Wickham argues similarly that the play contains « no stage-directions instructing characters to move *down* into the place or *up* onto scaffolds. Angels descend from heaven and Mary herself is received into heaven; but that's not quite the same thing » (« The Staging of Saint Plays in England », in *The Medieval Drama*, ed. Sticca S., Albany, New York State Univ. Press, 1972, p. 99-119 [111-112]). John McKinnell, who has also considered the staging of the play in some detail, argues that a semicircular disposition of scaffolds is most probable and cites further evidence of mechanical devices from the stage directions (« Staging the Digby *Mary Magdalen* », *Medieval English Theatre* 6, 1984, p. 127-152). Noting parallels with the staging of the Valenciennes Passion Play of 1547, McKinnell suggests further testing of the idea that there was a « traditional set » for such plays. The surviving illustration of the set at Valenciennes, furthermore, with its two-tiered or domed structures (reproduced in *ibid.*, p. 126), has obvious parallels with the structures used in street pageants.
26. John Astington writing mainly on the later period, has shown that the technology was simple and cheap to provide. See note 61 below. Astington J. H., « Descent Machinery in the Playhouses », *Medieval and Renaissance Drama in England*, 2, 1985, p. 119-133.
27. Kipling G. (ed.), *The Receyt of the Lady Kateryne, op. cit.*, p. 75.

contained lords in the lower storey and ladies in the upper, not gods and goddesses, and there is no mention of any mechanical descent. Entry on pageant cars, wheeled or carried, was a dominant characteristic of court entertainment in the early part of the reign of Henry VIII, straddling both indoor and outdoor performance. Henry VIII's coronation tournament in 1509 featured the goddesses Pallas and Diana, and Pallas made her entry on « a devise, (caried by strength of menne, and other provision) framed like a Castle, or a Turret, wrought with fine clothe of Gold : the toppe wherof was spred with Roses and Pomegranates, hangyng doune on every side »[28]. Diana, who featured on the second day of the proceedings, may have entered differently, since the pageant car this time was

> made lyke a Parke, paled with pales of White and Grene, wherein wer certain Fallowe Dere, and in thesame Parke curious Trees made by crafte, with Busshes, Fernes, and other thinges in lykewyse wroughte, goodly to beholde. The whiche Parke or divyse, beyng brought before the Quene had certayn gates thereof opened, the Dere ranne out thereof into the Palaice[29].

The use of pageant cars disappeared from tournaments after 1512 and declined in indoor masks and disguisings from about 1518[30]. Reasons for this decline have not been much discussed. It has been associated with the French war and with changing European fashions[31]; and it may also be linked to economic considerations, given that such pageants were very expensive to build and transport, and were usually stripped and pillaged to the point of destruction by unruly spectators. The behaviour at the Twelfth Night revels in 1515 seems to have been particularly uninhibited. The pageant « with press was spoiled », notes Richard Gibson in his

---

28. Dillon J. (ed.), *Performance and Spectacle in Hall's Chronicle, op. cit.*, p. 28.
29. *Ibid.*, p. 30.
30. See Anglo S., « The Evolution of the Early Tudor Disguising, Pageant, and Mask », *Renaissance Drama*, n° 1, 1968 a., p. 3-44; see Dillon J. (ed.), *Performance and Spectacle in Hall's Chronicle, op. cit.*, p. 194-195. As Anglo remarks, the clearest evidence of the change is that throughout the three-week long spectacle at the Field of Cloth of Gold in 1520 pageant cars were not employed in either tournaments or indoor revels.
31. See Anglo S., *The Great Tournament Roll of Westminster*, 2 vols., Oxford, Clarendon Press, 1968 b., vol. I, p. 44; Streitberger W.R., « Court Performances by the King's Players, 1510-1521 », *Medieval English Theatre* 14, 1992, p. 95-101 [p. 95]; See *Id.*, *Court Revels 1485-1559*, Toronto, Buffalo and London, Univ. of Toronto Press, 1994, p. 76.

accounts, and the fifty-one yards of tartron « in the press of people was cut away, rent and torn by strangers and others, as well the King's servants as not, and letted not for the King's presence »[32]. Spectacular pageants were sporadically employed throughout the Tudor period, however, particularly on occasions designed to impress foreign visitors and where the theme of the disguising included gods or goddesses. Sometimes, besides incorporating classical deities, these pageants also cultivated a conscious classicism in their staging, using pageant cars to recall the triumphal cars of Roman Emperors. Cardinal Wolsey, who actively sponsored different kinds of classical performance in his household, laid on a performance of Plautus' *Menæchmi* in Latin, in January 1527, with an afterpiece showing Venus on a fixed stage and Cupid entering on a pageant car drawn by three naked boys[33].

Gods and goddesses, whether in chariots or cloud-machines or both, continue to figure relatively frequently in such spectacles, though the spectacles themselves are less frequent or less well recorded after 1527. Venus and Mars were presented in triumphal cars with Cupid again on Twelfth Night, 1553, in a spectacle devised by George Ferrers, appointed Lord of Misrule. There was a further mask of Venuses and Cupids over Christmas 1554-1555 and a mask of goddesses about which little is known the following Shrovetide[34]. Gods and goddesses whose modes of entry and exit can no longer be determined appeared in court performances in 1552 (Diana), 1560 (Diana), and 1573 (Janus). Payment for « charretts ffor the goodesses & diuers devisses as the heuens & clowds » in 1564-1565 may suggest the combination of these two standard effects, the chariot and the cloud machine, on a single occasion[35]. The goddess Pallas was to

---

32. *Letters and Papers*, II, 2, 1502.
33. The spectacle, as Bruce Smith points out (*Ancient Scripts and Modern Experience on the English Stage 1500-1700*, Princeton, Princeton Univ. Press, 1988, p. 135), echoes Petrarch's *Triumph of Love*, which in turn evokes the classical precedent of imperial triumphs. Gasparo Spinelli, brother of Lodovico, describes it in detail, though it is unclear exactly what « scena », his term for the stage, implies (Brown R. *et al.* [eds.], *Calendar of State Papers, Venetian*, London, Longman, 1864-1947, vol. IV, p. 2-3; *Sanuto*, vol. XLIII, col. 703-704).
34. Feuillerat A. (ed.), *Documents Relating to the Revels at Court in the Time of King Edward VI and Queen Mary*, 1914, Vaduz, Kraus Reprint Ltd, 1963b, p. 166-177.
35. Details of these revels can be found in Feuillerat A. (ed.), *Documents Relating to the Revels at Court in the Time of Queen Elizabeth*, 1908, Vaduz, Kraus Reprint Ltd, 1963a; and *Documents Relating to the Revels at Court in the Time of King Edward VI and Queen Mary*, 1963b, *op. cit.* Chambers also summarises the sequence of court masks, using Feuillerat, in his

have entered riding on a unicorn in a mask planned for a meeting of Queen Elizabeth and Mary, Queen of Scots, at Nottingham in 1562 (a meeting which never in fact took place)[36]; and the mask presented before the Duke of Montmorency and the French embassy in 1572, in which Apollo and the muses entered on a chariot, may have been a reworking of the unperformed masks of 1562[37] (the chariot, as so often in the days of Henry VIII, was broken and spoiled by spectators).

Spectacles by Invitation

Not only revels of the court's own devising, but also entertainments at court by visiting players, incorporated spectacular effects. Revels Office payments for « Iron woorke for A frame for A seate in A pageant » and « for the woorkmanship of the Seate or Chayer &c » in connection with Italian players at Windsor and Reading in 1574 suggest by their level of expenditure, as John Astington has argued, a chair moving in a frame; and payments for a rope, pulley and basket for Warwick's Men in 1578 indicate some kind of ascent or descent in a play by visiting English players[38]. « A coard & pullies to drawe vp the clowde » are required for *The Knight of the Burning Rock*, a further play by Warwick's Men the following year[39]. *The Rare Triumphs of Love and Fortune*, performed by Derby's Men in 1582, includes a stage direction signalling a triumphal entry for Fortune in Act IV: « Fortunes Triumph. Sound Trumpets,

---

Elizabethan Stage (*The Elizabethan Stage*, 4 vols., Oxford, Clarendon Press, 1923, vol. I, p. 155-170). The entry on chariots and heavens is from Feuillerat, 1963, *op. cit.*, p. 117. Carter Daniel, relying apparently on no more than the fact that the payment is to painters, thinks that the chariots are merely painted on a backdrop (« Patterns and Traditions of the Elizabethan Court Play to 1590 », PhD dissertation, Univ. of Virginia, 1965, p. 95); but painters would be equally if not more likely to have painted a property chariot. So far as I am aware, there is no unambiguous evidence for painted backdrops before 1579. Revels payments for painted canvases are often for canvas covers for three-dimensional large properties. See further Campbell L.B., *Scenes and Machines on the English Stage During the Renaissance: A Classical Revival*, 1923, New York, Barnes and Noble, 1960, p. 103-104.
36.   *Malone Society Collections, op. cit.*, I, 2, p. 143-148. Subsequent masks for the second and third night of these revels were to have included Peace riding in a chariot, Disdain riding on a wild boar and Hercules riding on a horse named Boldness.
37.   Feuillerat A. (ed.), *Documents Relating to the Revels at Court in the Time of Queen Elizabeth*, 1963a, *op. cit.*, p. 153-168; Chambers E.K., *The Elizabethan Stage, op. cit.*, I, p. 162-163.
38.   Astington J.H., « Descent Machinery in the Playhouses », *op. cit.*, p. 120; Feuillerat A. (ed.), *Documents Relating to the Revels at Court in the Time of Queen Elizabeth*, 1963a, *op. cit.*, p. 296.
39.   Feuillerat A. (ed.), *Documents Relating to the Revels at Court in the Time of Queen Elizabeth*, 1963a, *op. cit.*, p. 307.

Drummes, Cornets, and Gunnes » (l. 1523-1524). Peele's *Arraignment of Paris*, staged at court in 1583-1584, probably incorporated some spectacular entries for its gods and goddesses. Juno's show, if not her entry, requires a descent machine for the tree of gold, « laden with Diadems and Crownes of golde » (l. 456), that rises and sinks; and a pageant car is suggested, though not specified, by the stage direction for Helen of Troy's entry: « Here Helen entreth in her braverie, with 4 Cupides attending on her, each having his fan in his hande to fan fresh ayre in her face » (l. 497)[40].

Entertainment of the court in other locations on progresses during the reign of Elizabeth shows the same level of expectation extending outwards beyond the immediate venue of the royal palaces. A mask performed at the wedding of Thomas Mildmay and Frances Radcliffe in 1566 featured Venus, Diana, Pallas and Juno, though nothing is known of their mode of entry[41]. Indoor events generally, such as Sir Henry Unton's wedding mask and the mask of gods and goddesses presented by Henry Goldingham at Norwich, both in 1578, may have tended towards less spectacle than outdoor events, though evidence is insufficient to argue either case. The picture of the first shows Mercury and Diana on foot, with nymphs and Cupids; and recorded evidence of the second, while documenting nothing of the entry, notes only progress on foot around the chamber[42].

Surviving descriptions of some progresses, however, are much fuller. The arrival of the Lady of the Lake « from the midst of the pool, whear upon a moovable island, bright blazing with torches, she floting to land, met her Majesty » was probably the most spectacular entry of the Kenilworth entertainments of 1575 (Gascoigne, II, p. 91). A further Kenilworth show incorporating mechanical descents (Mercury in a cloud and Iris in a rainbow) was not executed due to « lack of opportunitie and seasonable weather »[43]. The device for Mercury's entry by coach during

---

40. The dating of Peele's *Arraignment* is contested. Daniel dates it to the Christmas season of 1581-1582, citing an entry in the Revels accounts for that year referring to an « Artificiall Tree » with « Pearles » and « Spangles »; but though the property tree may well have been the one used in *The Arraignment*, it may not have been used for the first time on that occasion. The dating to 1583-1584 is grounded on the statement of the printed title-page that the play was performed by the Queen's Chapel Children, who are documented as performing before the Queen twice during that Christmas season.
41. Chambers E.K., *The Elizabethan Stage, op. cit.*, I, p. 162.
42. Feuillerat A. (ed.), *Documents Relating to the Revels at Court in the Time of Queen Elizabeth*, 1963a, *op. cit.*, p. 264-270; Chambers E.K., *The Elizabethan Stage, op. cit.*, I, p. 166.
43. *The Complete Works of George Gascoigne*, ed. Cunliffe J.W., 2 vols., Cambridge, Cambridge Univ. Press, 1907, 1910, II, p. 107, 120. Daniel, however, argues that the content of

Elizabeth's progress through Norfolk and Suffolk in 1578 made the coachman « drive so fast, as the horses should seeme to flye ». This may sound banal, but the coach may have been quite spectacular, since Thomas Churchyard reports that the people watching had « seldome seene such a device » and « marvelled, and gazed very much »[44]. And in a device reminiscent of earlier entry into the lists by pageant car in tournaments at the beginning of Henry VIII's reign, the Four Foster Children of Desire, in 1581, arrived at the Whitehall tiltyard the first day on a machine called « a Rowling trench » to besiege the so-called Fortress of Perfect Beauty and the second day in « a brave chariot (verie finelie and curiouslie decked) »[45].

Fixed Stages, University and Inns of Court Performances

Pageant cars cannot be seen as totally distinct from fixed stages. They can be used in ways that anticipate the latter, as in 1511, when, though the pageant of the Golden Arbour was wheeled in, a curtain was removed from it to begin the show. A curtain was again drawn before the pageant car in a disguising of 1518; and in Hall's description the car initially sounds like a fixed stage, in that it is already in the hall when the audience is brought in: « at night they were brought into the hall, where was a rock ful of al maner of stones, very artificially made »[46]. Only when the rock moves to receive the maskers does it become clear that it is a portable structure[47]. The « goodly mount » of 1527[48], when it was revealed « at the nether ende [of the hall] by lettyng doune of a courtaine » and opened for maskers to issue out, may have looked

---

the show, with its implicit advice to the Queen to marry, was the more probable reason for its non-performance (« Patterns and Traditions of the Elizabethan Court Play to 1590 », *op. cit.*, p. 314).

44. Nichols J. (ed.), *The Progresses and Public Processions of Queen Elizabeth*, London, Society of Antiquaries, 3 vols., 1823, II, p. 184. Churchyard adds a detail of the kind rarely supplied in relation to court performances: the boy playing Mercury, writes Churchyard, when he saw the Queen, « skipped out of the coatche, and being on the grounde, gave a jump or two, and advanced himselfe in suche a sorte, that the Queene smiled at the boldnesse of the boy ».
45. Nichols J. (ed.), *The Progresses and Public Processions of Queen Elizabeth*, *op. cit.*, II, p. 327.
46. Dillon J. (ed.), *Performance and Spectacle in Hall's Chronicle*, *op. cit.*, p. 65.
47. Hall does not mention the curtain, but an anonymous Italian account does (Brown R. et al., [eds.], *Calendar of State Papers, Venetian*, *op. cit.*, vol. II, n° 1088, p. 466). The Italian's term for the structure (« un bello carro Triumphale ») not only makes clear that the structure is a pageant car but suggests the Italian's inclination to see it as following classical precedent. (Anglo quotes the original Italian from the letter in the Mantuan archives: Anglo S., « The Evolution of the Early Tudor Disguising, Pageant, and Mask », *op. cit.*, p. 29.
48. Identified by Chambers as the earliest fixed stage in *The Elizabethan Stage*, *op. cit.*, I, p. 155, n. 2.

little different from the opening rock of 1518[49]. Thus the distinction between pageant cars and fixed stages was a fairly fluid one, and both could include vertical descent, whether simply, as in place-and-scaffold staging, from raised area to ground level by means of steps or ramps, or from an upper level of the stage or pageant by mechanical means or otherwise. The tradition was one that lasted right through the Tudor period, as did the linked conceit of issuing forth from a cave or rock. The rock, familiar across different types of performance from street pageants and disguisings to the *Digby Mary Magdalene* play in the fifteenth century, was also the dominant setting for the best known mask of Elizabeth's reign, the mask of *Proteus and the Adamantine Rock*, performed at court by the gentlemen of Gray's Inn in 1595[50].

The Inns of Court and the Universities, both of which performed occasionally before the monarch, both on home ground and at court, had their own dramatic traditions, which included both pageant car entries and mechanical ascents and descents. When the Gray's Inn maskers took their mask to court at Shrovetide 1595, the entertainment was part of a series of revels that included a mock-prince, a mock-royal progress through the London streets and a final triumphal ride through the city[51]. George Ferrers of Lincoln's Inn, appointed Lord of Misrule for entertainments early in the reign of Edward VI, wrote to the Master of the Revels giving him the right to choose the mode of the Lord's spectacular entry into the court: « how I shall cum into the courte whether vnder a Canepie as the last yeare, or in a chare trivmphall, or vppon some straunge beast that I reserve to you »[52].

---

49. The afterpiece at Wolsey's a few months earlier (see n. 47) had already combined a fixed stage with a pageant car in the same spectacle.
50. Enid Welsford says the maskers « appear from a machine », while Stephen Orgel argues for « a simple scaffold stage [...] with the adamantine rock of the title as a prominent fixture », the rock being perhaps no more than « a painted canvas flat » (Welsford E., *The Court Masque*, Cambridge, Cambridge Univ. Press, 1927, p. 165; Orgel S., *The Jonsonian Masque*, New York, Columbia Univ. Press, 1981, p. 9), but there is no good evidence for either view, so far as I am aware, and canvas flats may be an anachronistic conception (see note 35). Courtly precedents would seem to me to make a pageant car or other three-dimensional property the most likely structure for the rock. Most recently, the rock constructed for Warwick's Men's *Knight of the Burning Rock* in 1579 was without doubt a three-dimensional structure, as Revels payments make clear. It may even have been refurbished and re-used in 1595.
51. For the timetable of events see Bland D. (ed.), *Gesta Grayorum, or, The history of the high and mighty Prince Henry, Prince of Purpoole, Anno Domini 1594*, Liverpool, Liverpool Univ. Press, 1968, p. xiv-xv.
52. Feuillerat A. (ed.), *Documents Relating to the Revels at Court in the Time of Queen Elizabeth*, 1963 a, *op. cit.*, p. 89.

And the gentlemen of Gray's Inn were also involved in the entertainment at Shrovetide 1565 presenting Diana and Pallas for which both chariots and heavens were paid for (see above). Inns of Court plays from at least the 1560s also show evidence of descent machinery. *Gismond of Salerne*, performed at the Inner Temple in 1566, opens with Cupid's descent: « Cupide cometh downe from heauen »[53], and later shows Megæra rising out of hell, which may or may not have been mechanised (*Jocasta*, a Gray's Inn play of the same year, opts for spectacular chariot entries instead in two of its dumb shows, before Act I and before Act V.)

The Universities also sought to mount spectacular mechanised effects. William Gager's *Dido*, performed in Christ Church Hall, Oxford, in 1583, showed « Mercurie and Iris descending and ascending from and to an high place »[54], while, much earlier, in 1546, flying effects devised by John Dee for a performance of Aristophanes' *Pax* at Trinity College, Cambridge in 1546, had caused « great wondering, and many vain reports spread abroad of the means how it was effected »[55]. As Lily Campbell has remarked, Julius Scaliger's comparison of this effect with the machine by which the *deus ex machina* came on stage in classical tragedy suggests that Dee's experiment was an attempt to follow classical tradition[56]; and it is notable that the plays staged by both the Inns of Court and the University had a much stronger classical bias than performances elsewhere.

Classical influence, of course, came via more than one route. The naming of courtly pageant cars as triumphal cars by the Italian observer, Gasparo Spinelli, in 1518, is coloured by his own familiarity with Italian court performance, and the English use of the term in Revels documents of 1552 is probably more directly influenced by Italian practice than by classical texts; but University practice may also be indebted to the work of Vitruvius and Julius Pollux. Bruce Smith has questioned Lily Campbell's view of both classical practice and the extent of its influence, pointing out correctly that none of the many machines described in Book X of Vitruvius' *De Architectura*, is noted as being in use in the theatre[57]. Pollux, by contrast,

---

53. Cunliffe J.W. (ed.), *Early English Classical Tragedies*, Oxford, Clarendon Press, 1912.
54. Astington J.H., « Descent Machinery in the Playhouses », *op. cit.*, p. 121.
55. While this flying effect was not precisely the ascent of a god, it was associated with the gods insofar as it represented the flight of Scarabæus to Jupiter's palace.
56. Campbell L.B., *Scenes and Machines on the English Stage During the Renaissance: A Classical Revival*, 1923, New York, Barnes and Noble, 1960, p. 87.
57. Smith B.R., *Ancient Scripts and Modern Experience on the English Stage 1500-1700*,

outlines numerous supposedly theatrical machines, but he was not writing until the second century, and it is not always clear which theatrical period he is writing about[58]. It is thus very difficult to know quite what the practice of the ancient Greeks was, and the sixteenth century certainly inherited a very mixed set of reports from extant sources[59]. Whatever actual ancient practice was, however, Renaissance scholars may have thought they were following classical precedent in using machines for descent and flying effects. That notion of classical precedent, of course, perhaps embraced by a few elite institutions, does not change the fact that descent machinery had been in use across a wide and popular spectrum of performance for over a century before the humanist revival of classical texts.

Public playhouses

The evidence has long been available to show that spectacular theatre, including mechanically contrived spectacle, was well established long before the building of permanent playhouses, though the point is consistently underemphasised in accounts of later popular theatre. There is, furthermore, a tendency to conceive of spectacle and its technology as evolutionary, developing and expanding with time. Wickham, in his essay on descent machinery in public playhouses, argues that « [s]tage plays were becoming more spectacular » by the 1590s, and that this was why Henslowe invested in alterations to the Rose in 1591-1592 and 1595[60]. Astington queries this on the basis of the evidence of « traditions of elaborate spectacle that go

---

op. cit., p. 74. Vitruvius' *De Architectura* was first published in Italy in 1486, and the first critical edition was published in 1511.
58. Pollux's *Onomasticon* is extracted and abbreviated in translation in Nagler A.M., *A Source Book in Theatrical History*, New York and London, Dover, Constable, 1959, p. 7-10. Campbell argues that Pollux must have had « very great [influence] in determining the use of machines in the early revivals of the classical drama and in the succeeding drama of the Renaissance » (*Scenes and Machines on the English Stage During the Renaissance ...*, *op. cit.*, p. 65), while Smith sets out his arguments in chap. II of *Ancient Scripts* (*Ancient Scripts and Modern Experience on the English Stage 1500-1700*, *op. cit.*), arguing from the position that medieval and early modern understanding of classical precedent was necessarily limited by the very different conceptions of space underpinning theatrical practice in these disparate cultures.
59. Smith B.R., *Ancient Scripts and Modern Experience on the English Stage 1500-1700*, *op. cit.*, p. 74.
60. Wickham G., « "Heavens", Machinery, and Pillars in the Theatre and other Early Playhouses », *op. cit.*, p. 12.

back at least as far as the middle of the sixteenth century »[61]. In fact the evidence for such traditions, as this paper highlights and as Wickham himself demonstrated in *Early English Stages*, goes back considerably further than the early sixteenth century; but this point would not by definition negate Wickham's argument for increased spectacle in later years. More recent work by Michela Calore, however, comparing plays on either side of 1594, the year in which the London duopoly of the Admiral's Men at the Rose and the Chamberlain's Men at the Theatre was established, shows that plays written between 1594 and 1600, contrary to both evolutionary and certain kinds of economic expectation, make less use of special features of the playhouse, including descent machinery, than plays performed during the 1580s and early 1590s[62]. Her findings reconfirm the dangers of assuming an evolutionary or technology-driven perspective on theatrical practice. The availability of the technology does not drive its use; nor does the possible absence of technology prevent the scripting of its effects, as Robert Greene's much discussed direction in *Alphonsus, King of Aragon* (c.1587-1588) indicates: « Exit Venus. Or if you can conueniently, let a chaire come downe from the top of the stage, and draw her vp » (l. 2109-2110)[63].

We should remember too that spectacle cannot be reduced to a question of machinery. A mechanical descent is not necessarily more spectacular than an entry by chariot or even on foot. The central spectacle of a royal entry, after all, was not the numerous fixed pageants, with or without their elaborate machinery, but the monarch riding in state. Actors may be upstaged by the machinery in a mechanical descent. At the very least they are rendered

---

61. Astington J.H., « Descent Machinery in the Playhouses », *op. cit.*, p. 120. Astington's central dispute with Wickham, however, is with regard to his argument, on the evidence of stage directions in extant plays, that no heavens or descent machinery are called for in plays written before the building of the Rose began in 1587 and that such features were too expensive to have been a requirement in early playhouses. Astington, using evidence of the cost and availability of the necessary technology, and arguing that the price of £7 2s paid by Henslowe for installing the throne at the Rose was far in excess of routine costs for such equipment, claims that descent machinery was popular and cheap enough to have been standard in any permanent playhouse.
62. Calore speculates that the reason for this was that the conditions of the new duopoly stretched company resources so far that the companies sought to limit the pressures on them by commissioning less demanding plays. Calore M., « Elizabethan Stage Conventions and Their Textual Verbalization in the Drama of the 1580s and 1590s », PhD thesis, Univ. of Reading, 2001.
63. See the Chester stage direction for Jesus to come down as if in a cloud, if it can be done, cited above.

passive, less controlling and potentially subject to the humiliating effect of mechanical failure. In a chariot or a processional entry, by contrast, attention is drawn to the entrant's body and posture; he (or occasionally she) is more likely to be standing or sitting erect in a powerful pose; the chariot is more likely to be viewed as framing his greatness than as a conjuring trick taking over from him; and his costumed body is hence more visible and prominent in the overall stage picture. Marlowe knew what he was doing when he put Tamburlaine into a chariot (the empty throne that descends in Act V of *Dr Faustus*, by contrast, though almost certainly not scripted by Marlowe, since it first appears in the 1616 Quarto, supplies a pointed contrast with the fullness of Tamburlaine's physical presence, and its exposure as pure unoccupied mechanism functions as a reminder of Faustus' limitation and loss).

Tamburlaine's chariot, Greene's stage direction and Henslowe's refurbishment of the Rose must all be considered in terms of their specific engagement with spectacle in particular times and places, as must performances before and after them. Examples of especially ostentatious visual spectacle can be found on either side of Henslowe's installation or refurbishment of the throne in 1594-1595: court revels in the early part of Henry VIII's reign (1509-1527), masques at the early court of James I (1604-1609), Heywood's *Ages* plays at the Red Bull (1610-1613). And at every point in time, including these identified points of high spectacle in a particular form or venue, there was a choice to be made. Thus, during the pre-1594 period identified by Calore as one of relatively high use of special effects, during which Greene was optimistically scripting mechanical descent, Robert Wilson was exercising his choice in a different direction, by showing his gods and goddesses walking, and even limping, on to the stage[64]. At a time overlapping with early Stuart masques and Heywood's *Ages* plays, Shakespeare was exploring the full range of available choice by bringing Diana in on foot in *Pericles* (1608), having Jupiter descend on a mechanical eagle in *Cymbeline* (1609) and expanding the variety of spectacle throughout *The Tempest* (1610). Whatever the architecture of the venue and the technology available, playwrights and others designing performance events retained choice and control over what to stage and

---

64. Wickham describes this entrance as representing « the norm » (« "Heavens", Machinery, and Pillars in the Theatre and other Early Playhouses », *op. cit.*, p. 8). I think this is also a mistake. Wilson' s agenda in *The Cobler's Prophecy* is to play up the limitations of the gods. The available evidence seems to me to point to « horses for courses » rather than any norm.

how to stage it; and social and cultural factors beyond the economic and technological must have shaped those decisions. In seeking to make sense of the degree and type of spectacle in any given performance, we should reflect on the date, place and requirements of each particular spectacle within its available structure of feeling as well as within the prevailing technological capability.

Deuxième partie

Dieu, les dieux et le drame des hommes

Jonathan Beck

Le nom de Dieu en vain.
Désémantisations de « dieu » et « diable »
dans le théâtre médiéval

Dieu et le diable – de retour parmi les incroyants.
Arrière-plan du présent travail

Un collègue postmoderniste voit sur mon bureau la lettre circulaire annonçant le thème du colloque. « Dieu et les dieux », lit-il à haute voix, « dans le théâtre de la Renaissance ». Regard de condescendance béate qu'affichent certaines gens qui savent que Dieu et le diable sont des fables pour des faibles, ou pour les sentimentaux :

> – Mon pauvre ami. Vous allez parler de ça, dans votre colloque. Un tel sujet, de nos jours, et dans nos milieux laïques. Il n'y a que vous autres médiévistes pour vous intéresser à des choses comme ça.

Comment, « des choses comme ça » voulais-je répondre, sachant néanmoins à qui j'avais affaire ; mon collègue trouvait notre sujet folklorique, au mieux. C'était en 2001, avant le 11 septembre 2001. Après, parler de Dieu devenait moins folklorique même pour les laïques, même pour les incroyants, même pour les athées.

Donc, les remarques que j'ai formulées pour ce colloque ont eu, pour point de départ, un déni, celui de mon collègue incroyant, et un contre-déni de ma part à propos de Dieu et du diable « de nos jours, et dans nos milieux laïques ». Son déni, sa dénégation, son incroyance m'ont fait penser au libertin de Pascal. Dynamique semblable ? Peut-être, *mutatis mutandis*. Je vous laisserai en juger vous-mêmes aux dénégations dudit collègue que j'ai transcrites à votre intention, en les trafiquant un peu, je l'avoue, pour les besoins de la didactique. Voici donc la suite, à peu près, de notre conversation (bien entendu, c'est lui « le Moderne », ou « La Modernité » si vous le préférez en personnage de moralité allégorique) :

> LE MODERNE : Tu sais bien que la théologie chrétienne (comme la judaïque et l'islamique) est purement anthropomorphisante : elle crée Dieu (Yahvé, Allah) à l'image de l'homme.
> L'ANCIEN : Oui. Sinon, quel serait son intérêt ?
> MODERNITÉ : Justement, elle n'a aucun intérêt aujourd'hui. Tous les vieux débats sur Dieu et l'existence de Dieu sont lettre morte.
> ANCIENNETÉ : Non. Dieu existe bel et bien, et pour toi aussi, dès le moment et dans l'exacte mesure où l'idée de son existence chez d'autres est capable d'avoir sur toi des effets catastrophiques.
> MODERNITÉ : Les fanatiques, tu veux dire. Ils se valent tous : djihadistes, sionistes extrémistes, chrétiens des croisades et de l'Inquisition – tous pareils.
> ANCIENNETÉ : Donc capables de se reconnaître. Se reconnaître en l'autre. Non ? Ne dit-on pas dans toutes les religions qu'au fond nous sommes tous pareils ?
> MODERNITÉ : C'est vrai qu'on est tous pareils. C'est vrai aussi que les ressemblances de famille n'ont jamais empêché les uns de massacrer les autres, le frère de massacrer le frère au nom du père. Il n'y a pas de violences plus acharnées que les familiales.
> ANCIENNETÉ : Et pas de liens d'amour plus forts que les familiaux. Alors...

De cet échange je retiens trois thèmes : anthropomorphisme, existence de Dieu, identité profonde de tous les fanatismes. Vont s'ajouter à eux dans mes remarques deux postulats plus précis, plus techniques, à propos du thème du colloque :

- Dualisme. Sauf exceptions Dieu n'apparaît pas seul dans l'ancien théâtre religieux, en l'absence du diable ; on ne saurait concevoir le souverain bien que par opposition au mal suprême. Tandem.
- Désémantisation. Cependant le mot *dieu* en arrive à perdre sa charge sémantique, à devenir vide, vain. *Non adsumes nomen domini dei tui in vanum* (Moïse) ; mais on n'a pas besoin d'interdire ce qu'on ne voudrait pas faire ou qu'on ne risque pas de faire (Freud). Quant au nom de Dieu, la langue moderne en garde de nombreuses épaves, Dieu sait combien d'expres-

sions conservent la trace plus ou moins effacée de son souvenir, comme autant de vains épis.

Le mal : du « banal » à l'« impensable »

À moi donc de parler de la moralité, d'*une* moralité mais c'est celle que différents historiens ont considérée comme la plus représentative du genre, *La moralité de Bien Avisé et Mal Avisé*. Bien Avisé, Mal Avisé, ce sont les deux personnages principaux, ou plutôt l'incarnation double, le tandem, qui représente l'Homme, l'humanité, l'humanité entachée de mal mais tâchant de faire le bien. Inutile d'insister sur la modernité, la pérennité, de ce thème. Car je ne sache pas que de nos jours on ait cessé d'entendre parler du mal. Et même, ne voit-on pas soulever le problème du mal couramment dans les journaux, « encore de nos jours, et dans nos milieux laïques » ? N'a t-on pas vu les chefs des pays les plus puissants du monde s'organiser pour combattre ce que tel d'entre eux appelle justement « le Mal » ? La moralité religieuse du Moyen Âge, qu'a-t-elle à nous dire, aujourd'hui, sur ces questions du mal qui à l'occasion nous poussent à demander, face aux horreurs du monde présent, « comment une chose pareille a-t-elle pu se produire ? » Mais n'a-t-on pas vu poser la même question après l'immolation de Jeanne d'Arc (pour ne prendre qu'un exemple, de l'époque de notre pièce), « comment une chose pareille a-t-elle pu se produire ? ». Et pourtant, cela s'est produit, cela aussi. Et dans l'intervalle autant d'exemples qu'on voudrait se donner la peine d'évoquer.

Face à des choses qu'on appelait « impensables », il arrive qu'on soit contraint d'admettre que le mot signifie plutôt refus qu'impossibilité. Le mal existe, et même *le* Mal, en dépit de l'insouciance sophistiquée que dégage notre insistant oubli, l'oubli des optimistes comme celui des endurcis. En dépit aussi du dédain et de la surprise qu'affectent nos journalistes qui traitent de « médiévale » l'idéologie du djihad, ainsi que son rêve de pureté, de purification, d'une purification et d'une renaissance. Une renaissance d'ordre et de paix et de justice que promet, promettait, le retour au Califat, celui d'avant la conquête chrétienne, avant les souillures, la contamination, la pollution. Laver la corruption, se remettre du déclin que les siècles de contact avec l'Occident ont apporté dans le sein de l'Islam. Que nos journalistes même éclairés (en France comme aux États-Unis) traitent de « médiévale » cette manière d'évoluer dans la matérialité et le matérialisme du monde moderne, mondialisant, en lui préférant d'autres allégories du Bien et du Mal, voilà qui devrait nous inciter, nous autres spécialistes de la matière, à poser avec d'autant plus d'urgence les questions qui définissent le cadre de ce colloque, ne serait ce que pour savoir où nous en sommes, et qui des deux sont plus loin de nous, plus hors de portée, les fanatiques de Dieu Allah Yahvé, ou leurs adversaires qui n'arrivent pas à en venir à bout, ni à comprendre par quel bout prendre cette mentalité « médiévale ». Poser cette question « Où en sommes-nous ? » par rapport à cette pensée qu'on appelle médiévale et à ces êtres qu'on appelle « ces gens-là » comme s'ils n'étaient pas des nôtres et comme s'ils ne nous ressemblaient pas, mais pourtant cette horreur a eu lieu et si une chose s'est produite cela prouve qu'elle peut se produire et la question sous-jacente à toutes les horreurs proprement impensables c'est simplement, inéluctablement celle-ci, en sourdine ou tout haut : « À quand la prochaine fois ? » Quand, et combien de victimes, et moi et vous et vos proches, où serons-nous à ce moment-là, et pourquoi n'avons-nous pas réussi à comprendre ? À comprendre comment « ces gens-là » du Moyen Âge, le leur ou le nôtre, comment ces êtres humains qu'il nous plaît de nous représenter comme étant « à peu près comme nous » ou qui du moins ont avec nous, comme disait Montaigne, plus de ressemblances que de dissemblances, comment donc, pour ce qui est de notre propos aujourd'hui, ces gens-là vers 1500 se posaient-ils, ici, à peu près ici même où nous continuons à nous poser la même question, la question du bien et du mal dans le monde ?

Dieu. Yahvé. Allah. On pensait en avoir fini, certains le pensaient. Beaucoup le pensent encore. Mais si Dieu n'existe pas, ou n'existe qu'en tant que projection fantasmée du désir humain, que dire de tous ces gens qui viennent nous troubler les eaux séculières de nos sociétés démocratiques, laïques et mondialisées, au nom de Dieu Allah Yahvé ? Quelques terroristes, quelques fous dira-t-on, mais non, car derrière eux d'innombrables supporters, d'innombrables croyants. Et qui croient combattre au nom de Dieu. D'innombrables croyants qui n'ont pas été gagnés aux arguments de la physique quantique, pas plus qu'à ceux de la psychanalyse. Faut-il croire qu'en dépit des progrès de la science et de la civilisation, voire en dépit de la Révolution française cette question de l'existence de Dieu n'ait pas été réglée ? Dors-tu content Voltaire ? Et de quel hideux sourire rira le dernier ? Le fait est qu'on ne supprime pas Dieu à coups de Philosophie et de Lumières et de Science, de physique et de psychanalyse. On le croit banni, évaporé, et Le voilà qui refait surface affublé d'attributs insolites. Dieu dollar, dieu des cultes, comment dire qu'il soit mort ? En vérité il ne fait pas son âge, mais il n'est pas mort.

Soit. Il n'est pas mort. Mais son nom, comment en va-t-il du *nom de Dieu* ? Question proprement linguistique, à mettre en rapport avec la question philosophique, et sociologique, de l'incroyance.

Dieu et ses déguisements

C'est là tout un domaine de la théologie, comme de l'anthropologie. Dans notre champ à nous, je m'en tiendrai ici à l'idée du déguisement comme réflexe propre de la représentation théâtrale, et mécanisme propre de la mise en scène. Cas précis : comment Dieu est-il représenté dans la moralité de *Bien Avisé Mal Avisé* ?

La question paraît simple. En fait pour l'aborder il faut reconnaître une condition inhérente à tout effort de penser Dieu. En termes simples et sans prendre position dans le débat théologique sur les dualismes médiévaux et modernes, constatons que dans cette pièce comme ailleurs, là où on parle de Dieu on parle du diable aussi. Ne demandons pas si les deux sont indissociables, constatons que dans la pratique on ne les dissocie pas[1]. Cette constatation m'amène à reformuler la question de la représentation de Dieu dans la moralité ; à la formule « Dieu et les dieux » je substitue pour mon cas, « Dieu et le diable ». La question devient alors : en quelle guise, sous quels déguisements conçoit-on dans cette pièce la figuration de la plus haute idée du Bien, et du Mal ?

Je dis « cette pièce » mais en fait, qu'en reste-t-il ? Que des mots. Donc la question qui nous occupe devient en réalité celle de savoir à quels concepts du bien et du mal auraient pu correspondre les différents emplois des mots « *dieu* » et « *diable* » utilisés dans cette pièce, dans l'intention de susciter, nous le supposons, chez le spectateur certaines images (représentations mentales) du bien et du mal incarnées par les différents personnages correspondant aux mots « dieu » et « diable ». Or revenons un instant sur le rapport entre désémantisation et incroyance. Si j'ai évoqué Pascal plus haut à propos de l'incroyant moderne ou postmoderne, c'est

---

1. Inévitable binarisme dont j'ai parlé ailleurs : « La moralité de *Bien Avisé Mal Avisé* et la représentativité », dans *Le Théâtre français de 1450 à 1550. État actuel des recherches*. Études réunies et présentées par Duhl O.A., Université de Bourgogne, Centre de Recherches « Le Texte et l'Édition », Dijon, Presses Univ. de Dijon, 2001, p. 15-24.

que je ne peux m'empêcher d'imaginer comment il poserait, s'il était là en 2002, son fameux pari aux incroyants de notre temps. Mettons (dirait-il peut-être) que vous ne croyez pas en Dieu, d'accord. Seulement imaginez ceci. Qu'advient-il, que peut-il advenir si vous choisissez de ne pas admettre qu'il existe pour d'autres, de qui peut dépendre votre salut ? À tout le moins votre sécurité. Votre insécurité. Et encore ceci. Combien peut-il vous coûter d'ignorer ce qu'ont en commun l'exaltation religieuse que vous appelez fondamentalisme fanatique, et l'exaltation mondaine où vous avez du mal à déceler les traces de Dieu en nous que l'enthousiasme du libertin moderne affecte à d'autres dieux, que ce soit votre « dieu dollar » ou d'autres plus en chair, ou chaire. Cette problématique, on en rejoint une étape lointaine et pourtant familière dans notre moralité, vers 1500.

Dieu et le diable : représentations verbales

Logiquement, il devrait y avoir autant d'athéismes qu'il y a de dieux. Sartre disait qu'un athée c'est un « maniaque de Dieu qui voit partout son absence ». D'autres athées sont des indifférents à Dieu qui ne voient nulle part ni son absence ni sa présence. Puis il y des linguistes, qui constatent que la langue contemporaine, elle, sans penser à Dieu, conserve partout sa présence. Dieu sait combien d'expressions gardent la trace plus ou moins effacée de son souvenir. Les moins religieux comme les plus irréligieux n'ont que Dieu à la bouche, comme les jeunes chez nous qui disent « Oh my *gawwd* » à tout propos et à propos de rien. Comme les « godons » d'antan. Les exemples abondent. Comme l'anecdotique « enthousiasme », exemple plutôt opaque, mais en français moderne quand on dit *adieu* à quelqu'un, ou *mon Dieu !* dans un moment d'émotion ou de surprise, la désémantisation du vocable est toute transparente. « Désémantisation » comme disent les linguistes, ou « blanchissage sémantique », pour parler du processus graduel, progressif par lequel un mot se vide peu à peu d'un sens – d'un contenu sémantique – qu'on lui reconnaissait autrefois. Or en ce qui concerne Dieu, ou un dieu caché dans la langue moderne, *Bien Avisé Mal Avisé* nous offre déjà de nombreux exemples de ces expressions à différents degrés désémantisées. Par exemple, le syntagme *adieu* ou l'interjection *pardieu !* parvenus, dans la langue courante, au parfait vide sémantique en ce qui concerne Dieu en tant que divinité. *Tu ne prendras point le nom de l'Éternel, ton Dieu, en vain.* Que l'injonction remonte à Moïse (*Exode*, XX, 7) montre assez la permanence de la lutte que mène la théologie avec la grammaire et l'usage, pour enrayer l'évasement de ce vocable puissant et précieux entre tous, vocable capable d'évoquer la déité. Voilà donc un premier constat à propos de Dieu dans le théâtre vers 1500 : alors comme aujourd'hui on prenait souvent le nom de Dieu en vain. Il y a de cela 500 ans comme 5000 et plus, au moins depuis le temps de Moïse.

Autre forme de rétrécissement sémantique : la particularisation. Dans cette pièce on fait appel à Dieu pour la protection et la sauvegarde. On le met de notre côté contre nos ennemis. Comme dans la *Chanson de Roland*. Ou comme déjà dans les premiers mots du premier texte conservé dans la langue qu'on allait appeler française : « *pro deo amur et pro christian poblo* [...] *in nulla aiudha contra Loduwig* ». Donc un deuxième constat : Dieu dans cette pièce est de notre côté contre nos ennemis. Comme toujours, et partout. Si bien qu'on voit les uns dresser Dieu contre Allah, les autres Allah contre Yahvé, sur un même champ de bataille et tout en assurant que *adonai echad*, que Dieu est Un, qu'il n'y a qu'un Dieu. Et qu'il est avec nous.

Pour illustrer brièvement réductions et particularisations du champ sémantique occupé respectivement par les mots *dieu* et *diable* dans cette pièce, voici quelques exemples et quelques commentaires groupés par catégories.

SP (sens plein), emplois référentiels du mot *Dieu* (= sens biblique)

1.
>   520 Dieu le pere qui tout crea,
>   Chiel et terrë et quanqu'il a
>   Contenu de par tout le monde [...]
>   ....
>   Et ces trois personnez vrayement
>   Ne sont que ung Dieu seulement,
>   532 Ung Dieu en saincte Trinité,
>   Trois personnes en unité :
>   Perë et filz et Sainct Esprit ;
>   Ainsi le trouvon en escript.

2.
>   Dieu laisse lez malvais rengner
>   4760 Pour faire aux bons grand malaise
>   Affin de lez mieux esprouver
>   Comme l'on fait l'or en la fornaise.

SV (sens vide, par rapport au sens biblique),
emplois émotifs, expressifs – interjections du type *dieu! pardieu! ventre dieu!* etc. (d'autres exemples dans la liste des formules plus bas)

> 875 Ha dieux! tant je fusse lié
> De bonnes filles
> [...] qui sont, pardieu, aussi gentillez
> Dieu, c'est une grande bourgoise
> Par le ventre dieu
> je perdroye cent mil frans

Entre les deux – sens et emplois plus ou moins entre SV et SP, selon le cas. Sémantisme en voie de dérive

On peut résumer le processus, en simplifiant, comme suit: à force de répétitions du mot *dieu* dans des expressions formulaires, il en arrive à perdre toute force référentielle, comme dans les emplois cités dans la catégorie précédente. Le processus est graduel mais cet affaiblissement ou « usure » sémantique se laisse facilement observer à un moment (« période », « tranche synchronique ») où la langue présente côte à côte SV et SP dans ce qu'on peut appeler une zone de bascule – étape ou « état » de la langue où on trouve à la fois SP et SV d'un même énoncé, par exemple « diable » en tant que (a) personnage représentant le mal dans la tradition chrétienne et (b) exclamation qui marque la surprise ou l'indignation; à ce moment-là, l'énoncé *diable* se trouve à cheval sur SP et SV et capable d'osciller entre les deux. Théoriquement, cette « zone de bascule » durera tant que l'énoncé n'aura pas perdu complètement le sens à partir duquel la dérive a commencé; dans la pratique, ce sont les lexicographes qui décident à quel moment tel mot, sens ou emploi est « vieux », « vieilli », ou « courant »[2]. Prenons par exemple l'expression *prendre le nom de Dieu en vain*. L'évolution sémantique de *vain* est

---

2. Je m'en remets, pour la définition de ces termes ainsi que pour les citations plus bas à propos du mot *vain*, à l'équipe du *Nouveau Petit Robert* (1993):

• *vieux*: mot, sens ou emploi de l'ancienne langue, incompréhensible ou peu compréhensible de nos jours et jamais employé, sauf par effet de style: archaïsme.

• *vieilli*: mot, sens ou expression encore compréhensible de nos jours, mais qui ne s'emploie plus naturellement dans la langue parlée courante.

• *courant*: insiste sur le fait qu'un sens, un emploi est connu et employé de tous, quand le mot est d'apparence savante ou quand les autres sens sont techniques, savants, etc.

passée par tous les jugements de valeur fondés sur l'absence d'une qualité morale, de sorte qu'aujourd'hui on appelle *vain* quelqu'un qui est vaniteux (prétentieux, suffisant; ou frivole; ou futile), alors qu'à l'origine l'absence désignée par *vain* était une simple absence matérielle dans l'espace, sans jugement de valeur: une *urbs vana* était une ville dépourvue d'habitants. Si de nos jours les lettrés savent que *de vains épis* (que Virgile appelait *vanæ aristæ*) sont des épis creux, et que certains paysans (et leurs avocats) savent que les *vaines pâtures* sont des terres non clôturées (comme des terrains *vagues*, autre relique du même type), il est clair que dans l'ensemble, le sens du mot *vain* a bel et bien basculé du matériel au moral, et que les *charnières* de cette bascule (toujours les mêmes, les sœurs Métaphore et Métonymie), fixées de l'un et de l'autre côté de la bascule, ont permis de par cette position ambi-valens de passer de « sans consistance », « sans réalité » (*Nous sommes abusés par de vaines images*), à « sans effet », « inefficace » (*de vains efforts, une discussion vaine, de vains regrets, la lutte est vaine*), et que le passage de *vain* « dénué de » (vide local) à *vain* « vaniteux » (vide moral) aura été facilité par tout ce qu'on associe à la notion de *vanité*. Voilà en quelques mots le principe: deux pôles (SV et SP) qui supposent entre eux un espace intermédiaire (zone de bascule).

Pour revenir à Dieu et le diable, dans notre pièce quand on veut prendre congé on dit: *je vous commant a Dieu*, ou simplement *adieu*, version abrégée de la même formule, mais qui garde encore tout son sens; on sait que plus tard, à partir grosso modo de la fin du XVIe siècle, l'expression sera regrammaticalisée de sorte qu'on parlera d'un *moment des adieux* ou d'une *visite d'adieu*, avant d'aboutir, dans la langue moderne, à une pleine désémantisation dans des expressions comme *vous pouvez dire adieu à votre tranquillité*. Comme on l'a vu plus haut, cet affaiblissement sémantique (analogue, dans l'ordre sémantique, à ce qu'est l'*amuïssement* dans l'ordre phonologique) aboutit à la simple interjection (*Dieu!*), au juron (*Dieu te maudie*), à la formule vide de force référentielle. D'où la fréquence dans un texte en vers comme celui qui nous occupe, de la fonction de colmatage à laquelle on affecte les formules vides (*pour Dieu, Dieu mercy, se m'aist Dieu*, etc.) servant de simples chevilles métriques. Passons rapidement en revue, en ordre décroissant de poids sémantique (du sémantiquement plus fort au plus faible), les emplois du mot *dieu* dans les expressions optatives, à valeur soit positive (souhait → simple salutation [SV]) soit négative (imprécation → simple juron [SV]):

- à valeur positive :
  - *que dieu vous doinst salut* (v. 3648), qui aboutira en fr. mod. à « *salut !* » salutation [!] qui n'a plus, bien entendu, aucune résonance optative divine
  - *dieux vous doinst bon jour* (v. 5576), qui en rejoignant un BONA DIES séculier, aboutira en fr. mod. à « *bonjour* », également dénué de force optative comme de la moindre connotation religieuse.

- à valeur négative :
  Type I : *je prie à dieu qu'il te maudie*
  - *Je prye a dieu qu'il le mauldie* (v. 5820), *qu'il te mauldye* (v. 5891)
  - *Je pri dieu qu'il meschee aux pussez/qui tant t'ont laissié reposer* [v. 265, Bien Avisé à Mal Avisé qui fait la grasse matinée]
  - *Prenons le tampz comme il vendra/sans prendre paine ne oultrage* […] *Qui prendera soussy ne esmoy/je pry a dieu qu'il soit tondu !* (v. 51-54)
  - *Je prie (a) dieu qu'il me (te/vous, etc.) meschiee se* […] [=que Dieu me (te/vous, etc.) confonde si…] (v. 265, 1340, 2077, 4499, 6169, 6651)
  - *Je prie a Dieu que dez deux yeux/puisse tu anuyt aveugler !* (v. 3801-3802)
  - *Je pry Dieu que tu puisses perdre/lez deux yeulx sans jamais v[o]ir goutte.* (v. 3837-3838)

  Type II : *que dieu te maudie* ou simplement *dieu te maudie*
  - *Dieu vous mette en malle sepmaine* (v. 1956)
  - *Dieu confonde mal adventure/et toutte femme qui n'a cure/que sa bessongne on lui face/quand on est en lieu et en place* (v. 2014-2017)

On le voit, *dieu* dans ces exemples n'est pas tout à fait le même que celui qui, dans la catégorie SP, « créa ciel et terre », n'est pas le *Dominus* de la Bible, « Përë et filz et Sainct Esprit/ainsi [que] trouvon en escript ». L'énoncé *dieu* a basculé de la fonction référentielle à la fonction émotive, ou expressive.

On peut considérer tout aussi sémantiquement émaciés, les emplois de *dieu* dans les chevilles métriques :

v. 1378 *Je ay grand joye, se dieu me voye, qu'estez venus en ceste voye*
v. 1383 *dieu le sache (: poil de vache)*
v. 2049 *Or cha, dieux en ait bonne feste (: dessus la teste)*

En continuant dans cette perspective, on pourrait regarder de près les différents emplois des syntagmes lexicaux (« formules ») avec *dieu* dans ce texte en les regroupant par ordre de fréquence. L'analyse tiendrait compte à chaque fois du contexte, en constatant par exemple que les « mauvais » emplois du vocable (jurons sacrilèges, blasphèmes) sont systématiquement associés avec les « mauvais » personnages (les Vices et leurs compagnons), alors que les emplois moins scandaleusement irrespectueux ou inconsidérés se trouvent dans la bouche des personnages naïfs, et que les emplois les plus proches de la catégorie SP sont le fait des personnages « moraux » (les Vertus et leurs associés), qui ont la sensibilité plus délicate.

Formules avec *dieu* : fréquence	
Fréquence	Formule
20	**pour dieu** 514, 934, 1450, 1844, 3103, 3377, 3390, 3594, 3649, 4146, 4511, 4686, 4895, 4951, 4960, 5039, 5078, 5322, 5404, 6377
11	**par dieu, de par dieu, pardieu** 1625, 1664, 1793, 1817, 2091, 4985, 5158, 5686, 6357, 6389, 7047
7	**merchy dieu, dieu mercy, je merchy dieu** 452, 959, 1027, 3845, 5639, 5858, 5911
7	**pour l'amour de dieu** 832, 850, 857, 1138, 1157, 3829, 7025
5	**malgre (maulgre) dieu, que malgre en ait dieux** 2260, 2280, 2288, 2308, 6964
5	**se dieu m'aist**, se m'aist dieu 926, 2108, 2244, 6211, 6231 {*cf. se Dieu me sequeure* (5061), sens original – non compromis – de *se dieu m'aist*}
5	**ou nom de dieu** 922, 3186, 3719, 4688, 6321
5	**adieu** 591, 1845, 2292, 3127, 3182
3	**s'il plaist a dieu, se dieu plaist** 1079, 3862, 3995
3	**dieu (vous) gard** 92, 356, 3191
2	**je regny (reny) dieu** 2276, 2305
1	**dieux sçet se** 4107
1	**par la char dieu** 2308
1	**par le ventre dieu** 2271

Degrés de dérive dans les formules, quelques exemples	
Emplois de *dieu* au sens biblique (SP)	Emplois commençant à dériver, ou à basculer vers le sens moderne (SV)
à dieu [→ adieu]	
REBELLION *qui parle à* FOLIE 　Adieu soyez, je le vous livre; 1846 Je m'en revois en ma maison *Comment* BIEN ADVISÉ *prent congié* 　A Dieu, Madame, vous commans. 3128 Je vous promech et vous fyans	BIEN ADVISÉ 　Adieu, ma dame debonnaire, 592　Gracieuse, plaisant et belle. MAL AVISÉ 2292 Or adieu jusquez a demain, 　Au deable soit dés et taverne!
pour dieu	
AULMOSNE 　Tenez, moy ami, pour Dieu soit. 　LE POVRE 3650 Grant mercys, ma tres chiere 　dame.]	BIEN ADVISÉ 　Ha pour Dieu, ma dame, or te tieng 4896 Je te veul faire une demande
ou nom de Dieu	
LA CHAMBERIÈRE 3716 Et il vient une povre personne 　Qui est moult povre et indigent 　Qui une aulmosne me demande 　Ou nom de Dieu, et je la donne.	ENFERMETÉ 920　Hellas, qui me baillast ung brief, 　Je croy qu'il m'osteroit ce meschief. 　Ou nom de Dieu et de Sainct Pol, 　Mais que ung clercq le me meist 　au col!]

En procédant de la même façon pour le diable, on obtient le relevé suivant du total des emplois du mot *deable/diable* :

deable/diable : occurrences			
sens plein (sens théologique) *emploi référentiel*		**sens vide (ou presque) simple juron ou interjection** *emploi émotif, expressif*	**sens atténué en voie de désémantisation** *participant des deux précédents*
2140	4222	253 (?)	3839
2144	4536	2293	5833
2154	4553	2295	5954
2164	4587	2298	6961
2179	4618	4250	
2182	4638 didasc.	4985	
2200	4648	6359	
3992	4652		
3997	6822		
4135			

Emplois pleins et vides, quelques exemples

« deable » au sens plein (sens théologique)	jurons, interjections (sens vide, ou s'en approchant, en transition vers la fonction émotive)	entre les deux mais plus proches de la catégorie I (SP) que de la catégorie II (simple jurons)	
HOULLERIE Je samble au grand deable d'enfer Certes, je suy sept ytant pire Que n'est Sathan ne Lucifer (2140-2142)	MAL ADVISÉ Au diable soit dés et taverne! (2293)	FORTUNE Le deable le puist emporter En enfer enmy la fornaise (5954)	
HOULLERIE Le deable a son povoir encline A pechier touttez povres amez (2144-2145)	HOCQUELERIE Quel deable vault cest preschement ? Remettez ariere l'argent Que vous avez prins sur la table. Rendez l'argent, de par le deable, Tantost! (2295-2298)	FAULSE DOCTRINE Au diable soit male avarice Pour quoy fault que soye dampné (6961)	
HOULLERIE Quand le deable volt tempter Eve Il print ung visaige de femme (2182)	MAL ADVISÉ Quel diable fault a ces viellez ? (« Ces vieilles » = Povreté et Male Meschance) (4250)		
	LE PREMIER ESCOLIER Nous le rendron [l'argent] de par le deable Mon seigneur, puis qu'il vous plaist. (6359-6360)		

Dieu et le diable : représentations par personnages

Dans cette longue pièce, Dieu en tant que personnage ne fait qu'une courte apparition à la fin (v. 7109-7121). *Comment Dieu parle a ses anges* annonce la rubrique, sans plus. Le rôle est tout en solennité, grandeur, autorité ; il n'a pas à être un « beau rôle » mais un grand rôle. Dans les 14 vers que l'auteur alloue au Seigneur (14 vers sur un total de plus de 7000), celui-ci rappelle sommairement son « essence divine, sans fin et sans commencement » et sa nature tripartite de « Pere, fils et sainct esprit », avant de mander aux anges Gabriel et Raphaël d'aller quérir « la bas, les trespassés », en l'occurrence l'âme de Bien Avisé en compagnie des Vertus, afin qu'elle soit accueillie au paradis. Quant au diable, lui aussi dans cette pièce subit des pressions anthropomorphisantes, créé comme Dieu à l'image de l'homme, à cette différence près que le Malin est exempt de l'exigence monothéiste, donc lui est multiple. Ainsi apparaissent l'un après l'autre un cortège de diables s'appelant Démon, Satan, Léviathan, Bélial, Diabolus, Male Fin et Lucifer, plus quelques « petis deabletiaux » pour compléter la famille.

Parler, comme je viens de le faire, d'anthropomorphisme à propos de la représentation de Dieu et du diable dans cette pièce accuse, je l'avoue, un préjugé moderne, enraciné dans les sciences de l'homme. En effet la pensée chrétienne trinitaire admet facilement que Dieu change de forme, ou qu'il en revête plus d'une. Dans cette perspective il n'y a rien de primitif ni d'enfantin ni de contradictoire à se représenter Dieu et le diable à l'image de l'homme, agissant comme des hommes, et là où nous parlons d'anthropomorphisme, la doctrine trinitaire, elle, parle d'incarnation, de transsubstantiation, de résurrection de la chair.

Aux sources de la moralité : le festin du diable comme anti-Cène

Il s'agit, bien entendu, d'une inversion allégorique de la Cène de Dieu. Cet anthropomorphisme dont je viens de parler, ou disons mieux ce polymorphisme dans la figuration du bien et du mal, on en voit un merveilleux exemple dans la scène curieuse (quelque 300 vers [v. 6705-7040]) vers la fin de la pièce où, après que Malle Fin a coupé la tête à Mal Avisé et aux mauvais « pillars », Lucifer organise avec Satan un banquet en l'honneur de ces âmes nouvellement acquises. Ou plutôt à leur déshonneur, car tout est à l'envers dans ce festin qui s'efforce de nous faire voir dans la malignité du diable l'antithèse systématique de la bonté de Dieu. Voici donc Lucifer qui prépare un festin à son image :

> 6852 Nous leur dourrons saulse d'enfer
> Confittez ou sauvagez espicez.
> Pensez de faire voz offices,
> Faittez tost, de par tous lez dyablez !
> 6856 Il est tampz de drecier lez tablez [...].

On veille donc à la disposition des tables (qui siégera où), aussi bien qu'aux mets (qui apportera quoi), et jusqu'au service :

> 6872 Et Dyabolus trenchera
> Et fera morseaulx par mesure,
> Car il en congnoist la nature
> Et est a ce mestier propice.
> 6876 Lez aultres feront leur office
> Comme Demon ordonnera ;
> L'assiette dont il pensera,
> Ch'est cose qui est neccessaire [...].

Chacun se voyant ainsi servi comme il l'aura « desservy », le diable prononce une tirade où il s'explique, se confesse, et se lamente, jusqu'au dessert, et à la desserte, suivie d'une malédiction (inversion de la bénédiction postprandiale) :

> Compains, donne moy donc espace
> Quand le disner est desservi
> Que je rende mez malez gracez
> 7036 A tous qui l'aront deservi.
> Larrons, traittrez, malvaisez gens,
> Quiens enragiez, pires que loux,
> Maudis soyez sans finement,
> Ou puis d'enfer [cy] avec nous.

D'où vient donc cette scène du festin d'enfer, qu'on retrouve dans différents commentaires et exégèses ? À propos de cette question et à partir d'elle, voici quelques éléments nouveaux relatifs à la question des origines de la moralité, en tant que genre dramatique.

Rappelons que notre pièce, dans la plus ancienne version connue, remonte au XIVe siècle. Au siècle précédent, l'évêque de Paris Guillaume d'Auvergne (1228-1249) avait brossé le même tableau – le festin du diable – dans un sermon pour le deuxième dimanche après la Pentecôte. En effet dans ce sermon inédit[3], Guillaume choisit pour thème le passage dans Luc où Jésus conte aux pharisiens la parabole du festin de Dieu : « Un certain homme donna un grand festin […] » (*Luc*, XIV, 16). Guillaume développe son thème au moyen d'une figure de rhétorique courante dans la prédication, qu'on peut appeler *antithèse allégorisée*, figure que Guillaume emploie généreusement, systématiquement, pour mettre bien en relief le contraste entre le festin céleste (*cena domini*) qui est le sujet de la parabole biblique, et, en contrepartie, le dîner du diable (*prandium dyaboli*), la cuisine de l'enfer (*coquina infernalis*), et l'abattoir de l'enfer (*carnificina infernalis*). Ainsi s'élabore dans le commentaire de Guillaume un festin du diable comme image inversée du festin de Dieu. À partir du texte biblique que Guillaume suit de près, il bâtit donc un développement diabolique, par antithèse. On le voit, le même processus a été repris dans *Bien Avisé Mal Avisé*. Là comme ailleurs dans cette pièce, les versants savant et populaire de la culture cléricale se rejoignent, parlent le même langage, retrouvent la même métaphorique, *Bien Avisé Mal Avisé* offrant la mise en scène, la mise-en-actions du sermon de Guillaume d'Auvergne. On pourrait en trouver d'autres versions sans doute dans les sermonnaires. Pour nous, il y a plus intéressant, beaucoup plus intéressant. Chez Guillaume d'Auvergne l'antithèse allégorique – *cena domini* et festin du diable n'étant qu'un exemple entre mille autres – cette antithèse allégorique n'est pas une figure entre autres, c'est la figure maîtresse, c'est le modèle, le patron qui s'érige en système, au point de constituer *un procédé d'invention et d'amplification* que l'évêque de Paris recommande comme « fort nécessaire » à quiconque entend prêcher la parole de Dieu. Ainsi dans la *contrariorum consideratio* par laquelle il commence son petit traité d'éloquence sacrée *De faciebus mundi*, Guillaume en conseillant au prédicateur novice de mettre en contraste une suite parallèle de contraires, donne déjà le plan logique et visuel de la moralité allégorique dans son intégralité. Voici ce qu'il propose au prédicateur apprenti :

> Tu as commencé par parler d'Orgueil, par conséquent il faut parler d'Humilité, son contraire, et ainsi de suite des autres vices, opposant à chacun son contraire. Si par exemple

---

3. Une édition avec une étude par Alan Bernstein paraîtra prochainement. Voir Bernstein A., « William of Auvergne and the Cathars », à paraître dans les *Actes* du colloque « Autour de Guillaume d'Auvergne » tenu à Genève du 18-20 mai 2001 sous la direction de Franco Morenzoni et Jean-Yves Tilliette de l'université de Genève.

> tu as parlé d'Envie et de Haine, tu dois parler de la vertu de Charité qui est le contraire d'Envie. De même pour Abstinence contre Gloutonnie, de Chasteté après Luxure, d'Aumône après Avarice, voilà comment tu dois continuer à les enchaîner. Car juxtaposés, on voit les contraires sous une lumière d'autant plus belle (*quia contraria juxta se posita pulcrius elucescunt*)[4].

L'auteur de notre moralité ne fait pas autre chose, voilà son plan tout fait, il n'a plus qu'à mettre en route ses personnages, dont il a déjà les noms et les caractères. Comme les auteurs de « pèlerinages » allégoriques, Guillaume de Deguileville par exemple, vers 1330, sauf à les mettre en scène littéralement, réellement sur une scène.

Cette visée commune du sermon et de la moralité, ou pour mieux dire, cette *double forme* que revêt la prédication à partir du XIIIe siècle (lorsqu'elle reçut du quatrième Concile du Latran la coup de crosse qu'on sait) accuse l'identité profonde de ces deux ordres du même discours, la moralité n'étant que l'expansion du sermon, l'élaboration de *thèmes* selon les préceptes codifiés dans les *artes prædicandi* comme le *De faciebus* de Guillaume d'Auvergne. Cette idée n'est pas neuve. Depuis longtemps les historiens envisagent les origines du théâtre religieux du Moyen Âge comme des prolongements liturgiques, en disant que telle scène ou telle pièce se présente comme un « sermon dramatisé ». Ce lieu commun gagnerait à être nuancé. Dans le vaste ensemble divers qu'on appelle « théâtre religieux », c'est la *moralité religieuse* qui constitue la plus pure forme de cette « prédication par personnages » si souvent commentée[5]. Or si on admet cette étroite parenté entre sermon et moralité, on comprend facilement non seulement la présence du thème du festin diabolique dans *Bien Avisé Mal Avisé*, mais aussi son absence dans les mystères. Absence totale. En effet quand Jelle Koopmans s'est penché récemment sur la métaphorique de la « cuisine infernale » dans les diableries, il a souligné l'assimilation du feu du four au feu de l'enfer (« l'enfer a toujours une connotation culinaire : c'est là qu'on rôtit les damnés et que l'on frira les langues venimeuses »), tout en constantant qu'en général les diables ne sont pas associés à l'activité

---

4. *De faciebus mundi*, publié par de Poorter A., « Un manuel de prédication médiévale : le ms 97 de Bruges », *Revue philosophique de Louvain* 25, 1923, p. 98.
5. Voir en dernier lieu Hindley A., « Preaching and Plays : The Sermon and the Late Medieval French Moralités », *Le Moyen Français*, 42, 1998, p. 71-85.

culinaire, ne deviennent pas des cuisiniers, ne jouent pas les chefs et les sous-chefs comme c'est le cas dans notre moralité :

> ce qui est quelque peu étonnant en tout cela, c'est la rareté de connotations culinaires des diables dramatiques : dans les mystères, le domaine culinaire paraît surtout avoir été réservé aux *tyrants* païens comme Tailleboudin et Riffleandouille[6].

Enfin cette scène de l'anti-cène diabolique dans *Bien Avisé Mal Avisé* invite à poser d'autres questions, d'ordre théologique et idéologique. Comme celle du « syncrétisme ou de l'antagonisme entre christianisme et "paganisme" » soulevée par MM. Bordier et Lascombes dans la première lettre circulaire du colloque, car très précisément ce qui est en jeu dans le dualisme systématique et fortement appuyé dans notre pièce, ainsi que dans le sermon de l'évêque de Paris au xiiie siècle, c'est la frontière ténue – parfois inexistante – entre christianisme et catharisme, ce catharisme dont la théologie médiévale redoutait les attaches à des origines païennes, catharisme enfin, ou crypto-catharisme, dont Guillaume d'Auvergne lui-même s'est vu accuser. Allant plus loin, on ne manquera pas de rejoindre, à un niveau de réflexion plus général, des questions d'intérêt humain permanentes. Rien de plus *humanisés*, en effet, que Dieu et le diable dans cette moralité, du moins à certains moments de l'action. Et c'est là, à mes yeux, l'intérêt profond de la scène du festin diabolique, dans cette *humanisation* du bien et du mal, humanisation à propos de quoi on se tromperait en parlant d'« anthropomorphisme ». Car derrière ces dualismes indéracinables, ces dieux et diables, ces codes binaires du bien et du mal que l'homme traîne depuis ses grottes préhistoriques jusque dans les grotesques bunkers de sa possible posthistoire, on entrevoit quelque chose de plus sinistre, quelque chose qu'on devine permanent et indélébile chez l'homme car ressortissant à la structure même de la différence, de la différenciation, chez l'être humain, et qui se manifeste toujours et partout de la même simple façon : appeler eux tout ce qui n'est pas nous, appeler autre, étranger, ennemi tout ce qui n'est pas familier et qu'on n'arrive pas à ramener à soi, appeler Mal finalement, tout ce qu'on n'arrive pas à comprendre et à maîtriser dans l'autre qui est en nous. « Dualisme » en somme constitutif du processus identitaire, et qu'on appelait naguère « structure de la différence ».

---

6. Koopmans J., *Le Théâtre des exclus au Moyen Âge*, Paris, Éditions Imago, 1997, p. 162.

Voici ce que j'en conclus. En étudiant la représentation de Dieu et du diable dans cette pièce, leurs représentations aussi bien dans le langage que dans les figurations respectives par des personnages, je suis amené à me demander en quoi l'univers moral de cette pièce, le système de pensée de la moralité (son idéologie si l'on veut, sa *Weltanschauung*) serait plus incohérent, en ce qui concerne la pensée éthique et morale, que nos systèmes de pensée modernes. Faudrait-il dire qu'ils sont également imparfaits, car également impuissants à sonder le mal et à l'éviter? Sur quelles échelles, quelles balances, mesurer? Celles de nos sciences? Sans doute. Mais à quoi bon avoir raison, avoir eu raison, face à « la déraison du plus fort » (Catherine David), si cette dernière parvient à avoir raison de notre violence civilisatrice[7]?

---

7. David C., « Psychanalyse des fanatiques », *Le Nouvel Observateur*, n° 1937 (semaine du jeudi 20 décembre 2001).

Jean Canavaggio

La *Conversion du Rufian bienheureux* ou le pari de l'homme devant Dieu selon Cervantès

Le théâtre de Cervantès n'est guère connu en France. En dehors de *Numance* qui, en pleine guerre civile espagnole, révéla au public parisien le talent de Jean-Louis Barrault, et du *Retable des merveilles*, dont Jacques Prévert, au même moment, fit une très libre adaptation, les autres pièces de l'auteur de *Don Quichotte* sont plutôt l'apanage des spécialistes. En Espagne, cependant, depuis une dizaine d'années, plusieurs metteurs en scène, et non des moindres – Francisco Nieva, Adolfo Marsillach, José Luis Gómez – ont fait subir avec succès l'épreuve des planches à des comédies et des intermèdes qui, depuis près de quatre siècles, n'avaient jamais connu une telle fortune. De son vivant même, en effet, Cervantès tenta à plusieurs reprises de faire jouer ses pièces. Il semble y être parvenu à son retour de captivité, entre 1581 et 1587, pour celles qu'il composa à une époque où se mettait en place le système de commandite qui allait assurer, au XVIIe siècle, le prodigieux essor de la *comedia*. Mais, hormis deux exceptions, dont *Numance*, les œuvres qu'il écrivit alors ont été perdues. Quant à celles qui correspondent à la deuxième époque de son théâtre, postérieure à 1605, date de publication de la première partie de *Don Quichotte*, elles ne rencontrèrent qu'indifférence de la part des comédiens dont il avait sollicité vainement le concours. Ainsi s'explique qu'il se soit résolu un an avant sa mort, en 1615, à les donner à l'imprimeur. Le prologue qu'il écrivit à cette occasion constitue un témoignage émouvant sur les déconvenues d'un écrivain qui tenta de mettre en œuvre une esthétique théâtrale tout aussi distincte de la construction épisodique des comédies de la Renaissance, qu'irréductible à la formule de la *comedia nueva*. En fait, Cervantès ne parviendra jamais à rivaliser, comme il l'espérait, avec Lope de Vega, son cadet, devenu le « Prodige de la Nature ». C'est aux inventeurs du roman moderne qu'il reviendra, bien plus tard, de voir en lui l'homme qui a su leur ouvrir la voie.

Parmi les huit comédies rassemblées par leur auteur dans le recueil de 1615, *Le Rufian bienheureux* occupe une place à part[1]. Il s'agit en effet d'une pièce que l'on qualifie parfois de *comedia de santos*, bien que celui qui en est le protagoniste n'ait été ni canonisé ni béatifié. Cristóbal de Lugo – tel est le nom qu'il porte, avant de devenir le P. Cruz – est un personnage dont l'existence est attestée, notamment par les deux religieux auxquels Cervantès a emprunté ce qu'il appelle, dans ses indications scéniques, « la vérité de l'histoire ». Le plus connu d'entre eux, Fray Agustín Dávila Padilla, nous a laissé une *Historia de la Fundación y Discurso de la Provincia de Santiago de México de la Orden de Predicadores*, publiée en 1596, qui retrace les exploits édifiants du héros, ainsi que ceux des autres dominicains qui prirent part, au temps de Philippe II, à l'évangélisation du Mexique[2]. L'autre, dont nous avons retrouvé la trace il y a près d'un quart de siècle, est un moine augustin du nom de Fray Alonso de San Román. Le manuel de dévotion dont il est l'auteur – *Consuelo de Penitentes o Mesa franca de spirituales manjares* – paru à Salamanque en 1583 et réédité deux ans plus tard à Séville, relate les vies de neuf missionnaires d'exception, parmi lesquels le P. Cruz[3]. De toute évidence, c'est au premier de ces deux chroniqueurs, le plus complet et le plus accessible, que Cervantès a emprunté l'essentiel de sa matière. Néanmoins, il s'en distingue sur plusieurs points qui font apparaître des coïncidences indiscutables entre la version du P. San Román – une des sources de Dávila Padilla – et la sienne.

Assurément, il existe un canevas commun aux deux historiens, que l'on retrouve tout au long de l'action du *Rufian bienheureux*. Ce canevas, qui reproduit les principaux moments de la vie du héros, s'articule en trois temps, correspondant au découpage de la pièce en trois journées. Premier

---

1. Cette pièce a fait l'objet d'une réédition récente due à Florencio Sevilla : Miguel de Cervantes, *El Rufián dichoso*, Madrid, Castalia, 1990. Elle a été traduite par Robert Marrast, l'éditeur du *Théâtre espagnol du XVIe siècle*, Paris, Gallimard, « Bibliothèque de la Pléiade », 1983, p. 649-706. C'est à cette traduction que sont empruntées nos citations.
2. Fray Agustín Dávila Padilla, *Historia de la Fundación y Discurso de la Provincia de Santiago de México de la Orden de Predicadores, por las Vidas de sus Varones insignes*, Madrid, 1596.
3. Fray Alonso de San Román, *Consuelo de Penitentes o Mesa Franca de Spirituales Manjares*, 1re éd., Salamanque, 1583, 2e éd., Séville, 1585. Voir notre *Cervantès dramaturge : un théâtre à naître*, Paris, PUF, 1977, p. 46-53, ainsi que notre article « Para la génesis del *Rufián dichoso*; el Consuelo de Penitentes, de Fray Alonso de San Román », *Nueva Revista de Filología Hispánica*, t. 38, 1990, p. 461-476.

temps : la « *vida libre* » de Cristóbal de Lugo, un étudiant de naissance modeste, familier de la pègre sévillane, mais protégé de l'inquisiteur Tello de Sandoval et qui, après avoir mené une existence quelque peu déréglée, se convertit un beau jour à la suite d'un pari inattendu. Second temps : la « *vida grave* » d'un Lugo devenu le P. Cruz, désormais au Mexique, sa métamorphose, sa résistance aux assauts du démon, son entrevue avec une pécheresse qu'il convainc, à l'heure de la mort, de renoncer à Satan. Dernier temps : la *muerte santa* du héros qui, malgré la lèpre qui le ronge, a tenu à assumer les charges pastorales que lui avaient confiées ses coreligionnaires, et dont la disparition, véritable apothéose, s'accompagne d'un vaste élan de ferveur populaire.

Nous n'aborderons pas ici les questions soulevées par les circonstances dans lesquelles Cervantès fut conduit à faire de ce personnage le protagoniste d'une de ses pièces. On sait que Rome manifesta très vite une nette réticence à l'idée de béatifier ou de canoniser les acteurs de ce qu'on a appelé la « conquête spirituelle » du Nouveau Monde, entreprise par les Ordres mendiants dès les débuts de la colonisation. Depuis l'époque de Charles-Quint, leur zèle s'était affaibli et, déchirés par des rivalités souvent futiles, ils s'étaient détournés des terres hostiles où ils s'étaient d'abord établis pour se replier sur les villes, plus accueillantes et moins risquées[4]. L'auteur de *Don Quichotte* aura-t-il collaboré à une campagne destinée à lever ces réserves ? Y aura-t-il été incité par le P. Dávila Padilla ? L'intérêt de ce dominicain pour le théâtre ressort en effet de la part qu'il prit aux travaux de la commission de théologiens réunie en 1600 par le duc de Lerma, favori de Philippe III, qui émit un avis favorable à la réouverture des salles madrilènes ou « *corrales* », fermées depuis la mort de Philippe II[5]. Mais, dans l'état actuel de nos connaissances, nous ne pouvons que nous en tenir à ces interrogations.

En revanche, la comparaison des trois versions que nous conservons de la vie et de la mort du P. Cruz permet d'apprécier la transposition opérée par Cervantès. D'une part, il a amplifié l'étape sévillane, consacrant un acte entier à ce qui, chez San Román et Dávila Padilla, n'avait droit qu'à quelques pages. D'autre part, il a resserré la période mexicaine, sur laquelle les deux religieux s'étendaient complaisamment, articulant différemment fable et

---
4. Voir Robert R., La « *Conquête spirituelle* » du Mexique, Paris, Institut d'Ethnologie, 1933, p. VIII-IX, 88-102, 288 *sqq.*, 340 *sqq.*
5. Voir *Cervantès dramaturge, op. cit.*, p. 409.

épisodes et déterminant par là même un nouvel équilibre des parties. Ce qui a rendu possible l'amplification dont témoigne la première journée, c'est l'inclusion d'éléments en partie empruntés à l'expérience vécue de l'auteur, bon connaisseur de la métropole sévillane, mais aussi issus, pour une autre part, d'une tradition littéraire dont procède le rufian de théâtre : une tradition dont le prototype n'est autre que le Centurio de *La Célestine*, création très neuve qui, en une synthèse audacieuse, mêle à l'observation de la réalité castillane de la fin du XVe siècle, une stylisation à rebours de motifs empruntés aux livres de chevalerie et au roman sentimental[6]. Reste que Cristóbal de Lugo, tout en se situant au point d'aboutissement de cette tradition polymorphe, n'en est pas pour autant la simple résultante. Ni couard, ni fanfaron, il ne se résorbe pas dans le monde de la pègre. Ses démêlés avec les sergents du guet, son goût du jeu, son jargon, ses déportements et ses espiègleries rappellent davantage ceux des étudiants faméliques du théâtre de Lope de Vega. Quant à ses aumônes, sa dévotion aux âmes du purgatoire, tout comme sa singulière chasteté qui lui fait repousser les avances de ses admiratrices, elles sont assurément conformes à la « vérité de l'histoire » ; mais la fonction qu'elles revêtent les place dans un jeu de contradictions qui exprime l'ambiguïté foncière d'un être en situation : à l'affirmation de soi, dont témoignent autant ses ambitions avouées que sa dérision à l'égard des ministres de la justice, s'oppose un doute essentiel qui tient tout à la fois à ses origines, à sa jeunesse et à la présence d'un inquisiteur dont la protection lui pèse, car elle lui interdit d'être reconnu comme tel. Dans ce contexte, le défi qu'il lance aux êtres et au monde manifeste un projet d'existence qui demande à s'éprouver, une aspiration encore confuse à une vie autre.

Écartelé entre les servitudes d'un état qui le laisse insatisfait et la recherche de son propre accomplissement, Lugo prend alors une décision inattendue : devenir bandit de grands chemins. Acte de volonté par lequel il va rompre avec le milieu sévillan, tout en précipitant sa chute ? Non, car il y a mis une condition : il ne se fera bandit que s'il perd au jeu. Or, grâce à des cartes biseautées, il gagne comme jamais. Plutôt que de se rendre au festin où il avait été invité par ses compagnons, le voici qui se met à prier. Impatient de rejoindre les autres convives, son valet et complice, Lagartija, lui lance alors une boutade avant de le laisser à sa solitude :

---

6. Voir Lida de Malkiel M.R., « El fanfarrón en el teatro del Renacimiento », *Estudios de Literatura española y comparada*, Buenos Aires, Eudeba, 1969, p. 173-202.

> Quand tes amis t'attendent avec le plus grand empressement, tu es en train, comme un innocent au cœur pur, d'avaler des Ave Maria ? Sois un rufian ou sois un saint, vois ce qui te plaît davantage. Je m'en vais, car je suis fatigué d'entendre tant de Gloria et de Patri[7].

C'est assez pour que se dissipent les incertitudes de notre héros :

> Je reste seul, et je veux entrer seul en compte avec moi, même si m'en empêchent les vagues où je crains de naufrager. J'ai fait le vœu, si aujourd'hui je perdais, d'aller me faire bandit de grands chemins ; claire et manifeste erreur d'une aveugle imagination. C'était la pire folie et la pire audace qu'on ait conçue, car un mauvais vœu n'a jamais forcé personne à l'accomplir. Mais laisserai-je pour autant d'avoir commis une mauvaise action, quand ma volonté a cédé devant un violent désir ? Non, certainement ; mais puisque je sais que d'ordinaire les contraires par les contraires se guérissent, je ferai un vœu contraire : aussi fais-je celui d'être religieux. Allons, Seigneur, jetez les yeux sur ce bandit de grands chemins aux idées contraires ! Vierge, qui pour les pécheurs fûtes Mère de Dieu, ce sont les bandits de grands chemins qui vous invoquent. Écoutez-les, vous, Madame ![8]

Il ne semble pas – nous y reviendrons – que cet épisode spectaculaire puisse être interprété dans un sens étroit, comme l'illustration des thèses molinistes qui, dans le débat sur la grâce, visent à accorder beaucoup à l'homme plutôt qu'à tout accorder à Dieu. Néanmoins, même si la décision de Lugo ne saurait s'inscrire dans la perspective d'une théologie abstraite, le rufian bienheureux n'a rien d'une victime de la prédestination. Avant même qu'il n'ait fait son pari, certains traits inattendus de son comportement illustraient déjà, au fil d'une « vida libre », sa capacité à trouver le chemin du salut. Celle-ci trouve une confirmation éclatante dans les termes mêmes de la décision qu'il prend. Invoquant tour à tour le Seigneur, la Vierge Marie, puis son ange gardien, les âmes du purgatoire et les psaumes de David, Lugo défie les démons, assuré qu'il est d'avoir la caution du Ciel. La solitude où il s'est retiré apparaît ainsi comme le lieu où son libre arbitre

---
7. *Le Rufian bienheureux*, trad. cit., p. 674.
8. *Ibid.*, p. 674-675.

renverse les termes du défi initial : en récusant les tentations du monde, il conjure les aléas de la Fortune et rejoint le plan divin par la vertu d'un choix librement assumé. Certes, son appel est aussitôt entendu, comme le prouve l'apparition d'un ange qui clôt cette scène ultime de la première journée. Mais cette apparition, ignorée du héros, qui demeure ainsi à l'abri de toute injonction surnaturelle, est exclusivement destinée au spectateur. Quant à la conversion de celui qui va bientôt devenir le P. Cruz, elle a beau n'être qu'un premier pas sur le chemin ardu qui va le mener jusqu'à la rédemption, elle ne se manifeste pas moins, dès cette scène, dans son sens littéral, en mettant en valeur la part d'initiative qui revient à l'homme face à la toute-puissance divine[9].

Dávila Padilla rapporte également le pari de Lugo ; mais, explique-t-il, le héros s'y est trouvé contraint parce que sa passion du jeu l'avait laissé sans le sou :

> Sa perdition devint telle qu'il se mit à jouer un jour un livre qu'il avait gardé de son premier état, et il racontait lui-même qu'il s'agissait des Petites Sommes de Soto, et, pour peu qu'il perdît huit réaux, il était résolu à perdre à ce point tout respect envers Dieu et le monde qu'il voulait échanger sa bande de rufians pour une autre de voleurs, avec laquelle il s'était déjà concerté. Il y avait des jours où il était sans argent, car le jeu et les dépenses d'une vie déréglée l'avaient rendu pauvre : et tel était le malheur où il était tombé qu'il s'était persuadé que la meilleure façon de se procurer de l'argent était de se faire voleur[10].

Dans la version cervantine du pari, Lugo, dans un premier mouvement, prétend se « racquitter à quitte ou double »[11], cherchant ainsi, non pas une simple compensation, mais une revanche pleine et entière, qui nous donne la mesure du défi qu'il lance au Ciel. Dans le récit de Dávila Padilla, cette volonté de revanche n'apparaît nulle part, pas plus que l'alternative – soit

---

9. C'est un pari identique que fait Gœtz, le protagoniste de la pièce de Sartre, *Le Diable et le bon Dieu*, lors d'une scène dont l'idée lui fut suggérée par la lecture du *Rufian bienheureux*. Mais, précisément, dans la mesure où Gœtz gagne pour avoir triché, sa conversion, elle aussi, est pipée et il ne tarde pas à retomber dans le péché. Voir Mermier G., « Cervantes' *El Rufián dichoso* and Sartre's *Le Diable et le bon Dieu* », *Modern Languages* 68, 1967, p. 143-147.
10. Fray Agustín Dávila Padilla, *Historia de la Fundación*, p. 383b. Les Petites Sommes étaient un abrégé de logique scolastique utilisé par les étudiants des universités espagnoles.
11. *Le Rufian bienheureux, op. cit.*, p. 672.

un rufian ou soit un saint – que, chez Cervantès, lui propose Lagartija. De plus, le fait que Lugo gagne au jeu n'est pas présenté comme une tricherie, mais comme un effet manifeste de la miséricorde divine dont l'action, aux dires du chroniqueur, s'avère primordiale et décisive :

> Notre-Seigneur, voulant qu'un propos aussi infâme demeurât sans effet, voulut bien que, cette fois, le livre ne fût point perdu, afin que le garçon ne se perdît point tout à fait. Celui-ci gagna alors quatorze ou quinze réaux et renonça à son projet de se faire voleur[12].

Si donc Lugo change de cap, cela est essentiellement dû à l'intervention du Ciel. Rien ne nous est dit de la façon dont il triche, puis renverse les termes de son pari pour devenir saint. « Il renonça – précise Dávila Padilla – à son projet de se faire voleur, mais non à ses œuvres de mauvais garçon »[13] ; et, dans un ample commentaire, il donne de l'événement une interprétation dont le caractère providentialiste ne fait aucun doute :

> Au milieu de tous ces péchés Dieu l'appelait en lui envoyant la lumière de ses inspirations, car jamais sa divine miséricorde ne cesse d'appeler ceux qu'il a rachetés de son sang. Notre pénitent repenti conta par la suite qu'il lui arrivait maintes fois d'offenser Dieu par faiblesse et respect mondain, tout en étant chaque fois conscient de faire le mal[14].

Ce contraste significatif entre la faiblesse du pécheur et le zèle de Celui qui « rôdait devant sa porte et désirait pénétrer dans son cœur »[15] nous donne ainsi la clé du lent processus de la conversion de Lugo, telle que la rapporte le chroniqueur. Chaque pas qu'il accomplit correspond à une discrète, mais précise motion divine ; toutefois, bien qu'ayant renoncé à son projet fatal, il ne se résout pas encore à changer de vie :

> Tout lui était prétexte à s'humilier, car il se jugeait indigne de vivre : alors que Dieu l'avait tiré de cette vie pour lui faire embrasser celle de religieux, il ne savait pas, pensait-il, le servir : tel était le degré de perdition auquel était parvenu

---

12. *Ibid.*, p. 384a.
13. *Loc. cit.*
14. *Loc. cit.*
15. *Loc. cit.*

> ce pauvre garçon dans son premier âge. Il était le sarment desséché dont Dieu déclare, par la bouche d'Ézéchiel, qu'il n'était ni assez bon pour qu'un sculpteur en fasse une statue, ni assez solide pour servir de cheville dans un cellier, ni propre à tout autre usage, mais tout juste bon à jeter au feu. De cette matière si mal employée le Suprême Artisan voulut faire un apôtre et un miroir de perfection[16].

La conversion du héros, telle qu'elle est ici décrite, est donc essentiellement due à l'intervention d'un Dieu tout-puissant ; elle s'opère de telle sorte que, « dès lors que nous en connaissons le prix, nous n'avons plus qu'à nous remettre entièrement entre ses mains, sans prendre davantage conseil de nous-mêmes »[17]. Elle revêt ainsi une valeur exemplaire que contribue à lui conférer l'inquisiteur Tello de Sandoval. Ce dernier, dans la pièce, apparaît sur scène avant le pari, mais il n'imprime pas sa marque à l'action : il se borne à déplorer les enfantillages de son protégé et décide qu'il partira avec lui pour Mexico afin qu'il se corrige. En revanche, dans le récit du chroniqueur, Tello condamne ses déportements amoureux bien après que Lugo a renoncé à se faire voleur. C'est alors seulement qu'il décide de l'emmener, non sans lui faire donner les ordres mineurs dès qu'il a atteint l'âge requis. De cette façon, l'initiative de son protecteur et la grâce que lui vaut son ordination sont les facteurs décisifs de la conversion du rufian bienheureux.

> Tello lui représenta l'obligation qu'il avait de vivre en homme de Dieu, puisqu'il Le tenait gravé dans son âme afin de Le servir à l'autel. Le jeune homme s'en rendit compte et décida de vivre en vieillard. Il se résolut à donner libre accès à Dieu et vécut désormais comme sien. Il reçut les ordres mineurs et, du même coup, l'onction du bon chrétien, car, en recevant ces ordres, il reçut celui d'oublier et d'abhorrer toute sa vie passée, et de s'appliquer à vivre comme il en avait le devoir[18].

Dans la version du *Consuelo de Penitentes* de fray Alonso de San Román, antérieure à celle de Dávila Padilla, mais exploitée aussi bien par ce dernier que par Cervantès, l'épisode n'est pas seulement beaucoup plus resserré ;

---

16. *Ibid.*, p. 384a-b. Comp. *Ézéchiel*, XV, 1-8.
17. *Ibid.*, p. 385a.
18. *Ibid.*, p. 385a-b.

il révèle aussi une autre organisation de la matière. Ce que nous dit Dávila Padilla des faux-pas de Lugo, après avoir gagné au jeu, est incorporé par San Román au récit préalable de sa « *vida libre* ». À la différence du dominicain, l'auteur du *Consuelo* souligne ainsi la valeur du pari. Celui-ci, à ses yeux, procède sans doute du besoin d'argent que connaît le rufian ; mais il n'y a plus, cette fois, solution de continuité entre pari et conversion. C'est donc un processus irréversible qui s'engage :

> Et s'étant résolu, un jour, de jouer le livre des Petites Sommes, décidé, s'il perdait, de prendre l'état de bandit de grands chemins, Dieu voulut qu'il gagnât ; et dès qu'il en fut sorti, il se mit à considérer le chemin qu'il suivait : et comme s'il était éclairé d'une lumière nouvelle, il ouvrit les yeux et commença à se retirer de ces mauvaises compagnies ; et s'étant appliqué à cette étude, il en arriva à prendre les ordres[19].

La différence entre San Román et Cervantès tient à ce que, dans *Le Rufian bienheureux*, outre le fait que Lugo triche, la conversion proprement dite est nettement séparée de ses répercussions immédiates. Cette séparation coïncide avec la coupure entre la première et la deuxième journée, celle-ci s'ouvrant sur le rappel de ce qui s'est passé entre le « vœu contraire » du protagoniste et son entrée chez les dominicains[20]. San Román, en revanche, n'interrompt pas sa relation, ce qui restreint la portée et les conséquences du pari. Toutefois, même s'il fait allusion aux manifestations de la motion divine – « Dieu voulut qu'il gagnât », écrit-il, « comme s'il avait été visité d'une lumière nouvelle » – il n'en souligne pas moins la transcendance du *fiat* humain. Lugo, dans la version de Dávila Padilla, entendait seulement « quitter sa bande de rufians pour une autre, de voleurs de grands chemins ». Dans le *Consuelo*, il se montre décidé à se faire bandit : loin de se borner à « renoncer » à son propos initial, « il ouvre les yeux », libre désormais de cette « aveugle imagination » dont parle la pièce, pour s'engager sur la voie de la rédemption.

De cette brève comparaison, il ressort, tout d'abord, que Dávila Padilla, tout en reprenant les données issues du *Consuelo*, a modifié le récit de la conversion de Lugo. Désireux de mettre en valeur l'intervention divine, il réduit le pari aux dimensions d'une simple péripétie, tandis qu'il développe

---

19. Fray Alonso de San Román, *Consuelo*, 1585, *op. cit.*, f° 458 r°.
20. *Le Rufian bienheureux, op. cit.*, p. 676-677.

et étire dans le temps la métamorphose progressive du futur saint, mis sur le bon chemin par son protecteur. Cette réélaboration, approuvée par les plus hautes autorités de son Ordre, atteste un souci d'orthodoxie thomiste, fort compréhensible au moment où la controverse entre les partisans de Domingo Báñez et ceux de Luis de Molina atteignait son point culminant. Dans un second temps, la transposition opérée par Cervantès implique un renversement de perspectives. Cervantès ne se borne pas à réhabiliter le pari : il lui confère toute sa portée, à partir de l'alternative posée par Lagartija et du « vœu » contraire du héros, revenu de son erreur.

En s'écartant ainsi de la version officielle établie par Dávila Padilla, mais sans contrevenir à la « vérité de l'histoire », appuyée sur le témoignage de San Román, l'auteur du *Rufian bienheureux* a-t-il voulu prendre parti dans un débat théologique ? Rien n'est moins sûr. Il est vrai que la controverse sur la grâce, c'est-à-dire sur les rapports entre liberté humaine et prescience divine, a mis aux prises jésuites et dominicains dans les années mêmes où Cervantès cherchait à renouer avec le théâtre[21]. Toutefois, on voit mal pourquoi il aurait choisi un dominicain, dont l'Ordre défendait la thèse báñésienne de la prédestination, pour incarner une conception plutôt moliniste de la liberté humaine. De plus, les questions soulevées par cette controverse étaient d'une difficulté telle qu'elles ne pouvaient qu'échapper à un public à peine familiarisé avec les vérités fondamentales de la doctrine chrétienne, que la pastorale dispensée à la suite des décisions du Concile de Trente s'appliquait à leur inculquer[22]. En réalité, la polémique entre báñésistes et molinistes ne sortit guère, du moins en Espagne, du cercle restreint formé par les moines des deux Ordres rivaux

---

21. Pour le dominicain Domingo Báñez (*Scholastica Commentaria*, 1584), Dieu a créé l'homme libre, mais il le dispose infailliblement à faire un acte bon en toute liberté, en appliquant sa motion efficace à la volonté humaine. Dans le droit fil de la doctrine thomiste, le libre arbitre se limite alors à la capacité qu'a l'homme d'apprécier ses propres actes. En revanche, pour le jésuite Luis de Molina (*De Concordia*, 1588), Dieu convie l'homme à accomplir un acte bon sans que celui-ci puisse refuser de l'accomplir. S'il accepte de se soumettre à la volonté divine, l'accord ou concorde des deux volontés, divine et humaine, se manifeste dans un concours simultané.

22. Clément VIII, en 1594, impose silence aux deux parties. Rome, quatre ans plus tard, lève partiellement l'interdiction, confiant à une commission pontificale le soin d'examiner l'affaire. En 1602, Molina est officiellement condamné, mais l'année suivante, Clément VIII décide de reprendre personnellement le dossier. En 1607, Paul V, son successeur, renonce à trancher la question : chaque partie est autorisée à défendre son opinion, tout en se voyant interdire d'accuser d'hérésie la partie adverse.

qui, finalement, furent renvoyés dos à dos[23]. Ni les uns, ni les autres, à dire vrai, ne niaient la liberté humaine, non plus que le fait que toute décision libre suppose une motion divine. Aussi eût-il été sans objet de porter ce débat sur la scène et de le servir aux spectateurs. Il est significatif, à ce propos, que *Le Rufian bienheureux* ne fasse référence ni aux subtilités du « concours préalable », ni à des notions telles que la « prémotion physique » ou le « concours simultané ».

C'est d'un autre point de vue qu'il convient, nous semble-t-il, d'apprécier la conversion de Cristóbal de Lugo, si on veut lui donner sa vraie dimension. En premier lieu, elle se distingue très nettement du processus que développe, le plus souvent, la veine hagiographique des *comedias de santos* qui s'épanouit au XVIIe siècle, où le héros s'avère moins éclairé par la grâce divine que mû, littéralement, par une apparition surnaturelle qui le pousse à se convertir, comme s'il n'était qu'un être passif, *medium divinum* ou *vas electionis*[24]. Mais le cas de Lugo demande aussi à être comparé à celui d'un autre sévillan, rufian à l'occasion, dont la métamorphose conclut le récit qu'il nous offre de sa propre vie : nous voulons parler de Guzman d'Alfarache. Ce que nous dit Guzman de sa conversion, dans une œuvre écrite et publiée entre 1599 et 1604, soit au plus fort de la controverse, tend à exalter le miracle de la miséricorde divine, tout en mettant en relief, par contraste, « notre corruption naturelle, notre faible raison, notre liberté et nos maigres forces »[25]. Michel Cavillac, dans une suggestive interprétation, a montré comment, derrière le pessimisme religieux de Mateo Alemán, se dessinait un messianisme politique qui pourrait nous donner la clé de ce repentir, au sein d'une parabole à l'usage des Temps modernes, celle d'un ordre marchand libéré de l'oisiveté rentière[26]. Reste que cette dialectique du libre-arbitre ne s'enracine pas moins dans un augustinisme d'inspiration nettement providentialiste, qui veut que la capacité qu'a l'homme de faire le bien soit limitée par le fait que l'âme a été corrompue, sinon dans

---

23. Voir Bonet A., *La Filosofía de la libertad en las controversias teológicas del siglo XVI y primera mitad del XVII*, Barcelone, 1932 ; Dumont P., *Liberté et Concours divin d'après Suarez*, Paris, Beauchesne, 1936 ; Green O.H., *España y la tradición occidental*, Madrid, Gredos, 1969, t. II, p. 288-312.
24. Voir sur ce point notre *Cervantès dramaturge*, op. cit., p. 434-436.
25. Mateo Alemán, *La Vie de Guzman d'Alfarache*, II, 3, 5, trad. Reille J.F., dans *Romans picaresques espagnols*, s.d., Maurice Molho, Paris, Gallimard, « Bibliothèque de la Pléiade », 1968, p. 680.
26. Cavillac M., *Gueux et marchands dans le « Guzmán de Alfarache »*, Bordeaux, Institut d'Études ibériques et ibéro-américaines, 1963, p. 315 *sqq*.

sa substance, du moins, dans ses puissances[27]. Comment ne pas évoquer, dans ces conditions, les réserves qu'a toujours inspirées à Cervantès la mécanique implacable qui mène le *pícaro* de vol en escroquerie, de sorte que sa liberté ne devient effective qu'au terme d'un parcours inexorable qui lui fait toucher le fond de l'abjection[28] ? À l'inverse, Cristóbal de Lugo nous apparaît maître de son destin. Dès qu'il se retrouve seul et se tourne vers le Ciel « avec une humble ardeur »[29], le défi qu'il lance aux puissances infernales, loin de procéder d'un orgueil satanique, est celui d'un homme qui tire de sa confiance en Dieu la certitude qu'il va les vaincre. À partir d'une situation tout autre que celle du héros de Mateo Alemán, mais à l'instar des *pícaros* qui, tels Rinconete et Cortadillo, surgissent au détour des *Nouvelles exemplaires,* ce rufian bienheureux nous apparaît comme un anti-Guzman[30].

---

27. Cavillac M., *Gueux et marchands...*, op. cit., p. 65- 142.
28. Voir Bataillon M., « Relaciones literarias... », *Suma cervantina,* éd. Avalle Arce J.B. et Riley E.C., Londres, Tamesis Books, 1973, p. 226-232.
29. *Le Rufian bienheureux,* op. cit., p. 673.
30. Un premier état de cette étude a été publié en espagnol, il y a un peu plus de dix ans, sous le titre « La Conversión del rufián dichoso: fuentes y recreación », dans Parr J. (ed.), *On Cervantes. Essays for L.A. Murillo,* Newark, Delaware, Juan de la Cuesta, 1971, p. 11-19.

Richard Hillman

Dieu et les dieux dans l'*Abraham sacrifiant* de Théodore de Bèze et sa traduction anglaise par Arthur Golding

Commençons par poser deux questions qui, à première vue, risquent de sembler purement superflues : où est Dieu ? où sont les dieux ? Il n'est guère surprenant que, dans la pièce biblique de l'humaniste devenu calviniste qu'était Théodore de Bèze, les dieux païens, avec qui les poètes renaissants librement embellissent leurs textes, cèdent à la seule divinité véritable. En effet, son personnage de Satan (habillé, il convient de le rappeler, en moine) affirme de façon retentissante : « Dieu a crée & la terre & les cieux :/I'ay bien plus fait, car i'ay crée les dieux » (v. 159-160)[1]. Il va également de soi que Bèze doit supprimer l'apparition de Dieu sur scène telle que connue dans le théâtre chrétien traditionnel et catholique, dont *Le Mistère du Viel Testament* a fourni à l'auteur ses matériaux de base. Je propose cependant que ces évidences cachent un paradoxe, la présence et l'absence de Dieu, tout en définissant un espace textuel où joue l'ombre d'un auteur à la fois absent et présent. Ce jeu s'inscrit sous le double signe de la typologie biblique, telle qu'adoptée et adaptée par les Réformateurs, et de la production du sujet humain dans l'acception psychanalytique du terme. D'ailleurs, qu'il s'agisse justement d'un jeu, donc de significations ambiguës et problématiques, paraît être confirmé par la tendance du traducteur anglais de la pièce, Arthur Golding, en règle générale très exact, à la déjouer, pour ainsi dire, en apportant quelques modifications révélatrices.

---

1. Pour plus de commodité, le long du présent article nous citons la pièce originale de Bèze, ainsi que sa traduction anglaise, d'après les textes recueillis dans *A Tragedie of Abrahams Sacrifice, Written in French by Theodore Beza and Translated into English by Arthur Golding*, éd. Malcolm W.W., Toronto, Univ. of Toronto Library, 1906.

Les premières éditions d'*Abraham sacrifiant* (1552, 1553) ne laissent pas de doute sur le fait que l'imposition par Bèze d'un cadre esthétique et théologique résolument réformiste sur l'épisode biblique s'accompagne, par rapport à ses représentations dramatiques précédentes, d'un élément auctorial et personnel. C'est un élément, en plus, que l'auteur tient à signaler. Qu'elle ait fait partie de sa conception originale ou non (la pièce a été jouée à Lausanne avant sa publication), l'auteur adresse « aux Lecteurs » une épître qui, avant de commenter des questions littéraires dans un esprit notamment humaniste, explique la genèse de sa pièce dans sa propre âme tourmentée et prépare les lecteurs à tracer un lien entre lui-même et son personnage central :

> Il y enuiron deux ans, que Dieu m'a fait la grace d'abandonner le pays auquel il est persecuté, pour le seruir selon sa saincte volonté : durant lequel temps, pource qu'en mes afflictions, diuerses fantasies se sont présentées à mon esprit, i'ay eu mon recours à la parolle du Seigneur, en laquelle i'ay trouué deux choses qui m'ont merueilleusement consolé. L'vne est vne infinité de promesses, sortie de la bouche de celuy qui est la verité mesmes, & la parolle duquel est tousiours accompagnée de l'effect : l'autre est vne multitude d'exemples, desquels le moindre est suffisant non seulement pour enhardir, mais aussi pour rendre inuincibles les plus foibles & descouragés du monde. (p. 91)

Retenons de ce passage d'abord son langage et son attitude typiquement huguenots en ce qui concerne la souffrance en général et l'exil en particulier comme signes de grâce, confirmation de la promesse du salut : si leur propre « persécution » revient à celle de Dieu, c'est surtout que Dieu est avec eux[2]. Puis notons la relation dynamique, voire problématique, entre les « diuerses fantasies » de l'auteur et la « parolle du Seigneur ». D'un côté, cette parole unitaire et transcendante, « sortie de la bouche de celuy qui est la verité mesmes » restreint et fixe, de façon réconfortante, un imaginaire humain multiple et mouvementé. De l'autre côté, cette parole a tendance elle-même à se multiplier, donc à s'estomper dans la multiplicité

---

2. Voir notamment Crouzet D., *La Nuit de la Saint-Barthélemy. Un rêve perdu de la Renaissance*, Paris, Fayard, 1994, p. 158-179, sur les huguenots, bien avant le massacre de 1572, comme étant « obsédés par le mythe d'une purification, d'une violence martyrologique ordonnée par Dieu » (p. 178).

du sujet qui l'interprète: « vne infinité de promesses », « vne multitude d'exemples ». L'unité et la transcendance de cette parole, donc son pouvoir de réconforter, dépendent finalement de son origine dans une divinité assez bien définie pour avoir une (seule) bouche.

Or c'est précisément à une telle représentation de Dieu que le dramaturge calviniste a renoncé. Certes dans les versions de cet épisode biblique dans le *Mistère*, comme dans la plupart de celles du théâtre anglais (la pièce de Chester faisant exception), Abraham ne reçoit la parole de Dieu que par l'intermédiaire de l'ange. Mais pour les spectateurs de la pièce catholique, la tentation spirituelle est garantie, pour ainsi dire, par la présence « réelle » du personnage divin et par la « réalité » du ciel comme site d'action primordial et dominant. Dans le *Mistère*, deux échanges entre Dieu et Justice et Misericorde, personnages incarnant les aspects de sa divinité associés respectivement à l'Ancien et au Nouveau Testament, servent non seulement à ancrer l'histoire dans sa signification typologique traditionnelle, mais même à remplacer la notion biblique de la tentation, avec son élément de suspense (sinon de sadisme), par une volonté divine manifestant à la fois confiance en Abraham et esprit pédagogique:

> Par experience
> Sus Abraham le monstreray
> Et dessus je figureray
> Mon vouloir comme, sans doubter,
> Luy mesme encor vouldra bouter
> Son seul filz de propre lignaige. [...]
> Ainsi le fera, puis après
> Je figureray par exprès
> De Jhesu Crist l'obedience
> Sus Ysaac plain de innocence,
> Qui, quant son père le vouldra
> Mettre a mort, a gré le prendra,
> Sans contredire ne douloir[3].

Sans Dieu comme acteur sur scène, le contraste entre l'esprit humain trouble et la parole divine claire et directe risque de s'avérer, comme dans l'épître de Bèze, une interdépendance, et la différence même entre

---

3.   *Le Mistère du viel Testament*, éd. de Rothschild N.J.E, Paris, Didot, (« Société des Anciens Textes français »), 1879, t. II, v. 9664-9677.

ce monde déchu et le royaume d'éternité menace de se transformer en
« différance » derridéenne.

Cet effet correspond justement au report indéfini de la promesse de
Dieu, non pas pour Abraham, personnage « historique » interpellé par la
voix éternelle de façon définitive, mais pour Bèze lui-même, interpellé par
cette histoire, donc à seconde voix, pour ainsi dire, et à des fins qui restent
à éclairer. La citation biblique servant d'épigraphe à l'épître auctoriale
– « Abraham a creu à Dieu, & il luy a esté reputé à iustice » (p. 91) – fournit
à Abraham sacrifiant, autant au personnage qu'à l'ouvrage, un cadre typologique, d'autant qu'elle lie l'Ancien et le Nouveau Testament, prophétie
et réalisation, comme le souligne Bèze en citant les deux endroits où se
trouvent ces paroles (*Genèse*, XV, 6, *Romains*, IV, 3). C'est d'ailleurs un cadre
qui ne met pas en valeur la relation symbolique traditionnelle entre le
sacrifice d'Isaac et la crucifixion du Christ. Ce qui ressort de la version
de Bèze, à partir de son titre et à travers mêmes les dialogues pathétiques entre le fils et son père, c'est l'intérêt dominant de l'auteur pour les
souffrances paternelles, souffrances découlant de l'idée de la tentation et
tournant autour de la question de la foi. Le contexte du deuxième passage
biblique est d'autant plus significatif que Paul y traite de la justification
par la foi, et non pas par les œuvres, thème notamment calviniste qui
rend l'exemple d'Abraham théologiquement pertinent, ainsi que personnellement immédiat. Par contre, alors que la foi d'Abraham lui a mérité
« l'héritage du monde » (*Romains*, IV, 13), la récompense de Bèze toujours
sacrifiant, quand adviendra-t-elle ? Entrer dans l'ordre symbolique sans
pour autant y prendre place définitive, c'est presque la définition classique
du sujet d'après Jacques Lacan.

Seule parmi les représentations dramatiques de l'épisode biblique,
celle de Bèze commence par un Abraham littéralement dépaysé, déchiré
entre les bienfaits indéniables de Dieu et les souffrances qui également sont
elles-mêmes des marques de faveur. Il fait écho à l'auteur de l'épître :

> Depuis que i'ay mon pays delaissé,
> Et de courir çà & là n'ay cessé :
> Helas, mon Dieu, est-il encore vn homme
> Qui ait porté de travaux telle somme ?
> Depuis le temps que tu m'as retiré
> Hors du pays où tu n'es adoré :
> Helas, mon Dieu, est-il encore vn homme
> Qui ait receu de biens si grande somme ? (v. 1-8)

C'est un homme déjà divisé contre lui-même, et, à en juger par le discours qui précède la première apparition de l'ange, voire qui semble presque conjurer ce dernier, sa foi est déjà en question :

> Quoy que ie die ou que ie face,
> Rien n'y a dont ie ne me lasse,
> Tant me soit l'affaire agreeable :
> Telle est ma nature damnable.
> Mais sur tout ie me mescontente
> De moymesme, & fort me tormente,
> Veu que Dieu iamais ne se fasche
> De m'aider : pourquoy ie me tasche
> A ne me fascher point aussi
> De recognoistre sa mercy,
> Autant de bouche que de cœur. (v. 223-233)

Surtout dans un contexte calviniste, où la foi se manifeste sous forme de pressentiment d'élection, le mot « damnable » risque de résonner bien au-delà de son sens plus neutre. Bref, cet Abraham éprouve sa propre tentation, essentiellement celle du désespoir, avant qu'elle ne soit matérialisée. Et si l'ange s'associe ainsi à un élément spirituel déjà présent, pourquoi pas aussi le maître même de la tentation, Satan, dont la mise en scène est la contribution la plus ouvertement originale de la dramaturgie de Bèze, puisque ce personnage ne figure dans aucune autre version théâtrale du récit biblique ? D'ores et déjà l'on entrevoit, peut-être, une réponse inattendue à la question, où sont les dieux ? On pourrait facilement compter ce Satan parmi les « singes de Dieu » répandus dans le théâtre biblique si Dieu montrait sa propre image. Mais comment reconnaître la copie d'un original absent ? En ce qui concerne l'expérience théâtrale, nous sommes dans un univers polythéiste, où d'ailleurs les personnages surnaturels dépendent vraisemblablement de l'imaginaire de l'homme.

Le lecteur des premières éditions de la pièce de Bèze est pour autant invité à faire connaissance directe de l'« Argument du XXII Chapitre de Gènese » (p. 93), qui suit l'épître auctoriale. De façon résolument protestante, c'est donc la véritable parole de Dieu, et non pas sa recréation fictive, qui sert de point d'ancrage à la pièce. Notable d'emblée est la structuration de ce bref Argument autour de l'interpellation répétée du héros, dont la réponse signifie l'acceptation de son rôle tout en affirmant présence, identité et foi. Au début, « [...] Dieu tenta Abraham, & luy dit, Abraham. Et il respondit, Me voicy ». Puis, une fois le lieu de sacrifice atteint, c'est le tour d'Isaac, qui demande où se trouve l'agneau : « Adonc Isaac dit à Abraham son pere, Mon pere. Abraham respondit, Me voicy mon fils ». Finalement, il y l'intervention de l'ange : « Lors luy cria du ciel l'Ange du Seigneur, disant, Abraham, Abraham : lequel respondit, Me voicy ». Or les versions du *Mistère* ne préservent aucune de ces questions ni réponses.

Mais même en insistant ainsi sur « la parolle du Seigneur », Bèze encourage son lecteur à mesurer ses propres écarts auctoriaux. Ceux-ci s'avèrent en plus fort significatifs. Le seul échange qu'il ait gardé inchangé (sauf en substituant l'ange à Dieu) est le premier. Le dernier est modifié pour différer l'affirmation de présence jusqu'après la réalisation de la grâce divine. L'appel de l'ange au moment intensivement émotionnel de la frappe suscite d'abord le cri ambigu « Mon Dieu » (v. 891). Une fois le pardon prononcé, père et fils ensemble s'exclament « O Dieu » (v. 901), puis Abraham tire la conclusion, « Seigneur, voila que c'est/De t'obeir » (v. 901-902), et voit le mouton : « Voicy mon cas tout prest » (v. 902). Il s'agit visiblement d'une récupération d'identité, donc de foi, ce qui déclenche enfin les mots bibliques, « Me voicy » (v. 903), à l'interpellation renouvelée de l'ange.

Quant à l'équivalent du deuxième échange biblique, amorcé par Isaac (« Mon pere » [v. 602]), inquiet de ne pas voir de mouton, la version de Bèze met en relief l'écroulement d'identité sous le poids de l'ordre divin mystérieux (j'entends le mot « ordre » dans les deux sens). Au lieu de répondre, Abraham renonce et à l'affirmation et à la communication en posant la question, « Helas, las, quel pere ie suis » (*ibid.*). Au fur et à mesure que son agonie augmente, l'homme choisi par Dieu sombre en tant qu'*exemplum* dans un vide d'auto-interrogation à la fois linguistique et spirituel, ses mots ne servant plus à le repérer pour lui-même puisqu'ils ne font que rappeler l'écart entre promesse et réalisation, signifiant et signifié, un dépaysement carrément intériorisé :

> Que dy-ie ? où suis-ie ? ô Dieu mon createur,
> Ne suis-ie pas ton loyal seruiteur ?
> Ne m'as-tu pas de mon pays tiré ?
> Ne m'as-tu pas tant de fois asseuré,
> Que ceste terre aux miens estoit donnée ? (v. 749-753)

On trouverait avec difficulté un meilleur exemple de la formation du sujet lacanien :

> le sujet apparaît d'abord dans l'Autre, en tant que le premier
> signifiant, le signifiant unaire, surgit au champ de l'Autre,
> et qu'il représente le sujet, pour un autre signifiant, lequel
> autre signifiant a pour effet l'*aphanisis* du sujet. D'où, division
> du sujet – lorsque le sujet apparaît quelque part comme sens,
> ailleurs il se manifeste comme *fading*, comme disparition[4].

C'est un processus présidé sur scène par Satan, qui extériorise sous forme comique, avec ses mots légers et spontanés, la pensée irresponsable qu'Abraham ne peut pas reconnaître pour la sienne. S'il demande, « Où suis-ie ? », voici la réponse que donnerait la psychanalyse : « Je pense où je ne suis pas, je suis où je ne pense pas »[5].

Ce qui chasse Satan, c'est la pure foi même qu'incarne Isaac, foi qui remplit le vide de son père avec les mots de présence qui appartiennent plutôt à Abraham dans la Bible. L'affirmation du fils, « Mon pere, me voilà » (v. 829), détourne la pensée diabolique : « Mais ie vous pri', qui eust pensé cela ? » (v. 830). Et lorsque Isaac déclare, « Ie suis tout prest, mon pere, me voila » (v. 857), c'est l'identité de Satan même qui se montre déstabilisée : « Iamais, iamais enfant mieux ne parla./Ie suis confus, & faut, que ie m'enfuye » (v. 858-859). Où s'enfuit-elle, cette faculté de penser blasphématoire, de semer des doutes ? Par implication, elle est réabsorbée par le sujet qui s'aligne ainsi de nouveau avec la volonté de Dieu.

Voilà une inversion ironique des exorcismes pratiqués par le Christ, inversion qui renouvelle la fonction typologique d'Isaac, mais dans une perspective typiquement protestante. Isaac, comme le Christ au moment de la crucifixion, est la foi même, ce qui suffit pour arriver au salut. C'est par rapport au Christ, à la fois Dieu et homme, que l'individu négocie sa propre identité spirituelle d'après un procédé dynamique d'auto-insertion dans la typologie. Ce procédé deviendra de plus en plus répandu dans la tradition protestante, par exemple chez les poètes anglais dits « métaphysiques » tels que John Donne et George Herbert[6]. Mais comme en témoigne abondam-

---

4. Lacan J., *Le Séminaire de Jacques Lacan*, Livre XI (*Les quatre concepts fondamentaux de la psychanalyse*), éd. Miller J.-A., Paris, Éd. du Seuil, 1973, p. 199.
5. Cottet S., « Je pense où je ne suis pas, je suis où je ne pense pas », dans Miller G. (dir.), *Philosophie présente Lacan*, Paris, Bordas, 1987, p. 13-29.
6. Sur ce phénomène à la fois discursif et théologique, voir, par exemple, Kiefer Lewalski B., *Protestant Poetics and the Seventeenth-Century Religious Lyric*, Princeton, New Jersey, Princeton Univ. Press, 1979 ; et Clark I., *Christ Revealed. The History of the Neotypological Lyric in the English Renaissance*, Gainsville, Univ. Presses of Florida (« University of Florida Humanities Monographs » 51), 1982.

ment la poésie des derniers, cette procédure peut entraîner un *fading*, par lequel on se perd en tant que créature croyante, au moins de façon passagère, tout en se produisant en tant que sujet humain. Bèze semble avoir été parmi les premiers écrivains protestants à s'inscrire ainsi sous le signe de l'Autre, et sa précocité aurait bien pu être troublante, du moins à en juger par l'écho de son ouvrage qui a résonné de l'autre côté de la Manche.

Il a toujours semblé normal qu'Arthur Golding, calviniste confirmé responsable de la traduction de plusieurs textes protestants français, ait entrepris celle de la pièce de Bèze. Sa traduction a été soigneusement éditée en 1577 par l'imprimeur huguenot Thomas Vautrollier dans un volume impressionnant, accompagné de la même matière complémentaire que dans l'original et garni au surplus de trois illustrations. On a parfois eu plus de mal à comprendre l'intérêt de Golding pour le chef-d'œuvre d'Ovide, dont il avait achevé la traduction dix ans avant, projet monumental qui a notamment servi de source importante à Shakespeare. Dans les *Métamorphoses*, après tout, Golding s'est trouvé obligé, dans un sens, de faire comme Abraham autrefois, qui, comme il s'exprime chez Bèze, était « contraint [...] De voir,/En lieu de toy, qui terre & cieux as faicts,/Craindre & seruir mille dieux contrefaicts » (v. 20-22).

Toutefois le choix de Golding paraît beaucoup moins mystérieux lorsqu'on tient compte, pour l'ouvrage ovidien aussi, des matières liminaires, soit une longue épître (plus de six cents vers) en guise de dédicace adressée au comte de Leicester, suivie d'une préface de deux cent vingt vers adressée au lecteur. Ce qui ressort de ces textes complémentaires est une conscience aiguë, et sinon obsédée au moins fort inquiète, de la contradiction entre, justement, Dieu et les dieux, « The trewe and eerliving God » (Preface, v. 3[7]) et « the heathen names of feynèd Godds » (v. 2), ces derniers ayant été mis en place, comme Bèze le prétendra lui aussi, « Through Satans help » (v. 12). En effet, s'il ne résout pas cette contradiction, Golding la diminue, d'une façon assez connue, en faisant appel à la sagesse transcendante du poète païen, aux entre-aperçus de la vérité chrétienne et surtout aux leçons de morale cachées derrière les fables même les plus libres. En fait, tout mène à croire que Golding s'est proposé comme défi de produire non seulement une version anglicisée de l'*Ovide*

---

7. Nous citons *Shakespeare's Ovid Being Arthur Golding's Translation of the* Metamorphoses, éd. Rouse W.H.D., Londres, Centaur Press, 1961.

Moralisé médiéval[8], mais une version résolument, sinon farouchement, protestante, où les fausses images avec lesquelles l'imaginaire humain, à l'instigation de Satan, parsemait le monde céderont, du moins en principe, à un Dieu attendant dans les coulisses. Ainsi la métamorphose même cède au principe de toute stabilité.

Le premier obstacle pratique auquel Golding faisait face était de taille, car il devait concilier la description ovidienne de la création à partir du chaos avec celle de la *Genèse*. C'est un exemple révélateur de notre point de vue, d'autant que le poète huguenot Guillaume du Bartas, en puisant dans des sources païennes, et notamment dans les *Métamorphoses*, pour élaborer sa version du chaos et de la création dans la *Sepmaine* (1578), a suscité une vive controverse[9]. La question revient à celle de la responsabilité d'un Dieu qui, comme Bèze nous le rappelle au début de sa pièce, a le pouvoir de faire « sortir du mal le bien », comme il a déjà « fi[t] tout de rien » (v. 11-12). Manifestement, quand Dieu ne se manifeste pas, même les chrétiens les plus fidèles à sa parole risquent de se tromper de vue, et les exilés pour cause de *la* religion risquent d'errer dans les deux sens du terme.

C'est précisément ce risque dont Golding semble s'être aperçu chez Bèze. Les paroles de l'auteur à sa propre guise, assumées franchement par lui et fidèlement reproduites par le traducteur, n'auraient pas posé de problème : elles témoignent de sa souffrance et de sa foi d'une façon tout à fait acceptable pour les serviteurs persécutés de Dieu persécuté. Seulement, une fois sur scène, le représentant de l'auteur se détache de son garant, tout en prenant sa place, et la négociation difficile de sa tentation par un Dieu caché aurait pu sembler mettre Dieu lui-même en cause. À travers la traduction, au moyen de petits aménagements ponctuels et surtout aux moments d'interpellation, Golding s'efforce donc de priver Abraham, non point de sa souffrance, qui fait partie intégrante de son triomphe de foi exemplaire, mais de ce *fading* qui l'engendre en tant que sujet humain. Le lien entre le personnage et l'auteur est ainsi rompu, et ce dès le début, car, très exceptionnellement, Golding laisse tomber les deux vers qui font écho à la

---

8. Sur cet aspect de la traduction de Golding, voir l'introduction de Peter Holland à son édition de Shakespeare, *A Midsummer Night's Dream*, Oxford World's Classics, Oxford, Oxford Univ. Press, 1994, p. 32 et 85.

9. Voir notre article, « *La Création du monde* et *The Taming of the Shrew* : Du Bartas comme intertexte », dans *Renaissance and Reformation/Renaissance et Réforme*, nouvelle série, t. XV, n° 3, 1991, p. 252-254, ainsi que Keller L., *Palingène, Ronsard, Du Bartas. Trois études sur la poésie cosmologique de la Renaissance*, Berne, Francke Verlag, 1974, p. 130.

Préface (« Depuis le temps que tu m'as retiré/Hors de pays où tu n'es adoré » [v. 7-8]), tout comme la mention plus tard de « ceste estrange terre » (v. 503).

Désormais toute suggestion d'auto-aliénation, de vide intérieur, d'instabilité spirituelle est rigoureusement balayée, de sorte que cet Abraham ne cesse jamais d'être présent à lui même, bien que de façon négative. Dans les limites du possible, l'abstrait se concrétise, l'intérieur s'extériorise, l'irrationnel se rationalise. *Travaux* (dans le sens de « souffrances ») devient *combrances* (v. 4) – « fardeaux ». « Telle est ma nature damnable » se débarrasse de son terme problématique en devenant *Soe wicked nature reignes in me* (v. 239). Satan dit d'Abraham, non pas « S'il change de cœur » (v. 467), mais *And if he chaunge his mind* (v. 475) – son « avis ». Pour l'indéfini « en tel esmoy » (v. 498), nous trouvons simplement *so dismayd* (v. 507) – *découragé*. L'exclamation « Quel pere ie suis ! » contient un élément incertain et interrogatif; ce n'est pas le cas pour l'affirmation d'identité *a poor father am I* (v. 608). Et au moment auto-interrogatif ultime, « Que dy-je? où suis je? », Golding substitue d'emblée le passé défini (*What sayd I?*) au présent indéfini, puis assimile la deuxième question, qui retentit de l'*aphanisis* déclenchée par l'interpellation divine, à d'autres moments relativement anodins où la pensée du personnage change simplement de sens : *what intend I?* (v. 758) – « qu'elle est mon intention ? ». Qu'il soit précoce ou pas, l'Abraham de Bèze pense, donc il est – donc il n'est plus ; celui de Golding pense, donc il croit.

Ainsi à travers même l'âme tenaillée d'Abraham, l'invisible est forcé par Golding à se rendre visible, tendance d'ailleurs renforcée concrètement pour le lecteur par les illustrations rajoutées à l'édition anglaise. La logique du symbole se réimpose sur celle du signe, pour reprendre la distinction de Julia Kristeva. C'est comme si le traducteur, inquiet face à un ouvrage qui diffère, autant qu'il célèbre, la découverte de la foi, tâchait de restituer la présence d'un Dieu textuellement absent pour cause de nécessité doctrinale. Cela revient, malgré lui, à rendre hommage à Satan. Car Golding a saisi, semble-t-il, l'importance du fait que chez Bèze, le pouvoir de Satan d'écarter de Dieu l'imaginaire des hommes s'étend même au-delà de la capacité de faire en sorte qu'ils « Aiment trop mieux seruir mille dieux qu'vn » (v. 178). Ce soi-disant créateur des dieux se vante aussi d'un pouvoir de détruire, d'insinuer la « fantasie certaine » – auto-contradiction significative en soi et rappelant les « diuerses fantasies » revendiquées par l'auteur – « Que de ce Dieu l'opinion est vaine » (v. 179-180). Dans ces conditions-là, la présomption d'omniprésence ne remplit pas l'absence. Dieu risque de se noyer dans ses propres métamorphoses.

Jelle Koopmans

De la survivance des dieux antiques à la survie de l'humanité

Lentement, dans la zone obscure entre le Moyen Âge proprement dit et la Renaissance dans son acception traditionnelle (et je revendique effectivement l'existence d'une période spécifique entre les deux), les dieux antiques sortent de l'ombre. Les raisons profondes de cette mutation, qui sont d'une part d'une explication facile mais qui restent d'autre part difficiles à saisir, n'entreront pas, dans un premier temps, dans mon propos parce qu'une telle entreprise dépasserait largement mes modestes compétences, mais aussi, peut-être, parce que l'heure n'est pas encore venue d'interpréter des changements d'attitudes dans le climat intellectuel, qui sont encore mal documentés. Si en effet il existe bien des prises de positions dogmatiques qui faciliteraient notre compréhension du phénomène, une documentation précise fait cruellement défaut. Tant pour les tenants de la continuité entre le Moyen Âge et la Renaissance que pour les tenants de la rupture entre ces deux « périodes », il y a de riches exemples (de l'*Ovide moralisé* à Colard Mansion en passant par Pierre Bersuire pour la continuité ; de Boccace à Giraldi et Cartari pour la rupture). C'est pourquoi je compte présenter ici une simple revue des troupes centrée sur les représentations théâtrales, et notamment sur le théâtre dit profane. La question pourtant intéressante sinon importante de savoir en quoi le drame peut bien être représentatif en ce domaine sera remise à plus tard, mais il importe tout de même, me semble-t-il, d'essayer de voir quand et comment les dieux anciens commencent à occuper la scène avant de sortir de la machine et en cela, je le constate non sans surprise, la fameuse *Survivance des dieux antiques* de Jean Seznec, ouvrage séminal s'il en est, nous est de peu de secours dès qu'il s'agit du théâtre[1]. Comment se fait-il, serait-on en droit

---

1. Seznec J., *La Survivance des dieux antiques*, Paris, 1939 (trad. anglaise : Princeton Univ. Press, « Bollingen Series », 1972), Flammarion, coll. « Champs », 1993.

de se demander, que le théâtre, par rapport à l'iconographie, par rapport à la littérature théorique, voire par rapport aux tableaux vivants des joyeuses entrées, soit retardé, arriéré, obtus et vétuste au point d'ignorer tout simplement les ressources nonpareilles que présentent les dieux antiques? Question annexe, mais certes centrale pour notre propos: si l'apparition des dieux antiques sur la scène est une bombe à retardement, quand et pourquoi se produit le changement qui transforme les dieux antiques de simples renvois en véritables personnages?

En premier lieu, donc, je voudrais surtout documenter, ici, la résurgence des dieux antiques sur l'ancienne scène – la question, en effet, est nouvelle – non pas pour montrer une évolution ni pour défendre une vue d'ensemble, mais simplement afin de réunir un certain nombre de données. Il ne s'agit certes pas de prendre parti dans le débat au sujet de la continuité ou de la rupture entre le Moyen Âge et la Renaissance; laissons au lecteur le soin d'interpréter les documents que présente cet article. Afin d'agrémenter légèrement sinon quelque peu la chose, je compte analyser plus bas un peu plus longuement une pièce dramatique qui peut être vue comme une exception, et pour une exception, c'en est certes une – et qui a toujours été vue comme une exception, à juste titre – mais je tiens à rappeler que selon Sherlock Holmes, c'est l'exception qui infirme la règle et que, si sans exception, il n'y a pas de règle, avec exceptions il n'y en a pas non plus. Autant dire qu'après des généralités un peu longues, voire fort peu originales, des prolégomènes fastidieux où je rappellerai – à ma façon – ce que tout le monde sait plus ou moins, je compte présenter une analyse nouvelle de la *Cène des dieux*, jouée par Pierre de Lesnauderie et sa troupe à Caen vers 1494 et c'est là un sujet bien moins universellement connu et reconnu.

Deux précisions préliminaires: d'une part, tous les dieux antiques n'ont pas connu une même survie; surtout, Vénus et Bacchus ont connu, tant dans la poésie que dans les manifestations (para-)dramatiques, un sort tout à fait différent de celui des autres « dieux »; d'autre part, il est certes utile d'opérer une distinction, ne fût-elle que pure théorie, entre le nom des dieux et leur fonction, ou en d'autres mots: s'il arrive bien à Notre-Dame, dans les *Miracles de Notre Dame par personnages*, d'assumer la fonction d'un *deus ex machina*, en quoi le seul nom du personnage nous autorise-t-il à le considérer comme appartenant à une autre tradition, alors que le même système dramaturgique paraît jouer? La question sur d'éventuelles constantes dramatiques que pose ce rapprochement – suggérée aussi par l'unité du temps dans le *Jeu de la Feuillée*, et ailleurs – est fascinante et mériterait un traitement à part, mais n'entre pas en compte ici.

Dans un certain sens, sur le plan du traitement des dieux antiques, il existe une continuité entre les chansons de geste et les mystères. Mon introduction à l'édition du *Mystère de saint Remi* contient un bref résumé des remarques formulées à ce propos au congrès de Leeds il y a dix ans, mais malheureusement jamais publiées sous forme d'article[2]. Les *Passions* mises à part (mais chez Gréban, à l'occasion de la fuite en Égypte, il y a une belle énumération d'idoles : Vénus, Saturne, Jupin, Flora[3]), provisoirement, on constatera en effet que le monde des Gentils vu par les auteurs de mystères – et visualisé devant le public des mystères – recoupe sous bien des points de vue celui imaginé par les auteurs de chansons de geste – surtout, d'ailleurs, si on prend en compte le grand nombre de représentations de mystères « non religieux » (*Orson de Beauvais, Godefroy de Bouillon* etc.[4]). N'oublions pas non plus qu'à Namur, par exemple, les premiers mystères de la Passion étaient organisés par le chanteur de geste local (apparemment encore une profession au xve siècle[5]). Les dieux antiques y figurent simplement comme caractéristiques de tout ce qui n'est pas chrétien, bien que Proserpine, déesse infernale ou diablesse, Appolon (*cf. Appolin*, mais aussi à comparer à *Abbadon*) et la déesse chasseresse Diane, de plus en plus importante dans le contexte de la chasse aux sorcières, ont une place à part[6]. Un autre cas spécial, que je compte traiter comme interlude, est celui de Cupidon. En effet, nous trouvons dans le *Recueil Trepperel* une farce intitulée *Le procès d'un jeune moyne et d'ung viel gendarme qui plaident pour une fille devant Cupido le dieu d'amours*[7] qui se présente comme *Werbespiel* (jeu compétitif où les personnages essaient d'obtenir

---

2. *Le mystère de saint Remi*, Genève, Droz, 1997, p. 11-13.
3. Jodogne O. (éd.), *Le Mystère de la Passion d'Arnoul Gréban*, Bruxelles, Palais des Académies, 1965, v. 7446 sq.
4. Voir par exemple : Thomas A., « Une représentation d'Orson de Beauvais à Tournai en 1478 », *Romania* 36, 1907, p. 434-435 ; Cohen G. (éd.), *Le Livre de conduite du régisseur et le compte des dépenses du Mystère de la Passion joué à Mons en 1501*, Paris, Champion, 1925, p. xii, xvi, xix.
5. Faber F., *Histoire du théâtre français en Belgique depuis son origines jusqu'à nos jours*, Bruxelles, 5 vols., 1878-1880, t. I, p. 335-336 ; voir Rey-Flaud H., *Le Cercle magique. Essai sur le théâtre en rond en à la fin du Moyen Âge*, Paris, Gallimard, 1973, p. 17, 21.
6. Voir mon *Théâtre des exclus au Moyen Âge*, Paris, Imago, 1997, p. 118-122.
7. Éd. Droz E. & Lewicka H., *Le Recueil Trepperel, II : Les Farces*, Genève, Droz, 1961, p. 41-54.

un prix) qui serait, selon Claude Lenient, une « farce ignoble »[8]. C'est une mise en action d'une suite de métaphores musicales à fortes connotations obscènes : la Fille chantera « le bas », les prétendants doivent fournir « le dessus » ; le gendarme le fera « de bémol », le moine « de bécarre ». Le moine a « instrumens organistes » (orgue/organe). En fait donc, une farce géniale, entièrement construite sur un chant polyphonique. Le moine veut « ung dessoubz de nature » ; le gendarme veut uniquement chanter « de mesure », mais la fille veut chanter à plaisance, sans pauses. Selon elle, le gendarme chante mélodies *du temps du roy Clostaire* : elle veut la « nouvelle guise » (ce sera, on s'en doute, *J'ay prins amours a ma devise*). Même si le rôle de Cupidon, ici, est peu spécifique, même si la pertinence de cette farce pour le thème du recueil est ténue, je n'ai pu résister au simple plaisir de présenter cette nouvelle présentation d'une pièce fort originale, douée d'une dramaticité spéciale et problématisant en même temps la tension entre la farce obscène et la musique polyphonique et d'avoir pu, de la sorte, faire passer en fraude un dieu antique.

Une seconde filière qui a son importance, c'est la *poéterie*, ce sont les *fictions romaines* ou les *antiquailles* tant chéries de ceux qui pratiquent la seconde rhétorique. Il s'agit des étalages de savoir, des comparaisons, bref, des renvois à l'histoire romaine et à la mythologie destinés à enjoliver le discours. On pense aux remarques formulées par Henri Guy au sujet de l'amour de l'Antiquité[9]! C'est que, au moment de la nouvelle prise de conscience que documentent les *Arts de seconde rhetorique*, la *poéterie* apparaît comme figure, que ce soit de style ou de pensée, comme figure destinée à illustrer un propos, comme une comparaison destinée à remplacer les paraboles allégoriques[10]. Cette affirmation apodictique pourrait sembler vague et gratuite, mais je compte en même temps lier explicitement la résurgence des dieux anciens à la faillite du système allégorique. En même temps, si l'allégorie est une vérité cachée sous un beau mensonge (Dante), la mythologie devient, au XVe siècle, un voile qui couvre un message essen-

---

8. *La Satire en France au Moyen Âge*, Paris, 1883, p. 350, cité par Droz-Lewicka, *Le Recueil Trepperel*, II, op. cit., p. 41.
9. Guy H., *Histoire de la poésie française au XVIe siècle*, t. I, *L'École des rhétoriqueurs*, Paris, Champion, 1926, p. 381-382 : « ces ridicules versificateurs [...] ont été les premiers ouvriers de la Renaissance. Et savez-vous comment ils la préparaient ? En aimant l'Antiquité avec passion ».
10. Langlois E. (éd.), *Recueil d'arts de seconde rhétorique*, Paris, Champion, 1902 (réimpr. Genève, 1974) p. VIII-X, 39-48, 65-72, 97.

tiellement chrétien : songeons au développement dramatique de Pyrame et Thisbé. Pour le drame, cela ne joue que dans une moindre mesure ; toutefois Nicole de La Chesnaye, dans sa *Condamnation de Banquet* nous en fournit d'amples exemples, tout comme Pierre de Lesnauderie dans *Pattes-Ouaintes*[11]. Cette *poéterie*, en elle, témoigne d'une nouvelle interprétation de la mythologie antique, mais là, on pourra consulter l'étude de Seznec. Les entrées joyeuses visualisent volontiers le choix de Pâris, entre autres à partir de l'idée – bien documentée chez Seznec – que la mythologie antique cache une vérité chrétienne.

En troisième lieu, bien évidemment et *mirabile dictu* en même temps, la tradition satirique astrologique est à sa place ici. Rappelons que le Moyen Âge, hostile à l'astrologie divinatoire qui limite le libre arbitre et, par là, le choix de l'homme de pécher (choix essentiel dans les doctrines chrétiennes) est en train de céder la place à une Renaissance pleine de superstitions, avec un engouement tout particulier pour l'astrologie divinatoire (qui connaît son point culminant dans l'œuvre de Nostradamus). Sur le plan dramatique, l'utilisation des planètes/dieux dans les pronostications satiriques pourrait être un lieu commun si seulement l'on connaissait un peu mieux cette tradition[12]. La *Sottie de l'Astrologue*[13] peut être vue comme une pronostication dramatique, où les dieux n'apparaissent pas comme personnages, mais où l'on fait bien allusion au signe Virgo (qui représente Jeanne de France), à Vénus (qui représente Anne de Bretagne « qui hait virginité »), à Sol (l'argent, bien sûr ; Picot s'est trompé dans son édition), à Gemini (les frères d'Amboise).

La première véritable mise en scène des dieux antiques, la première pièce où ils sont tous, c'est la *Cène des dieux*[14]. La pièce n'est pas totalement inconnue puisqu'elle figure dans le fameux *Recueil Trepperel*, mais on ne pourra pas dire qu'elle a été étudiée à fond. Elle est curieuse, puisqu'elle se soustrait totalement à la taxinomie générique établie des genres dramatiques profanes. Les savantes éditrices, Eugénie Droz et Halina Lewicka, optent pour une explication dont la facilité nous surprend, dont la gra-

---

11. Nicolas de La Chesnaye, *La Condamnation de Banquet*, éd. Koopmans J. et Verhuyck P., Genève, Droz, 1991 ; Pierre Lemonnier de Lesnauderie, *La Farce de Pates-Ouintes*, éd. Bonnin T., Evreux, 1843.
12. Sur ce point, nous attendons notamment les résultats des recherches de Franck Manuel menées dans le cadre d'une thèse à l'université de Toulouse.
13. *Recueil général des sotties*, éd. Picot E., Paris, Société des Anciens Textes français, 1902-1912, I, p. 195-231.
14. Droz E. & Lewicka H., *Le Recueil Trepperel…, op. cit.*, p. 97-144.

tuité nous laisse bouche bée. La pièce serait « l'un des rares exemples que nous ayons de l'ancien théâtre de collège »[15]. Dont acte. L'affirmation frise, en elle-même, le ridicule. Tant de pièces des recueils Cohen et Trepperel sortent du monde des collèges, tant d'animosités universitaires sont explicitement thématisées dans les farces et sotties « traditionnelles » qu'il reste difficile de voir, dans la *Cène des dieux*, une exception. Et pourtant... Notons en outre qu'il s'agit d'une pièce de la main de Pierre de Lesnauderie qui a/aurait commis en 1492 (en fait en 1493) la *Farce des Pattes Ouaintes*. Or, Lesnauderie, auteur de théâtre médiéval, deviendra plus tard un vaillant (pré-)humaniste et même recteur de l'université de Caen. En 1493, il est encore impliqué dans des conflits moyenâgeux et se fait auteur de satires acerbes contre l'Église ; à l'époque de son rectorat, des amis de Lefèvre d'Étaples enseignent à Caen, dont l'université fut favorable à la Réforme. Autant dire qu'avec cet auteur, nous sommes pleinement « dans la zone obscure entre le Moyen Âge proprement dit et la Renaissance » invoquée en début d'article. Voici tout à coup les dieux de l'Olympe comme personnages dramatiques, une *poéterie* qui se fait chair.

Examinons d'abord la pièce de plus près : que s'y passe-t-il ? Au début, Saturne, de son *hault beuffroy du trosne magistral* (v. 1), convie les dieux à un banquet où l'on mangera et où l'on décidera en même temps du sort de l'humanité. Saturne et Mars préconisent la mort des hommes, à cause de leurs multiples péchés ; Jupiter, Vénus et Luna (Diane) soutiennent la vie. Mercure, qui tient les registres, s'étonne de ce que la terre ne s'est pas fendue sous le poids des péchés humains et arrive à convaincre ; de toute manière, Jupiter ne veut plus défendre l'homme (*inclinet capud*) : les hommes doivent mourir et Jupiter et Mercure s'en lavent les mains. En termes astrologiques : il y a conjonction de Jupiter et de Saturne. Seule Vénus s'y oppose (également en termes astrologiques) : selon elle, la nature doit avoir son cours (ce que je dirais aussi en tant que Vénus, mais je ne la suis pas) ; toutefois, comme Vénus est partie dans le procès, elle doit procéder par le biais de son avocat (Jupiter). Cet argument formaliste avait tout pour plaire aux jeunes juristes normands ; dans la logique dramatique, toutefois, il étonne quelque peu.

Suivent les complaintes : les dieux illustrent les péchés de l'homme en alléguant force exemples tirés tant de l'Ancien Testament (du type de la *poéterie*) que de l'histoire romaine et même de l'actualité politique, sans

---

15. Droz E. & Lewicka H., *Le Recueil Trepperel...*, *op. cit.*, p. 97.

autre transition que le passage du passé au présent. À noter: leur version du Déluge est celle d'Ovide, avec Deucalion, et non celle de la Bible. Notons aussi que les dieux antiques commentent ici l'Ancien Testament ainsi que l'actualité du xve siècle.

Phébus prononce le verdict: l'humanité doit mourir « de peste appellé bosse en l'aine,/fièvre inconnu ou autre mort soudaine »: voilà notre sort. Le personnage allégorique Mort affirme que la sentence n'est pas petite, et en effet ! Junon, lisant le verdict où est peinte l'image de la mort (accessoire !), se lamente et continue à défendre la cause des hommes et de soutenir Vie contre Mort. Ce rôle de Junon, qui a en général une fonction moins positive, est tout à fait notable. Les dieux sont décidés: ils vont envoyer la peste aux hommes et pour célébrer cette décision, ils font la fête en buvant un « poison salle et noircy » (ce qui, avant l'introduction du café, a fait son effet sur les spectateurs). Atropos est chargé de procurer le venin que Cerberus doit vomir. On envoie Mort chercher le venin: il se rend en Enfer pour se procurer cent mille livres de vomissure de Cerberus. Aucune didascalie ne nous éclaire, ici, sur la réalisation scénique, mais la scène fait penser au long métrage *The Meaning of Life* de Monty Python. Les hommes de théâtre à Caen, décidément, ne reculaient certes pas devant les effets spéciaux. En même temps, à notre lecture, la topographie théâtrale change : un dispositif avec l'Olympe (le Ciel ?) et Cerberus (l'Enfer ?) avec peut-être une terre tacite au milieu: on commence à songer aux mystères qui exploitent allègrement cette structure bipolaire.

Entre-temps, sur l'Olympe, Mars s'ennuie: c'est un homme d'action. Junon, à qui incombe la charge de répandre le venin sur la terre, refuse ; elle appelle son père Saturne un *estront de chien* et son mari Jupiter un *ruffien* à qui elle reproche de vouloir détruire son propre ouvrage. Cette fonction de Jupiter est intéressante car il est vu comme le créateur alors que son père Saturne est l'avocat de la mort.

Vie cherche encore une solution, mais Vénus, puis Jupiter refusent de collaborer. Vie propose des prières aux saints : les dieux n'y croient pas ; Vie propose des sacrifices : les dieux n'y croient pas ; Vie propose des processions : les dieux n'y croient pas ; Vie propose des pèlerinages : les dieux n'y croient toujours pas. Le passage a une certaine ambiguïté: d'une part les dieux antiques n'ont que faire de ces superstitions chrétiennes ; d'autre part ils sont pleinement conscients du fait que les hommes promettent toujours beaucoup avant de retomber dans le péché. Vie a beau proposer des solutions, les dieux sont implacables, mais finalement ils affirment que le retour à Dieu, la conversion, est le seul moyen de salut pour l'humanité et on nous fait assavoir que nous venons de voir ce qui arrive quand il y a conjonction de Jupiter et de Saturne. Bien sûr, il faudrait un subtil théologien pour dénicher les finesses du texte : ne songeons qu'aux rôles de Saturne et de son fils Jupiter pour ne pas parler du rôle tout à fait inédit de Junon. Le refus des sacrifices, des pèlerinages, des processions de la part des dieux antiques confère un caractère (pré-)évangélique au texte. Mais il est temps d'élargir la perspective à partir de cette présentation sommaire de la pièce.

La conjonction de Saturne avec Jupiter dont il est question, selon les savantes éditrices, est celle de l'année 1348. En effet, notre texte se base sur, traduit et adapte – Dieu sait pourquoi et c'est le cas de le dire – le poème latin *De Judicio Solis in convivio Saturni* écrit par le médecin Simon de Couvin tout en faisant abstraction de la dernière partie – fort intéressante – sur les remèdes de la peste (nous verrons plus bas pourquoi[16]). Voilà un premier éclaircissement curieux, au sujet des sources.

Il y a autre chose qui joue. Comme nous avons ici une pièce dramatique centrée autour de l'opposition Ciel/Terre et qui débute par un procès autour de la question de savoir ce qu'il faut faire de l'humanité, on pense tout de suite à la scène du procès de Paradis, présente notamment dans les grandes Passions dramatiques[17]. Là où, dans les Passions, le débat porte essentiellement sur le Salut de l'homme, la question centrale, ici, justement, est sa damnation. Là où, dans les Passions, le consistoire décide d'envoyer le Fils sur la terre, la médiation, ici, est d'origine infernale : c'est Cerberus qui est censé livrer les tonnes de venin nécessaires au grand projet des dieux. Là où, dans les Passions, il est question d'un débat entre Dieu le Père et ses émanations allégoriques[18], nous avons ici les dieux antiques faisant figure de causes premières dans une perspective néo-platonicienne. Spectaculaire, notre pièce l'est bien ; c'est un théâtre de variété avec toutefois un Ciel antique et un Enfer antique (réduits ici à l'Olympe et une porte d'enfer). Tout devient une parodie, une revue farcesque et personne ne croira plus à l'histoire de la peste de 1348, dirait-on. Mais est-ce totalement vrai ? Les éditrices Droz et Lewicka datent cette pièce vers

---

16. Publié par Littré E. dans le *Bulletin de l'École des Chartes* 2, 1840, p. 201-243.
17. Bordier J.-P., *Le Jeu de la Passion. Le message chrétien et le théâtre français (XIIIe-XVIe siècles)*, Paris, 1998, p. 191-206 (bibliographie abondante p. 191, n. 34).
18. Qui sont ses filles : donc les sœurs du Christ.

1490, un moment où le souvenir de la peste de 1480 ne serait plus actuel[19]. Cette affirmation sous-entend bien des choses : apparemment le théâtre caennais parle de questions inoffensives, apparemment dix ans suffisent pour effacer un traumatisme collectif. Or, puisque nous savons par l'exemple de la farce des *Pattes Ouaintes*, farce politique s'il en est, que la culture dramatique à Caen admettait bien la mise en scène de sujets actuels et controversés et puisqu'il va, me semble-t-il, de soi qu'on se souvient des fils disparus, des filles enlevées, des amis qui ne sont plus, même après dix ans, cette affirmation de Droz et Lewicka ne pourra être suivie sans plus. Il faudrait une base plus solide pour fonder une datation de ce type.

La question qui se pose donc, en toute simplicité, est celle de savoir s'il existe des données qui permettent d'être plus précis. En effet, il s'avère qu'il y a encore autre chose qui joue : la conjonction de Saturne et de Jupiter survenue le 25 novembre 1484. Cette conjonction aurait occasionné selon les théories de l'époque, telle une bombe à retardement, l'épidémie syphilitique de 1494[20]. C'est là une donnée qui change radicalement la perspective et qui éclaire sous un nouveau jour la pièce de Pierre de Lesnauderie. Reprenons d'abord quelques données essentielles. Personne ne croira plus, depuis les travaux d'Arrizabalaga, Henderson et French et ceux de Mirko Grmek[21], les explications propagandistes des origines de la syphilis (originaire de Naples, de Séville, du Nouveau Monde) : c'est bel et bien le « mal français » répandu en Italie par l'invasion française[22]. Or, justement, la grande conjonction de Saturne et de Jupiter survenue en 1484 était généralement considérée à l'époque comme présage de l'épidémie de vérole qui s'abattit sur la France vers 1494 (et qui allait donc se propager en territoire italien avant d'être rebaptisée, en France, « mal de

---

19. Droz E. & Lewicka H., *Le Recueil Trepperel...*, op. cit., p. 101 : « l'épidémie n'est qu'un moyen pour accrocher l'attention des auditeurs [sic !] et les intéresser à cette revue de grand spectacle que leur offrait l'université ».
20. Je suis extrêmement redevable à Jacqueline Vons de m'avoir suggéré cette piste de lecture et d'avoir, par là, totalement changé mon interprétation de la pièce. C'est en quelque sorte par son intervention lors du colloque que la *Cène des dieux* a commencé à livrer ses secrets.
21. Arrizabalaga J., Henderson J. et French R., *The Great Pox. The French Disease in Renaissance Europe*, New Haven/Londres, 1997 ; Grmek M. (dir.), *Histoire de la pensée médicale en Occident*, I : *Antiquité et Moyen Âge*, Paris, Éd. du Seuil, 1995.
22. Arrizabalaga J., Henderson J. et French R., *The Great Pox...*, op. cit. Je me permets une certaine liberté dans la terminologie (syphilis, mal français, mal de Naples, vérole) tout en reconnaissant le caractère problématique de ces dénominations.

Naples »). C'est sans doute cette conjonction, plus que celle de 1348, qui est à la base de notre pièce: Lesnauderie se sera servi du prétexte d'un poème de Simon de Couvin pour commenter l'actualité, pour superposer à une référence purement historique un sujet contemporain. Dans la riche littérature théorique qui, telle une vague, déferle sur l'Europe après l'épidémie, on peut même déceler bien des parallèles de l'idée générale de notre pièce, notamment dans le traité de Joseph Grünpeck publié en 1496 ou 1497[23]. Le poème de Sébastien Brant sur le sujet (*De pestilentiali scorra sive mala de Franzos eulogium*, de septembre 1496), repris par Grünpeck, est même orné de bois gravés montrant le Christ qui envoie le fléau et Maximilien couronné empereur par Notre-Dame[24]. De toute façon, les premiers théoriciens, de Brant (1496) à Bartolomeus Steber (1498) pour qui la *causa universalis* de l'épidémie est la conjonction de 1484, opérative depuis 1494, sont d'accord sur l'importance des astres, même si, en juin 1497, Niccolò Leoniceno de Vicenza conteste la croyance généralement suivie d'une origine astrologique[25]. Comme l'affirme Arrizabalaga, la vérole est la flèche de Dieu; les dieux du panthéon deviennent *mere planets, the visible secondary causes that omnipotent God uses on earth*[26]. Pour intéressante que cette vue néoplatonicienne soit, il est pourtant notable que tout le monde cite cette croyance, répandue à tel point qu'il ne semble plus nécessaire de la documenter ni d'en rechercher l'origine; notable aussi, et significatif de l'italocentrisme de certains renaissancistes, reste le fait qu'Arrizabalaga et compagnie documentent bien l'arrivée du « mal français » en Italie en 1496 mais négligent, tout en prouvant l'origine française de la maladie, d'enquêter sur ce qui a bien pu se passer en France entre 1494 et 1495. Notamment sur la situation normande, on aimerait disposer de données plus précises.

Selon Joseph Grünpeck, de toute manière, la cause de l'épidémie est bien *Saturni ac Jovis congressu exque Solis radiorum amissione*[27]. Grünpeck voit, tout comme notre pièce, comme seul remède le recours au Christ[28].

---

23. Sudhoff K., *The Earliest Printed Literature on Syphilis, being ten tractates from the years 1495-1498*, ed. Singer F., 1925; 1497 selon Sudhoff, 1496 (quelques mois après le poème de Brant) selon Arrizabalaga J., Henderson J. et French R., *The Great Pox, op. cit.*
24. Sudhoff K., *The Earliest Printed Literature…, op. cit.*, p. XXII.
25. Resp. Sudhoff, *The Earliest Printed Literature…, op. cit.*, p. XXIV (Brant), XXXVI (Widmann), XXXVII (Grünpeck), XLII (Steber), XXIX (Leoniceno).
26. Arrizabalaga J., Henderson J. et French R., *The Great Pox…, op. cit.*, p. 109.
27. Sudhoff K., *The Earliest Printed Literature…, op. cit.*, p. 56.
28. *Ibid.*, p. 109.

Grünpeck précise notamment que la combinaison des forces négatives de Mars et de Saturne aurait eu le dessus sur la force bénigne de Jupiter[29], ce qui correspond au Jupiter de notre pièce qui *inclinet caput* devant la campagne contre l'homme menée par Saturne et Mars. Le traité de Grünpeck, d'ailleurs, n'est pas médical, mais c'est une réflexion morale sur le sort de l'homme et sa culture humaniste lui a inspiré l'idée de voir la vérole comme une arme portée contre les hommes non pas par Dieu, mais par les dieux du panthéon antique[30]. En cela aussi, il rejoint les idées exprimées par notre pièce. D'ailleurs, la traduction allemande du traité de Grünpeck suggère comme autres remèdes de s'abstenir de la bière et des femmes[31], là où le texte latin, comme notre pièce, se limite au recours à la prière. Toujours est-il que la syphilis est vue comme une nouvelle peste: la *Cène des dieux* parle d'une « fievre incongneue ou aultre mort soudaine » (v. 597); le médecin papal Pintor d'un *morbus fœdus et occultus*[32]. Selon Pintor aussi, la cause de la syphilis est la conjonction de Jupiter et de Saturne dont l'effet aurait été retardé en 1494 en France (et qui prendrait fin en 1500[33]). En 1501, le texte lyonnais *Remède contre la grosse vérole* optera pour une autre solution: une conjonction de Saturne et de Mars (Saturne pour la maladie, Mars pour la contagion[34]); apparemment on savait encore vaguement que l'origine était astrologique sans se rappeler précisément la conjonction de 1484.

À partir de ces données, on placera la *Cène des dieux* de Pierre de Lesnauderie, en toute prudence, entre 1494 – date à laquelle la conjonction serait devenu effective – et 1497 ou 1498, dates vers lesquelles Pierre de Lesnauderie aurait pu prendre connaissance du traité de Joseph Grünpeck. Naturellement, il n'est nullement établi si Lesnauderie se sert du texte de Grünpeck, si Grünpeck actualise la pièce de Lesnauderie, ou si les deux remontent à une source commune. C'est peut-être même une question qui n'a qu'un intérêt historique alors qu'ici, nous nous occupons de théâtre. De toute manière, la pièce a dû avoir une certaine actualité. Spécifions aussi que, dans tous les débats autour du nouveau mal (qu'on n'appelait sans doute pas, en Normandie, le mal français), l'entreprise de Pierre de Lesnauderie est autre, car il entend montrer « par personnages » comment

---

29. Arrizabalaga J., Henderson J. et French R., *The Great Pox…, op. cit.*, p. 111.
30. *Ibid.*, p. 98.
31. Sudhoff K., *The Earliest Printed Literature…, op. cit.*, p. 109.
32. Arrizabalaga J., Henderson J. et French R., *The Great Pox…, op. cit.*, p. 119.
33. *Ibid.*, p. 120.
34. Cité par Seznec J., *The Survival….*, *op. cit.*, 1972, p. 58, n. 86.

et pourquoi les dieux antiques ont pu occasionner cette épidémie. Dans un cadre universitaire (et étant donné le caractère éminemment universitaire de la farce des *Pattes-Ouaintes*, il est à supposer que Lesnauderie travaillait dans ce contexte), on pourra parler d'un théâtre savant, voire truqué. On dira même que, dans la combinaison avec les *Pattes-Ouaintes*, nous commençons à entrevoir des caractéristiques de la culture théâtrale locale pendant la dernière décennie du XVe siècle.

Si nous connaissons Pierre de Lesnauderie surtout à cause de la *Farce des Pattes Ouaintes* (de 1492, dit-on), n'oublions pas que celle-ci nous vient de Carnaval 1492 (a. st.) ou, comme on le disait « 1492 avant Pasques », donc de l'année qui précède 1494. Dans les deux pièces, *Pattes Ouaintes* et *Cène des dieux*, d'ailleurs, Pierre de Lesnauderie joue avec Jean de Caux : une fois avec le général Biaunes, une fois avec le général Saint Louis (qui sont sans doute des dignitaires locaux dans le monde des collèges caennais). Autant dire que, si la *Cène* est en effet de 1494, les pièces paraissent avoir un rythme annuel. Les pièces de Lesnauderie, il faut le dire, sont grinçantes : à la déconfiture de l'université de Caen, la mère mangée par ses propres enfants, la brebis mangée par un loup et par les pasteurs, succède une vision noire de l'avenir de l'humanité entière. À l'allégorie et à la mise en action de locutions succède un panthéon fantasque modelé sur le Paradis des mystères. Ce qui distingue les deux pièces, c'est leur conservation : *Pattes Ouaintes* figure uniquement dans le *Matrologe* de l'université de Caen, la *Cène des dieux* a été imprimée, entre 1507 et 1521, par l'atelier parisien de Jean Trepperel et de sa veuve. Autant dire que la mise en scène des dieux appelait au goût d'un public nouveau, hors du contexte premier, mais qu'il était nécessaire, profitable ou du moins utile de rappeler à ce public la situation de jeu *nouvellement jouee a Caen. Par le general sainct Loys, maistre Jehan de Caux, maistre Pierre de Lesnauderie et leurs compaignons*[35]. Par ce fait même, on devra conclure que, pour unique qu'elle soit, la pièce n'est certes pas une exception, au contraire.

La pièce paraît être un témoignage de systèmes et de développements glissants. Est-elle comique, ou pour être plus précis, a-t-elle pu être perçue comme une pièce comique ? Franchement, je ne sais. D'une part, il existe dans les grands recueils de textes profanes imprimés de l'époque une certaine organisation thématique et, justement, la *Cène des dieux* se trouve intégrée à un section du *Recueil Trepperel* regroupant surtout des

---

35. Droz E. & Lewicka H., *Le Recueil Trepperel...*, *op. cit.*, p. 105.

moralités. D'autre part, quand on songe au traitement ironique des dieux de l'Olympe et plus particulièrement à la scénographie requise, avec les tonnes de vomissure de Cerbère, avec la mesquinerie des interventions de dieux, avec les agapes somme toute parodiques sur l'Olympe et les dialogues subtils, on serait tenté d'affirmer que, oui, la pièce ne vit que par son côté parodique.

La première pièce française avec les dieux antiques comme personnages, la *Cène des dieux*, est basée sur un poème latin de Simon de Couvin (XIVe siècle) ! Nous ne sommes pas à une contradiction apparente près. Elle parle de la syphilis à la fin du XVe, car apparemment Pierre de Lesnauderie aime des pièces d'actualité. En troisième lieu, la pièce a été publiée à Paris, par Jean Trepperel, comme d'autres pièces du répertoire caennais. Si l'on tient à accumuler les contradictions apparentes, on peut encore noter que le fond de la pièce, en fait, est un Procès de Paradis mué en Procès sur l'Olympe où, cette fois, on ne discutera pas de la Rédemption de l'humanité mais bien de sa destruction ; en d'autres mots, le fin fond de la pièce est constitué par un verdict que les dieux doivent prononcer au sujet de l'avenir du genre humain. Il est à noter aussi que les dieux antiques, en fin de compte, admettent Dieu comme seule autorité, le recours à Dieu comme seul salut du genre humain. Finalement, il faut attirer l'attention sur la fonction savamment agencée des dieux antiques : s'ils apparaissent ici, en effet, comme véritables personnages, ils fonctionnent en même temps comme « causes premières » dans une perspective néo-platonicienne ; en même temps la pièce se complaît dans des suites d'exemples bibliques et mythologiques du type de la *poéterie* des Rhétoriqueurs. Par ces caractéristiques, me semble-t-il, elle témoigne pleinement du développement, expérimental, du théâtre dans la zone obscure entre le Moyen Âge et la Renaissance et constitue, partant, un document curieux sur la fonction de Dieu et des dieux dans le théâtre européen ancien.

André Lascombes

Une question à régler : violence et divinité dans le cycle de Chester[1]

Propos de l'étude et méthode

Si, à l'occasion de la réflexion sur les formes de la représentation théâtrale du divin dans l'espace tumultueux de la Renaissance européenne, je propose de revenir sur le sujet de la violence dans les cycles anglais, c'est qu'une partie essentielle du problème, les liens de la violence et du divin, me semble n'avoir pas trouvé toute sa place dans un débat critique pourtant ouvert de longue date et d'une incontestable richesse[2]. Cette omission

---
1. Une première version de ce travail, présentée au Colloque « Dieu et les dieux », en juillet 2002, portait sur plusieurs des cycles. Il a paru raisonnable, en préalable à un examen plus complet de l'ensemble, de restreindre la version définitive à l'examen du seul Cycle de Chester.
2. Si mon propos diffère très sensiblement de celui de René Girard dans ses premiers écrits sur la violence, je souscris à l'existence qu'il postule d'un lien étroit entre violence et sacré (Girard R., *La Violence et le sacré*, Paris, Grasset, 1972, p. 52) mais dont témoigne aussi plus généralement la réflexion de Roger Caillois (*L'homme et le sacré*). Sur la question largement étudiée de la violence dans le théâtre anglais « médiéval », je renvoie aux ouvrages ou articles marquants récemment parus, pour leurs propositions et leur couverture bibliographique. D'un côté, Jody Enders (*The Medieval Theater of Cruelty : Rhetoric, Memory, Violence*, Ithaca, Cornell Univ. Press, 1999) analyse l'enracinement de la violence médiévale dans les liens qu'entretiennent représentation spectaculaire et instruments majeurs de contrainte intellectuelle, et elle propose une vaste bibliographie même si l'étude n'aborde qu'à la marge notre théâtre. Un autre ensemble de recherches critiques interroge les liens possibles entre iconographie religieuse et représentation théâtrale. À côté de M.A. Anderson (*Drama and Imagery in English Medieval Churches*, CUP, 1963), C.P.J. Remnant (*A Catalogue of Misericords in Great Britain*, Oxford, Clarendon Press, 1969) et autres, pour l'établissement et l'analyse de divers corpus, Michael Camille sera consulté sur significations générales et rôles de l'image médiévale (*The Gothic Idol : Ideology and Image-Making in Medieval Art*, CUP, 1989),

est sans doute moins imputable à la qualité des études qu'à la décision largement respectée de limiter la notion de violence à la seule violence graphiquement représentée et éclaboussée d'hémoglobine. Si cette restriction a favorisé l'étude des influences réciproques entre représentation théâtrale et iconographie des violences liées à la Passion ou aux martyres de saints dans l'Europe des xve et xve siècles, elle a à l'inverse grandement limité la réflexion sur la nature et la dynamique de cette violence, ainsi que sa fonction dans un théâtre d'essence religieuse[3]. Reconnaître en effet la violence dans les cycles revient à poser la question préjudicielle des finalités de ce théâtre et de sa nature profonde. Cette question redoutable, qui n'est jamais éludée sans dommages, est donc à prendre en compte dès le principe en même temps que l'impact esthétique de sa réception[4].

Faute de pouvoir, dans le cadre d'un article, aborder le vaste sujet des fonctions et significations des cycles, on conviendra que la collocation des deux termes « religieux » et « théâtral » a largement cessé d'évoquer aujourd'hui le type de spectacle que leur imbrication fusionnelle pouvait susciter au moins jusqu'à la Réforme, quand le lieu théâtral ouvrait de

---

James H. Marrow sur la thématique formelle des violences dans les représentations de la Passion (Marrow J.H., *Passion Iconography in Northern European Art of the Late Middle Ages and Early Renaissance*, Belgium, Van Ghemmert Publishing, 1979). Sur ce même axe de recherche, l'école de Clifford Davidson, mais aussi certains de ses pairs comme Pamela Sheingorn, Teresa Coletti, P.J. Collins et de leurs élèves, proposent des évaluations sémantiquement plus riches pour notre sujet : nourries d'une réflexion sur le fait religieux, elles ont plusieurs fois inspiré mes lectures (voir note 3 pour deux études à cet égard essentielles).

3. Dans un article important de 1997, « Sacred Blood and the Late Medieval Stage » (*Comparative Drama*, 31-33, 1997, p. 436-458), C. Davidson pose, brièvement mais avec pertinence, le problème du décalage culturel entre le médiéval et l'occidental de notre siècle devant le sang versé et plus largement le corps abîmé. Une partie de son argumentaire renvoie à l'article perspicace de A.E. Nichols, « *The Croxton Play of the Sacrament* : A Re-reading », *Comparative Drama*, 22-2, 1988, p. 117-137, qui analysait un peu plus tôt le sort théâtralement remarquable fait à l'effusion de sang dans *The Croxton Play of the Sacrament*. Sur cette ligne critique, inaugurée par J.W. Robinson (« The Late Cult of Jesus and the Mystery Plays », *PMLA* 80, 1965, p. 508-514), qui lie la violence des scènes de la Passion à l'argument religieux, les deux articles donnent une documentation précieuse. Il n'a malheureusement pas été possible de consulter le tout récent ouvrage de Davidson, *History, Religion, and Violence*.

4. La perspective fonctionnelle n'exclut nécessairement ni l'analyse formelle des constituants et de leur valeur esthétique, ni celle du contexte dans lequel signifie l'artéfact. Le point de vue pluraliste exprimé ici récuse le jugement de C. Clifford Flanigan opposant l'étude « formaliste et esthétique » du texte à son inscription dans le « contexte socio-historique » (Flanigan C.C., « Liminality, Carnival and Social Structure : The Case of Medieval Biblical Drama », in *Victor Turner and the Construction of Cultural Criticism*, ed. Ashley K.M., 1990, p. 42-63 [p. 47]).

plain pied sur un surnaturel qui ne rechignait pas à habiter ses images[5]. Admettre ce glissement sémantique conduit d'abord à faire d'importantes réserves sur l'évaluation qui prévaut encore de la religion, telle que vécue par les destinataires des cycles[6]. Et ensuite à reconnaître que, même s'il véhicule une théologie à visée pastorale voire missionnaire, évidemment chargée d'intentions polémiques aux dates tardives des textes qui nous l'ont transmis, le théâtre des cycles exsude toujours dans ces textes, surtout pour les épisodes métaphysiquement cruciaux, des traces vivaces d'un

---

5. Dans son introduction à un numéro récent de *Medieval and Early Modern Studies* repensant les deux séismes qui affectent religion et théâtre dans l'Angleterre du seizième siècle, Sarah Beckwith rappelle la remarque de Glynne Wickham sur l'étroite interdépendance de « the Reformation [...] and [the] reformation of the English Stage » (*EES*, II-1,35). Elle conclut à la nécessité de reconsidérer les deux dans leur relation réciproque pour une histoire fiable de la révolution culturelle que fut la Réforme, et, ajoute-t-elle : « [to] understand the grammar of medieval sacramental theatre, whose mode of being was so transformed as to be rendered unplayable and virtually unreadable in the later idiom » (« Introduction », *Journal of Medieval and Early Modern Studies*, 29-1, 1999, p. 1-5 [p. 1-2]). L'appel était déjà en 1983 dans le titre et le propos de D. Mills & P. Mc Donald soulignant le caractère incertain des catégories modernes pour discuter de ce théâtre (Mills D. & Mc Donald P.F., « The Drama of Religious Ceremonial », *The Revels History Drama in English*, Vol. I, Medieval Drama, London/New York, Methuen, 1983, p. 67-210 [p. 107-110]).

6. Armé qu'il est de rigueur scientifique, le regard du vingtième siècle peine parfois à se libérer de jugements et affects liés à une forme rationalisée et désincarnée du religieux que disséminent Réforme et Lumières. Faut-il lire la crainte un peu hautaine d'un religieux somatisé dans : « [...] the Mass had become an essentially voyeuristic experience » (King P., « The York Plays and the Feast of Corpus Christi : A Reconsideration », *METh* 22, 2000, p. 13-32 [p. 19]) ou encore « [...] A more sophisticated writer than Margery, able to think more than bodies [...] » (Mills D., « The "Now" of "Then" », *METh* 22, 2000, p. 3-12 [p. 4]) ? D. Mills qui nous a donné de longue date une analyse remarquable de lucidité du propos mythique des cycles (pour partie issu du *pagus*, pour partie du mythe chrétien, pour partie de la pensée civique), ne dit pourtant pas grand-chose (les sources en sont-elles la raison ?) des raisons intimes qui, au-delà des soucis économiques et de conformité au groupe, éclairent l'attachement au maintien de la célébration théâtrale. L'ensemble de la critique garde au demeurant sur certains points un silence surprenant : sur le flou relatif qui, dans la « culture commune », brouille très longtemps les frontières entre religion et *épistémè* ; sur la topographie *sui generis* du profane et du sacré qui en est la conséquence ; sur la prégnance du sacré dans les formes les plus finement spiritualisées du religieux, comme dans celles qui pour notre temps semblent limitrophes de la superstition. À l'égard du sacré, la comparaison est instructive avec la rumination magistrale d'Alphonse Dupront sur une « sphère sacrale » touchant au plus haut comme au plus bas de la vie des hommes dans des terroirs imprégnés eux aussi de ruralité chrétienne et à des dates plus proches de nous (Dupront A., *Du sacré : croisades et pèlerinages, images et langages*, Paris, Gallimard, 1987). Et s'il faut un exemple non-chrétien, on lira les développements que consacre P. Bourdieu à l'« incorporation des structures » culturelles dans la société kabyle (Bourdieu P., *Esquisse d'une théorie de la pratique*, 1972, Paris, Seuil, 2000, p. 285-300).

mode de pensée qui fait de la vie corporelle le vecteur obligé de la vie intérieure et transcrit le commerce avec le sacré en un idiome pétri de sensations et d'émotions[7]. Exemple entre mille autres dans le cycle de Chester, cette expression de la terreur qu'inspire le Ressuscité aux soldats en faction autour du Tombeau (Jeu 18, La Résurrection) :

PRIMUS MILES :   Owt, alas! Where am I?
So bright about ys herebye
That my harte wholey
Out of slough is shaken. (l. 186-189)

Va-t-en! Hélas! Mais où donc suis-je?
L'air est de partout si brillant
Que mon cœur tout entier
À grands coups me crève la peau.

SECONDUS MILES :   [...] for fearder I never was.
To remove farre or neare
mee fayles might and power.
My hart in my bodye here
Is hoven owt of my brest. (l. 197-201)

[...] *Plus terrorisé jamais je ne fus.*
Bouger, m'en aller je ne puis
Je n'ai en moi ni force ni vigueur
et mon cœur, là, dans mon corps,
M'est arraché de la poitrine.

---

7. Un historicisme récent, tourné vers l'étude des formes de la sensibilité religieuse et mystique du dernier Moyen Âge (travaux de Sarah Beckwith et Caroline Walker Bynum entre autres), a mis en lumière les rapports qu'entretiennent vie du corps et postulations spirituelles ou mystiques, entre XIIe et XIVe siècles, en Angleterre et Europe du Nord. Mais catéchismes, livres de prière, recueils de sermons, traités populaires de vie intérieure et visites épiscopales dans l'Angleterre rurale des XIVe et XVe siècles invitent aussi depuis longtemps à créditer le monde des plus humbles d'une comparable disposition à penser par le corps leurs rapports à la divinité et au sacré. Une thèse déjà ancienne consacrée à l'insertion du théâtre des cycles dans la « culture commune » soulignait déjà ce caractère capital du religieux médiéval et post médiéval (Lascombes A., *Culture populaire et théâtre en Angleterre à la fin du Moyen Âge*, thèse d'état, Paris 3, Sorbonne Nouvelle, 1980, chap. III et IV). L'ouvrage de Eamon Duffy en a fait depuis la magistrale et convaincante démonstration (sur le point évoqué ici, voir en particulier E. Duffy, *The Stripping of the Altars : Traditional Religion in England, 1400-1580*, New Haven/London, Yale Univ. Press, 1992, Part I, chap. I à III). Une thèse récente (Thibault-Branford G., *Stratégies de l'image dans les cycles anglais, XVe-XVIe siècles*, thèse d'Université, Tours-CESR, 2003) fait à ce mode de pensée une large place, démonstrative et convaincante.

Disons tout net qu'il faut donc, pour aborder les cycles, renoncer à l'hégémonie d'une pensée critique que la Réforme et les Lumières ont peu à peu surimposée à la lecture d'artéfacts qui lui sont étrangers, pour accepter l'idée que ce théâtre (souvent étiqueté « theatre of salvation » sinon « civic drama ») appartient plus fondamentalement au régime mytho-poétique de la culture pré-Renaissante[8]. Peut-on en effet refuser au cycle, qui place l'histoire et le destin de sa ville au creux de l'histoire et du destin chrétiens de l'univers en son entier, le statut de théâtre mytho-poétique que la même critique accorde, sans hésitation et pour des raisons culturellement moins contraignantes, à celui de Shakespeare, même si celui-ci, y ajoutant d'autres valeurs, creuse toujours le même sillon[9] ? Aux grandes finalités socio-politiques du cycle qu'elle a très justement décrites[10], notre critique doit ajouter sans réticences, la combinant à l'intention missionnaire, une visée anagogique ou du moins heuristique que les textes tardifs, dont celui examiné ici, véhiculent obstinément par le biais des racines mythiques conservées[11]. Cette dimension explique l'impact vraisemblable de représentations qui, au-delà du divertissement ou de l'argument propagandiste à quoi on les réduit souvent, cherchent à atteindre l'être intime du spectateur, fréquemment placé par la vertu de la « diaphore théâtrale »

---

8. On trouve la première catégorisation dans W. Tydeman, « An Introduction to Medieval English Theatre », dans *A Cambridge Companion to Medieval English Theatre*, ed. Beadle R., CUP, 1994, p. 1-36, p. 17-32, la seconde est traditionnelle.
9. Qu'il s'agisse des mythes dynastiques Tudor ou de la prégnance croissante des mythes de la tradition classique, progressivement diffusés depuis le haut culturel avec l'impact de la Renaissance, les argumentaires de la critique du théâtre élisabéthain ou shakespearien, adaptés aux communautés en question (voir Peyré Y., *La voix des mythes dans la tragédie élisabéthaine*, Paris, CNRS, 1996), sont difficilement recyclables pour la période précédente.
10. Les travaux essentiels (de Salter, à D. Mills et L.M. Clopper pour le cycle de Chester) s'accordent à décrire ses grandes finalités : prédication démonstrative des vérités doctrinales et incitation à la pratique religieuse ; célébration d'un unanimisme citadin valorisant tout ce qui, économique, politique ou symbolique, soude la communauté urbaine et péri-urbaine en question, même au prix des exclusions qu'évoquent L.M. Clopper (« Lay and Clerical Impact on Civic Religious Drama and Ceremony », *Contexts for Early English Drama*, ed. Briscoe M.G. & Coldewey J.C., Bloomington, Indiana Univ. Press, 1989, p. 102-136), et R.K. Emmerson (« Contextualizing Performance : The Reception of the Chester *Antichrist* », *Journal of Medieval and Early Renaissance Studies*, 29 : 1, 1999, p. 89-119 [p. 92]); divertissement enfin qui exploite la festivité chrétienne et parfois extra-chrétienne.
11. De façon symptomatique, le jugement rare qu'exprime Kathleen M. Ashley (« Contemporary Theories of Popular Culture and Medieval Performances », dans Stevens M. & Riggio M. (eds.), *Medieval and Early Renaissance Drama*, p. 9), pour qui les cycles conservent à travers durée et transformations leur nature mythique, n'est présenté qu'avec les pincettes de l'hypothèse par R.K. Emmerson (« Contextualizing », *op. cit.*, p. 96)

et comme une lecture attentive le prouve, à la jointure des deux univers du quotidien et du surnaturel[12]. Dans cette polyvalence fonctionnelle ainsi élargie, elles exploitent par un véritable tour de force culturel l'accord que compilateurs, réfacteurs ou copistes des textes entretiennent avec les harmoniques culturelles des différents milieux. Le cycle peut ainsi offrir, sous le lest de valeurs thymiques fortes immédiatement accessibles aux plus frustes, une polysémie que les plus attentifs et plus subtils auditeurs-spectateurs ou lecteurs découvriront par degrés et selon le principe des superpositions cher à l'esprit médiéval d'exégèse[13]. Cette vue est certes de grande conséquence: les lectures rigoureusement textuelles que la tradition et sa propre culture de clerc suggèrent au savant critique de notre temps ne sauraient, quel que soit leur prix, faire écran à celles (plurivoques, spontanées et de caractère dramaturgique) de la foule hétéroclite: ces dernières s'harmonisent sans désaccord majeur avec celles (réfléchies et doctrinalement codées) que savaient déchiffrer les élites culturellement complices des émetteurs du texte.

Au terme de ces réflexions, je propose donc la vue que violence et théâtre des cycles ont partie liée, au moins pour les deux raisons précitées: parce que l'objet de tout théâtre véritable est de montrer l'au-delà du montrable;

---

12. Sur ces problèmes d'*energeia* théâtrale et sa gestion par le masque, le corps et la voix, voir F. Paya, *La tragédie grecque, de la lettre à la scène*, Paris, Éd. l'Entretemps, 2000, et les riches contributions au colloque du CNRS de 1981-1982 sur « Le Masque dans les rituels et au théâtre », Aslan O. & Denis B. (éd.), *Le masque: du rite au théâtre*, Actes du colloque du CNRS, Paris, CNRS, Coll. « Arts du spectacle », 1999, 1981-1982 (pour les enjeux, voir « Introduction » et « Conclusions » d'Odette Aslan). Plus spécifiquement pour le théâtre religieux médiéval anglais, lire M. Twycross & S. Carpenter, « Masks in Medieval English Theatre: The Mystery Plays », *METh* 3: 1, 1981, p. 7-44; *METh* 3: 2, p. 69-113 et 4: 1 (on n'a pu consulter à temps leur récent *Masks and Masking in Medieval and Early Tudor England*), ainsi que les échanges qu'il a induits: entre autres, M. Twycross « Transvestism in the Mystery Plays », *METh* 5: 2, 1983, p. 123-80; R. Rastall, « Female Roles in All-Male Casts », *METh* 7, 1985, p. 25-50. Le concept de diaphore théâtrale est introduit, et ses fonctions dans les cycles anglais étudiés, Lascombes A., *Culture populaire, op. cit.*, chap. VIII, p. 694-732.
13. La notion de progressivité ou de superposition des lectures, proche d'ailleurs du phénomène de la diaphore qui l'implique, est heureusement argumentée en conclusion du bel article de Alan J. Fletcher présentant le *Cycle de la Ville de N* dans *Companion to MED*. (Fletcher A.J., « The N-Town Play », in *The Cambridge Companion to Medieval English Drama*, ed. Beadle R., CUP, 1994, p. 163-188 [p. 183-184]). Pour une vue responsable de la réception de tout spectacle, il faudrait y adjoindre la notion de « tuilage » rendant compte de la réalité probable de réceptions individuelles étagées selon différents niveaux de conscience et d'information culturelle.

et, tout aussi fondamentalement, parce que le théâtre religieux des cycles, tel qu'il survit en partie dans les textes existants, s'attache à dire le séisme du choc entre humanité et surnature. Cette vue nourrit les deux temps de mon enquête : donner d'abord à voir dans le dogme théâtralisé le gisement plus ou moins explicite d'une violence première ; échantillonner ensuite les formes d'une violence en retour née des hommes qui, comme par effet boomerang, jaillit des thèmes mêmes d'où sourd la violence sacrée.

Violence intrinsèque, même implicite, de Dieu

Il peut sembler paradoxal d'accoupler divinité chrétienne et notion de violence tant la contrainte brutale paraît étrangère à l'amour infini, moteur du Dieu de la Bible, ainsi qu'au libre arbitre que ce Dieu reconnaît et assigne à sa créature. Pourtant, si l'on prend le terme dans l'acception de « force irrésistible ou dangereuse d'une chose » que propose le *Dictionnaire Le Grand Robert* (vol. 6, art. « violence »), son adoption se révèle beaucoup plus pertinente. En effet, la dynamique du projet du Salut déroule inexorablement cette impérieuse énergie dans les six premiers Jeux du drame de Chester au fil des énoncés de la volonté divine, le retour insistant de termes signifiant la toute-puissance de ce Dieu, et assurant que le spectateur demeure conscient du caractère inexorable d'une force capable d'annuler les lois de ce monde[14]. Ainsi :

GABRYELL :	But nothinge to Godes *might and mayne* Impossible is. (Chester 6, v. 39-40) *Mais à la force et puissance de Dieu* *Il n'est rien d'impossible*
MARIA :	all princes hee passes of *postee*, As sheweth well by this. (Chester 6, v. 81-82). *en puissance il passe tous princes* *Comme ceci le montre bien.*

---

14. Même si Chester n'est pas le seul à ainsi faire, et souvent par emprunt à ses sources, les multiples mentions de la toute-puissance divine sont notables. Entre autres exemples : la puissance de l'Enfant-Dieu capable de multiplier la vitesse déjà remarquable des chameaux montés par les Mages pour couvrir dans le temps prescrit la distance du royaume de Saba à Jérusalem (Jeu 8, 109-112) ; ou encore, quand Hérode près d'ordonner le Massacre des Innocents pour sauver son trône s'inquiète de la réalité de la naissance de ce « godling », petit dieu de quatre sous, la conscience soudaine que, l'acte même qu'il accomplit ayant été prédit, il ne saurait échapper à son destin.

Même si le cycle de Chester en reste chaque fois sobrement aux prémices, intellectuelles ou affectives, d'un tel choc, et si cette violence est naturellement euphémisée en irrésistible douceur dès que ses attendus sont compris, les retours de la « postee » divine bouleversant l'ordre des choses sont autant de moments significativement forts qui ordonnent diégèse et dramaturgie selon un va-et-vient entre les deux niveaux, humain et divin, du monde.

Dichotomie du monde et franchissements de seuil

Deux niveaux de réalité
L'aventure cosmique qu'est le cycle impose en effet un sentiment alternatif de distance et de proximité entre deux mondes par nature immiscibles, celui de Dieu et celui des hommes. Nulle à la Création, cette distance devient infinie dès la Chute, puis quelques retours de dangereuse proximité, brefs comme la foudre, marquent les étapes primordiales que sont : le meurtre de Caïn (Jeu 2), la réquisition de Noé et sa famille (Jeu 3), l'épreuve d'authentification infligée à Abraham (Jeu 4), la vision missionnaire de Moïse et l'irrépressible don prophétique que porte Balaam malgré qu'il en ait (Jeu 5). Car, une fois perdue la contiguïté originelle avec le Dieu créateur et ses plus proches créatures, Lucifer et Lightborn (Porte-Lumière, et Né de lumière ou Lumière-Portée), la structure du récit amplifie un sentiment d'exil partagé que le spectateur retrouvera dans le Fils-fait-Homme. Elle rend aussi d'autant plus sensible l'irruption dans le monde quotidien des émissaires de Dieu. C'est le cas au Jeu 9, vers 224-231, où, Joseph ayant glosé la Nativité, l'Ange s'adresse aux Mages. Ceux-ci, à la différence des Mages des autres cycles (y compris le « Pageant of Shearmen and Taylors » de Coventry), sont bien éveillés et donc placés par la parole de l'Ange à deux niveaux simultanés de réalité, ainsi qu'il advenait autrefois aux patriarches, prophètes et héros des Âges premiers, et comme il adviendra encore un peu plus tard à Siméon dans le Jeu 11, vers 104-110. Ces franchissements de seuil, que remplace durant la vie de Jésus le télescopage en sa *persona* des deux niveaux, retrouvent leur fréquence et leur impact dès la Résurrection et ses suites[15]. Mais quelles que soient les circonstances de ces passages, il convient de souligner leurs effets potentiels en réception. Si,

---

15. Le retour du Dieu trine-et-un parlant aux intermédiaires humains que sont les disciples intervient au Jeu 21, La Pentecôte, v. 159-238.

pour une critique privilégiant l'histoire ou l'idéologie du texte, le Jeu ou les épisodes qui le composent constituent les divisions diégétiques et dramatiques essentielles[16], les points de passage entre niveaux de l'humain et du divin ont, eux, une fonction catalytique : induisant retournements sémantiques ou bifurcations dramatiques, ils chargent des épisodes autrement anodins d'une violence transfiguratrice qui révèle la nature secrète d'un univers apparemment fait pour l'homme mais qui est en réalité de Dieu et que régit sa loi. Ainsi, lourdes de signification comme d'intensité spectaculaire, ces articulations structurantes sont des moments primordiaux de la réception *dramaturgique*[17].

Passages du seuil et violence
Plus important encore, ces irruptions, formes banales du merveilleux légendaire dans le récit religieux médiéval, s'accompagnent de viols répétés de la loi sociale ou la norme humaine, viols que dénoncent fréquemment d'ailleurs les dépositaires de l'autorité[18], et qui se distribuent selon des thèmes évidemment liés à la leçon doctrinale.

    a. de façon générale, ils sont marqués par la mutation brutale, humainement inexplicable, de l'apparence ou nature de choses familières soudain devenues signes des volontés divines : ainsi à Chester, l'inexplicable rébellion de l'ânesse de Balaam et le don de parole qui lui vient (Jeu 5, v. 216-239) ; ou encore le texte prophétique de la naissance virginale que le vieux Siméon s'obstine à conformer à l'usage du monde tandis que

---

16. Déterminées par les stratégies municipales d'ordre économique (regroupement ou éclatement de pièces antérieures selon les possibilités des guildes), ou politique (choix d'épisodes ou récritures plus conformes aux exigences des responsables politico-religieux et aux attentes des publics), elles appartiennent d'abord à l'histoire du texte et de ses représentations.
17. L'étude du fonctionnement dramaturgique, élément préparatoire à un essai d'évaluation de la réception, tient certes compte des divisions diégétiques et dramatiques (n. 16), mais elle requiert de surcroît l'examen de nombreux éléments structurels, dont ce que l'on nomme ici « articulations structurantes ». L'ânesse de Balaam (Jeu 5, v. 223-240), le songe visionnaire de Joseph retournant chez Marie (*id.*, v. 160-169), dans le Jeu 13, le miracle de l'aveugle, puis celui de Lazare, dans le Jeu 15 l'oreille de Malchus, dans le Jeu 17 l'épisode du Harrowing of Hell) en sont quelques exemples. De telles articulations se retrouvent bien évidemment dans les autres cycles : le bâton du vieux Joseph qui refleurit (N-Town 10, 116-164), ou bien les manifestations de la puissance que Dieu accorde à Moïse (du bâton-serpent aux mouvements de la Mer Rouge), structurant l'ensemble du Jeu 11 à York.
18. Ainsi les Pharisiens, au Jeu 13, 131-133 : « This man, the trueth if I should saye,/is not of God–my head I laye–/which doth violate the saboath daye ».

l'Ange de Dieu le rectifie par deux fois en lettres rubriquées puis dorées (Jeu 11, v. 33-95). Cette vertu théophanique, miraculeusement substituée aux propriétés banales des choses, effet de magie pour le païen, signe une effraction de Dieu au sein du réel ordinaire, propre à stupéfier les sens comme à scandaliser l'intelligence[19].

    b. plus spécifiquement, les grandes lois de la vie humaine sont violées, dont celle du sexe et de la génération. Ce sujet particulier, le plus fortement et le plus fréquemment illustré dans le cycle de Chester (mais aussi et de façon particulière dans chacun des autres), est étroitement lié on s'en doute au thème de la parthénogénèse, intégrante de l'Incarnation[20]. Par ailleurs, l'abolition, tout aussi traumatisante, des frontières entre la vie et la mort figure prophétiquement à plusieurs reprises l'autre événement fondamental du schéma rédempteur : la Résurrection du Dieu fait homme. Il convient de remarquer dans notre cycle que, venant après l'épisode de la résurrection de Lazare largement développé, la Résurrection annoncée de l'Homme-Dieu n'atteint pas seulement le spectateur mais ébranle aussi ceux qui dans le récit ont le pouvoir religieux et judiciaire et dont l'émotion est un hommage fracassant à la puissance de Jésus. La prosopopée de Pilate, rituellement énoncée à sa propre gloire à l'ouverture du Jeu 18, cède rapidement la place à l'expression de son effroi devant les inexplicables bouleversements du monde physique accompagnant le trépas de Jésus :

> I sawe him hange on roode and bleed
> Tyll all his blood was shedd.
> And when he should his death take,
> The wedders waxed wondrous blacke –
> Layte, thunder – and earth beganne to quake.
> Therof I am adread. (v. 35-40)

---

19. On reviendra plus loin sur l'élément capital qu'est le scandale de l'esprit (de *skandalon*, pierre d'achoppement), dans la genèse de la violence en retour. Ce scandale procède généralement de l'involontaire distance de l'esprit humain reflétant mal la volonté divine. Pour un exemple évangélique parlant, voir la réponse de Jésus à Pierre qui veut le protéger du danger proche : « Passe derrière moi, Satan ! Tu me fais obstacle, car tes pensées ne sont pas celles de Dieu mais celles des hommes » (*Matthieu*, 16 : 23).
20. La naissance miraculeuse d'Isaac (dont le sacrifice exigé souligne encore l'anormalité) annonce d'autres maternités contre-nature : celles de Marie, bien sûr, mais aussi, comme en contexte, celle d'Elisabeth. On notera qu'une source attestée du cycle, *A Stanzaic Life of Christ*, déclare à son début trouver son principe dans l'Incarnation : « Ihesu, þat born was of a may/ In amendement of mankynd » (v. 1 et 2) et « There-fore now ys my begunnynge/ Atte Cristes incarnacioun […] » (v. 17-18).

> *Je l'ai vu pendu à sa croix et saigner*
> *Jusqu'à l'ultime goutte de son sang.*
> *Et au moment où il passa,*
> *les cieux devinrent étrangement noirs –*
> *éclairs et tonnerre – et la terre se mit à trembler.*
> *Voilà ce qui m'emplit d'effroi.*

En tout cas, s'il est de plus en plus clair pour l'homme intra-dramatique représentant le spectateur que la subversion de l'univers humain par les voies d'une puissance violente ou d'une implacable douceur ne s'exerce pas contre lui mais à son profit, il sait néanmoins que cette force intempestive exige qu'il s'arrache à sa situation terrestre ou ses représentations intérieures, et valide par son accord la soudaine suspension de la loi humaine. Ainsi en va-t-il d'Abraham au Jeu 4, même s'il accepte d'assumer la déraison de l'acte demandé : « Almoste my wytt I loose for thee » (v. 326). Même si le lien causal n'est pas vraiment explicité, de cet arrachement ou du refus de l'ordre divin procèdent les premières violences en retour nées des hommes[21]. Par un mimétisme apparent dont on interrogera plus loin le mécanisme, cette « violence boomerang » prend des formes souvent comparables à la violence divine. Ce sont ces corrélations ou échos, agissant par duplication ou complémentarité fonctionnelles, que je veux rapidement illustrer.

La violence en retour : fonctions et modalités

Cette violence de restitution traduit les réactions des hommes aux trois niveaux auxquels la violence divine perturbe leur vie. Leurs réponses viennent respectivement en effet : d'une part, de l'esprit de raison, stupéfié ou dérouté par le scandale ; d'autre part, des affects quand la fracture de l'environnement rationnel génère une turbulence thymique dont l'intensité et le désordre évoquent la démence[22] ; enfin, d'accès de violence physique contre

---

21. Le lien postulé ici ne paraît pas impliquer un argument doctrinal spécifique, mais logiquement découler de la structure duelle du mythe qui, dès la Chute, dresse contre le Dieu créateur Lucifer et plus tard l'Homme, Sa propre créature.
22. Qu'il s'agisse de ceux qui se convertiront ou d'opposants déterminés, l'aile d'une folie suscitée par l'effroi surnaturel effleure souvent l'esprit soumis à la rencontre avec le divin, dans les cycles ou autres pièces religieuses. Janette Dillon a très finement noté cette saturation anarchique des affects dans une étude récemment proposée de la pièce *The Croxton Play of the Sacrament* (Dillon J., « What Sacrament ? Excess, taboo and Death in *The Croxton Play of the*

ce Dieu qui bouscule sa créature, prescrits par la fureur des puissants ou mis en œuvre par la déraison aveugle des bourreaux et des manipulés[23].

Il faut pourtant souligner encore que la violence en retour ne se limite pas aux seuls ennemis de Dieu cherchant à contrebattre Sa toute-puissance. On la voit au contraire éclore chez deux catégories : chez ceux, certes, qui récusent Dieu, mais aussi chez ceux qui finiront par le servir. Si la violence physique, agressive ou polémique, a été la forme le plus souvent répertoriée dans les études parues sur le sujet, on aurait tort d'oublier les manifestations bien différentes qui procèdent des incrédules ou des ignorants avant leur rencontre avec la réalité de Dieu. Plus qu'une violence agressive envers la divinité, ceux-ci expriment une vitalité tapageuse, parfois batailleuse, employée à glorifier le bas humain ou à le contrebattre, avant de s'enrôler au service de la foi. Ces moments d'énergie ou de vitalité truculente, d'une violence qui sera finalement euphémisée, n'ont donc pas dans le drame fonction « oppositionnelle » mais plutôt « testimoniale » et théâtralement « médiatrice »[24]. Additions possibles ou patentes lors des récritures du mythe, ces personnages et épisodes participent d'une stratégie de conversion, balisant à l'intention du spectateur le parcours qui conduit l'ignorant, l'incroyant ou l'insouciant jusqu'à la conversion du cœur et de l'intelligence. C'est le cas, à Chester comme dans les cycles existants, de certains épisodes de registre comique ou pathétique, dont celui des Bergers, l'un des plus pittoresques du cycle. Mais on rangera aussi dans la même catégorie de multiples scènes ou épisodes entiers qui participent à leur façon paradoxale de la dynamique démonstrative, soulignant la résistance qu'opposent certains hommes au viol des lois qui gouvernent leur vie, avant de se convertir à une vérité supplantant les valeurs d'ici-bas. Dans ces différentes scènes sont mises en question : soit la norme anthropologique régissant les relations dans la société humaine (entre Adam et Ève, Noé et son épouse, Joseph

---

Sacrament, and Twentieth century Body Art », *European Medieval Drama* 4, ed. Lascombes A. & Higgins S., Turnhout, Brepols, 2001, p. 174).

23. Un détail, entre bien d'autres, est parlant, même si la menace n'est pas exécutée : dans le Jeu 13, v. 152-153, Primus Phariseus, tout à son dépit de voir reconnue la miraculeuse guérison du jeune aveugle, enrage : « I would his eyes were out » (« je voudrais qu'on lui arrache les yeux »).

24. Ces trois mots renvoient à une analyse fonctionnelle, infiniment mieux adaptée au théâtre pré- et proto- moderne. Dans le droit fil de l'intention didactique ou démonstrative assidûment poursuivie, la fonction « testimoniale » manipule le spectateur, qu'un *alter ego* à sa ressemblance représente dans l'univers intra-dramatique, endossant à sa place les enjeux émotionnels et idéologiques du débat.

et Marie, certains des bergers et leur femme), entre le frère et le frère (Caïn et Abel), le père et le fils (Abraham), la commère et la commère (la femme de Noé); soit encore la norme réglant la transmission de la vie (par exemple : la naissance « irrégulière » d'Isaac ; l'événement majeur de la Naissance virginale ; ou la violence mortifère qu'oppose Hérode à la fécondité du ventre maternel).

Car tous ces passages plaident, chacun dans sa tonalité, pour les valeurs de la vie terrestre avant que d'adopter la vision paradoxale de l'ordre surnaturel[25]. Stratégie fort ancienne au demeurant qui, mise au service de la même problématique, se trouve dans drames et récits de conversion bien antérieurs. Par exemple, et entre bien d'autres, le fragment de pièce anglo-normande *Ordo Repræsentationis Adæ* (ex. v. 884-944) ou, parmi les pièces du recueil de Fleury, celle consacrée à la conversion de Saint-Paul (*Ad Repræsentandum Conversionem Beati Apostali, passim*). Soulignons un point pour finir : si ces moments de violence déclarée ou d'intensité vitale sont asservis aux démonstrations doctrinales, on ne doit pas négliger ce que leur forme apporte à leur fonction. La vigueur de leur opposition à l'ordre paradoxal entretient en effet l'intensité du drame. Qu'elle ait fonction polémique ou testimoniale, cette violence seconde de source humaine, donc propre à déclencher l'empathie du spectateur, constitue un éminent ressort dramatique et spectaculaire dans le combat qui est conté.

Des deux vecteurs sémiotiques que sont au théâtre la parole et le corps, je ne considèrerai ici que le second. Non seulement parce que le corps, élément premier de la représentation théâtrale, est en soi lieu focal de l'expérience religieuse comme de la violence, mais aussi parce que l'étude de l'encodage verbal excèderait largement les dimensions d'un article.

La violence en retour : quelques leçons paradoxales du corps

Les deux modalités, antagoniste et testimoniale, de la violence s'expriment logiquement, à Chester comme dans les autres cycles, selon les deux aspects, antithétiques et complémentaires, du *corps détruit ou fragmenté*, et du *corps glorifié*. Ces deux aspects, souvent unis par le paradoxe et par-

---

25. S'il y a ici excès interprétatif, c'est que le texte biblique, sinon ses sources, n'a pas la dimension mythique qu'on lui prête et qu'il faut aussi récuser l'idée que la polysémie fictionnelle que l'on croit voir affleurer dans ces passages participe souterrainement de la stratégie de conversion déployée par le cycle.

fois par l'oxymore, s'organisent autour de trois thématiques ou isotopies : corps et procréation ; corps et nutrition ; corps et pouvoir. Je n'en donnerai que quelques exemples.

Corps et procréation

Si l'on accepte ce qui précède, on ne trouvera plus abusif d'assimiler à une violence le recours divin à la fécondation virginale, scandale primordial aux yeux des hommes. Le motif du déni de la parthénogenèse divine figure dans les quatre cycles anglais, mais l'un de ceux qui l'exploitent avec le plus de vigueur et de verdeur est celui de Chester[26]. Sur ce point, les cycles empruntent aux apocryphes à travers leurs sources pour dire plus brutalement l'impact, scandaleux jusqu'au burlesque, de la collision frontale entre profane et sacré. La saveur douce-amère, sinon bouffonne, de ces scènes de comédie recèle chaque fois une violence blasphématoire opposant au projet conçu pour l'au-delà de l'homme la lecture qu'en font ceux qui « ne savent pas ce qu'ils font ».

C'est par exemple l'épisode de la Nativité (Jeu 6) où Salomé, l'une des deux sages-femmes arrivées après la naissance de l'Enfant Jésus, tente, incrédule, de toucher le sexe de Marie pour vérifier l'impossible et voit en retour sa main desséchée (Jeu 6, v. 533-539). Cette scène brutale n'est si efficace que parce que cinq Jeux plus tard sa problématique est reprise, cette fois avec une sobriété exemplaire ne jouant que de représentations intériorisées. C'est au début du Jeu de la Purification et de la Présentation au Temple déjà cité plus haut (Jeu 11, v. 1-118). On y voit opposer à la foi du charbonnier qu'incarne la vieille Anna celle, plus raisonneuse, du vieux Siméon, prêtre confit dans la routine vétéro-testamentaire et qui refuse l'absurdité du texte prophétisant l'Incarnation :

> He that wrote this was a fonne
> To writte « a virgin » hereupon
> That should conceive without helpe of man;

---

26. *N-Town* privilégie une approche comparable dans quatre des neuf Jeux consacrés à l'aventure mariale (Jeux 10, 12, 13, 14) pour y exploiter l'antinomie entre l'annonce de l'Incarnation et le rationalisme vulgaire de la rue. Brièvement campés, savoureusement anglicisés, les médiocres de tout poil qu'il met en scène et qui paradent, lourds de l'once de pouvoir qu'ils détiennent, jettent un œil égrillard sur la jeune et appétissante Marie qu'accompagne le vieux Joseph, et daubent sur un début de grossesse socialement irrecevable (Jeu 14, *The Trial of Joseph and Mary*, v. 34-105).

> This writinge mervayles me.
> I will scrape this awaye anon;
> thereas « a virgin » is written on
> I will write « a good woman » –
> for so yt should be. (v. 33-40)
>
> *C'est le fait d'un imbécile;*
> *D'écrire ici qu'une « vierge »*
> *concevrait sans l'aide d'un homme;*
> *Cet écrit me stupéfie.*
> *J'enlève ce mot sur le champ;*
> *Et là où est écrit « une vierge » –*
> *J'écrirai « une femme »*
> *car c'est bien ce qui doit être.*

Cette brève et forte scène ostende l'impossibilité de censurer la raison, puis la déroute de la pensée logique, étapes qui mènent Siméon au retournement intérieur avant une mort pacifiée[27].

Corps et nourriture : repas sacramentel et corps à table

Un deuxième complexe thématique illustrant la violence du débat provoqué par l'aventure chrétienne a pour foyer la nourriture, ce qui ne doit guère surprendre dans un appareil doctrinal où la Cène couronne le message christique de la communion. Le motif du « nourrissement »[28] constitue, à Chester comme dans les cycles anglais, un autre moyen d'illustrer contradictoirement la leçon chrétienne ainsi subvertie – sinon paganisée – pour souligner sa dérangeante signification.

La reprise de la Cène elle-même touche de trop près au message fondamental du dogme et au plus sacré des rituels liturgiques pour que les auteurs ou réfacteurs s'écartent tant soit peu des sources évangéliques. Ce sont donc des contre-factures qui témoignent *a contrario* d'oppositions ou réticences rationalisantes au dogme, plus ou moins étroitement inspirées de Wycliffe. Ici encore, la fonction des repas ou festins figurant dans les

---

27. Dans une transcription vidéo théâtralement exemplaire, Meg Twycross, avec une remarquable économie de moyens, stylise efficacement en gestes ritualisés proches d'une liturgie la scandaleuse provocation que le caractère irrépressible du miracle constitue pour la pensée rationalisante.
28. On emprunte le terme au dictionnaire de Littré qui, avec quelque nostalgie, en déplore l'abandon (t. V, 821, art. « nourrissement »).

cycles sous la forme bénigne de ce que l'on appellera « tables profanes » mais parfois aussi dans la version plus provocante du « festin profanateur », semble être de combattre, par la même technique testimoniale, l'incompréhension ou le refus du rite eucharistique à travers l'ostension théâtrale d'un modèle outrageusement insolite.

La table profane est représentée à Chester par le festin des bergers (Jeu 7), épisode qu'honore plus ou moins bruyamment chaque cycle. On a parfois dit que le tableau de ces pasteurs vivant à la dure avec leurs troupeaux sur les espaces herbeux et venteux des collines de l'ouest ou du nord des Îles Britanniques est un référent socialement efficace qui soutient l'intérêt des auditoires. Disons plutôt que l'efficacité référentielle de ce morceau d'anthologie conforte sa vertu argumentaire. Comme dans trois des quatre cycles en effet, l'épisode est construit en diptyque, le deuxième panneau transformant la ripaille passée, durant la marche vers la Crèche, en prélude au festin chrétien. Notons en effet que si Chester fait la part belle à cette scène (occupant 299 des 696 vers du Jeu entier et étirant le festoiement sur 132 vers)[29], la remarquable truculence verbale détaillant les plats rabelaisiens est monopolisée par les quatre bergers tandis que leur valet revendicatif, Garcio, qui les insulte et les défait au combat, refuse de toucher au festin, le recrachant même par avance (v. 283). Or c'est Garcio, l'associal et le plus véhément de ces rustres, qui semble le premier identifier l'Étoile (v. 324) ; lui qui, parvenu à la Crèche, dit très éloquemment sa conversion (v. 588-596) puis sa vocation d'ermite (v. 661-668). La fonction testimoniale est donc ici manifeste[30].

Si Chester laisse au cycle de N-Town l'exploitation spectaculaire du festin profanateur[31], il donne par contre sa pleine dimension à la troisième

---

29. Les savoureux plaisirs (tripes, bas morceaux, fromage gras, longues goulées de petite bière) de la ripaille convivialement partagée et parfois assortie d'une brève bagarre, sont transcrits dans le lexique, les arrangements allitérés, le vocalisme même du repas évoqué sur quelque 190 vers (Lascombes A., « Culture », op. cit., chap. IX, p. 737-872). On rapprochera de cette manducation verbalisée la remarque de F. Paya qui, citant M. Jousse et V. Novarina, propose : « Il faut rendre le texte comestible […] ; s'il ne s'associe pas aux fonctions archaïques essentielles […] il ne livre pas tous ses secrets. Les meilleurs poètes le savent » (Paya F., La tragédie grecque, op. cit., p. 174).
30. La hargne agressive du marginal violent qu'est Garcio, remettant en cause (par le verbe et par les bagarres qu'il livre victorieusement) son lien avec la hiérarchie sociale, est à rapprocher de la ferveur des invites à adorer l'Enfant qu'il fait à ses compagnons.
31. La tradition du stéréotype d'un Hérode colérique apaisant sa fureur d'une coupe de vin, et festoyant les meurtriers des Innocents (voir son remploi par le Cycle de la Ville de N en particulier) peut inciter à ne pas négliger l'infime trace de blasphème que pourrait

isotopie, celle du Corps et du Pouvoir. Celle-ci associe les deux aspects contradictoires de la ruine du corps et de sa glorieuse résurrection.

Corps et pouvoir : ruine et triomphe, corps défait et corps victorieux

Ce thème, le plus physiquement explicite de la violence dans les cycles, est aussi celui le plus souvent commenté, et avec le plus d'éclat, essentiellement pour les scènes de la Passion du Christ. Les analyses qui lui sont consacrées concernent les sentiments extrêmes qu'induit possiblement le spectacle de la décréation corporelle, partielle ou fatale, sur le spectateur médiéval (voir sur ce point la note 3). Je me limiterai donc à quelques remarques additionnelles sur le corps défait ou « fragmenté » et le corps ressuscité[32].

Ce thème, annoncé dès la Chute lorsque le corps théâtral de Lucifer perd sa splendeur et que celui du premier couple est affligé de misère et de décrépitude, est confirmé lorsque Caïn inaugure la série des crimes de sang. Puis, la rumination de Dieu sur l'ingratitude du monde, au moment de décider le Déluge et l'anéantissement des hommes, en constitue le premier rappel. Le thème se charge aussi d'une valeur plus concrète quand le corps pourrissant est évoqué par les images récurrentes, discrètement disséminées au long des épisodes, de sa dissolution dans la glaise (*clay*). Incidente dans de multiples discours, comme celui du vieux Siméon, Jeu 11, vers 9, l'image est pleinement dramatisée dans la résurrection de Lazare, accompagnée de l'odeur obsédante du corps déliquescent (Jeu 13, v. 410-413 et 435-437). On se tromperait évidemment beaucoup en voyant dans ces images de la prison de glaise close sur le cadavre une forme de ce que nous nommons réalisme. Leur présence dans le récit du « voyage »

---

constituer dans le *Massacre des Innocents* de Chester (Jeu 10), une curieuse redite dans trois hémistiches, aux vers 127, 134 et 399 que prononcent Hérode et son conseiller maléfique Doctor : v. 127, Doctor : « for that is best, *as eate I bread* » ; v. 134, Herod : « But yett I burne *as doth the fire* » ; et v. 399, Herodes (iratus) : « But it is vengeance, *as drink I wine* ». Ces trois syntagmes peuvent parfaitement se lire comme de simples chevilles fermant le vers et fournissant la rime. Mais on peut voir aussi dans la triple reprise d'une même structure, triple écho disséminé parmi les 497 vers du Jeu et placé à trois moments clés de l'action, les trois temps d'une allusion volontairement tamisée aux deux éléments symboliques de la Cène, le pain et le vin, disposés de part et d'autre de l'évocation de la fureur déicide du potentat.
32. Au prix d'un détournement de sens, j'emprunte à Mme Bynum, (Bynum C., Walker, *Fragmentation and Redemption of the Body : Essays on Gender and The Human Body in Medieval Religion*, New York, Zone Books, 1991) le terme de « fragmentation » parce qu'il véhicule aisément les résonances antithétiques du corps détruit, humain ou divin, et celle du Corps christique salvateur qu'implique également l'avatar du corps défait.

interrompu de Lazare procède du souci d'apporter à l'auditeur qui sait la fin de l'épisode un corrélatif à la fois visuel, tactile et olfactif validant la déviance qu'est le retour de Lazare à la vie. Quant aux mentions répétées de la glaise primordiale, évocation sans doute puissante aux oreilles des ruraux du Cheshire, elles renvoient le spectateur à sa nature adamique d'homme de glaise animée, promis au cycle pagano-chrétien de la mort mais aussi à la Résurrection.

Ce thème de la Résurrection atteint en effet son plein développement théâtral au moment où s'ouvre l'aventure de l'Incarnation rédemptrice. Agoniquement activé pour ainsi dire, il donne à voir la mise en acte de la décréation corporelle dans les deux épisodes, figuralement et diégétiquement liés, du Massacre des Innocents et de la Passion du Christ. De ces scènes si souvent commentées, je ne soulignerai que quelques aspects.

Le *Massacre des Enfants* (Jeu 10), scène peut-être anthropologiquement signifiante par-delà notre civilisation et célèbre en tout cas dans l'Occident chrétien, conte apparemment l'absurde victoire du glaive sur le ventre fécond[33]. Son horreur, qu'accentue l'écart soigneusement souligné entre la force des bourreaux et la débilité des victimes, se nourrit à Chester de façon plus poignante qu'ailleurs de l'impavide et outrancière brutalité des premiers et des vitupérations désespérées des mères. Le retour de Secunda Mater à la Cour d'Hérode pour lui avouer la mort du jeune prince qu'elle avait en nourrice permet, comme très souvent dans ce cycle, d'administrer la leçon que le potentat tire ici lui-même, passant en quelques vers de sa fureur constitutive à la conscience de la faute, puis au désespoir qui le mène en Enfer. On notera pour finir que dans ces deux épisodes figuralement liés et placés au cœur du mythe, la violence physique, fondée sur contraires et contrastes met en images une sémantique de l'oxymore.

Jésus, ce « godling » (roitelet de pacotille) dont l'image des Innocents déchiquetés emblématise la débilité corporelle, ruine l'orgueilleux potentat qui, à le combattre, perd la vie et sa descendance. Cette même figure gouverne encore la signification de la Crucifixion (voir Jeux 16 et 16 A). La violence mentale qui habite l'ironique contradiction du paradoxe tient

---

33. On peut voir dans un petit musée de Calabre des statuettes de terre cuite datant de l'entre-deux guerres et représentant des soldats menaçant ou trucidant de petits enfants dans leurs langes, ainsi que des mères serrant ces derniers contre elles ou implorant les meurtriers, ou encore les menaçant de leurs poings ou d'un battoir. La similitude gestique avec les scènes décrites dans les cycles (*Chester* et *Ville de N* entre autres), est tout à fait saisissante, attestant une conservation immémoriale de scènes devenues *topoi*.

ici à ce que la fragmentation du Corps du Crucifié, apparente reprise du *sparagmos* dionysiaque, accomplit précisément en désarticulant le Christ la promesse que résume le *hoc est corpus* eucharistique, quand chaque parcelle distribuée restitue à l'infini l'intégralité du Corps de Dieu[34]. La ruine du corps est donc dans cette perspective signe de victoire, signe qu'à la Fin des Temps les chairs dissoutes sont promises à redevenir « corps glorieux ».

Cette ferme croyance en la résurrection sous les espèces les plus charnelles est assénée à plusieurs reprises jusqu'à la clôture du cycle et à partir de la Résurrection du Seigneur : avec un souci spectaculaire qui donne quelque idée des attentes (ou des tolérances) des auditoires de Chester, qu'ils soient traditionnels ou Réformés[35]. Le Jeu 21 (*La Pentecôte*) relatant l'élection de Matthieu et la descente de l'Esprit-Saint l'affirme par la bouche de Thaddée dans l'énoncé à plusieurs voix du Credo. Et dans la pièce suivante, *Les Prophètes de l'Antéchrist* (Jeu 22), Ezéchiel répète la prédiction dont l'a chargé le Saint-Esprit :

> [...] he would revyve them soone in hye
> with flesh and synewes and skynne therbye
> which soone he can them give. (v. 14-16)
>
> [...] *il les ressuscitera bientôt dans les cieux*
> *Vêtus de chair, de nerfs et de peau*
> *Qu'il saura bientôt leur donner.*

Affirmation que glosera encore Expositor (commentateur-médiateur) aux vers 31-32. Mais c'est la longue pièce de 722 vers, *L'Antéchrist* (Jeu 23), pénultième Jeu du cycle, qui, dans les deux versions existantes, met en scène cette forme de la résurrection des corps. La deuxième partie de la pièce (articulée autour de la dénonciation des supercheries et faux miracles d'Antéchrist qui tient du Diable ses éphémères pouvoirs d'illusion, puis à

---

34. S. Carpenter rappelle la fréquence de ce topos doctrinal, « Masks and Mirrors », *METh* 13, 1991, p. 7-17 [p. 17, n. 19].
35. Sur le Jeu d'Antéchrist, dont D. Mills donne deux versions (dont la version Peniarth vraisemblablement jouée avant la Réforme henricienne), voir les commentaires de D. Mills (*Chester Cycle*, II, p. 330-349), et R.K.K. Emmerson (« Contextualizing », *op. cit.*, p. 96-112) qui documente le contexte de sa possible réception. Sur la représentation des âmes sauvées apparaissant dans leur corps glorieux, on lira avec profit l'article de M. Twycross « More Black and White Souls » (*METh* 13, 1991, p. 52-63) complétant un article précédent que je n'ai pas pu consulter, « With What Body Shall They Come ? », *Langland, the Mystics, and the Medieval religious Tradition : essays in Honour of S.S. Hussey*, ed. Phillips H., Cambridge, D.S. Brewer, 1990, p. 271-286.

l'inverse démontrant la véritable puissance de Dieu sur la Vie et la Mort) voit l'arrivée de deux Témoins, Enoch et Elias. Ils démasquent l'imposteur puis périssent par son glaive ; Mais l'Archange Michel, trucidant à son tour l'Antéchrist, les ressuscite immédiatement. Elias décrit ainsi son nouvel état : « My flesh glorifyed now I see » (v. 708, « voici que je contemple mon corps de chair glorieuse »). Ce que confirme presque aussitôt l'Archange :

> My Lord wyll that you with mee gonne
> To heaven-blysse, both blood and bone,
> Evermore there to bee. (v. 716-718)
>
> *Mon seigneur veut que vous m'accompagniez*
> *Jusqu'aux délices du paradis, tout entiers os et chair,*
> *Pour y demeurer à jamais.*

Il semble clair, à en juger par le cas de Chester, que les déchaînements de barbarie qu'offrent les scènes de la Passion et où la critique aujourd'hui voit volontiers le paroxysme de la violence dans les cycles, s'inscrivent plutôt, replacés dans le processus de la Rédemption, dans une autre logique. Derrière la violence fracassante des humains opposant au reniement douloureux de leur présente identité l'affirmation forcenée de leur ego traduite en actes d'inhumaine cruauté, se découvre aussi en amont celle, fondatrice, d'un Dieu qui veut tout sacrifier – temples, idoles et valeurs coutumières – à l'instauration de Sa loi d'Amour, loi dont la radicale intensité donne puissance spirituelle et dramaturgique à l'épopée contée par le cycle. À cet égard, notons que ce n'est pas la voix d'airain du Dieu trine ni même celle de Son Fils qui proclame cette loi dans les Cycles, dont celui de Chester, mais la voix mariale, toute d'implacable douceur. Dans le Jeu 6 de la Nativité, au terme de l'Annonciation, c'est elle qui entonne le *Magnificat* (v. 69-72) avant d'en gloser en langue vernaculaire, pour les savants et pour les simples, les vers les plus révolutionnaires :

> Disparcles proud dispytuusly
> With myght of his harte hastely
> At his owne will.
>
> *Il écarte, impitoyable, qui,*
> *Dans la force de son cœur fait le superbe, prestement*
> *Et selon sa volonté.*
>
> Depose the mighty oute of place,
> And mylde allso he hansed hasse,

> Hungry, nydy, wanting grace
> With god hee hath fullfellede. (v. 94-100)
> *Il dépose les puissants*
> *Et voilà qu'il élève les doux*
> *Qui a faim, qui n'a rien, qui réclame merci*
> *Voilà qu'il le comble de biens.*

Mais si notre lecture a sa logique interne, convenons pourtant qu'elle ne signifie pas aisément aujourd'hui. D'où, peut-être, les recherches d'un sens qu'aurait en soi la violence : forme d'« étalage complaisant » dans le théâtre français, comme le suggère Véronique Plesch[36], ou d'un « théâtre de la cruauté » aussi proche du Grand Guignol que d'Artaud pour Jody Enders[37]. Si Clifford Davidson voit bien ce qui lie intrinsèquement cette violence à la tradition des « images de pitié »[38], il rappelle aussi la répulsion panique que le spectacle du corps sanglant et mis à mal suscite chez l'occidental qui peine à y voir plus qu'une outrageuse stratégie missionnaire[39]. Et l'incompréhension ne date pas d'aujourd'hui : la charge furieuse que menait contre la théâtralisation du religieux le célèbre pamphlet d'inspiration hétérodoxe, *A Tretis of Myraclis Pleyinge*, disait déjà qu'il est difficile de considérer sans scandale les représentations de la mort de l'Homme-Dieu[40].

Pour finir et faute de pouvoir entrer ici dans le détail de l'impact vraisemblable d'une violence sans doute diversement reçue selon lieux et moments dans la longue histoire de chaque cycle, on peut résumer l'arrière-plan culturel qui explique cette réception en empruntant à P. Bourdieu sa formule sur les fractures de la *doxa*[41]. Dès les moments ambigus de la pré-Réforme en Europe où la *doxa* éclate en orthodoxie et hétérodoxie, il est vraisemblable que se divisent aussi (en Angleterre assurément) les communautés, tourmentées par tensions et querelles entre religion traditionnelle et houles

---

36. Plesch V., « Un étalage complaisant ? The Torments of Christ in French Passion Plays », *Comparative Drama*, 28-4, 1995, p. 458-485.
37. Enders J., *The Medieval Theater of Cruelty, op. cit.*
38. Davidson C., « Sacred Blood and the Late Medieval Stage », *op. cit.*, p. 438.
39. Panofsky E., « *Imago Pietatis* : Contribution à l'histoire des types du "Christ de Pitié"/ "Homme de Douleur" et de la "Maria Mediatrix" », *Peinture et dévotion en Europe à la fin du Moyen Âge*, Paris, 1997, p. 13-28.
40. *A Tretise of Myraclis Pleyinge*, ed. Davidson C. (A Middle English Treatise on the Playing of Miracles), Washington D.C., Univ. Press of America Inc., 1981.
41. Bourdieu P., *Esquisse d'une théorie de la pratique, op. cit.*, p. 411, n. 142.

réformistes. Là où les ferveurs authentiques de la foi restaient intimement soudées aux images et représentations (comiques ou pathétiques) du mythe, on peut penser que la violence physique, asservie à une foi traditionnelle largement somatisée dont elle était l'un des vecteurs, garda une faveur incontestée. À l'inverse, la dévotion nouvelle, largement apurée de tels investissements tenus pour liaisons superstitieuses, a pu dé-fonctionnaliser les éléments trop physiques du message, devenus additifs délétères ou piments sacrilèges.

Quant au théâtre, forme continûment nourrie de monstrueuse violence quelle qu'en soit la nature, survivant à la crise idéologique par ses refus et ses ajustements même, il abandonnera la mue qu'est le cycle pour intégrer ces sédiments à ses prochaines métamorphoses.

Olivier Millet

Surnaturel et divinité dans le théâtre « profane » de Marguerite de Navarre

Comme le montrent certains de ses grands poèmes, Marguerite de Navarre est familière avec les traditions poétiques du surnaturel, qu'il s'agisse de visions, du procédé du songe ou encore de dialogues avec des êtres invisibles, qui permettent d'entrer en communication avec l'au-delà[1]. De même, les quatre pièces de son théâtre biblique[2], consacrées aux épisodes majeurs de la naissance et de la petite enfance de Jésus, depuis la nativité à Bethléem jusqu'à la fuite au désert, savent rendre visibles sur la scène des figures attendues du surnaturel chrétien, Dieu lui-même en son paradis, ses anges, ou encore les âmes des saints Innocents. Comme dans la tradition des mystères, l'action en est située à la fois au ciel et sur la terre. Aucune insistance spectaculaire pourtant, ni aucun pittoresque, ne viennent relever ces scènes, et les voix des personnages surnaturels, ou leur chant, se font entendre seulement pour souligner la réalité objective de la rédemption. L'essentiel est que celle-ci soit reçue et méditée intérieurement par les personnages humains ; la perception du surnaturel tend à se confondre avec l'attente humaine de la grâce, ou avec sa célébration lyrique, et l'intérêt dramatique et poétique se concentre sur la dimension

---

[1]. Voir le *Dialogue en forme de vision nocturne*, éd. Salminen R., Helsinki, Annales Academiæ Scientiarum Fennicæ, 1985 ; *La Navire*, éd. Marichal R., Paris, Champion, 1956 ; ou encore le « Dialogue de Dieu et de l'homme » (dans *Les Dernières Poésies*, éd. Lefranc A., Paris, Armand Colin, 1896).

[2]. Voir la récente édition de Hasenohr G. et Millet O. dans les *Œuvres complètes*, sous la direction de Cazauran N., t. IV, *Théâtre*, Paris, Champion, 2002, parallèle, pour les comédies bibliques, à celle de B. Marczuk-Szwed chez Droz. Nous reprenons dans la présente contribution certains propos de notre édition (où Geneviève Hasenohr s'est particulièrement chargée des pièces bibliques).

proprement spirituelle du salut, conçu comme un appel à la conversion, intériorisé et vécu dans l'intimité immanente des consciences. C'est ainsi par exemple que, dans la *Comédie de la Nativité*, Dieu dit que Marie, dont l'âme perd « le sentement de soy » (v. 202), « Du vray repoz d'amour est endormie » (v. 214); suit un chant des anges, alors descendus sur terre, qui introduit une longue méditation lyrique de Marie devant l'enfant Jésus. Les deux plans n'interfèrent pas l'un avec l'autre, mais se correspondent comme deux registres distincts d'une même et unique contemplation.

Dans cette perspective, les pièces de Marguerite de Navarre dites profanes[3], mais dont la teneur est à plusieurs reprises profondément religieuse, invitent *a fortiori* à soulever la question de la représentation du surnaturel. Pour notre auteur en effet, ici comme ailleurs, l'essentiel appartient à la seule vie intérieure. Influencée par la théologie négative du Pseudo-Denys, et thématisant, dans la perspective « évangélique » qui est la sienne, le rejet de toute « superstition », Marguerite de Navarre a utilisé dans ces pièces d'autres traditions théâtrales que celles des mystères (et des drames liturgiques), pour mettre en scène sa vision du drame chrétien. Nous ne nous intéresserons successivement, pour des raisons pratiques, qu'à deux aspects de ces pièces « profanes », de manière à souligner, à propos des personnages et de l'action, puis de l'usage du chant, cette immanence intérieure du surnaturel, déjà attestée dans les pièces bibliques, et qui est cette fois projetée à travers des images de la condition humaine, fictions poétiques qui sont aussi des paraboles de la vie spirituelle.

Deux pièces, la *Comédie des quatre femmes* et la *Comédie des parfaits amants*, ne nous retiendront guère. Ni par leurs personnages, ni par leurs thèmes, elles n'impliquent un surnaturel chrétien. La première met en scène deux figures qui proviennent du folklore carnavalesque, le Vieux et la Vieille, cette dernière présentant également des traits qui rappellent la personnification de Vieillesse ainsi que le personnage de la Vieille du *Roman de la rose*[4]. Mais ces rôles du Vieux et de la Vieille – des masques dont les autres personnages vont à la fin se débarrasser joyeusement – s'ils appar-

---

3. Selon le titre collectif que leur a donné Saulnier V.-L. dans son édition du *Théâtre profane* parue chez Droz, 1946 (édition revue en 1963); sur le diptyque biblique/profane dans le théâtre de Marguerite de Navarre, voir l'Introduction générale de notre édition, *op. cit.* Nous ferons référence à ces pièces et les citerons d'après notre édition, en utilisant les titres qu'elles y portent (ils peuvent être différents de ceux de l'édition Saulnier).
4. Voir la Notice introductive dans l'édition signalée, p. 367 sq.

tiennent à une tradition immémoriale, sinon mythique, incarnent en fait dans la *Comédie des quatre femmes* une sagesse humaine, trop humaine. La Vieille va être progressivement disqualifiée, à la fois dans la mesure où elle prétend prophétiser – comme une triviale diseuse d'aventures – l'avenir, et parce qu'elle est en amour le porte-parole désolant d'un point de vue naturaliste. Loin d'introduire une perspective surnaturelle, la Vieille se voit opposer, par les quatre autres personnages féminins de la pièce, un pari sur un avenir ouvert, que Dieu seul connaît, et les aspirations idéales du cœur, indispensables aux âmes bien nées. L'autre pièce, la *Comédie des parfaits amants*, présente également un personnage de Vieille femme issue de l'imaginaire romanesque et folklorique. Elle erre sur la terre depuis mille ans, en quête d'un couple d'amants parfaits. Le trouver sera pour elle une libération, mettant fin à l'enchantement maléfique d'une course sans fin. À l'opposé de la Vieille précédente, il s'agit d'un personnage positif, du porte-parole d'une sagesse indiscutable, capable de discerner l'amour authentique qu'il s'agit de couronner. Mais, pas plus que dans la *Comédie des quatre femmes*, Marguerite de Navarre n'a souligné le caractère surnaturel de son personnage ; dans l'une et l'autre pièces, ces deux visages successifs de Vieille, qui auraient pu nous mettre en contact avec l'avenir ou avec l'au-delà, ne servent finalement qu'à instaurer un débat de nature essentiellement courtoise et sentimentale. Il est cependant significatif que Marguerite de Navarre ait introduit, dans ces deux jeux mondains destinés à des fêtes de cour, ces réminiscences qui ouvrent l'ici et le maintenant sur le surnaturel issu d'une tradition folklorique, ludique et poétique. Ses autres pièces dites profanes représentent quant à elles le conflit des valeurs mondaines et des valeurs spirituelles, selon deux « ordres » que distingue et sépare le surnaturel de la grâce divine, en utilisant des indices dramaturgiques et poétiques du surnaturel qui dispensent celui-ci de se rendre scéniquement visible.

Le Mallade met en scène, dans un registre proche de la farce, un malade et sa femme, leur chambrière et un médecin. La maladie du premier – une *passion* – est à la fois une figure et une conséquence de l'état pécheur de l'homme ; cette histoire de maladie et de guérison, tout en valant comiquement par elle-même, possède un sens moral et spirituel qui est d'ailleurs explicite dans la pièce (voir la tradition des moralités) : la maladie est l'occasion de découvrir la vraie voie du salut, et, pour les différents personnages, de prendre position par rapport à cette découverte spirituelle. La chambrière critique le recours aux saints et aux « faulx medecins », et elle adresse le patient à Dieu seul, dans un dialogue qui tourne à la leçon de catéchisme spirituel. L'épouse, elle, est allée chercher le médecin. Pendant son absence, et grâce à la leçon évangélique de la chambrière, le malade guérit, puis « repose ». Mais, réveillé par l'arrivée du médecin, il se sent de nouveau mal, et il aura besoin d'une seconde séance intime de discussion avec la chambrière pour guérir définitivement, à l'étonnement et au scandale du médecin. Le phénomène de guérison – un miracle – procède, selon la déclaration du guéri à la chambrière, d'une connaissance qui touche le cœur :

> En bonne foy je congnois bien
> Que de Dieu vient toute santé.
> Mon cueur s'est si fort contanté
> De vous oyr de luy parler
> Que le mal qui m'a tourmenté
> J'ay senty tout soubdain aller. (v. 115-122 ; voir v. 279-286)

Le médecin, lui, n'admet pas l'idée que la guérison ait pu se produire sans l'intervention de son art, ou bien d'une pratique magique, féminine et superstitieuse, de la chambrière. Celle-ci joue d'abord une simplicité ignorante : « Il est guary, j'en suis certaine/Mais je ne sçay quoy ne comment » (v. 337-338), sans hypocrisie au demeurant, puisque la guérison apportée par la foi évangélique ne procède pas à proprement parler de l'homme, mais de Dieu, comme elle le déclare ensuite ouvertement. Finalement, le médecin explique que les miracles de guérison étaient bons au temps de Jésus, mais qu'il convient maintenant de s'en remettre à la nature et au savoir scientifique des compétents. Il n'exclut pas que la chambrière ait pu guérir son maître grâce à la magie, mais condamne cette pratique risquée et qui fait concurrence à son art. À vue humaine, le miracle, dû à un entretien familier et à une évangélisation par la parole, ne sort donc pas du cours ordinaire des choses pour qui n'a pas les yeux pour voir et les oreilles pour entendre, c'est-à-dire pour qui ignore, comme ce médecin, la vitalité de la foi et conteste la puissance divine de faire des miracles. Mais dans le fond, il n'y a pas d'autre miracle que celui de la conversion-repentance, qui a libéré le malade du fardeau de son péché. L'expérience que le pécheur fait de sa malice (symbolisée par la douleur du malade, et que cette douleur accompagne) se résout dans une « foi-confiance » placée dans la seule miséricorde divine, et qui se saisit de la grâce offerte. Si celle-ci renverse les rapports ordinaires du corps et de l'esprit (la guérison de la maladie physique résulte de la foi), le régime de la grâce est celui de l'humilité, et de l'invisible, dont seule la *parole* – accueillie ou refusée – propose un signe efficace.

Dans les pièces suivantes, il n'y aura plus de miracle. Marguerite de Navarre renonce à la représentation dramatique du surnaturel comme coup de théâtre, et elle choisit un autre angle de vue, afin de mettre en relief un des thèmes déjà traités par *Le Mallade*, celui de la frontière invisible – celle de la foi évangélique, et de la grâce – qui sépare les fidèles des orgueilleux, ou le thème du saut qu'il faut franchir pour passer du plan humain au plan surnaturel. Mettons tout de suite à part la *Comédie sur le Trespas du Roy*. Dans cette pastorale dramatique, Marguerite de Navarre s'est représentée exceptionnellement elle-même, dans le personnage d'Amarissime, la « très-amère », désespérée par la mort de Pan (son frère François Ier), en compagnie de son mari, Securus (Henri d'Albret), que rejoint Agapy (Henri II) pour partager leur deuil. Un personnage envoyé par Dieu, Paraclesis, arrive alors, et leur apporte un message de consolation divine, qui met fin sinon à la tristesse, du moins au désespoir. Le personnage de Paraclesis, qui incarne cette consolation, rappelle l'esthétique des mystères (mais aussi des moralités) et certaines des personnifications des pièces bibliques de notre auteur. Son nom est décalqué sur celui de « Paraclet » (le « consolateur »), qui est un nom du Saint-Esprit dans le Nouveau Testament ; mais la forme féminine interdit de l'identifier directement avec cette figure divine. Le terme grec de *paraclèsis* apparaît aussi dans le Nouveau Testament (*Jean*, XIV, 16 et *passim*), au sens d'encouragement, et dans un contexte (*Hébreux*, VI, 1) qui explique que Dieu tient ses promesses, et qu'il accordera aux siens l'héritage promis et espéré. Cette référence est sans doute aussi importante que celle du Paraclet. Ainsi, Amarissime, après avoir reçu l'appui de la raison et de la tendresse, qui parlaient par la bouche de son mari Securus, puis celui de l'amitié et de la sympathie, représentées par Agapy, partage avec ces deux compagnons le secours de la « foi-espérance ». Paraclesis peut alors leur donner la bénédiction divine, et la pièce s'achève par un chant général. Nous avons donc affaire à une pastorale qui autorise, en la stylisant, l'expression autobiographique des sentiments personnels, ainsi qu'à un contenu d'oraison funèbre (en l'honneur du roi et frère décédé), pour lequel Paraclèsis joue le rôle d'oratrice. Le cadre profane et poétique de la fiction pastorale oblige à présenter le Saint-Esprit, ou l'Évangile, dont Paraclesis est l'intermédiaire efficace, sous les dehors d'une simple messagère, certes « tressure » (v. 495), mais avec laquelle on peut discuter, se réjouir, et finalement chanter. Ainsi dramatiquement personnifiée, la représentante du monde céleste est, en raison même de son insertion dans la sphère des autres personnages, assimilée à leur univers, dont elle adopte le langage bucolique, les conventions et les attitudes. La fiction poétique, soulignée comme telle, serait-elle le seul moyen de représenter scéniquement l'invisible ? Nous allons retrouver cette question à propos des autres pièces.

Il s'agit de *L'Inquisiteur*, de *Trop Prou Peu Moins* et de la *Comédie de Mont-de-Marsan*. La première pièce, *L'Inquisiteur*, et la dernière, la *Comédie de Mont-de-Marsan*, dans sa première partie, sont encore, comme *Le Mallade*, des pièces de la conversion évangélique, cependant que *Trop Prou Peu Moins* et la seconde partie de la *Comédie de Mont-de-Marsan* mettent en scène le drame de l'incompréhension qui fait s'affronter les élus et les réprouvés dans un cas, les simples croyants (dont deux « converties ») et une ravie de Dieu dans l'autre. Dans cette série de pièces, aucun événement scénique miraculeux ou aucun personnage céleste ne vient renverser l'ordre des choses; Marguerite de Navarre met en scène, bien au contraire, sur l'unique plan de l'immanence, la différence qui régit des « ordres » séparés, l'ordre humain du *cuyder* et celui, spirituel, de la charité. Dans *L'Inquisiteur*, le personnage éponyme de la pièce, secondé par son valet, incarne la figure du clerc tyrannique et persécuteur. Héritier du Faux Semblant du *Roman de la rose*, il est aussi un Nicodème, ce pharisien des évangiles, représentant de l'ordre ancien, symbole du vieil homme, appelé à vivre une seconde naissance selon l'Esprit de Dieu. Comme un autre pharisien du Nouveau Testament, saint Paul, il rencontre la vérité et se convertit; mais son chemin de Damas n'a rien de spectaculaire, puisqu'il découvre l'Évangile à l'occasion de sa confrontation avec des enfants insouciants, qui ont pris le relais de la chambrière du *Mallade*. À la fin de la pièce, la situation initiale s'est renversée et l'inquisiteur abandonne son interrogatoire accusateur pour poser les questions d'un néophyte qui veut à son tour être enfin initié, et il parle et chante comme les enfants. La pièce illustre donc deux passages bibliques, sur un mode parabolique: « Laissez venir à moi les petits enfants, car le Royaume des cieux est pour leurs pareils » (*Mathieu*, XIX, 14; voir *Marc*, X, 14), et « Si un homme ne naît de nouveau, il ne peut voir le Royaume des cieux » (*Jean*, III, 3). Si *L'Inquisiteur* est une pièce d'actualité qui fait référence à la répression anti-évangélique des années 1534-1536, elle élève ces références sur le plan d'une représentation symbolique de la condition humaine, en opposant enfance – ou plutôt esprit d'enfance – et esprit de sérieux. Le fil narratif, ténu, relève d'une fiction qui rend visible un drame humain, celui du salut d'abord ignoré et rejeté, puis accepté. Il n'y a pas d'autre surnaturel que celui, tout intérieur et vécu existentiellement, de la grâce proposée et de la foi qui s'en saisit. C'était déjà une leçon des pièces bibliques de Marguerite de Navarre, qui trouvent ici une contrepartie « profane », c'est-à-dire purement parabolique.

Trop Prou Peu Moins relève de la même esthétique, sauf que cette fois les deux groupes de personnages, Trop et Prou d'un côté, représentants de la sagesse du monde, et Peu et Moins de l'autre, deux fous en Christ, sont confrontés les uns aux autres sans que cela débouche sur une conversion des premiers. La pièce souligne au contraire leur divergence, qui s'accomplit à la fin de la pièce lorsqu'ils quittent la scène séparément, deux par deux, chaque groupe partant sans doute de son côté. Chacun continuera à être ce qu'il est, à faire ce qu'il aime, leurs routes se sont simplement croisées, le temps de la représentation. Peu et Moins ont échappé au danger que représentent Trop et Prou, tout en éveillant chez ces derniers un espoir de délivrance spirituelle sans lendemain. Trop et Prou ne sont pas seulement les figures d'une institution ecclésiastique trahissant sa mission, ou de l'humanité fermée à la grâce ; leurs noms rappellent plus précisément un thème évangélique : « Prou d'appelez y a, mais peu d'esluz » (voir *Mathieu*, XXII, 14), comme le dit un passage de la *Comédie de la Nativité* de notre auteur[5]. Mais loin d'être des personnifications d'idées abstraites, ces quatre personnages sont profondément humains, par exemple quand Trop et Prou donnent un aveu sincère de leur propre faiblesse, ou quand Peu et Moins font montre d'une ironie surprenante chez ces simples qui ne sont pas des naïfs. L'affrontement des deux paires de personnages fait bien deviner au spectateur leur identité respective, que leur nom suggère seulement : il s'agit de la prétention à la grandeur, opposée au dépouillement bienheureux de l'humilité. Cependant, à la différence de la tradition des moralités, où l'identité des personnifications, indiquée par leurs noms, détermine le caractère des personnages et leur langage, ici, c'est le jeu (parfois clownesque) et le dialogue qui font pressentir la condition spirituelle qu'ils incarnent ; celle-ci est rendue visible, mais de façon allusive, et elle reste finalement mystérieuse. Non pas parce que Marguerite de Navarre dissimulerait l'identité de ses personnages, par précaution ou par jeu, mais parce que le mal et le refus de la grâce d'un

---

5. Voir v. 886.

côté, et la joie du Royaume de Dieu de l'autre, restent respectivement l'un pour l'autre deux énigmes, et un nœud douloureux de contradiction. Tel est le véritable plan sur lequel se situe Marguerite de Navarre : il s'agit de représenter dramatiquement, au moyen d'une fiction « profane », non pas le surnaturel, mais le caractère non-représentable du surnaturel, lui-même conçu comme mystère spirituel.

Notre dernière pièce, la *Comédie de Mont-de-Marsan*, offre une synthèse des pièces précédentes, tout en leur ajoutant un plan nouveau dans la représentation du surnaturel. Deux femmes, la Mondaine (qui rappelle la Marie-Madeleine de la *Passion* de Jehan Michel) et la Superstitieuse, également dans l'erreur, débattent entre elles des valeurs qui inspirent leur existence respective ; on reconnaît la personnification dramatique, renouvelée par la culture de l'humanisme chrétien et la réforme évangélique, de deux vices opposés, l'irréligion et la superstition[6]. Une Sage va les départager, et elles vont se convertir (comme le malade et l'inquisiteur l'avaient fait à leur façon) à son message. Celui-ci combine la raison et le respect du corps, le refus de l'hédonisme mais aussi de la religion des œuvres, au nom de l'autorité illuminante de la Bible. Las ! À cette Sage, qui parle si bien d'amour et distribue aux autres personnages des exemplaires de la Bible, il manque sans doute ce qu'incarne un quatrième personnage, qui entre alors en scène : une Bergère, ravie de Dieu et amoureuse, qui se contente de chanter des fragments de chansons amoureuses. La Sage sera tout aussi incapable que l'ancienne Mondaine et l'ancienne Superstitieuse de reconnaître l'identité de cette Ravie, et de comprendre son langage, c'est-à-dire la nature spirituelle de l'amour en laquelle se perd cette mystique – héritière de Marguerite Porete, comme l'a récemment montré Nicole Cazauran[7]. La Ravie représente donc, par contraste avec les trois autres femmes, la vie secrète de l'amour divin dans une âme, vie qui échappe au contrôle de la raison et à la compréhension de ceux qui ne partagent pas son expérience. Drame de l'incompréhension (comme dans *Trop Prou Peu Moins*) qui isole et magnifie la Bergère, jusqu'au moment final où son ravissement (par essence invisible à l'œil), devient l'objet même de la repré-

---

6. Voir à ce sujet San Miguel A., « Die *Comédie jouée au Mont de Marsan* von Marguerite de Navarre », *Literaturwissenschaftliches Jahrbuch*, 1982, p. 71-80, dont nous adoptons le point de vue dans notre édition, *op. cit.*
7. « Deux "ravies de l'amour de Dieu" dans *La Comédie de Mont-de-Marsan* et *Le Mirouer des simples ames* », dans *Marginalité et Littérature. Hommage à Christine Martineau-Génieys*, éd. Accarie M., Gouttebroze J.-G., & Kotler E., ILF-CNRS, Université de Nice, 2000, p. 63-84.

sentation : une pause dans sa prière adressée à Dieu, après le départ des autres, marque le moment où la grâce descend et correspond à l'extase de la Bergère. Son âme perd alors tous ses « usages », et la pièce s'achève. De la foi éclairée de la Sage au plan proprement surnaturel de l'amour, il y a, plus qu'une quatrième étape à franchir, un abîme humain et, au niveau théâtral, esthétique. Comment représenter, avec les formes dramaturgiques traditionnelles dont Marguerite est l'héritière, le spirituel comme spirituel, l'invisible comme invisible, et finalement le mystique ? Au XVIIe siècle, le théâtre baroque – je pense au *Véritable Saint Genest* de Rotrou – trouvera des solutions nouvelles à ce problème[8]. Dans la *Comédie de Mont-de-Marsan*, le plan mystique de la réalité est suggéré par ce silence soudain au cœur de la prière de la Bergère, et par un « rideau » final, qui désigne, au-delà des plans humains successivement personnifiés – la mondanité, la superstition, la religion éclairée, et la folie en Dieu de la Bergère – l'au-delà de tout langage et de toute représentation.

Cette première approche de nos pièces nous conduit ainsi à poser la question des signes linguistiques et poétiques utilisés par la dramaturge pour, non pas représenter, on l'a vu, mais proposer sur la scène des indices du surnaturel, à travers ces personnages qui en portent en eux, de façon totalement immanente, la présence dramatique et provocatrice pour les autres. Nous nous limiterons ici à la dimension du chant, à laquelle il faudrait ajouter notamment celle, fréquente, du rire, signe de joie spirituelle, ainsi que celle des modes d'élocution énigmatiques, sans oublier les signes non langagiers – attributs matériels, jeux de scène, activités, etc., qui attestent également le statut spirituel des personnages.

Dans les pièces bibliques de notre auteur, le chant choral est fréquent, de la part des anges, des âmes des saints Innocents ou encore des bergers, bref de ceux qui ont une âme pure et s'abandonnent à la louange désintéressée de Dieu. Marguerite de Navarre reprend donc la tradition musicale des mystères et elle y incorpore celle des Noëls[9]. Dans *Les Innocents* et dans la *Comédie du Désert*, deux pièces chantées[10] sont des *contrafacta* de chansons profanes, procédé employé couramment par Marguerite égale-

---
8. Voir à ce sujet Pavel T., *L'Art de l'éloignement. Essai sur l'imaginaire classique*, Paris, Gallimard, 1996, « Folio-Essais », p. 84 sq.
9. Voir la Notice de Hasenohr G., dans notre édition, *op. cit.*, p. 26-27.
10. Respectivement, v. 1000 sq., et v. 1568 sq.

ment dans ses *Chansons spirituelles*[11], et dans ses pièces non-bibliques : la musique céleste, des Innocents ou des Anges, assume ainsi le répertoire de la joie terrestre, exhaussé sur un plan supérieur. Le chant manifeste en effet une joie d'origine céleste, que les chanteurs partagent entre eux. Joseph, Marie, ainsi que les personnages en quête de la vérité et du salut ne chantent cependant pas. L'exemple de Marie permet de comprendre pourquoi : son lyrisme est trop intérieurement méditatif pour qu'elle se livre à une expression musicale ; mais le chant des anges encadre et souligne, comme on l'a signalé plus haut, le caractère surnaturel de la contemplation de la Vierge. La *Comédie du trespas du roy* est un cas particulier. Le chant, justifié par le genre pastoral, y sert simplement à l'expression lyrique, solitaire ou partagée, des sentiments des personnages, qu'il s'agisse de leur désespoir ou au contraire de leur espérance. Paraclesis, elle, n'y chante pas, elle évangélise par le moyen de la seule parole. Cependant, à la fin de la pièce, c'est elle qui invite les personnages humains à un chant choral final, qui consiste en fait en une citation extraite du premier nocturne (*Job*, II, 10 et I, 21) du premier dimanche de septembre[12]. Sorte de *Te Deum* conclusif, dans une prose latine sans doute psalmodiée, qui représente, grâce à son caractère liturgique, la communion entre les personnages visibles et les célestes, anges et défunts (François Ier), dont la pièce annonce qu'ils jouissent déjà de la vision béatifique.

Dans les autres pièces non-bibliques, la musique élargit ses fonctions de manière significative. Quand il y a affrontement entre les représentants de la vie spirituelle et ceux du *cuyder* humain, le chant peut devenir un critère de discrimination entre les deux groupes et il joue un rôle dramatique non négligeable comme indice poétique du surnaturel intériorisé et invisible à l'œil humain. Dans *Le Mallade*, il n'y a pas encore de chant ; il suffit que la parole, et une prière (v. 283 *sq.*), préparent ou accompagnent le miracle de la guérison. L'inspiration de propagande évangélique de la pièce n'exige pas de musique, et si le malade, à la fin de la pièce, s'adresse au public (« à tous chrestiens ») pour les exhorter à partager sa foi nouvelle, il n'entonne aucun chant ; aussi bien sa femme n'est-elle pas encore convertie. *L'Inquisiteur* transforme cette perspective. Le personnage éponyme de la pièce se convertit après son valet, qui lui ouvre la voie ; or

---

11. Voir leur récente édition, également dans les *Œuvres complètes*, t. IX, par Clément M., sous le titre *Complainte pour un détenu prisonnier et Chansons spirituelles*, Paris, Champion, 2001.
12. Voir la Notice introductive de notre édition, *op. cit.*, p. 413, n. 76, et la p. 595.

SURNATUREL ET DIVINITÉ DANS LE THÉÂTRE « PROFANE »

la conversion de ce valet est provoquée par le chant du *Psaume* III – dans la version poétique française toute récente de Clément Marot – mis dans la bouche des enfants. Chant harmonieux, qui annonce une joie libératrice, qui vient du cœur d'enfants « sans soulcy », mais qui « tousjours ont au ciel les yeulx ». L'inquisiteur, lui, croit d'abord qu'on se moque de lui ; mais lui aussi se laissera gagner et demandera aux enfants de chanter pour lui et son valet. À la fin de la pièce, l'inquisiteur invite les enfants à chanter tous ensemble ce qui est en fait le cantique de Siméon. Le chant de ces deux pièces bibliques joue donc un rôle dramatique et symbolique essentiel. C'est l'écoute du chant qui provoque, avec le désir de chanter à son tour, la conversion du valet, puis de son maître, selon un phénomène de transmission contagieuse de l'inspiration religieuse qui rappelle la chaîne inspirée et aimantée décrite dans l'*Ion* de Platon. D'autre part, les enfants ne chantent pas pour le valet et pour l'inquisiteur, mais pour eux-mêmes et pour leur plaisir, par pure joie. Cette gratuité du chant transpose dans l'ordre du langage celle qui, avec le jeu des enfants, caractérisait au début de la pièce leurs actions ; image – et expression – de la foi, qui se contente de recevoir de Dieu tous les biens dont elle s'émerveille. Innocence, félicité, gratuité lyrique : ces caractères du chant choral dans les pièces bibliques interviennent maintenant comme signe dramatique de contradiction, ils sont le moyen de la révélation évangélique, et ils tiennent lieu de représentation terrestre des invisibles réalités célestes reçues à travers la seule Parole divine.

La *Comédie de Mont-de-Marsan* exploite ces dimensions en en approfondissant la portée poétique et spirituelle. La Bergère est l'héritière d'une double identité lyrique. Conformément à la tradition courtoise, elle chante un amour pur et sublime ; conformément à la tradition bucolique et à celle de la chanson dite populaire, elle use d'un langage lyrique simple, représenté par la citation de refrains et par la reprise de timbres populaires. Elle ne fait que chanter, ce qui rappelle un schéma dramatique déjà illustré dans le genre de la farce, où le savetier Calbain ne sait répondre que par chansons[13]. Mais dans son cas, le chant – sans perdre sa fonction comique dans l'impossible dialogue – exprime la vie intense et intime des sentiments d'une ravie de Dieu. Or les trois autres femmes ne comprennent pas que ce chant signifie un plan d'existence, de valeurs et de

---

13. Petit de Julleville L., *Répertoire du théâtre comique en France au Moyen Âge*, Paris, Léopold Cerf, 1886, n° 158 ; voir la Farce du *Savetier qui ne répond que par chansons*, n° 154.

communication non seulement différent de celui sur lequel elles se situent, mais supérieur à lui. C'est l'amour divin qui absorbe l'âme de la Bergère et la fait ainsi chanter. La Bergère reste cependant maîtresse d'elle-même, puisqu'à un moment elle accepte de dialoguer (en simples octosyllabes) avec les trois femmes en quittant momentanément son registre lyrique. Mais cet échange sera inutile, car il ne permettra pas de lever le quiproquo sur la nature de l'amour qui inspire le chant. La Bergère revient alors à ses refrains, avant de s'abandonner, pour finir, à l'extase qu'elle implore, comme on l'a vu plus haut. Le quiproquo dramatique sur le chant, esquissé dans *L'Inquisiteur*, devient le thème même de la pièce. Marguerite de Navarre a ainsi représenté dramatiquement deux idées qui lui tiennent à cœur. D'une part, l'impossibilité qu'il y a à vouloir restreindre le christianisme comme religion d'amour à une doctrine contrôlable par la raison, du moins dans la réalité existentielle, concrète et individuelle d'une âme ; d'autre part, l'inutilité d'exprimer autrement que par le chant la réalité de l'amour qui ravit une âme appelée à l'union mystique avec son Dieu. Sur ce dernier point, Marguerite de Navarre se distingue de la tradition mystique dont elle s'inspire, celle de Marguerite Porete[14]. Cette dernière, tout en insistant sur le caractère surnaturel et mystérieux de l'amour ravissant une âme, articulait encore, dans le texte savant et complexe de son *Miroir des âmes simples*, les instances anthropologiques (raison, volonté, intellect et extrême pointe de l'âme), de manière à rendre compte, sur le plan doctrinal, de ce qui échappe à la raison. Marguerite, elle, souligne l'écart qui sépare radicalement les facultés humaines (voir *supra*), mais aussi les plans d'expression selon lesquels la vie religieuse passe et s'élève de l'erreur à l'authenticité totale. Ce critère de l'authenticité, signifiée ici par la coïncidence, dans le chant, de soi à soi et de soi au Tout Autre, est sans doute, chez Marguerite de Navarre, un trait d'origine humaniste, qui vient renouveler et transformer la tradition mystique. Il produit sur le plan théâtral, avec le quiproquo suscité par le chant, un drame de l'incompréhension entre les trois premiers personnages et le quatrième. L'invisible est certes irreprésentable (voir *supra*), mais il peut s'attester dans le décrochement d'un chant lyrique et solitaire, lequel devient à son tour, paradoxalement, source de tension dramatique avec les personnages qui ne partagent pas ce registre lyrique.

---

14. Voir *supra*, note 7, la référence à l'article de N. Cazauran.

« Dieu regarde du cueur le fons ». Cette paraphrase du *Psaume* XLIV, 22 (*cf. Apocalypse*, II, 23), mise dans la bouche de la Sage de la *Comédie de Mont-de-Marsan*[15], résume assez bien le propos de Marguerite de Navarre dans son théâtre dit profane. L'intrusion objective et spectaculaire du divin dans le monde humain n'intéresse pas notre auteur. Manque bien sûr, dans les pièces en question, à la différence des pièces bibliques, l'autorité scripturaire – ou para-scripturaire, avec les Apocryphes et la tradition – qui légitimerait la représentation du monde céleste et sa compénétration avec le plan terrestre et humain. Mais déjà dans ses pièces bibliques, Marguerite de Navarre focalise l'attention, on l'a vu, sur les résonances intérieures et spirituelles de l'histoire du salut, notamment chez la Vierge Marie, plutôt que sur l'étagement spectaculaire des plans céleste, terrestre et infernal. Dans le registre non-biblique, nous retrouvons cette représentation d'un drame des âmes, entendons par là vécu dans l'intimité de la conscience humaine. Ce qu'il s'agit alors de mettre en scène, de donner à voir en spectacle, c'est ce fond du cœur, humble ou orgueilleux, triste ou joyeux, inquiet ou ravi, que la grâce de Dieu cherche à atteindre et qui est connu de lui seul. Les diverses ressources du théâtre non-biblique, qu'il s'agisse de la farce, de la sottie, de la moralité ou de la pastorale dramatique, permettent cependant à Marguerite d'orienter différemment son art chrétien du théâtre. L'action est ici déterminée non par les sources du récit historique fourni par l'Écriture, lequel sert, dans les pièces bibliques, de support littéral pour une appropriation méditative et spirituelle, mais par l'invention de paraboles, dont l'argument et les personnages représentent poétiquement des traits essentiels de la condition croyante *dans le monde*. L'actualité politico-religieuse, dans *Le Mallade*, *L'Inquisiteur* et *Trop Prou Peu Moins*, affleure sur un mode allusif ; c'est qu'il existe actuellement de mauvais médecins des âmes, des inquisiteurs à convertir, et des représentants, dangereux pour les fidèles, de l'ordre charnel ; dans la *Comédie du trespas du roy*, Marguerite se met en scène elle-même à l'occasion d'une épreuve spirituelle personnelle. Quant à la *Comédie de Mont-de-Marsan*, elle illustre l'abîme qui sépare le plan de l'évangélisme militant contemporain et sa foi éclairée, du plan proprement surnaturel, voire mystique. Les comédies bibliques, elles, sont au contraire totalement détachées du monde, en ce sens que la représentation du conflit des valeurs spirituelles avec le point de vue mondain ou charnel (celui d'un Hérode, par exemple,

---

15. Voir v. 453.

dans la *Comédie des Saints Innocents*) y est délié de tout engagement dans les réalités du temps et de la société de l'auteur. Si le théâtre biblique de Marguerite de Navarre met ainsi en scène le drame humain sous la seule lumière de la vie intérieure, son théâtre profane chrétien s'attache, lui, aux difficultés, aux débats et aux quiproquos que rencontrent, dans le monde, des réalités spirituelles qui ne lui appartiennent pas. Peu et Moins, parlant des cornes qu'ils portent, signes de leur appartenance au Royaume de Dieu, déclarent qu'« elles ne sont de chair ne d'os », mais ils ajoutent au vers suivant qu'elles leur servent « Pour defendre l'os et la peau »[16] : façon de dire que la foi ne relève pas de la chair et du monde, mais protège et sublime l'existence de ceux qui s'en remettent à Dieu. Bref, une réalité typique du Royaume, inscrite dans le monde mais n'en relevant pas. Marguerite a ainsi cherché à représenter, dans ses paraboles dramatiques, les paradoxes de la condition chrétienne, au moyen de signes, dramatiques, comiques et lyriques, qui sont autant d'indices poétiques de l'invisible, et parfois de l'indicible.

---

16. *Trop Prou Peu Moins*, v. 368 et 370.

Alan Hindley

« La Celestielle compaignie » : Dieu et le paradis dans les moralités françaises

Il semble peut-être bien banal d'insister sur l'importance de Dieu et du Paradis dans l'ancienne moralité française, genre dramatique dont le but essentiel était d'enseigner aux fidèles à fuir la voie du mal et à suivre celle du bien afin de mériter le salut. Cette topographie morale est figurée, dans certaines pièces, par les itinéraires opposés tels que nous les présente le texte de *Bien Avisé Mal Avisé* dans l'imprimé qui sortit des presses d'Antoine Vérard vers 1499. En désignant les différentes « divisions » de la scène, le prologue explique :

> Veez paradis en ce hault estre
> Ou est Jesus le roy celeste,
> Saint Michiel et Saint Gabriel.
> Les ames portees y seront
> Des bien advisez qui mourron[t] ;
> Et veez cy le destre chemin.
> Par ou on va a Bonne Fin ;
> C'est des vertus la droitte voye. […]
> Et veez cy le chemin senestre
> Dont Mal Advisé sera maistre. […]
> En ceste valee est enfer,
> Ou est Demon et Lucifer ;
> Avec eulx le deable Sathan,
> Belial et Leviatan,
> Qui les ames tourmenteront
> Des Mal Advisez qui mourront[1].

---

1. Helmich W., *Moralités françaises. Réimpression fac-similé de vingt-deux pièces allégoriques imprimées aux XVe et XVIe siècles*, Genève, Slatkine, 1980, t. I, p. 1-2. Toutes nos références entre parenthèses renvoient à cette réimpression.

Cette division entre le divin et le diabolique est représentée – de façon quelque peu stylisée il est vrai – dans l'une des rares gravures de l'édition Vérard : les deux frères du titre, arrivés au terme de leur voyage, occupent chacun la position qui lui convient – en haut, au paradis, Bien Avisé, entouré du Christ-Juge en présence de ses anges ; et en bas Mal Avisé, sur le point d'être précipité par les diablotins dans une hideuse gueule d'enfer. Je reviendrai plus tard sur le symbolisme visuel des moralités religieuses. Qu'il me soit permis tout d'abord, pourtant – en guise d'introduction à ces quelques remarques – de souligner combien est problématique tout essai de définition de la *moralité*, corpus de près de quatre-vingts textes, de ton et de longueur fort variables – tantôt didactiques, tantôt satiriques et polémiques – et dont la popularité s'étend depuis la fin du XIVe jusqu'au XVIe siècle tardif. Or, lorsqu'on considère l'évolution de la moralité au cours de cette longue période, il est clair que toute considération de la présence divine dans ces pièces aura à tenir compte de la grande variété qui caractérise un genre moins strictement ancré dans l'histoire sainte que les *mystères*, et dont le caractère souvent fictif accordait aux fatistes une certaine liberté d'invention[2]. Nous proposons donc un examen de quelques épisodes tirés d'une sélection de moralités afin de considérer le personnage de Dieu et de ses acolytes, ainsi que de la fonction théologique et dramaturgique des scènes qui se déroulent dans son paradis. Nous espérons que nos remarques aideront à mieux apprécier les mécanismes du conflit entre les puissances du Bien et du Mal, tout en vous initiant à des pièces dont la plupart sont méconnues et dont au moins une seule est jusqu'ici inconnue des spécialistes du théâtre religieux – la « première » mondiale, pour ainsi dire, d'une nouvelle pièce à ajouter au répertoire des moralités.

Si nous commençons notre enquête par un examen des trois « grandes » moralités reproduites en fac-similé dans le premier volume du recueil de Werner Helmich, ce n'est pas seulement parce qu'elles comptent ensemble quelque 60 000 vers (!), mais aussi parce qu'elles contiennent des scènes assez élaborées, où Dieu paraît dans un paradis peuplé par la suite traditionnelle d'anges et de prophètes – de toute la *celestielle compaignie*[3]. Ce sont des épisodes qui s'apparentent, bien sûr, à de pareilles scènes dans

---

2. Sur cette distinction entre histoire et fiction voir l'étude de Knight A.E., *Aspects of Genre in Late Medieval French Drama*, Manchester, Manchester Univ. Press, 1983, p. 17-40.
3. *Bien Avisé Mal Avisé*, p. 106.

les *mystères* contemporains, ce qui n'est guère surprenant étant donné que les *moralités* sont dans la même tradition que les *mystères* et destinées pour la plupart au même public. À cette différence près que la moralité a su adapter certains éléments du paradis traditionnel afin de mieux servir ses fins particulières.

Considérons d'abord le cas de *Bien Avisé Mal Avisé* (« un vrai modèle du genre » d'après Werner Helmich[4]), dont la structure essentielle se base sur un « pèlerinage de vie » entrepris par les deux protagonistes et que la gravure de Vérard rend on ne peut plus explicite. Le paradis se situe dans cette pièce au point culminant d'un voyage, d'un « progrès du chrétien », qui pour Bien Avisé mène d'abord à Dame Honneur et puis à Bonne Fin. De là, avec les âmes bien avisées de *Regnavi* et *Sine Regno*, que Bien Advisé a délivrées des griffes de Dame Fortune (qui, avec sa roue, représente le paradis terrestre des biens mondains), il sera reçu au véritable paradis par Jésus, « le roy celeste », et par les archanges Michel et Gabriel. On commence à apprécier alors comment notre fatiste a su allier des épisodes tirés de la littérature homilétique et didactique à des éléments plus traditionnellement théologiques pour créer une pièce qui rend clair aux spectateurs le choix auquel tout chrétien est confronté : suivre Dieu et ses préceptes, ou se détourner de Dieu pour suivre le monde, la chair et le diable. Dans des précisions qui évoquent les diverses subdivisions encyclopédiques des manuels de piété populaire, le chemin des deux protagonistes est marqué d'une véritable hiérarchie : la voie du salut que suit diligemment Bien Avisé, par exemple, passe par Raison, Foy, Humilité, Contrition, Confession, Satisfaction, Pénitence, Jeûne, Oraison, Abstinence, Chasteté, Prudence, Diligence et Patience… dans une série de mouvements horizontaux et verticaux qui se traduisent dans le motif de descente/montée, représenté visuellement par *les degrez* dont personnages et didascalies font fréquemment mention[5].

Les épisodes ayant lieu au paradis ne commencent que vers la fin de cette pièce comme pour souligner sa structure essentielle de progression vers une destination, progression qui atteint son grand moment juste après le banquet diabolique offert aux âmes condamnées par Démon et Satan

---

4. Helmich W., *Moralités françaises*, op. cit., p. XXVI.
5. « Adonc Bien Advisé monte et parle a Abstinence » (p. 65). Bien Avisé, Regnavi et Sine Regno, invités par Confession à se rendre chez Honneur : « De la vous yrez a Honneu/Et les degrez vous monterez/Ou montent les bien advisez » (p. 102).

dans une partie de l'enfer « qui doit être en manière de cuisine comme chez un seigneur » (p. 98). Encouragés par Confession, Bien Avisé et ses compagnons rendent visite d'abord à Penitence, puis à Dame Honneur, auprès de qui ils demandent le chemin pour aller à Bonne Fin. À noter que cette dernière est, elle aussi, un personnage surnaturel (« Je suis en essence divine/Sans fin et sans commencement », p. 104), l'une de ses fonctions étant de signaler aux pénitents l'heure incertaine de leur mort (« chascun scet bien qu'il mourra/Mais ne scet le temps ne l'eure », p. 104). Dieu et les autres résidents du paradis entrent pleinement dans l'action dès le moment où Bonne Fin rassure Bien Avisé et ses compagnons de voyage sur leur salut, qui est certain. Le jugement de Dieu n'est pas ici particulièrement sévère : il approuve le fait qu'« Ilz ont eu peur de ma justice/Et ont fait bien mes volontés » (p. 108) ; mais son attitude est avant tout miséricordieuse :

>   Bien devons estre leurs amis
>   Et que leur soye misericors [...]
>   Car en yver et en esté
>   Repentis se sont de leurs meffaiz,
>   Et moult bien se sont confessés ;
>   De Penitence ont eu leur faiz,
>   Et pour ce trestous leurs pechés
>   Leur pardonne [...]. (p. 106)

Or les anges descendent ramasser les âmes des trois pénitents pour les présenter à leur Seigneur au paradis, où ils seront couronnés. Puisqu'ils ont mené bonne vie sur la terre, Gabriel insiste pour

>   Qu'ilz aient pardurablement
>   En cest hostel cy et maison
>   La grant gloire sans definement. (p. 108)

la fonction particulière des anges étant de marquer l'occasion par un accompagnement musical : « Adonc chantent les ames de paradis toutes ensemble et chantent Veni Creator – et les diables font grans tourmens en enfer » (p. 108). C'est Michel qui signale ce contraste important avec « les peines et les ruines » de l'enfer, alors que Gabriel explique que les âmes des mal advisés

>   N'auront jamais repos ny aise,
>   Mais tousjours seront tormentées,
>   Comme tu vois sans avoir aise.

> Au puis d'enfer en la fournaise
> Seront ars et destroit mourront,
> A tousjours mais, plaise ou non plaise,
> En mourant tousjours ilz vivront. (p. 108)

Comme on a vu, le rôle de Dieu est assez mince dans cette pièce – une quarantaine de vers dans la version imprimée, répartis sur deux répliques. C'est que son thème principal n'est pas la divinité en tant que telle, mais plutôt la vie religieuse par laquelle on y arrive: il s'agit essentiellement d'un processus.

Un examen des scènes se déroulant au paradis dans les deux « superproductions » que sont *L'Homme pécheur* (anonyme) et *L'Homme juste et l'Homme mondain* par Simon Bourgoin (cette dernière compte quelque 30 000 vers et 84 rôles parlants[6]) révèle, à première vue, une divinité dont le rôle ne diffère pas beaucoup de celle qu'on retrouve dans le reste du corpus de drames bibliques médiévaux, un théâtre nécessairement théocentrique. Les moralités mettent en scène la triple fonction divine que marque le calendrier liturgique de l'Église médiévale: Dieu le Créateur, Dieu le Rédempteur et Dieu le Juge, en mettant souvent l'accent sur l'Incarnation[7]. Si d'après le symbole de Nicée Dieu est « créateur des choses visibles et invisibles » (« triumphant plasmateur », *L'Homme juste et l'homme mondain*, p. 449), il est aussi « descendu du ciel pour nous et notre salut, s'est incarné, s'est fait homme[8] ». Et n'oublions pas que les *Mystères de la Passion* du Moyen Âge ne sont pas les seules pièces où figure la souffrance du Christ crucifié: on pense, par exemple, à la *Moralité des blasphémateurs du nom de Dieu* (que les limites de cet exposé ne permettent pas d'aborder) où la crucifixion, traitée de façon fort réaliste, est interprétée à travers le prisme distinctif de la moralité[9]. Ce qui frappe surtout dans ces pièces, donc, c'est la façon dont leurs préoccupations didactiques et catéchisantes ont occasionné des métamorphoses qui méritent notre attention.

---

6. Ces deux pièces ont des épisodes en commun, sans qu'on comprenne tout à fait les rapports entre elles.
7. Voir l'article de Muir L., « Playing God in Medieval Europe », dans *The Stage as Mirror: Civic Theatre in Late Medieval Europe*, ed. Knight A.E., Cambridge, D.S. Brewer, 1997, p. 25-47.
8. Vacant A., Mangenot E., & Amann E., *Dictionnaire de théologie catholique*, Paris, Librairie Letouzey et Ané, t. XI, 1933, p. 405-406.
9. Helmich W., *Moralités françaises, op. cit.*, t. II, p. 103-157. On relève un traitement pareil dans la *Moralité, Mystère et Figure de Nostre Seigneur Jesus Christ, nommée Secundum legem debet mori* de Jean d'Abondance. Voir Roy E., *Le Mystère de la Passion en France du XIVe au XVIe siècle*, Genève, Slatkine Reprints, 1974, p. 503-505.

Un motif en particulier, commun à ces deux *moralités*, et qui illustrera bien cette tendance, est celui du *Procès de Paradis*. Basée sur le verset 11 du *Psaume* LXXXIV de la Vulgate, cette représentation allégorique de la cour céleste met d'habitude en scène Dieu et ses quatre « filles » : Justice, Miséricorde, Vérité et Paix, qui contestent devant le tribunal divin le salut de l'humanité pécheresse[10]. Nos deux textes, pourtant, emploient Justice et Miséricorde seules, tout en insérant dans le débat d'autres personnages selon les exigences du genre : la Vierge Marie, par exemple ; Divine Bonté, sœur de Miséricorde, avec son frère Divin Vouloir ; et (dans *L'Homme juste et l'homme mondain*) la Reine de Salvation « toute seulle en son palais noblement accoustré qui sera au-dessoubz de paradis » (p. 468). Après leurs premières rencontres avec Le Monde et Fortune, et suivant leur baptême et leur passage de l'état d'innocence à celui de connaissance, il est question pour l'Homme Juste et l'Homme Mondain de trouver « quelque juste maistre » (p. 449). C'est à ce moment-là que paraissent pour la première fois ce groupement d'allégories célestes que Dieu rangera pour aider les deux frères. Dans un épisode en prose toute la « cour celestielle » se définit dans le cadre de la promesse du salut offert par un Dieu qui « ne demande pas la mort du pecheur », mais « qu'il se convertisse et se retourne devers moy en requerant pardon et mercy affin qu'il vive » (p. 450). Le reste de l'action de cette pièce démontrera effectivement aux fidèles comment arriver à cet état de grâce. Divine Bonté, (« par laquelle as voulu prendre chair humaine dedans le ventre de l'humble Vierge Marie », p. 449), implore la pitié et la compassion de Dieu ; son « frère » Divin Vouloir veut qu'il envoie « secours et ayde a ces povres creatures raisonables » (p. 450). Quant à Justice Divine, elle aussi, demande à Dieu « d'envoyer bas sur la terre ayde et secours a ces deulx povres humains qui ont desja avec eulx Congnoissance » (p. 450). Chacun aura aussi son ange gardien qui descendra « la-bas sur la terre […] pour les gouverner, instruyre et enseigner a tout bien » (p. 450). Et Dieu dictera enfin toute l'action ultérieure de la moralité, toute la vie et l'enseignement des deux hommes jusqu'au moment

---

10. À consulter sur ce motif : Traver H., *The Four Daughters of God*, Philadelphia, Bryn Mawr College Monographs, vol. VI, 1907 (les scènes du *Procès de Paradis* dans ces deux moralités semblent ignorées de Traver, qui ne les signale pas dans son chapitre VIII : « The French Moralities and Grosseteste's influence upon them »). Pour une bibliographie exhaustive du motif du *Procès*, voir Bordier J.-P., *Le Jeu de la Passion. Le message chrétien et le théâtre français (XIIIᵉ-XVIᵉ siècles)*, Paris, Champion, 1998, p. 191-206.

où leurs protecteurs les présenteront « purs et nectz et dignes d'estre avec nous en ma court celestielle et haut regne de paradis » (p. 451).

Ce n'est en effet que dans la deuxième apparition (dans *L'Homme juste et l'homme mondain*) de ce groupement de personnages qu'on aura affaire à un véritable *Procès de Paradis*, où c'est le duo Justice/Miséricorde qui représentera le plus dramatiquement ce débat crucial entre la punition d'une part et le rachat de l'autre. Si à première vue le rôle de la divinité semble assez restreint, c'est parce que les allégories qu'on vient de désigner représentent des attributs divins qui rendent plus compréhensibles les complexités de la justice divine et nuancent la portée théologique de la pièce[11]. C'est comme si on assistait aux délibérations intérieures de la divinité, rendues concrètes dans des personnages dont le fatiste exagère les différences : Justice, inhabituellement conciliante lors de sa première apparition, reprend ici, dans le cadre du *Procès*, son caractère traditionnel : « cruelle, rigoureuse et fort rude » (*L'Homme juste et l'homme mondain*, p. 812), brandissant ses trois « dards » (rouge, noir, et « de couleur morte et palle »), symboles respectivement de la guerre, de la mortalité et de la famine (p. 649). Et par opposition : Misericorde, « la tresdouce amoureuse » (*L'Homme juste et l'homme mondain*, p. 812), qui plaide auprès de la Vierge la cause de l'humanité déchue :

> Si du pecheur tu n'as pitié
> Par ta doulceur et amytié
> Le povre pecheur est perdu
> Car par ma sœur [Justice] est confondu. (*L'Homme pecheur*, p. 223)

C'est une opposition qui s'exprime non seulement dans le langage contrastant des deux « filles », mais qui se voyait aussi sans doute dans leurs costumes[12]. L'essentiel, c'est qu'on y retient l'idée de dispute, d'affronte-

---

11. Voir par exemple *La Moralité [...] laquelle demontre comment Jhesucrist est mis en prison pour racheter le genre humain qui estoit en servitude et captivité en la prison de peché mortel*, n° XVIII du Recueil Trepperel, éd. Kirk M.J., *Dissertation for the Degree of Master of Arts in the University of Hull*, octobre 1978.

12. Consulter l'article de Runnalls G.A., « Les mystères à Paris et en Île-de-France à la fin du Moyen Âge. L'apport de six actes notariés », *Romania* 119, 2001, p. 113-169 [p. 145]. Le 18 mai 1560, quatre habitants du village d'Annet-sur-Marne louèrent à Claude Gaillard, marchand fripier à Paris, les costumes nécessaires à une production de cette pièce : « Et premierement, pour l'abitz de Justice, une robbe de satin cramoysy rouge bandee de thoille d'or a usaige de femme ; une robbe de taffetas blanc servant a Misericorde [...] ».

ment, pour que les arguments se dégagent clairement pour l'édification, et sans doute pour le divertissement, des spectateurs.

Et ces arguments, quels sont-ils exactement dans le cadre de la *moralité*? Dans la tradition des *Procès de Paradis*, la fonction des personnages est prévisible : d'une part Dame Justice dénonce impitoyablement le pécheur en interdisant toute possibilité de rachat ; de l'autre, tout aussi excessive dans sa générosité, Miséricorde s'apitoie devant le pécheur, dont elle cherche la rédemption auprès du souverain Juge. La plaidoirie de Miséricorde bénéficiera ici, pourtant, de la présence de la Vierge (« des pecheurs [suis] advocate », *L'Homme juste et l'Homme mondain*, p. 649). En plaidant sa cause devant Marie, Miséricorde reconnaît d'abord qu'elle fut cause « que Jesuchrist voulut descendre/ En terre et humanité [...]/Mais qu'il souffrist mort si cruelle » (p. 648). Justice, en revanche, lui rappelle le péché originel, pour lequel l'Homme Mondain devra payer par la « damnation » (p. 650). Ce qui sauvera l'Homme Mondain c'est surtout sa pénitence devant le péché. Marie dit à Dieu :

> Hé, mon filz, de moy te recorde.
> Concede moy misericorde
> Et me donne ceste demande :
> L'Homme mondain payera l'amende
> De cez pechez par penitence ;
> Briefvement aura repentance,
> Et confession en fera. (p. 651)

Dans la première séance du procès (p. 638-654) Dieu rend un jugement partiel : Marie aura

> Partie de la petition
> Car vous aurez fruiction
> De misericorde sur l'heure. (p. 651)

ce dont elle est naturellement folle de joie. Justice regrette de ne pas pouvoir « Homme executer à mort » tout en se consolant de ce qu'il aura

> Adversité en sa maison,
> et Povreté,
> Car encor il n'a povre esté. (p. 651)

La plus dure des conditions imposées par Dieu est que l'Homme Mondain sera privé de « tous biens mondains » (p. 651), situation qui se produira plus tard grâce à l'intervention de Dame Fortune et de sa roue, d'où

Homme Mondain sera précipité sans cérémonie par Adversité, Nécessité et Pauvreté[13]. À noter, pourtant, que la volonté de Dieu n'est pas de traiter le pécheur « trop lourdement », mais plutôt « c'est pour luy monstrer m'amour/Et que de moy luy souviengne » (p. 653). Sur quoi Justice Divine donne à Adversité, à Necessite et à Pauvreté l'ordre de descendre sur la terre « Orgueil luy oster/Et le rendez tout povre et nu » (p. 654). Plus tard, dans une deuxième séance du *Procès* (p. 739-45), L'Homme Mondain, toujours impénitent malgré son état misérable, et maintenant « entre les lez » de Desesperance et de Malle Fin, entend le jugement final : malgré la plaidoirie de Notre-Dame, jointe à celle de Miséricorde et de Divine Bonté, le pécheur éhonté sera condamné par Justice Divine « a la rigueur/De mort aspre, dure et cruelle » (p. 741). Dieu accepte l'appel de la part de Sapience Divine et Divin Vouloir qu'on accorde au pécheur, avant de mourir, l'aide de Confession, Contrition, et Satisfaction. Ces vertus sont pourtant sans effet. Dans une vague de *psychomachia*, les vertus sont vite repoussées par les vices (p. 756), et voilà que La Mort frappe Mondain de son « dard », et que son âme est emportée en enfer par les diablotins.

Dans un épisode qui fait contraste avec le précédent, L'Homme Juste, d'abord tiraillé par le bon et le mauvais ange qui lui chuchotent tour à tour à l'oreille, se rend enfin pieusement à la messe, accompagné par Salvation et toutes les vertus, car

> C'est une chose angelicque
> D'estre tresloyal catholique
> Et servir Dieu devotement. (p. 655)

On remarquera dans cette insistance que Dieu met sur la souffrance, ainsi que dans l'importance de la contrition et de la confession, une nette différence de perspective par rapport à la fonction du *Procès* dans des pièces basées sur l'Histoire sainte, où le motif s'inscrit dans l'action d'habitude

---

13. La présence de Dame Fortune et de sa grande roue dans deux moralités (*Bien avisé Mal avisé* et *L'Homme juste et l'Homme mondain*) mériterait peut-être plus qu'une note dans un volume consacré à Dieu et les dieux. Je me bornerai à remarquer ici que cette déesse classique se trouve en quelque sorte christianisée dans ces pièces pour figurer le caprice des choses d'ici-bas. Ses faux « biens » font un contraste frappant avec les vrais biens de la grâce de Dieu, et sa position sur la scène à côté du Palais de Perdition (dans *L'Homme juste et l'Homme mondain*) est significative. Pour une étude plus approfondie de la fonction de Fortune dans les moralités voir mon article : « Wheeling and Dealing : Motifs of Fortune and Gambling in the Old French *moralités* », *European Medieval Drama* 5, 2002, p. 135-149.

juste après le péché originel et ses suites, c'est-à-dire au moment où le débat sur le choix entre la rétribution et la miséricorde semble le plus justifié[14]. Dans la moralité, pourtant, l'optique est plus personnelle, plus intériorisée : le but didactique étant surtout l'édification religieuse et morale du spectateur-chrétien. De là l'importance dans ces pièces de notions abstraites désignant les devoirs et pratiques de l'Église catholique : celui qui choisit bien aura la protection des vertus comme Confession, Contrition, Penitence, Devotion, Humilité, Chasteté, Perseverance ; tandis que celui qui choisit mal, entouré par Deseperance, Malle Fin et tous les vices, recevra « paine eternelle/Et damnation tresterrible »[15] (p. 741).

Les mêmes préoccupations théologiques sont à remarquer dans la moralité anonyme de l'*Homme pecheur*, à la différence que la représentation de l'humanité par un seul personnage entraîne une structure plus linéaire où le pèlerin suit successivement le mauvais et puis le bon chemin. C'est un voyage qui s'annonce bien, son initiation à la vie spirituelle veillée par les vertus théologales de Foy, Espérance et Charité et par une brève apparition de la « celestielle maison » : Dieu, Sapience Divine, Michel, Gabriel et Raphael (p. 122-123). Mais malgré la protection de son ange gardien et la présence de Conscience, Raison, Entendement et Franc-Arbitre, le Pécheur monte d'abord sur l'« arbre des vices », où il rencontre les sept péchés mortels, et puis rend visite au « jardin du Monde, pour plaisir y avoir », un site moral correspondant en quelque sorte au paradis terrestre. C'est à ce stade de l'action qu'une « pause avec orgues et instrumens » (p. 218) lance le traditionnel *Procès de Paradis*, dont certains épisodes répètent ceux de *L'Homme juste et l'homme mondain*. C'est un procès qui se divise dans cette pièce en quatre parties, dont la première (p. 218-227), provoquée par les premiers péchés de l'Homme, met en scène l'accusateur Justice Divine,

---

14. La place du *Procès* est plus complexe dans le cas du *Mistère du Viel Testament*, à cause de sa structure particulière. Voir l'étude de Charles Mazouer, « Dieu, Justice et Miséricorde dans le *Mistère du Viel Testament* », *Le Moyen Âge* 91, 1985, p. 53-73.
15. L'importance attachée par la moralité religieuse à la confession (imposée par le quatrième Concile de Latran en 1215) indique peut-être une attitude moins sévère envers la justice divine, calquée sur une justice humaine plus nuancée. L'idée d'une troisième voie entre le bonheur et la souffrance se voit aussi dans le concept du Purgatoire, où les âmes « sauvées » subissent des épreuves supplémentaires avant de pouvoir atteindre le Ciel au Jour du Jugement. Il est intéressant de noter que la « seconde partie » de *L'Homme juste et l'homme mondain* présente un « jugement de l'âme dévote avecques l'execution de sa sentence » (p. 811), qui continue le motif du *Procès de Paradis* en traçant le voyage de l'âme à travers le purgatoire, l'enfer, le limbe et le paradis.

contredite par Miséricorde qui plaide pour un sursis. Le procès reprend, dans un deuxième temps (p. 251-254) lorsque la cour s'aperçoit de ce que la menace de Maladie n'a eu aucun effet sur le pécheur. Ce n'est qu'avec l'arrivée de La Mort que l'Homme Mondain sera persuadé de se convertir, ce qui provoque un troisième épisode juridique, un *Procès de l'homme* (p. 275-291), dans lequel le pécheur demeure impuissant contre les accusations du Diable, qui offre comme preuve le registre où tous ses péchés se trouvent énumérés. Il ne reste que la condamnation à mort de l'Homme Mondain, suivie d'un appel contre le verdict de Justice Divine. La dernière séance de ce *Procès* (p. 371-375) sera présidée par Miséricorde, le Pécheur enfin acquitté parce que la liste de ses péchés a été miraculeusement rayée.

Ce qui est à noter particulièrement ici, peut-être même plus que dans la pièce précédente, c'est que ces scènes ne se déroulent pas seulement au Ciel; elles ont aussi un rapport direct et crucial avec ce qui se passe sur la terre. C'est par son comportement terrestre, surtout dans le cadre de la discipline religieuse, que l'Homme rejoindra le paradis. De là l'importance dans cette pièce du rôle du Prêtre dans le sacrement de la confession du pécheur (p. 335-342): « car rien ne vault confession/S'il n'est pure, humble et entiere » (p. 337), par elle « toute rigueur/De Justice est morte » (p. 370).

On m'objectera peut-être que, dans l'état imprimé dans lequel elles nous sont parvenues, ces *moralités* risquent de paraître trop éloignées des réalités scéniques[16]. Il sera donc instructif de passer maintenant en revue une pièce qui est non seulement l'œuvre d'un dramaturge connu, mais qui est postérieure de plus d'un demi-siècle à celles qu'on vient de considérer et qui a le mérite (diront certains) de ne compter que quelque 2 500 vers et 22 personnages! Il s'agit de *La Moralité du Monde qui tourne le dos à Chascun* (1541) de Jehan d'Abundance[17]. D'après Jelle Koopmans, cet auteur aurait fait partie « du monde du théâtre » lyonnais[18], où il aurait

---

16. À noter pourtant que Petit de Julleville, dans *Répertoire du théâtre comique en France au Moyen Âge*, Genève, Slatkine Reprints, 1967 (réimpression de l'édition de Paris, 1886), signale une représentation de *Bien avisé Mal avisé* en 1396 (on ne sait où), et une autre à Rennes en 1439; d'une moralité de *L'Homme mondain* à Tarascon en 1476; et de *L'Homme pécheur* à Tours en 1494, et à Orléans en 1507. On ne sait pas pourtant s'il s'agissait des mêmes pièces que celles qui nous sont parvenues.
17. Jean d'Abundance, *Le Monde qui tourne le dos à Chascun, a vingt-deux personnages* […], Lyon, Jacques Moderne, 1541. L'unique imprimé est conservé à la Bayerische Staatsbibliothek (P.o. gall. 8).
18. Koopmans J., « Théâtre du monde et monde du théâtre », dans *Le Jeu théâtral, ses marges, ses frontières. Actes de la deuxième rencontre sur l'ancien théâtre européen de 1997*, réunis par Bordier J.-P., Paris, Champion, 1999, p. 17-35.

monté ses pièces, entre 1538 et 1541, sur la scène du théâtre (le premier théâtre permanent en France, dit-on) que fit construire dans cette ville un certain Jean Neyron[19]. Je n'ai pas le temps dans ces quelques remarques de trop disserter sur cette pièce fort intéressante. Je me contenterai de commenter les épisodes où paraissent Le Roy Souverain et les autres membres de la troupe céleste: les prophètes Noé, Moïse, David, Jérémie et Daniel, accompagnés de Notre-Dame, Saint Michel, Gabriel, Raphaël, Urien, et un personnage nommé Les Biens Faictz[20].

Le Roy Celeste représente dans cette moralité les forces du bien qui font un contraste ironique avec le personnage du Monde, lui aussi un dieu, mais un faux dieu, « maître d'un paradis trompeur », assis sur son « throsne seraphique [...] aux mondains deiphique [...] sur vivans magnifique/En tous delices » (f° 6 r°). Chascun, avec sa femme et son fils, décide de suivre Le Monde, parfaitement ignorant des desseins trompeurs de ce dernier. N'importe si les vêtements multiformes de Chacun dénotent les divers « états » de la société, il sera traité « comme un conte » (f° 13 v°), comme dit Le Monde, qui lui fait connaître dans les premières scènes de la pièce tous les plaisirs de la taverne: « Vouldriez vous autre paradis ? » (f° 15 v°). Mais ces noceurs ont oublié les menaces de Maladie et de Mort, ces deux « messagiers de Dieu », qui viennent maintenant s'exhiber pour nous rappeler le caractère éphémère des choses d'ici-bas. C'est par l'intermédiaire de ce duo que Le Roy Souverain entend se venger de Chascun, car « pour luy me suis offert a la mort/Maintenant m'a abandonné,/Qui luy causera grief remort » (f° 16 r°). Cette intention déclarée, Le Roy Souverain, dans un autre *Procès de l'Homme*, se transforme vite en juge de tribunal présidant la cour céleste, qui se compose non seulement du quatuor angélique traditionnel de Michel, Gabriel, Raphaël et Uriel, mais aussi d'un jury de patriarches et de prophètes qui servent en quelque sorte d'officiers judiciaires, la fonction de Daniel, par exemple, étant de noter dans ses registres les verdicts rendus par la cour. Le premier de ces verdicts est que « Chascun

---

19. Consulter l'article de Dentzer Y., « Jehan Neyron, créateur du premier théâtre permanent de Lyon, 1539-1541 », *Revue d'histoire du théâtre* 51, 1999, p. 101-112. Dentzer cite C. de Rubys, historien de la ville de Lyon, qui écrit en 1603 que c'était « un grand beau théâtre, avec son paradis au dessus, et l'Enfer au dessoubs, et tout autours environné d'eschaffaux, en forme de Galeries, pour recevoir les apparents de la ville, et estoyent à trois estages, l'un sur l'autre, et au dessoubz y avoit une place grande et spacieuse, avec des bancs pour le petit menu peuple », p. 105.

20. Personnage qui rappelle celui de Good Deeds de la moralité anglaise d'*Everyman*, rapprochement qui nous rappelle le contexte européen du genre de la moralité à la fin du Moyen Âge.

doit mourir » (f° 16 r°), dans un motif qui rappelle le *memento mori* qu'on relève dans plus d'une moralité de l'époque[21]. Aussitôt dit, aussitôt fait. La Mort (il s'appelle Atropos)[22] arrive d'emblée, l'un des meilleurs rôles de la distribution, un véritable fanfaron qui menace Chascun de son dard (f° 18 r°). Dieu restera-t-il inébranlable devant les appels miséricordieux de Notre-Dame ? Il paraît d'abord que oui : « Retournez, mere, à votre place » (f° 19 v°), répond-il d'un ton péremptoire à la Vierge. Mais au lieu de la Mort, Le Roy Souverain envoie à Chascun Maladie pour lui faire souffrir « passion/Dans son corps la plus intrinseque » (f° 20 r°).

On note dans cette dernière partie de la pièce d'intéressantes variantes sur le *Procès* traditionnel : pas de Justice ici, ni de Miséricorde, par exemple, ces rôles étant tenus d'une part par le duo Maladie/Mort d'abord, puis par Bélial, « procureur d'enfer » (f° 22 r°) ; et d'autre part par les patriarches et surtout par la Vierge en premier lieu ; et plus tard par « Les Biens Faits de Chascun ». Les aspects judiciaires sont bien plus marqués dans cette pièce (n'oublions pas que Jean d'Abundance était basochien) : lorsque Chascun plaide coupable, ce sont Les Bien Faits qui lui viennent en aide « prendre la defence » (f° 50 r°), tandis que Bélial agit en ministre public contre Chascun, lui requérant « deffault », parce qu'il a eu déjà « deux delays entiers » (f° 47 r°). Derrière le langage et le rituel judiciaires, on perçoit clairement les enseignements de l'Église : l'importance de la miséricorde (f° 51 r°), de la contrition (f° 52 r°), et de la grâce (f° 55 v°). Dans le jugement formel que demande Bélial, par exemple, on reconnaît non seulement un verdict juridique mais surtout un jugement dernier où Chascun reçoit son « salaire », ses péchés atténués par ses « œuvres », que symbolisent Les Bien Faits, ce qui se concrétise dans le pèsement de l'âme de Chascun par Saint Michel. Noé dit :

> L'on pourroit tout huy regarder :
> Les bien faicts portent la victoire.
> Quoy que Belial soit contraire,
> Les biens faicts surpassent les maux. (f° 56 v°)

---

21. *Le Lymon et la Terre*, 19ᵉ pièce du *Recueil Trepperel*, par exemple. Voir *Le Recueil Trepperel. Fac-similé des trente-cinq pièces de l'original*, intr. Droz E., Genève, Slatkine Reprints, s.d. [1970].
22. Nom emprunté à celle des trois Parques qui coupait le fil de la vie. À noter que Jean d'Abondance fait voir ses connaissances mythologiques ailleurs dans sa pièce : Chascun dit : (f° 4v°) « Il n'y a Mars, Venus, Neptune/Jupiter, Apollon, Mercure,/Luna, Juno, voyre Saturne :/Trestous s'addressent a ma cure […] ».

Même symbolisme dans la sentence que prononce Le Roy Souverain :

> Veu la *foy* que Chascun a eue
> Envers moy, que bien ay congneu ;
> Veu des *Biens Faicts*, sa *repentance*,
> Sa *charité*, sa *penitence* [...]
> Veu *le bien surmonter le mal*,
> Au poys de la juste balance,
> Par nostre arrest et par sentence [...]
> Condemnons au feu infernal,
> Et au profuns puys bruynal,
> Belial eternellement
> Souffrir et endurer torment,
> Et Chascun, avec ses Biens Faicts,
> Avec le nombre des parfaicts
> Et bien heureux de paradis. (f° 57 v°-58 r° ; nos italiques.)

Dans un beau dénouement, ce sera Bélial qui aura ce qu'il a mérité : ce Michel qui vient de peser l'âme de Chascun fera précipiter le diable, à l'aide de sa croix, « dans la fosse maligne » (f° 58 r°). Dans un dernier tableau, avec la malédiction de Belial résonnant aux oreilles, on voit Chascun qui monte au paradis avec Les Biens Faicts pour rejoindre Notre-Dame, les patriarches et les anges (f° 59 v°).

Nous avons concentré notre attention ici sur *Le Monde qui tourne le dos à Chascun*, parce que c'est la pièce la moins connue de Jean d'Abundance. Notons en passant, pourtant, que si les attributs divins de Justice et de Miséricorde n'y figurent pas, on les retrouve certainement dans la moralité du *Gouvert d'Humanité* (1538) du même dramaturge, où le jeune homme Humanité, tenté à deux reprises par Péché Mortel et par ses faux amis Tentation, Luxure et Erreur, est enfin menacé par Justice Divine qui veut le frapper de son glaive[23]. Au dernier moment surgit Miséricorde, qui réussit à obtenir un sursis en faveur du pauvre Humanité. Ce dernier jure alors de renoncer à ses erreurs passées et de ne penser désormais qu'à son salut. Un autre aspect significatif de cette pièce est aussi qu'elle contient sa part de ce qu'on peut appeler la polémique religieuse : c'est-à-dire qu'à côté de son but avant tout moral, l'on peut remarquer surtout dans le personnage

---

23. Voir Aebischer P. (éd.), « Le *Gouvert d'Humanité* par Jean d'Abondance », *Bibliothèque d'Humanisme et Renaissance* 24, 1962, p. 282-338.

qui porte le nom d'Erreur, une personnification des idées protestantes, que notre auteur, en bon catholique, entend combattre[24].

En plus des allégories figurant différents attributs de Dieu : Justice, Miséricorde, Grâce Divine, Roy Souverain – catégories qui facilitaient la représentation d'arguments théologiques assez complexes – rappelons-nous que la divinité peut aussi prendre une forme plus strictement symbolique, surtout dans ces moralités qui puisent leur inspiration dans des paraboles et qui, d'après l'enseignement du *Jardin de Plaisance et Fleur de Rethorique*, cherchent à expliquer leur sujet « par parabolee maniere »[25]. On lit aussi, dans l'imprimé de la *Moralité de l'Enfant prodigue* ce court passage en prose :

> En ceste presente hystoire sont plusieurs parsonnaiges. Mais troy principaulx : le Pere et ses deux fils, desquels le plus jeune est dit l'Enfant prodigue. Et morallement celuy père est Dieu, et ses deux enfans sont deux manières de gens au monde : les ungs bons, les autres pecheurs. Par l'Enfant aisné sont entendus les justes [...] et par l'Enfant prodigue les pécheurs qui despendent les biens receuz de Dieu follement en volupté et plaisance mondaine [...]. Comme le père a receu son enfant, pardonné et festoyé, aussi Nostre Seigneur reçoit les pecheurs qui se retournent à Luy comme dict est leur faisant misericorde et leur promettant donner Paradis[26].

c'est-à-dire des pièces « moralisées », dans lesquelles une histoire ou un texte est transposé dans un registre différent pour en développer une signification secondaire. C'est un procédé qui nous amène à la dernière pièce de notre sélection : *Le Jeu du Grand Dominé et du Petit* du tournaisien Jean de le Motte.

---

24. Erreur se vante, par exemple, d'avoir « seduict la Germanie et mainte aultre progenie » (v. 763), d'avoir encouragé les gens à « gloser sur l'evangile » (v. 775) ; quand Caresme proteste « qu'aulcuns me vont nyant », Erreur répond que Dieu n'a jamais « Caresme [...] commandé » (v. 982), que la confession n'est qu'une invention des hommes (v. 985), et que la foi seule suffit pour faire son salut (v. 992).
25. *Le Jardin de Plaisance et Fleur de Rethorique. Reproduction en fac-similé de l'édition publiée par Antoine Vérard vers 1501*, Paris, Firmin-Didot, 1910 (Johnson Reprint Corporation, 1968), c ii, cité par Aubailly J.-C., « Variations dramatiques sur la Parabole du Fils Prodigue », dans *Et c'est la fin our quoy sommes ensemble. Hommage à Jean Dufournet*, Paris, Champion, 1993, t. I, p. 109-124.
26. *L'Enfant prodigue, Moralità del sec. XVI*, éd. Macrì G., Lecce, Adriatica Editrice Salentina, 1982. C'est sans doute ce qu'entendait Jean Daniel, organiste et comédien d'Angers, à propos de sa pièce *Pyramus et Thisbé* (1535) : « Par Pyramus on peult entendre/Le fils de Dieu, j'en suis certain,/Et par Tisbé l'ame humaine ». Voir Picot É., *Moralité nouvelle de Pyramus et Tisbé*, Paris, Bulletin du Bibliophile, 1901.

Ce modeste *Jeu* de 434 octosyllabes, récemment découvert dans un manuscrit conservé aux Archives départementales du Nord à Lille, daterait du premier tiers du XVIe siècle [27]. L'un des intérêts principaux de cette pièce est qu'elle évoque, par certains de ses traits, les préoccupations de milieux associés aux débuts de la Réforme dans les anciens Pays-Bas. Il s'agit d'une pièce qui nous rappelle que ce théâtre touchait de près aux croyances et aux espoirs de son public, phénomène qui se voit dans tout un faisceau de pièces polémiques que montaient protestants et catholiques dans les querelles religieuses de cette époque troublée. L'action commence avec l'entrée sur scène du Grand Dominé et du Petit Dominé dans le *palaix* (v. 39) du premier, c'est-à-dire le paradis, ce qui donne tout de suite l'occasion au public de faire un lien entre le Grand Dominé et Dieu. Le Grand Dominé annonce au Petit qu'il doit faire un voyage, et qu'il lui confiera la garde de sa maison et de son « trésor » (v. 17), tout en lui conseillant de bien s'acquitter de ce devoir ou d'en subir les conséquences. Le Grand Dominé accorde au Petit l'aide d'un de ses serviteurs, Cor Mundum. Le maître parti, le Petit Dominé annonce qu'il veut vivre « dilicieusement,/Faire au monde mon paradis » (v. 63-64), et il congédie Cor Mundum. Apparaissent alors deux nouveaux personnages : Putruerunt (le seul personnage féminin de la pièce) et Quoniam Placuerunt, qui se mettent aussitôt d'accord pour escroquer Petit Dominé de ses biens. Averti par Cor Mundum, le Grand Dominé signale son intention de punir son serviteur. Vient ensuite un mendiant du nom de Miser Factus, qui demande bruyamment une aumône devant le manoir du Petit Dominé, qui lui offre « une bonne rente hieretiere » (v. 237). Ce don ne lui vaut rien, pourtant. Dans un coup de théâtre le Grand Dominé lui fait savoir le contenu des documents préparés par Putruerunt : sa rente consiste en *multa flagella* (« beaucoup de tribulations », v. 341). Il ne reste que la punition du Petit Dominé : « Il ara retribucion/Selonq qu'il ara merité » (v. 360-361). Cité à comparaître devant le Grand Dominé, le Petit apprend son sort : il sera jeté, lui et ses complices, « au plus parfont de profondys [...] avec les maudis » (v. 406-407), sans jouir de la grâce de Dieu. Cor Mundum et Miser Factus, par contre, entreront « *en gloria* » (v. 420) avec le Grand Dominé.

Première observation à faire ici : *Le Jeu du Grand Dominé et du Petit* est la seule moralité (à ma connaissance) à se baser directement sur les

---

27. Voir Hindley A. et Small G., « *Le Jeu du Grand Dominé et du Petit* : une moralité tournaisienne inédite du Moyen Âge tardif (fin XVe - début XVIe siècle). Étude et édition », *Revue belge de Philologie et d'Histoire* 80, n° 2, 2002, p. 413-456.

psaumes, en ce cas sur les sept psaumes de la pénitence, si bien connus des fidèles de l'époque que notre auteur s'est décidé à tirer les noms de ses personnages du texte latin de ces psaulmes : Cor Mundum (*Psaume* L), Putruerunt (*Psaume* XXXVII), Quoniam Placuerunt (*Psaume* CI), et Miser Factus (*Psaume* CCCVII). Il convient de noter, pourtant, qu'en plus de ces allusions à l'œuvre du psalmiste, il y a d'autres correspondances entre l'action de cette pièce et l'Écriture sainte, notamment la parabole du majordome (*Matthieu*, XXIV, 45-51). On se rappelle que dans cette parabole le maître établit le serviteur fidèle sur les gens de sa maison :

> Heureux ce serviteur que son maître trouvera occupé de la sorte, car le maître l'établira sur tous ses biens. Mais si ce mauvais serviteur dit en son cœur : « Mon maître tarde » et qu'il se mette à battre ses compagnons, à manger et à boire en compagnie, le maître de ce serviteur viendra au jour qu'il n'attend pas et à l'heure qu'il ne connaît pas ; il le retranchera et lui assignera son lot parmi les hypocrites : là seront les pleurs et les grincements de dents.

C'est là en effet l'action de cette pièce : établi sur sa maison pendant son absence, le Petit Dominé a de mauvaises fréquentations et persécute Cor Mundum et Miser Factus. La réaction du Grand Dominé est sévère : le mauvais intendant sera « mis avec les maudis » (v. 407). Bref, on à affaire ici à une pièce profondément enracinée dans des textes sacrés, fondée « sur les sept psalmes » (v. 434), encadrée par une parabole et relevée, en plus, par des incitations à lire ces textes et à méditer sur leur leçon, leçon qui tourne autour du thème du péché. Induit en erreur en omettant de faire de bonnes œuvres ou en convoitant les biens de ce monde-ci, l'homme (c'est-à-dire le Petit Dominé) risque de perdre la grâce de Dieu (Le Grand Dominé) et de subir toutes les conséquences de son jugement. C'est un message austère dans lequel l'homme est confronté à ses responsabilités devant Dieu, et Dieu seul, à l'exclusion de l'action d'intermédiaires qui ne peuvent rien pour atténuer sa colère. Malgré le caractère assez flou des idées réformistes au début du mouvement, on peut déceler, dans le thème principal, ainsi que dans l'importance de la réflexion sur les textes sacrés, des éléments de base dans le *Jeu du Grand Dominé*. Tout ce qu'on sait de son auteur, un certain Jean de Le Motte (dit *Mota*), réformiste tournaisien qui ne cachait pas ses opinions, est qu'il fut « fustighé de verges » en 1532 pour avoir interrompu le sermon du Provincial des Augustins venu à la cathédrale de Tournai pour s'attaquer aux « hérétiques »[28]. Dur métier que celui de faire du théâtre satirique à Tournai au débuts de la Réforme!

Quelques remarques, pour terminer, sur l'aspect scénique du paradis des moralités religieuses. Dans le cas de la pièce de Jean de Le Motte, qu'à Tournai on aurait jouée peut-être sur un char, une mise en scène assez modeste aurait sans doute suffi. Dans d'autres pièces, pourtant, les didascalies envisagent parfois une disposition scénique plus ambitieuse, comportant des éléments standards d'élévation (*lassus*), un trône (pour Dieu) et la présence des anges[29]. On remarque dans certaines moralités une hiérarchisation souvent assez complexe, rendue même plus subtile par des effets de tableau et des objets symboliques, comme l'indique cette didascalie de *L'Homme juste et l'homme mondain*:

> Il est à noter que du costé destre de paradis y aura des cieulx ou seront assis en une chaire comme juges saint Pierre et saint Michel qui aura des balances entre ses mains. Justice divine sera toute droicte du costé dextre desdictz juges et Misericorde au senestre costé [...]. (p. 808)

Nécessairement un lieu surélevé, le paradis domine tous les autres lieux où se passe l'action, duquel les résidents observent et cherchent à contrôler la conduite terrestre des hommes pour l'édification spirituelle des spectateurs. Textes et didascalies précisent, comme on pouvait s'y attendre, les descentes et les montées des personnages, surtout des anges. Dans les dernières scènes de *Bien Avisé Mal Avisé*, par exemple, Dieu remplit en quelque sorte le rôle de metteur en scène, rappelant à la hiérarchie angélique de Michel, Gabriel, Raphaël et Uriel leur double fonction: servir d'intermédiaires entre Dieu et sa création (ils auront donc bien besoin des ailes que leur donne l'une des miniatures de la version manuscrite de cette pièce pour « descendre en la terre » chercher les âmes des élus[30]), et d'autre part faire « melodie » et

> chanterie si grande
> que tout paradis l'oye

---

28. Moreau G., *Histoire du protestantisme à Tournai jusqu'à la veille de la Révolution des Pays-Bas*, Paris, 1962, p. 67-69.
29. Consulter sur les aspects scéniques du paradis Konigson E., *L'Espace théâtral médéval*, Paris, CNRS, 1975, p. 239-244.
30. Sur les miniatures de la version manuscrite de *Bien Avisé Mal Avisé*, voir l'article d'Yves Le Hir, « Indications scéniques dans la moralité: *Bien Advisé et Mal Advisé* », *Bibliothèque d'Humanisme et Renaissance* 46, n° 2, 1984, p. 399-405.

> Car aujourduy sont departis
> Les âmes d'avecques les corps. (p. 106)

Aucune indication scénique pour expliquer comment auraient pu s'effectuer ces mouvements complexes d'anges et d'âmes (sans doute avait-on recours à des « fainctes » comme à Bourges en 1536 ou à Semur en 1488[31]). Il est clair que les effets scéniques aidaient beaucoup à faire passer le message essentiel.

On note particulièrement la fonction importante de la musique dans ces pièces, surtout dans *Bien Avisé Mal Avisé* : en chantant la gloire de leur Seigneur, les archanges font un contraste frappant avec le bruitage infernal de la « mesnie Hanequin » (p. 94), autrement dit l'enfer. Si dans cette pièce c'est le vacarme qui marque les régions infernales, c'est avant tout le chant harmonieux qui caractérise le paradis[32]. Les didascalies en précisent cinq indications : pendant que les anges descendent « pour les âmes querre » (p. 107), ils chantent d'abord le *Sanctorum meritis* (p. 106), puis (p. 107) l'*Iste Confessor*. Remontés au paradis ils chanteront *devant Dieu, les genoux en terre* (p. 107) le *Salvator mundi*. Une fois couronnées, « les âmes de paradis toutes ensemble » entonnent le *Veni Creator et les diables font grans tourmens en enfer* (p. 108). Enfin, pour terminer la pièce, Bonne Fin les invite à une louange collective : « Allon tous ensemble à l'eglise/Chantant *Te Deum Laudamus* » (p. 108[33]). Et en tout ceci la simultanéité de la représentation permet au dramaturge de tenir constamment en vue les chemins opposés du Bien et du Mal, de souligner la lutte intériorisée des hommes sur la terre par rapport à la volonté de Dieu, et ainsi d'en tirer des effets scéniques particulièrement éloquents : une étroite relation donc entre la mise en scène et le message[34]. On ne saurait trop insister sur la valeur à la fois dramatique et didactique de ces aspects visuels et auditifs, tirés de l'iconographie traditionnelle du

---

31. Voir *The Staging of Religious Drama in Europe in the Later Middle Ages : Texts and Documents in English Translation*, éd. Meredith P. et Tailby J.H., Medieval Institute Publications, Kalamazoo, 1983 (« The Early Drama, Art and Music Review Monographs », series 4), p. 95.
32. Sur la musique céleste dans le théâtre religieux anglais du Moyen Âge, consulter l'étude de Rastall R., *The Heaven Singing : Music in Early Religious Drama*, Cambridge, D.S. Brewer, t. I, 1996, p. 176-193.
33. On notera ici non seulement le *Te Deum* traditionnel, mais aussi la proximité d'une église. Cette version de *Bien Avisé Mal Avisé* s'était-elle associée avec une fête religieuse particulière ?
34. Voir l'article de Houle P.J., « Stage and Metaphor in the French Morality Play : *L'Homme Juste et l'Homme Mondain* », *Chaucer Review* 14, 1979, p. 1-22. Sur le symbolisme de cette bipolarisation scénique, voir l'étude de Verhuyck P. et Vermeer-Meyer A., « La plus ancienne scène française », *Romania* 100, 1979, p. 402-412.

paradis et de l'enfer, et qui mettent en relief l'importance de la mise en scène pour rendre visibles et concrètes des vérités invisibles et abstraites. Comme l'a bien démontré J.-P. Bordier, c'est là une caractéristique même de l'un des premiers exemples du genre, *La moralité pour le jour Saint Antoine*, jouée à Paris en 1427, où le dicton de saint Grégoire : « Plus movent exempla quam verba » souligne la prééminence de l'image sur la parole[35]. C'est ce que comprenait bien un Arnoul Gréban lorsqu'il fait dire au prologue de la première journée de sa *Passion* : « Ouvrez vos yeux et regardez /Devotes gens qui attendez /A oÿr chose salutaire »[36].

Arrivé au terme de ce trop rapide survol, quelles conclusions peut-on tirer ? Il semble d'abord se dégager de notre analyse les points suivants :

- Le rôle de Dieu est souvent assez modeste, phénomène dû au fait que la tendance allégorisante de la *moralité* encourage l'élaboration de personnages supplémentaires pour représenter certains attributs divins : Grâce de Dieu, Vouloir Divin, Sapience Divine, Justice Divine, Miséricorde…, tendance qui permet au *fatiste* de traiter des questions assez complexes de la pensée chrétienne : la grâce de Dieu par rapport aux « œuvres », par exemple ; les complexités de la doctrine trinitaire ; et, surtout, le drame essentiel du salut de l'homme, ces deux volets du diptyque péché originel et Rédemption[37].

- Cette dernière préoccupation se voit surtout dans le motif du *Procès*, structure plus fréquente dans ces pièces qu'on ne l'a cru jusqu'ici, et qui peut dicter la structure de toute une pièce. Il me semble qu'il y a encore des travaux à faire sur la fonction de ces *procès*, toujours mal explorée par rapport au genre de la *moralité*. Ajoutons entre parenthèses que ce motif crucial n'est pas quelque chose de statique : il peut se transformer au cours des années et suivant les préoccupa-

---

35. Bordier J.-P., « *Magis mouent exempla quam verba* : une définition du jeu théâtral dans la *Moralité du jour de saint Antoine* (1427) », dans *Le Jeu théâtral, ses marges, ses frontières. Actes de la deuxième rencontre sur l'ancien théâtre européen de 1997*, Paris, Champion, 1999, p. 91-104.
36. Arnoul Gréban, *Le Mystère de la Passion*, éd. Paris G. et Raynaud G., Paris, 1878, Genève, Slatkine Reprints, 1970, p. 5.
37. Et cela malgré la déclaration de Confession dans *Bien Avisé Mal Avisé* qu'« Il souffit croire grossement/A gens de rude entendement,/Car savoir ne pouvez mie/Les subtilités de clergie » (Helmich W., *op. cit.*, t. I, p. 42).

tions de l'époque pour trouver sa place dans des cadres différents. On se demande, par exemple, si le personnage de Pugnition Divine dans la *Moralité du Peuple François* de Pierre Gringore, ne serait pas encore un trait satirique contre le Pape Jules II, condamné par Justice Divine, contre laquelle il n'y a aucune possibilité de l'intervention de Miséricorde !

- Les deux sites moraux (Dieu/Paradis ; Satan/Enfer) représentent certes un point commun avec les *mystères*, surtout dans la division entre le divin et le diabolique : d'une part Dieu avec ses élus ; d'autre part les diables avec les damnés. Nous croyons pourtant y déceler une tonalité toute particulière à la *moralité*, qui cherche surtout à fixer le choix essentiel à l'esprit des fidèles et de le garder constamment devant l'assistance pour souligner le fait que les âmes des justes sont admises au ciel, dans la résidence de Dieu, alors que les âmes des impies sont précipitées en enfer.

Il s'agit essentiellement du rapport entre Dieu et l'humanité : Chacun, Aucun, Homme Pécheur, Homme Mondain – notre semblable – dont le salut dépend de la grâce de Dieu, du sacrifice du Christ. Il est donc important que le parcours du pécheur soit réalisé sous la surveillance de la divinité qui détient la clé de la Rédemption d'une humanité tiraillée entre le Bien et le Mal, et l'objet d'un jugement. Or dans un genre qui s'adaptait aux changements culturels et religieux du Moyen Âge finissant, certains critiques ont décelé une évolution chez le protagoniste de la moralité. Pour Alan E. Knight, par exemple, le personnage central deviendrait moins monolithique, plus préoccupé des problèmes de l'individu[38]. On a accordé alors une place importante à des pièces tardives, à caractère hybride, comme *La Tragédie françoise de l'amour d'un serviteur envers sa maîtresse à huit personnages* de Jean Bretog[39], publiée en 1571 et qui, malgré son titre, évoque la tonalité et la thématique chrétienne des « moralités » : présence de personnages allégoriques (Vénus, Chasteté, Jalousie), légèreté du

---

38. Knight A.E., « From Model to Problem : the Development of the Hero in the French Morality Play », dans *Everyman and Company. Essays on the Theme and Structure of the European Moral Play*, New York, AMS Press, 1989, p. 75-89.
39. Jean Bretog, *La Tragédie françoise de l'amour…*, dans Reynolds-Cornell R. (éd.), *Le Théâtre français de la Renaissance… La tragédie de l'époque d'Henri II et de Charles IX*, Première série, vol. IV (1568-1573), Florence/Paris, Olschki-PUF, 1992, p. 133-176.

sujet que Bretog traite pourtant en *exemplum* pour inciter les spectateurs à
« suivre le bien et le mal eviter »[40]. Mais il y a ici d'importantes différences
de perspective aussi. Malgré le péché du Serviteur, qui a séduit la femme
de son maître, Bretog tente d'évoquer chez le spectateur une certaine
compassion pour son héros en soulignant son humilité et sa dignité. Sa
contrition se manifeste, pourtant, non pas en présence de Dieu (il n'y a
ni paradis ni enfer dans cette pièce), mais dans le personnage de l'Archer
(c'est-à-dire le bourreau qui lui inflige la peine de mort) et qui exhorte tous
ceux qui assistent à sa punition « Que requerez pour lui le Createur,/C'est
qu'il le veuille en Paradis reduire »[41]. De même Raymond Lebègue a-t-il
dégagé dans des pièces tardives de protestants de pareils changements
d'optique : moins de spectacularité, suppression des *Procès* et de la transportation des âmes par anges ou diables en enfer ou au paradis[42]. Les
personnages surnaturels – leurs sites, leurs entourages – deviennent dans
ces pièces en mutation moins visibles sur la scène, bien qu'ils exercent
toujours une influence bouleversante sur les vicissitudes des hommes.
L'intérêt d'une pièce s'intériorise et le drame s'exprime de plus en plus au
cœur de l'individu. La vision chrétienne de la moralité médiévale, symbolisée par Dieu et sa création toujours visibles sur la scène, commence
à céder la place à la problématique individuelle du héros tragique.

---

40. Voir Balmas E., « La tragédie française de Jean Bretog », dans *L'Art du théâtre. Mélanges en hommage à Robert Garapon*, Paris, PUF, 1992, p. 49-60.
41. Jean Bretog, *La Tragédie françoise de l'amour...*, *op. cit.*, p. 174.
42. Lebègue R., « Le problème du salut dans les mystères et dans les tragédies protestantes », dans *Études sur le théâtre français*, t. I, *Moyen Âge, Renaissance, Baroque*, Paris, Nizet, 1977, p. 29-42.

Marie Lesaffre

La Bible de la Réforme sur la scène : Hans Sachs

Le genre dramatique apparaît dans l'espace linguistique allemand au Xe siècle, sous la forme d'une scène de la liturgie de Pâques, chantée d'abord en latin, présentant les trois femmes, *Marie de Magdala, Marie mère de Jacques et Salomé* et le *jeune homme vêtu d'une robe blanche* (*Marc*, XVI, 5)[1] au tombeau du Christ ressuscité, augmentée à la fin du XIe d'une seconde scène, l'arrivée de *Simon Pierre* et de *l'autre disciple* (*Jean*, XX, 3-4), et, vers 1130, d'une troisième scène avec Marie de Magdala et Jésus qu'elle prend pour *le gardien du jardin* (*Jean*, XX, 14-15), introduite avant l'arrivée des disciples[2]; ce *jeu de la Résurrection* devient indépendant de la liturgie lorsque des personnages étrangers à la Bible interviennent dans le jeu, comme l'épicier, sa femme, ses valets..., c'est le *jeu de la Passion*; une douzaine de ces *jeux de la Passion* en latin nous sont parvenus[3].

Aux XIVe et XVe siècles, la représentation, qui avait lieu initialement dans l'église, s'est déplacée sur le parvis de l'église, puis sur la place du marché, les rôles sont interprétés par des vagants[4], puis par des bourgeois, le clergé s'occupe de la régie et tient les rôles principaux, en particulier celui du Christ – en latin –, le genre dominant est le *jeu de la Passion*, qui retrace toute l'histoire du salut, de la Chute à la Rédemption, schéma dans lequel peuvent s'intégrer des scènes de l'Ancien Testament; la fête litur-

---

1. Les citations en français de la Bible sont empruntées à *La Bible, traduction œcuménique (TOB)*, 3e édition, Paris, Éditions du Cerf, 1989.
2. Voir Frenzel H.A. & E., *Daten deutscher Dichtung. Chronologischer Abriß der deutschen Literaturgeschichte*, 2 Bände, Deutscher Taschenbuch Verlag, München, 24. Auflage, 1988, p. 7.
3. Voir Buschinger D. & Spiewok W., *Histoire de la littérature allemande du Moyen Âge*, Paris, Nathan Université, 1992, p. 240-241.
4. « *Vagants*: étudiants et clercs circulant à travers le pays sans position sociale et pratiquant l'art en dilettantes », *ibid.*, p. 14.

gique de la Nativité est l'occasion de *jeux de la Nativité*, mettant en scène entre autres les rois mages, voire Hérode...[5]; ensuite apparaissent des *jeux de la Fête-Dieu* (créée en 1264), puis des jeux hagiographiques, toujours liés à la liturgie; les *jeux de Carnaval*, attestés à partir du xve siècle, sont l'occasion de défoulement populaire; ce genre est pratiqué surtout dans l'aire austro-bavaroise, en particulier à Nuremberg[6], où se trouve le plus grand nombre de témoins manuscrits, cent textes antérieurs à 1500[7].

À l'époque de la Renaissance, parallèlement à des œuvres qui s'inscrivent dans la tradition médiévale[8] (*jeux de Pâques, de la Fête-Dieu, de la Passion, du Jugement dernier, jeux de Carnaval*, par exemple: Pamphilus Gengenbach, né à Bâle vers 1480, imprimeur qui a passé ses années d'apprentissage à Nuremberg avant de retourner à Bâle vers 1509, † vers 1525, *Die Gouchmat der Buhler, Le pré aux godelureaux*, en 1521, d'après une satire de Murner, *Die Gäuchmatt* de 1519), le théâtre universitaire et scolaire, en latin, fait son apparition: l'illustre hébraïsant Johannes Reuchlin (1455-1523) écrit pour les étudiants de Heidelberg *Henno* (1497), adaptation en latin de la *Farce de Maître Pathelin*. La Bible fournit souvent la matière de ces drames. Ainsi, la parabole de l'Enfant prodigue, qui met en scène un personnage représentant Dieu, inspire à Guilhelmus Gnapheus (Willem van de Voldersgroft, 1493-1568) *Acolastus, de filio prodigo comœdia* (1529), en latin, premier drame biblique du théâtre scolaire, sans tendance confessionnelle, modèle tant pour les catholiques que pour les protestants[9]. Burkard Waldis compose *De parabell vam vorlorn szohn* en bas-allemand (1527), et Jörg Wickram (Colmar début du xvie- † avant 1562) *Der verlorene Sohn* (1540) en haut-allemand; Hans Sachs écrira également une comédie intitulée *Der verlorn son* (1556)[10]; l'Alsacien Thiepolt Gart porte à la scène un *Joseph* (1540) dans lequel il s'attache à expliquer la psychologie des personnages, en particulier de la femme de Putiphar[11]. L'éducation est aussi un thème porteur: Jörg Wickram adapte à la scène en 1555 son roman

---

5. *Ibid.*, p. 241.
6. Voir Frenzel H.A. & E., *Daten deutscher Dichtung, op. cit.*, p. 62.
7. Voir Buschinger D. & Spiewok W., *Histoire de la littérature allemande ..., op. cit.*, p. 251.
8. Voir Mossé F. (dir.), *Histoire de la littérature allemande*, Paris, Aubier-Montaigne, 1970, p. 234-240.
9. Voir Frenzel H.A. & E., *Daten deutscher Dichtung, op. cit.*, p. 103.
10. Édition: *Hans Sachs*, 26 Bände, hrsg. v. Keller A. und Goetze E., Georg Olms Verlagbuchhandlung, Hildesheim, 1964, Nachdruck der ersten Auflage (Bibl. d. lit. Vereins, Band 102 *sqq.*, Stuttgart, Anton Hiersemann, 1870-1909), Bd XI, S. 213.
11. Voir Mossé F., *Histoire de la littérature allemande, op. cit.*, p. 239-240.

réaliste *Der jungen Knaben Spiegel* (*Le Miroir du jeune garçon*, 1554), Johann Rasser, curé d'Ensisheim en Alsace, écrit un *Spil von Kinderzucht, Jeu de l'éducation des enfants* (1573). Le drame nouveau est bâti sur le modèle antique, un combat du héros qui sort vainqueur ou vaincu, la langue est souvent le latin, parfois la langue vernaculaire, on ne fait pas la distinction entre comédie et tragédie, tout dépend de l'issue ou de la condition du héros, l'intention est surtout didactique, les thèmes surtout bibliques[12].

Les œuvres portées à la scène reflètent bien sûr les polémiques de la Réforme : Pamphilus Gengenbach écrit *Die Totenfresser* (*Les Nécrophages*, 1521) pièce qui, dans une parodie de la Cène, présente des ecclésiastiques qui se nourrissent des morts[13], thème repris par son successeur Niklas Manuel dans son *Totenfresser* et son *Jeu du Pape et de son clergé* (*Vom Papst und seiner Priesterschaft*, 1523); le drame satirique de Thomas Murner (vers 1475-1537), *Von dem großen lutherischen Narren* (1522), a été jugé si excessif par le conseil de Strasbourg, pourtant enclin à la tolérance, qu'il a été interdit dès sa parution. Thomas Naogeorg (de son vrai nom Kirchmayer, vers 1506-1563), proche de Zwingli (1484-1531) écrit, en latin, la tragédie *Pammachius* (1538), une satire contre la papauté qui retrace l'histoire de l'Église des origines au XVIe siècle, du ciel à l'enfer, de Rome en Allemagne[14].

Le courant humaniste atteint bien sûr l'espace linguistique allemand – Érasme (vers 1469-1536) passe les douze dernières années de sa vie à Bâle : Thüring von Ringoltingen († 1483) traduit des récits venus de France, *Melusine* et *Magelone*, imprimés en 1527, qui inspireront à Hans Sachs une tragédie et une comédie, Niclas von Wyle (vers 1410-1478), scribe du conseil de Nuremberg, traduit la nouvelle *Euriolus et Lukrezia* d'Enea Silvio Piccolomini en 1462, le patricien de Nuremberg Schlüsselfelder publie sous le pseudonyme d'Arigo en 1472 à Ulm une traduction du *Decamerone* de Boccace, Heinrich Steinhöwel (1412-1478) traduit des nouvelles de Boccace (1313-1375), Pétrarque (1304-1374), des versions latines des fables d'Ésope[15]; Hans Sachs, qui reconnaît avoir étudié le latin et le grec à l'école[16] – il a fréquenté l'école latine – puisera ses sujets de drames dans ces traductions,

---
12. Voir Frenzel H.A. & E., *Daten deutscher Dichtung, op. cit.*, p. 89.
13. Voir Mourey M.-T., « Polémique et théâtre en Suisse. Les *Totenfresser* (1521) de Pamphilus Gengenbach », dans *Luther et la Réforme*, Valentin J.-M. (dir.), Paris, Desjonquères, 2001, p. 327-352.
14. Voir Mossé F., *Histoire de la littérature allemande, op. cit.*, p. 238.
15. Voir Martini F., *Deutsche Literaturgeschichte*, Stuttgart, Kröner, 1968, p. 89.
16. Voir Keller A. und Goetze E., *Hans Sachs, op. cit.*, Bd XV, S. 550, cité p. 127 par Wingen-Trennhaus A., « Die Quellen des Hans Sachs. Bibliotheksgeschichtliche Forschung zum

non par ignorance totale des langues classiques, comme il l'affirme avec une modestie toute conventionnelle[17], mais sans doute pour des raisons de commodité : il est plus facile d'utiliser une traduction.

Luther encourage les représentations d'œuvres dramatiques à des fins strictement pédagogiques[18] ; il estime que la matière dramatique de certains livres bibliques convient très bien à la scène, particulièrement *Tobit* et *Judith*[19] ; il souligne expressément dans ses préfaces aux livres bibliques de *Judith*, de *Tobit* et des fragments étrangers à la version en hébreu de *Daniel* (l'histoire de Suzanne, l'épisode du dieu Bel) leur caractère dramatique[20]. C'est précisément à cette époque que se situe l'activité littéraire de Hans Sachs.

Hans Sachs et Nuremberg

Donc, Hans Sachs[21], fils d'un maître tailleur, naît le 5 novembre 1494 à Nuremberg. Cette ville[22], connue depuis 1050, était devenue dès 1219 l'une des villes libres de l'Empire. En 1427, les comtes de Hohenzollern avaient cédé leurs droits et revenus à la cité, qui devint un centre riche et puissant.

> L'essor économique permit le développement d'une conscience de soi de l'artisanat. Nuremberg était de plus le centre de l'imprimerie et du commerce du livre. Ceci et les relations commerciales internationales firent de la ville le « centre d'information » le plus important de l'Empire. [...] En outre, le rôle de Nuremberg comme avant-garde de la Réforme incitait « les petites gens » à prendre part aux affaires publiques, qu'elles soient politiques ou religieuses[23].

Nürnberg des 16. Jahrhunderts » dans *Hans Sachs im Schnittpunkt von Antike und Neuzeit*, Pirckheimer-Jahrbuch, 1995, p. 109-149.
17. Voir Keller A. und Goetze E, *Hans Sachs, op. cit.*, Bd XXI, S. 344, cité par Wingen-Trennhaus A., « Die Quellen des Hans Sachs », *op. cit.*, p. 129.
18. Voir Mossé F., *Histoire de la littérature allemande, op. cit.*, p. 233.
19. *Ibid.*, p. 239.
20. Voir Martini F., *Deutsche Literaturgeschichte, op. cit.*, p. 120 et *Biblia Germanica 1545, Die Bibel in der deutschen Übersetzung Martin Luthers*, Ausgabe letzter Hand, Deutsche Bibelgesellschaft, Stuttgart, 1983, *Vorrede auffs Buch Judith, Vorrede auffs Buch Tobie* et *Vorrede auff die Stücke Esther und Daniel*.
21. Voir les éléments de la biographie de Hans Sachs dans Kawerau W., *Hans Sachs und die Reformation, Verein für Reformationsgeschichte*, Halle, 1889, p. 2-13.
22. Voir *Encyclopédie Hachette 2000*.
23. « Die wirtschaftliche Blüte ermöglichte es auch dem Handwerkerstand, ein eigenes Selbstbewußtsein zu entwickeln. Nürnberg war darüber hinaus das Zentrum des Buchdrucks und des Buchhandels. Dies und die internationalen Handelsbeziehungen ließen Nürnberg

Nuremberg est un des principaux centres où se développe l'humanisme allemand (à côté de Bâle, Strasbourg, Sélestat et Augsbourg)[24]; la dynastie des Pirckheimer y joue un rôle essentiel: le plus illustre, Willibald Pirckheimer (1470-1530), génie universel, politique, homme de guerre, historien, éditeur de textes anciens, écrivain, protecteur des arts, a souligné l'importance de la civilisation grecque[25]; sa précieuse bibliothèque était ouverte à tous les humanistes[26].

Nuremberg est aussi le haut lieu du *Meistergesang* (*Chant de maître*)[27], genre fixé à la fin du XIIIe par certains poètes, des *Sangspruchdichter* qui se disaient *Meister*, dont l'un des plus connus est Heinrich von Meißen surnommé Frauenlob (vers 1250-1318)[28]. Alors qu'au Moyen Âge classique, le poète se devait de présenter une œuvre dont la mélodie, le cadre strophique et le texte étaient originaux – celui qui empruntait la mélodie d'un autre était qualifié de *doenendiep, voleur de mélodie*[29] –, les écoles de maîtres chanteurs vont fixer des règles très strictes en imposant l'usage d'une forme strophique et d'une mélodie existant chez l'un des douze Maîtres[30], rigorisme que Richard Wagner caricature dans les *Meistersinger von Nürnberg*[31]. À l'époque de Hans Sachs, le respect des règles strictes du *Meistergesang*, composé désormais par des corporations de bourgeois, frisait la superstition, mais l'arrivée à Nuremberg du barbier-chirurgien Hans Folz (1435-1513) devait permettre un certain renouveau de ce genre sclérosé: le candidat à la maîtrise devait prouver à la fois des dons de compositeur et de poète en proposant une mélodie nouvelle. La *Singschule* de Nuremberg comptera plus de 250 membres en 1558[32].

---

zur wichtigsten "Nachrichtenzentrale" des deutschen Reiches werden. [...] Zudem forderte die Rolle Nürnbergs als reformatorische Avantgarde auch "den kleinen Mann" heraus, sich mit öffentlichen Angelegenheiten, seien es politische oder religiöse, zu beschäftigen ». Feuerstein U. & Schwarz P., « Hans Sachs als Chronist seiner Zeit – Der Meisterliedjahrgang 1546 », dans *Hans Sachs im Schnittpunkt von Antike und Neuzeit, op. cit.*, p. 83-107 [p. 92].
24. Voir Mossé F., *Histoire de la littérature allemande, op. cit.*, p. 192.
25. *Ibid.*
26. Voir Taddey G. (Hrsg.), *Lexikon der deutschen Geschichte*, Stuttgart, Kröner, 1983, p. 968.
27. Voici quelques noms de Maîtres chanteurs de Nuremberg contemporains de Hans Sachs: Hans Folz († avant 1515), Lienhard Nunnenbeck († après 1513), Pamphilus Gengenbach (vers 1470-1524) à Bâle. Voir Mossé F., *Histoire de la littérature allemande, op. cit.*, p. 205.
28. Voir Buschinger D. & Spiewok W., *Histoire de la littérature allemande..., op cit.*, p. 199.
29. Voir Buschinger D. et al., *La poésie du « discours chanté » en Allemagne (1250-1500)*, Amiens, Presses du « Centre d'Études Médiévales », Université de Picardie, 2000, p. 2.
30. Voir Mossé F., *Histoire de la littérature allemande, op. cit.*, p. 149.
31. Wagner R., *Die Meistersinger*, Paris, Aubier-Flammarion, édition bilingue, 1978.
32. Voir Buschinger D. & Spiewok W., *Histoire de la littérature allemande ..., op. cit.*, p. 201.

C'est dans ce contexte culturel où se mêlent les traditions médiévales du *Fastnachtspiel*, du *Meistergesang*, et le courant humaniste que grandit Hans Sachs : il fréquente une des écoles latines de Nuremberg de 1501 à 1509, passe deux années d'apprentissage chez un cordonnier, fait ensuite durant cinq ans (1511-1516) son tour de compagnon. Lors de son passage à Munich, il découvre le Chant de maître et décide de devenir maître chanteur, il retourne à 22 ans à Nuremberg, qu'il ne quittera plus jusqu'à sa mort en 1576 – après avoir survécu à la terrible épidémie de peste de 1562 et joué un rôle dans la cité en tant que membre du Conseil – et s'installe comme maître cordonnier : il épouse à l'automne 1519 Kunigunde Kreuzer dont il aura sept enfants (devenu veuf, il épousera à plus de 60 ans une jeune fille de 17 ans, Barbara Harscherin[33]). Il commence à chanter dès 1513[34] : son premier *Bar*, une forme du *Meistergesang*, comprenant plusieurs strophes et obéissant à des règles très strictes, est intitulé *Gloria Patri, Lob und Ehr*. Parallèlement à ses activités de maître cordonnier qui lui assurent l'indépendance matérielle – jamais il ne dépendra d'un mécène ou d'un commanditaire[35] – il produit jusqu'à sa mort une œuvre littéraire impressionnante (six mille œuvres dans des genres variés). Il compose 4 286 *Lieder*[36] et se montre novateur dans ce domaine en composant treize airs nouveaux[37], ce qui lui vaut des ennuis avec la corporation des Maîtres chanteurs[38]. Il composera quelque 87 *jeux de carnaval*[39] ; son premier *Fastnachtspiel* : *Das hoffgesindt Veneris* (*Le cortège de Dame Vénus*[40]) date de 1517.

---

33. Voir Bauch A., *Barbara Harscherin, Hans Sachsens zweite Frau. Beitrag zu einer Biographie des Dichters*, Nürnberg, 1896.
34. Otten F., « *mit hilff gottes zw tichten... got zw lob vund zw auspreittung seines heilsames wort* ». *Untersuchungen zur Reformationsdichtung des Hans Sachs*, Göppingen, Kümmerle Verlag, « Göppinger Arbeiten zur Germanistik », hrsg. v. Müller U., Hundsnurscher F., & Sommer C., Dissertation, 1993, p. 23.
35. Voir Röcke W., « Thesen zur Hans-Sachs-Forschung » dans *Hans Sachs im Schnittpunkt von Antike und Neuzeit, op. cit.*, p. 190.
36. Voir Feuerstein U. & Schwarz P., « Hans Sachs als Chronist seiner Zeit », *op. cit.*, p. 83.
37. Voir Mossé F., *Histoire de la littérature allemande, op. cit.*, p. 205.
38. Voir Otten F., « *mit hilff gottes zw tichten...* », *op. cit.*, p. 10.
39. Voir Buschinger D. & Spiewok W., *Histoire de la littérature allemande ..., op. cit.*, p. 253.
40. Voir Keller A. & Goetze E., *Hans Sachs, op. cit.*, Bd XIV, S. 3.

Nuremberg et la Réforme

Le 31 octobre 1517, Martin Luther affiche ses 95 thèses à la porte de l'église de Wittenberg, thèses qui se propagent très rapidement à l'insu de leur auteur grâce à la traduction en langue vernaculaire réalisée à Nuremberg précisément par Christoph Scheurl[41] et diffusée grâce à Kaspar Nützel ; à Nuremberg déjà, en 1489, un certain Morung s'était élevé contre les indulgences, non essentiellement pour des raisons théologiques comme Luther, mais à cause de considérations politiques et économiques : l'argent donné pour obtenir des indulgences représentait une fuite de la richesse allemande vers Rome ; d'autre part, Nuremberg avait été un foyer d'hérésie, un procès contre des hérétiques y avait eu lieu en 1332, Jan Hus y avait fait étape en 1415 lorsqu'il se rendait au concile de Constance, enfin, Johann von Staupitz, provincial des Augustins, y avait combattu l'assurance donnée par les œuvres et les indulgences lors de ses prédications de la fin 1516. Parmi les sympathisants des idées nouvelles se trouvaient des personnages célèbres, comme Willibald Pirckheimer – qui retournera toutefois dans la foi traditionnelle – et Albrecht Dürer (Nuremberg 1471 – ib. 1528[42]).

En 1523, la diète de Nuremberg refuse d'appliquer l'édit de Worms mettant Luther et ses adeptes au ban de l'Empire et ordonnant de brûler ses écrits et Nuremberg introduit la Réforme dès 1524[43], ce qui n'empêche pas des divergences au sujet des problèmes religieux au sein du Conseil de la ville et des incohérences de la part de la censure[44].

L'introduction de la Réforme à Nuremberg entraîne la dissolution des couvents dont le fonds des bibliothèques est réuni à celui de la bibliothèque de la ville ; celle-ci possédait trois cent soixante et onze volumes en 1488 et en compte quatre à cinq mille en 1538. Les bourgeois de la ville ont accès à ce fonds d'une richesse exceptionnelle. Hans Sachs a ainsi la possibilité de découvrir les œuvres de Cicéron, Plaute, Térence, Plutarque, Aristote, Lucien… S'il a sans doute pu accéder aux bibliothèques conventuelles avant 1525, il semble avoir beaucoup moins fréquenté les bibliothèques

---

41. Voir Chaix G., « *Cujus universitas ejus theologia*. Martin Luther, professeur de théologie à Wittenberg », dans *Luther et la Réforme*, Valentin J.-M. (dir.), Paris, Desjonquères, 2001, p. 133-147 [p. 140].
42. Voir Kawerau W., *Hans Sachs und die Reformation*, *op. cit.*, p. 16-18.
43. Delumeau J. & Wanegffelen T., *Naissance et affirmation de la Réforme*, 1965, PUF, Nouvelle Clio, 5ᵉ édition, 1998, p. 76.
44. Voir Otten F., « *mit hilff gottes zw tichten…* », *op. cit.*, p. 4-5.

paroissiales et celles des *Stifte*; on ne peut prouver qu'il ait eu accès à des bibliothèques privées, mais sa collaboration avec le théologien luthérien Andreas Osiander en 1527 permet de le supposer[45].

Nuremberg et le livre

La polémique engagée à la suite de l'affichage des thèses de Luther entraîne une large diffusion des *Flugschriften* (*libelles, feuilles volantes*) et du livre, surtout à partir de 1520. Nuremberg, à la croisée des voies de communication du sud de l'aire germanique, connaît un essor fulgurant de l'imprimerie au service de la littérature en langue vulgaire : au temps de Hans Sachs, on relève dix-sept noms d'imprimeurs qui ont publié au moins un de ses textes[46]. Le commerce du livre est également florissant, dix librairies sont officiellement enregistrées à l'époque de Hans Sachs ; en 1569, tel libraire de Nuremberg dispose de plus de deux cents exemplaires d'un même titre, alors que les livres en langue allemande étaient très rares en 1530[47]. Ceci permettra au cordonnier Hans Sachs de se constituer une bibliothèque privée, à l'instar des universitaires, médecins, juristes, théologiens… : on a découvert en 1853 l'inventaire fait en 1562 – l'année de l'épidémie de peste à Nuremberg – par H. Sachs, alors âgé de soixante-sept ans, de sa bibliothèque : à côté de ses propres œuvres et de livres de comptes, soixante et onze livres dans les domaines de l'histoire, de la littérature, des sciences naturelles et de la théologie, 20 % d'auteurs antiques, tous en langue vulgaire, pas d'ouvrage en latin, ce qui prouve non l'absence d'ouvrages en latin sur le marché du livre, mais l'insuffisance des connaissances de Hans Sachs[48] ; beaucoup de textes d'auteurs de l'Antiquité de la bibliothèque de H. Sachs ont été traduits après 1530 et furent acquis peu après leur parution en allemand (Homère, Ovide, Ésope, Sénèque, Plutarque), humanistes italiens (Pétrarque, Boccace), auteurs allemands (Sebastian Brant, Hermann von Sachsenheim), livres de botanique, de zoologie, d'anatomie… bien sûr une Bible, une concordance de la Bible, deux textes de Luther, des livres d'exégèse, mais, curieusement, pas d'écrits de polémique religieuse. La plupart des livres de Hans Sachs n'ont pas été imprimés à Nuremberg, mais à Augsbourg, Strasbourg ou Francfort sur le Main, ce qui montre le dynamisme du marché du livre.

---

45. Voir Wingen-Trennhaus A., « Die Quellen des Hans Sachs », *op. cit.*, p. 129-132.
46. *Ibid.*, p. 133.
47. *Ibid.*, p. 125.
48. *Ibid.*, p. 112 et 127.

Hans Sachs et la Réforme

Sans avoir jamais rencontré personnellement Luther, Hans Sachs est séduit par les idées nouvelles. Certes, ses préoccupations premières ne sont pas d'ordre religieux, son premier poème gnomique contre le clergé, un libelle (*Flugschrift*) paru en 1524, *Fraw Keuscheyt* (*Dame Chasteté*)[49], a été composé en 1518[50], mais on relève des traces qui vont dans le sens de l'enseignement de Luther dans les *Lieder* de 1516-1520 : place prépondérante de l'Écriture parole de Dieu, justification par la grâce de Dieu et la foi du pécheur[51]. On constate une interruption de la production littéraire de Hans Sachs – la seule de toute sa longue carrière – de 1520 à 1523, non expliquée par l'auteur, que son mariage en 1519 et son installation comme maître cordonnier en 1520 ne suffisent pas à justifier ; en revanche, en 1522, Hans Sachs a fait l'acquisition de quarante écrits de Luther ; l'étude de la Bible et de ces textes a pu occuper ses loisirs pendant cette période ; le thème de la première œuvre publiée ensuite corrobore cette hypothèse : c'est un *chant de maître* de 700 vers, *Die Wittembergisch nachtigall, Schutzrede wyder das falsch anklagen der papisten* (*Le Rossignol de Wittenberg, réquisitoire contre les accusations fausses des papistes*), imprimé sous forme de libelle, sans le sous-titre, sans indication de lieu ni de date, mais très vraisemblablement à Strasbourg en 1523, avec d'autres textes ; aucune édition à Nuremberg n'est attestée, sans doute à cause du renforcement de la censure ; en revanche, il existe sept éditions de ce texte au cours des années 1523-1524, ce qui montre le succès rencontré[52].

À partir de cette période, Hans Sachs s'engage à *mit hilff gottes zw tichten* [...] *got zw lob vnd zw auspreittung seines heilsamen wort* (« écrire avec l'aide de Dieu [...] à la louange de Dieu et pour la propagation de sa parole salutaire »[53]) : au cours des années 1524-1525, les publications de Hans Sachs sont consacrées à la polémique contre Rome, à l'enseignement de la doctrine luthérienne, mais aussi à la critique du comportement de certains luthériens : quatre dialogues, six poèmes gnomiques et huit chants religieux[54]. Je me contenterai de citer le titre éloquent du premier dialogue,

---
49. Voir Keller A. & Goetze E., *Hans Sachs, op. cit.*, Bd III, S. 282-292.
50. Voir Otten F., « *mit hilff gottes zw tichten...* », *op. cit.*, p. 24.
51. *Ibid.*, p. 25.
52. *Ibid.*, p. 45-49.
53. Otten F., « *mit hilff gottes zw tichten...* », *op. cit.*, a choisi cette citation pour intituler sa *Dissertation*.
54. *Ibid.*, p. 91-100.

paru en 1524 : *Disputation zwischen einem Chorherren vnd Schuchmacher* (« Dispute entre un chanoine et un cordonnier »[55]).

Hans Sachs et le genre dramatique

En 1527, Hans Sachs se met à écrire des fables[56] et des récits facétieux en vers, dont il puise les thèmes dans les traductions en allemand d'ouvrages de l'Antiquité[57] ; cette même année, il compose son premier drame antique, une tragédie en un seul acte assez bref : *Lucretia* (1 janvier 1527), jamais représentée, imprimée pour la première fois en 1561 dans *l'édition complète* de ses œuvres[58]. C'est du reste lui qui a introduit dès 1527 le mot de *tragédie* dans la littérature allemande, et probablement aussi dans la langue[59]. À partir de cette époque et jusqu'en 1561, il composera 128 tragédies et comédies[60], tout en persévérant dans les genres pratiqués précédemment. Dans une édition publiée en 1558 par Christoff Heußler de 376 œuvres écrites entre 1516 et 1558, Hans Sachs, qui se dit *liebhaber teudscher poeterey* (« amateur de poésie allemande »), présente ainsi sa production littéraire :

> De beaux poèmes tout à fait magnifiques et véridiques, religieux et profanes, des tragédies sérieuses et des comédies aimables, des jeux étranges, des dialogues divertissants, des plaintes ardentes, des fables surprenantes, ainsi que d'autres récits facétieux et de farces grotesques etc.[61]

---

55. Voir Keller A. & Goetze E., *Hans Sachs, op. cit.*, Bd XXII, S. 6 sqq. Voir les problèmes de titres et de variantes, Otten F., « *mit hilff gottes zw tichten…* », *op. cit.*, p. 103.
56. Luther lui-même a adapté en allemand en 1530 treize fables d'Ésope qui n'ont été imprimées qu'après sa mort en 1557, *Etliche Fabeln aus dem Esopo verdeutscht*. Voir Frenzel H.A. & E., *Daten deutscher Dichtung, op. cit.*, p. 103.
57. Voir Mossé F., *Histoire de la littérature allemande, op. cit.*, p. 207.
58. Voir Frenzel H.A. & E., *Daten deutscher Dichtung, op. cit.*, p. 102.
59. Voir Mossé F., *Histoire de la littérature allemande, op. cit.*, p. 241.
60. Roger A. Crockett a établi un index des œuvres de Hans Sachs classées en sept catégories : fables et farces, comédies et tragédies, jeux de carnaval, lieder, histoires, autre poésie, à partir de l'édition Hans Sachs (Keller A. & Goetze E., *Hans Sachs, op. cit.*), Crockett R.A., *Hans Sachs Werke. Alphabetischer Registerband*, hrsg. v. Keller A. & Goetze E., Georg Olms Verlag, Hildesheim, New York, 1982.
61. « Sehr herrliche schöne unnd warhaffte gedicht, geistlich und weltlich, ernstliche tragedien, liebliche comedien, seltzame spil, kurtzweilige gespräch, sehnliche klagreden, wunderbarliche fabel, sampt andern lecherlichen schwencken und bossen etc. », Keller A. & Goetze E., *Hans Sachs, op. cit.*, Bd I, S. 1.

À noter que pour Hans Sachs, une tragédie est une pièce qui se termine mal, une comédie une pièce qui finit bien. Les comédies de Hans Sachs n'appartiennent pas à ce que nous appelons le genre comique. Ainsi la première pièce à thème biblique, *Comedia, das Christus der war Messias sey* (*Que Christ est le vrai Messie*)[62], comédie en un acte composée pour Noël 1530, met en scène douze personnages, un docteur chrétien, un rabbin juif, Adam, Abraham, Jacob, le roi David, Moïse, les prophètes Ésaïe, Jérémie, Michée, Daniel et Zacharie. Le docteur chrétien annonce la naissance du Christ sauveur, le Messie promis aux patriarches et révélé par les prophètes ; le rabbin objecte que le Messie est promis aux juifs, les chrétiens ne peuvent se l'approprier ; la discussion se poursuit, le docteur chrétien et le rabbin prenant à tour de rôle à témoin Adam, Abraham, Jacob et les Prophètes qui entrent en scène l'un après l'autre, se présentent, prononcent une citation biblique...[63] ; le rabbin est finalement convaincu, il déplore que son peuple soit la risée des autres, que les rabbins soient dans l'erreur et n'aient pas reconnu le Christ ; le docteur chrétien l'invite à se faire baptiser et à être reçu dans la communauté chrétienne. *Happy end* !

Parmi les 128 pièces de l'édition de 1561 des œuvres Hans Sachs, 80 sont à thème profane, 48 comédies et 32 tragédies, 48 pièces puisent leur sujet dans la Bible, soit 21 comédies et 27 tragédies. Les thèmes vétérotestamentaires sont de loin les plus nombreux, cinq pièces seulement mettent en scène des épisodes du Nouveau Testament.

Comedia. Die gantz histori Tobie mit seinem sun[64]
Le livre biblique de *Tobit*[65]

Malgré les nombreuses références historiques, le livre biblique de *Tobit*[66] ne relate pas un épisode réel, c'est un conte qui souligne le pouvoir de la

---
62. *Ibid.*, S. 163-173.
63. On remarque que nombre des citations bibliques utilisées par Hans Sachs dans sa démonstration correspondent à celle utilisées par Luther dans son traité édité pour la première fois en 1523, *Que Jésus-Christ est né juif*, par exemple *Genèse* III, 15, XLIX, 10, II *Samuel*, VII, 12-14, *Psaume* II, *Daniel*, XIX, 24-27. Voir *Luther. Œuvres*, Lienhard M. & Arnold M. (dir.), Paris, Gallimard, « Bibliothèque de la Pléiade », t. I, 1999, p. 1181-1209.
64. Voir Keller A. & Goetze E., *Hans Sachs*, *op. cit.*, Bd I, S. 134-162.
65. Voir *Tobit*, introduction au livre de *Tobit*, p. 1975.
66. « Dans le grec, le nom de *Tobit* est celui du père ; il est distinct de celui du fils, *Tobias*. La forme *Tobie*, souvent donnée aux deux en dépit de son ambiguïté, vient du latin » (*Tobit*, n. a, p. 1981).

prière, la sollicitude de Dieu dont le dessein se réalise grâce à une suite de hasards successifs ; l'héritage spirituel se transmet au sein de la famille, de génération en génération ; la fidélité à Dieu se traduit dans les faits : observance de la Loi, assistance au prochain – qui se limite à la famille et aux frères de race – auquel on accorde l'aide dans le besoin, une rétribution juste, une sépulture. Ce texte tardif, transmis uniquement en traduction, deux manuscrits grecs du IVe siècle, une ancienne version latine antérieure à la *Vulgate*, traduction de Jérôme faite à partir d'un original araméen[67], a vraisemblablement été écrit aux environs de 200 av. J.-C. Le livre de *Tobit* fait partie des livres apocryphes (*deutérocanoniques* pour l'Église romaine[68]), que Luther ne compte pas au nombre des livres bibliques mais dont il recommande la lecture, parce qu'il les trouve édifiants[69].

Au temps de l'exil, deux familles juives déportées apparentées, celle de Tobit à Ninive, celle de Sara à Ecbatane, toutes deux exemplaires dans l'observance de la Loi, sont frappées par le malheur : Tobit tombe en disgrâce et devient aveugle, Sara, fille unique, est possédée par un démon mauvais qui a tué dès la nuit de noces chacun des sept époux qui lui ont été donnés ; tous deux sont insultés par des coreligionnaires et tous deux adressent à Dieu, en même temps bien qu'à distance, une prière l'implorant de mettre fin à une vie pleine de tristesse. Dieu envoie l'ange Raphaël les guérir tous deux ; avant de mourir, le vieux Tobit envoie son fils Tobias chercher une somme d'argent qu'il avait déposée jadis à Médie ; après lui avoir fait ses recommandations, il le confie à Raphaël, apparu sous la forme d'un homme devant la maison et engagé comme guide ; suivant les conseils de Raphaël, Tobias guérit et épouse sa parente Sara, rentre sain et sauf chez lui et guérit son père ; Raphaël révèle son identité et disparaît,

---

67. Jérôme écrit dans la préface de sa traduction du livre de *Tobit* que l'original qu'il a utilisé est en *Chaldeorum lingua*, donc en araméen. Voir *Biblia Sacra Iuxta Vulgatam Versionem*, Dritte verbesserte Ausgabe, Deutsche Bibelgesellschaft, Stuttgart, 1983, p. 676.
68. Les livres « deutérocanoniques » ont été ajoutés tardivement au canon de l'Église romaine, lors du Concile de Trente. Voir *Tobit*, *op. cit.*, « Introduction aux livres deutérocanoniques », p. 1915-1919. Le Concile de Trente fut convoqué par le pape Paul III en 1542 pour entreprendre la réforme de l'Église catholique face à la Réforme protestante. Ouvert en 1545, il fut transporté provisoirement à Bologne en 1547 ; interrompu de 1549 à 1551, il reprit sous le pontificat de Jules III, fut suspendu pendant dix ans (1552-1562). La dernière session eut lieu en 1562-1563 sous Pie V.
69. Voir *Biblia Germanica, op. cit.*, introduction aux livres apocryphes : *Apocrypha : Das sind Bücher, so der heiligen Schrift nicht gleich gehalten/und doch nützlich und gut zu lesen sind.*

LA BIBLE DE LA RÉFORME SUR LA SCÈNE

Tobit remercie Dieu et connaît des jours heureux. Il meurt après avoir fait ses recommandations à Tobias et conseillé de fuir Ninive.

On a vu que Luther considérait que ce livre convenait très bien à la scène, ce qu'il explique dans sa préface au livre de *Tobit*[70] :

> Ce qui a été dit à propos du livre de *Judith* peut être dit aussi de ce livre de *Tobit*. S'il s'agit d'une histoire, c'est une histoire très sainte. Mais s'il s'agit d'un poème, c'est vraiment aussi un poème et une pièce très belle, salutaire et utile, due à un poète plein d'esprit. Et on peut supposer qu'il y a eu beaucoup de ces beaux poèmes et pièces chez les Juifs auxquels ils se sont employés lors de leurs fêtes et sabbats, et qu'ils ont ainsi présenté à la jeunesse, dans la joie, la parole et l'œuvre de Dieu. En particulier

---

70. Voir *Biblia Germanica 1545, op. cit., Vorrede auffs Buch Tobie* :

> Was vom Buch Judith gesagt ist/das mag man auch von diesem buch Tobie sagen. Ists ein Geschicht/so ists ein fein heilig Geschicht. Ists aber ein Geticht/so ists warlich auch ein recht/schön heilsam/nützlich Geticht und Spiel/eines geistreichen Poeten. Und ist auch zu vermuten/das solcher schöner Geticht und Spiel/bey den Jüden viel gewest sind/darin sie sich auff jre Feste und Sabbath geübt/und der Jugent also mit lust/gottes wort und werck eingebildet haben/Sonderlich da sie in gutem Friede und Regiment gesessen sind. Denn sie haben gar treffliche Leute gehabt/als Propheten/Senger/Tichter/und der gleichen/die Gottes wort vleissig/und allerley weise getrieben haben.
> Und Gott gebe/das die Griechen jre weise Comedien und Tragedien zu spielen/von den Juden genomen haben/Wie auch viel ander Weisheit und Gottesdienst etc. Denn Judith gibt eine gute ernste dapffere Tragedien/So gibt Tobias eine feine liebliche/gottselige Comedien. Denn gleich wie das Buch Judith anzeigt/wie es Land und Leuten offt elendiglich gehet/und wie die Tyrannen erstlich hofferftiglich toben/und zu letzt schendlich zu boden gehen. Also zeigt das Buch Tobias an/wie es einem fromen Bawr oder Bürger auch ubel gehet/und viel leidens im Ehestand sey/Aber Gott jmer gnediglich helffe/und zu letzt das ende mit freuden beschliesse. Auff das die Eheleute sollen lernen gedult haben/und allerley leiden/auff künfftig hoffnung gerne tragen/in rechter furcht Gottes und festem glauben.
> Und das Griechische Exemplar sihet fast also/das es ein Spiel gewest sey/Denn es redet alles in Tobias person/wie die Personen im Spiel zu thun pflegen. Darnach ist ein Meister komen/und hat solch Spiel/in eine ordenliche Rede gefasset. Die zu stimmen die Namen auch fein/Denn Tobias heisst ein from Man. Der zeuget auch wider einen Tobias/Und mus in fahr und sorgen leben/beide der Tyrannen und seiner Nachbar halben. Wird dazu (das ja kein unglück alleine sey) auch blind/und zu letzt auch mit seiner lieben Hanna uneins/und verschicken jren Sohn weg/Und ist ja ein elend komerlich Leben. Aber er bleibt fest im glauben/gedult und guten wercken. Hanna heisst/holdselig/das ist/ein liebe Hausfraw/die mit jrem Man in lieb und freundschafft lebet […].

pendant les périodes de paix et d'ordre. Car ils ont eu d'excellents prophètes, chanteurs, poètes et autres qui ont célébré la parole de Dieu avec zèle et de toute sorte de manières.

Et Dieu fit que les Grecs ont appris des Juifs à jouer leurs sages comédies et tragédies. De même beaucoup de sagesse, le culte, etc. Car *Judith* donne une bonne tragédie, sérieuse et avisée, de même *Tobit* donne une comédie très aimable et pieuse. Car de même que le livre de *Judith* montre comment un pays et ses habitants sont dans la détresse alors que les tyrans laissent libre cours à leur orgueil pour finalement s'effondrer de manière infamante, le livre de *Tobit* montre le mal qui arrive à un paysan ou un bourgeois pieux et les nombreuses peines que connaît l'état de mariage. Mais Dieu dans sa clémence apporte toujours son soutien et amène finalement un dénouement heureux. Afin que les gens mariés apprennent la patience et supportent toute sorte de souffrances dans l'espérance future, dans une vraie crainte de Dieu et une foi ferme.

Et d'après l'exemplaire grec, il semble que cela ait été une pièce, car tout est dit par le personnage de Tobias, comme le font d'ordinaire les personnages d'une pièce. Ensuite, un maître est venu qui a consigné la pièce en un discours ordonné. Les noms conviennent aussi très bien, car Tobias signifie homme juste. Il engendre un autre Tobias, il lui faut vivre dans les dangers et les soucis du fait des tyrans et des voisins. Il s'y ajoute (un malheur ne vient jamais seul) qu'il devient aveugle et en désaccord avec sa chère Hanna, ils envoient leur fils pour une expédition lointaine. Il mène une vie misérable, mais il persévère dans sa foi ferme, sa patience et ses bonnes œuvres. Hanna signifie pleine de grâce, c'est une épouse aimable, qui vit avec son mari dans l'amour et l'amitié [...]

La comédie *Tobias* de Hans Sachs

La comédie de Hans Sachs, la deuxième à thème biblique, composée deux ans après *Que le Christ est le vrai Messie* et datée du 7 janvier 1533, est une pièce de 835 vers en cinq actes, avec un prologue et une conclusion, qui met en scène 14 personnages, le héraut, le roi *Assaradon* (Asarhaddon), *Tobias* l'ancien (Tobit), *Hanna* son épouse, *Tobias* leur fils, *Raphael* (l'ange Raphaël), *Nabat* un ami, *Raguel* (Ragouël) parent de Tobit, *Hanna* son épouse[71], *Sara* sa fille, *Gabelus* (Gabaël) le débiteur, une servante et deux valets. La durée de la représentation devait être de l'ordre d'une heure. Le texte ne donne pas d'indications concernant le décor ni les costumes ; toutefois, il mentionne quelques accessoires qui ne figurent pas dans le texte biblique : ainsi, à la fin de l'acte I, le vieux Tobit devenu aveugle « s'appuie sur une canne et porte un bandeau sur les yeux »[72], accessoires qu'il jette à l'acte V quand il a recouvré la vue[73] ; Ragouël quitte la scène avec ses valets équipés « d'une pioche et d'une pelle »[74] pour aller creuser une tombe au cas où la nuit de noces se terminerait mal. Les entrées et sorties des acteurs sont soigneusement indiquées et toujours justifiées par le déroulement de l'action. L'auteur ajoute aussi quelques didascalies : Tobias vient annoncer que son père a perdu la vue « en levant les bras au ciel »[75], quand Tobias demande à Ragouël de lui accorder Sara pour femme, celui-ci « devient triste, se gratte la tête et se tait »[76]. À la fin de chaque acte, la scène reste vide, ce qui indique que la suite de l'action va se dérouler en un autre lieu.

La pièce débute par l'arrivée du héraut qui salue les spectateurs, leur annonce qu'ils vont voir un épisode de l'Écriture sainte, ce qui est supérieur à tout autre divertissement, que la pièce donne des exemples de gens mariés, d'éducation des enfants, de miséricorde et de patience ; il résume l'histoire de *Tobit*. Le roi Assaradon fait alors son entrée, suivi de Tobit. Les antécédents de Tobit, racontés par un narrateur dans la version grecque dite courte, la *Vulgate* et la traduction de Luther, par Tobit lui-même dans la version grecque dite longue utilisée pour la *Traduction œcuménique de la Bible*, sont présentés dans la pièce sous forme d'un récit de Tobit au roi Assaradon. La présence de ce nom pose le problème de la source utilisée : il ne figure ni dans la *Vulgate*, ni dans la traduction de Luther, mais uniquement dans la version grecque longue utilisée pour la *TOB* ; il s'agit du fils et successeur de Sennachérib, dont le nom est mentionné dans le second livre des *Rois* (II *Rois* XIX, 37), ainsi que dans le livre d'*Esdras* (*Esdras* IV, 2). Le texte de Hans Sachs suit par ailleurs le texte de la version grecque dite

---

71. La *TOB* appelle l'épouse de Ragouël *Edna*, la *Vulgate Anne*, Luther, *Hanna*.
72. « Der alt Tobias geet an eim stecken ein, mit verbunden augen », Keller A. & Goetze E., *Hans Sachs, op. cit.*, Bd I, S. 138.
73. « [Der alt Tobias] wirfft sein stab und augen-tüchlein hin », *ibid.*, p. 156.
74. « Raguel geet mit seinen knechten ab, mit hawen und schauffel », *ibid.*, p. 150.
75. « Der jung Tobias kumpt, schlecht sein hend ob dem kopf zusam und spricht », *ibid.*, p. 138.
76. « Raguel stelt sich traurig, kratzt im kopff unnd schweigt », *ibid.*, p. 148.

courte – en particulier le conseil de continence durant les trois premières nuits après le mariage, qui ne figure pas dans la version longue – et l'orthographe des noms propres est très proche de celle de Luther.

Le roi et le héraut sortent, Tobias entre, son père l'envoie chercher des pauvres pour manger le repas de fête, Tobias revient annoncer qu'un juif a été assassiné, Tobit décide de l'enterrer malgré la menace de mort du roi, que Nabat rappelle; c'est Tobias qui explique comment son père est devenu aveugle; son ami et sa femme lui demandent à quoi lui ont servi ses aumônes; Tobit demande à Dieu de mourir. L'auteur s'attache à garder les détails figurant dans le texte biblique, mais la présence du chevreau, que Tobit accuse Hanna d'avoir volé[77], ne s'explique pas, alors que le texte biblique précise que Hanna, obligée de travailler pour nourrir la famille, a été gratifiée d'un chevreau (*Tobie*, II, 19-21)[78]; l'auteur ne pouvait supprimer ce passage, car c'est précisément l'accusation injuste de Tobit qui irrite Hanna et l'amène à faire grief à son mari de l'inutilité de ses aumônes.

À l'acte II, Tobit appelle son fils et lui fait toute recommandation utile pour après sa mort: prendre soin de sa mère, garder les commandements de Dieu; il l'informe qu'il possède en Médie une somme d'argent qu'il avait prêtée à un ami, *Gabelus*, et l'envoie la chercher, avec un compagnon sûr; Tobit sort, Raphaël entre, il connaît la Médie et est prêt à y accompagner Tobias; Tobit et Hanna entrent, lui confient leur fils après s'être enquis de son identité; Hanna reproche à Tobit d'avoir fait partir leur fils pour de l'argent, Tobit est confiant. Le texte de Hans Sachs suit le texte essentiellement dialogué des chapitres IV et V du livre de *Tobit*. On note toutefois que les personnages s'adressent les uns aux autres en employant des formules qui contrastent avec la sobriété du texte biblique: « mon très cher père bien-aimé »[79], « chère mère bien-aimée »[80], « cher fils bien-aimé »[81]…

Au début de l'acte III, Tobias pêche le poisson, indique à l'ange qu'il a prélevé le cœur, le foie et le fiel, demande à quoi cela peut servir, l'ange

---

77. « du redst unverholn,/Sam ich das geyßlein hab gestoln,/Das du hörst schreyen heint zu nacht », *ibid.*, p. 139.
78. Les références au livre de Tobit sont empruntées à une version actualisée de la Bible de Luther, cette dernière ne comportant pas de numérotation des pages ni des versets, *Die Bibel mit Apokryphen, nach Martin Luthers Übersetzung neu bearbeitet*, Deutsche Bibelgesellschaft, Stuttgart, 1984.
79. « Hertz-aller-liebster vater mein », Keller A. & Goetze E., *Hans Sachs, op. cit.*, Bd I, S. 140.
80. « Hertz-liebe mutter », *ibid.*, p. 143.
81. « Hertz-lieber sun », *ibid.*, p. 143.

explique que ce sont des remèdes, il lui raconte l'histoire de Sara, qui lui revient comme épouse ; mais Tobias connaît le sort de ses sept maris ; l'ange explique qu'ils sont morts à cause de leur impiété, parce qu'ils se mariaient par concupiscence et sans craindre Dieu ; il recommande à Tobias d'attendre trois nuits avant de toucher sa femme, de prier et de brûler le foie du poisson ; ils arrivent dans la maison de Ragouël ; après les présentations, Tobias demande à Ragouël de lui accorder Sara pour épouse ; devant l'hésitation de Ragouël, Raphaël lui explique pourquoi les sept maris sont morts, on demande l'avis de la jeune fille qui accepte.

Le livre de *Tobit* place l'une à la suite de l'autre les prières de Tobit et de Sara, qui tous deux, accablés de malheur et en butte aux sarcasmes, demandent à Dieu de mettre fin à leur existence misérable. Le texte souligne que les deux prières ont lieu le même jour (*Tobit*, III, 7) et que ces prières sont entendues du Seigneur à la même heure (*Tobit*, III, 24). Il était sans doute difficile à Hans Sachs de mettre en scène cette simultanéité, c'est donc Raphaël qui relate à Tobias les calomnies dont Sara a été l'objet et la prière qu'elle a adressée à Dieu ; ces propos sont du reste judicieusement placés après que Tobias a exprimé ses craintes d'épouser une femme dont tous les prétendants sont morts. En revanche, la scène du poisson est moins cohérente : alors que dans le texte biblique, Raphaël demande à Tobias de prélever le foie, le cœur et le fiel du poisson, dans la pièce Tobias le fait de sa propre initiative, avant de demander à Raphaël à quoi cela peut bien servir. L'ajout de détails alourdit parfois le texte : dans la Bible, Ragouël s'écrie que le jeune homme ressemble à son neveu (*Tobit*, VII, 2), Hans Sachs ajoute : « mêmes yeux, même nez, même bouche, mêmes cheveux, mêmes membres »[82].

À l'acte IV, Ragouël fait préparer la chambre nuptiale ; l'ange répète à Tobias ses recommandations ; après que la scène est restée vide un instant, Raphaël, portant Satan, fait une brève entrée, pour indiquer qu'il emmène dans les déserts d'Égypte le démon dont Sara est maintenant débarrassée ; Hanna envoie sa servante vérifier si Tobias est encore en vie, Ragouël et ses valets sortent pour creuser une tombe ; Tobias est en vie, les parents de Sara remercient Dieu, Ragouël fait reboucher la tombe, fait préparer un repas de noces ; l'ange va chercher l'argent chez Gabaël, le débiteur ; Ragouël voudrait retenir Tobias, mais celui-ci a hâte de retourner auprès

---

82. « wie geleich ist nun/Der jüngling meiner schwester sun/An augen, nasen, mund und har/Und an aller gelidmaß gar ! », *ibid.*, p. 147.

de ses vieux parents; Hanna recommande à sa fille d'être une épouse soumise, d'honorer ses beaux-parents et d'élever ses enfants dans la crainte de Dieu.

Dans la Bible, le démon qui possède Sara n'est désigné par son nom que lorsque l'auteur sacré présente le personnage de Sara, il se nomme *Asmodeus* dans la *Vulgate* (*Tobit*, III, 8), *Asmodi* dans la version de Luther (chap. III); ensuite, et en particulier lors de la nuit de noces, il est question de *dæmonium* dans la *Vulgate* (*Tobit*, VI, 14-16-17; *Tobit*, VIII, 3) et de *böser Geist, esprit mauvais*, ou de *Teufel, diable* (chap. VI) ou de *Geist, esprit* (chap. VIII) chez Luther, Hans Sachs l'appelle *Satan*[83], nom bien connu des destinataires de l'œuvre.

Hans Sachs n'a pas retenu le cérémonial du mariage, pourtant facile à mettre en scène, mais correspondant à des rites d'une autre culture: Ragouël place la main droite de Sara dans la main droite de Tobias, demande que le Dieu d'Abraham, Isaac et Jacob soit avec eux, les donne l'un à l'autre et les bénisse (*Tobit*, VII, 15). En revanche, il a ajouté la coutume médiévale du *Botenbrot*, littéralement le *pain du messager*, c'est-à-dire le *salaire du messager*, placée ici dans un contexte domestique, que la servante réclame quand elle vient rapporter à ses maîtres que Tobias n'a pas eu le sort des sept maris précédents[84].

L'action de l'acte V se passe de nouveau à Ninive, où Tobit et Hanna sont inquiets de ne pas revoir Tobias. Tobit s'efforce néanmoins de garder confiance en l'aide de Dieu. Hanna quitte la scène pour aller surveiller l'horizon; Tobias et l'ange entrent en scène, Tobit recouvre la vue grâce au fiel du poisson, Tobias présente Sara son épouse. Lors d'une discussion sur le juste salaire à donner au compagnon de voyage, Tobias décide de donner la moitié de ses biens, Raphaël révèle son identité et sort promptement; Tobit souligne la bonté de Dieu et conseille à Tobias d'élever ses enfants dans la crainte de Dieu, lui recommande de quitter Ninive vouée à la destruction. Le héraut conclut que toutes choses sont dans les mains de Dieu, qui assure son aide en toute circonstance à ses élus, protège les enfants de ceux qui craignent Dieu, écoute la prière de ceux qui s'adressent

---

83. « Le *satan* est à l'origine un nom commun qui désigne l'accusateur à la cour divine; Voir Za 3, 1-2; ce terme prend valeur de nom propre dans I Ch XXI, 1 ». (*Tobit, op. cit.*, note f) à propos du terme *Adversaire* en *Job* I, 6, p. 1473).
84. « Gelobet sey der ewig Got!/Mein fraw, gebt mir das botten-brot!/Die sach steet wol zu dieser stund/Sie schlaffen, sind frisch und gesund », Keller A. & Goetze E., *Hans Sachs, op. cit.*, Bd I, S. 151.

à lui, qu'il éprouve par la souffrance ; il est fait mention de l'épître de Paul aux Romains. Ce texte a été écrit pour que nous y puisions consolation et espérance, que nous obéissions à sa parole, que nous élevions nos enfants dans la crainte de Dieu ; nous atteindrons ainsi l'honneur, les biens et la félicité. La pièce se termine, comme mainte fin heureuse chez Hans Sachs, par « C'est ce que nous souhaite à tous Hans Sachs »[85].

Là encore, Hans Sachs suit le texte biblique, il supprime toutefois la proposition de Ragouël d'envoyer un messager aux parents de Tobias pour leur faire part des événements récents, puisqu'il a placé toute l'action à Ecbatane, en particulier les adieux de Tobias et Sara à l'acte précédent ; il ajoute aussi quelques détails : dans la pièce, quand Hanna s'adresse à son fils absent, elle exprime la crainte que des animaux sauvages l'aient déchiré, ou que des meurtriers l'aient assommé[86].

Les enseignements du livre de *Tobit*

Une morale tout humaine
On est frappé par la justesse psychologique de ce texte biblique : l'impression d'injustice ressentie par les personnages qui pratiquent une morale exigeante et sont néanmoins frappés par le malheur, l'effet que peuvent avoir les sarcasmes des voisins et proches sur celui qui est dans l'épreuve, les préoccupations pratiques comme le souci de Tobias de se faire identifier par le débiteur qui ne le connaît pas, le souhait du père que son fils soit accompagné par quelqu'un de confiance pour faire un long voyage et la vérification à laquelle il se livre, les reproches que Hanna adresse à Tobit après le départ de Tobias, la joie d'avoir des nouvelles d'un parent dont on est séparé, le souci de s'épargner les commérages des voisins quand on a déjà abondamment défrayé la chronique – quand Ragouël s'apprête à enterrer à la faveur de la nuit le huitième époux de sa fille – l'inquiétude des parents quand l'absence du fils se prolonge, la conscience qu'ont le père et le fils de ne pouvoir donner, avec de l'argent et des biens, une rétribution juste au compagnon qui leur a rendu tant de services…

Le climat de confiance entre membres de la parentèle et frères de race n'empêche pas que les clauses de certains actes importants soient

---
85. « Das wünschet uns allen Hans Sachs », *ibid.*, p. 161.
86. « Vileicht so haben dich zerrissen/Die wilden thier, zu todt gebissen/Oder leicht die mörder erschlagen », *idem*.

consignées dans un contrat écrit. Ainsi, quand Tobit a prêté de l'argent à Gabaël, il lui a fait établir une créance (*Tobit*, IV, 21) qui servira de preuve à Tobias pour récupérer la somme prêtée (*Tobit*, V, 3 ; *Tobit*, IX, 3 et 6), ce que Hans Sachs explique à l'acte II, quand Tobias demande comment il pourra se faire reconnaître de Gabaël qui ne l'a jamais vu[87]. De même, lorsque Ragouël donne sa fille Sara comme épouse à Tobias, il lui promet la moitié de ses biens de suite et l'autre moitié à sa mort et à celle de sa femme, et ceci est consigné dans un contrat (*Tobit*, VIII, 23), élément que Hans Sachs retient dans son adaptation scénique[88].

Le livre biblique transmet une morale toute domestique : il importe de donner une éducation soignée aux enfants, de leur inculquer le sens de la famille, car ils sont le soutien de la vieillesse et assurent la postérité ; ce thème récurrent du livre biblique traverse également toute la pièce[89]. Les prescriptions sont même plus précises chez Hans Sachs : alors que dans la Bible Tobit se contente de rappeler que Tobias doit honorer sa mère (*Tobit*, IV, 3), Hans Sachs ajoute que le fils doit veiller à son entretien[90] ; autre addition de Hans Sachs, la recommandation insistante de Hanna à sa fille Sara d'être soumise à son mari[91] : le texte biblique indique seulement qu'elle doit l'aimer (*Tobit*, X, 13). Tel conseil de Tobit à son fils, empreint d'une sagesse tout humaine : « Ne fais pas à autrui ce que tu ne voudrais pas qu'on te fît » (*Tobit*, IV, 16) se retrouve dans la pièce de Hans Sachs[92].

---

87. « er gabe mir/Diese sein eygne handgeschrifft./Darinnen hat er mir verbriefft,/Wer im den reichet alle zeyt,/Dem selben er das silber geyt », *ibid.*, p. 141 ; il est de nouveau question de cette créance à l'acte IV, quand Raphaël est chargé d'aller récupérer la somme chez Gabaël (p. 152). Luther emploie le terme *handschrifft* (chap. IV, chap. V, chap. IX), *manuscrit*.
88. « Du must noch etlich tag beleyben,/Das wir dir ordentlich verschreiben/Den halben teyl von meinem gut » *ibid.*, p. 152. Luther emploie le terme *Verschreibung* (chap. IX), *formulation écrite*.
89. Voici, entre autres occurrences : « Du selb hast von uns hingenummen/Den trost in unserm schwachen alter; » p. 144 (Voir *Tobit*, VI, 25), « Du warest unser augen liecht/Und unser stab und zuversich, Deß schwachen lebens ein labung/Und unsers geschlechts ein hoffnung » p. 155 (Voir *Tobit*, X, 5), Keller A. & Goetze E., *Hans Sachs, op. cit.*, Bd I.
90. « Und halt darnach in grosen ehrn/Dein muter und hilff sie ernern! », p. 140.
91. « Laß dir dein mann befolhen sein!/Sey ihm ghorsam und untherthenig/In keinem weg nicht wider-spenig,/Wie got selbert geboten hat […] », p. 154.
92. Luther donne la leçon suivante : « Was du wilt das man dir thue/das thu einem andern auch » (chap. IV), « Ce que tu veux qu'on te fasse, fais-le aussi aux autres » ; la formulation de Hans Sachs est négative : « Was du nit wilt, das man dir thu,/Des laß ein andern auch mit rhu! », Keller A. & Goetze E., *Hans Sachs, op. cit.*, Bd I, S. 140, de même que celle de la *Vulgate* : « *quod ab alio odis fieri tibi vide ne alteri tu aliquando facias* » (*Tobit*, IV, 16).

Une vie selon les commandements de Dieu
Tobit recommande à son fils de garder les commandements de Dieu (*Tobit*, IV, 6, voir *Exode*, XX, 3-17 et *Deutéronome*, V, 7-21)[93], en insistant particulièrement sur le premier (honorer Dieu)[94], le quatrième (honorer les parents), qui vaut du reste pour les beaux-parents (*Tobit*, X, 13)[95] et le cinquième (« Tu ne commettras pas d'adultère » *Exode*, XX, 14)[96] – on a vu que la chasteté était un thème cher à Hans Sachs ; il s'y ajoute d'autres prescriptions, comme l'aumône[97], le danger de l'orgueil[98].

On remarque aussi la place de la prière dans ce texte. Dans les moments de désespoir, c'est vers Dieu que Tobit[99] et Sara[100] se tournent, d'abord pour le louer, reconnaître que ses voies sont justes, puis pour implorer son aide, éventuellement pour être délivrés de cette vie ; Tobit en particulier est un modèle de confiance en Dieu, même dans les circonstances où Hanna désespère ; c'est à Dieu qu'ils recommandent le parent qui s'éloigne ; après chaque dénouement heureux, leur premier réflexe est de remercier Dieu : quand Tobias a survécu à la nuit de noces, quand Tobit recouvre la vue, après le départ de Raphaël, quand ils réalisent qu'ils ont eu à leurs côtés un messager de Dieu.

Le mariage suivant la loi de Dieu
La famille et le mariage se trouvent au centre de ce livre biblique. L'ange Raphaël explique à Tobias pourquoi les sept époux donnés à Sara sont morts avant de s'unir à elle : ils ont compris le mariage comme le font ceux qui ne connaissent pas Dieu, guidés uniquement par leur concupiscence, sans entendement, comme des animaux (*Tobit*, VI, 18) ; d'où la recommandation de l'ange de consacrer les trois premières nuits à Dieu et de ne consommer le mariage que la quatrième (*Tobit*, VI, 19-23) ; il s'y ajoute la prescription de placer le foie du poisson capturé sur la braise

---
93. « Halt mit fleiß all seine gebot », p. 140.
94. « Hab alzeyt vor augen got », p. 140.
95. « Halt scheher und schwiger in ehren! », p. 154.
96. « Hüt dich vor unkeusch », p. 140, voir *Tobit*, IV, 13.
97. « Von deiner hab almusen gib! », p. 140, voir *Tobit*, IV, 7.
98. « Hüt dich vor […] hochmut », p. 140, voir *Tobit*, IV, 14.
99. « O herre Got, du bist gerecht,/All dein gericht sind trew und schlecht,/dein barmung ist on massen groß… » (« O Seigneur Dieu, tu es juste,/Tout tes jugements sont fidèles et droits,/Ta miséricorde est immense… »), p. 139, voir *Tobit*, III, 2.
100. « Derhalb sie mit trawrigem sin/Hat ir gebet zu Got gethan » (« C'est pourquoi dans sa tristesse/elle a adressé sa prière à Dieu »), p. 146, voir *Tobit*, III, 14.

dans la chambre nuptiale (*Tobit*, VI, 20 et VIII, 2) ; Tobias suit à la lettre ces recommandations (*Tobit*, VIII, 4-10). Devant l'inquiétude de Ragouël de voir mourir son parent Tobias s'il épouse Sara, l'ange affirme que c'est l'époux que Dieu lui destine, ce qui ressort de la loi de Moïse : Tobias, comme elle de la tribu de Nephtali, est son plus proche parent. Hans Sachs a retenu tous ces éléments.

Luther et la réhabilitation du mariage[101]
Cette mise en scène d'un mariage selon la loi de Dieu par Hans Sachs cadre avec le souci de Luther de réhabiliter l'état conjugal, institué par Dieu, mais considéré comme inférieur par l'Église romaine à l'époque : Jérôme, et à sa suite Grégoire et Augustin, classent les chrétiens en trois catégories, selon une valeur décroissante aux yeux de Dieu, à savoir : les vierges, les continents, les conjoints[102]. Luther s'insurge contre la déplorable renommée de l'état conjugal, censé éloigner de Dieu, auquel est préféré l'état monastique censé conduire au royaume de Dieu, conception qui fait du mariage « un hospice pour incurables », une institution où « la tentation charnelle sévit avec force et impétuosité »[103] mais permettant « d'empêcher les humains de commettre des péchés plus graves encore » comme « forniquer avec frénésie aux quatre coins de la ville »[104]. À la fin de l'année 1523, Luther publie l'*Exhortation aux seigneurs de l'ordre Teutonique pour qu'ils évitent une fausse chasteté et qu'ils choisissent la vraie chasteté conjugale*[105]. En 1525, il épouse une ancienne nonne, Katharina von Bora.

Dans son *Sermon sur l'état conjugal*, Luther part du récit du premier mariage de l'humanité selon la *Genèse*, celui d'Adam et Ève, institué par Dieu, et donne ce conseil :

> On devrait enseigner à ceux qui veulent entrer dans l'état
> conjugal d'adresser à Dieu une prière sincère pour lui de-

---

101. Le 16 janvier 1519, Luther, partant de la péricope du jour, l'épisode des noces de Cana (*Jean*, II, 1-11) avait consacré sa prédication au mariage. Un auditeur avait publié ce sermon à partir de notes qu'il avait prises, sous le nom de Luther et sans l'autorisation de ce dernier, qui entreprit de publier une version corrigée par lui : *Eyn Sermon von dem Elichen Standt vorendert und corrigiert durch D. Martinum Luther, Augustiner tzu Wittenbergk* fut publié chez Johann Grunenberg à Wittenberg en 1519. Voir *Luther. op. cit.*, p. 1308.
102. Voir Duby G., *Les Trois Ordres ou l'imaginaire du féodalisme*, dans *Féodalité*, Paris, Gallimard, collection « Quarto », 1996, p. 541 *sqq*.
103. Voir pour ces deux expressions *Luther. Œuvres, op. cit.*, p. 235.
104. *Ibid.*, p. 237.
105. *Ibid.*, p. LXXXV.

mander un conjoint. En effet, selon le sage des Proverbes, si les parents peuvent pourvoir leurs enfants d'une maison et de biens, c'est Dieu seul qui peut leur donner une femme, à chacun celle qu'il mérite, comme Adam reçut Ève des seules mains de Dieu[106].

Ces conditions idéales se trouvent réalisées dans l'histoire de Tobias, où Dieu apporte son aide par l'intermédiaire de l'ange Raphaël. Certes, les contemporains de Hans Sachs ne pouvaient espérer trouver un conjoint par l'entremise d'un ange, ils pouvaient néanmoins avoir confiance en l'aide de Dieu obtenue par la prière.

La pièce de Hans Sachs rend accessible le livre de *Tobit* à un large public à une époque où, même dans une ville favorisée comme l'était Nuremberg au XVIe siècle, on comptait tout au plus 30 % de gens sachant déchiffrer[107]. La langue, teintée de dialecte[108], est celle de l'homme du commun, accessible aux destinataires, les bourgeois de Nuremberg, ce qui vaudra à l'ensemble de l'œuvre de Hans Sachs la remarque méprisante de Georg Wilhelm Friedrich Hegel (Stuttgart 1770 - † Berlin 1831), qui estimait que Hans Sachs avait *vernürnbergert, nurembergisé*, tout ce qu'il avait emprunté à divers courants[109]. Cet emploi de la langue familière – qui cadre du reste avec l'épisode biblique – correspond au souci qu'avait [Luther] de s'accommoder à ses lecteurs/auditeurs. Dans ses *Summarien über die Psalmen (Sommaire sur les Psaumes)* (1531) il s'interrogeait : « *Wie redet der Deudsche man jnn solchem fall* » (*Comment s'exprime l'homme allemand dans ce cas*) [WA, 38, 11][110].

La versification est simple, il s'agit de ce qu'on appelle en allemand le *Knittelvers*, « vers populaire à quatre sommets »[111], que Johann Wolfgang

---

106. *Ibid.*, p. 234.
107. Voir Moeller B., « Luther et la culture urbaine en Allemagne » et Gantet C., « Luther et les médias », dans *Luther et la Réforme. 1519-1526*, Cahn J.-P. et Schneilin G. (dir.), Paris, Éditions du Temps, 2000, p. 224 et p. 253.
108. On remarque quantité de formes bavaroises : *wir heben on, ein gon* p. 135, des formes familières avec *tun* + infinitif : *du thust leben, geren thun* p. 136, *thut... geben* p. 137, *thut... dawren, thu trawren* p. 144.
109. Feuerstein U. & Schwarz P., « Hans Sachs als Chronist seiner Zeit », *op. cit.*, p. 91.
110. Gantet C., « Luther et les médias », *op. cit.*, p. 249. WA, *Weimarer Ausgabe*, renvoie à l'édition de Weimar des œuvres de Luther, une centaine de gros volumes : *D. Martin Luthers Werke*, Weimar, 1883 *sqq*, reprint Graz, Böhlau, 1964 *sqq*.
111. Picot R., *Le Vocabulaire de l'explication de texte et de la dissertation allemandes*, Paris, Masson, 1985, p. 175.

Goethe utilisera dans le poème qu'il consacre à Hans Sachs, *Hans Sachsens poetische Sendung* (1776)[112], ainsi que Richard Wagner dans *Die Meistersinger von Nürnberg* (1887), par souci de couleur locale[113]. Les rimes plates sont souvent obtenues par des moyens faciles comme les possessifs postposés ou les mots de remplissage.

Si l'auteur a supprimé quelques détails correspondant à une civilisation différente de celle de son public, il en a gardé tous les enseignements, de la simple morale domestique aux prescriptions religieuses valables pour les chrétiens. Qu'un maître cordonnier s'arroge le droit de présenter un passage de la Bible à ses contemporains se situe dans la ligne du *sacerdoce universel* (voir *1re Épître de Pierre*, II, 9) telle qu'elle est formulée dans les écrits de Luther, en particulier le manifeste *An den christlichen Adel deutscher Nation: von des Christlichen Standes besserung* (*À la noblesse de la nation allemande sur l'amendement de l'état chrétien*) [1520], car le Saint-Esprit ne s'inquiète ni de la barrette rouge, ni de la brune, ni de ce qui a trait à la pompe extérieure, ni si l'on est jeune ou vieux, laïc ou clerc, régulier ou séculier, vierge ou marié. Il a même parlé jadis par l'organe de l'ânesse contre le prophète qui la montait[114]. Il peut donc parler par la bouche d'un cordonnier.

Si la production dramatique à thème biblique de Hans Sachs reste modeste jusqu'en 1550, six drames – alors qu'il se montre extrêmement prolifique dans d'autres genres – on compte 42 de ces pièces entre 1550 et 1561 (édition de 1561); pourtant, aucune de ces pièces n'est un chef-d'œuvre: certaines sont même fort ennuyeuses, ainsi telle comédie écrite en 1553, *Comment les enfants d'Ève, si dissemblables, s'adressent à Dieu*[115] dans laquelle douze descendants d'Adam et Ève, six bons et six méchants, reçoivent la visite de Dieu : Ève et Abel perdent beaucoup de temps à essayer de convaincre Caïn de prendre un bain, de se faire très beau pour la circonstance, mais Caïn n'ôte même pas son bonnet devant Dieu, il n'a pourtant pas été élevé ainsi! Tous subissent de la part de Dieu un interrogatoire serré sur le *Notre Père*, les Dix Commandements et le *Credo*, Dieu félicite les bons

---

112. Goethe J.W., *Gedichte*, Stuttgart, Reclam, 1967, *Erklärung eines alten Holzschnittes vorstellend Hans Sachsens poetische Sendung*, p. 51-56.
113. Wagner R., *Die Meistersinger*, édition bilingue, Paris, Aubier-Flammarion, 1978.
114. Luther. *Œuvres, op. cit.*, p. 661. Allusion à l'épisode de l'ânesse de Balaam, *Nombres*, XXII, 28-30.
115. « Die ungeleichen kinder Eve, wie sie Gott, der Herr, anredt », Keller A. & Goetze E., *Hans Sachs, op. cit.*, t. I, p. 53-87.

élèves, blâme les mauvais. D'une manière générale, les personnages sont bons ou méchants, il n'y a aucune analyse psychologique de leur comportement, de leur motivations : Caïn, voyant son frère, déclare d'entrée de jeu qu'il aurait envie de *lui mettre un coup de poing dans la figure*[116], à quoi Abel répond *qu'il lui semble que Caïn va devenir un meurtrier*[117].

Aussi, rien d'étonnant à ce que Hans Sachs, après avoir été très apprécié de ses contemporains à Nuremberg, soit tombé dans l'oubli pendant exactement deux siècles, de sa mort en 1576 jusqu'à ce que le jeune Goethe du *Sturm und Drang* le remette à l'honneur en 1776 dans le poème déjà mentionné, *Hans Sachsens poetische Sendung*, non certes pour ses drames à thème biblique, mais pour l'affranchissement à l'égard des règles qu'il a montré dans ses *Meistergesänge*[118], règles qui sont autant d'entraves à l'épanouissement du génie. C'est du reste ce même aspect de Hans Sachs qui a séduit Wagner pour son drame musical *Die Meistersinger von Nürnberg*[119].

---

116. « ich het ein lust, zu wagen/Die faust dir an dein kopff zu schlagen », *ibid.*, p. 59.
117. « ich main, du wölst ein mörder wern », *ibid.*, p. 59.
118. Hans Sachs était entré en conflit avec l'école de Chant de Nuremberg à propos des règles trop rigides et avait introduit des innovations dans le domaine de la mélodie. Voir Martini F., *Deutsche Literaturgeschichte, op. cit.*, p. 105.
119. Voir n. 31.

Troisième partie

Le Dieu et les dieux de la tragédie

Jean-Frédéric Chevalier

Dieux et divinités
dans les tragédies latines (xive-xve siècles)

Même si les premières tragédies latines de l'humanisme italien[1], composées au moment où fleurissait le théâtre médiéval, relèvent plus d'une conception d'un théâtre à lire, certaines de leurs caractéristiques les apparentent au théâtre médiéval, donc à un théâtre à voir[2]. L'absence de toute mise en scène, mais aussi de toute didascalie dans les marges des manuscrits, oblige à rechercher la théâtralité de ces tragédies dans la puissance des images et la violence de l'intrigue. Or les dieux et les divinités, qu'ils soient présents ou seulement évoqués, participent de cette recherche de l'effet théâtral. À une époque où, pour les humanistes, les références aux dieux du paganisme ne sont pas en contradiction avec les enseignements

---

1. À la suite de la découverte des manuscrits des tragédies de Sénèque au début du xive siècle, les « pré-humanistes » padouans (Lovato Lovati, Albertino Mussato...) ont rédigé les premiers commentaires de ces pièces et l'un d'entre eux (Mussato) a composé la première tragédie latine, l'*Ecerinis* (1315). Cette tragédie, composée en trimètres iambiques et mètres lyriques, dénonce la tyrannie d'Ezzelino da Romano, maître de Vérone et de Padoue au xiiie siècle. Cette tragédie a été l'objet d'une *recitatio* à Padoue, devant une foule de spectateurs, le jour de Noël pendant trois années de suite. On recense ensuite plusieurs tentatives de composition d'une tragédie latine, mais la deuxième tragédie latine complète, composée en mètres antiques, date seulement de la fin du *Trecento* (vers 1390). L'*Achilles*, tragédie composée par Antonio Loschi à la cour des Visconti, évoque la fin tragique d'Achille assassiné par Pâris dans le temple d'Apollon au moment où le fils de Pélée pensait épouser la princesse troyenne Polyxène. Cette tragédie s'inspire du récit de la Guerre de Troie composé par Darès le Phrygien. Un élève de Vittorino da Feltre, Gregorio Correr, a ensuite rédigé une *Progne* (1426-1427) en s'inspirant à la fois du livre VI des *Métamorphoses* d'Ovide et du *Thyeste* de Sénèque. Puis, vers 1441, autour du *Certame Coronario* organisé à Florence par Leon Battista Alberti, Leonardo Dati a écrit une tragédie sur le thème de l'Envie (*Hiensal*) en s'inspirant des premières pages de la *Guerre de Jugurtha* de Salluste. Ces trois dernières tragédies n'ont pas été représentées sur une scène. Voir Mussato A., *L'Écérinis, Les Épîtres métriques sur la poésie, Le Songe*, éd. Chevalier J.-F., Paris, Les Belles Lettres, « Les Classiques de l'Humanisme », 2000 ; Loschi A., *Achilles*, éd. Da Schio, Padova, 1843 ; éd. Zaccaria V.

du christianisme, les poètes tragiques ont cherché dans les tragédies sénéquiennes un modèle d'édification. Ils rejoignaient ainsi certaines préoccupations du théâtre médiéval. Cependant, si les références aux dieux du paganisme confèrent une couleur antique à une intrigue composée à l'imitation d'un modèle antique, le christianisme n'est pas absent de ces mêmes tragédies. Il sous-tend même l'intrigue de deux d'entre elles (l'*Ecerinis* d'Albertino Mussato et *Hiensal* de Leonardo Dati). La révolte de certains héros tragiques rappelle alors aussi bien la gigantomachie païenne que l'imaginaire chrétien représentant les puissances maléfiques opposées à la Providence. En revanche, dans l'*Achilles* d'Antonio Loschi et *Progne* de Gregorio Correr, le christianisme, *a priori*, n'exerce aucune influence directe. Les héros antiques se construisent une identité en rivalisant avec les dieux afin d'atteindre un sublime de l'horreur, bien loin de la tradition chrétienne. Il nous faudra alors nous demander si l'unité de la tragédie latine des *Trecento* et *Quattrocento* ne réside pas précisément, grâce et au-delà du modèle sénéquien, dans la recherche d'une grandeur par des héros manifestant certains signes de la mélancolie : ils sombrent dans une révolte suicidaire, en affrontant les dieux païens ou le Dieu des chrétiens, pour bâtir leur propre intrigue.

La généalogie « divine » des personnages détermine l'intrigue tragique. Le destin des héros tragiques est ainsi le plus souvent lié étroitement à leur ascendance ou à l'intervention de puissances surnaturelles. Ezzelino da Romano est le bâtard du diable ; Achille, le fils de Thétis, divinité marine ; Térée, le fils du dieu Mars ; Hiempsal et Jugurtha sont certes les

---

dans *Il Teatro umanistico veneto, la tragedia*, Ravenna, Longo, 1981, p. 9-96 ; trad. Berrigan J.R., München, 1975 ; Correr G., *Progne*, éd. princeps, Venise, 1558 ; éd. Berrigan J.R. et Tournoy G., *Gregorii Corrarii Veneti Tragœdia, cui titulus Progne, Humanistica Lovaniensia* 29, 1980, p. 13-99 ; éd. Casarsa L., dans *Il Teatro umanistico veneto, op. cit.*, p. 97-236 ; éd. Aldo O., *Gregorio Correr, Opere*, Messina, Università degli studi di Messina, Facoltà di Lettere e Filosofia, Centro di studi umanistici, 1994, vol. I, p. 159-218 ; Dati L., *Hiensal*, éd. Berrigan J.R., *Humanistica Lovaniensia* 25, 1976, p. 92-145 ; *Hyempsal*, éd. A. Onorato, *Quaderni di filologia medievale e umanistica* (Messina), 4, 2000. Toutes les études de Stefano Pittaluga sur la tragédie néo-latine ont été réunies dans Pittaluga S., *La Scena Interdetta, Teatro e letteratura fra Medioevo e Umanesimo*, Napoli, Liguori, 2002. Voir également *La Rinascità della tragedia nell'Italia dell'Umanesimo, Atti del IV Convegno di Studio sul teatro medioevale e rinascimentale (15-16-17 giugno 1979)*, Viterbo, Agnesotti, 1980 et Stok Fabio, « La *Hiensal, Tragœdia* di Leonardo Dati », dans *L'Officina del teatro europeo*, vol. I, *Performance e teatro di parola*, a cura di Alessandro Grilli et Anita Simon, Pisa, Plus-Università di Pisa, 2002, p. 73-88.
2. Voir notamment Mazouer C., *Le Théâtre français du Moyen Âge*, Paris, Sedes, 1998.

fils d'êtres humains mais leur vie est indissociable de la présence d'*Ambitio* et d'*Inuidia*, deux divinités qui règlent le cours de leur existence.

Ainsi, dans l'*Écérinide* d'Albertino Mussato, quand Ezzelino da Romano apprend de sa mère l'identité véritable de son père, il décide de se vouer au diable dès le début de la tragédie (*Ecerinis*, v. 86-112). Plaçant tous ses actes sous le signe de Satan[3], le fils ne doit pas dégénérer. Afin que le père puisse être fier de son enfant (*Ecerinis*, v. 109-112)[4], la fureur du fils ne fait que perpétuer celle du père, si bien que la chute d'Ezzelino da Romano est semblable à celle de Lucifer. Ezzelino da Romano renouvelle le mythe païen de la gigantomachie. Son désir de bouleverser l'ordre de l'univers correspond au chaos d'un monde livré à la fureur. Les divinités païennes, comme les Furies, sont les auxiliaires des crimes du tyran. La particularité de cette tragédie consiste à emprunter à l'histoire et non à la légende son intrigue. Se situant dans la tradition de l'*Octavie* attribuée à tort à Sénèque, la tragédie d'Albertino Mussato cherche à concilier, comme Dante dans sa *Comédie*, l'héritage païen et l'histoire chrétienne.

L'*Achilles*, *Progne* et *Hiensal* empruntent, au contraire, leur intrigue à des légendes gréco-romaines. Les dieux du paganisme sont omniprésents dans ces tragédies, même s'ils n'apparaissent pas sur scène. Les dieux peuvent déterminer les actes des héros, mais ils peuvent aussi être impuissants à s'opposer au cours du destin. Dans l'*Achilles* d'Antonio Loschi, les dieux ne peuvent sauver Achille. Quand Pâris achève le chef thessalien blessé sous la multitude des coups, il défie Thétis de soustraire son fils à la mort (*Achilles*, v. 691-694)[5]. Cette situation rappelle certaines scènes des épopées d'Homère ou de Virgile, quand les dieux ne peuvent plus

---

3. Les assassinats perpétrés par le tyran gibelin sont autant de sacrifices offerts à Satan. Les victimes, en effet, ne sont pas seulement tuées, elles sont sacrifiées. Voir Chevalier J.-F., « *Furor* et tragédie au *Trecento* et au *Quattrocento* », *Studi Umanistici Piceni* 21, 2001, p. 128-137 ainsi que « La victime tragique depuis les premières tragédies néo-latines jusqu'à *Jephthes* de G. Buchanan » dans *Acta Conventus Neo-Latini Cantabrigensis*, éd. Charlet J.-L., Tempe (AZ), Arizona Center for Medieval and Renaissance Studies, 2003 (« Medieval and Renaissance Texts and Studies », 259).

4. *Ensis cruenti detur officium michi./Ipse executor finiam lites merus./Nullis tremescet sceleribus fidens manus./Annue, Sathan, et filium talem proba.* (« Je réclame pour moi le privilège du glaive ensanglanté ; à moi d'être l'unique bourreau pour trancher les conflits. Sûre, ma main ne tremblera devant aucun crime. Acquiesce, Satan, et éprouve un tel fils »).

5. *Tela sed Paris manu/Sublimis aptans, inquit: « I, nunc, Thesalos,/Superbe, currus pondere Hectoreo preme./Hac hac sagitta nulla te eripiet Thetis ».* (« Mais Pâris, maniant ses traits avec arrogance, lui dit : "Va maintenant, ô superbe guerrier, et charge ton char thessalien du poids d'Hector. Cette flèche, jamais Thétis ne te soustraira à elle" »).

assurer leur rôle de protecteurs. Dans l'*Achilles*, le sacrilège de la mort du héros reste même momentanément impuni. Hécube annonce elle-même à Priam, incrédule, que Thétis, quoique déesse, a maintenant rejoint le destin d'une mortelle, la reine de Troie, puisqu'elle doit pleurer, elle aussi, la mort de son fils (*Achilles*, v. 485-486). Un antagonisme opposait depuis longtemps la mère d'Hector à celle d'Achille : Thétis, dont le nom apparaît treize fois dans la tragédie, est considérée par Hécube comme responsable de la mort de ses fils (*Achilles*, v. 22-23)[6]. Mais, après la mort d'Achille, plus aucune différence ne distingue Thétis d'Hécube. L'épouse de Priam ajoute même qu'Hector et Troïlus lui sont rendus alors que la déesse, elle, a définitivement perdu son fils (*Achilles*, v. 467-470[7]). Ce *nefas* accompli par les Troyens est un acte de démesure et de provocation à l'égard des dieux, selon les termes d'Agamemnon (*Achilles*, v. 782-801[8]), qui réclame vengeance en invoquant Jupiter et Phébus. Par le rappel de la légende de Niobé, défiant

---

6. *Astus Vlixis Thetidis et claras fleo/Nimium latebras.* (« Mes larmes, je les dois aux ruses d'Ulysse et à la cachette trop évidente de Thétis »).
7. *Michi restituti latera precingunt mea/Nati. Parentem turba consequitur gregis/Veneranda nostri. Mitior Ditis manus/Leuiore precio tradidit matri Hectorem.* (« Mes fils m'ont été rendus, ils m'entourent. La vénérable troupe de nos enfants suit sa mère. La main de Dis s'est adoucie pour rendre Hector à sa mère moyennant un faible prix »).
8. *Sors equa sed nunc, cede geminata, capit/Vtrumque populum. Natus hinc pelagi dea,/Est Hector illinc. Concidit Paridis manu/Decus omne Grai nominis, spes et fides/Periere templo. Pateris hoc diuum sator ?/Cur cessat alto fulmen emissum polo ?/Tonare decuit. Horridum impune est nefas ?/En sacra Phebi templa maculauit cruor./Sed cur Tonantem fulmina ut mittat rogo ?/Violata non sunt cede funesta Iouis,/Sed templa Phebi. Lucis o clare arbiter,/Qui semper anni iura precipitis tenes,/Pateris cruento scelere fedari tuas/Inultus aras ? Certius sancta manu/Tendatur arcus, Paridem et Ilios pete,/Phitontis atras qualis infesti iubas/Olim petisti, tabe cum dira fluens/Sanguis ueneni spargeret nigri solum ;/Vel cum parente dextra contempta furens/Equate Niobes sterneret prolem deis.* (« Mais aujourd'hui, un sort égal s'abat sur chacun des deux peuples par ce double massacre : celui, ici, du fils d'une déesse de la mer et là-bas celui d'Hector. Toute la gloire du nom grec est tombée sous les coups de Pâris ; l'espoir et la loyauté ont été abattus dans le temple. Le supportes-tu, ô Père des dieux ? Pourquoi ton foudre lancé depuis les cieux tarde-t-il ? Il aurait fallu tonner. L'horrible sacrilège reste-t-il impuni ? Voici que le sang versé a souillé le temple sacré de Phébus. Mais pourquoi est-ce que je demande au Tonnant d'envoyer son foudre ? Ce n'est pas le temple de Jupiter qui a été profané par le massacre funeste, mais celui de Phébus. Ô toi, le maître éclatant de la lumière, qui toujours détermines le cours précipité de l'année, supportes-tu, sans te venger, de voir tes autels souillés par le crime sanglant ? Avec plus d'assurance encore, que ta sainte main tende l'arc ; vise Pâris et Ilion comme tu as autrefois visé la crête noire du menaçant Python, quand des flots de sang et de pus sinistre éclaboussaient le sol d'un noir venin ; ou quand ta droite, rendue furieuse par une mère méprisable, terrassait les enfants de Niobé, qui avait voulu égaler les dieux »).

orgueilleusement les dieux, Agamemnon invite Apollon à faire preuve de fureur en se montrant meilleur archer que Pâris. Parce que les dieux eux-mêmes éprouvent la fureur, ils peuvent autoriser le recours à la fureur[9].

Dans *Progne*, Térée associe son père, le dieu Mars, à sa gloire. Sa fureur guerrière se présente ainsi comme un acte de foi. Du vers 137 au vers 143, Térée demande à son père d'assister à son triomphe (*inclitum cernis, pater,/ Gnatum*, v. 142-143[10]). Térée imite même la violence de son père puisque, dans l'*Argumentum* de sa tragédie, Gregorio Correr précise que la mère de Térée est une nymphe de Thrace, violée par le dieu Mars[11]. Le viol de la nymphe de Thrace et celui de Philomèle rappellent la violence subie par Adeleita dans l'*Ecerinis* d'Albertino Mussato. La violence de Térée sur Philomèle est ainsi considérée comme un trophée de guerre que le vainqueur s'attribue en vertu de sa puissance. On comprend mieux pourquoi Gregorio Correr, contrairement à Ovide, a fait de Térée un ennemi de Pandion et non son allié. Mais, si la fureur de Térée est déterminée par celle de son père, elle est également étroitement liée à la terre de Thrace qui produit des rois criminels. Dans l'*Ecerinis* d'Albertino Mussato, le messager déplorait la malédiction pesant sur Vérone, ville sans cesse aux mains de tyrans assoiffés de conquêtes sanglantes (*Ecerinis*, v. 174-178). Dans *Progne*, l'apparition de l'ombre de Diomède dans la scène liminaire de la pièce est le rappel de la malédiction qui pèse sur le trône du royaume thrace. Les dieux laissent revenir sur terre un maudit pour qu'il souille de sa fureur criminelle des lieux déjà rendus célèbres par les sacrilèges commis.

Dans *Hiensal* de Leonardo Dati, les divinités participent à la vie des hommes. Ambition descend du ciel pour chercher refuge auprès de ses anciens hôtes, qui dirigent le royaume de Numidie. Le conflit entre Hiempsal et Jugurtha n'est ainsi que le résultat de la haine qu'Envie ressent

---

9. Le sacrilège de l'assassinat d'Achille dans un temple est d'autant plus grave que la mort du héros grec est conçue par la reine Hécube comme un sacrifice.
10. Cette prière, qui peut être un écho de celle d'Ezzelino da Romano à Satan, est imitée de la prière que Stilicon adresse à Mars dans le premier livre du *Contre Rufin* de Claudien (v. 334-339). Voir Chevalier J.-F., « Épopée ou tragédie ? L'exemple des lectures tragiques des poèmes épiques de Claudien au *Quattrocento* », dans *Actes du colloque « L'épopée et ses modèles de la Renaissance aux Lumières » (Reims, 16-18 mai 2001)*, éd. Greiner F. et Ternaux J.-C., Paris, Champion, 2002, p. 101-112.
11. *Dictum autem poetice Tereum ex Marte genitum, ob sæuiciam bœllorum, et ex nimpha Bistonide, ab eo per uim oppressa.* (« Les poètes ont dit que Térée était fils de Mars, pour sa cruauté aux combats, et d'une nymphe de Thrace, que le dieu avait violée. ») Comparer Boccace, *Généalogie des dieux*, IX, 8: *Thereus [...] filius fuit Martis ex nimpha Bystonide per uim ab eo oppressa.*

à l'égard de sa mère Ambition. Le monde est alors décrit comme livré à la merci de monstres cruels. Dès l'acte I, Asper se plaint de voir Jupiter et Phébus abandonner les mortels, mais le prêtre Polymitès dévoile l'allégorie à la fin de la scène en précisant que ces monstres sont créés et nourris par le cœur des hommes (*Hiensal*, v. 105-107[12]). Plus tard le chœur de la tragédie invite Hiempsal à reconnaître qu'il est victime de son tempérament violent et envieux (*Hiensal*, v. 414-416[13]). La mise en scène de puissances surnaturelles aux premier et cinquième actes témoigne du goût pour l'allégorisation, tout en accentuant l'aspect spectaculaire des scènes. Le monde des mortels est l'arène où les passions se livrent un duel sans merci : une passion doit nécessairement céder devant l'autre. Quand Ambition entend Envie s'approcher, elle reconnaît sa défaite et cède à la divinité furieuse. Se laisser vaincre par l'Envie, c'est reconnaître, chez les hommes, l'omnipotence de cette passion, qui contamine jusqu'aux héros vertueux (*Hiensal*, v. 27-30[14]). Dans cette tragédie, les divinités allégoriques servent à la mise en scène spectaculaire de l'intrigue.

Si trois des tragédies qui constituent l'objet de notre étude multiplient les références aux dieux et aux divinités de l'Antiquité, la première, l'*Ecerinis*, est une tragédie « chrétienne » puisqu'elle chante la gloire de Dieu et glorifie le rôle de la Providence dans l'histoire. Certaines scènes de l'*Ecerinis* d'Albertino Mussato pourraient convenir aux premiers drames sacrés[15]. La scène, située au centre de la tragédie, où fra Luca Belludi, le compagnon de saint Antoine de Padoue, tente de convertir le prince tyrannique, Ezzelino

---

12.   *Numquam, dum erunt homines, erit non fœta humus/Monstris nefandis. Nam ultro monstra hi prouocant/Passimque blandiuntur et cohalunt sinu.* (« Toujours, tant que les hommes existeront, la terre foisonnera de monstres abominables ; car ils font d'eux-mêmes paraître ces monstres, partout les cajolent et les nourrissent dans leur cœur »).

13.   *Tune fortunam poteris, Hiensal,/his tuam tristem tibi non dedisse/moribus?* (« Toi, Hiempsal, ne pourras-tu pas attribuer ta sombre fortune à ton propre caractère ? »)

14.   *At quid altas ædium/Sedes inurentem intus Inuidiam audio?/Inde adeo iam quoad fors feret mihi consulam./Cedam furenti. Namque cedendo furor/frangitur.* (« Mais qu'est-ce ? Est-ce l'Envie que j'entends à l'intérieur consumer la haute demeure du palais ? Je vais donc songer à moi-même autant que le sort le permettra. Je vais céder à la furieuse, car, en cédant, sa fureur se brise. Je m'éloignerai d'ici pour rejoindre les Lares cachés à l'intérieur »).

15.   Voir notamment Franceschini E., *Teatro latino medievale*, Milano, Nuova Accademia editrice, 1960 ; ainsi que *Il teatro italiano*, vol. 1, *Dalle origini al Quattrocento*, t. 1, éd. Faccioli E., Torino, Einaudi, 1975. Dès la fin du XIIIe siècle, les représentations sacrées étaient fréquentes à Padoue, dans la cour de l'*Arena* ou dans le *Prato della Valle*. Voir D'Ancona A., *Le origini del teatro italiano*, vol. 1, Torino, 1891, p. 87 sq. ; Tolomei A., *Scritti vari*, Padova, 1894, p. 59-60 ; Zardo A., « Padova al tempo di Dante », *Nuova Antologia*, mars 1910, p. 89.

da Romano, rappelle certains sermons ou disputes théologiques (présents dans le théâtre médiéval); le recours, par fra Luca Belludi, à la parabole de la brebis perdue et le *credo* inversé d'Ezzelino renforcent cette impression; les chants du chœur, souvent consacrés à la célébration de Dieu, peuvent être rapprochés du lyrisme des chants religieux ainsi que des mélodies des drames liturgiques; le récit de l'apparition du diable sous la forme d'un taureau monstrueux, mais aussi la fin tragique d'Ezzelino, bâtard du diable, ne surprendraient point un public habitué à la présence des diables dans le théâtre médiéval. Le dessein d'édification, manifeste dans les derniers vers, rejoint les dénouements des drames liturgiques. Durant les XIVe et XVe siècles, les miracles, les Passions dramatiques et les mystères perpétueront cette tradition d'un théâtre chrétien d'édification. Dans sa correspondance, Albertino Mussato reste fidèle à la critique du théâtre émise par saint Augustin, puisqu'il prend ses distances par rapport au jeu des histrions de son temps. La composition de sa tragédie témoigne en revanche, pour une part, de l'influence des représentations sacrées de son époque.

Dans les trois tragédies suivantes, la présence de la religion chrétienne apparaît, elle aussi (il est vrai moins nettement), notamment dans *Hiensal* où la dénonciation de l'Envie rappelle la condamnation chrétienne des péchés capitaux. Les longs débats théologiques sur l'Envie[16] rappellent non seulement les leçons des mystères, mais surtout celles des moralités où, dans la tradition de la *Psychomachie* de Prudence, les allégories mettent aux prises les vices et les vertus dans un souci didactique. Les derniers vers d'*Hiensal* (v. 733-739) ne sont qu'une adresse à un public virtuel (*o probi ciues*): une mère appelle le peuple (on pourrait presque dire « le public ») à contempler le spectacle[17] et à en retirer un enseignement[18]. La tragédie délivre un enseignement chrétien à l'imitation des mystères, mais aussi de la *Bible* elle-même. L'*Ecclésiastique* multiplie de telles recommandations morales. Le verset 4 du chapitre XL, associant le *furor* à l'envie, était riche d'enseignements pour

---

16. Je remercie le Professeur Jean-Pierre Bordier pour les rapprochements suggérés avec le rôle de la jalousie dans les Mystères (notamment dans les scènes consacrées au meurtre d'Abel par Caïn), mais aussi dans le *Roman de la Rose*, où la Jalousie apparaît parmi d'autres allégories: Honte, Médisance, Chasteté, Peur…
17. *He he he! adeste, accurrite, he succedite*, v. 733 (« Ah! venez, accourez, ah! avancez »).
18. *et quid nefandum ac pestilens/malum Inuidia possit per hæc agnoscite*, v. 738-739 (« reconnaissez par ces événements ce dont est capable l'Envie en matière de malheur abominable et funeste »). On pourrait s'attarder sur la traduction à donner à *per hæc* que j'ai traduit de façon neutre par « par ces événements », c'est-à-dire « par ce dénouement », mais ne pourrait-on aller jusqu'à dire « par ce spectacle »?

qui désirait composer une tragédie dénonçant les méfaits de l'envie dans le cœur des princes : *Ab eo qui utitur hyacintho et portat coronam, usque ad eum qui operitur lino crudo : furor, zelus, tumultus, fluctuatio et timor mortis, iracundia perseuerans et contentio*[19]. Le *Livre de la Sagesse* dit de l'envie qu'elle consume (*cum inuidia tabescente*, Sagesse, VI, 23). Les *Proverbes* avaient appelé l'envie la carie des os : *putredo ossium, inuidia* (*Proverbes*, XIV, 30). Le croyant est invité à fuir la compagnie de l'envieux (*Proverbes*, XXIII, 6). Sa vie s'oppose à celle de l'envieux, qui ne cherche que querelles (*Proverbes*, XXVIII, 25). Paul, à la fin de son *Épître aux Galates* (*Galates*, V, 21 et V, 26), invite ses « frères » à renoncer à l'envie (assimilée aux débauches, aux différends et à la haine) pour pratiquer la charité et tous les fruits de l'Esprit : *fructus autem Spiritus est charitas, gaudium, pax, patientia, benignitas, bonitas, longanimitas, mansuetudo, fides, modestia, continentia, castitas* (*Galates*, V, 22-23)[20]. Paul, s'inspirant des *Proverbes* et de l'*Ecclésiastique*, associe l'envie aux conflits (I *Timothée*, VI, 4 ; *Tite*, III, 3) et condamne l'orgueil des ennemis de Dieu, dont le cœur ne respire qu'envie, meurtre, dispute, fourberie… (I *Corinthiens*, XIII, 4 ; *Romains*, I, 29[21]). Or nous retrouvons plusieurs de ces termes dans la filiation monstrueuse proposée par Leonardo Dati : *Ambitio genuit Inuidiam. Inuidia genuit Discordiam. Discordia genuit Perfidiam, Qui cum inopia furtum, cædes, rapina consequuntur*[22]. Si les précédents commentateurs ont bien relevé l'influence de plusieurs des *Intercenales* de Leon Battista Alberti sur *Hiensal* de Leonardo Dati[23], ils n'ont pas mentionné celle de *Patientia*, qualité louée dans l'*Épître aux Galates*. On peut également supposer que Leonardo Dati a été influencé par la dénonciation de l'*inuidia* dans le *De Planctu Naturæ* d'Alain de Lille. *Inuidia*, fille de *Superbia*, y est décrite comme un monstre sans pareil[24]. La tragédie de Leonardo Dati, sans jamais faire d'allusion explicite au christianisme, s'inscrit donc dans une tradition si conforme aux

---

19. « Depuis celui qui est vêtu de pourpre et porte une couronne jusqu'à celui qui est couvert d'un lin grossier, ce n'est que fureur, envie, trouble, agitation, crainte de la mort, colère tenace et rivalité ».
20. « Mais le fruit de l'Esprit, c'est l'amour, la joie, la paix, la patience, la bonté, la longanimité, la douceur, la foi, la modération, la continence, la pureté ».
21. Voir *Marc*, VII, 22.
22. Ambition enfanta Envie. Envie enfanta Discorde. Discorde enfanta Perfidie et son cortège : Famine, Vol, Meurtre, Pillage.
23. Voir Onorato A., *Hyempsal*, op. cit., p. 53-54, 63-64, 78-80, 90, 101, 109, 119.
24. *Proh dolor, inuidia quod monstruosius monstrum ?* (*De Planctu Naturæ*, Patr. Lat. 210, col. 468-469.) On retrouve une autre charge virulente contre l'envie dans le *De arte prædicatoria* d'Alain de Lille (*Patr. Lat.* 210, col. 128-129).

enseignements bibliques qu'on pourrait presque dire qu'elle offre la mise en scène, dans un contexte païen (l'histoire romaine avant l'avènement du Christ), des valeurs morales de la foi chrétienne. Les allégories permettent cette double lecture.

Les longues descriptions, notamment celle d'une divinité, *Liuor*, participent ainsi de cette volonté didactique, déjà illustrée par les Pères de l'Église. A. Onorato (2000, p. 110-111) a insisté sur le symbolisme de l'identification de l'Envie à un monstre. Il relève l'influence d'un passage (v. 56-57) du livre III de l'*Énéide* de Virgile: *Quid non mortalia pectora cogis,/auri sacra fames*[25] ? Cette apostrophe dénonce l'assassinat de Polydore par le roi de Thrace Polymestor, qui désirait s'emparer de l'or qui lui avait été confié en même temps que Polydore par Priam. Pierre Courcelle a étudié la postérité de cette interrogation[26]: la *Laus Pisonis*, Pline l'Ancien, Quintilien, Diomède, saint Ambroise, saint Jérôme, Prudence, Macrobe, Rutilius Namatianus, Maximien, puis Isidore de Séville, Bède le Vénérable, Alcuin, Jean de Salisbury, Dante... L'indignation virgilienne est devenue une maxime dès l'Antiquité. Virgile exprime la même indignation pour qualifier l'Amour qui s'était emparé du cœur de Didon: *Improbe Amor, quid non mortalia pectora cogis!* (Virgile, *Énéide*, IV, v. 412)[27]. Leonardo Dati s'inscrit dans cette tradition morale, relayée par les Pères de l'Église. La condamnation de la cupidité ou de l'amour par Virgile sert à Leonardo Dati à dénoncer le pouvoir du Dénigrement sur le cœur des hommes: *Heu, Liuor, quid non mortalia pectora cogis?*[28]

L'*Achilles* d'Antonio Loschi et *Progne* de Gregorio Correr s'écartent en revanche du modèle du théâtre médiéval ou de la prédication. Mais, si les allusions à la religion chrétienne restent peu nombreuses, ces deux tragédies représentent, elles aussi, les méfaits de la tyrannie des passions sur l'homme. L. Casarsa, A. Onorato et G. Guastella[29] ont montré que les deux versions de l'*Argumentum* de *Progne* de Gregorio Correr (celle des manuscrits conservés et celle de l'édition de Ricci) s'inspirent du chapitre VIII du livre IX de la *Généalogie des dieux* de Boccace[30] au point de lui emprunter

---

25. « À quoi ne contrains-tu pas les cœurs des mortels, maudit appétit de l'or? »
26. Courcelle P., *Lecteurs païens et lecteurs chrétiens de l'Énéide, I, Les témoignages littéraires*, Paris, 1984, p. 226-234.
27. *Ibid.*, p. 231.
28. « Hélas! Dénigrement, à quoi ne contrains-tu pas les cœurs des mortels? »
29. Guastella G., *L'ira e l'onore: Forme della vendetta nel teatro senecano e nella sua tradizione*, Palermo, Palumbo, 2001, p. 209-233.
30. Voir Boccace, *Genealogie deorum gentilium*, IX, 8, éd. Branca V., Milano, Mondadori, 1998, p. 910-913.

des détails et des expressions propres. Il revient à G. Guastella d'avoir proposé la première analyse précise des emprunts de Gregorio Correr à ce chapitre du livre IX de la *Généalogie des dieux* de Boccace : Gregorio Correr doit ainsi à Boccace de présenter Térée comme le fils d'une nymphe thrace et comme l'ennemi de Pandion, et Procné comme la fille aînée de Pandion. Boccace (et non Ovide) mentionne le motif inventé par Térée de la mort de Philomèle (mal de mer), l'explication étymologique du nom du rossignol et l'explication de la métamorphose de Térée en huppe.

Une autre source a pu influencer Gregorio Correr : l'*Ovide Moralisé* consacre plusieurs centaines de vers au récit de cette légende[31]. Dans son commentaire allégorique, l'auteur de l'*Ovide Moralisé* identifie le roi d'Athènes à Dieu, roi d'immortalité. Procné, l'âme, fut unie au corps par Dieu pour peupler les cieux après la révolte et la condamnation des diables. Après avoir eu un fils, l'âme et le corps restèrent unis paisiblement jusqu'au jour où l'âme, encline aux œuvres vilaines, eut le désir de revoir sa sœur, Philomène, symbole d'amour trompeur. On peut constater à quel point la tragédie de Gregorio Correr s'éloigne du souci allégorique de l'auteur de l'*Ovide Moralisé*. L'élève de Vittorino da Feltre ne confère à son intrigue aucune interprétation chrétienne. Le souhait d'omettre la métamorphose des personnages en oiseaux peut d'ailleurs s'expliquer par la volonté de revenir à la légende antique en l'allégeant de toutes les interprétations médiévales. Gregorio Correr, en consacrant les derniers vers de sa pièce au triomphe d'une héroïne devenue un monstre, s'écarte des récits médiévaux pour revenir à l'inspiration de Sénèque dont on a redécouvert les tragédies un siècle auparavant. Les tragédies de Sénèque représentent ainsi la modernité et permettent de renouveler l'approche de la mythologie. Jamais la fidélité à l'Antiquité n'avait été aussi sensible. La légende contée par Ovide au livre VI des *Métamorphoses* n'est plus matière à interprétation : elle fournit le cadre d'une intrigue spectaculaire propre à frapper l'imagination. Contrairement à l'*Ecerinis* d'Albertino Mussato ou à *Hiensal* de Leonardo Dati quelques années plus tard, *Progne* ne s'achève

---

31. Voir *Ovide Moralisé*, ed. de Boer C., t. II, livre VI, Amsterdam, J. Müller, 1920, p. 336-369. Les vers 2183 à 3684 relatent l'histoire ; les vers 3685 à 3852 sont consacrés aux commentaires allégoriques. C. de Boer avait publié le poème *Philomena* attribué à Chrétien de Troyes dans *Philomena, conte raconté d'après Ovide*, Paris, Geuthner, 1909, réimpression à Genève, Slatkine, 1974. Dans cet ouvrage, C. de Boer avait déjà donné le commentaire allégorique de l'*Ovide Moralisé* (p. 141-146). Voir *Pyrame et Thisbé, Narcisse, Philomena*, éd. Baumgartner E., Paris, Champion, 2000.

pas sur une adresse à un public qui serait invité à méditer les leçons de la tragédie. À l'imitation du *Thyeste* de Sénèque, Gregorio Correr clôt sa pièce sur la jubilation de Procné et sur la malédiction proférée par Térée.

Gregorio Correr s'écarte également de toute une tradition du lyrisme chrétien. Dans les poèmes intitulés *Philomena* de Jean de Howeden ou de Jean Peckham au XIIIe siècle[32], Philomèle (ou le rossignol) symbolise l'âme célébrant son Créateur. La perspective tragique de Gregorio Correr, en refusant la métamorphose des personnages en oiseaux, prend ses distances avec la mise en scène du divin et du sacré dans la tradition lyrique chrétienne pour se rapprocher du lyrisme sénéquien. Il prône ainsi un retour aux textes antiques et à leur inspiration.

On pourrait cependant penser que la distinction entre l'âme restée pure et le corps souillé de Philomèle est due à l'influence du christianisme[33]. Philomèle n'est pas responsable : la faute incombe au seul tyran. Telles sont les affirmations de Philomèle elle-même face à Térée (v. 421-422) ou de Pistus (v. 382-385). Le terme *labes*, que Philomèle refuse d'appliquer à elle-même (v. 422) désigne à la fois la chute et la souillure. On perçoit la résonance chrétienne d'une telle revendication, mais il faut également se souvenir, comme G. Guastella le rappelle, que Phèdre avait affirmé devant Thésée que son cœur n'avait pas cédé et que seul son corps avait subi l'outrage : *ferro ac minis/non cessit animus : uim tamen corpus tulit./Labem hanc pudoris eluet noster cruor.* (Sénèque, *Phèdre*, v. 891-892). L'emploi de *labem* et la distinction entre le corps et le cœur font de cette source antique le modèle de Gregorio Correr. Le vers 405 de *Progne* confirme l'emprunt quand Pistus déclare que la vierge tenta longtemps de résister aux prières du tyran : *Tentata precibus restitit uirgo diu*[34]. Or Phèdre avait déjà proclamé devant Thésée : *Temptata precibus restiti*[35] (Sénèque, *Phèdre*, v. 891). La résonance chrétienne n'est peut-être que secondaire.

---

32. Pour une présentation du symbolisme du rossignol dans le lyrisme sacré, voir *Poésie latine chrétienne du Moyen Âge (IIIe-XVe siècle)*, textes recueillis, traduits et commentés par Spitzmuller H., Paris, Desclée De Brouwer, 1971, p. 931-952, 1818.
33. Voir Casarsa L. (1980, p. 131) et Guastella G., *op. cit.*, p. 212-233. Voir Sénèque, *Phèdre*, v. 891-893. On peut relever également l'influence du chapitre 58, consacré au suicide de Lucrèce, du premier livre de l'*Histoire romaine* de Tite-Live. Voir Pseudo-Sénèque, *Octavie*, v. 291-304.
34. « Harcelée de ses prières, longtemps la vierge résista ».
35. « Harcelée de prières, j'ai résisté » (trad. Chaumartin F.-R., Paris, Les Belles Lettres, 2000). Dans son édition de *Progne*, Aldo Onorato signale que Gregorio Correr s'inspire également de la scène où Thétis tente de résister aux prières de Pélée (Ovide, *Métamorphoses*, XI, v. 221-265). Comparer Ovide, *Métamorphoses*, XI, v. 239 : *precibus temptata*. Une scène similaire est également décrite dans Ovide (*Fastes*, II, v. 805-806) à propos du viol de Lucrèce par Sextus Tarquin.

Le héros tragique défie les dieux en tentant de les égaler[36]. L'excès de son orgueil aveugle ainsi Achille au point de lui inspirer une démesure qui l'égale aux dieux (*Achilles*, v. 374-380)[37]. Le cri de joie du v. 374 s'inspire du blasphème d'Atrée dans le *Thyeste* de Sénèque, au moment où Atrée vient de sacrifier les fils de son frère (Sénèque, *Thyeste*, v. 885-888)[38]. Cette apothéose fait du héros tragique un personnage en quête d'une nouvelle identité, non plus naturelle, mais surnaturelle. Le héros tragique doit, par son crime, non seulement égaler les dieux, mais être identifié à eux. Après avoir rendu les dieux d'en haut témoins de son sacrilège, le héros les congédie, puisqu'il est devenu en quelque sorte une divinité, mais une divinité infernale qui viendrait bouleverser l'ordre du monde en prenant la place des dieux d'en haut. La nature de son crime et de son *furor* l'apparente, en effet, aux Furies. Le héros maléfique de la tragédie incarne les puissances infernales.

Dans l'*Achilles* d'Antonio Loschi, la démesure d'Achille est bien plus grande encore que celle d'Atrée. Si Atrée se contente d'être l'égal des dieux (*æqualis astris gradior*), Achille marche au-dessus des astres (*Super astra gradior, celitum sedes premo*). Antonio Loschi surenchérit pour dépasser en horreur le sacrilège perpétré par Atrée. Il avoue son dessein quand il fait dire au messager grec annonçant la mort d'Achille (*Achilles*, v. 613-617) que ce sacrilège est pire que le festin de Thyeste[39]. Déjà, dans l'*Ecerinis* d'Albertino Mussato, le *furor* tyrannique d'Ezzelino da Romano n'avait été vaincu qu'à partir du moment où le prince gibelin avait tout conquis et s'était

---

36. Pour l'étude de la grandeur des héros tragiques, voir Dupont F., *Les Monstres de Sénèque*, Paris, Belin, 1995; pour les héros épiques, voir Dion J., « La grandeur dans l'*Énéide*, problèmes d'esthétique et de morale », *Bulletin de l'Association Guillaume Budé* 3, 1984, p. 279-294.
37. *Super astra gradior, celitum sedes premo,/Quos nostra semper cura solicitos tenet.* (« Je marche au-dessus des astres; mes pas pressent le séjour des dieux, qui ne cessent de marquer leur sollicitude pour moi »).
38. *Æqualis astris gradior et cunctos super/altum superbo uertice attingens polum./Nunc decora regni teneo, nunc solium patris./Dimitto superos : summa uotorum attigi.* « Je marche, égal aux astres et au-dessus de tous, atteignant de ma tête altière les hauteurs du firmament. À cette heure, je possède les splendeurs du pouvoir royal, je possède le trône de mon père. Je donne congé aux dieux: j'ai atteint le sommet de mes vœux » (trad. Chaumartin F.-R., Paris, Les Belles Lettres, 1999).
39. *O clare Titan, cladibus tantis potes/Per summa celi spatia lucifero diem/Gestare curru ? Maius hoc certe est nefas/Epulo Thiestis; merge, sed sero, caput./Scelus hoc tremisco, deserit corpus uigor.* (« Ô astre étincelant, peux-tu, après de si grands désastres, porter le jour sur ton char lumineux à travers les régions élevées du ciel ? Ce sacrilège est à coup sûr plus grave que le festin de Thyeste; plonge ta tête dans l'océan, mais il est trop tard. Je tremble devant ce crime; mon corps perd toute force »).

écrié: « Victoire », au v. 327 (*Hem uicimus*). Ce n'est que lorsque le héros est au comble du succès qu'il est précipité dans la ruine.

En bouleversant l'ordre du monde voulu par les dieux, les héros tragiques sombrent dans une révolte suicidaire qui les apparente à des êtres mélancoliques. Quatre personnages, marqués par la noirceur de la tristesse et de la haine, correspondent à certains traits du portrait habituel du mélancolique. Ezzelino da Romano, né sous le signe de Satan; Hécube, plongée dans un deuil suicidaire; Procné, prenant à témoin les ténèbres de la nuit sombre (*Progne*, v. 598); Hiempsal, miné par l'envie.

Ainsi, quand Procné s'interroge sur la nature du *furor* à adopter[40], sa nourrice tente vainement de la consoler de son abattement par des maximes (*Progne*, v. 636-639)[41]. Mais l'abattement de Procné est si profond que l'héroïne est prostrée dans son malheur (*Progne*, v. 640-642)[42]. L'image des flots de la mer submergeant l'héroïne tragique traduit son désespoir insurmontable. Procné se met à appeler les morts. Elle utilise pour désigner les morts le verbe par lequel elle s'était elle-même désignée (*Progne*, v. 643-644)[43]. Par la reprise du verbe « *obruo* », Procné s'associe déjà au monde des morts[44]. Sa douleur, surhumaine, dépasse ses propres forces, comme le constate sa nourrice (*Progne*, v. 668-670)[45]. Gregorio Correr retrouve ici l'inspiration de la pièce la plus sombre de Sénèque, *Thyeste*. La nourrice utilise la même expression que celle du courtisan pour parler d'Atrée: *maius hoc ira est malum* (Sénèque, *Thyeste*, v. 259)[46]. Son *furor* la pousse à

---

40. *Heu, quis dolori sit satis tanto furor?* (*Progne*, v. 612) (« Hélas! quelle fureur suffirait à une si grande douleur? »).
41. *Rebus afflictis decet/Præbere fortis: unica est mali salus/Nescire uinci, quoque demissa est magis,/Vires doloris opprimunt mentem magis.* (« Il convient, dans le désespoir, de faire preuve de courage. Il n'y a qu'une seule issue au malheur: ne pas s'avouer vaincu. Plus un cœur est abattu, plus il est accablé sous le poids du chagrin »).
42. « *Fluctu doloris obruor: non sum mea./Talis carina fertur, amisso duce,/Cum sæua pelagi forte tempestas rotat* » (« Je suis anéantie sous le flot du chagrin. Je ne m'appartiens plus. Semblable est le vaisseau emporté sans pilote, quand une violente tempête en mer le secoue »).
43. *Vos o recentes, cæde miseranda obruti,/Adeste Manes.* (« Ô vous, Mânes, qui avez été récemment emportés par une mort pitoyable, assistez-moi »).
44. Selon la théorie des « humeurs », la mélancolie, excès de bile noire, est associée à l'un des quatre éléments: la terre. Or les héros tragiques des pièces que nous étudions sont tous liés à l'espace infernal.
45. *Siste uesanos, precor,/Regina, motus: maius hoc ira malum/Tuisque maius uiribus.* (« Mets un terme à ces transports insensés, ô ma reine. Ce mal dépasse ta colère, dépasse tes propres forces »).
46. « Un tel mal va au-delà de la rage » (trad. Chaumartin F.-R., Paris, Les Belles Lettres, 1999).

tuer son propre fils, Itys. En l'assassinant, c'est dans son propre ventre qu'elle enfonce le glaive[47]. Tel est vraisemblablement le sens de l'hallucination dont elle est victime. Elle voit l'une des Furies dont la main retourne le fer funeste (*Progne*, v. 688-690)[48]. Le *furor* de l'héroïne tragique est autodestructeur. Les héros tragiques, comme les êtres mélancoliques, sont obsédés par la mort. Si leur *furor* était seulement destructeur, ils seraient des bourreaux sanguinaires. Mais leur obsession de la mort va jusqu'à provoquer leur propre mort. Pâris prévient en vain Hécube dans l'*Achilles* d'Antonio Loschi. Hécube a vu l'ombre de Troïlus réclamer vengeance. Sa conduite est dictée par l'apparition d'un spectre[49], mais Pâris affirme qu'il est faux de croire en l'existence de ces ombres (*Achilles*, v. 87-92)[50]. Hécube croit en ce qui n'existe pas. Plus grave encore, la vengeance réclamée par le spectre provoquera leur propre mort parce que la vengeance appellera la vengeance jusqu'à l'anéantissement final de Troie. Le *furor* d'Hécube est donc lui aussi autodestructeur. Le mariage de Polyxène avec Achille pourrait, au contraire, réconcilier les peuples et assurer la pérennité de Troie (*Achilles*, v. 149-159)[51]. Hécube fait, au contraire, le choix de la mort et

---

47.   À propos des vers 40-43 et 1009-1013 de *Médée* de Sénèque, Jackie Pigeaud écrit : « Ces viscères immondes où elle se voit fouiller pour y chercher encore quelque trace de vie, ce sont les siens. Entend-on bien ces paroles ? On risque d'y trouver encore une faute de goût. La folie n'a rien à voir avec le bon goût. Le rêve que Médée poursuit là, l'acte qu'elle se voit faire, c'est son suicide, et davantage encore, la destruction en elle de toute vie possible, et de la vie qu'elle enfante. Cohérence et sagesse ? C'est de l'autodestruction frénétique » (Pigeaud J., *La Maladie de l'âme : étude sur la relation de l'âme et du corps dans la tradition médico-philosophique antique*, Paris, Les Belles Lettres, 1989, p. 405).

48.   *Quænam hæc sororum funebre inuersat manu/Ferrum ? Tremisco. Quis matrem impellit manus/Maculare duras impia nati nece ?* » (« Quelle est donc celle des sœurs dont la main retourne le fer funeste ? Je tremble. Qui pousse une mère à souiller ses mains cruelles par le meurtre impie de son fils ? »).

49.   On ne peut pas ne pas penser à la mélancolie d'Hamlet, deux siècles plus tard environ. Pour une étude comparée (Sénèque, Shakespeare, Strindberg), voir Larue A., *Délire et tragédie*, Mont-de-Marsan, Éd. Interuniversitaires, 1995.

50.   *Regina Frigium, mentis est error uagas/Vmbras putare, dextra si uindex abest./Mortale quicquid corpus ad letum trahit,/Haud parcit anime. Vita cum refugit, nichil/Est umbra ; miseros ignifer postquam rogus/Consumpsit ardens, spiritus moritur simul.* (« Reine des Phrygiens, il est faux de croire en l'errance des ombres si la droite vengeresse fait défaut. Rien de ce qui entraîne un corps mortel au trépas n'épargne l'âme. Quand la vie s'enfuit, l'ombre est néant ; une fois que le bûcher incendiaire a consumé dans ses flammes les malheureux, l'esprit meurt en même temps »). On reconnaît, dans ces vers, l'influence du *De rerum natura* de Lucrèce.

51.   *Licet ira Achillis morte satiari queat/Odiumque nostre pestilens domus ruat/Paridis sagitta, fine quo cernas tamen./Fortuna semper impetu primo fauet ;/Extrema uirtus cernere est. Video, intuor/Quicquid sequetur. Comprime ardentis tue/Mentis furores. Bella si iuuant, cadat/Patrie ruina Dardane gentis cruor./Saluanda sed si Troia te magis iuuat,/Soror est iugali Thesalo Polixene/*

Pâris est contraint d'exécuter les volontés de sa mère, on pourrait presque dire les dernières volontés de sa mère.

Quant à Ezzelino da Romano et à Hiempsal, leur folie les conduit à leur propre mort. Au moment où Ezzelino da Romano s'aperçoit que les ennemis sont sur le point de le prendre vivant, il s'élance au-devant d'eux dans une attitude qui rappelle les actes de *deuotio* dans l'Antiquité. Le messager précise qu'Ezzelino da Romano pénètre de lui-même chez son père, dans les ombres du Tartare. D'ailleurs, grièvement blessé, il refuse toute nourriture et meurt comme il a vécu : indomptable et cruel (*Ecerinis*, v. 496-520). Cette folie suicidaire sera imitée par Leonardo Dati pour décrire le comportement d'Hiempsal. Les représentations iconographiques de l'Envie sont d'ailleurs significatives. À Padoue, dans la chapelle Scrovegni décorée par Giotto, on peut contempler une suite d'allégories des vertus et des vices où l'Envie, encerclée de flammes, est représentée comme un être infernal, avec de larges oreilles, des cornes et un serpent sortant de sa bouche pour se retourner contre elle. Le serpent et les flammes rapprochent l'Envie du diable mais aussi des divinités infernales païennes comme les Furies, et symbolisent le mal que l'envieux fait aux autres et dont il est finalement lui-même victime. Dans *Hiensal*, le portrait de l'Envie comme émanation infernale donne lieu à une description saisissante, par le chœur, d'une chauve-souris monstrueuse (*Hiensal*, v. 109-172)[52]. La Pythonisse décrit même les combats et les ravages de l'Envie aux enfers (*Hiensal*, v. 366-378). Le chœur insiste sur la souffrance de l'envieux (*Hiensal*, v. 239-246)[53]. On retrouve, dans les propos du chœur, un écho des interrogations de Cicéron dans les *Tusculanes*. Alors que Cicéron se demandait si le sage pouvait sombrer dans le *furor*, le chœur d'*Hiensal*

Tradenda thalamo. (« Bien que la mort d'Achille puisse rassasier notre colère et que la flèche de Pâris puisse briser l'objet de notre haine, si funeste pour notre palais, vois cependant quelles en seront les conséquences. La Fortune favorise toujours le premier élan ; mais le mérite consiste à se représenter le résultat ultime. Je vois, je considère tout ce qui suivra. Retiens les accès de fureur de ton esprit embrasé. Si tu préfères les combats, disparaîtrait avec la ruine de notre patrie le sang de la race troyenne. Mais si tu préfères que Troie soit sauvée, il faut livrer ma sœur Polyxène à la couche nuptiale du chef thessalien »).

52. Il peut aussi s'agir d'un hibou ou d'une chouette.
53. *Non est inuidia quis minus inuido/Dignus ; nam miser est quilibet inuidus,/Obiectæ simulhac inuidet areæ./Inprimisque sibi est ille nocentior,/Qui liuore alium findere nititur./Æternum siquidem tristibus uritur/Curis sollicito pectore languidus./Sic auctor propriis obteritur malis*. (« Personne n'est moins digne d'envie que l'envieux, car tout envieux est malheureux dès qu'il éprouve de l'envie pour ce qu'il rencontre. Et c'est surtout à lui qu'il nuit, celui qui, à cause de son dénigrement, s'efforce de briser autrui, puisque, sans cesse, de sombres tourments l'embrasent et que son cœur inquiet languit »).

commence par proclamer que l'homme vertueux triomphe de la fortune et de l'envie, en donnant l'exemple de Jugurtha (*Hiensal*, v. 254-257)[54]. La fin de la tragédie donne tort au chœur : le *furor* n'épargne ni le tyran, ni le héros vertueux. Les passions assombrissent le cœur de l'homme et le chœur attribue la responsabilité de la violence au caractère d'Hiempsal (*Hiensal*, v. 414-421), en se lamentant sur sa propre existence dont le poids est accablant (*Hiensal*, v. 406-413)[55]. L'envie est d'ailleurs une caractéristique du tempérament mélancolique, comme les vers mnémoniques composés à Salerne au XIIIe siècle le rappellent[56] :

> *Inuidus et tristis, cupidus, dextræque tenacis,*
> *non expers fraudis, timidus, luteique coloris*[57].

Peu après, quatre vers supplémentaires ont précédé ce portrait de l'être mélancolique :

> *Restat adhuc tristis coleræ substantia nigra,*
> *quæ reddit prauos, pertristes, pauca loquentes.*
> *Hi uigilant studiis, nec mens est dedita somno.*
> *Seruant propositum, sibi nil reputant fore tutum*[58].

Une telle définition correspond au portrait du héros tragique à l'exception, peut-être, de ces longues veilles passées à étudier. Nous pourrions

---

54. *Ecce Iugurtam quotiens periclis/Vidimus missum, probitate et armis/Ipse fortunam inuidiamque parto/Nomine uicit.* (« Regardez : combien de fois avons-nous vu Jugurtha envoyé au-devant des périls ! Par sa loyauté et sa bravoure, lui-même a acquis sa renommée en triomphant de la fortune et de l'envie »).

55. *Sed nos miseri mente proterua/In scelus acti labimur ultro./Hinc ærumnis premimur crebris./Hinc est nobis uita molesta./Hinc est aliquid semper ubi nos/Acti poeniteat mali,/Atque et nobis semper in horas/Nouus incumbat trepidis casus.* (« Mais nous, malheureux, nous trébuchons de nous-mêmes, entraînés au crime par notre impudence. Aussi sommes-nous accablés d'épreuves fréquentes ; aussi notre vie nous est-elle pénible ; aussi y a-t-il toujours quelque occasion pour que nous nous repentions du mal accompli et pour que, d'heure en heure, nous incombe toujours, dans notre inquiétude, un nouveau malheur »).

56. Voir Panofsky E., Klibansky R. et Saxl F., *Saturne et la mélancolie*, trad. fr. Durand-Bogaert F. et Evrard L., Paris, Gallimard, 1989, p. 184-185. Voir également Guardini R., *De la mélancolie*, trad. fr. Ancelet-Hustache J., Paris, Éd. du Seuil, 1953.

57. Nous reprenons la traduction proposée dans l'ouvrage cité (p. 185) à l'exception de *tristis* que nous traduisons par « sombre » au lieu de « triste » : « Envieux et sombre, avide et de main tenace, non dépourvu de fraude, craintif et de teint boueux ».

58. « Reste encore la substance noire de la bile sombre, qui fait hommes tortus, sinistres et parlant peu. Ceux-ci passent des veilles à étudier, et leur esprit ne se livre pas tout entier au sommeil. Ils se tiennent à un dessein, et comptent que rien ne leur échappera » (traduction très légèrement remaniée, *op. cit.* p. 186).

cependant expliquer ainsi l'allusion à l'envie qui pénètre au plus profond des fausses écoles de la pâle Minerve (*Hiensal*, v. 157-158)[59]. D'ailleurs la poitrine du monstre Envie brûle éternellement de flammes glaciales (*Hiensal*, v. 151)[60]. Or l'humeur mélancolique est associée à la terre et au froid[61]. S'il est vrai pourtant qu'une sombre tristesse rattache les héros tragiques à la mélancolie, les poètes tragiques des débuts de l'humanisme italien s'inscrivent plus dans la tradition de la définition donnée par Cicéron (*Tusculanes*, III, 8-11)[62] que dans celle de la médecine. Si Saturne[63] est absent de ces tragédies, son rôle est toutefois assumé par toutes les divinités infernales présentes dans ces tragédies. Dans les *Tusculanes* (III, 11), Cicéron, s'interrogeant quant à lui sur la correspondance entre le terme grec désignant la mélancolie et le terme latin de *furor*, ne limite pas la mélancolie à un excès de bile noire. Le *furor* n'est pas seulement une maladie, mais également une passion. Et il mentionne trois passions omniprésentes dans la tragédie : la colère (*iracundia*), la peur (*timor*) et le ressentiment (*dolor*).

---

59.   *Sed gymnasia pallidæ/Intrat penitus falsa Mineruæ.* (« Mais il entre au plus profond des fausses écoles de la pâle Minerve »).
60.   *Hinc gelidis flammis æternum pectore flagrat.* (« Voilà pourquoi sa poitrine brûle éternellement de flammes glaciales »).
61.   Voir Panofsky E., Klibansky R. et Saxl F., *Saturne et la mélancolie, op. cit.*, p. 185. Il est vrai cependant que, dans ces premières tragédies néo-latines, nous sommes loin de la tradition médiévale de l'*acedia*, autre forme de mélancolie. Dans le deuxième livre du *Secretum* notamment, Pétrarque évoque devant saint Augustin les souffrances et l'inquiétude occasionnées par les revers de la fortune. Saint Augustin le réconforte avec des paroles souvent empruntées à Cicéron ou à Sénèque. Voir Wenzel S., *The Sin of Sloth : « Acedia » in Medieval Thought and Literature*, Chapel Hill, The Univ. of North Carolina Press, 1960 ; Hersant Yves, « Acedia », *Le Débat*, 29, 1984, p. 44-48. Dans la tragédie, les caprices de la fortune précipitent les rois et les princes dans une chute sanglante. Nous retrouvons l'inspiration de la *Consolation de Philosophie* de Boèce quand Philosophie entreprend de dissiper les nuages de la tristesse (livre I, pr. 3) accablant Boèce lui-même. Boèce avait également insisté sur les revers de fortune dans sa définition de la tragédie : *Quid tragediarum clamor aliud deflet nisi indiscreto ictu fortunam felicia regna uertentem.* (livre II, pr. 2) : « Et le hurlement de la tragédie, qu'est-ce d'autre qu'une lamentation sur la manière indistincte dont les coups de la fortune retournent la félicité d'un règne ? » (trad. Guillaumin J.-Y., *La Consolation de Philosophie*, Paris, Les Belles Lettres, 2002).
62.   Voir Pigeaud J., *La Maladie de l'âme, op. cit.*, p. 259-264 notamment. Voir également Stok F., « Follia e malattie mentali nella medicina dell'età romana » dans *Aufstieg und Niedergang der Römischen Welt*, II, 37.3, Berlin-New York, de Gruyter, 1996, p. 2282-2410. Pour une étude du *furor* et de la mélancolie dans l'œuvre de Virgile, voir Dion J., *Les Passions dans l'œuvre de Virgile : poétique et philosophie*, Nancy, 1993, p. 390-427. Pour les tragédies de Sénèque, voir Auvray C.-E., *Folie et Douleur dans* Hercule Furieux *et* Hercule sur l'Œta ; *recherches sur l'expression esthétique de l'ascèse stoïcienne chez Sénèque*, Frankfurt am Main/Bern/New York/Paris, P. Lang, 1989.
63.   Voir Panofsky E., Klibansky R. et Saxl F., *Saturne et la mélancolie, op. cit.* Voir également Fumaroli M., « Classicisme et maladie de l'âme », *Le Débat*, 29 (1984), p. 92-114.

Le héros tragique passe ainsi d'un état de souffrance et d'abattement (apparenté à la définition médicale de la mélancolie selon Celse par exemple, *tristitia*) à une forme d'excitation violente et suicidaire (correspondant au terme de *furor*)[64]. Plus l'abattement est grand, plus la violence sera paroxystique. Pour Sénèque, auteur du *De tranquillitate animi*, l'âme du mélancolique parvenait au sublime grâce à son exaltation créatrice[65]; mais pour Sénèque le Tragique, elle y parvient aussi par un *furor* suicidaire qui passe lui aussi par un élan créateur permettant de découvrir le crime ultime[66] quelle que soit la volonté des dieux. La lecture des tragédies de Sénèque a donc permis aux premiers poètes tragiques de l'humanisme italien de composer une intrigue où les dieux et les divinités jouent un rôle primordial. Albertino Mussato, Antonio Loschi, Gregorio Correr et Leonardo Dati mêlent imaginaire païen et chrétien pour permettre aux héros tragiques de défier les dieux en construisant une vengeance suicidaire. L'unité des premières tragédies de la Renaissance réside ainsi dans la volonté des héros de revendiquer une liberté à l'égal des dieux. Les héros, aveuglés par leur démesure, recherchent, dans l'horreur, une apothéose qui fasse frémir les dieux.

---

64. Voir La bile noire enflammant le cœur d'Hercule lorsque Cacus vole plusieurs de ses bœufs (Virgile, *Énéide*, VIII, v. 213-221). Ces trois vers de Virgile sont à rapprocher des derniers vers du livre XII quand Énée (*furiis accensus et ira/terribilis*, v. 946-947) sacrifie Turnus aux mânes de Pallas. Pour un parallèle entre Hercule et Énée tout au long de l'*Énéide*, voir le chapitre de G.K. Galinsky, intitulé « Hercules in the *Æneid* » dans *The Herakles Theme*, Oxford, Blackwell, 1972, p. 131-149. Voir Dion J., *Les Passions dans l'œuvre de Virgile, op. cit.*, p. 408-409.
65. Voir Pseudo-Aristote, *Problemata*, XXX. Le génie de l'artiste ou du philosophe, s'expliquant par un excès de bile noire, est ainsi mis en relation avec la grandeur des personnages héroïques comme Ajax ou Hercule. Voir Pigeaud J., *op. cit.*, p. 261-264 et notamment : « Il [le problème XXX] fait de la folie une forme paroxystique de la mélancolie » (p. 262). J. Pigeaud a montré l'influence de cette définition aristotélicienne sur la pensée de Cicéron.
66. M. Fumaroli a insisté sur la postérité du *furor* sénéquien et de sa double nature, à la fois « effroi sacré » et « folie autodestructrice » : « Dans les *Lettres à Lucilius*, Sénèque ne craint pas d'introduire dans sa "direction spirituelle" l'évocation de l'effroi sacré qui saisit l'âme au spectacle de la nature tourmentée, ténébreuse, abrupte. Et dans ses tragédies, qui ont exercé de nos jours une véritable fascination sur Antonin Artaud, comme au XVIe sur Jodelle et sur Shakespeare, la folie autodestructrice des grandes âmes, Médée, Hercule, Phèdre, Thyeste, Œdipe, semble l'ombre portée de leur capacité au dépassement, à l'élan génial et créateur » (« Classicisme et maladie de l'âme », *Le Débat*, 29, 1984, p. 96).

Jean-Raymond Fanlo

Figures de la divinité dans le théâtre tragique de Robert Garnier

Dans le théâtre de Robert Garnier, après six pièces qui empruntent leur sujet à la Rome et à la Grèce païennes, la tragédie à l'antique passe à l'univers chrétien et biblique avec les *Juifves*. Le mouvement est caractéristique de l'époque. Le catholicisme post-tridentin, comme d'ailleurs le protestantisme, rapporte les trésors d'Égypte au temple du Seigneur et récupère les arts profanes au service de la foi, selon des modes complexes qui peuvent se schématiser par l'alternative de la rupture ou de la continuité. Soit l'inspiration chrétienne s'affirme polémiquement, triomphant des erreurs des arts profanes et du paganisme, les abolissant; soit une volonté syncrétiste cherche la vérité cachée dans ces erreurs, perçues comme des approximations *per speculum in aenigmate*. Cette alternative est d'autant plus pressante chez Garnier que dans les tragédies à l'antique comme dans la tragédie chrétienne, les figures de la divinité sont omniprésentes et qu'elles y sont envisagées dans un même cadre juridique: c'est toujours l'interrogation sur la justice ou sur l'iniquité de l'événement tragique qui sollicite la divinité, toujours invoquée ou impliquée par rapport à un exercice légitime ou excessif du pouvoir, soit comme cause première, la violence des hommes accomplissant la violence de Dieu ou des dieux, soit comme recours. Parfois même elle est cause et recours. De là une double interrogation sur la continuité de ce théâtre qui passe des dieux à Dieu, et sur la cohérence susceptible d'intégrer ces visages contradictoires d'une divinité qui est principe de violence et recours contre la violence.

Depuis *Porcie*, Garnier construit ses tragédies sur une tension entre la rhétorique et l'action. L'action est une surenchère: au commencement un personnage, et souvent à travers lui une collectivité, est affligé. À la fin, ce sera pire encore. L'histoire n'est pas celle d'un retournement de situation, mais celle d'un surcroît de malheur, d'un excès sans mesure qui frappe souvent des victimes innocentes, Cornélie, Porcie, Antigone. Pas d'intrigue : l'entre-deux d'un premier désastre et de l'anéantissement. Au commencement, une exclamation comme « Dieu ! souffrez que je meure ! »[1]. À la fin, le suicide (de Cornélie, de Jocaste), ou, plus terriblement encore, la survie « semblable à ceux que le sepulchre enserre »[2] : Hémon, Thésée ou Hécube, debout sur scène à la fin de la représentation en figures du deuil, de la seule mémoire du désastre.

Or cet excès stupéfiant s'orchestre de débats rhétoriques sur la clémence ou la rigueur, de maximes sententieuses, apanage des pompeux personnages de sages (Arée, Cicéron, Philostrate) ou du chœur. Cette rhétorique convoque des normes éthiques et programme l'attente d'une édification. D'autant plus que, comme on l'a déjà souvent fait remarquer, Garnier adapte la matière antique à la morale chrétienne. Il estompe la généalogie monstrueuse de Phèdre dans *Hippolyte*, il y escamote presque totalement la rivalité de Vénus et de Diane pour concentrer la pièce sur la lutte de la chasteté et de la passion amoureuse. À l'acte II, le débat entre Phèdre et la nourrice, très amplifié par rapport à son modèle sénéquien, démystifie l'amour[3] en une double réfutation du pétrarquisme de cour accusé de l'idolâtrer et de l'imposture morale qui consisterait à se défausser sur une instance extérieure de ses passions coupables. Pas de *daimon* qui aliène le personnage comme dans la tragédie grecque ou dans la tragédie sénéquienne : la seule omniprésence du monde infernal, c'est-à-dire la seule propension humaine au péché dans cette pièce « sans grâce », comme le dit Olivier Millet[4]. Ainsi Garnier essaie de donner à la Fable une vraisemblance éthique : *Cornélie* apporte au phénomène des fantômes l'explication démonologique du christianisme de la Renaissance (v. 727 *sq.*) ; ailleurs le suicide est condamné au nom du « grand Dieu,/Qui met dans nostre corps, comme dans un fort lieu,/Nostre âme » (v. 541 *sq.*) ;

---

1. *Cornélie*, v. 231. Sauf indication, nous utilisons les éditions suivantes : *Porcie*, éd. Ternaux J.-C., Paris, Champion, 1999 ; *Antigone ou la piété*, éd. Beaudin J.-D., Paris, Champion, 1997 ; *Les Juifves*, éd. Lardon S., Paris, Champion, 1999 ; *La Troade*, éd. Beaudin J.-D., Paris, 1999. Pour les autres tragédies, nous renvoyons à l'édition de Lebègue R. : *Porcie, Cornélie*, Paris, Belles Lettres, 1973 ; *Marc Antoine, Hippolyte*, Paris, Belles Lettres, 1974.
2. *Antigone*, v. 2704.
3. II, v. 773 *sq.* : « Voire, on a feint Amour un redoutable Dieu... »
4. « De l'erreur au péché : la culpabilité dans la tragédie humaniste au XVIe siècle » dans *La Culpabilité dans la littérature française*, Paris, Adirel, 1995, p. 67. O. Millet cite une formule de Péguy.

à un développement qui chez Sénèque nie l'immortalité de l'âme, *La Troade* substitue de rassurantes et somme toute chrétiennes considérations sur l'apothéose céleste de l'âme après la mort[5]; *Antigone*, comme le remarque toujours J.-D. Beaudin, christianise un certain nombre de thèmes païens[6]. Chaque fois le souci du vraisemblable éthique et d'une certaine orthodoxie philosophico-religieuse est manifeste.

On serait tenté de dire que c'est pour mieux les faire achopper sur l'impensable excès de malheur qu'est l'action. L'événement tragique contredit l'axiologie de la tragédie. *Porcie* montre « que le vice/Opprime la vertu » (v. 1613). Si, dans *Antigone*, Garnier traduit le conflit entre lois humaines et lois divines dans des catégories très juridiques, s'il introduit la notion de loi naturelle, garante du lien social comme du lien entre les hommes et Dieu (v. 1809 sq.), s'il place au centre du débat la *piété* comme valeur religieuse, médiatrice entre les hommes et Dieu, c'est pour que ces principes soient entièrement démentis par les événements qui, du parricide et de l'inceste à la sentence de Créon en passant par le fratricide, montrent la monstruosité, la transgression de toute norme, les crimes « violentant nature » (v. 1832); de même, dans l'acte V de *Cornélie*, le messager relate le discours de Scipion à ses troupes :

> Ores le bien, l'Empire, et l'Estat des Romains,
> (Le vray prix du vaincueur), balance entre nos mains.
> Pensez comme aujourd'huy les matrones pudiques
> Invoquent les bons dieux dans nos temples antiques,
> Les yeux battus de pleurs, à fin que leur vouloir
> Soit de favoriser à nostre saint devoir. (v. 1647-1652)

Discours vertueux et religieux qui ne semble rapporté que pour mieux rendre inintelligible la défaite de Scipion: les catégories éthiques et les rhétoriques vertueuses sont inadéquates à l'événement tragique.

L'attente de normes, d'une rationalité juridique et d'une *pietas*, est démentie. Cette énigme est celle de la divinité. Chaque excès, chaque scandale éthique l'interpelle et l'invoque sous différents visages.

---

5. Voir v. 1322 sq. Voir la remarque de J.-D. Beaudin en introduction, p. 35.
6. Voir v. 1622-1705 (la célébration du Ciel et de la Providence remplace le chant en l'honneur du soleil et de Zeus qu'on trouve chez Sophocle) et v. 1816 sq. (Dieu *creator*, et *rector mundi* par la loi naturelle).

Celui du destin implacable, d'abord. « Mais quoi, c'est le destin », « Mais quoy ? rien ne se change »[7]. Celui de la Fortune aléatoire : le premier chœur de *Porcie* commence par s'exclamer : « O combien roulent d'accidens/Des Cieux sur les choses humaines » (v. 151) dans une méditation sur le règne de Fortune que reprendront la Nourrice dans l'acte II (v. 403 sq.) et le philosophe Arée dans l'acte III (v. 695). Selon le chœur final de l'acte II de *Cornélie* (p. 115), le ciel est un jeu de « boules mouvantes » : ces sphères instables sont l'attribut de Fortune dans la tradition emblématique, elles n'appartiennent pas à l'ordre du bal céleste platonicien ni à celui des cieux bibliques qui chantent la gloire du Seigneur et sa Providence.

Mais la divinité est surtout une instance supérieure de jugement et de châtiment : l'exclamation « O celeste courroux !/O Dieux trop inhumains ! »[8] pourrait figurer dans chaque tragédie, y compris, nous le verrons, dans les *Juifves*. Toutes sont marquées par une culpabilité antérieure, manifeste ou simplement supposée[9]. C'est des erreurs de Thésée que découlera toute la suite des maux à venir selon le début d'*Hippolyte*, comme selon le premier chœur de *Cornélie* :

> Sur ton dos chargé de misères
> Des dieux la coléreuse main
> Venge les crimes que tes peres
> Ont commis, ô peuple romain.
> [...]
> L'ire des bons dieux excitée
> Est paresseuse à nous punir ;
> Souvent la peine méritée
> Se garde aux races à venir. (v. 151-162)

Le châtiment implique les valeurs de justice. Un chœur d'*Antigone* est à cet égard décisif. Il développe une méditation religieuse sur la justice et l'usage des lois :

> Les Dieux qui de là haut
> Sçavent ce qu'il nous faut,
> Nous donnent la Justice
> Pour le propre loyer
> Aux vertus octroyer,
> Et reprimer le vice. (v. 2086-2091)

---

7. *Hippolyte*, v. 21 et 259.
8. *Marc Antoine*, v. 1543.
9. Philostrate envisage aussi la colère des dieux au début de *Marc Antoine* (v. 237 sq.).

Placé après la sentence prononcée par Créon, ce chœur condamne ce dernier pour un usage trop rigoureux des lois. Mais la condamnation atteint par ricochet les dieux eux-mêmes, instigateurs de l'ensemble des événements, juges rigoureux et inflexibles. Dans *Marc Antoine* le classique débat entre clémence et rigueur concerne aussi non seulement le prince, mais les dieux.

CÉSAR : Rien ne plaist tant aux Dieux que la severité.
AGRIPPE : Les Dieux pardonnent tout.
CÉSAR : Les crimes ils punissent.
AGRIPPE : Et nous donnent leurs biens.
CÉSAR : Souvent ils les tollissent.
AGRIPPE : Ils ne se vangent pas, Cesar, à tous les coups
Qu'ils sont par nos pechez provoquez à courroux.
Aussi ne vous faut pas (et vous supply me croire)
D'aucune cruauté souiller vostre victoire[10].

Car les dieux, responsables ou du moins spectateurs passifs du déroulement sanglant des événements, ne peuvent pas ne pas être impliqués dans ce débat.

Si la rhétorique vertueuse plaide toujours pour la clémence, les dieux sont toujours rigoureux : ils démentent les valeurs de la tragédie. Ils frappent en outre les collectivités, et les innocents : Hippolyte, les enfants massacrés dans la *Troade* et dans les *Juifves*, Porcie, Antigone ou Cornélie. Tous pourraient s'exclamer avec Cornélie :

O dieux cruels ! ô ciel ! ô fières destinées !
Qu'ay-je fait contre vous, dites, Ciel punissant ? (v. 1825-1826)

Au début d'*Hippolyte*, le personnage prononce une prière :

Ô Dieux, ô Dieux du ciel qui avez soing de nous,
Et qui ne bruslez point d'un rigoureux courroux
Contre le genre humain : Dieux qui n'estes severes
Que pour nostre forfait, soyez moy salutaires !
Conservez moy bons Dieux ! (v. 275-279)

Pour qui sait la fin de la pièce, et tout spectateur ou lecteur la sait, cette prière accuse les dieux. Accusation ailleurs explicitement formulée, et en termes violents. Dans *Cornélie*, Cassius s'en prend à Rome, mais attaque

---

10. *Marc Antoine*, v. 1519 sq. Même débat dans les *Juifves* entre Amital et Nabuchodonosor, v. 1027-1028.

très vite les dieux, qui soit n'existent pas, soit sont indifférents au sort des hommes, comme le disent les épicuriens :

> Tu nous meurtris, cruelle, et le sort casuel,
> Qui le monde regist, nous massacre cruel.
> Puis, il y a des dieux ! Puis le ciel et la terre
> Vont craindre un Jupiter terrible de tonnerre !
> Non, non, il n'en est point : ou s'il y a des dieux,
> Les affaires humains ne vont devant leurs yeux.
> Ils n'ont souci de nous […]. (v. 1077-1083)

Hécube dénonce pareillement le « Ciel inhumain », le « Ciel impitoyable », ces « Dieux sourds à nos cris, vainement reclamez,/Apres nostre carnage aboyans afamez[11] » et la pièce se termine terriblement sur une nouvelle interpellation :

> Et vous, Dieux, le sçavez et vous n'en faites cas !
> Et vous, Dieux, le voyez et ne nous vengez pas. (v. 2662-2663)

– interpellation suivie de l'espoir de vengeance, qui seul « allaite » encore Hécube, cette mère dont tous les enfants et petits-enfants sont morts. Dénaturation, œuvre de mort, implacable logique de la vengeance : telle est la leçon inhumaine de la tragédie.

L'interrogation sur l'injustice divine est d'autant plus forte que Garnier concentre la tragédie sur les victimes et montre peu la démesure humaine. À l'exception de Nabuchonodosor, vrai tyran furieux, ses personnages sont sans doute mus par la passion, mais sans connaître les violences extrêmes de la tragédie sénéquienne, les rages de Médée ou les crises de désespoir de Saül. De là l'indécision sur les dieux. Régissent-ils l'histoire, ou l'abandonnent-ils aux caprices de Fortune ?

> O grand Dieu Jupiter ! les affaires mondains
> Gouvernes-tu, conduits par tes puissantes mains,
> Ou s'ils vont compassez d'un ordre de nature,
> Ou si l'instable sort les pousse à l'avanture ? (*Troade*, v. 2037-2040)

Mêmes doutes dans *Marc Antoine* :

CHARMION : Telle estoit la rigueur de vostre destinée.
CLÉOPATRE : Telle estoit mon erreur et ma crainte obstinée.

---

11. *Troade*, v. 1730-1732. Cf. *Porcie*, v. 1610 : « O Célestes cruels, ô dieux inéquitables ». Le premier hémistiche se retrouve dans la *Troade*, v. 95.

CHARMION :	Mais qu'y eussiés vous fait s'il ne plaisoit aux dieus ?
CLÉOPATRE :	Les Dieux sont tousjours bons, et non pernicieux.
CHARMION :	N'ont-ils pas tout pouvoir sur les choses humaines ?
CLÉOPATRE :	Ils ne s'abaissent pas aux affaires mondaines ;
	Ains laissent aux mortels disposer librement
	De ce qui est mortel dessous le firmament. (v. 466-474)

Une pièce comme *Porcie* laisse ainsi ouvertes toutes les possibilités, alléguant tantôt les Dieux courroucés (v. 722), tantôt « le decret des Dieux » (v. 561), tantôt « les Dieux inconstants » (v. 528).

C'est que toutes les tragédies sont dominées par la vengeance. La justice des dieux n'est guère invoquée qu'à propos du châtiment effectif ou éventuel des coupables. Par ailleurs, les dieux ne font pas régner la justice, ils ne témoignent d'aucune bienveillance aux hommes. Sous la forme du destin ou du châtiment, ils n'interviennent que sous un visage violent, dur, terrible, à peine compensé parfois par les catégories d'ordre que le châtiment suppose. De là peut-être la valeur particulière que prend la double invocation aux dieux infernaux et aux dieux célestes. À la supposition de Cornélie « Qu'il y en a là haut et sous la voûte noire » (v. 267), répond dans la *Troade* l'invocation d'Andromache :

> […] O Dieux des sombres nuits,
> Et vous grands Dieux du ciel, autheurs de mes ennuis. (v. 943-944)

Dans les deux cas, sans doute, Garnier prête à ses personnages les croyances du paganisme. Mais ces appels à la vengeance produisent un double visage de la divinité : un visage céleste de gardien des lois, et un visage ténébreux dans l'application terrible du jugement. Le juridisme inhumain de ces tragédies dissocie l'image de la divinité.

Autant d'énigmes pour le spectateur chrétien, alors même que ses exigences éthiques ont été, on l'a vu, suscitées par la façon dont Garnier christianise partiellement sa matière antique. Il lui est impossible de trancher. Sans doute peut-il mettre au compte des passions et des souffrances du personnage telle déclaration épicurienne sur l'indifférence des dieux ou sur leur absence, telle interpellation particulièrement véhémente. Mais cette *pathologie* ne trouve pas dans la tragédie de voix privilégiée qui la dépasse pour énoncer un sens religieux. Aucun discours totalisateur ne rend compte de l'action, pas même celui du chœur ou des personnages les plus vertueux.

Garnier a entendu la leçon énigmatique du théâtre de Sénèque, qui ne se voulait pas spectacle édifiant, comme l'a établi la critique. Pour Florence Dupont, les « fragments de discours qui parsèment la pièce [...] sont systématiquement en deçà de l'action tragique »[12], et Thomas Rosenmayer, qui souligne que la *bona mens* du chœur peut être courte et inadéquate à l'action[13], définit la tragédie sénéquienne comme lieu de débat et non comme illustration pédagogique d'une pensée :

> Philosophically we distinguish between opposed stances and accord to one of them our (provisional) approval. The Senecan tragic vision, readied by the weighing alternatives, grants simultaneous asylum to Jealous Fortune and Blind Error, to Necessity and Will, to the angry power of the gods and the dispassionate functioning of causation. All are featured at a level or intensity that builds up their status as constraints without explaining anything[14].

Dans ces pièces, poursuit l'auteur, *The Stoic paradoxes win out over the Stoic sermonizing*[15]. Il en va de même dans les tragédies de Garnier. Tel chœur d'*Antigone* qui attribue aux « bons dieux sauveurs/Les faveurs », et non à « la prouesse humaine » (v. 1670-1672) prépare un sacrifice d'action de grâce :

> Le Ciel retire de nous
> Son courroux,
> Et nous est ores propice :
> Nous devons pour le bienfait
> Qu'il nous fait,
> Aux Immortels sacrifice. (v. 1622-1627)

Mais la joie qui l'inspire sera cruellement démentie par la suite des événements. Un énoncé manifestement pieux s'avère donc en porte-à-faux[16]. Les

---

12. *Les Monstres de Sénèque*, Paris, Belin, 1995, p. 237. Pierre Grimal refusait déjà la thèse d'un Sénèque pédagogue au théâtre (« Les tragédies de Sénèque », dans *Les Tragédies de Sénèque et le théâtre de la Renaissance*, éd. Jacquot J., Paris, CNRS, 1964, p. 1-10).
13. *It is* [la distinction de *Phædra* (v. 959 sq.) entre l'éloignement des dieux dans le ciel d'où ils contrôlent les lois du monde, et Fortune qui régit les malheurs des humains] *a conventional index of the chorus's shortsightedness rather than a reliable commentary on the action* (*Senecan Drama and Stoic Cosmology*, Berkeley/ Los Angeles/ London/ Univ. of California Press, 1989, p. 72).
14. *Ibid.*, p. 77-78.
15. *Ibid.*, p. 79.
16. De manière beaucoup plus complexe, les *Juifves* reprendront ce paradoxe. Voir *infra*.

prières, les formules de sagesse, les sentences et la rhétorique vertueuse n'interprètent pas l'action. Elles constituent le système axiologique que cette action ébranle.

Toutes les possibilités restent donc ouvertes et l'énigme de la divinité est entière. La stupéfaction, le scandale moral et la terreur ne s'intègrent pas à un discours doctrinal, tout au contraire le jeu des forces supérieures qui déterminent l'événement ébranle les éléments doctrinaux présents dans la tragédie. La commotion tragique ne permet pas d'aller plus loin que les gémissements sur Fortune qui renverse les prospérités en malheurs, la crainte des dieux vengeurs qui frappent le coupable et sa postérité, le scandale devant la fatalité incompréhensible ou devant le silence du ciel qui abandonne la terre au bruit et à la fureur. Autant d'expressions d'une même douleur et d'une même incompréhension, qui interdisent toute théologie.

Dans les *Juifves*, tout à la fois, ces contradictions s'exacerbent et cherchent réponse. Mêmes exclamations, même effroi. Comme la critique l'a fréquemment remarqué, la pièce transpose dans l'Ancien Testament les *Troyennes* de Sénèque. Au dénouement, Sédécie s'exhibe yeux crevés comme un étrange avatar prophétique du coupable Polymestor à la fin de la *Troade*. Mais le « discours Chrestien et religieux » de la tragédie biblique[17] opère une transfiguration ou, au sens religieux, une *conversion* de la représentation[18]. Les personnages ne sont plus des héros isolés: ils incarnent un peuple, et un peuple essentiellement lié à Dieu. Sédécie incarne cette collectivité, les premiers mots qu'il adresse à Nabuchodonosor sont ceux du *credo* (« Le Dieu que nous servons est le seul Dieu du monde », v. 1391), Amital est indissociable du chœur, qui regroupe les « filles de Juda » (v. 580), mais qui est aussi en charge de toute l'histoire d'Israël (v. 326 sq.). Cette collectivité se rassemble et s'identifie par sa relation à Dieu. La prière liminaire du Prophète progresse de « Jusques à quand, Seigneur » (v. 1), à « O seigneur nostre Dieu » (v. 7): de la seule soumission à l'adhésion religieuse et communautaire. Une identité collective se trouve dans sa relation exclusive à Dieu. De là l'importance des récits collectifs

---

17. Dédicace au duc de Joyeuse, p. 9.
18. Voir Mazouer C., « La théologie de Garnier dans *Hippolyte* et les *Juifves* », dans *Lectures de Robert Garnier, Hippolyte, les Juifves*, éd. Buron E., Rennes, Presses Univ. de Rennes, 2000, p. 113-125, et, *Id*., « Les tragédies bibliques sont-elles tragiques ? », *Littératures classiques, La tragédie*, 16, printemps 1992, p. 125-140. Nous avons proposé quelques nuances dans « Les tragédies de Jean de La Taille sont-elles didactiques ? » (*Cahiers Textuel* 18, 1998, p. 75-86). Le colloque de Tours a permis de prolonger de vive voix ces échanges de vues amicaux.

nourris par l'Histoire sainte et des prières communautaires qui font des *Juifves* un somptueux oratorio. S'il n'y a pas d'histoire à proprement parler dans les autres tragédies mais plutôt un malheur en conséquence de fautes et à la fin, la mort ou pire que la mort, la survie en mémoire du désastre, les *Juifves* se situent dans une histoire providentielle que rappellent tous les récits. Et après la catastrophe un avenir rédimé en Christ est annoncé par le Prophète (v. 2157-2172). Ce dernier personnage, qui récupère plusieurs fonctions différentes des tragédies antérieures, celle du discours protatique, celle de l'énonciation sentencieuse et celle du messager, et qui leur ajoute désormais l'anticipation de l'avenir, affirme de manière particulièrement nette la volonté d'intégrer le temps tragique dans une temporalité plus vaste qui lui donne signification. Les déclarations de confiance en la Providence sont d'ailleurs réitérées. Si la reconnaissance de la culpabilité humaine est commune aux *Juifves* et aux tragédies antérieures de Garnier, la tragédie biblique ajoute ceci :

> Si est-ce pourtant, si est-ce
> Qu'il ne faut que la tristesse,
> Bien que dure, ait le pouvoir
> De nous tirer du devoir :
> Ains quelque grand que puisse estre
> Nostre malheur, reconnoistre
> Que nous le méritons bien,
> Et que Dieu veut nostre bien. (v. 867-874)

Le dernier vers est presque impensable dans les autres tragédies. Pourtant, toute une série de perturbations affectent cette confiance nouvelle en un Dieu bienveillant. En premier lieu, l'identification partielle de Dieu et de Nabuchodonosor. Sédécie et les Hébreux sont châtiés pour un double crime : la révolte contre Nabuchodonosor et l'idolâtrie. La dédicace à Joyeuse superpose les deux :

> Or vous ay-je icy représenté les souspirables calamitez d'un peuple qui a comme nous abandonné son Dieu. C'est un sujet délectable, et de bonne et saincte édification. Vous y voyez le chastiment d'un prince issu de l'ancienne race de David, pour son infidelité et rebellion contre son supérieur [...][19].

---

19. p. 10.

Simple juxtaposition de deux fautes ? Quantité d'indices suggèrent la possibilité plus troublante de leur identification, qui rendrait possible la confusion de la divinité et du tyran. Dans l'acte II, après la discussion entre Nabuzardan et Nabuchodonosor sur le sort de Sédécie qui s'est révolté contre son souverain légitime en s'alliant avec l'Égypte, c'est encore sur l'Égypte que le chœur « sanglote d'ennuy » : l'Égypte, origine de la révolte contre le souverain, est aussi l'origine des tentations idolâtres des Hébreux, « poison opiniastre » (v. 287 sq.). La continuité, marquée, invite à subsumer les deux fautes parallèles sous la même catégorie du crime de lèse-majesté. Garnier vise peut-être les calvinistes français accusés d'être luthériens et de recourir aux reîtres allemands, mais l'important ici est de relever que Yahvé et Nabuchodonosor sont mis en parallèle. De même, la dédicace à Joyeuse parle du « châtiment d'un Prince issu de l'ancienne race de David, pour son infidelité, & rebellion contre son supérieur », et de « l'horrible cruauté d'un roy barbare vers celuy qui, battu de la fortune, est tombé en ses mains par un sévère jugement de Dieu » : le jugement divin et la cruauté barbare sont très proches. Le même terme de *rancœur* s'applique d'ailleurs aussi bien à Dieu qu'au tyran[20]. L'un et l'autre sont jaloux de leur souveraineté. « Estes-vous implacable ? » demande Amital au tyran (v. 1067) ; c'est sous un « ciel implacable » (v. 1928) qu'on massacre les enfants. Comme dans les autres tragédies, l'exigence de pitié et de clémence s'adresse aussi à la divinité, et des symétries marquées imposent de remonter au-dessus du bourreau jusqu'à la cause première :

AMITAL :   O cruauté barbare ! ô prodige du monde !
LES ROYNES : O fière Babylon, en outrages féconde !
AMITAL :   O trop sévère ciel !
LES ROYNES : O vengence de Dieu !
              O Dieu trop irrité contre le peuple hebrieu ! (v. 2003-2006)

Les deux distiques parallèles en anaphores établissent une symétrie entre Babylone et la vengeance de Dieu. Enfin, il est impossible de ne pas rappeler que Garnier a pris l'idée de la fausse promesse de Nabuchonosor dans les prophéties d'Ézéchiel, qui a annoncé que Sédécie ne verrait pas Babylone[21]. Ce qui dans la Bible est énigme divine devient duplicité tyrannique.

---

20. *Rancœur* s'applique à Nabuchodonosor, v. 1126, 1940, 1984. Mais aussi à Dieu, v. 1849 et 2082.
21. *Et dux, qui est in medio eorum, in humeris portabitur, in caligine egredietur : parietem perfodient ut educant eum : facies ejus operietur ut non videat oculo terram./Et extendam rete meum super*

Ainsi Dieu prend-il le visage du tyran : nous savons certes que la Renaissance admet sans difficulté l'idée d'« un Dieu infiniment bon qui néanmoins punit terriblement »[22] et qui détient le pouvoir d'une violence sans mesure ; qu'elle croit aux vertus pédagogiques, voire religieuses, des châtiments terribles et que dans les villes, le cérémonial des supplices était conçu comme « une liturgie de la peur »[23]. Nous pouvons encore concevoir cette violence comme la marque d'une souveraineté excédant les normes et qu'il faut reconnaître, c'est-à-dire accepter humblement, et non juger. Nous savons aussi que le tyran n'est, comme le veut la théologie, qu'un simple instrument, la verge, le fléau par quoi ce Dieu sévère châtie son peuple[24] ; que cette théologie admet parfaitement que des enfants soient suppliciés à cause de leurs pères[25]. Et comme Marie-Madeleine Mouflard le remarque, Garnier évite d'employer le mot de *cruel* ou de *cruauté* à propos de Dieu dans les *Juifves*[26]. Reste que Garnier fonde le tragique des *Juifves* sur le paradoxe qui consiste à insister sur la Providence bienveillante qu'invoquent les prières et qu'annonce le prophète – avant et après la tragédie –, tout en insistant aussi sur le caractère implacable du châtiment et surtout sur la confusion entre Dieu et le tyran, par la construction dramatique comme par les indices que nous avons relevés.

À cette dissociation de la divinité en deux figures opposées correspond la dissociation de l'homme. Au peuple soudé dans son identité par l'élection divine s'oppose l'Israël dévoyé, corrompu par l'idolâtrie. À l'homme créature du Seigneur s'oppose la créature peccamineuse. Le

---

eum : et capietur in sagena mea : et adducam eum in Babylonem in terram Chaldæorum : et ipsam non videbit, ibique morietur (Ézéchiel, XII, 12-3). Je reprends ici une analyse développée ailleurs : « Sentiment du tragique et piété pénitentielle dans les *Juifves* », *op. cit.*, 15, novembre 2000, p. 43-52.
22. Delumeau J., *La Peur en Occident*, Paris, Fayard, 1978, p. 47.
23. Muchembled R., *Le Temps des supplices, de l'obéissance sous les rois absolus, XVe-XVIIIe siècle*, Paris, Armand Colin, 1992, p. 154.
24. Voir v. 2113-2118.
25. Voir par exemple Hery Boguet : « & entre les premiers nés d'Égypte combient pensons nous qu'il y avoit d'innocens ? Cependant Dieu les fist tous passer par le trenchant de l'espée, aussi bien qu'il fist mourir l'enfant que David avoit eu de Bersabée (*sic*) en adultere. Il n'y a doute que les pechez des peres ne soyent en partie cause de ce malheur. Car il est dict en la S. Escriture que, *Dieu chastie les enfans pour l'iniquité de leurs peres & meres jusques à la troisiesme & quatriesme generation de ceux qui sont en haine* [manchette : renvoi à *Exode*, XX]. Et ailleurs Dieu a menacé les Roys de les punir en leurs enfans, selon qu'ils ont aussi esté vu depuis [manchette : renvoi à II *Rois* XV, etc.] » (*Discours execrable des sorciers*, Paris, Claude Binet, 1603, p. 12-13).
26. *Robert Garnier, 1545-1590, II, L'Œuvre*, La Roche-sur-Yon, Imprimerie centrale de l'Ouest, 1963, p. 105.

premier chœur opère une fulgurante généralisation du propos après les plaintes liminaires du Prophète sur le sort actuel des Juifs :

> Pourquoy Dieu, qui nous a faits
> D'une nature imparfaits,
> Et pécheurs comme nous sommes,
> S'irrite si griefvement
> Du mal que journellement
> Commettent les pauvres hommes ?
>
> Si tost que nous sommes nez,
> Nous y sommes adonnez.
> Nostre âme, bien que divine
> Et pure de tout mesfait,
> Entrant dans un corps infet
> Avec luy se contamine[27].

Dès la première rime, la dérivation *faits/imparfaits* établit un étrange oxymore entre la bonté des œuvres du Seigneur et la déficience de la nature humaine. La suite démontre le caractère inévitable du péché. D'une manière qui aurait posé problème à la théologie catholique du libre arbitre, mais qu'admettent et l'augustinisme de la Renaissance[28] et l'imprégnation néo-platonicienne voire gnostique qui associe le corps au péché[29], le caractère presque mécanique de la faute est mis en évidence. Une affaire toute corporelle : dans le corps « infet » (v. 101), le péché qui « couvoit enclos » dans « les os/Du serpent » s'insinue, jusqu'au « credule cerveau » d'Ève via la pomme (v. 115-120). Pas de décision, pas de volonté. Une contamination physique en milieu propice.

Ainsi, les *Juifves* ne semblent dépasser le désespoir des pièces antérieures que pour approfondir le doute tragique, en ajoutant à l'énigme de la divinité l'énigme de la personne humaine, tout à la fois légitimée et

---

27. Voir v. 91-102.
28. Voir Mouflard M.-M., *op. cit.*, p. 94. L'auteur suppose même l'influence d'un entourage calviniste et une sensibilité « préjanséniste » (p. 95-96). La sensibilité augustinienne du catholicisme de la fin du XVIe siècle ne rend pas cette hypothèse indispensable.
29. Lipse situe ainsi le principe du mal dans la matière (voir Lagrée J., *Juste Lipse, la restauration du stoïcisme*, Paris, Vrin, 1994, p. 67-68). De même, Bodin : « Et d'avantage les Hebrieux tiennent que Sathan perira, & alleguent Ezechiel chap. XXI. & Iesaye, où il est dit que Dieu tuera un jour ce grand Leviathan, ce grand serpent tortu, qui est en la mer, & entend par la mer la matiere fluide, & elementaire, que Platon & Aristote, cherchans l'origine du mal, ont dit estre le suget de tous maux, & laquelle matiere Salomon en ses allegories, & paraboles appelle femme » (*De la Demonomanie des sorciers*, Paris, Jacques du Puy, 1587, f° 3 r°).

aliénée. Il y a le Dieu providentiel et il y a le Dieu à visage de tyran[30]; il y a le peuple élu et il y a la lignée pécheresse d'Adam. Ainsi Garnier retrouve-t-il simultanément l'ambiguïté tragique du destin (ordre ou violence) et la nature innocente et coupable du héros tragique.

La fin de la pièce apporte la résolution. Devenu victime, Sédécie, grâce à la présence du Prophète, passe progressivement de l'expression de la douleur à l'affirmation de la foi. Il commence par gémir (v. 1093-2100), il finit en priant Dieu pour le peuple (v. 2152-2156), sans plus se plaindre pour lui, s'oubliant lui-même. *Metanoia* redoublée par la transformation du Prophète, qui cesse de déplorer les péchés et de supplier le Seigneur pour découvrir l'avenir et annoncer le châtiment de Babylone d'abord, ensuite la libération des Hébreux, enfin la venue du Messie.

C'est la première fois dans le théâtre de Garnier que le visage de la divinité se modifie au cours de l'action. Après le supplice, la Justice se restaure, le Seigneur redevient providentiel et il devient rédempteur. Le supplice et son acceptation jouent donc un rôle essentiel dans cette transfiguration. À preuve la manière dont Garnier a utilisé et distribué dans la pièce les prophéties d'Ézéchiel et de Jérémie. C'est très probablement chez Flavius Josèphe qu'il a trouvé la matière des vers 2157-2168 :

> Le soleil septante ans dessus nos chefs luira
> Tandis qu'en Babylon Israël servira.
> Mais le cours achevé de ces dures années,
> Ses infélicitez se verront terminées.
> Un roy persan viendra, plein de bénignité,
> Qui fera rebastir nostre antique cité.
> Ses tours s'élèveront et ses murailles fortes ;
> Les portaux redressez se fermeront de portes ;
> Et au temple dévôt par nous rédifié,
> Dieu mieux qu'auparavant sera glorifié.
> Les autels fumeront de placables hosties,
> Et seront des faux dieux nos âmes diverties.

Seul Flavius Josèphe rassemble en effet dans une seule prophétie l'annonce du temps de captivité, la venue de Cyrus et la reconstruction du temple de Jérusalem[31]. Mais dans les *Antiquités judaïques* la prophétie de Jérémie

---

30. Double nature en accord avec la pensée paulinienne : « Il pardonne à qui il pardonne, il châtie qui il châtie » (*Romains*, IX, 14-18).
31. *Antiquités judaïques*, VII, 3.

a lieu *avant* la révolte de Sédécie contre Nabuchodonosor. Garnier a choisi de placer la partie optimiste de la prophétie *après* le supplice. Ce choix de dramaturge donne au supplice du roi, et à son acceptation, un rôle décisif dans la transformation de la figure de la divinité.

Le supplice prend ainsi une dimension de sacrifice propitiatoire, ou expiatoire, la théologie catholique post-tridentine identifiant l'un et l'autre, qui appelle sacrifice propitiatoire le sacrifice « *pro peccato* »[32]. De ce point de vue, il faut se souvenir que, malgré l'insistance de l'Ancien Testament et plus encore de Flavius Josèphe sur les errements des chefs des prêtres et leur responsabilité dans les cultes idolâtres, Garnier a concentré toute la culpabilité sur Sédécie – « Je suis cause de tout », dit ce dernier (v. 1209[33]). Ce faisant il incarne la collectivité, assume toute la culpabilité et joue le rôle du bouc émissaire. La pièce s'apparente donc à une liturgie du sacrifice royal, à une époque où Henri III, sur le conseil de Charles Borromée lui-même, pense la fonction royale dans le cadre d'une mystique pénitentielle et affirme le désir de porter seul « la penitence, pour la salut et rédemption de tant de pauvre et désolé peuple »[34], et où Emond Auger, son confesseur, lui propose de rassembler dans sa personne « le droit divin & l'humain », d'« embellir la dignité Roiale du degré de Prestrise » en la « ravalant [...] sous les loix d'une eschole de Penitence »[35]. À la fin de la pièce, Sédécie incarne la double nature de la victime sacrificielle : d'une part, horrible, yeux crevés, dans le deuil de ses enfants, il est une nouvelle figure de ce survivant qui à la fin des tragédies de Garnier connaît un sort pire que la mort pour demeurer en malheur perpétué et incarner l'anéantissement de l'homme coupable. D'autre part il appartient à la race de David d'où sortira le rédempteur, comme le Prophète l'annonce dans les quatre derniers vers. Perdu et sauvé, sans postérité et dans la lignée du rédemp-

---

32. Beyerlinck L., *Theatrum humanæ vitæ*, Lyon, sumptibus Huguetan J.A. et Ravaud M.A., 1665, VII, p. 19. Bellarmin distingue trois types de sacrifices : « holocaustum » (« sacrificium honorarium » : sacrifice de révérence) ; « pro peccato » (« sacrificium propitiatorium ») ; « hostias pacificas » (« sacrificium pacificum » : action de grâce pour un bienfait reçu ou espéré) (*De missa*, IV, *Disputationes Roberti Bellarmini... de controversiis christianæ fidei*, Lyon, Jean Pillehotte, 1610, III, p. 892, p. 887).
33. Voir notre article « Figures de la souveraineté dans le théâtre de Garnier : *Hippolyte* et les *Juifves* », *Littératures*, 43, 2000, p. 59-70.
34. Cité par Crouzet D., *Les Guerriers de Dieu, la violence au temps des guerres de religion*, Paris, Champ Vallon, II, p. 311.
35. *Metaneoeologie, sur le suget de l'Archicongregation des Penitens de l'Annonciation de nostre Dame, & de toutes telles autres assemblées, en l'Eglise sainte*, Paris, Jamet Mettayer, 1583, Épître datée du 22 juillet 1584, signets ii et iii.

teur, Sédécie incarne contradictoirement un double mouvement de perte, d'oblation, et de renaissance en Dieu. Ce mouvement est celui du sacrifice. Celui de la Messe dans la seconde moitié du XVIᵉ siècle, qui définit d'abord la Messe comme liturgie sacrificielle en réitération du sacrifice rédempteur du Christ. Celui de la prière. La tragédie pénitentielle rejoue le mouvement spirituel d'humiliation de soi et de confiance en Dieu qui doit être celui du fidèle. *Sacrificium est oblatio externa facta soli Deo, [...] ad agnitionem humanæ infirmatis, & professionem divinæ Majestatis*, dit Bellarmin[36]. Par là, l'acte sacrificiel et les prières des *Juifves* sont dans le droit fil du projet qu'annonce Garnier dans un sonnet de peu antérieur aux *Juifves* ou contemporain de la pièce :

> Tandis qu'en durs regrets, et en plaintes ameres
> Tu me vois lamenter d'une tragique voix
> Les desastres Romains, et les mal-heurs Gregeois,
> Pleurant nos propres maux sous feintes estrangeres,
>
> Tu nous monstres, Cissé, que toutes ces miseres
> Dont le grand Dieu punist les peuples et les Roys,
> Font en vain ressoner le theatre François,
> Et qu'il faut recourir aux divines prieres[37].

Vanité du théâtre tragique, efficace de la prière. C'est dans le contexte spirituel nouveau de la transformation du théâtre en liturgie du sacrifice que se légitime le recours, une nouvelle fois, aux « durs regrets » et aux « plaintes ameres » de la tragédie. La catastrophe prophétique des *Juifves* rend visible sur scène un mouvement intérieur d'anéantissement et de restauration.

Dès lors les contradictions peuvent coexister dans cette double perspective. Quantité d'éléments sont déchiffrables à deux niveaux. Lorsque le Prophète rappelle à Yahvé le souvenir « d'Isac et de Jacob nos peres,/A qui tu as promis des terres étrangères » (v. 13-14), il rappelle la prière de Moïse suppliant Yahvé d'épargner son peuple bien qu'il adore le Veau d'or[38], il rappelle donc la mansuétude divine à cette occasion. En un premier temps, la citation produit une déception, puisque le châtiment ne sera pas évité. En un second temps, la citation est confirmée, puisque Yahvé redeviendra, après le sacrifice, le Dieu de Providence et de rémission. L'espoir suscité

---

36. Bellarmin, *op. cit.*, p. 888.
37. *Les Juifves, Bradamante, Poésies diverses*, éd. Lebègue R., Paris, Belles Lettres, 1949, p. 243.
38. Source indiquée par R. Lebègue.

par l'effet de citation est donc faux (mais une prière ne peut être fausse) et vrai. De même, après la promesse hypocrite de Nabuchodonosor, Amital exulte et invite le chœur à « rendre à Dieu louange » dans une paraphrase du *Psaume* CXV et surtout du *Psaume* CXXXV. Le chœur refuse en chantant une paraphrase du *Psaume* CXXXVI. La construction de la scène exploite un effet d'agencement paradoxal du psautier. Le choc entre les deux psaumes opposés de la louange triomphale et de la déploration élégiaque établit une double distance ironique : Amital a tort d'espérer, et le chœur, qui reste dans le souvenir endeuillé, a raison. Mais un psaume ne peut pas être faux. Et de fait, Amital a également raison, selon un point de vue ultérieur, celui de la tradition exégétique, qui voit précisément dans le *Psaume* CXXXV l'annonce prophétique de la libération de la captivité à Babylone[39]. En un sens qui la dépasse et qu'elle ne comprend pas, Amital est traversée par une parole supérieure à la circonstance présente, qui va rejoindre les prophéties finales de Jérémie. Ainsi les personnages pieux sont tout à la fois déçus et entendus dans leurs prières. Cette double ironie de l'espoir qui ment et de l'espoir vrai contre toute espérance institue une herméneutique paradoxale, qui dit trois choses : en premier lieu la nécessaire humilité de l'homme, l'humble acceptation du pouvoir souverain de Dieu, y compris lorsqu'il châtie terriblement, avec pour corollaire la substitution de la prière au débat rhétorique, car la prière implique soumission et confiance absolues, alors que la rhétorique suppose la possibilité d'une évaluation humaine ; en second lieu la fatalité de ce châtiment ; enfin l'attente nécessaire du pardon. L'herméneutique de la tragédie s'accorde à une liturgie sacrificelle de la punition et du rachat.

Faut-il parler de théologie ? Ces tragédies ne tiennent pas un discours sur Dieu, sur son essence ou ses attributs. Elles en confrontent différentes figures par rapport à l'exigence de justice qu'éveille le spectacle du malheur et que formulent les débats rhétoriques.

Ces figures n'apportent pas de réponse. Elles sanctionnent le jeu de la violence et du péché. C'est seulement dans les *Juifves* qu'une divinité tutélaire se manifeste lorsque la prière, cette prière que dans le sonnet à Monsieur de Cissé, Garnier appelle en dépassement nécessaire de la plainte

---

39. Voir Bellarmin, *Explanatio in Psalmos*, Lyon, sumptibus Stephani Baritel, 1682, p. 1001 : *Hæc referri possunt ad liberationem Judæorum a servitute Pharaonis, Philisthinorum, & Nabuchodonosoris.*

tragique, humilie l'homme devant lui pour qu'il le relève. Le débat ouvert dans les sept premières tragédies trouve donc une réponse complexe dans la dernière tragédie qui, en jouant sur une double perspective, intègre tous les contrastes des pièces antérieures dans un drame d'abord liturgique. L'intégration est possible parce que le cérémonial tragique devient action sacrificielle, et cette conversion du théâtre est aussi, d'une certaine façon, sa fin, son dépassement. Le spectateur qui entend les derniers mots du Prophète sait que le vrai sacrifice rédempteur est celui du Christ, il sait que ce sacrifice a eu lieu historiquement sur la croix et qu'il se réitère cultuellement pour les fidèles non sur une scène de théâtre, mais à l'église. L'annonce du Messie dans le temps de la pièce devient, dans le temps du spectateur, invitation à la messe. Dans la dernière pièce de Garnier, le théâtre tragique n'est plus une pédagogie par la terreur, mais, par la terreur, une propédeutique de la liturgie.

Dernière remarque, qui appellerait une enquête plus poussée : le dépassement du doute tragique s'accompagne d'une transformation de la figure du roi. La formule du *rex imago dei* est exploitée dans les deux sens contradictoires du tyran figure du Dieu vengeur (Nabuchodonosor) et du roi sacrifié (Sédécie) type du Messie. On peut s'interroger sur le sens politique de cette dissociation : Garnier affime le caractère incontestable de la monarchie, mais la pièce semble liquider la fusion du *sacerdotium* et du *regnum* dans une religion politique. Le roi n'est plus le régulateur d'un ordre humain : il a le visage divin de la sanction et celui de la souffrance rédemptrice. Visages culpabilisateurs et pénitentiels qui annoncent dès 1583 la crise mystique et politique de la Ligue.

Marie-Madeleine Fragonard

La mémoire de Dieu

Un ensemble de communications de ce colloque tourne autour du même type de corpus, le théâtre tragique de la fin du XVIe siècle (Fanlo, Mazouer, Buron), et au fond, autour d'un même ensemble de questions : comment représenter, puisque nous sommes en théâtre, un Dieu invisible par théologie et par pratique théâtrale ? La personne physique d'un acteur représentant Dieu disparaît de la scène entre 1550 et 1600. Il faut donc, pour des destinataires croyants (tout comme avant, mais…), représenter les êtres de nulle apparence par des moyens indirects. Ce qui interroge l'anthropomorphisme autorisé ostensible ou implicite, qui a suscité anciennement des personnages (physiquement représentés) et qui continue à alimenter des métaphores (la main de Dieu, la colère de Dieu, etc.). Transcendance ou proximité intelligible ? J'essaierai de montrer comment, en s'appuyant sur un anthropomorphisme mieux intériorisé, un Dieu Mémoire, le discours théâtral se donne une chance de parvenir à donner une présence crédible à l'invisible. Par prudence, je parlerai plutôt de la représentation du divin (qu'il soit Dieu ou les dieux) au moins dans un premier temps.

Je m'appuierai sur le corpus des tragédies de la Renaissance de 1530 à 1620 (jusqu'à Montchrestien) : les traits que je vais relever ne me semblent pas avoir la même application dans des textes qui eux-mêmes hésitent entre toutes les formes, et parfois reproduisent certains traits des dispositifs tragiques, et parfois non[1]. Autrement dit, un dispositif scénique qui

---

1. Ainsi le cheminement mémoriel s'appliquerait-il à la *Zoanthropie* de François Auffray (1614), comédie morale, comme à Jean Gaulché, *L'Amour divin* (1601), qui tous deux commencent les aventures de leurs personnages à la création du monde, et pour le second, à l'intimité de Dieu même avant la création : difficile de remonter plus loin ! Tous deux aussi structurent des histoires de familles. Mais pour *L'Amour déplumé* de Jean Mouque (1614), pastorale dévote, il n'y a pas de passé, juste un enchantement non situé. Que dire des farces théologiques, comme *Le Pape Malade* (1561), ou *Le Monde bien malade* de Bienvenu (1568), des moralités comme *L'Enfant prodigue* (1616), ou *Le petit rasoir des ornements mondains* de Bousquier (1589) ?

articule clairement le problème du temps comme limite ultime (aussi loin qu'on puisse aller dans la vie d'un homme) rend la question du passé et de la mémoire fortement active. Dans la tragédie, la représentation se fait par l'absence; tout au plus faut-il supposer des statues pour les pièces à canevas païens comme l'*Hippolyte*, qui nécessite des statues de Diane et de Vénus pour encadrer la scène. Mais les statues sont figures muettes: Dieu est hors scène, sinon caché. L'évocation de sa présence est forcément métaphorique ou métonymique, et l'anthropomorphisme, refoulé des corps visibles, explore l'évocation d'un Dieu esprit, analogue aux facultés et passions de l'esprit humain.

Si, comme le dit Vernant[2], la tragédie naît du constat de la non-coïncidence de deux lois, la tragédie de la Renaissance s'inscrit comme un constat de la non-coïncidence de couples de notions, ou use d'éléments présumés simples dans des tensions. Nous envisagerons un de ces cas de dissociations, dans les usages de la faculté de mémoire, entre la mémoire de Dieu, qui résorbe toute action individuelle dans l'histoire collective et dans une règle du jeu historique fondé sur la *fides*, et l'oubli humain, ou l'illusion d'autonomie, qui tend au processus d'individuation. Ceci nous permettra aussi d'explorer les formes particulières de ces tragédies presque sans actions. Jusque dans les meilleurs ouvrages, les longs passages narratifs (en dehors des gros plans qui détaillent les supplices, auxquels on a rendu justice[3]) comme les longues déplorations qui redisent des truismes sur la morale médiocre ou des cantiques sur la prudence, sont ressentis comme légèrement traînants et handicapant l'action. Si l'on conçoit leur fonction éducative et prédicatrice (mettre tous les spectateurs et lecteurs en possession des corrélats) et leur intensité dans les actes d'exposition, on se demande parfois si remonter au déluge ne serait pas une façon de gagner du temps à d'autres modes d'expression, d'autant que ces longs

---

2. Vernant J.-P. et Vidal-Naquet P., *Mythe et tragédie en Grèce ancienne*, Paris, Maspéro, 1972, p. 17: « Le sens tragique de la responsabilité surgit lorsque l'action humaine fait l'objet d'une réflexion, d'un débat, mais qu'elle n'a pas acquis un statut assez autonome pour se suffire pleinement à elle-même. Le domaine propre de la tragédie se situe à cette zone frontière où les actes humains viennent s'articuler avec les puissances divines où ils révèlent leur sens véritable, ignoré de ceux-là mêmes qui en ont pris l'initiative et en portent la responsabilité, en s'insérant dans un ordre qui dépasse l'homme et lui échappe ».
3. Millet O., « La représentation du corps souffrant dans la tragédie humaniste et baroque », dans *Corpus dolens*, colloque de Montpellier, à paraître, repris dans *Par ta colère nous sommes consumés: Jean de La Taille auteur tragique*, textes réunis par Fragonard M.-M., Orléans, Paradigme, 1998.

récits peu « naturels » sont aussi inégalement pathétiques, sauf à compter pour la production du pathos sur le poids de la répétition souvent lancinante. Mais justement, même dans cette fonction qui nous ennuie un peu, pourquoi faut-il mettre le lecteur spectateur en possession des corrélats ? Montrer l'erreur punie sur un cas suffirait à la vertu éducative, et parfois, permettrait même de montrer des leçons plus lumineusement morales. C'est donc que la plongée dans le temps importe pour éclairer le cas présent, et qu'il faut pour une juste interprétation se plonger dans la mémoire. Mais laquelle ? Or la plupart des récits remontent au moment où l'homme et la divinité se rencontrent : la présence (passée) du sacré doit rencontrer le présent, où l'invisibilité du sacré crée l'angoisse.

Mémoire de Dieu/mémoire des hommes : deux modes de conservation du passé

On nous pardonnera un début en forme didactique et théologique. La mémoire est une des facultés de l'esprit humain, celle qui permet à l'homme de s'arracher à l'instantanéité de l'expérience. Elle est aussi dans l'homme un donné, et une action[4]. De la mémoire comme physiologie, on ne peut séparer la mémoire comme constitutive des facultés de la personne. L'homme sans mémoire serait aussi un homme sans existence, au plan humain du raisonnement, Augustin et Montaigne convergent[5] sur ce constat. Au plan humain toujours, la mémoire est ce qui permet la construction de la vertu de Prudence, qui sert à trier le bon du mauvais et de l'indifférent, afin de choisir : elle est ce qui permet de réutiliser, de disposer, de dépasser l'émiettement de l'expérience temporelle, donc aussi ce qui doit ramener au droit naturel, et donc aux justesses du divin telles qu'elles ont été inscrites en nous. C'est là que se conserve l'être. Le stock des impressions est inactif, en attente d'une pulsion. Tout est là, comme Dieu est caché et pourtant existant, mais inemployé puisqu'inconscient. La mémoire n'est pas comme le monde

---

4. Aristote, « au *Livre de la Mémoire* », « La mémoire est de soi et premièrement » cité par Jean Fernel, *Physiologie* (1554, trad. fr. 1655), Paris, Fayard, 2001 (« Corpus des œuvres de philosophie en langue française »), p. 545. Fernel distingue une mémoire agente qui recompose le souvenir et une mémoire patiente qui stocke les images. Même sans invoquer la réminiscence, cela signifie qu'on sait même sans avoir à sa disposition : le gros travail est donc de réactiver, par choc ou par volonté, ce savoir dormant.
5. Augustin, *De spiritu et anima*, Patrologie Latine, t. XL, col. 31, col. 809 : *Eo propter sensus corporei turbata memoria turbati hebetes fiunt, marcidi et stupidi* ; Montaigne : « Si cela était possible, j'oublierais jusqu'à mon nom », *Essais* II, 17.

un réservoir de signes à interpréter : elle est un ensemble de signes à activer déjà là, déjà lus (comme pour les aveugles qui ne voient pas, dans le même parallèle symbolique, tout est présent); la mémoire n'a pas d'ambiguïtés apparemment, plutôt des sommeils.

Ce portrait a des substrats religieux : la parenté du Dieu créateur à la faculté de mémoire, telle que la pose Augustin[6] dans son analyse des liens entre facultés humaines et Trinité, suppose une inscription particulière du sacré dans les facultés humaines, et inversement une représentation de Dieu comme une « psychologie ». Parce que l'âme porte l'image de Dieu, elle sait qu'il y a quelques correspondances entre son être et celui de Dieu. L'exercice de ses facultés créées (donc pour elle naturelles) est analogue à l'Esprit divin. Et ceci est pour l'homme l'instrument du salut : il peut cultiver en lui l'image, donc la ressemblance, produit de son progrès. Ce qui peut se dire autrement : l'anthropomorphisme de notre représentation du divin nous fait imaginer en Dieu une mémoire et une intelligence hyperboliques en leurs capacités, mais fonctionnant sur les mêmes relations que les nôtres, quand bien même nous affirmons par ailleurs qu'il n'y a en Dieu ni passé ni futur, ce qui est même sa définition fondamentale, l'« éternel sans temps ». C'est probablement par le double exercice de la mémoire et de l'imagination pour une meilleure intelligence que l'esprit humain est proche de Dieu; le jugement est altéré après la chute, mais ces deux savoirs – conserver et savoir associer – sont moins atteints, étant d'ailleurs moins en cause judiciairement! La maîtrise du temps par la mémoire est aussi ce qui se rapproche le plus de l'éternité[7].

La place de la mémoire dans l'homologie de l'esprit et de Dieu peut être une variable qui met l'esprit humain et ses facultés en résonance avec tel ou tel des aspects du divin : Dieu paternel source de l'omniscience maîtresse du temps, ou Dieu acte de la charité, de l'Esprit à l'esprit[8]. Faculté

---

6.   Thème particulièrement développé dans les textes contre les manichéens (*Patr. Lat.* XLII), dans les *Confessions* et dans le *De spiritu et anima*. La connaissance de saint Augustin étant chose assez courante au XVIe siècle, nous rassemblons sous ce patronage plausible des analyses largement développées à partir de son œuvre.

7.   Scipion Du Pleix, *Métaphysique*, Paris, Fayard, 1992 (« Corpus des œuvres de philosophie en langue française »), V, chap. VII, p. 341 : « A Dieu toutes choses sont présentes : et nostre ame se represente toutes choses, tant celles qui sont passées ou à venir, que celles qui n'ont jamais esté et ne seront jamais comme des Hydres, des chimères, plusieurs mondes. Et d'ailleurs la mémoire luy represente les choses qui ont vraiment esté, et l'espérance celles qui sont à venir, luy en formant de vives images dans l'entendement ».

8.   Augustin, *De spiritu et anima*, c. 35, col. 805 : *Et licet unius sit naturæ anima, tres tamen in se vires habet, id est intellectum, voluntatem et memoriam: quod idem, licet aliis verbis, in evangelio*

humaine et prototype divin sont liés : Dieu est comme un immense réceptacle du tout disponible, dans lequel se ressource la mémoire humaine si limitée. Dieu n'oublie rien : mémoire passive et mémoire active sont en lui confondues. Peut-être même peut-on dire que la mémoire de Dieu est ce qui constitue la vie des vivants : être dans la mémoire de Dieu, figure de la Providence et substitut du grand livre des élus où tout est marqué depuis les origines, c'est être, ou plutôt exister avec la promesse d'être, parce que tout s'oriente et prend sens si nous nous souvenons du lien et le suivons constamment[9] : à l'inverse, image corrélée de l'abîme et du noir, être en oubli de Dieu est figure de la déréliction, mais forcément une figure que seuls les humains en manque peuvent proférer[10], puisque Dieu n'oublie rien, justement ; sa justice est mémoire elle aussi.

En ce sens, le divin et l'humain ne sont pas extérieurs l'un à l'autre. Au contraire, l'intime de l'intime, ce qui définit l'espèce Homme créée à l'image de Dieu, comme l'individu homme qui aspire à la ressemblance de Dieu : Dieu est intérieur, nous nous souvenons ontologiquement de lui comme il se souvient de nous[11]. Mémoire et mémorisation dressent une axiologie et un objectif à la connaissance comme à l'action : une anthropologie toute orientée de la naissance à la finalité. *Amare autem nequit, nisi eius reminiscit, et eam studuerit intelligere*[12]. Voilà pour le principe définitionnel *sub specie æternitatis*.

---

designatur (Mathieu, 23:37) id est ex toto intellecto tuo, et ex tota voluntate tua, et ex tota memoria tua. Nam sicut ex Patre generatur Filius, et ex Patre Filioque procedit Spiritus sanctus, ita ex intellectu generatur voluntas, et ex his ambobus procedit memoria.

9. Augustin, *ibid.*, col 806 : *Ex his quasi excellentioribus animæ viribus jubemur diligere conditorem, ut in quantum intelligitur, diligatur, et in quantum diligitur, semper in memoria habetur. Nec solum sufficit de eo intellectus, nisi fiat in amore eius voluntas. Imo nec hæc duo sufficiunt, nisi memoria addatur, qua semper in mente intelligentis et diligentis maneat Deus : ut sicut nullum potest esse momentum, quo homo non utatur vel firmatur vel fruatur Dei bonitate et misericordia [...] : Et ideo mihi juste videtur dictum, nostrum interiorem hominem esse imaginem Dei.*

10. Augustin, *Enarratio in Ps. 87:5-6*, Patr. Lat. XXXVI, col. 1112 : *Tunc autem dicitur Deus meminisse, quando facit ; tunc oblivisci quando non facit : nam neque oblivio cadit in Deum, quia nullo modo mutatur ; neque recordatio, quia non obliviscitur.*

11. *Confessions*, livre X, chap. VIII, IX, X, puis mémoire du souvenir et mémoire de l'oubli ; XVI, le souvenir des choses perdues, le souvenir du bonheur ; XXV : « Pourquoi se demander en quel lieu de la mémoire vous habitez, comme s'il y avait des lieux en elle ? Le certain, c'est que vous habitez en elle, car je me souviens de vous depuis que je vous connais, et c'est en elle que je vous trouve, lorsque je pense à vous » ; XXVII : « Tard je vous ai aimée, beauté si ancienne et si nouvelle, tard je vous ai aimée. C'est que vous étiez au dedans de moi, et moi, j'étais en dehors de moi ! et c'est là que je vous cherchais ».

12. Augustin, *De spiritu et anima, op. cit.*, c. 44, col. 812.

Au miroir de l'histoire vécue dans le temps, il en va autrement parce que la mémoire de l'homme espèce comme de l'homme individu est limitée et faillible. L'homme connaît le divin par ses seules manifestations, c'est-à-dire par l'histoire passée. À quoi la religion chrétienne assigne une source historique explicite : en dehors des structures de la création, homme et Dieu sont liés par un pacte, l'Alliance multiplement renouvelée, scellée sous Abraham, réitérée plusieurs fois sous Moïse, scellée et épanouie dans la mort du Christ qui de l'Alliance vient à l'adoption. L'ontologie s'est donc concrétisée dans une histoire dont la re-connaissance même est un progrès. Cela enclôt une représentation de mémoire dépassant l'individu, qui surgit le plus souvent à l'occasion (malheureuse) de concrétiser un choix, ou une décision, ou une punition. Car sur ces structures l'individu comme tel ne peut rien : il est enclos dans un ensemble de liens plus vastes, et dans l'histoire conjointe de Dieu et de l'homme, liés par un pacte (les Testaments régulièrement renouvelés). L'« alliance », en termes humains, unit les deux contractants, une « *fides* » intelligible aussi bien en termes antiques, que médiévaux, que renaissants. Elle régit les deux contractants dans leur comportement complet : se souvenir de l'engagement est le gage d'une stabilité. Ce qu'autrement on pourrait appeler Loi naturelle, qui règle dans notre physio-psychologie les bases de comportement, s'appelle aussi respect des paroles données.

Il est bien entendu que cette petite homélie catéchétique n'est pas spécifique aux versions du théâtre et se répète dans bien des discours du XVIe siècle ! Nul besoin d'études spécialisées pour la rencontrer ; elle converge aussi vers des préoccupations générales : l'approfondissement du sens de la responsabilité, l'anxiété des origines, le désir de bien faire aussi. Et les Testaments bibliques ne sont pas les seuls pactes : les dieux païens font alliance avec les hommes, Neptune aide Thésée, Vénus et Jupiter aident Enée, Jupiter et le Destin sont des formes de recours, certains dieux protègent Troie.

Dans la mesure où l'anthropomorphisme de la représentation de l'être divin gouverne ensuite, même allégoriquement, une représentation de ses manifestations et passions, il nous faut interroger ce qui, en Dieu comme en l'homme, possède une mémoire qui structure l'ordre du comportement : le bienfait, la demande, l'offense et le pardon, et qui, sur scène, se traduit par ces récits longs dont on peut dire qu'ils sont une excellente façon de raconter l'Histoire Sainte aux écoutants qui ne peuvent pas lire la Bible tous les jours, mais qui sont une des caractéristiques tant des personnages des drames que des chœurs.

Un destin sans oubli : mémoire et culpabilité

L'histoire représente le déploiement des implications de la *fides*. En fait, parce qu'il n'y a jamais dans les textes que le point de vue humain, l'histoire concerne les incompréhensions et les accrocs faits au pacte, tels que les conçoivent des humains. L'opinion de Dieu, comme chacun sait, n'est qu'une inférence à partir de calamités et de bienfaits empiriquement constatés, soit à partir des définitions posées antérieurement. On met en discours ainsi la confrontation de deux mémoires, dont l'une est sans temps, active et infaillible, l'autre avec le temps partiellement occultée, paresseuse, partiale, mais pressée de voir se réaliser ses attentes, inversement dilatoire s'il s'agit des punitions qui la concernent, et qui utilise sa propre occultation comme une interprétation angoissée de sa représentation de la mémoire divine. La crise du temps crée donc les malentendus, en particulier l'idée de la lenteur de Dieu qui n'intervient jamais quand on l'attend, furtif « aux pieds de laine », sans impatience ni hâte. Aussi un des cris réitérés des tragédies est-il « Jusques à quand », expression du désaccord entre les rythmes de la justice. Tel est le début des *Juifves*, par exemple.

Le « sacré » se traduit dans ce décalage qui heurte l'immédiateté des désirs humains, révélant une règle du jeu qui non seulement peut se présenter sous la forme de la contrainte, non seulement peut se présenter sous la forme de la justice rétributive, mais décide du terme de l'application, sans pourtant oublier jamais. Innocents et coupables, si cela existe de façon tranchée, sont également désarmés devant le délai. Les héros hésitent entre deux lectures du silence divin, soit comme oubli, soit comme loi. L'idée de Loi, sans être très joyeuse, est aussi la plus rationnelle : sa remémoration permet de retrouver dans l'histoire d'un peuple et d'un être la situation fautive à judiciariser, donc à purger selon une justice rétributive. La mémoire permet d'attribuer un sens à des événements, pour y construire une ligne significative de décision, quant au présent qui est l'enjeu et quant au futur qu'il faut penser pour agir. Elle explique qu'on parsème les tragédies de sentences et autres assertions sans temps et sans propriétaire, par conséquent vraies *in æterno* : la loi dans les concepts comme dans les faits interprétés. Elle explique aussi que l'analyse des faits soit à la fois juridique et narrative.

En premier lieu le travail de mémoire fait ressortir sous des événements confus la structure du pacte de la Loi et ses modalités d'application. Cela met en jeu des termes comme mémoire, souvenir, ressentiment, acceptation, comme la compréhension de la dilation entre fait et solution, faute et vengeance, ainsi que l'a exposé ici même C. Mazouer. Car si l'homme s'embrouille dans le réel, la mémoire de Dieu survit comme fantasme de la vengeance parfaite. Le souvenir de l'offense ne s'efface jamais en lui, le jaloux est en même temps le vengeur de son honneur[13]. Ce thème a été largement abordé par E. Forsyth, sur la vengeance en général et la vengeance de Dieu en particulier, comme thème tragique[14]. La mémoire de Dieu s'exprime aussi par des métaphores de dettes : « remets nous nos dettes » est « pardonne nous nos offenses », dans une comptabilité où l'amnistie ne peut être que décidée souverainement[15]. Mais si la mémoire pèse comme promesse de châtiment, pire est encore l'oubli de Dieu, qui est une des formes du châtiment. Paradoxalement Dieu pourrait oublier nos fautes, mais il ne faut pas qu'il nous oublie, une grande part des prières n'est qu'un appel à sa mémoire[16]. Comme les lois dans la *République* de Platon, le pacte doit être sans cesse récité et actualisé. Ceci s'appuie sur la certitude que dire c'est faire et que la paction initiale est un acte qui se réitère par la réitération verbale, d'où l'usage des psaumes[17], particulièrement quand ils sont eux mêmes connotés par l'action mémorielle[18].

---

13.   *Les Juifves*, v. 139 reprend *Deut.* XXXII, 25 ; Ressentiment, *cf. Les Juifves*, v. 7.
14.   Forsyth E., *La Tragédie française de Jodelle à Corneille : Le thème de la Vengeance* (1962), n[elle] éd. revue, Paris, Champion, 1994, chapitre II, « La vengeance appartient à Dieu seul » : *Mihi vindictam...*, que le commun semble pourtant articuler en « sang pour sang ». Voir ce qu'écrit excellemment Éric Méchoulan à propos de vengeance humaine et de la captation de la vengeance par l'État dans « La dette et la Loi : considérations sur la vengeance », *Littératures classiques*, t. 40, 2000, « Les mésaventures de la vengeance » et « Éléments pour une topique de la vengeance », dans *La Vengeance dans la littérature d'Ancien Régime*, éd. Méchoulan E., *Paragraphes*, 2000 ; ainsi que *La Vengeance. Études d'ethnologie, d'histoire, et de philosophie*, Paris, Cujas, 1980-1984 : « Faire oublier la vengeance, tel est le propos de l'État pour mieux faire oublier, donc légitimer, sa propre instauration ». Il étudie en particulier le rôle structurant de la vendetta, ce qui conviendrait mieux à Shakespeare qu'à notre corpus où ce ne sont pas des lignages qui s'affrontent. Voir aussi Loraux N., *La Cité divisée : l'oubli dans la mémoire d'Athènes*, Paris, Payot, 1997.
15.   Ce qui s'oppose au droit humain, où l'oubli n'a pas le même sens, comme le disent les exemples du Furetière : « On oblige les parties d'oublier le passé/Nous prions Dieu tous les jours d'oublier nos péchés et ceux de nos parents ».
16.   Filleul, *Achille*, prière d'Andromaque, v. 505-506 : « Dieux détournez le mal, et Troie, votre gloire/Autrefois ne vous tombe encor de la mémoire ». Être dans l'oubli de Dieu : *Les Juifves*, v. 39 adaptation du *Psaume* XLIV, 24 ; oubli dans la mort : *Les Juifves* v. 18 adapte *Deut*, XXV, 19, et *Psaume* LXVI.
17.   Vigenère, *Le Psaultier de David* (éd. Le Miroir Volant, 1991), traduction du *Psaume* IX « auquel il [David] célèbre l'accoustumée bonté et justice de Dieu » : IX, 7 « Leur mémoire s'est abolie pour jamais éternellement » ; IX, 19 « Quant à luy il n'oubliera jamais en fin l'affliction du pauvre » ;

Les tragédies sont donc d'abord des explorations des couches successives de mémoire, pour trouver celle qui est la plus refoulée, celle aussi que Dieu sait le mieux, mémoire inévitablement d'offense. Dans les *Juifves*, se superposent trois systèmes de temps. D'abord un temps long interne aux croyances du groupe : mémoire du chœur depuis l'Éden (v. 90 *sq.*) et depuis la sortie d'Égypte (v. 290 *sq.*). Puis un temps historique, celui des erreurs des rois, dans la mémoire d'Amital, depuis Josias et ses successeurs, fondé sur la poétique de noms pleins de leurs histoires latentes qu'on pourrait développer, où la mémoire est action de foi et reconnaissance de la faute. Une mémoire politique enfin d'un an de combats : récits du siège et des jours qui précèdent l'énonciation, à usage externe racontable à la Reine ; elle sert à faire voir pour susciter la pitié et matérialiser le temps bref de la liquidation des dettes d'État ; c'est avec effets d'annonces innombrables le lieu où il n'y a plus que des récits de mort. Plusieurs récapitulatifs organisent la pièce par une progression dans des temps de plus en plus complexes[19]. Plus la mémoire remonte loin, plus elle affleure au pacte sacré ; plus elle est proche, plus elle est rhétorique et politique. On en dirait autant de la *Cornélie* de Garnier. L'acte I récapitule la guerre civile (v. 1-150), à l'acte II Cicéron récapitule des catastrophes ; à l'acte IV Cassius fait la liste des morts vaincus et le chœur fait enfin l'apologie des tyrannicides ; justifié humainement par ces listes de catastrophes, éclate alors le cri de désespérance de la justice et de la vengeance : « il n'y a pas de Dieu »[20]. Reste à retrouver le présent.

IX, 20 « Reveille toi donc seigneur/Leur souvenance avec un son eclatant s'est évanouie, mais le seigneur dure toujours ; *Psaume* XII, 1 « Seigneur jusques à quand sera ce que tu me veux mettre en oubli/Que de moy tu detourneras arrière au loin ta saincte face ? » ; *Psaume* LXX, où David chargé d'ans « ramentoit icy à Dieu les graces et faveurs qu'en un temps il a receues de sa bonté, [...] parquoi il le supplie de les vouloir continuer encore maintenant » ; *Psaume* LXXIII, 2 « s'il te plait sois mémoratif du troupeau de ton humble peuple que tu as acquis de tout temps » ; *Psaume* LXXIII, 19 « Souvienne toy que c'est à Dieu que l'ennemi fait cette injure » ; LXXIII, 23 « Sois mémoratif de tant d'injures qui te sont faits journellement par ces insensés » ; *Psaume* LXXXIII, 8 « Ne veuille avoir mémoire de nos vieilles iniquités » ; *Psaume* LXXXVIII, « lui ramentevant l'alliance qu'il avoit contractee avec eux et sa promesse », etc.

18. *Les Juifves*, v. 540 adapte *Psaume* XXV, 18 *Dimitte delicta* ; *Les Juifves* v. 896 adapte *Psaume* LXV, 4 *Impietatibus tu propitiaberis*.

19. Voir le premier monologue du prophète, puis v. 300-370, 540-600, 1731-1748, 1840.

20. Voir Garnier, *Porcie* : Mégère dans l'acte I énumère l'ensemble des crimes mythiques et historiques ; les tombeaux ensanglantés des corps des descendants (v. 250), les colonisations brutales, l'utilité du tyran pour la paix collective (v. 560) ; Antoine remémore la filiation des ancêtres, toutes les guerres de César et d'Antoine ; la vengeance est différée contre Pompée, fils de l'autre Pompée (v. 1270) ; l'acte IV récapitule tous les héros de la liberté romaine depuis Romulus jusqu'à Brutus.

MARIE-MADELEINE FRAGONARD

De la remémoration de l'indignité ou des vertus de la prise de conscience de l'être au monde

La prise de conscience par la longue liste narrative est une contrainte pour celui qui demande encore et qui, chaque fois qu'il parle du don divin, parle *de facto* de sa propre ingratitude : elle justifie les rappels et appels incessants des psaumes de la pénitence ; il faut ouvrir les oreilles de Dieu par le bon ton de voix, la bonne contrition, la gestuelle même. Et même en monde païen, il n'y a pas de mérite humain, ce qui apparente les tragédies à un théâtre liturgique de la rumination et de la pénitence (d'où l'intérêt de la place parfaite de David). Les tragédies oscillent entre les fautes visibles, immédiates et analysables, et les fautes collectives ou oubliées.

Comme le temps, la faute s'étale à travers des strates successives de culpabilité, du péché originel dont nul n'est plus à proprement parler coupable, jusqu'au péché voulu de chaque individu. Elle suit le même régime dans l'humaine justice : Garnier, dans *Les Juifves*, ajoute à d'autres le récapitulatif par Nabuchodonosor des torts très réels de Sedécias, acte IV. Mais dans l'analyse de la confrontation au sacré, s'ouvre un immense espace-temps où tout le monde est enclos avant même tout acte. En un autre aspect, les textes sont fascinés par l'évidence litanique des récapitulatifs quasi généalogiques, du déjà-fait, de l'inscription dans une série. C'est dans la mémoire que gît le nœud qui va défaire une situation (éventuellement par la mort) : la faute, ce qui sait en nous la faute, est dans l'effort mémoriel actif. Le parfait modèle est l'investigation d'Œdipe, nous n'y reviendrons pas. Mais tout passé recèle son drame. Pour prendre l'exemple de Jean de la Taille, *Daire* : les Perses peuvent se plaindre des malheurs successifs, et récapituler à l'acte I les pays perdus devant Alexandre, ils ont l'air d'être les victimes ; mais en IV, 2, le traître qui complote la mort de Daire dévoile que ce pouvoir a été acquis par le meurtre et que Daire n'est pas du tout le roi légitime que célèbrent les chœurs :

> N'ota-t-il pas le regne au lignage de Cire […] ?
> Qui des rois devanciers,
> Qui d'Ochus et d'Arsame a puni les meurtriers ?
> Daire empoigna le sceptre encore tout sanglant
> De la mort de ces deux ; mais il n'a fait semblant
> De les vouloir venger ; pour ce sa nonchalance
> Merite que sur lui retombe la vengeance[21].

---

21. Voir v. 1253, 1260-1265. Inversement dans *Aman* de Riveaudeau, Assuerus, qui est un usurpateur, sait au moins que la fragilité des rois impose quelque prudence : récapitulatif en

Dans *Saul furieux* et *La Famine*, Saul est fautif, et à l'origine pourtant la faute est celle des Juifs qui réclament un autre roi (visible) que Dieu. Dans *Cornélie*, la violence faite aux peuples vaincus condamne Rome à se déchirer elle-même après avoir écrasé les autres. Parce que l'histoire est faite de choses « mémorables », la trame des scénarios gère la coexistence de plusieurs types de mémoires, dont on voit bien que, pour qu'il y ait une rédemption, il faudrait qu'elles coïncident : dans la *Famine* de La Taille, le récit de l'Alliance, fait par David, est contrebalancé par le récit des hauts faits de Saul mémorisés par les femmes, pour révéler au cœur de la mort collective ce qui fut l'infraction à la loi, cachée dans les victoires, et dont la mémoire divine seule avait la conservation.

Certains rôles ou certains processus accélèrent les plongées dans le passé ou la compréhension des coïncidences. On pourrait accorder une attention soutenue au rôle interférent de la prophétie, qui est en même temps un message à mémoriser, pour le moment historique où elle deviendra actuelle, une aptitude à lire l'identification rétrospective des présages et indices, et un retour de mémoire, quand un prophète est capable de déceler le crime qui a été oublié : retour de l'âme de Samuel, figure parfaite de la remontée mémorielle terrifiante, ou révélation de Nathan, que consulte David pour savoir d'où vient la famine, ou Nathan encore rappelant la mort d'Urie dans le *David* de Montchrestien[22].

La tragédie post-tridentine a particulièrement soigné ces figures du retour du passé coupable, bien que leur existence soit antique. Leur insertion dans le discours tridentin, parallèle au théâtre, leur donne un autre sens de méditation sur la conscience et la permission de conversion. Conscience, remords, Érynnes objectivant des formes, spectres du passé coupable participent comme les prophètes à la mise à jour du caché, attestant la persistance du caché refoulé[23]. Ce que nous avons tendance à

---

acte I des rois renversés et malheureux, Cyrus, Cambise, Darius l'ancien ; dans *Daire*, Daire mourant fait transmettre à Alexandre une leçon politique, v. 1635-37 :
    Qu'il se garde des siens, et mettant en mémoire
    Comment traitreusement les miens m'ont fait finir,
    Qu'encontre ses prochains il se fasse munir.

22. D'où la bonne attitude royale, qui accepte la révélation pour vraie, et la pénitence du coupable devant les injures de Semeis par exemple : celui qui accuse n'a pas tort, il rappelle toujours les crimes oubliés, il n'y a d'innocence que par oubli.

23. Voir Martinez C., « Fantômes, oracles et malédictions, figures du temps tragique », dans *Le Temps et la durée dans la littérature au Moyen Âge et à la Renaissance*, Paris, Nizet, 1986,

interpréter comme une projection scénique de la conscience individuelle ne peut pourtant pas être interprété ainsi : entre autres parce que ces Érynnes ou ces apparitions ou ces songes sont toujours donnés « par la permission de Dieu » ; elles sont autorisées et comme en mission, elles représentent plus la manipulation divine de la mémoire humaine, le ressentiment et son motif, qu'un remords : le remords vient après l'apparition, lorsque la peur se fait éventuellement bonne conseillère, la mémoire de la personne ne s'éveille que sous l'impulsion de la mémoire de Dieu. De cette mémoire qui redécouvre l'indignité dépendent tous les éléments de la connaissance de soi et de cet Autre absolu qu'est Dieu. Ce n'est qu'après que Sedécias a énoncé enfin ce que les autres racontent depuis le début qu'il peut mourir dignement.

La remémoration est fortement liée au pathos des personnages, et forcément à la rhétorique vis-à-vis de l'auditeur et du spectateur : en articulant pathétique et théologique, fiction et modélisation. « Le cours de mon malheur discouru se recree » (*Juifves*, v. 696) : comme le pathos est une occasion de ressouffrir, et la souffrance une occasion de comprendre, le personnage illustre dans la crise qui identifie son mal l'accouchement de la vérité sur soi, dépliée des replis mémoriels.

D'où l'implication dans les tragédies bibliques d'un passé immense qui ne semblait pas importer pour la résolution du malheur immédiat. On comprend que dans le malheur immédiat Amital raconte la mort de son mari, la prise de Jérusalem, et Jérémie ses annonces non écoutées ; l'implication répétée de l'ensemble de l'aventure depuis la création d'Adam semble blesser fondamentalement la conception d'un temps tragique restreint et concentré (même si la concentration qui fait basculer quatre mille ans au néant est tout aussi importante que la fin des vingt-quatre heures fatidiques). Ce qu'y apprend chaque personnage et le spectateur avec lui, c'est à retrouver les éléments de l'alliance : se reconnaître créature, dépendant de la grâce depuis les origines, destructeur de la foi promise. En conséquence il identifie aussi les origines de la faute : celui qui oublie l'alliance se croit seul engagé dans l'histoire et seul créateur de soi, et seul acteur de sa vie. Nabuchodonosor clame très haut sa souveraineté : son orgueil n'est qu'une hypertrophie de tout oubli des hiérarchies et des vérités fondamentales. Sédécias qui a cru en ses armées (ou Henri III qui croit aux siennes), ou Saül qui a cru pouvoir choisir contre l'ordre donné

---

et Millet O., « L'ombre dans la tragédie française ou l'enfer sur la terre », dans *Tourments, doute et ruptures dans l'Europe des XVIe et XVIIe siècles*, Paris, Champion, 1995.

au nom de valeurs humaines ont tout autant décidé d'être autarciques. Oublier son passé d'usurpateur, oublier pour Sédécias son passé de traître, oublier pour tous que l'humanité est fragile et faillible. Alexandre, oubliant la leçon à lui léguée par Daire mourant, écoute avec sympathie Cléon lui raconter ses propres exploits (v. 4-150), et n'entend pas le récapitulatif de ses méfaits raconté par Cassandre aux conjurés dans l'acte III : ce *pro et contra* lui vaut la mort. Il comprend *in extremis* les signes de trahison, et cela lui permet de prophétiser la mort de ses successeurs (acte V). La mémoire juste ne laisse qu'une part illusoire à la souveraineté terrestre et à l'autonomie des êtres.

D'autant que la faute n'est pas personnelle, ou très rarement. En désignant Saul comme principal coupable par deux fois, Jean de La Taille crée une intéressante exception. Car le plus usuellement, la faute peut remonter au plus loin et traverser des culpabilités indirectes le long d'une généalogie : Sedecias, c'est Josias, Joachaz, Joachin. La faute suit jusqu'à la quatrième génération (*Exode*, XX, 5) et la faute des ancêtres, quoi qu'on en dise, pèse sur les descendants (*Psaume* LXXIX, 8, *Daniel*, IX, 16, *Lamentations*, V, 7 « Nos pères ont peché et nous portons leurs fautes »[24]). La continuité physique du mal et du malheur sous-tend le lien familial (présence d'Egée avant l'*Hippolyte* comme de Tantale dans le *Thyeste* de Senèque) et la survie ethnique (récits étiologiques, comme le servage des Gabaonites).

La lignée est capitale, le crime est prêt avant même tout prologue[25] : il suffit de le regarder, disent l'ombre d'Antoine dans la *Cleopatre*, ou Ismène dans l'*Antigone* de Sophocle traduit par Baïf :

---

24. Sur la corrélation des récits de malheurs avec la continuité physique du mal et du bien, *cf.* l'analyse de Damon Di Mauro sur « La mort du bon roi Josias » (*NRSS* 14, n° 2, 1996) : boire le dernier souffle du mourant, dans la longue liste de la « préhistoire de la catastrophe », incorpore le sort du mort et des vivants : le v. 417, « Sa mort fut la notre », dit Damon Di Mauro, assure le lien de la mort individuelle physique à la mort spirituelle d'Amital puis du groupe.

25. Dans Jodelle, *Didon*, la mémoire étonnamment pèse sur le jeune Ascagne qui n'a encore aucune culpabilité, v. 74 puis 157-165 :

> En mémoire me tombe
> Ce qu'un jour nous disait mon pere sur la tombe
> D'Anchise mon aieul : que l'amour et la haine
> Des Dieux vont bigarrant la frele vie humaine
> Une flamme soudaine […]
> qui comme notre Anchise
> L'expliqua, nous chassoit hors de la Troie prise
> Je jure par l'honneur de cette même tête,

> Helas, pense ma sœur, repense sagement
> Que notre pere est mort, par trop honteusement [...]
> Pense à sa femme et mère [...]
> Pense comme en un jour,
> Enflammés de rancœur [...]
> Et songe maintenant [...][26].

La mémoire est soutenue par la scénographie[27], la présence d'objets mémoriels dans nos pièces, en particulier de tombeaux qui sont, dans *Cléopatre*, la *Famine*, la *Troade*, dans le païen comme dans le biblique, des lieux de mémoire : Cléopâtre comme les filles de Saul restent au lieu où mort et vie se confondent dans la résorption de ce qui est leur identité propre, en même temps que le signe des erreurs et autres fautes. Les enfants au tombeau de Saul, Astyanax au tombeau d'Hector héritent du mal et de la mort ; Ulysse est prêt à faire démolir le tombeau d'Hector et Pyrrhus verse le sang sur le tombeau d'Achille (qui « engloutit » le sang de Polyxène sans que ce sang ruisselle) ; Achille se confronte à l'acte IV de la pièce de Filleul au tombeau de Patrocle. Les cendres de son mari sont tout ce qui reste d'identité à la Cornélie de Garnier.

L'émancipation de l'individualité et même la notion de faute personnelle sont donc ici écrasées encore par la faute collective et par la nécessité d'en porter le poids à travers les générations, tout comme valeur et mérite sont inscrits dans une longue série de grâces : la mémoire vous remet dans la longue durée et dans une personnalité construite et articulée hors de la vie individuelle (très littéralement pré-tridentin). Ceci ne laisse pas de créer un problème par rapport au genre même de la tragédie qui forcement inscrit un gros plan individualisé exemplaire, exemplaire (la forme entière de l'humaine condition) mais individualisé (une *hæcceité* et non une *quiddité* : tout homme, mais un cas).

Les pièces dont les scénarios sont issus de l'univers de référence biblique, et expressément faites pour être des leçons religieuses, fonctionnent

---

> Par celle de mon pere et par la neuve fete
> Que le tombeau d'Anchise ajoute à notre annee
> Qu'un même embrasement m'a cette matinee
> Donné le même signe, et qu'on nous tient promesse
> De revenger bientôt la Troie de la Grece.

26. Baïf, *Antigone*, Ismène, v. 61 sq.
27. Thèse d'Ève Marie Rollinat-Levasseur, *La Subjectivité dans le texte de théâtre*, Paris VII, 2000, p. 395, évoquant des paliers de remémoration aux fins d'unité textuelle.

en tautologie permanente d'elles-mêmes à leur référents, et le théâtre est ici une autre de ces tautologies par rapport à l'exégèse, la prédication, les cérémonies liturgiques (dont certaines sont tout autant fondées sur la remémoration listée et litanique). Mais parce que cela est dit et corporellement incarné, la puissance du rituel a sans doute plus de poids que de banalisation.

L' obligation de la mémoire des bienfaits ou les vertus d'une remémoration de la grâce

Mais l'effet de mémoire n'est pas que méditation sur la stabilité de la loi et une coercition des coupables. La mémoire est une des formes de la contrainte, ainsi doublement inscrite dans le sacré.

Le don exerce sur celui qui reçoit, mais aussi sur celui qui donne, une obligation de continuation en quelque sorte logique, globale, et non circonstancielle : don n'est pas récompense et encore moins salaire. Or bien sûr en matière de sacré, aucune perspective salariale, les serfs ne sont que des serfs et les enfants impayables. Le don contraint par le seul fait d'être une émanation de la grâce et de la perfection. Le bienfait engage celui qui reçoit à la reconnaissance, mais celui qui donne à la continuation du don. Là est le ressort principal de la relation à Dieu, et qui fait que la justice de la punition est de fait repoussée par le premier contrat bénéfique. Cette remémoration des bienfaits exerce en fait sur le donateur divin un raisonnement de contrainte qui, sans le déposséder de sa souveraine grâce, fait de la grâce une obligation de son être (la scolastique dispute de savoir si Dieu peut vouloir autre chose que ce qu'il veut ou qu'il a voulu). L'application de la justice serait la perte du fautif, mais la perte aussi du don : le donateur, pris en flagrant délit d'erreur d'investissement perdrait les fruits de sa bonté ; il n'y a plus de retour en arrière, puisque le premier don ne peut pas être égaré ou erroné. Et comme Dieu ne peut pas avoir erré, Dieu continue sa bonté. Ainsi se justifient dans les prières des tragédies les remerciements et l'appropriation des argumentaires des psaumes récapitulatifs « À quoi aurait servi [ton bienfait] » est le pendant du « jusques à quand »[28].

---

28. *Juifves* v. 25-35, 375-376 ; *Famine*, monologue initial de David (150 vers) ; Des Masures, *David Combattant* v. 770 « Continue o mon Dieu ta grace encommencée » ; mais aussi *Cornélie*, acte II, prière à Jupiter.

Pourtant la mémoire divine a ceci de particulier qu'elle ne « mesure » pas, puisque d'emblée le mérite humain est assez faible devant le donateur absolu : et l'on voit la différence quand le rappel des bienfaits est hasardé dans le monde humain où tout se pèse. Amital essaie de rappeler à Nabuchodonosor qu'il fut l'ami, voire l'obligé temporaire, de Josias, pour attirer la merci sur Sedecias. Outre que Nabuchodonosor n'est pas en soi généreux, le bienfait en termes humains est pesé comme réciproque. Or si Dieu nous fait du bien, il n'y a jamais de réciprocité : il engage son être, non le lien réciproque des relations ; il n'est bon pour nous que pour lui-même[29].

L'énonciation de tels textes redonne au théâtre une part de sa force liturgique. La liste des bienfaits, qui appelle sa réponse usuelle de louange (seule « rétribution » due à Dieu quoi qu'il arrive) ne proclame en rien les mérites du récipiendaire, mais d'autant plus l'excellence du donateur que le récipiendaire sait s'en reconnaître indigne. Dieu ne peut que continuer à être lui-même : il ne peut pas s'oublier. En ce sens le long récit remplace les longs mystères qui déroulaient devant les croyants tous les épisodes et les débats qui les concernent. Mais on voit que s'est perdue au passage des deux genres la perception directe que cela nous concerne : la distance historique accorde au personnage un certain raisonnement personnel, au lieu que l'objectivation visuelle de l'ensemble de la geste des humains avait une ampleur généralisante ; dorénavant le spectateur aura besoin d'un effort de symbolisation pour comprendre que le sort du personnage est son propre sort aussi.

La *fides* parfaitement juste est la complète présence en mémoire des doubles séries bienfait/méfait, qui serait assimilable à une certaine version comptable du propos : le pardon des offenses est doublement métaphorisé par l'abolition des amnisties et par l'effacement des dettes (*Pater* et son exégèse).

Du décalage entre les scénarios : de la prééminence des scénarios païens

Nous avons parlé indifféremment des dieux et de Dieu en christianisme, qui, évidemment, mis sous les yeux de spectateurs chrétiens, peuvent

---

29. Des Masures, *David Fugitif*, v. 420-422 :
> Notre faim dure allège, et te recorde
> A tous les tiens faire misericorde
> Pour ton nom saint.

« dire » une même morale chrétienne. Il faut pourtant interroger la coexistence de ces scénarios et la domination numérique des scénarios païens, historiques encore plus que mythologiques.

Le scénario des dieux païens associe, on l'a vu, mémoire et sacré, avec un troisième membre constant de cet ensemble qu'est la vengeance, mais sans ce quatrième qu'est, dans les tragédies bibliques, l'offre ouverte de miséricorde. La nuisance de certains dieux est même liée à leur capacité de mémoire : Vénus venge sur Phèdre les lointaines dénonciations d'Apollon, Neptune tient ses promesses sans chercher la vérité sur Hippolyte. Dans cette configuration, le seul usage connu de la mémoire des dieux semble bien être la vengeance, dans son acception la plus humainement mesquine, celle que le christianisme demande d'oublier. Plus que dans les tragédies religieuses bibliques, le conflit mal résolu entre les deux assertions « les dieux sont justes, les dieux se vengent » est sensible dans l'évidence que souvent la piété des humains n'est pas visiblement en cause dans une injustice proclamée. Les pièces « païennes » de Garnier sont d'une cruauté inégalée, encore que la faute originelle, troyenne, grecque ou romaine, soit bien discernée comme source du malheur. Si, comme le disent nos commentateurs, la tragédie naît du conflit constaté de deux lois, alors la mémoire qui fouille ces deux lois est l'élément qui met le plus au jour leur terrible contradiction : elle crée le tragique de l'innocence (voir Ricœur sur la méchanceté des dieux[30]) dans le cas des tragédies mythiques, ou le tragique né du pouvoir d'État, ou le tragique tout court d'un enfermement humain dans la faute et la mort, quelle que soit sa part personnelle.

Si les deux types de scénarios ont en commun les récapitulatifs, les notions à mémoriser diffèrent. La Bible mémorise deux séries alternées[31] : les bienfaits et les crimes appelant punition dont les séries exercent leur double contrainte ; les listes sont moins longues en monde païen, et surtout

---

30. Ricœur P., « Culpabilité tragique et culpabilité biblique », *Revue d'Histoire et de Philosophie religieuse*, Strasbourg, 1953, repris dans *Par ta colère nous sommes consumés, op. cit.*
31. Mais il est des tragédies dont le temps n'est pas ce qu'on croit, et le schéma bien proche des moralités : la mémoire y joue-t-elle son rôle de contact au sacré ? On peut s'interroger sur les tragédies du dévoilement. Toute révélation n'en appelle pas à la mémoire sauf d'indice ténus, soigneusement dissimulés ou différés par les traîtres : c'est le cas de la structure des *Amans*. Le crime et le châtiment ne sont pas de l'ordre du temps enfoui, mais du secret ou de la double nature des êtres et des comportements, non de leur succession. La reine Esther est en même temps reine et juive persécutée. Le premier ministre est menteur et règle ses comptes en mauvais serviteur. Le roi est mal servi, mais non coupable en quelque sorte. Cependant les appels au secours se font au nom de la mémoire divine et de la protection. Mais c'est encore de la Bible.

composées de crimes à punir, y compris de crimes divins, quand bien même il s'agit de victoires et de conquêtes. La faveur accordée par les dieux semble moins les contraindre à être constants. Le scénario du divin païen est sans futur (sauf pour Énée), il y manque donc une longue histoire des temps alternés : la justice s'y applique (tout crime est puni) avec des délais et bien des exceptions, mais on s'y reconnaît dépendant d'un Dieu (de dieux) sans miséricorde. Il n'y a pas de péché originel fondant les autres et la responsabilité individuelle pourrait y être plus particulière, et partant, de causalités moins lointaines : la présence d'un destin qui veut, sans expliquer sa volonté, fait buter les logiques morales.

Nous (nous modernes) butons là sur une option de lecture assez mal décidable. Soit lire les scénarios comme christianisables, dans le cadre d'une morale dominante qui ne saurait avoir de variantes, soit lire en gardant le sens (sans rédemption) du scénario païen. L'une et l'autre option étouffent probablement l'intérêt de ce transfert culturel volontaire qui, en termes quantitatifs, fait dominer les scénarios païens sur les schémas bibliques[32] dans une période de crise religieuse où la culpabilité et l'individualité sont deux notions en approfondissement.

L'importation des scénarios soit de tragédies antiques soit de l'histoire romaine est un processus d'acculturation volontaire, finalement rapide (le surgissement de la tragédie antique s'implante sur les premiers essais de textes bibliques), décisif pour les représentations et qui n'est pas complètement résorbable dans le sens chrétien. La Bible en tant que telle est-elle encore plus acculturante ? Or, pensée impie, mais qui résulte d'une relecture sérielle, les canevas où la divinité apparaît sans motivation explicite légitimable sont majoritaires dans nos tragédies, et donc, contrairement à ce qu'une légère overdose de la dernière pièce de Garnier laisse à penser, le travail de la mémoire rencontre le sacré pour lui assigner le plus souvent une inquiétante opacité. L'impeccable démonstration des *Juifves* est trop belle, et ne peut pas servir à « expliquer » les autres pièces. Elle fonctionne comme une conversion du point de vue. À ceci près, qui n'est pas mince, que c'est le scénario païen qui constitue, en territoire chrétien anxieux, une conversion, temporaire, conditionnelle, liée au temps du théâtre. En un mot, chaque fois que nous expliquons avec raison qu'en territoire chrétien les notions de fortune, de destin et généralement de volonté divine font

---

32. Ce qui ne paraît pas dépendre de critères confessionnels, ou aboutirait à dire que les catholiques ont une nette préférence pour les schémas païens, paradoxe intéressant.

bon ménage avec le christianisme, ne dissimulons-nous pas un tantinet que ce qui se dit à travers le païen décrit sans doute beaucoup plus un Dieu inconnaissable ? La divergence entre une mémoire humaine qui fait ressurgir des grands criminels hors temps et des souffrances bien proches, et une mémoire humaine calquée sur la mémoire divine, qui serait une comptabilité de bienfaits et de punitions des méfaits en somme lisible accuse une crise. Tragédie didactique calmante si l'on envisage les pièces comme leçon d'humilité, et même comme apprentissage d'un mal améliorable à qui se conduirait bien ? Tragédie dont la didactique bute, comme si par la « régression » se disait une crise d'incompréhension. Le cri ultime des tragédies est encore un psaume, celui qu'articule David dans *La Famine*, *Psaume* VI : « Les morts te loueront-ils ? »[33]

L'alibi païen est bien commode comme lieu du défoulement, toujours dissimulé sous un prétexte intertextuel de cohérence. Il faut l'entendre avec sa violence et sa nouveauté terrible : car les chrétiens ont beaucoup entendu parler de la Rédemption aux Mystères et aux prêches, mais non de cette forme écrasante de la contrainte générée par le passé. Le scénario païen serait propice à décrire une responsabilité individualisée reconnaissant conscience et libre arbitre dans la capacité à mal faire, si par ailleurs l'incompréhensible destin ne niait d'avance l'autonomie, et si les débats sans futur ne faisaient du « mémorable » une notion liée à la mort violente plus qu'à la justice.

Ce sont évidemment les schémas païens qui disent une philosophie générale de la divinité qui permet une expression plus directe des doutes humains dans leur ironie noire et leurs questions sans réponses[34]. Ce sont généralement les seconds rôles et le chœur qui hasardent un timide « les dieux sont justes », autant dire que les gros plans sur les héros sont peut-être aussi le lieu réel du pessimisme : la mémoire s'assigne bien des fautes originelles, redoublées de fautes plus récentes, et sans promesse d'amélioration. Le sacré est contrainte. La tragédie à scénario païen sert à dire les cas où il n'y a pas de bonne solution espérable, c'est une arme du pessimisme politique plus encore que religieux. Là où pénitence et alliance se rallient, quelle que soit la punition, elle est justifiée et justifiable, puisque toutes les

---

33. *Psaume* VI, 6, *Psaume* LXXXXVIII et comm. par Aubigné ; *Ézéchiel*, XXXVII.
34. Voir Jodelle, *Didon se sacrifiant*, Chœur, v. 300-303 :
     Les Dieux toujours à soi ressemblent
     Quand à soi les dieux sont parfaits
     Mais leurs effets sont imparfaits.

causes peuvent en être éclairées ; lorsqu'il n'y a pas d'autres causes identifiables qu'humaines, aucune solution extérieure n'est espérable. J'évoquais au début la possibilité que le décor intègre des statues à qui s'adresser : leur mutisme, et pour cause, n'est que plus figural de leur absence de communication et, puisque la pièce le dit, de leur absence d'action. Plus muettes que cachées, les forces divines sont bien plus angoissantes, et la mémoire, capable de retrouver les sources obscures d'un péché, ne retrouve pas les sources lumineuses de la promesse. Confusion du sacré avec la faute et la peur, à quoi on s'ingénie à donner du sens[35] évidemment éducatif et uniformisant, mais d'un poids de désespérance qui est étonnant. Le dénouement n'assigne à Cornélie qu'un seul avenir, rendre les honneurs funèbres aux cendres de Pompée (tandis qu'en hors champ l'avenir de César, la mort de Cicéron, sont déjà inscrites dans nos mémoires lettrées), et n'assigne à Porcie que les charbons ardents. Le rapport au passé comme au futur est bloqué : ceci est d'autant plus visible que les figures féminines, doublement victimes et prises entre leur innocence objective et leur culpabilité de lignée sont aux marges de l'action, impuissantes. Les schémas de la culpabilité mémorisée (Tantale) existent depuis les tragédies antiques : mais c'est bien là l'épouvantable que ce schéma bloqué revienne dominer le schéma chrétien de la Rédemption, le contexte d'écoute ne prouvant que trop bien que le miracle promis au référent biblique des *Juifves* n'a pas changé le visible et la souffrance[36].

Le théâtre ici donne du sacré comme mémoire une représentation déséquilibrée : à la fois bien bouclée dans certaines pièces qui font du théâtre une tautologie prédicatrice ; et mal bouclée parce que si le crime ne semble pas payer (la justice s'y retrouve toujours), l'innocence et le

---

ou Garnier, *Cornélie*, litanie de la prière de l'acte II, « Et toi grand Jupiter […] pourquoi nous avez vous gardés […] défendus, […]. Pourquoi […], pour tomber maintenant […] au servile malheur où nous avez réduits ? »

35. On pourrait rapprocher ceci de l'analyse de R. Muchembled sur la « configuration tragique » qu'il dit typique des mentalités de l'âge moderne (« Processus de réflexion et de médiations », dans *La Renaissance nunc et cras*, Colloque de la Fisier, Septembre 2001, Genève, Droz, 2003). Voir aussi Jones Davies M.-T., « Les Homélies élisabéthaines : du rappel de la mémoire à la recherche de l'oubli », dans *Les Sermons au temps de la Renaissance*, colloque de 1998, Paris, Les Belles Lettres, 2002.

36. Une perspective de comparaison possible serait d'étudier la représentation du sacré dans la perspective du présent et dans les « tragédies d'actualité », ce qui poserait discrètement la question de la raison d'État comme substitut de la mémoire divine, dans le ressentiment royal et le secret de sa décision.

bien n'y sont jamais récompensés, comme oubliés de la geste humaine. Ambivalence alors, que d'hypertrophier des cas spectaculaires, qui exemplifient soit un énigmatique oubli de Dieu (ou la *fides* de Dieu vacillerait en même temps que celle des hommes?). D'autre part, la recherche d'une coïncidence entre la connaissance de soi, le retour intérieur, et la rencontre du sacré, qui est de bonne théologie en même temps que cohérente à une meilleure évaluation de la notion d'individu, renvoie d'abord chacun à son lignage, à sa continuité avec le passé des autres. Dieu est notre héritage au sens ironique le plus noir : la tragédie exemplifie ce qui pèse sur les lignées de malheurs et de bonheurs, d'incompréhension dans le groupe, la longue durée dans laquelle s'inscrit la petite durée individuelle qui y est comme prisonnière. La tragédie peine à se libérer d'une définition de l'individu qui le ramène sans cesse à l'avant lui, mémoire fondement, poids, loi, divinité. La forme tragique joue là un rôle double. Elle est majoritairement « réactionnaire », régressive par rapport au message optimiste des Mystères, mais toujours elle oblige à l'analyse d'un rapport individuel au passé. Il lui faudra faire basculer le moment décisif de son action de la remémoration au délibératif pour libérer la force dynamique de sa forme propre, le spectacle d'un personnage pensant, et non plus la fascination d'une mort hypertrophiée.

Charles Mazouer

La colère de Dieu dans les tragédies bibliques de la Renaissance

Du livre de l'Exode au livre de l'Apocalypse, de la colère de Yahvé qui s'enflamma contre Moïse jusqu'à l'ardente colère de Dieu qui sera foulée dans la cuve aux derniers jours[1], cette sorte de passion attribuée à Dieu de manière anthropocentrique – et qui reste un mystère chez le Dieu d'Amour – se déchaîne dans la Bible, avec ses manifestations terrifiantes; en particulier dans l'Ancien Testament, où les malheurs de l'homme pécheur – Israël ou ses ennemis – sont interprétés comme le signe de la justice divine et plus profondément encore, comme la volonté du Saint de faire participer ses créatures à sa sainteté.

On sait[2] que la tragédie de la Renaissance française, à partir de l'*Abraham sacrifiant* de Théodore de Bèze, n'a cessé de traiter des sujets bibliques, tout au long du siècle, dans des tragédies religieuses. Qu'ils fussent Réformés ou catholiques, modérés ou ligueurs, dramaturges médiocres ou géniaux, les écrivains de théâtre illustrèrent continûment le genre de la tragédie biblique. Et presque toutes les tragédies bibliques éditées entre 1550 (ou avant 1545, si l'on tient compte du *Jephtes* latin de Buchanan) et 1610 éclairent le thème de la colère de Dieu à travers des épisodes de l'Ancien Testament, dont certains, comme la geste de Saül et de David ou l'histoire d'Esther, reviennent au théâtre avec une récurrence remarquable[3].

---

1. *Exode*, IV, 14 et *Apocalypse*, XIX, 15.
2. Voir Mazouer C., *Le Théâtre français de la Renaissance*, Paris, Champion, 2002, p. 212-221, avec la bibliographie. On ajoutera à celle-ci: Ceccheti D., « Teologia della salvezza e tragico sacro », dans *Il tragico et il sacro dal cinquecento a Racine*, Firenze, Olschki, 2001, p. 289-312.
3. Vingt-six sur une trentaine. Voici mon corpus, avec l'indication, quand elles existent, des éditions modernes utilisées: Buchanan, *Jephtes sive votum* (entre 1540 et 1544), dans *Tragedies*, ed. Sharratt P. and Walsh P.G., Scottish Academic Press, 1983; trad. fr. de Claude de Vesel et de Florent Chrestien, dans *La Tragédie à l'époque d'Henri II et de Charles IX*, pre-

Je commencerai donc par explorer les grands axes de la thématique de la colère de Dieu dans les tragédies bibliques. Une seconde approche sera consacrée à la dramaturgie : nous sommes au théâtre et la colère de Dieu est présentée dans une construction dramatique et dans un spectacle. Il faudra enfin réfléchir sur la portée théologique du thème, qui est à la fois un thème tragique et un thème religieux, au demeurant coloré de nettes nuances confessionnelles.

Les tragédies bibliques proclament la colère de Dieu à satiété – sa *vengeance* même[4] avec un mot assez fréquemment employé et qui résonne encore plus durement à nos oreilles. L'ire de Dieu s'abat d'abord sur les pécheurs et les méchants. Sans la prière d'Abraham, le Seigneur s'apprêtait à ravager Sodome – « au plus fort de ton ire,/Quand tu partis pour Sodome détruire » – rappelle l'Abraham de T. de Bèze dans sa prière[5]. Le Dieu justicier – que les dramaturges les plus médiocres dégradent en instrument d'un dessein non plus religieux mais platement moralisateur – ne pardonne pas aux méchants ; et quand ceux-ci pensent que son courroux est vain ou s'apaise, c'est alors qu'avec plus d'ardeur encore « il enflamme sa braise »[6]. Contre les idolâtres de Jéricho, Dieu va prendre vengeance ; l'ire est montée dans son cœur et sa fureur a surmonté sa bonté[7].

---

mière série, vol. 3 (1566-1567), Florence-Paris, Olschki – PUF, 1990, p. 321-489 ; Théodore de Bèze, *Abraham sacrifiant* (1550), éd. Soulié M., Mugron (Landes), Éditions José Feijoo, Sarl Spec, 1990 ; Joachim de Coignac, *La Déconfiture de Goliath* (1551) ; Louis Des Masures, *Tragédies saintes* [*David combattant*, *David triomphant* et *David fugitif*] (1566), dans *La Tragédie à l'époque d'Henri II et de Charles IX*, première série, vol. 2 (1561-1566), Firenze/Paris, Olschki, 1989, p. 215-441 ; André de Rivaudeau, *Aman* (1566), dans *La Tragédie à l'époque d'Henri II et de Charles IX*, première série, vol. 3, *op. cit.*, p. 11-86 ; Philone, *Josias* (1566), *ibid.*, p. 87-202 ; Jean de La Taille, *Saül le furieux. La Famine, ou Les Gabéonites* (1572 et 1573), éd. Forsyth E., Paris, Société des Textes Français Modernes, 1968 ; Chantelouve, *Pharaon* (1576), dans *La Tragédie à l'époque d'Henri III*, deuxième série, vol. 1, Firenze/Paris, Olschki, 1999, p. 161-216 ; Adrien d'Amboise, *Holoferne* (1580), dans *La Tragédie à l'époque d'Henri III*, deuxième série, vol. 2, Firenze-Paris, Olschki, 2000, p. 211-267 ; Robert Garnier, *Les Juives* (1583), dans *Œuvres complètes*, éd. Lebègue R., *Les Juives. Bradamante. Poésies diverses*, Paris, Les Belles Lettres, 1949 ; Pierre Matthieu, *Esther* (1585) (En 1589, cette pièce fut scindée par Matthieu en deux tragédies distinctes : *Vasthi* et *Aman*) ; Philone, *Adonias* (1586) ; François Perrin, *Sichem ravisseur* (1589) ; Antoine de Montchrestien, *David* et *Aman* (vers 1598), dans *Les Tragédies*, éd. Petit de Julleville L., Paris, Plon, 1891 ; Jean de Virey, *La Machabée* (1599) ; Roland de Marcé, *Achab* (1601) ; Pierre de Nancel, *Dina, Josué* et *Déborah* (1607) ; Nicolas Chrétien des Croix, *Amnon et Thamar* (1608) ; Claude Billard, *Saül* (1610).

4. Voir Forsyth E., *La Tragédie française de Jodelle à Corneille (1553-1640). Le thème de la vengeance*, édition revue et augmentée, Paris, Champion, 1994 (1962).
5. *Abraham sacrifiant*, v. 767-768.
6. Matthieu, *Esther*, acte II.

La vengeance de Dieu s'exerce le plus souvent en faveur de son peuple, contre les ennemis de celui-ci. Le vrai Dieu, le Tout-puissant plein de justice que prie Jephté est à la fois âpre en courroux et doux, irritable et plein d'amour :

> Vengeur sévère et père humain et doux,
> Sur tes haineux déployant ton courroux,
> A tes élus propice et secourable [...][8].

Le cantique d'Abraham et de Sara menace les « pervers » – ennemis de Dieu et de son peuple – que le Seigneur réduira à néant. Écrasé sous la tyrannie égyptienne, le peuple israélite supplie son Seigneur de mettre en œuvre ses bras puissants et sur les tyrans de faire « pleuvoir ire mortelle »[9]. « Où est donc ton arc, ton foudre, où est donc ta vertu ? »[10], clame Mardochée qui veut exciter la colère de Dieu contre Aman, le persécuteur de son peuple.

La figure d'Aman est d'ailleurs exemplaire, comme celle d'Holopherne[11]. Ces ennemis du peuple élu sont atteints par l'orgueil, la démesure, la vieille *hubris* tragique. Il faut relire le rôle d'Aman chez Montchrestien pour apprécier cette démesure d'un homme qui brave le Dieu des Juifs et qui, ce faisant, appelle sur lui la fureur du Créateur.

Mais le Dieu juste peut s'enflammer de colère contre son peuple ou contre son élu ; et il se sert alors des impies et des méchants pour les châtier – ainsi d'Aman, d'Holopherne, du Nabuchodonosor des *Juives*, des Ammonites de l'histoire de Jephté, des Philistins et des Gabéonites de l'histoire de Saül et de David.

La faute est du peuple – peuple infidèle à l'Alliance, tenté par l'orgueil, la rébellion, le péché d'idolâtrie, peuple que son Dieu doit continuellement dompter, laisser sous le fouet, punir par les souffrances de la guerre, de la peste ou de la faim, comme il est dit au prologue de *Jephtes*. Les souffrances des compatriotes de Mardochée et d'Esther ? C'est l'épée de Dieu entrée dans leur flanc, qui recherche les péchés des Juifs[12]. « Dieu brandit contre nous de son ire la foudre », se plaint le chœur d'*Esther*[13]. Et le Mardochée de Montchrestien :

---

7. Nancel, *Josué, ou Le Sac de Jéricho*, acte I.
8. Buchanan, *Jephté*, trad. Claude de Vesel, Épisode III, v. 580-582.
9. Chantelouve, *Pharaon*, II, 2, v. 574-577.
10. Matthieu, *Esther*, acte II.
11. Rivaudeau, *Aman* ; Matthieu, *Esther* ; Montchrestien, *Aman* ; d'Amboise, *Holopherne*.
12. Rivaudeau, *Aman*, acte I, v. 724-726.
13. Matthieu, *Esther*, acte III.

> Ô Seigneur, je sais bien qu'un grand amas d'offenses
> Attise dessus nous tes tardives vengeances,
> Que nos péchés commis contre ta sainte loi
> Te font de père doux juge rempli d'effroi [...][14].

Judith rappelle que, pour avoir irrité le Seigneur, le peuple a souvent, et durement, été châtié[15]. Dans le *Josias* de Philone ou dans *Les Juives* de Garnier, la faute des rois a sans doute provoqué le malheur, mais aussi la faute de tout le peuple, comme le rappellent les prophètes de ces deux tragédies. Ici, Jérémie et le roi Josias proclament l'ire, la fureur terrible amoncelée sur le peuple qui s'est détourné de Dieu. Là, le Prophète explique ainsi le malheur présent :

> Las! qu'il faut bien que Dieu eust la poitrine pleine
> D'un amas de courroux, pour lancer telle peine
> Contre son peuple eleu! qu'il falloit que son cœur
> Fust de long temps espris de mortelle rancœur[16] !

La faute est aussi d'un individu. Dans l'ordre divin de sacrifier son fils, Abraham voit d'abord la colère de Dieu contre son péché[17] ; il ne s'agit pas, en fait, d'une punition mais d'une épreuve de la foi envoyée par Dieu à son élu, qui l'exerce par la souffrance, comme le jeune David de Des Masures[18]. Toutefois l'idée reste présente que devant Dieu nul n'est juste, mais pécheur et passible par là de la colère divine[19].

Reste que la tragédie biblique met en relief quelques figures importantes de rois pécheurs punis, voire maudits. Saül, le premier roi d'Israël, choisi puis rejeté par Dieu, est l'exemple le plus saisissant de la colère de Dieu, qui appesantit sur lui sa « main dure »[20] ; Jean de La Taille montre admirablement dans son *Saül* le désespoir du roi devenu par sa déso-

---

14. Montchrestien, *Aman*, acte III.
15. D'Amboise, *Holopherne*, acte II.
16. Garnier, *Les Juives*, acte V, v. 2079-2082. En un style fort médiocre, l'*Argument* de *Sichem ravisseur* de Perrin exprime la pensée générale : quand le peuple commença à « forligner du sentier de la loi », le Seigneur le plongea « dans les ombres de son ire ».
17. Théodore de Bèze T., *Abraham sacrifiant*, v. 296-298.
18. Dieu, juste de tout temps, « les justes, ses élus, diversement exerce » (*David triomphant*, v. 2004).
19. Je sais bien, dit David injustement persécuté par Saül, « que ma vie/Pour mes forfaits ton ire a desservie » (*David triomphant*, v. 1953-1954).
20. Des Masures, *David fugitif*, v. 380.

béissance la proie de la colère divine, d'une haine même qui le forclot de sa grâce, abandonné, maudit, traqué par « l'ire fatale/Du Ciel »[21]. Mais son successeur David commet aussi fautes et péchés, et encoure la colère divine dès le début de son règne[22] et surtout lors de ses amours adultères avec Bethsabée ; le prophète Nathan fulmine contre son roi et son péché, qui attirent « l'effroyable courroux qui fait trembler les cieux »[23]. D'autres rois de Juda ou d'Israël sont associés à ces pécheurs, tels Sédécie dont les fautes et les péchés suscitent la vengeance de Dieu[24], ou Achab, le mari de la terrible Jézabel, héros à la fois entêté et versatile de la tragédie de Roland de Marcé – ce roi dont le récit biblique affirme que par ses multiples offenses il irrita Yahvé « plus que tous les rois d'Israël qui avaient été avant lui »[25]. Autre roi abandonné de la grâce et de l'amour divins, qui entraînent son peuple dans le désastre, car la colère de Dieu frappe le roi et son royaume.

La colère de Dieu sera-t-elle éternelle ? Non pas, car, dès avant l'incarnation de Jésus qui, selon saint Paul (I *Philippiens*, I, 10), nous délivre de la colère qui vient par son sacrifice[26], le Dieu de la première Alliance est aussi un Dieu de miséricorde. Nos dramaturges ont certainement médité ces deux passages de l'Exode, où le Dieu jaloux du Décalogue se fait connaître *à la fois* dans sa tendresse et dans sa dureté ; évoqué par Moïse, il passe devant lui et crie :

> Yahvé, Yahvé, Dieu de tendresse et de pitié, lent à la colère, riche en grâce et fidélité, qui garde sa grâce à des milliers, tolère faute, transgression et péché mais ne laisse rien impuni et châtie la faute des pères sur les enfants et les petits-enfants, jusqu'à la troisième et la quatrième génération. (*Exode*, XXXIV, 6-7)

---

21. La Taille, *Saül le furieux*, acte IV, v. 940-941. *Cf.* le Saül de Billard, qui a irrité Dieu, qui, mutin, a attiré « sur soi la fureur » divine (chœur de l'acte I).
22. Voir la continuité entre l'épisode du soldat amalécite (*Saül le furieux*, acte V) et le malheur d'Israël (*La Famine*, acte I) chez Jean de La Taille.
23. Montchrestien, *David*, acte V.
24. Il est mentionné par Rivaudeau dans son *Aman* (acte I, v. 208 *sq*. et acte II, v. 937 *sq*.), et surtout mis en scène par *Les Juives* de Garnier.
25. I *Rois*, XVI, 33.
26. *Jephtes* propose une préfiguration du sacrifice christique, en la personne d'Iphis, injustement vouée à la mort par son père, mais qui a conscience de verser son sang pour racheter le péché et l'infidélité de son peuple (« Détourne vers moi, Seigneur, ton ire horrible », dit-elle, vers 1752, de la traduction de Florent Chrestien).

Dans les tragédies, le versant de la tendresse pour les siens est à son tour exploité. Car Dieu est un père bienveillant qui délivre Israël de ses oppresseurs, l'admoneste pour le faire revenir à la foi de l'Alliance et lui pardonne ses fautes. Sa douceur miséricordieuse finit par briser sa colère furieuse et lui fait déposer toute haine contre ses enfants qu'il remet debout[27]. Rois et peuples pécheurs finissent donc par reconnaître leur péché et s'efforcent, par la pénitence, la prière, les larmes, d'obtenir leur pardon, assurés qu'ils sont de la bonté de Dieu – celle que chante le *Psaume* LXXXVI – et conscients qu'ayant provoqué la colère et mérité le châtiment, ils doivent attendre de Dieu seul la remise de l'offense[28]. Entrons dans le remords et implorons la miséricorde, pour que cesse la colère divine.

D'où ces belles prières pour que Dieu renonce à sa colère, apaise sa colère et s'ouvre à la pitié paternelle. Esther invite sa troupe à fléchir le cœur de Dieu par les larmes, seules armes capables de froisser son courroux et de le rendre plus doux[29]. Le Mardochée de Montchrestien, le Prophète des *Juives*, tous les pécheurs repentants poussent vers Dieu ce cri : jusqu'à quand ? Chez Montchrestien : « Toujours s'embrasera de ton ire la flamme ?/Toujours sera ton cœur de fureur élancé ? »[30]. Et *Les Juives* s'ouvrent sur ce vers : « Jusques à quand, Seigneur, épandras-tu ton ire ? » Mais il faut avouer son péché avant d'en être lavé par la clémence divine. Ce que Saül, confiné dans la damnation, se refuse à faire, David, amant de Bethsabée et meurtrier d'Uri, l'accomplit ; et vient naturellement aux lèvres du personnage dramatique le *Psaume* LI, le splendide *Miserere* : « Aye merci de moi par ta douce clémence […] »[31]. Un cœur brisé gagne le pardon, sinon toujours la remise du châtiment. Écoutons le prophète Nathan, après le repentir de David :

> Dieu bénin et facile est ores apaisé :
> Tes larmes ont éteint son courroux embrasé ;
> Tes péchés sont très grands, mais sa miséricorde
> Plus grande infiniment à ta grâce s'accorde[32].

---

27. Paraphrase, d'après Florent Chrestien, du latin de Buchanan, que voici : « *At tu, benignus atque misericors deus,/justi furoris frema compescis tui./Iram remittis et odii oblivisceris,/et abdicatos filios culpa sua/restituis iterum misericordia tua* » (*Jephtes*, v. 455-459).
28. Voir, par exemple, Des Masures, *David fugitif*, v. 1831-1836.
29. Rivaudeau, *Aman*, acte II, v. 808-810.
30. Montchrestien, *Aman*, acte III.
31. Montchrestien, *David*, acte V.
32. *Idem*.

N'oublions pas que nous sommes au théâtre! La colère du Dieu invisible y est évoquée, annoncée, commentée, déplorée, repoussée par des mots; comme elle se manifeste dans les malheurs qui frappent les personnages, elle s'inscrit à la fois dans la progression du drame et dans le spectacle proposé sur la scène.

Pour dire un peu poétiquement la colère et ses manifestations, nos humanistes recourent évidemment à l'imagerie antique; à l'instar de Jupiter, Dieu devient le « haut-tonnant » armé qui déchaîne son ire comme la foudre, l'éclair, le tonnerre, la tempête. Imagerie fort peu originale. Pour ceux qui la subissent, la colère est tranchante comme un glaive, comme une épée[33]; elle atteint aussi comme un arc.

Dans le malheur, les victimes de la colère voient l'action de la main ou du bras de Dieu – qui se contente d'abord de branler la tête avant de mettre son bras en action[34]. Bras irrité, bras foudroyant et main pesante. Sur Saül « était du Seigneur la main dure »[35]; pris dans le tourment de la vengeance divine, le chœur de *La Famine* se plaint des mains lourdes du Seigneur[36]. Ah! malheureuse Sion, jadis si florissante, « Tu sens ores de Dieu la dextre punissante »[37], se lamente le Prophète des *Juives*.

Aussi redoutable qu'une braise enflammée, la colère vient du cœur de Dieu. Montchrestien, qui évoque aussi l'œil courroucé de Dieu, parle de son âme où bout le dépit de l'offense, de son cœur embrasé par la flamme de la colère[38]. Plus gravement, les mères de *La Famine* se plaignent de cette colère, de cette haine de Dieu qui n'a pas fini de se désaltérer du sang de ses victimes[39]. Un chœur de Rivaudeau[40] développe heureusement une comparaison d'une tout autre tonalité: celle du jardinier fâché, contraint de retrancher les branches mortes – image proprement évangélique.

Quoi qu'il en soit, la colère est redoutable et la poésie doit reprendre ou inventer mots et figures aptes à faire naître le *tremendum*. Certains rôles sembleraient écrits à cette fin; je pense aux prophètes, hérauts de

---

33. Garnier, *Les Juives*, acte I, v. 90. Dans *Achab* de R. de Marcé, il est question du « dur acier de tes glaives tranchants », de « l'estoc de ta fureur » (acte I).
34. Montchrestien, *David*, acte III.
35. Des Masures, *David fugitif*, v. 380.
36. Acte I, v. 262.
37. *Les Juives*, acte I, v. 61-62.
38. *Aman*, acte III.
39. La Taille, *La Famine*, acte II, v. 287-289.
40. Rivaudeau, *Aman*, acte II, v. 1041-1044.

la colère de Dieu. Au mauvais roi Manassé et à son peuple, Dieu parla par les prophètes « avec mainte menace horrible, épouvantable », est-il dit dans le *Josias* de Philone[41], qui donne d'ailleurs très longuement la parole au prophète Jérémie et à la prophétesse Olda, qui clament violemment la colère de Dieu enflammée contre son peuple pécheur. On sait que Garnier, pour le Prophète des *Juives*, a pris aussi Jérémie comme modèle. Mais c'est sans doute l'*Achab* de Marcé qui développe le plus les rôles des prophètes – Elie et Michée –, lesquels tonnent somptueusement, dirait-on, contre les pécheurs ; car telle est leur mission :

> Le prophète qui voit l'ire de Dieu descendre
> Ne désiste jamais d'arguer et reprendre
> Les princes et les rois […][42].

Dramaturgiquement plus fondamental : la colère de Dieu est inscrite dans le temps dramatique, et l'art consiste à en donner le sentiment le plus puissant aux spectateurs.

Les coups de la colère divine peuvent être annoncés dès le début du drame, comme une menace suspendue qui finit par éclater, inéluctablement. Dès l'acte I du *Josué* de Nancel, l'Ange annonce que Dieu prendra vengeance des idolâtres de Jéricho : Dieu met la cognée à la racine sèche, brasse la ruine de la ville rebelle ; « l'anathème est jeté, ta chute est ordonnée ». On attend sans surprise le dénouement. *Josias* et *Achab* entretiennent la tension par les interventions multiples des prophètes dont les avertissements ne sont pas assez écoutés ou tardent à être suivis d'effets. C'est un thème commun en effet que la tardive colère de Dieu, mais d'autant plus éclatante. Montchrestien a exploité cela, qui produit un certain effet de surprise. Dieu, fait-il dire à un chœur de *David*, ne fait d'abord que branler la tête, sans tirer ses bras hors de son sein ; à ce chœur de l'acte III répondent deux vers de l'acte V, selon lesquels « dedans l'échauguette des cieux – l'image donne à penser… – Dieu n'a pas toujours le bras au sein ». De fait, alors qu'il ne craint plus, David voit fondre sur lui, au dernier acte, la colère divine : le remords comme un clou fiché dans le cœur, le châtiment annoncé et qui sera maintenu malgré le pardon de l'offense. De même, dans *Aman*, la punition du ministre orgueilleux qui persécute le peuple d'Esther est longtemps espérée, demandée à Dieu par les Juifs

---

41. Acte I, v. 299.
42. Acte III.

et ne se réalise qu'à la fin. De plus, comme dans toutes les tragédies sur l'histoire d'Esther, la colère de Dieu se sert du piège ourdi par le méchant pour le perdre : effet de renversement[43].

Le plus impressionnant toutefois n'est pas dans ce type de construction. Les tragédies qui s'ouvrent sur la colère en marche et se déroulent sans qu'elle ne se relâche jamais provoquent un puissant effet tragique sur lequel il faudra réfléchir. Dès les premiers vers du *Saül* de La Taille, la colère de Dieu est là, tenant dans ses mâchoires le roi maudit, qu'elle ne lâchera pas jusqu'à la mort ; la vengeance divine passe même la mort et fera payer à sa descendance la faute du roi mort dans la seconde pièce de la bilogie. Et l'on n'échappe pas à la colère de Dieu. On a le même sentiment en lisant cet autre chef-d'œuvre de la tragédie de la Renaissance que constituent *Les Juives* : la colère de Dieu apparaît au premier vers et elle suivra son cours inéluctablement, tout ce que les victimes entreprendront pour desserrer l'étau s'avérant illusoire et vain[44]. Dans ces œuvres, remarquables par leur beauté autant que par leur densité humaine et spirituelle, la colère divine surplombe et enferme le drame, réduisant les actions humaines à une agitation vide.

La dure main de Dieu s'abat enfin sur des personnages dramatiques qui parlent et agissent sur la scène. Un prêtre, des prophètes ou quelque pieux personnage édifiant comme l'Abraham de Bèze, le David de Des Masures ou le Josias de Philone ont conscience de leur état de pécheurs et vivent dans la crainte de la colère de Dieu. Que celui « qui a désir de vivre en la crainte de Dieu » s'éloigne des lieux de perdition comme la cour des rois, recommande David ; et il ajoute à propos de cette crainte : « Malheur à qui n'y vit ! »[45]. Quant à eux, les méchants ne voient généralement pas s'approcher la colère qui les détruit au dénouement, ou refusent de la craindre ; leur défaite est seulement l'objet d'une annonce ou d'un récit. Un Achab n'est que passagèrement troublé par l'effrayante proclamation du prophète Élie.

En revanche, les grands dramaturges s'emploient à inspirer terreur et pitié aux spectateurs en les touchant par le spectacle de malheureux

---

43. « Et apprenez que Dieu fait choper les méchants/Aux pièges qu'ils avaient dressés pour ses enfants » (Rivaudeau, *Aman*, acte V, v. 2041-2042).
44. Voir Mazouer C., « Robert Garnier, poète de théâtre : statisme et mouvement dans *Les Juives* », dans *Statisme et mouvement au théâtre*, Publications de La Licorne, UFR Langues littératures de Poitiers, 1995, p. 37-43.
45. *David triomphant*, v. 1001-1002.

pécheurs qui, sous la main de Dieu, ont conscience d'être la proie de sa colère, disent et montrent en eux les effets de cette colère. Car la vraie et seule intention d'une tragédie, comme le dit Jean de La Taille, « est d'esmouvoir et de poindre merveilleusement les affections d'un chacun »[46].

Son Saül justement se sait et se dit l'objet de la « longue colère » de Dieu ; il a la conscience déchirante d'éprouver cette colère, d'être haï de Dieu, forclos de son amour. En de très beaux vers, il donne à entendre sa souffrance, sa révolte, son désespoir. Dans la tragédie suivante de Jean de La Taille, c'est au tour de David, des mères surtout de gémir sous le lourd fardeau de la « volonté dure » de Dieu, de sa main lourde. « C'est luy, c'est luy qui contre nous conspire », se plaint Rezefe ; sa haine, sa « bouillante ire » non encore soûlée, « vont aboyans » même après les cendres de Saül son mari[47], assoiffées de sang même après la mort du roi. À l'acte V de *David*, Montchrestien montre le roi prononçant les mots et prenant probablement les attitudes du remords et du repentir. Les reines et les femmes juives de Garnier comprennent leurs malheurs récents et présents comme l'effet de la colère méritée de Dieu ; « nous avons du grand Dieu provoqué les choleres », redit Amital[48].

Et Garnier nous donne à voir les reines humiliées, suppliantes, trompées par le terrible Nabuchodonosor, criant leur souffrance à l'annonce de la mort des enfants qu'on leur a arrachés devant nous ; il nous donne à voir l'arrivée sur scène du roi Sédécie à qui l'on vient de crever les yeux. La vengeance de Dieu n'est pas seulement déplorée, elle est montrée en spectacle. L'image la plus forte reste celle que La Taille jette à la face de son spectateur à l'ouverture même de *Saül le furieux* et encore au début de l'acte second : celle du roi saisi par la folie, sur le point de tuer ses enfants, d'abord, puis sortant avec peine d'un délire démesuré – de ce roi que Dieu dans sa colère, a rendu « furieux », insensé.

Le spectacle de la colère divine porte évidemment sens philosophique – théologique même, à proprement parler. Face à la colère de Dieu, que peut faire, que peut penser l'homme ? Étant bien entendu que les tragédies bibliques acceptent toutes l'existence d'un Dieu tout-puissant, maître du monde, des hommes et de leur histoire, d'une Providence qui, quoi qu'il

---

46. *De l'art de la tragédie.*
47. *La Famine*, acte II, v. 279-289. *Cf.* Mérobe, la fille de Saül, à la réplique suivante :
   O Eternel, faut-il que tu retiennes
   Sus les mortels tousjours les ires tiennes ? (v. 299-300)
48. Acte II, v. 688.

arrive, agit finalement pour le bien de l'humanité. « Dieu conduit toute chose, et du ciel il commande,/Nous n'avons rien mortels qui de luy ne dépende »[49], affirme le pontife Sarrée des *Juives*. Mais alors, comment supporter, admettre, comprendre sa colère ?

Chez un Jean de La Taille, Saül le roi maudit bute contre l'énigme, le scandale d'une certaine manière, de la colère qui s'abat sur lui : « O que sa Providence est cachee aux humains ! »[50]. Pourquoi est-il haï de Dieu[51] ? Plus qu'une justice, le héros tragique voit dans ses malheurs une persécution mauvaise, celle d'une transcendance qui l'enferme dans la damnation, le pousse à la transgression et à la désespérance. Tout est le fait de « l'ire fatalle/Du ciel » (v. 940-941). Dans le seconde tragédie, Jean de La Taille accentue encore l'idée d'une colère effrayante, acharnée contre Israël, contre la descendance de Saül, assoiffée du sang des enfants innocents ; David puis les mères se révoltent contre le « decret fatal » (v. 96), contre l'ordonnance divine qui est, comme le chante le chœur, « ordonnance fatale » (vers 453). La colère de Dieu réclame sa vengeance et veut éteindre la lignée de Saül : « Tel est de Dieu la destinee horrible »[52], constate Rezefe.

Ce Dieu cruel qui châtie sans miséricorde, qui permet que la faute du père retombe sur les enfants innocents est-il bien le Dieu de la Bible ? La manifestation de la colère risque fort de faire ressurgir l'image du dieu méchant et de faire basculer le drame biblique dans le tragique grec. Comme si, à la faveur de la forme tragique reprise des Anciens, leur pensée tragique s'était glissée dans les pièces bibliques, introduisant une théologie fort peu compatible avec celle de l'ancien Israël[53]. La foi droite est clairement formulée dans les deux tragédies de La Taille par d'autres personnages ; mais l'ambiguïté théologique demeure, avec cette insistance sur la méchanceté de Dieu et sur la révolte des victimes contre sa colère mal compréhensible.

Rien d'étonnant à cela, peut-être, si, comme le dit Paul Ricœur, la Bible récapitule toute l'expérience religieuse de l'humanité ; elle narre aussi

---

49. *Les Juives*, acte IV, v. 1315-1316.
50. *Saül le furieux*, acte II, v. 312.
51. Voir acte II, v. 295 et acte IV, v. 977 et 910. Le thème de la haine de Dieu pour Saül revient, lancinant, chez Du Ryer.
52. *La Famine*, acte II, v. 347.
53. Voir Mazouer C., « Les tragédies bibliques sont-elles tragiques ? », *Littératures classiques*, n° 16, printemps 1992, p. 125-140.

des épisodes très proches de l'univers tragique de l'Antiquité grecque. Souvenons aussi du passage de l'Exode citée tout à l'heure !

Au demeurant, la tentation tragique reste sourdement présente dans les tragédies bibliques écrites par des chrétiens à qui leurs convictions doivent faire repousser l'idée d'un destin ou de dieux méchants qui régnaient sur la tragédie grecque. Tout se passe comme si devant la souffrance apportée par la colère de Dieu, les victimes s'enfermaient dans la révolte et accusaient le vieux destin tragique en reprenant l'image d'une transcendance mauvaise, avant d'accéder à la conversion de leurs représentations religieuses. Témoin Garnier, le catholique Garnier qu'on ne peut pas accuser – comme on le fait volontiers pour les calvinistes – de connivence théologique avec la vision tragique. Aucune ambiguïté dans *Les Juives* : nous sommes bien en régime biblique et chrétien[54]. Mais il subsiste des traces de la vision tragique, comme cette présence écrasante de la colère de Dieu qui commande le déroulement inéluctable de la tragédie, la punition allant à son terme contre les purs comme contre les coupables. Devant cette impossibilité de desserrer l'étau, face à cet « amas de courroux » divin (v. 2080), face au « ciel implacable » (v. 1928), à ce « trop severe ciel » (v. 2005), la reine Amital se révolte, s'en prenant indistinctement au « ciel endurci », à l'impitoyable « destin » (vocabulaire tragique) et à « l'ire de Dieu »[55] ; même le Prophète, horrifié par le massacre final, s'indigne devant la dureté de son Dieu : « Es-tu Dieu de Juda, pour sans fin l'affliger ? »[56]. Mais des croyants doivent dépasser la révolte et surmonter la tentation tragique.

Mettons à part ces rois d'Israël maudits, irrémédiablement abandonnés à la vengeance du Dieu jaloux et conscients d'être sa victime : Achab, « cœur obstiné », privé de sa grâce et de son amour pour avoir délaissé l'Éternel, et que le « destin »[57] va acheminer à sa ruine ; Saül surtout, qui se sait la proie de la colère de son Dieu. Il n'est pas étonnant que Saül soit justement la figure du réprouvé selon Calvin, qui revient sur ce roi à plusieurs reprises : Saül est en butte aux fléaux de Dieu « pour endurer la rigueur de son jugement », il est « puni à vengeance »[58] ; il est l'exemple de

---

54. Voir Mazouer C., « La théologie de Garnier dans *Hippolyte* et *Les Juifves* », dans *Lectures de Robert Garnier : « Hippolyte », « Les Juifves »*, Rennes, Presses Univ. de Rennes, 2000, en particulier p. 121-125.
55. Acte II, v. 373, 377, 389.
56. Acte V, v. 1861.
57. Le mot est employé par le chœur du troisième acte de l'*Achab* de R. de Marcé.
58. *Institution de la religion chrétienne*, Livre III, chap. IV, § 33.

la *pénitence légale* (opposée à la *pénitence évangélique*, où Jésus-Christ guérit la plaie) : le pécheur y est « comme brisé de terreur de l'ire de Dieu », sans pouvoir de dépêtrer de sa vengeance[59].

Mais, encore une fois, tout est conduit par la Providence divine et sont bien congédiés le destin, la Fortune capricieuse, les dieux jaloux, envieux et méchants de la tragédie antique. Or, dès l'origine, face à Dieu, l'homme est pécheur, coupable et passible de son ire. On trouve l'expression dans Calvin, encore, qui explique que, si Dieu a dès toujours aimé les hommes, il est juste Juge en sa colère contre les pécheurs, et leur ennemi, seulement apaisé par le sacrifice miséricordieux de son Fils, qui ouvre la possibilité du salut[60]. Dans sa trilogie consacrée à David, le Réformé Des Masures insiste sur cette idée : déjà pécheur de nature, l'homme mérite la colère, vit normalement dans la crainte et n'espère le salut que de la grâce. Mais le catholique Garnier articule la théologie de l'histoire des *Juives* autour du péché d'origine, de la fidélité et de l'infidélité à l'égard de la Loi en Israël, peuple de l'Alliance ; les chœurs des deux premiers actes rappellent l'homme rebelle à son Créateur et banni du paradis, exterminé ensuite par le déluge[61] – prémices des péchés d'infidélité, d'idolâtrie, comme lors de l'épisode du veau d'or, commis par les fils d'Israël.

La colère de Dieu est donc juste – juste contre les méchants ennemis d'Israël soumis à un *jugement de vengeance* (je suis toujours Calvin) ; juste contre Israël infidèle et les pécheurs d'Israël, passibles d'un *jugement de correction* qui, plus que colère est admonestation paternelle qui corrige les fils ; juste même dans cette souffrance parfaitement énigmatique que Dieu inflige à l'homme droit, au juste selon les hommes, pour l'éprouver et qui prend les apparences de la colère.

Le croyant passe donc, face à la colère de Dieu, de la révolte à la foi. Au lieu de s'en prendre à Dieu, ou après avoir été tenté de s'en prendre à Dieu, il reconnaît son péché et la justice du châtiment. Et il implore le pardon de la miséricorde divine. Nous l'avons vu chez les Juifs persécutés par Aman, chez David pécheur, chez les Juifs exterminés et déportés par Nabuchodonosor : par la pénitence et la prière, le croyant délaisse la révolte et le désespoir pour implorer le pardon. Car, dès l'origine, Dieu a sur l'homme un dessein d'amour ; il est aussi le Dieu de la tendresse

---

59. *Ibid.*, III, 3, 4.
60. *Ibid.*, II, 16, 2.
61. Voir un rappel semblable dans la *Dina* de Nancel.

et de la miséricorde ; il est un père, en l'occurrence offensé, qui « prefere tousjours la clemence à justice » et ne refuse jamais « sa grâce » à qui se repent[62]. Ces vers sont tirés des *Juives*, qui proposent la plus belle figure de l'acceptation du croyant avec Sédécie : le roi n'espère aucune miséricorde en ce monde pour son péché et il continue de prier Dieu père ; après son supplice, devenu aveugle, il suit l'injonction du Prophète et proclame du Dieu qui l'a accablé de sa colère : « Tousjours soit-il benist ! »[63]. Et les quatre derniers vers de l'oracle prophétique qui clôt la tragédie du chrétien Garnier annoncent comme Messie le Christ de Dieu, le Rédempteur du péché d'origine, qui révélera en pleine lumière le plus authentique visage du Dieu de la Bible : au-delà de celui du Dieu de la colère, celui du Dieu d'Amour proposant miséricordieusement une nouvelle et éternelle Alliance à tous les hommes.

Il est de fait que la tragédie biblique de la Renaissance s'est complu à méditer sur cette étrange et terrible mystère[64] de la colère de Dieu ; chefs-d'œuvre, pièces secondaires ou carrément médiocres ont mis en valeur, en usant des ressources et des privilèges du verbe, de la dramaturgie et du spectacle scénique, l'aspect redoutable du Dieu de l'Ancien Testament dont la colère, l'ire s'enflamme contre les méchants et les pécheurs pour les détruire en une vengeance ou en une justice implacable. Une image saisissante est ainsi proposée de la colère divine. Nul doute que les dramaturges en nourrissaient d'abord un sentiment identique et l'articulaient à une pensée théologique des plus fermes, où cette sorte de passion attribuée à Dieu trouvait sa juste place dans la construction dogmatique d'ensemble et dans la spiritualité vécue.

On aura remarqué que nombre de ces tragédies, et des plus belles, sont l'œuvre de dramaturges réformés, militants même. Soumis à la persécution, ballottés selon les aléas de la politique royale, ils eurent tendance à s'assimiler au peuple élu, pécheur lui-même, sans doute, mais persécuté par les impies. La colère de Dieu sur eux, la colère de Dieu appelée par eux sur les méchants – qu'on songe aux accents redoutables de la grande

---

62. *Les Juives*, acte III, v. 1028-1030.
63. *Ibid.*, acte V, v. 2101-2103.
64. Présentant *Saül le furieux* au début de son *De l'art de la tragédie*, Jean de La Taille écrit qu'il veut « monstrer à l'œil de tous un des plus merveilleux secrets de toute la Bible, un des plus estranges mysteres de ce grand Seigneur du monde, et une de ses plus terribles providences ».

épopée des *Tragiques* où Agrippa d'Aubigné appelle la vengeance de Dieu sur les méchants – leur est plus qu'un sujet familier; ils en font leur expérience. Si l'on ajoute à cela le sentiment puissant que la théologie de Calvin entretient de l'horreur et des tourments de la vengeance de Dieu et de son ire, qu'il justifie, on comprend bien la part des dramaturges calvinistes dans les tragédies de la colère de Dieu.

Mais tous les chrétiens – calvinistes et catholiques – étaient avides de déchiffrer les malheurs de leur histoire présente. Morigénant Charles IX à travers sa sœur Marguerite de Valois à qui il dédie *La Famine*, Jean de La Taille voit dans « la boucherie d'une guerre civile » (nous sommes en 1573) l'effet de « l'ire de Dieu » et menace le roi de la même colère de Dieu s'il ne se repent pas et ne se soucie pas de son peuple malheureux. Mais Garnier, dédiant *Les Juives* au duc de Joyeuse, fait un analogue parallèle entre l'histoire présente (nous sommes cette fois en 1583) et la situation des Juifs du temps de Nabuchodonosor, et présente la même explication théologique, celle de la colère de Dieu qui accable le peuple pécheur : « Or vous ay-je représenté les souspirables calamitez d'un peuple, qui a comme nous abandonné son Dieu ». On comprend fort bien que l'histoire de la France de la seconde moitié du XVIe siècle ait nourri, parmi d'autres peurs analysées par Jean Delumeau[65], celles de la vengeance ou de la colère de Dieu.

---

65. Delumeau J., *La Peur en Occident (XVIe-XVIIIe siècle)*, Paris, Fayard, 1978.

Emmanuel Buron

L'« art de la tragédie » humaniste comme refus de la « théologie ».
Saül le furieux de Jean de la Taille

On ne voit ni Dieu, ni phénomènes ou créatures qui relèvent d'un surnaturel chrétien dans la tragédie humaniste française, qui se distingue ainsi de beaucoup d'œuvres théâtrales antérieures ou contemporaines. On y voit parfois des spectres, mais si ces entités proviennent d'un monde surnaturel, c'est par définition dans le nôtre qu'elles se manifestent[1]. La nature apparaît comme le domaine exclusif où se produisent les faits que représente la tragédie ; replacée dans son contexte théâtral, elle apparaît comme un genre qui exclut la théologie de l'aire de jeu. Dès lors, ses interprètes modernes examinent généralement la problématique tragique de ces pièces, c'est-à-dire que leurs analyses portent sur le rapport brouillé de l'homme à un Dieu distant, et qu'ils interrogent la culpabilité du premier ou les voies obscures de la justice du second. Est-il toutefois légitime de placer la question divine au cœur de la pièce, alors que le genre naît de son exclusion de la scène ? Au bénéfice d'une tautologie trompeuse, la lecture tragique prétend dégager l'essence de la tragédie, alors qu'en fait, elle majore par principe sa dimension théologique et fonctionne comme une dénégation de ce que le spectacle montre. Il importe donc de réexaminer les rapports entre dramaturgie et théologie dans la tragédie humaniste.

Nous analyserons le cas de *Saül le furieux*, tragédie que Jean de la Taille a composée avant 1562 et qu'il publie en 1572 (Paris, Frédéric Morel)[2].

---

1. En outre, ces spectres apparaissent généralement à l'ouverture de la pièce, avec une fonction d'exposition, qui les maintient en marge de la fiction. *Saül*, qui met en scène l'Ombre de Samuel à l'acte III, est une exception.
2. Édition moderne de référence : Jean de la Taille, *Saül le Furieux. La Famine ou les Gabéonites*, éd. Forsyth E., Paris, STFM, 1968. Nous insérons directement dans notre texte

Le sous-titre, « *Tragedie prise de la Bible, faicte selon l'art et à la mode des vieux autheurs tragiques* », attire l'attention sur l'originalité de cette pièce, qui applique pour la première fois le modèle formel du théâtre antique à un sujet biblique. Ce partage tranché entre matière et forme a pour effet d'isoler l'« art », dont La Taille se réclame souvent[3]. L'épître dédicatoire de *Saül*, adressée à Henriette de Clèves, s'intitule d'ailleurs « De l'Art de la Tragedie », et l'auteur y expose sommairement les principes de sa dramaturgie. Pour l'essentiel, celle-ci se confond avec la dramaturgie humaniste, dont La Taille radicalise toutefois certaines tendances. Ses partis pris, que nous analyserons plus loin, n'ont eu aucune influence, de même que ses œuvres n'ont eu aucun succès[4]. Comme cette épître paraphrase par endroits la *Poétique* d'Aristote, on l'a rapprochée de commentaires italiens du philosophe, de Castelvetro en particulier, et on l'a ainsi tirée vers la dramaturgie classique, que ces commentaires ont inspirée[5]. En fait, La Taille ne connaissait sans doute pas Castelvetro, et n'avait peut-être qu'une connaissance indirecte d'Aristote[6], qu'il utilise dans le cadre de la théorie humaniste du genre tragique, pour préciser la définition du « sujet ».

Comme celui de la rhétorique, le champ de l'« art de la Tragédie » commence à l'invention, à la caractérisation de l'argument tragique. La Taille

---

les renvois à cette éd. (en précisant souvent le numéro de vers ou de ligne de notre citation, mais sans la page). Sur la date de *Saül*, voir p. xv, n. 1.

3. La Taille évoque une tragédie « faicte selon le vray art, de la mort miserable du Roy Saül » (*Remonstrance pour le Roy à tous ses subjects qui ont prins les armes*, Paris, F. Morel, 1562, p. 2, r°-v°, citée par Forsyth, p. xv, n. 1); il signale que son frère « vint à composer, comme [lui] (selon le vray art, et à la façon antique) Poëmes entiers, Tragedies et Comedies » (dans une épître en tête du *Recueil des inscriptions* de Jacques de la Taille, publié à la suite de *Saül le furieux*, Paris, F. Morel, 1572. L'épître est reproduite dans la suite de la Taille J., *Les Corrivaux*, éd. Drysdall D., Paris, STFM, 1974, p. 40-44. Notre extrait se trouve p. 42) ; l'extrait du privilège de *Saül* (Paris, F. Morel, 1572, f° 80v°) évoque *La Tragedie de la mort du Roy Saül, faicte et composee par Jean de la Taille de Bondaroy, selon le vray art, et autres œuvres poëtiques dudict de la Taille, et de son frere*.

4. Sur l'écoulement difficile des œuvres de La Taille, voir Hall K. et Smith C., « The Early Editions of the Tragedies of Jean de la Taille », *Kentucky Romance Quarterly*, XX, 1973, p. 75-88.

5. Voir Zeppa de Nolva C., « Tragédie italienne et française au XVIᵉ siècle », *Revue des études italiennes*, II 1, janvier-mars 1937, p. 189-201; repris dans Fragonard M.-M., *Par ta colère nous sommes consumés. Jean de la Taille auteur tragique*, Orléans, Paradigme, 1998, p. 59-71.

6. Voir Kreyder L., « Sur la dramaturgie de La Taille : *L'art de la tragédie* », dans Bellenger Y. (éd.), *Le Théâtre biblique de Jean de la Taille*, Paris, Champion, 1998, p. 125-151. Ajoutons que le commentaire de Castelvetro paraît en 1570, huit ans après la rédaction de *Saül le furieux* : même si l'ouvrage italien avait influencé « De l'Art de la tragédie », pour partie au moins postérieur à 1570, ce ne pourrait être en tout état de cause que pour la *formulation*, car la dramaturgie qu'il décrit a été mise en œuvre bien avant d'être mise en formules.

estime ainsi que le sacrifice d'Abraham ou la victoire de David sur Goliath sont des sujets « froids et indignes du nom de Tragedie » (l. 58). Dans cette allusion polémique à l'*Abraham sacrifiant* de Théodore de Bèze et au *David triomphant* de Louis Des Masures, c'est moins la qualité des pièces qui est en cause, que la pertinence de leur revendication générique[7]: la victoire finale des justes n'y suscite pas l'émotion violente que la tragédie doit provoquer. Or, ce trait assure aux œuvres incriminées leur caractère militant, le triomphe du juste devant apparaître comme une promesse de victoire pour un public protestant. Pour La Taille, l'argument ressortit donc à un calibrage générique, qui prévaut sur toute autre intention. Dès lors, considérer *Saül le furieux* comme une tragédie protestante, ainsi qu'on l'a parfois fait, relève d'une confusion des catégories biographiques avec les catégories génériques : même si on admet que La Taille était sympathisant de la Réforme au moment où il écrivait *Saül* (ce qui reste sujet à caution[8]), il n'a égard qu'au modèle antique pour le choix et la mise en forme de l'argument.

Ce sont toutefois des enjeux théologiques que les critiques qui se sont jusqu'alors attachés à l'interprétation de la pièce ont reconnu au cœur de son intrigue. L'argument de *Saül le furieux* est tiré du *Premier Livre de Samuel*, et il retrace la mort de Saül, le premier roi d'Israël, élu par Dieu, et finalement réprouvé, pour avoir épargné Agag, roi des Amalécites, et conservé le meilleur du bétail et des biens de ce peuple, alors que Dieu lui avait commandé de tout tuer et de tout détruire. La tragédie de La Taille se concentre sur les dernières heures de Saül. Au début de la pièce, le roi est plongé dans un accès de démence. Il reprend ses esprits à l'acte II, mais, devant le silence de Dieu, et son refus de lui dévoiler l'avenir à la

---

7. Bèze et Des Masures affectent une désinvolture ostentatoire pour justifier l'appartenance de leur œuvre au genre tragique. Bèze souligne que son argument « tient de la tragédie et de la comédie », et qu'il a choisi le nom de tragédie « pource qu'il tient plus de l'une que de l'autre » (*Abraham sacrifiant*, éd. Cameron K., Hall K. et Higman F., Genève, Droz, 1967, p. 48-49). Dans l'« Epistre au seigneur Philippe Le Brun » (*Tragédies saintes*, éd. Comte C., Paris, STFM, 1932, p. 3-11), Des Masures refuse d'« amplifier » le récit biblique « de mots, d'inventions, de fables mensongères » (v. 177) pour « rendre au naturel l'antique Tragédie» (v. 174). S'il s'approprie le « nom de Tragedie », c'est « pour enseigne », sans imiter « la marche » qu'il impose (v. 207-210).

8. La Taille ne sert dans l'armée de Condé qu'à partir de 1568, au cours de la troisième guerre de religion, tandis qu'il servait dans l'armée royale au cours de la première (1562-1563). Ce n'est qu'en 1570 que son père fait construire un prêche sur le domaine familial de Bondaroy. À partir de ces faits, D. Drysdall a soutenu avec vraisemblance que La Taille ne s'est converti au protestantisme que vers le milieu de la décennie 1560 (*Les Corrivaux*, éd. cit., p. 10-11, n. 4).

veille d'une bataille décisive contre les Philistins, le roi décide de recourir aux talents d'une nécromancienne, pour évoquer l'ombre de Samuel, le temps d'une consultation *post mortem*. Le prophète courroucé prédit la mort de Saül et celle de ses enfants dans la bataille (Acte III). De fait, à l'acte V, un écuyer relatera la mort des princes au combat et le suicide du roi. Les commentateurs modernes proposent généralement une lecture *tragique* de cette pièce : ils interrogent la Providence à partir de la culpabilité ambiguë de Saül. Le roi est en effet châtié impitoyablement par Dieu, mais s'il lui a désobéi, c'était par refus de tuer un adversaire vaincu. Il peut déplorer une Providence incompréhensible, qui le voue à la « cholere » de Dieu « pour estre donc humain », et qui lui aurait été « débonnaire » « pour estre cruel » (v. 312-314). L'autorité supposée d'Aristote permet alors d'estimer que La Taille décrit Saül victime d'une faute involontaire, d'une erreur (*hamartia*) qui le condamne à la perte, bien qu'il soit moralement innocent. Dans ce cas, il faut admettre que Dieu est cruel[9], ou bien justifier la mort de Saül autrement que par son erreur première. À l'acte II, un écuyer incite le roi à demander son pardon à Dieu miséricordieux, et ce moment est d'autant plus significatif qu'il ne figure pas dans le récit biblique. Saül refuse, et rejette cette fois lucidement de se soumettre à Dieu ; ce que confirme la consultation de la sorcière à l'acte suivant. Il se condamne dès lors à un châtiment imminent et inévitable, non pas pour son erreur initiale, mais pour le péché que constitue son endurcissement[10]. La tragédie retracerait une péripétie spirituelle, un changement de nature de la faute du roi qui justifie son châtiment. L'argument engagerait donc une théologie : met-il en jeu le Dieu de miséricorde du Nouveau Testament ou le Dieu de vengeance de l'Ancien, voire la divinité cruelle des tragiques grecs[11] ? Ce questionnement théologique apparaît donc très volatile, car il est extrapolé à partir d'une interrogation sur la nature de la faute du roi. Le problème est alors de savoir si la tragédie donne une importance aussi déterminante au refus d'implorer le pardon de Dieu.

L'ombre de Samuel termine sa prophétie en rapportant la mort prédite de Saül et de ses fils à la désobéissance initiale du roi, quand il a épargné

---

9. Voir Charpentier F., « La cruauté de Dieu », *Cahiers textuel*, n° 18, 1998, p. 87-97.
10. Voir l'introduction de Forsyth, éd. cit., en part. p. XLIII-XLVI ; Millet O., « De l'erreur au péché : la culpabilité dans la tragédie humaniste du XVIe siècle », *Travaux de Littérature*, VIII, 1995, p. 57-73 (en part. p. 67-70) ; Fragonard M.-M., *Par ta colère nous sommes consumés*, *op. cit.*, p. 22-27.
11. Voir Mazouer C., *Le Théâtre français de la Renaissance*, Paris, Champion, 2002, p. 272-274 ; voir aussi Tin L.-G., « L'univers tragique de Jean de la Taille : Justice, ou vengeance ? », *RHR*, n° 48, juin 1999, p. 25-44.

Agag (v. 773-776). L'écuyer justifiait de la même manière la colère de Dieu au début de l'acte II (v. 301-311). De part et d'autre de la péripétie supposée à l'articulation des actes II et III, l'explication est identique. Même aux yeux du spectre qu'on peut pourtant croire bien informé, le refus du repentir et la consultation des morts ne changent rien à la situation de Saül[12]. En tête de la tragédie, un argument en prose (éd. cit., p. 17) suggère que la disgrâce divine du roi est consommée depuis la désobéissance originelle. La Taille y élude aussi bien les raisons de l'hostilité de Dieu envers Amalec (« une vieille offense dont la divine Majesté se vouloit lors ressentir ») que celles de la désobéissance de Saül : il épargne le bétail « par mesgarde, ou par quelque raison humaine » et le roi « pour quelque respect ». L'analyse de la faute du roi n'intéresse pas le dramaturge, qui se soucie seulement d'en *poser* l'existence, car elle marque immédiatement un seuil : Saül « ne cessa depuis d'estre en la male-grace de Dieu ». Cette formule invite à remettre en question la conception du châtiment divin impliquée par la lecture tragique de la pièce. Dans la perspective tragique, la colère divine se réalise par un événement ponctuel, brisant d'un coup le coupable, puisque Dieu en suspend l'effet jusqu'à confirmation de la faute ; or la « male-grace » qu'évoque La Taille est, non un événement ponctuel, mais un *état* durable (« ne cessa depuis »). Cette réprobation fait perdre au roi les « triomphes », « biens » et « honneurs » qu'il a d'abord reçus ; elle le fait « aller en décadence », soulève contre lui les Philistins et lui fait advenir les « pitoyables choses » que relate la tragédie. Elle se manifeste comme une suite de malheurs politiques et militaires : c'est dire que l'action divine est médiatisée, et si La Taille en rapporte le résultat à Dieu, sa cause première, il ne s'occupe guère d'en sonder les voies. Dans cette énumération de malheurs, La Taille note aussi que Saül perd « par intervalle son sens » : il considère donc la folie du roi comme un malheur de plus pour son règne et ses sujets (car « un fol Prince/régit mal sa Province », v. 503-504) ; mais on ne saurait

---

12. Autres anomalies au scénario tragique : à la fin de l'acte II, Saül déclare qu'il a envoyé un écuyer en quête d'une sorcière *la veille* (v. 464 : « Hier je despeschay un escuyer expres […] »). La décision de recourir à la nécromancie est antérieure au refus de la miséricorde divine, même si le passage à l'acte est postérieur. Si La Taille voulait faire de la question de la miséricorde une pierre d'achoppement, pourquoi aurait-il ainsi brouillé la chronologie ? En outre, L. Zilli remarque que l'écuyer envisage encore la clémence divine, « bien que sous une forme dubitative », aux v. 1059-1060, pour encourager le roi au combat (« Saül : de Jean de la Taille à Pierre du Ryer », dans Bellenger Y. (éd.), *Le Théâtre biblique de Jean de la Taille*, *op. cit.*, p. 207-221 ; voir p. 213, n. 21). À ses yeux non plus, la séance magique ne marque pas une transgression irréversible.

conclure à une action psychotrope de Dieu. Ce n'est pas parce qu'elle est directement envoyée par Dieu qu'elle participe de sa « male-grace », mais parce que ses effets s'inscrivent dans une série noire dont la mort constitue le terme évident.

La tragédie confirme les suggestions de l'argument : « une fois Dieu me chasse/Me bannit et forclôt de sa première grace » (v. 289-290), s'écrie Saül au moment où il reprend ses esprits après sa crise de démence : sa disgrâce lui apparaît bien comme un état durable, puisqu'il l'a acquise « une fois », c'est-à-dire une seule, et pour toutes ; et elle se traduit par des revers, puisqu'il en prend conscience quand il se souvient de la guerre imminente contre les Philistins, et qu'il la réinscrit mentalement dans la suite de ses « cuisans ennuis » (v. 283), de ses « cent mille soucis » (v. 296). De même, quand l'écuyer veut inciter Saül à plus de révérence envers ce dieu qui accumule les revers contre lui, il lui rappelle l'ascension foudroyante qui l'a fait, de berger, roi : Saül devrait donc remercier ce Dieu qui lui a procuré « de sa benigne grace/Les sceptres que par fer et par feu l'on pourchasse » (v. 397-398). La grâce de Dieu se mesure aux succès que l'on obtient et sa male-grâce aux revers. Cette grâce n'est en somme qu'une version christianisée de la Fortune, qui élève ou rabaisse à son gré. À l'acte V, après la mort de Saül, le second écuyer interprète l'histoire du roi comme une illustration de la « Roue » du « Sort leger, flateur, traistre et muable » (v. 1305-1316), qui élève et rabaisse les hommes à volonté ; et dans un sonnet conclusif à Henri de Navarre (éd. cit., p. 90), La Taille invite à déchiffrer l'histoire de Saül comme un exemple des « effects de Fortune maligne » (v. 1), sans autre effort de christianisation. Cette équivalence entre « grâce » et « Fortune » n'est possible que parce que La Taille s'intéresse aux « effects » de la colère divine et pas à ses causes ou à sa logique interne. Les questions de la culpabilité et du châtiment apparaissent alors schématiques : Saül a désobéi, et La Taille ne se demande pas pourquoi ; Dieu lui envoie donc une Fortune adverse en châtiment, qui va le conduire à sa perte. Cette « male-grace » divine constitue la toile de fond de la tragédie : acquise avant le début de la pièce, elle règne jusqu'au dénouement et nulle péripétie spirituelle ne vient aggraver le sort du roi.

Si la tragédie ne problématise pas la question de la culpabilité de Saül, les questions proprement théologiques sur la nature de Dieu et de sa Providence échappent à son questionnement. Dans l'épître « De l'Art de la tragédie », La Taille déclare qu'en écrivant sa pièce, il a voulu

> [...] monstrer à l'œil de tous un des plus merveilleux secrets de toute la Bible, un des plus estranges mysteres de ce grand Seigneur du monde, et une de ses plus terribles providences.
> (l. 19-22)

Le spectacle tragique assure une publicité maximale aux faits divins[13], qu'il rend visibles, mais il les représente comme des « secrets », ou des « mysteres », c'est-à-dire qu'il donne à voir les événements qui les réalisent et dissimule leurs raisons dernières. Il faut s'arrêter sur le mot « providences » employé au pluriel, contrairement à l'usage moderne : il ne désigne donc pas le gouvernement général du monde, mais les infléchissements que Dieu impose au cours de l'Histoire. Comme la « male-grace de DIEU », ses « providences » se lisent dans la suite des événements, ou plutôt au-delà d'eux. En inscrivant ce terme dans le paradigme de « secrets » et de « mysteres », La Taille indique que la tragédie ne donne à voir que la part historique des faits, coupée du discours providentiel qui pourrait en rendre raison. Il n'y a donc pas de théologie tragique, au-delà de l'affirmation de principe que, d'une manière ou d'une autre, Dieu a bien dû vouloir ce qui arrive. Le dramaturge ne s'avance pas à spéculer sur les voies tortueuses de la Providence[14].

Ni la faute de Saül ni la justice divine ne sont au cœur de la représentation tragique. Ce n'est pas sur la logique fatale qui perd le roi que la pièce se concentre, mais sur sa réaction psychologique face aux malheurs qui l'accablent. Saül comprend bien que c'est Dieu qui les lui envoie et il cède au désespoir, au sens chrétien du terme : il est convaincu d'être en butte à la haine de Dieu ; ce qui est considéré comme un péché, et l'un des plus graves. Le désespoir de Saül est parfois explicitement désigné, comme lorsque son écuyer l'exhorte à « prendre avec fiance » ses « maux en patience » : « ne vous desesperez » (v. 405-406) ; ou encore lorsqu'à

---

13. Juste avant notre citation, La Taille présente Saül comme « le premier [prince] que jamais Dieu esleut pour commander son peuple, le premier aussy que j'ay esleu pour escrire » (l. 14-17). Comme le thème de l'élection royale n'est qu'à demi pertinent dans la tragédie (celui de la réprobation paraîtrait mieux adapté), cette analogie a pour but de présenter le travail du dramaturge comme une reproduction de l'action de Dieu dans l'Histoire. Dieu suscite les événements (il élit Saül) ; le dramaturge les reproduit (il élit Saül comme argument).
14. J.-R. Fanlo, (« Les tragédies de Jean de la Taille sont-elles didactiques ? », *Cahiers textuel*, n° 18, 1998, p. 75-86) relève des flottements dans la théologie de *Saül le furieux* ; nous radicalisons ses doutes.

propos de l'« esperance », le roi répond à ce même écuyer « qu'elle ne peut dans [s]on Ame loger » (v. 1065-1066). Ce désespoir est toutefois plus souvent décrit, par un roi qui, du moment où il revient à la raison jusqu'à sa mort, ne cesse de clamer sa conviction que Dieu le hait[15]. Comme les actes mêmes du roi sont autant de manifestations de ce sentiment fondamental, autant de signes qui permettent au spectateur d'identifier sans ambiguïté l'état d'esprit du personnage, la pièce dans son ensemble constitue une description phénoménologique du désespoir. Saül n'évolue donc pas au cours de la pièce ; son caractère a la même stabilité que « la male-grace de Dieu », qui est acquise dès le début de la pièce, et ne s'alourdit pas avec la consultation nécromantique. « Suivez, en écrivant, la tradition, ou bien composez des caractères qui se tiennent », conseille Horace[16] ; La Taille ne choisit pas vraiment : en décrivant Saül comme un désespéré, il cristallise une interprétation diffuse du personnage, qui n'avait peut-être jamais pris aussi nettement consistance auparavant[17] ; et il prête ainsi à son personnage un caractère très cohérent. La tragédie déploie les manifestations d'un état d'esprit dont le héros serait comme la personnification. Pour vérifier que La Taille a bien conçu Saül selon ces principes, il faut analyser

---

15. Quelques exemples : « Je suis hay de toy [=*de Dieu*] et des hommes aussi » (v. 295) ; « Hà, ne m'en parle plus, c'est folie d'attendre/Que le Seigneur daignast seulement me defendre,/Veu qu'ores il me hait […] » (v. 421-423) ; « Que je mange pour vivre, et Dieu veut que je meure !/Ha, je luy complairay ! » (v. 832-833) ; « Tu m'as doncques, Seigneur, tu m'as donc oublié,/Donc en ton cueur scellée est ton inimitié/D'un sceau de diamant, plus doncques tu ne m'aimes » (v. 909-911) ; « Pourquoy vivrois-je plus estant de Dieu hay ? » (v. 977).
16. « *Aut famam sequere aut sibi convenentia finge/scriptor* », Horace, *Art poétique*, v. 119-120, dans *Epîtres*, éd. et trad. Villeneuve F., Paris, CUF, 1934, p. 208.
17. Voir les deux textes de Calvin, cités par Forsyth, p. 39 n. Dieu décide irrévocablement de priver Saül de son royaume dès sa désobéissance. C'est parce qu'il n'accepte pas cette destitution que Saül désespère (« Car il avoit offensé Dieu : il faut qu'il soit depouillé du royaume, puis que le plaisir de Dieu est tel : il n'y a nul moyen, sinon qu'il s'humilie. Or il ne le veut point faire »). Son désespoir commence donc aussitôt après sa réprobation, et bien avant le début de la pièce. La consultation de la sorcière n'en est que « l'issue ». Si Saül s'était humilié, il n'aurait pas évité sa destitution, mais seulement le désespoir : son sort funeste tient à sa réaction morale devant un revers politique envoyé par Dieu. Voir également le rapprochement, que propose O. Millet, entre *Saül le furieux* et un passage des *Loci communes theologici* de Melanchton, où Saül est présenté comme une figure de l'impatience (« À propos d'un Saül "impatient" : Philippe Melanchton, source possible de Jean de la Taille », *Cahiers textuel*, n° 18, 1998, p. 109-119). C'est encore la réaction morale du personnage face aux revers qui est en question. Impatience et désespoir se rencontrent donc, et esquissent une problématique psychologique et morale stable pour le personnage de Saül. La Taille reprend ce portrait-type, probablement sans source précise.

la manière dont il a retravaillé les données du *Mistere du Vieil Testament*, matière première jusqu'alors inaperçue de *Saül le furieux*.

La dette la plus claire de la tragédie envers le mystère réside précisément dans le refus du pardon divin. Comme on sait, cet épisode ne figure pas dans la Bible ; il figure en revanche dans le mystère, au même endroit que dans la tragédie : au terme d'une discussion du roi avec ses proches sur la situation militaire, et juste avant que Saül n'aille consulter la sorcière. En apprenant que David est passé à l'ennemi[18], Saül se dit le plus malheureux du monde, puis déplore la guerre que les Philistins mènent contre lui. Il ne voit pas d'autre solution pour se soustraire à leur pouvoir que de reconquérir la grâce de Dieu[19]. Son fils, Jonatas, lui suggère alors de la « requérir »[20]. Saül obtempère, mais sa requête trahit plus son orgueil que sa contrition : il somme Dieu de lui révéler l'avenir et bien sûr il n'obtient aucune réponse[21]. Il décide alors de consulter une « devineresse » pour connaître l'avenir malgré tout. La scène de nécromancie suit. L'articulation des actes II et III de *Saül le furieux* est donc inscrite dans le mystère et, bien qu'absente de la Bible, l'allusion à la miséricorde divine des v. 415-420 n'est pas un apport de La Taille. Il a retranché l'invocation de Saül à Dieu pour n'en conserver que la conclusion : la certitude de la haine divine qu'en retire le roi. La démesure du personnage, qui prétend en imposer à Dieu, se trouve estompée au profit de son désespoir. La consultation de la sorcière n'apparaît plus alors comme un sursaut de rébellion, mais comme la conséquence d'une faiblesse morale.

Deux autres corrections, plus sensibles, contribuent à distinguer le héros de la tragédie de celui du mystère. La Taille introduit les deux scènes de démence initiales en s'inspirant de l'exemple de l'*Hercules furens* de

---

18. Voir *Le Mistere du Vieil Testament*, éd. de Rothschild J., t. IV, Paris, Didot et Cie, 1882, p. 154-155, v. 30547-30564. La Taille rappelle la haine de Saül envers David, v. 405-412.
19. « Et ne suis point pour me deffendre/Encontre eux ; se ne impètre grace/envers Dieu, ne sçay que je face » (*Mistere*, p. 155, v. 30571-30573). *Impétrer* : obtenir. Le verbe peut évoquer une sollicitation préalable, mais il porte sur l'obtention du résultat plus que sur le moyen de l'acquérir. D'où l'intervention de Jonatas, qui incite Saül à *demander* son pardon.
20. « Posé que avez Dieu offensé/Se vous le voullez requerir,/Il est bien pour vous secourir :/Aux requerans ne denye grace » (*ibid.*, p. 155, v. 30575-30578).
21. « Si te supply tant que je puis/Me reveller, sans plus enquerre,/Se gaigneray en ceste terre/Bruyt et honneur. Hellas ! hellas !/Vray Dieu, me respondras tu pas ?/[…] Dieu ne veult point parler à moy,/Il est vers moy trop indigné » (*ibid.*, p. 155-156, v. 30587-30591 et 30595-30596). *Sans plus enquerre* : sans que je demande davantage. La peur de Saül et son appel à Dieu avorté glosent I Samuel, XXVIII, 5-6.

Sénèque (qui fournit aussi son titre à *Saül le furieux*[22]). Dans le mystère, Saül évoque bien son égarement dans quelques répliques[23], mais sa fureur n'est pas mise en scène. La Taille rend donc spectaculaire l'aliénation du roi. Il modifie aussi les circonstances de la mort de Saül. Dans le mystère, le roi demande à un écuyer de le tuer et celui-ci obtempère[24]. Dans la tragédie, il refuse et le roi se tue lui-même (voir *infra*). Or, cette trajectoire de la démence au suicide correspond à l'évolution conventionnelle du désespoir. Pour le vérifier, cet extrait de *L'Heptaméron*, révélateur d'une psychologie usuelle :

> Et, vaincue de tristesse, tumba en tel desespoir qu'elle fut non seullement divertye de l'espoir que tout chrestien doibt avoir en Dieu, mais fut du tout alliénée du sens commung, obliant sa propre nature. Allors, vaincue de la douleur, poulsée du desespoir, hors de la cognoisance de Dieu et de soy-mesmes, comme femme enragée et furieuse, print une corde de son lict et de ses propres mains s'estrangla[25].

Le désespoir est avant tout aliénation : la perte de l'espoir en Dieu fait aussi perdre « le sens commung » avec la « cognoissance… de soy-mesmes » et de « sa propre nature ». L'adjectif « furieux » est même utilisé, ce qui nous reconduit au titre de notre tragédie, et nous permet de le réinterpréter. Accolé au nom du personnage, l'adjectif détermine l'ensemble de son rôle : il renvoie à l'état de désespoir du roi en tant qu'il est aliénation. Le chœur de l'acte déplore la folie du roi (v. 499-504), et il en voit un signe dans son recours à la magie (v. 507-510 et surtout, v. 551-552), établissant un lien de continuité directe entre la consultation nécromantique de l'acte III et la démence initiale du roi. Quant au lien de la démence au suicide, il est évident dans le texte de l'*Heptaméron*. Toutes les actions de Saül manifestent donc ce désespoir qui est aliénation, car confiance en Dieu, conscience

---

22. Sur l'imitation de Sénèque, voir Gorrichon M., « L'influence de Sénèque sur une tragédie de Jean de la Taille, *Saül le furieux* », dans Chevallier R. et Poignault R. (éd.), *Présence de Sénèque*, Paris, Touzot, 1991, p. 155-170 ; Ternaux J.-C., « *Saül le furieux* au moule de la tragédie sénéquienne », dans Bellenger Y. (éd.), *Le Théâtre biblique de Jean de la Taille, op. cit.*, p. 67-86.
23. « Je suis plain de merencolie,/Si fort que je ne sçay que dire ;/Je ne sçay si c'est par follie/Que je suis provoqué a ire », (*Mistere*, éd. cit., p. 153, v. 30525-30528) ; « je suis a demy inscensé » (*ibid.*, p. 155, v. 30574).
24. *Ibid.*, p. 161-162, v. 30738-30750.
25. Marguerite de Navarre, *L'Heptaméron*, éd. François M., Paris, Bordas, 1991, p. 191. Je remercie Julien Gœury d'avoir attiré mon attention sur ce passage.

de soi et sens commun sont conventionnellement associés. La frénésie initiale constitue en somme une clé de lecture de l'ensemble du rôle, qui rend d'emblée explicite sa fureur profonde.

Le héros de la tragédie devient alors l'incarnation du désespoir. Cet état d'âme est présupposé au début de la pièce et il n'évolue pas : loin de le modifier, les actes de Saül sont autant de signes qui renvoient à ce désespoir fondamental. Le refus d'implorer le pardon de Dieu ne constitue donc pas une nouvelle faute, comme le supposaient les interprétations tragiques de la pièce : c'est un signe de plus de son aliénation profonde. Quant à l'origine de ce sentiment, la tragédie ne se prononce pas : Jonathe rapporte la folie du roi à « l'humeur de cette frenaisie » (v. 8), et David à un « Esprit maling » (v. 1229)[26], mais rien ne vient départager l'hypothèse physiologique et la démoniaque. Aucun indice ne suggère non plus une action divine directe sur l'esprit du roi. La seule explication satisfaisante que suggère la pièce est que le désespoir du roi naît de ses malheurs : c'est une réaction psychologique et morale à « la male grace » divine, qui va finalement briser l'individu qui l'éprouve sans que Dieu ait à intervenir. La tragédie esquive de nouveau les spéculations théologiques pour se rabattre sur la description d'une maladie morale.

Si la tragédie se détourne des causes du désespoir de Saül, c'est qu'elle s'intéresse à ses conséquences. Ce sentiment sert en effet à motiver l'épisode proprement tragique de l'intrigue. Dans l'épître « De l'Art de la Tragédie », La Taille estime que la tragédie ne doit pas mettre en scène un malheur ordinaire, résultant d'une causalité évidente, « comme d'un qui mourrait de sa propre mort, d'un qui seroit tué de son ennemy, ou d'un qui seroit condamné à mourir de par les loix et pour ses demerites » (l. 36-39) ; mais, puisqu'une tragédie a pour but premier d'émouvoir,

> il faut que le subject en soit si pitoyable et poignant de soy, qu'estant mesme en bref et nument dit, engendre en nous quelque passion : comme qui vous conteroit d'un à qui l'on fit malheureusement manger ses propres fils, de sorte que le Pere (sans le sçavoir) servit de sepulchre à ses propres enfans ; et d'un autre qui ne pouvant trouver un bourreau pour finir

---

26. Comme dans l'Ancien Testament d'où ce détail est tiré (I *Samuel*, XVIII, 10 et XIX, 9), cette inspiration diabolique n'explique que les crises de démence au cours desquelles Saül s'en prend à David : vaut-elle dans les autres cas ?

> ses jours et ses maux, fut contraint de faire ce piteux office de
> sa propre main. (l. 43-51)

Sans les nommer, La Taille évoque Thyeste, puis Saül. À la fin de l'acte IV en effet, ce dernier demande à son écuyer de lui couper la tête (v. 1069-1070); l'écuyer refuse (v. 1075-1078; rappelé v. 1383-1384), et Saül cherche vainement la mort au combat, si bien que, faute de « bourreau », il devra se tuer lui même (v. 1376-1379). Le suicide du roi est l'épisode qui légitime le traitement du sujet sous forme de tragédie. Contrairement à ce qu'on pourrait penser, l'interdit chrétien qui pèse sur cet acte n'est pas déterminant. Les leçons de la tragédie sont ambiguës sur ce point : si le chœur de l'acte IV réprouve le geste du roi (v. 1113-1136), David loue au contraire Saül d'avoir voulu « accompagner » (v. 1491) Jonathe, son fils, modèle du prince chrétien et confiant en Dieu (voir les v. 61-130); il ne seront « point separez morts ni vifs » (v. 1492), ce qui revient à promettre le ciel au roi. Le suicide lui apparaît même comme une preuve de la force de Saül, seul capable de se défaire (v. 1499-1500). Or, ces réflexions de David se trouvent dans la dernière réplique de la pièce, position conclusive qui leur donne au moins autant de poids qu'au chœur de l'acte IV. Ce n'est donc pas parce qu'il est interdit, et que le roi se rend définitivement coupable en le commettant, que le suicide est tragique; c'est parce qu'il est bouleversant, parce qu'il fait frémir même quand il est raconté, de même que l'histoire de Thyeste. Comme le dit un témoin de la mort de Saül, il tombe victime d'« une mort si horrible » (v. 1409).

Cette horreur tient en grande partie au fait que le personnage est un roi. À propos de la tragédie, La Taille reprend une affirmation alors incontestée : « son vray subject ne traite que de piteuses ruines de grands Seigneurs » (l. 30-31). L'émotion que suscite la tragédie humaniste est fondamentalement politique, ce que confirme l'acte V, qui propose une réflexion théâtrale sur la fonction royale, considérée en elle-même indépendamment de la personne qui l'exerce. Il introduit un nouveau personnage, David, au moment où il apprend la mort de Saül et où il reçoit la couronne. La tragédie s'achève sur une scène de succession et représente donc la fonction royale en elle-même, séparée des personnes qu'elle investit successivement. Autre signe de l'autonomie du métier de roi : on trouve dans cet acte le seul objet nécessaire à la cohérence du texte, et il s'agit de la couronne. Un soldat amalécite revient du champ de bataille où il a assisté à la mort de Saül. Il évoque un objet précieux qu'il lui a dérobé (v. 1165), et qu'il veut présenter à David pour gagner ses faveurs (v. 1185-1186). Ce n'est qu'au moment du don que cet énigmatique objet sera identifié comme la couronne du roi[27]. Pour que l'effet d'attente verbal ne soit pas contrecarré par le jeu, on peut penser que le soldat tient l'objet caché ou enveloppé, jusqu'à ce qu'il le nomme et le dévoile simultanément. Plus tard, un écuyer décrit David, qui se croit seul, « tenant des-ja la Couronne du Roy » (v. 1324). « Comme il l'œillade ! » (v. 1325), s'écrie le témoin. Une grande liberté d'interprétation est alors laissée à l'acteur qui joue David, puisque le personnage adresse une courte apostrophe très ambivalente à la couronne, désirée de tous, car ses prétendants ignorent le mal qu'elle apporte (v. 1326-1332). Selon son jeu, l'acteur peut accentuer la fascination ou la défiance. Cet instant mérite qu'on le remarque, car la tragédie humaniste a tendance à expliciter en paroles les sentiments de ses personnages. Comme l'ensemble de cet acte exceptionnellement théâtral, ce transfert de l'interprétation du texte vers le jeu témoigne du souci de La Taille de rendre spectaculaire les enjeux de son œuvre : la méditation sur le poids de la couronne y occupe *visiblement* une place centrale.

De fait, les réflexions de David permettent de retrouver la source principale de La Taille : non pas celle qui lui fournit le récit des faits, mais celle qui guide l'interprétation qu'il en donne. Dans le quatrième chapitre des *Histoires prodigieuses* de Pierre Boaistuau, on lit en effet :

> Lesquelles choses estant vivement considerées par ce grand Roy Antiochus, la première fois qu'on luy presenta le sceptre Royal, avant que le poser sur son chef (ainsi qu'écrit Valere) il le contempla longuement, puis s'escriant à haute voix, il dist : O Diademe plus noble qu'heureux ! Si la pluspart des Princes de la terre, qui te poursuyvent par fers et flammes, consideroient diligemment les espines, et miseres qui t'accompagnent, tant s'en fault qu'ils te desirassent, que mesmes ils ne te daigneroient lever de terre[28].

---

27. « Je suis, Seigneur, soldat Amalechite,/Qui m'en viens ore du Camp Israëlite,/Vous supplier de recevoir (de moy/Vostre vassal) la Courone du Roy » (v. 1199-1202). Le retardement du complément d'objet direct, séparé du verbe par une parenthèse, accentue l'effet de retard que nous soulignons dans le jeu.
28. Pierre Boaistuau, *Histoires prodigieuses*, Paris, Longis J. et Le Mangnier R., 1560 ; éd. Florenne Y., Paris, Club Français du Livre, 1561, p. 20. *Cf.* « O Couronne pompeuse !/ Couronne, helas, trop plus belle qu'heureuse !/Qui sçauroit bien le mal et le meschef/Que souffrent ceux qui t'ont dessus le chef,/Tant s'en faudroit que tu fusses portee/En parement, et de tous souhaittee/Comme tu es, que qui te trouveroit,/Lever de terre, il ne te daigneroit » (*Saül le furieux*, v. 1325-1332 ; tous ces vers sont guillemettés). Le passage où Boaistuau évoque

La situation de David est la même que celle d'Antiochus (tous deux méditent sur les insignes de la royauté au moment de recevoir le pouvoir) et ses paroles sont une transposition en vers du discours en prose précédent. Or, le chapitre de Boaistuau veut montrer « en quel péril sont ceux qui commandent et autres qui ont administration de Republique » : la richesse, le pouvoir qui leur garantit une liberté sans frein et la flatterie « sont les vrayes allumettes pour les enflammer es vices ». Le premier exemple qui est proposé est précisément celui de Saül, personnage dont la « bonté » initiale est « celebrée par les sainctes lettres », et lui a valu d'être « esleu Roy par la bouche du Seigneur », mais qui « fut perverty est gasté » par son pouvoir[29]. Boaistuau porte encore moins d'attention que La Taille à la faute première de Saül : il la tient pour acquise sans même la discuter ; seul lui importe le fait qu'il a été corrompu *après être devenu roi* : le récit biblique ne soutient pas une méditation sur la culpabilité, mais il fournit un *exemplum* du danger auquel la couronne expose l'individu qui la reçoit. Le pouvoir corrompt celui-ci et le voue à un châtiment exemplaire : non seulement le roi sera destitué, mais les signes de son pouvoir seront renversés. Nabuchodonosor, dont l'exemple clôt le chapitre, devint fou et vécut comme une bête sauvage : habitué aux festins somptueux et aux habits luxueux, il dut « oster aux desers la nourriture aux bestes, et banqueter avec elles » et ne vivre « couvert que de poil, qui est la parure des bestes »[30]. Chez La Taille, la mort de Saül répond à la même logique : faute de « bourreau », le roi « fut contraint » de se tuer « de sa propre main ». Ce n'est pas l'intention de se tuer que cette formule isole comme trait pathétique dans le suicide ; c'est le fait qu'il accomplisse lui-même le geste. Si La Taille corrige le *Mistere du Vieil Testament*, où l'écuyer obéit à Saül qui lui demande de le tuer, c'est que cette fin aurait été moins tragique, alors que la mort n'y est pas moins volontaire. En se tuant lui-même, Saül est aux antipodes de la puissance d'un roi : il n'a même plus un serviteur ; il ne commande plus que sa propre vie. Réduit à son geste, le suicide parachève « la male-grace de Dieu », cet acharnement de la Fortune à briser le pouvoir du roi. L'objet de la tragédie, c'est la chute exemplaire,

---

les princes qui poursuivent le Diadème « par fers et flammes » est paraphrasé v. 398 : « Les sceptres que par fer et par feu l'on pourchasse ».
29. « La bonté de Saül, comment a elle esté celebrée par les sainctes lettres, jusques a avoir esté esleu Roy par la bouche du Seigneur ? Et toutesfois se sentant erigé en ce degré d'honneur, il fut perverty est gasté », Boaistuau, *Histoires prodigieuses, op. cit.*, p. 19.
30. *Ibid.*, p. 21.

donc *prodigieuse*, d'un roi. Sa déchéance est si parfaite qu'elle traduit un châtiment divin, mais elle n'en laisse pas sonder les causes.

Le discours de Boaistuau est clairement moral : le pouvoir appelle le châtiment, car il pousse au vice. Par définition, la tragédie se focalise sur la seule chute et rejette dans l'implicite ou dans des allusions la spéculation sur ses causes ; la teneur du propos s'en trouve modifiée. La pièce présuppose en effet que Saül a été un roi « perverty et gasté », moins cependant dans sa morale individuelle que dans la nature de son pouvoir. Le second écuyer tire cette leçon de l'histoire de Saül, que les « grands Estats » et « l'honneur de Tyrannie » causent la mort de ceux qui les reçoivent et qu'on ne devrait ni les « abboyer » ni les « mendier[31] ». Le mot « Tyrannie » peut d'abord surprendre, mais en fait il caractérise exactement le gouvernement de Saül. La réprobation du roi altère en effet son pouvoir : le respect de la loi divine constitue un frein généralement admis au pouvoir des rois de France et inversement la transgression caractérise le tyran ; or, après sa désobéissance, Saül est roi contre la volonté divine. Au v. 1310, l'écuyer présente Saül comme « un Empereur, et presque un Dieu terrestre » et il marque ainsi l'excès de puissance du roi qui ne reconnaît plus ses supérieurs terrestres ou, surtout, céleste. Le règne de Saül est donc marqué par un abus tyrannique du pouvoir, mais celui-ci se manifeste essentiellement dans le mode de détention de la puissance royale : dans son exercice, toutefois, Saül ne poursuit pas consciemment l'oppression de son peuple[32]. S'il voue une haine féroce à David, c'est sous l'emprise de la folie, et David lui-même l'en excuse en invoquant un « l'Esprit maling » (v. 1229-1230) qui le poussait ; si le chœur déplore le malheur du peuple sous un roi réprouvé (par exemple, v. 499-504 et 901-904), on ne saurait imputer ce mal à un calcul de la part du roi, qui en est la première victime. Saül est tyran parce qu'il détient son pouvoir contre la volonté de Dieu et pour le malheur du peuple, mais cette tyrannie n'est que l'envers politique de son désespoir : on ne peut être roi contre Dieu.

---

31. « Tu [= Saül] monstres bien, qu'on ne doit abboyer/Aux grands Estats, ny tant nous employer/A mendier l'honneur de Tyrannie,/Puisque que cela t'a fait perdre la vie », v. 1319-1322. Saül n'a pas eu à « abboyer » ni à « mendier » son pouvoir : « cela » ne reprend donc que « grands Estats » et « l'honneur de Tyrannie ».
32. Pour un autre exemple de cette acception paradoxale du mot « tyrannie » (mode de détention du pouvoir qui détermine sa valeur morale, et qui ne suppose pas nécessairement l'exercice d'un pouvoir violent et oppresseur), voir notre article « Le *Discours de la servitude volontaire* et son double », *Studi francesi*, vol. XLV, n° 135 (septembre-décembre 2001), p. 498-532.

C'est dire qu'elle ne renvoie qu'à une perversion politique, dans le mode de détention du pouvoir royal, et n'implique pas une perversion morale de la part du roi. Dès lors, la clarté moralisante de Boaistuau, qui enchaîne pouvoir, corruption morale et châtiment, s'obscurcit, et La Taille semble attacher directement le châtiment au pouvoir lui-même. Le second écuyer pose une quasi-synonymie entre les « grands Estats » et « l'honneur de Tyrannie », comme si tout pouvoir appelait son excès, comme s'il tendait à devenir absolu. David rapporte d'ailleurs à la couronne « le mal et le meschef/Que souffrent ceux qui [l']ont dessus le chef » (v. 1327-1328) : la corruption du pouvoir est une fatalité de la fonction, et ne dépend pas de la personne qui le reçoit, victime en fait de sa charge. Si la tragédie décrit la chute exemplaire d'un roi, ce n'est pas pour sonder la faute en amont qui le perd, mais pour analyser l'ambiguïté de sa puissance, au moment où elle l'écrase.

Exemplaire, la pièce se veut didactique et ne trouve tout son sens qu'en relation avec un spectateur-lecteur idéal. « Quel miroir ! quel exemple ! quel spectacle ! quel prodige pour ceux qui commandent ! », s'écrie Boaistuau en introduisant l'exemple de Nabuchodonosor[33], révélant que l'histoire prodigieuse de la chute des puissants s'adresse d'abord aux puissants. Si on considère que *Saül le furieux* est contemporain de l'avènement (6 décembre 1560) ou du sacre (15 mai 1561) de Charles IX[34], on constate que le personnage de David appelle l'identification du nouveau roi. La tragédie fonctionne alors comme un pendant à la cérémonie du sacre ; rituel paradoxal, elle n'exalte pas le pouvoir, mais invite à le peser mûrement ; elle marque moins une élection que la possibilité d'une réprobation. *Memen to mori* politique, elle tient de l'exercice spirituel et se garde bien d'indiquer comment se soustraire au destin funeste qu'elle dessine : elle le représente à seule fin d'éveiller la vigilance de son destinataire. Le sonnet final à Henri de Navarre (éd. cit., p. 90) suggère une autre lecture, au moment de la publication du texte (avant le 9 juin 1572)[35]. Il construit une opposition entre Saül et Navarre : tous deux ont éprouvé « de Fortune l'orage » (v. 9),

---

33. Boaistuau, *Histoires prodigieuses, op. cit.*, p. 21.
34. On sait que la rédaction de la pièce est antérieure à 1562 ; elle est aussi postérieure au mardi 18 juin 1560, date de l'achevé d'imprimer des *Histoires prodigieuses*.
35. Dans son édition des tragédies de La Taille, G. Spillebout (éd. F. Feijoo, Mont-de-Marsan, 1998, p. 105) estime ce sonnet antérieur au 17 novembre 1562, date de la mort d'Antoine de Bourbon, Roi de Navarre et père d'Henri, car celui-ci est encore appelé « Prince de Navarre ». Cependant, Antoine de Bourbon tient son titre de sa femme, Jeanne d'Albret, reine de Navarre ; et ce n'est qu'après la mort de celle-ci (9 juin 1572) qu'Henri devient Roi de Navarre.

mais alors que Saül a été brisé par la « grand' inconstance » (v. 8) du sort, Navarre en a déjoué les caprices « par [s]a constance » (v. 10). On trouve cette antithèse entre l'inconstance de la fortune et la constance du guerrier dans la tragédie, quand l'écuyer encourage Saül avant l'ultime combat (v. 1055-1060). Cette pertinence militaire suggère que le sonnet est postérieur à la troisième guerre de religion, qui se termine en 1570, à laquelle Navarre à pris part (et La Taille à ses côtés) : il loue la constance victorieuse du prince et Saül devient un contre-modèle, propre à conforter l'héroïsme stoïque du prince. Cette lecture met l'accent sur le « courage » (v. 10 ; c'est-à-dire le cœur, l'état d'esprit) de Saül, son incapacité à supporter les coups du sort, bref, son désespoir. Pas plus qu'auparavant il ne s'agit de sonder les arcanes de la justice divine ou les motifs de la culpabilité de Saül : la chute de ce dernier est considérée seule, indépendamment de ses causes, et elle sert d'amorce à une morale politique, qui se tisse dans la relation avec un destinataire privilégié.

Le sens d'une tragédie humaniste dépend profondément de ce fonctionnement *exemplaire*. Le dramaturge n'a pas de théorie à proposer mais seulement des *cas*[36] critiques, des catastrophes dont la vigueur paradoxale défie la cohérence des théories. Le sens de ces cas tient pour une part, à la force problématique de ce qu'ils montrent ; et pour le reste, à leur application, à la richesse des interférences qu'ils peuvent tisser avec le contexte de leur rédaction, de leur représentation, voire de leur lecture. Au XVIe siècle, il n'y a pas de lieu de représentation institué pour les pièces humanistes : il s'ensuit que la représentation d'une tragédie est toujours exceptionnelle, et donc toujours « de circonstance ». Le sens de la pièce est déterminé par le contexte qu'elle vise ; il relève de la prudence, politique ou morale, plus que de la sapience ; d'une philosophie active plus que contemplative. En reconstituant un épisode historique ou, plus rarement, mythologique, le dramaturge vise en somme à interpréter l'actualité, et peut-être à proposer une leçon sur la conduite ou l'attitude à tenir. La lecture tragique trahit donc la spécificité du spectacle humaniste, en ce qu'elle y cherche un sens doublement essentiel : d'une part, elle postule d'emblée que la tragédie pose des problèmes philosophiques supposés essentiels (culpabilité

---

36. Stone D. Jr. a souligné l'importance du *De casibus* de Boccace dans la conception humaniste de la tragédie (*French Humanist Tragedy. A Reassessment*, Manchester, Manchester Univ. Press, 1974, p. 19-22). Laurent de Premierfait a traduit cet ouvrage sous le titre : *Des nobles malheureux*, titre auquel La Taille renvoie explicitement dans la préface d'une tragédie de son frère, Jacques (*ibid.*, p. 21-22).

humaine, nature de Dieu...) ; d'autre part, elle suppose que ces sens sont *dans* la tragédie, qu'ils définissent essentiellement le genre. Du coup, elle interroge une faute qui n'est pas représentée, une culpabilité qui n'est pas débattue ; elle cherche à rendre compte d'une providence ou d'un destin, quand la pièce ne s'intéresse qu'au malheur qu'ils ont provoqués. Elle scrute le texte des répliques et les implications de l'argument pour trouver un sens à la catastrophe représentée et elle oublie le spectacle, qui donne évidence au désastre, contre les raisons qui pourraient en rendre compte. Si on considère, non plus le texte, mais le *système de représentation* de la tragédie humaniste, il devient improbable d'y trouver une théologie tragique : pour le confirmer, une analyse scénique de *Saül le furieux* s'impose.

Avant d'analyser les enjeux de la dramaturgie de Saül, il nous faut la décrire et suspendre un temps notre questionnement : digression nécessaire, au terme de laquelle nous interrogerons la place de la « théologie » sur la scène que nous aurons décrite. Dans *Saül le furieux*, l'originalité dramaturgique la plus remarquable tient au traitement du lieu. La Taille attire lui-même l'attention sur ce point dans l'épître « De l'Art de la tragédie » :

> [...] il faut tousjours representer l'histoire ou le jeu en un mesme jour, en un mesme temps, et en un mesme lieu. (l. 66-68)

On déduit généralement de cette formule que La Taille a pressenti les trois unités classiques[37]. Ces règles demandent que l'action se déroule dans un même lieu fictif, en une durée fictive qui n'excède pas, selon les théoriciens, vingt-quatre ou trente-six heures. Il s'agit d'unifier le cadre spatio-temporel de l'histoire représentée, pour réduire au minimum la discordance avec celui de la représentation. Or, la formule de La Taille porte sur le lieu et la temporalité du spectacle et non de la fiction représentée. Si on a cru y retrouver les unités classiques, c'est que l'attention critique s'est généralement portée sur les trois compléments circonstanciels qui terminent la phrase, mais guère sur le verbe qu'ils complètent : « représenter », qui signifie bien « jouer une pièce de théâtre[38] ». La formule précise en somme

---

37. Voir Zeppa de Nolva C., « Jean de la Taille et la règle des unités », *Mélanges Alfred Ernout*, Paris, Klincksieck, 1940, p. 397-406 ; Forsyth E., éd. cit., p. XXXI-XXXII ; Charpentier F., « L'art de la tragédie de Jean de la Taille et la doctrine classique », *Études sur Etienne Dolet, le théâtre au XVIe siècle. [...] à la mémoire de C. Longeon*, Genève, Droz, 1993, p. 151-160.
38. Nous rejoignons donc L. Kreyder (art. cit., p. 140). Ajoutons qu'« histoire » et « jeu », les deux compléments d'objet directs du verbe, sont des noms de *genres* théâtraux, dans la tradition médiévale.

les modalités de la représentation théâtrale, du spectacle, et non pas de la *mimesis* dramatique : elle n'a rien à voir avec les unités classiques. En demandant que la tragédie soit représentée « en un mesme jour », La Taille condamne les pièces dont la représentation s'étend sur plusieurs journées, comme les mystères[39] : une tragédie doit pouvoir être représentée en une seule séance. Lorsqu'il ajoute que la pièce doit être jouée « en un mesme temps », il caractérise le déroulement de cette séance unique : la pièce doit être jouée d'une seule traite, sans pause. Or, il n'y a pas d'entracte dans la tragédie humaniste : le chœur, toujours en scène, en retrait mais visible pendant les actes, intervient seul pendant cette pause et assure la continuité du spectacle[40]. La Taille ne fait que confirmer ce point. La troisième exigence, que la pièce soit représentée « en un même lieu », porte sur l'espace. On a toujours considéré que le mot « lieu » désignait l'endroit fictif où se déroulait l'action, selon une acception classique. Il faudrait alors admettre que la réflexion de La Taille glisse sans prévenir de la représentation à la fiction : sa formulation n'a de cohérence que si sa règle porte sur le lieu réel où se déroule le spectacle. Or, en moyen français, « lieu » est un des mots couramment employés pour désigner une partie de la scène réelle, qui représente une localisation fictive déterminée, sachant que, dans les mystères, l'aire de jeu présente simultanément plusieurs lieux[41]. Lorsque La Taille demande de « representer l'histoire ou le jeu [...] en un mesme lieu », il refuse de diviser l'espace de jeu pour représenter *simultanément* plusieurs emplacements de la fiction : cet espace doit être unique et

---

39. Cette hypothèse a été avancée par Eugène Rigal (dans Petit de Julleville, *Histoire de la littérature française*, t. III, p. 282. Voir aussi : « La mise en scène dans les tragédies du XVIe siècle », *De Jodelle à Molière*, Paris, Hachette, 1911, p. 31-138 [p. 31-34]. Rigal voulait déduire la règle de l'unité d'action de cette proscription des journées de représentation, ce qui a été légitimement contesté), et elle est généralement rejetée aujourd'hui, sur la base d'un argument contestable : le terme technique pour les parties d'une pièce en plusieurs volets serait « journée » de représentation, et non « jour », qui désigne seulement une période de 24 heures. En employant ce mot, La Taille définirait donc la durée de l'action selon le principe de l'unité de temps (voir Zeppa de Nolva C., art.cit.). Le distinguo « journée »/« jour » perd toutefois sa raison d'être, sitôt qu'on remarque que La Taille parle de la représentation, et non de l'action.
40. Voir notre article : « La dramaturgie d'*Hippolyte* et des *Juifves* », dans Buron E. (éd.), *Lectures de Robert Garnier : Hippolyte, Les Juifves*, Presses Univ. Rennes, 2000, en part. p. 58-59.
41. Voir Cohen G., « Un terme de scénologie médiévale : "lieu" ou "mansion" ? », *Études d'histoire du théâtre en France au Moyen Âge et à la Renaissance*, Paris, Gallimard, 1956, p. 60-66 ; et Runnalls G., « "Mansion" and "lieu" : two technical terms in medieval French staging ? », *French studies*, XXXV, oct. 1981, p. 385-393.

homogène (cette exigence n'interdit pas de représenter plusieurs lieux fictifs, pourvu qu'ils se succèdent sur un même emplacement).

La dramaturgie de *Saül le furieux* répond au principe d'unicité du lieu scénique que nous venons de dégager. Les actes I et II se déroulent devant le pavillon de Saül. L'identité du lieu fictif appelle celle du lieu scénique, mais celle-ci est encore soulignée par le fait que le roi, qu'on a vu entrer furieux dans sa tente à l'acte I (v. 22), y est endormi au début de l'acte II (v. 228-231), avant de se reveiller et de sortir (v. 246). Non que le personnage soit resté inactif depuis sa sortie : l'écuyer évoque les actes de sauvagerie que Saül a commis dans sa fureur (v. 225-227) avant de revenir dormir dans son pavillon. Ce retour a pour seul but de ramener le personnage dans la tente où on l'a vu rentrer et de permettre le raccord scénographique des actes sur un même emplacement physique. On peut déduire de ce mouvement que le pavillon du roi est figuré sur l'aire de jeu, qu'une tente soit dressée ou qu'une sortie spécifique soit identifiée comme le « pavillon du roi » ; et que ce lieu est un cul de sac, puisque tout acteur qui y rentre doit en ressortir (il n'y a pas de coulisses). Soulignons en outre que ce principe de conservation du lieu entre la sortie d'un personnage et son entrée suivante ne fonctionne qu'au niveau scénique, et pas fictionnel, car nous le verrons fonctionner même quand le lieu scénique « tente du roi » change d'identité fictionnelle. Une seconde issue au moins est nécessaire : celle par laquelle les fils de Saül quittent définitivement la scène pour se rendre au combat.

L'acte II se déroule donc devant le pavillon de Saül. Le roi revient à la raison et s'entretient avec un écuyer ; entre un second écuyer, qui déclare avoir trouvé à Endor la devineresse que Saül l'avait envoyé chercher. Les trois personnages décident de se rendre chez elle « en habit desguisé » (v. 480) pour qu'elle ne soit pas effrayée, car Saül a autrefois ordonné des persécutions contre les sorcières. Ils sortent et laissent la place au chœur, qui intervient sur le même lieu. En effet, à la fin de l'acte I, un des fils de Saül lui demandait de prier pour la victoire (v. 161-162), et cette apostrophe indique que cette troupe toujours en scène se tient près du pavillon royal, sur scène comme dans la fiction. Au début de l'acte III, un soldat entre en scène et dialogue avec le chœur : il vient d'un camp amalécite vaincu par David (v. 563-566) et il se rend vers le camp hébreu (v. 593-594), tout proche et sur le point de livrer bataille contre les Philistins (v. 595-596). Le lieu fictif correspond-il toujours aux environs du pavillon de Saül ? Le texte ne localise pas précisément l'action, mais la vraisemblance permet de douter qu'un soldat (amalécite) défait puisse arriver sans encombre jusqu'à la tente d'un roi adversaire. La présence continue du chœur assure que l'emplacement scénique de ce début d'acte III est le même que celui de l'acte II, mais le dialogue suppose une abstraction relative du lieu fictif. À peine le soldat est-il sorti que le chœur voit entrer le roi « vestu d'estrange guise », accompagné de la sorcière et des deux écuyers (v. 597-598). La scène représente donc Endor, où habite la devineresse, mais comme les personnages entrent et viennent vers le chœur, qui, à plusieurs reprises au cours de l'acte III, interviendra dans leur dialogue, il faut conclure que c'est toujours le même emplacement scénique qui représente maintenant un nouveau lieu fictif. Comme la représentation est continue, le dialogue du soldat amalécite avec le chœur, qui prolonge l'intervention de ce dernier, a pour première fonction de prolonger l'absence de Saül et de ses deux écuyers, afin qu'ils aient le temps nécessaire pour changer de costume, puisqu'ils doivent entrer « en habit desguisé ». La Taille a aussi utilisé ce temps de travestissement pour figurer le temps du trajet éludé, ce qui prouve que le trajet ne s'accomplit pas à vue. Comme entre les actes I et II, La Taille organise la succession des actions sur un même emplacement, de façon scénographiquement fluide et fictionnellement vraisemblable. Rien ne révèle en revanche le souci d'unité du lieu fictif.

L'acte III, qui se déroule à Endor, se joue donc sur le même espace de jeu que les actes I et II. Si on considère que le spectacle est continu, cet enchaînement oblige ou bien à une transformation à vue des décors, hypothèse peu envisageable pour la tragédie humaniste, qui ne se jouait pas dans un théâtre conçu spécialement à cet effet ; ou bien à une représentation sans décors spécifiques : la scène est toujours la même, et son identification fictionnelle est confiée aux dialogues et à l'imagination du spectateur. À l'appui de cette hypothèse, on peut constater que l'espace des actes I, II et III est structuré de la même manière. Tous supposent un lieu clos, où l'acteur peut disparaître à la vue des autres et du public, qui figure le « pavillon » de Saül dans les deux premiers actes, et la cabane de la sorcière, où on pousse Saül à la fin de l'acte III (v. 837-840) et où la nécromancienne se retire pour « faire à l'escart ses conjurations » (v. 685 ; voir aussi v. 628). Dans les deux cas, les personnages en scène désignent ce lieu par le même adverbe : « leans » (v. 223 et v. 684), qui signifie « à l'intérieur ». Cette polyvalence de l'espace scénique est le corollaire de son unicité. Quant au principe de l'identification imaginaire du lieu fictif par le spectateur, on peut en voir un indice dans le fonctionnement théâtral des crises de démence de Saül. Dans son délire, le personnage projette un contexte imaginaire sur le contexte supposé réel dans la fiction, si bien que son entourage est obligé de le raisonner et d'évoquer le cadre véritable de l'action. Cette description véridique s'adresse aussi au spectateur, pour qui le décor est immédiatement campé. Or, s'il doit l'être en paroles, c'est sans doute qu'il n'est pas visible. « Mais, Sire, qui vous trouble ainsi la fantaisie » (v. 7), demande Jonathe à Saül égaré : pour le spectateur comme pour le roi, l'identification du lieu fictif est affaire de « fantaisie », troublée dans un cas, réglée dans l'autre.

À la lumière de nos analyses précédentes, l'enchaînement des actes IV et V ne pose aucun problème. Au début de l'acte IV, Saül est sans doute revenu devant son pavillon, puisqu'un gendarme vient le trouver pour lui raconter la défaite de l'armée juive. Il annonce l'arrivée imminente des ennemis et conseille à Saül de fuir. Ce lieu à proximité du champ de bataille, où messagers et adversaires viennent pour trouver le roi, ne peut être que son pavillon, en retrait de l'armée. Or, à la fin de l'acte III, Saül, abattu par la prophétie de Samuel, était poussé dans la cabane de la sorcière (v. 837-840) où tous s'engouffraient, laissant la place au chœur. Au cours des actes I et II, le lieu « cabane de la sorcière » représentait le lieu « pavillon du roi » : il retrouve son identité première à l'acte IV, l'intervention du chœur marquant, comme les précédentes, une ellipse dans l'action. Saül n'a plus qu'à sortir pour que l'acte IV commence en un nouveau lieu, que le dialogue permettra d'identifier. De nouveau, l'enchaînement scénographique se fait sur une même aire de jeu, mais le lieu fictif change. L'enchaînement des deux derniers actes ne pose pas plus de problème : à la fin de l'acte IV, Saül et ses écuyers sortent pour aller au combat ; le chœur intervient, et il quitte sans doute l'aire de jeu à la fin de son intervention. « Fuyons ces lieux miserables » (v. 1140, reprenant le v. 1138), s'écrie-t-il, et il n'intervient plus jusqu'à la fin de la pièce. Sur la scène vide entre un soldat amalécite qui vient du champ de bataille (v. 1164) ; il voit venir David, « qui vient du bourg de Sicelle en ce lieu » (v. 1182) ; puis un messager viendra du champ de bataille (v. 1336-1337) pour lui faire le récit de la défaite. Si le texte précise d'où viennent tous ces personnages, c'est pour justifier qu'ils arrivent à vue sur l'aire de jeu unique qui a servi jusqu'alors.

Pour apprécier la nouveauté du parti de La Taille, il faut considérer que le théâtre humaniste français suppose un espace de jeu à lieux multiples proche de celui des mystères contemporains[42] ; et non une scène unifiée,

---

42. Pour des analyses de l'espace de jeu humaniste, voir nos articles : « La dramaturgie d'*Hippolyte* et des *Juifves* », cité *supra* ; et « Qu'est-ce qu'une scène au XVIe siècle ? La

éventuellement en perspective, comme on le suppose souvent, par projection de modèles italien ou classique. Le nombre des lieux est toutefois moins élevé que dans les mystères et les lieux représentés sont censés être rapprochés dans la fiction comme ils le sont sur la scène. S'il n'est pas unifié, l'espace de jeu est du moins intégré, par sa coïncidence avec un espace fictif continu[43]. La Taille radicalise cette tendance : à chaque moment du spectacle, l'aire de jeu coïncide *intégralement* avec un seul lieu fictif[44]. Comme dans les autres tragédies humanistes, l'espace scénique est co-extensif à l'espace fictif, mais à la différence des autres tragédies, il n'est plus fragmenté en divers lieux. Ces deux partis aboutissent à une même conséquence : l'aire de jeu humaniste ne symbolise plus les distances qui séparent les lieux dans l'espace de la fiction, elle les représente. Il s'ensuit que les lieux fictifs qu'elle représente sont nécessairement inscrits dans un espace naturel et que les lieux métaphysiques, tels le paradis ou l'enfer des scènes médiévales, sont exclus de scène. Dans la tragédie humaniste, ne sont représentés sur scène que les personnages ou les événements qu'un témoin supposé de l'action aurait pu voir : la visibilité des faits devint le critère qui les rend représentables. D'un point de vue technique, en découle le refus des « feintes », ce qui correspond, sur un plan philosophique, au refus de traiter théâtralement la « théologie ».

L'acte III confirme cette analyse de façon paradoxale, puisqu'il met en scène un spectre. Or, la dramaturgie de cet acte spectaculaire est intégralement déterminée par le souci de l'auteur de rejeter en coulisse le moment de l'apparition du fantôme. Le déroulement de l'acte est d'abord ordonné par le rituel magique de la sorcière, qui distingue deux types d'opération :

---

dramaturgie des comédies d'Étienne Jodelle et de Jacques Grévin », dans Norman L. (éd.), *Du Spectateur au lecteur. Imprimer la scène au XVIe et XVIIe siècle*, Schena Editore/Presses de l'Univ. de Paris-Sorbonne, 2003.

43. La notion d'« unité complexe » du lieu, utilisée par R. Lebègue (« Unité et pluralité du lieu 1450-1600 », *Études sur le théâtre français*, Paris, Nizet, 1977, t. I, p. 148-159), se révèle insuffisante, car elle tient compte de la proximité supposée entre les lieux fictifs, mais pas du dispositif scénique. Parce que l'action se déroule en divers lieux, *Saül le furieux* peut ainsi être considéré comme « un exemple remarquable d'unité complexe » (p. 152).

44. Pour définir l'originalité dramaturgique de La Taille, on a pu évoquer une « dramaturgie d'action » ou son attention aux « effets du spectacle » (voir Charpentier F., « Vers la tragédie d'action : le *Saül le furieux* de Jean de la Taille », dans Bellenger Y. (éd.), *Le Théâtre biblique de Jean de la Taille, op. cit.*, p. 153-166 et Lecercle F., « Saül et les effets du spectacle », *Cahiers Textuel*, n° 18, 1998, p. 25-39). Ces analyses décrivent ce qu'on pourrait appeler la dramaturgie superficielle, ou produite, de la pièce. Le travail sur le lieu scénique, en ce

les « invocations », qui se font « icy » (v. 627), et que la Pythonisse accomplit sur scène (v. 629-676) ; et les « conjurations », qui se font « à l'escart » (v. 627-628) : la sorcière quitte brutalement la scène pour les accomplir, et « s'en court » (v. 677) en sa cabane, d'où elle pousse des « hurlements » (v. 684). Elle revient peu après : Samuel lui a révélé la véritable identité du roi (déguisé). Il est donc d'ores-et-déjà apparu, mais en coulisse. Saül envoie la devineresse chercher le spectre (v. 701). Elle retourne donc dans sa cabane, et en sort accompagnée de l'ombre de Samuel (v. 709-710). Puisque le spectre est dit « luysant en blancheur » (v. 709), l'acteur peut être grimé en blanc ; dans un premier temps, il ne parle pas mais agite la tête (v. 722 et 730), les yeux fermés, simulant le sommeil (v. 716). Après un surcroît de « conjurations » (v. 714), que la sorcière lui murmure à l'oreille (v. 715), car elles sont secrètes, Samuel parle « d'un parler tout contraint » (v. 730). Il révèle au roi son destin funeste, referme les yeux et disparaît « soudainement » (v. 780). Rien n'est dit sur cette disparition. On peut supposer que l'ombre ne s'était pas avancée sur l'aire de jeu, qu'elle est restée dans l'entrée de la cabane, d'où elle s'est vivement retirée. Les allées et venues de la sorcière permettent de rejeter hors de scène l'apparition du spectre et de le faire entrer en marchant. La scène de la pythonisse figure aussi dans le *Mistere du Vieil Testament*. La sorcière y « fait un tas de mynes et conjuremens », et on voit, sur scène, « une aparicion pour Samuel[45] », sans doute réalisée grâce à une trappe, puisque le mystère recourt à cet artifice en d'autres passages[46]. Le choix de La Taille doit d'abord s'interpréter comme le refus d'un tel artifice. Cette ascèse technique rejoint le parti pris du lieu unique et l'absence de décor : la tragédie est un spectacle de parole, qui relève d'un théâtre pauvre, fondé exclusivement sur l'acteur, sur sa parole au premier chef, mais aussi sur son corps et éventuellement sur son costume, qui redonnent une présence à des personnages illustres, pour qu'ils revivent au présent leur histoire.

---

qu'il nécessite déplacements et motivations de ces déplacements, peut être analysé comme le principe de cette dramaturgie spectaculaire.
45. *Mistere...*, éd. cit., p. 158. Une mise en scène analogue sera encore utilisée dans le *Saül* de Du Ryer (1642), où le spectre est supposé surgir du sol devant les spectateurs. Après avoir fait ses conjurations en coulisse, la Pythonisse revient sur scène pour l'apparition et déclare à Saül : « Déjà la terre éclate, et s'ouvre devant vous […]. Je vois, je vois un Dieu qui monte de la terre » (Pierre du Ryer, *Saül* (1642), éd. Miller M., Toulouse, Société de Littératures Classiques, 1996, v. 952 et 954).
46. Voir Cohen G., *Histoire de la mise en scène dans le théâtre religieux français du Moyen Âge*, éd. augmentée, Paris, Champion, 1951, p. 161-162.

Ce parti pris esthétique fondateur du genre n'est pas sans conséquence sur le sens du spectacle, et sur sa portée philosophique. Dans l'épître « De l'art de la tragédie », La Taille refuse de se prononcer sur la nature du spectre :

> Et parce qu'il m'a esté force de faire revenir Samuel, je ne me suis trop amusé à regarder si ce devoit estre ou son esprit mesme, ou bien quelque fantosme, et corps fantastique, et s'il se peut faire que les esprits des morts reviennent ou non, laissant la curiosité de ces disputes aux Théologiens[47]. (l. 213-218)

En évitant de montrer l'apparition, La Taille refuse de se prononcer sur les modalités de l'interférence entre notre monde et l'au-delà, et partant sur la nature du spectre. Il ne montre celui-ci qu'une fois qu'il est déjà dans notre monde : il le représente comme un fait *historique* que sa source lui imposait de représenter (« il m'a esté force de faire revenir Samuel »), et par conséquent, il ne montre que la partie du phénomène qui affecte l'espace naturel, le seul que la dramaturgie tragique s'autorise à représenter. La Taille assume très consciemment cette restriction, car il oppose son intérêt à la « curiosité » des « Théologiens ». Au XVIe siècle, le mot peut désigner un théologien *stricto sensu*, un métaphysicien ou un spécialiste des choses occultes : le domaine de compétence du théologien ne se limite pas à Dieu mais concerne aussi les choses divines, ou surnaturelles. On voit que la scène tragique est aussi peu perméable aux spéculations métaphysiques que son argument. Un autre passage de l'épître présente exactement les mêmes enjeux. La Taille souligne que, dans une tragédie selon l'art, il faut

> se garder de ne faire chose sur la scene qui ne s'y puisse commodément et honnestement faire, comme de n'y faire executer des meurtres, et autres morts, et non par fainte ou autrement, car chascun verra bien tousjours ce que c'est, et que

---

47. *Cf.* Boaistuau, éd. cit., p. 187-188 : « Je ne veux point icy plonger en ce labyrinthe doubteux de rechercher si les ombres des morts retournent, ou si les esprits ayans eschappé le naufrage de ceste vie mortelle nous visitent quelquefois. Je sçay comme ces deux bons Prelats sainct Augustin et sainct Hierosme, et presque tous les Ecclesiastiques se sont tourmentés à dissoudre le doubte de Samuel, pour sçavoir si c'estoit le vray esprit du Prophete qui retourna par l'evocation de la femme enchanteresse, ou si ce fut un prestige que Sathan laissa à la posterité : il me suffira seulement en ce chapitre de racompter fidelement et en termes de Philosophe, ce que les autheurs plus fameux en ont escrit ». La volonté de parler en philosophe – de raisonner sur des histoires sans sonder leurs causes occultes – annonce le refus de La Taille de parler en théologien.

> ce n'est tousjours que faintise, ainsi que fit quelqu'un, qui avec
> trop peu de reverence, et non selon l'art, fit par fainte crucifier
> en plein theatre ce grand Sauveur de nous tous. (l. 68-75)

La « fainte » évoquée ici renvoie à l'usage de mannequins à la semblance d'un acteur, pour les scènes d'exécution ou de torture[48]. La critique de La Taille relève pour une part de la bienséance et elle repose aussi sur le glissement de « fainte » à « faintise » : ces mannequins ne trompent pas le spectateur, qui décèle la supercherie. Le rejet des artifices spectaculaires nous renvoie d'abord au parti pris esthétique d'ascèse ; mais il revêt une dimension philosophique quand il conduit à proscrire la représentation de la crucifixion. Il s'agit en effet de la scène fondatrice du christianisme, qui signe le rachat de l'humanité et scelle la nouvelle alliance de l'homme avec Dieu. La Théologie pénètre alors l'Histoire, et constitue l'épisode en symbole. La crucifixion présente ce point commun avec l'apparition du spectre, qu'il s'agit d'un moment d'interférence, où la frontière entre l'Histoire et la métaphysique s'estompe.

En un troisième passage, La Taille réitère son rejet nominal de la « Théologie ». Il souligne que tous les épisodes d'une tragédie doivent être utiles, puis ajoute :

> Et si c'est un sujet qui appartienne aux lettres divines, qu'il
> n'y ait point un tas de discours de Theologie, comme choses
> qui derogent au vray subject, et qui seroient mieux seantes
> à un presche ; et pour ceste cause se garder d'y faire parler
> des personnes qu'on appelle Faintes, et qui ne furent jamais,
> comme la Mort, la Verité, l'Avarice, le Monde, et d'autres
> ainsi, car il faudroit qu'il y eust des personnes ainsi de mesme
> contrefaittes qui y prinssent plaisir. (l. 92-101)

La condamnation du recours aux personnages allégoriques est un lieu commun du discours humaniste sur la tragédie, que La Taille enrichit en l'insérant dans une réflexion sur la conduite de l'intrigue : c'est d'abord comme temps mort qu'il condamne ces personnages, qui introduisent dans le spectacle un développement « oisif, inutil », « mal a propos » (l. 91-92). Là encore, la réflexion technique a une incidence philosophique. Si un dramaturge introduit sur scène une personnification, c'est évidemment pour

---

48. Voir Cohen G., *Histoire de la mise en scène...*, *op. cit.*, p. 148-152.

lui faire tenir un discours sentencieux, et rapporter les faits représentés à leur raison cachée. En refusant ces allégories, La Taille définit une nouvelle fois la dramaturgie humaniste contre les « discours de Theologie », qui prétendent explorer le versant occulte des événements. Le « presche », exposition discursive de réalités divines, apparaît ici comme un genre de spectacle aux antipodes du spectacle tragique. Ils diffèrent par leur mode de représentation, discursif dans un cas et mimétique dans l'autre ; ils diffèrent aussi par leur sujet : l'un se consacre à la « Théologie », que l'autre exclut.

Vers la fin de son épître, La Taille s'excuse au cas où sa « Muse » se serait trop « espaciée hors les bornes estroites du texte » (l. 255-256) :

> je n'ay point tant desguisé l'histoire, qu'on n'y recognoisse
> pour le moins quelques traicts, ou quelque ombre de la verité,
> comme vraysemblablement la chose est advenue. (l. 259-262)

La tragédie humaniste se veut reconstitution, et non explication d'un épisode historique. Elle veut représenter « comme [...] la chose est advenue » : elle s'intéresse à la forme de l'événement, pas à ses causes. Sans doute le genre présuppose-t-il un destin qui préside aux faits humains ; mais l'essentiel est que le système de représentation tragique donne à voir les catastrophes humaines coupées de la machinerie fatale qui les expliquerait éventuellement. Les spéculations sur la justice ou les desseins de Dieu sont confiées aux paroles des personnages, divergentes comme leurs intérêts, changeantes comme leurs situations et la scène ne montre rien qui soit de nature à valider ces spéculations. C'est dire que loin de construire une théologie, le genre reste fasciné par l'opacité des événements. Il répond à une vision nouvelle de l'Histoire, irréductible à une lecture providentielle.

Quatrième partie

Dieu, les dieux, le pouvoir et la cité

Michel Plaisance

L'empereur entre Dieu et les dieux : de la *sacra rappresentazione* à la *commedia spirituale*

Le théâtre religieux, à l'occasion des fêtes les plus importantes, a connu à Florence un essor particulier. Au début du xve siècle, il a d'abord pour cadre les églises et il est marqué par un développement des machineries les plus audacieuses. Cette avance technique permettra à Florence d'inventer dans la seconde moitié du xvie siècle le lieu théâtral moderne. Le théâtre religieux se retrouve aussi dans les rues, sur des chars (*edifizi*) qui défilent lors de la fête patronale de la Saint-Jean[1]. Ces chars sont ceux des confréries laïques de dévotion. Les textes théâtraux, assez courts, de cette période vont, à partir des mêmes canevas et des mêmes sources, devenir plus complexes dans la seconde moitié du siècle. Les *sacre rappresentazioni* seront alors souvent mises en scène, pour Carnaval, par les compagnies d'enfants et d'adolescents, dans un but éducatif : éducation religieuse, morale et civique[2]. Au xvie siècle, dans ces mêmes compagnies, on jouera des *commedie spirituali*[3]. Ce nouveau genre ne fait qu'accentuer les éléments comiques déjà présents dans la *sacra rappresentazione*. Il emprunte à la comédie sa division en actes, ses personnages, les intermèdes et certains thèmes comme le conflit entre les vieux et les jeunes. L'intrigue est encore tirée de l'Ancien Testament, des Évangiles ou des vies de saints.

---

1. *Nuovo Corpus di Sacre Rappresentazioni fiorentine del Quattrocento edite e inedite tratte da manoscritti coevi o ricontrollati su di essi*, a cura di Newbigin N., Bologna, Commissione per i testi di lingua, 1983, p. xxxi.
2. Ventrone P. (dir.), *Le Temps revient. 'l Tempo si rinuova. Feste e spettacoli nella Firenze di Lorenzo il Magnifico*, Milano, Silvana editoriale, 1992, p. 33.
3. Plaisance M., « "L'Exaltation de la Croix", comédie religieuse de Giovanmaria Cecchi », dans Konigson E. (dir.), *Théâtre. Histoire. Modèles*, Paris, CNRS, 1980, p. 13-18.

À la fin du xvᵉ siècle, Florence, dont les élites ont été plus qu'ailleurs fascinées par l'antiquité païenne, s'apprête à vivre une période d'exaltation à la fois religieuse et patriotique intense avec Savonarole. Nous avons choisi d'examiner trois *rappresentazioni* de cette période, échelonnées sur une bonne dizaine d'années, qui traitent des rapports entre le pouvoir impérial et la religion, qu'elle soit païenne ou chrétienne. Dans les trois, la thématique de la Croix est centrale et on y retrouve l'empereur Constantin. Nous verrons comment étaient présentés les dieux païens invoqués par les personnages et comment se manifestait à eux le nouveau Dieu chrétien.

La *Rappresentazione di san Giovanni e Paolo* fut composée par Laurent le Magnifique pour les enfants de la compagnie de San Giovanni Evangelista qui la jouèrent le 17 février 1491. Cette compagnie était patronnée par les Médicis. Laurent lui avait fait don d'un morceau de la vraie Croix, ses fils en étaient membres et c'est vraisemblement parce que son fils Julien avait été chargé d'organiser le spectacle donné chaque année par la compagnie pour le Carnaval qu'il composa cette œuvre un an avant sa mort[4]. Le Magnifique est sensible au nouveau climat spirituel d'une Florence marquée par la présence de Savonarole, mais le pouvoir politique incarné dans la *rappresentazione* par l'empereur Constantin et par ses successeurs, son fils Constantin, puis son neveu Julien l'Apostat, est, vis-à-vis du Dieu chrétien, distant ou hostile. Constantin reste en dehors de tout engagement religieux. S'il mentionne, au passage, l'aide des dieux, il a plus confiance dans la valeur de son général, Gallican, pour triompher des Daces. Lui, que Gallican salue en l'appelant « divin Auguste »[5], va jusqu'à déclarer que celui qui aspire aux grandes choses doit s'efforcer de ressembler à Dieu. Ce Dieu pourrait être Jupiter, mais Laurent prend soin de ne pas être plus explicite. À travers ses proches qui se convertissent, Constantin voit se manifester le nouveau Dieu. Lorsqu'il se réjouit de la guérison miraculeuse de sa fille, l'empereur ne veut pas savoir quel est l'auteur du miracle.

---

4. Plaisance M., « Le immagini del Principe nella *Rappresentazione di San Giovanni e Paolo* di Lorenzo il Magnifico e nell'*Invenzione della Croce* di Lorenzo di Pierfrancesco de' Medici », dans Chiabò M. & Doglio F. (dir.), *Mito e realtà del potere nel teatro : dall'Antichità classica al Rinascimento*, Roma, Centro Studi sul Teatro Medioevale e Rinascimentale, 1988, p. 217-221. Sur les rapports que l'œuvre entretient avec le nouveau contexte culturel lire, dans le même ouvrage, les très stimulantes observations de Mario Martelli : « Politica e religione nella sacra rappresentazione di Lorenzo de' Medici », p. 189-216.
5. Lorenzo de' Medici, *Rappresentazione di San Giovanni e Paolo*, a cura di Davico Bonino Guido, Parma, Pratiche Editrice, 1992, p. 46.

Il fait de l'événement un prétexte pour une fête profane en convoquant bouffons, chanteurs, musiciens et danseurs. Un peu plus tard, il loue sans le nommer ce Dieu qui inspire à sa fille des réflexions qui sont celles d'un profond politique. Enfin, lorsqu'il s'adressera à Gallican converti et vainqueur, le Dieu dont il parle semble de plus en plus se confondre, comme par mimétisme, avec le Dieu chrétien dont il fait l'éloge sans s'impliquer lui-même : « ed adori uno Dio che mai non erra »[6].

Mais Laurent maintient Constantin en deçà d'une vraie conversion. On est loin du Constantin dont parle Savonarole dans son sermon du 5 décembre 1490. Ce dernier donnait Constantin en exemple, à l'aide de trois citations, pour son respect envers le pape, le clergé, les églises[7]. Il voulait par là montrer que le pouvoir temporel doit être subordonné au pouvoir spirituel.

La thématique de la Croix, chère à la compagnie, traditionnellement liée au personnage de Constantin, est centrée cette fois sur Gallican. Avant de partir au combat, Gallican demande à ses filles de prier Jupiter pour lui et offre un sacrifice à Mars. L'auteur prend soin d'indiquer que ce sacrifice ne doit pas être vu des spectateurs. Les noms des dieux païens sont prononcés cette fois, mais bien vite la référence à un Dieu unique réapparaît :

> Ma facciam prima sacrifizio a Marte,
> ché sanza Dio val poco o forza o arte[8].

Aussi, lorsque Gallican est vaincu, Giovanni et Paulo, qui sont chrétiens, peuvent facilement, en reprenant le même mot, Dieu, le ramener à un Dieu qui est le « Dieu Jésus » et lui demander de ne plus adorer l'idole de Mars qui est une « chose corrompue » :

> ritorna a Dio, al dolce Dio Gesùe :
> l'idol di Marte ch'è cosa corrotta,
> (ferma il pensier) non adorar mai piùe[9].

La mention des idoles renvoie le paganisme à l'adoration des idoles et le fait basculer, comme on le verra, du côté du Diable. Au contraire, la

---

6. *Ibid.*, p. 68.
7. Girolamo Savonarola, *Sermones in primam divi Ioannis epistolam, con il volgarizzamento toscano*, a cura di Verde Armando F., Roma, Belardetti, 1989, p. 93-94, 322. Dans un sermon de novembre 1490, il avait déclaré : *Li cristiani hanno in boccha tuttogiorno Iove e Venere e nutriscano li fanciulli in simil cose* (*ibid.*, p. 266).
8. Lorenzo de' Medici, *op. cit.*, p. 55.
9. *Ibid.*, p. 59.

référence à un Dieu unique le rapproche du christianisme. C'est le nom de Jésus qui fait alors la différence entre les chrétiens et les païens. Si Marie pour les Siennois devient presque Dieu, pour les Florentins le Christ est Dieu. Quelques années plus tard, avec Savonarole, ils proclameront le Christ roi de Florence. Un ange apparaît à Gallican dans son sommeil et lui remet une croix en l'assurant de la victoire. Les anges qui présentent habituellement la *sacra rappresentazione* sont, à l'intérieur de celle-ci, les intermédiaires entre Dieu et les hommes.

Le successeur de Constantin se réfère lui aussi à un Dieu unique tout en ordonnant qu'on fasse un sacrifice d'animaux au dieu Mars. La mention du dieu Mars, que l'on rencontrera plusieurs fois, s'explique par le contexte militaire mais aussi par une tradition qui faisait de Mars le patron de la Florence païenne. Son temple serait devenu plus tard le Baptistère. Avec Julien succèdant à un empereur qui meurt au moment où il décide de persécuter les chrétiens, c'est à un vrai retour en arrière que l'on assiste. Pour redonner à Rome sa grandeur d'autrefois, Julien pense qu'il faut restaurer le culte des dieux, rouvrir les temples, offrir des sacrifices à Jupiter, Mars, Phébus, Minerve, Junon, et replacer au Sénat l'autel de la Victoire. Cela sous-entend que Constantin avait interdit de sacrifier aux dieux, en même temps qu'il tolérait les chrétiens. Julien, chrétien devenu païen, utilise la religion païenne à des fins politiques mais, en même temps, il est animé par une haine pour le Christ qu'il considère comme son ennemi. Il décide aussi de confisquer les biens des chrétiens. Lorsqu'il veut que Giovanni et Paolo qui le bravent renoncent au Christ, Julien leur demande d'adorer une belle statuette de Jupiter. L'accent est mis sur la beauté d'une œuvre d'art, mais sa matière, l'or, et le mot *adorer* abaissent le paganisme au niveau de l'idolâtrie. Pour les deux chrétiens, qui préfèrent subir le martyre, Jupiter n'est qu'une planète qui ne meut que son ciel : Dieu commande à Jupiter. Les écrits de Julien étaient appréciés par les humanistes florentins et les Médicis[10]. Mais dans le nouveau contexte culturel et spirituel, en récupérant le genre populaire de la *sacra rappresentazione*, Laurent peut prendre ses distances avec ce qui furent sa culture et ses goûts. Et il n'est pas exclu qu'à travers Julien il vise son cousin Lorenzo, humaniste raffiné initié au néo-platonisme, qui pouvait lui apparaître comme le futur rival de ses

---

10. Plaisance M., « L'*Invenzione* et le mythe du second Charlemagne », dans *Culture et religion en Espagne et en Italie aux xve et xvie siècles*, Abbeville, F. Paillart, 1980, p. 60. Laurent collectionnait les sculptures et les bronzes antiques.

enfants. On est ainsi passé d'une fascination pour l'antiquité païenne[11] à des formulations religieuses très traditionnelles qui étaient celles notamment de La Légende dorée et que l'on retrouve chez Savonarole. Un an plus tard, dans son Apologeticus de ratione poeticæ artis, ce dernier s'en prendra aux auteurs chrétiens qui utilisent le langage des païens pour louer Dieu et la Vierge :

> Ne sachant rien des Écritures et de la puissance divine, ils font semblant de louer sous le nom d'un Jupiter, dégoûtant et lubrique, et de ceux d'autres faux dieux, de nymphes et de déesses impudiques, à la fois le Dieu tout-puissant, notre ineffable créateur, [...] sa très chaste mère, les esprits bienheureux et les âmes des élus[12].

Julien a décidé de livrer bataille aux Parthes et de faire mourir saint Basile, « ami de Jésus »[13], et donc son ennemi. Saint Basile est présenté comme l'évêque de Césarée. À part lui, on ne trouve dans l'œuvre de Laurent aucun religieux, qu'il soit païen ou chrétien. L'église que Basile évoque dans son intervention purement instrumentale ne peut être que celle constituée par l'ensemble des chrétiens. À la demande du saint, la Vierge apparaît au-dessus du tombeau de saint Mercure pour lui ordonner de frapper Julien de son épée lorsqu'il passera à sa portée. C'est en vain que Julien s'était recommandé au dieu Mars. Il avait aussi demandé aux astrologues, avant de partir en guerre, si la planète Mars lui était favorable. L'astrologie et le paganisme se rejoignaient.

Il y avait chez Laurent comme un fossé entre la politique et la religion. Si Julien voulait restaurer le culte des dieux païens, c'était dans un but politique. En 1494, alors que Charles VIII préparait son expédition en Italie, Lorenzo de Médicis, cousin du Magnifique, compose une Rappresentazione della invenzione della Croce qui répond en quelque sorte à celle de Laurent[14]. Elle est cette fois centrée sur le personnage de Constantin. L'empereur est un homme providentiel qui triomphe du tyran Maxence et impose le chris-

---

11. Garin E., La cultura del Rinascimento, Bari, Laterza, 1967, p. 107-109.
12. Jérôme Savonarole, La Fonction de la poésie, traduit et annoté par Pinchard B., Lausanne, L'Âge d'Homme, 1989, p. 154.
13. Lorenzo de' Medici, op. cit., p. 84.
14. J'ai publié cette œuvre dans Culture et religion..., op. cit., p. 67-107.

tianisme afin qu'il n'y ait sur la terre qu'une seule loi et qu'un seul pasteur. Ce Constantin qui arrive de la Gaule en Italie, c'est bien sûr Charles VIII en qui les contemporains voyaient un second Charlemagne. Cette renaissance du mythe impérial réveillait chez les Florentins leur amour de la liberté. Lorenzo était à Florence à la tête du parti pro-français et attendait du roi de France qu'il libère Florence de son tyran, Pierre de Médicis le fils du Magnifique. La politique et la religion étaient réconciliées[15].

À la veille de livrer combat contre Maxence, Constantin voit dans son sommeil un ange lui apparaître une croix à la main. Il pense que Jupiter lui envoie par un messager cette croix qui doit lui donner la victoire. Constantin nomme Jupiter mais il se réfère aussi à un Dieu unique, comme Maxence d'ailleurs. Il évoque également le pouvoir des cieux, ce qui suscite un commentaire chanté par quelques soldats pour lesquels les cieux et les étoiles sont gouvernés par Dieu[16]. Après sa victoire, l'empereur veut rouvrir le temple de Janus. Janus était un roi légendaire divinisé auquel il veut se comparer. Lui aussi veut accéder à l'immortalité par la renommée[17]. Chez les empereurs ou les rois des *sacre rappresentazioni*, la tentation est forte de se considérer comme des dieux. Pour ne pas offenser Jupiter, Constantin décide aussi d'éliminer les chrétiens. Aussitôt, il est frappé par la lèpre. Après avoir recouru à la médecine, il se tourne vers Jupiter. Il définit ce dieu, qu'il appelle aussi Dieu, comme quelqu'un qui au ciel gouverne les hommes et le monde comme il lui plaît[18]. Appelés à l'aide, les prêtres, à genoux devant l'idole de Jupiter, demandent la guérison de l'empereur. Ils s'adressent à lui ainsi :

> O Iove che da l'alto Olimpo vedi
> fumar gl'altari d'uno odor suave[19].

---

15. *Ibid.*, p. 59-66.
16. *Ibid.*, p. 82-83.
17. *Ibid.*, p. 83 :
> Nulla altro cerco o posso altro pensare,
> che di om mortale farmi immortal per fama.
18. *Ibid.*, p. 85-86 :
> né voglio esser però cotanto aldace
> ch'i' non creda ch'in ciel qualcun vi sia,
> che rega il mondo e noi come a lui piace,
> e me possa guarir se lo disia.
19. *Ibid.*, p. 86.

L'idole de Jupiter répond en prescrivant à Constantin de se baigner dans le sang de nourrissons :

> Tre dì si bagni, il dì tre volte ancora,
> nel puro sangue di putti latenti,
> tratto col ferro delle vene fora :
> così il guarirà, non altrimenti[20].

Il y a, avec cette idole qui parle, une manifestation surnaturelle liée au paganisme et un effet théâtral très fort. Mais par là même le paganisme bascule du côté des forces démoniaques du mal. Touché par la pitié face aux mères qui le supplient, Constantin renonce au bain de sang. Saint Pierre et saint Paul lui apparaissent alors dans son sommeil et la formule qu'ils emploient calque celle des prêtres de Jupiter :

> Cristo Jesù che da l'impirio vede
> ciò che fanno i mortali, o Costantino[21].

Les deux saints sont pris par Constantin pour des dieux. Cela suggère à l'inverse que par rapport à Jupiter les dieux secondaires comme Mars par exemple, sont vus comme l'équivalent des saints. Constantin baptisé par saint Sylvestre a dû d'abord renoncer à Satan et à ses pompes. Le paganisme est inclus dans cette formule. Après son baptême, Dieu se manifeste à lui sous la forme d'un soleil resplendissant dans lequel trois visages n'en forment qu'un seul. On a là une indication sur l'emploi d'une machinerie permettant l'apparition du soleil de la Trinité. D'autres machineries servaient vraisemblablement à faire apparaître, à l'aide de cables, les anges ou les saints. Lorenzo, qui avait eu pour tuteur le Magnifique, devait lui aussi se référer à la scène utilisée par la compagnie de San Giovanni Evangelista, sur laquelle on possède quelques rares indications. La figure de saint Sylvestre renvoie plus à saint François de Paule, écouté par Charles VIII, qu'à Savonarole[22].

La *Rappresentazione di Costantino imperatore, san Silvestro papa e sant'Elena* attribuée à Castellano Castellani n'a pas l'originalité et la force des deux autres[23]. L'auteur a subi l'ascendant de Savonarole jusqu'à l'excommuni-

---

20. *Ibid.*, p. 86.
21. *Ibid.*, p. 89.
22. *Ibid.*, p. 54-55.
23. Ponte G., *Attorno al Savonarola. Castellano Castellani e la sacra rappresentazione in Firenze tra '400 e '500*, Genova, Pagano, 1969, p. 66, 126, 127.

cation de celui-ci, en 1497. Composée au début du XVIe siècle, elle recourt souvent aux miracles et introduit de nombreux épisodes dans une action qui est celle de *L'Invenzione della Croce* de Lorenzo, si bien qu'elle offrait matière, avec ses deux parties, à deux représentations. Il n'est pas possible de la dater avec précision[24]. L'ange de l'annonce est remplacé par un jeune homme qui joue de la cithare. L'œuvre ne renvoie plus à l'actualité brûlante de 1494. La dimension politique en est absente. L'accent est mis sur la supériorité du Dieu chrétien par rapport aux dieux païens et au Dieu des Juifs. Cette fois, Constantin se réfère toujours à Jupiter et jamais à Dieu. Il n'est pas directement responsable de la persécution des chrétiens ordonnée par son préfet, Quirinus. Frappé néanmoins par la lèpre, l'empereur ordonne que les prêtres du Capitole offrent un sacrifice aux dieux. Ils pourront ensuite mieux lui venir en aide. Le grand prêtre sacrifie par le feu un animal, fait brûler de l'encens et s'adresse à Jupiter le premier de tous les grands dieux pour qu'il l'aide à donner à l'empereur le bon conseil[25]. Il n'y a pas de manifestation tangible, comme chez Lorenzo, de l'intervention divine. Il n'est pas question non plus d'idole ; dans la deuxième partie seulement, les didascalies mentionneront le grand prêtre des idoles[26]. Remarquons que les *rappresentazioni* ne donnent que rarement une vision caricaturale ou grotesque des cérémonies de culte païennes. Dans la *Rappresentazione di Santa Margherita*, l'assistant du prêtre qui encense les idoles porte des grelots et il exécute une moresque autour de l'autel[27]. On voit là l'influence de la comédie, genre que l'on redécouvre, et de ses intermèdes qui étaient souvent des moresques.

---

24. L'édition la plus ancienne est de 1510. Sur Castellani, voir Ventrone P., « Per una morfologia della sacra rappresentazione fiorentina », dans Guarino R. (dir.), *Teatro e culture della rappresentazione. Lo spettacolo in Italia nel Quattrocento*, Bologna, Il Mulino, 1988, p. 222-224.

25. *Sacre rappresentazioni dei secoli XIV, XV e XVI*, a cura di D'Ancona A., Firenze, Le Monnier, 1872, vol. II, p. 203 :

>Onnipotente Giove Dio immenso,
>Che 'l primo sei di tutti e' magni dei,
>Accetta il sacrificio in fuoco denso
>E esaudisci tutti e' prieghi miei ;
>Ricevi di mia mano el santo incenso,
>E vadi el fummo in alto ove tu sei.

26. *Ibid.*, p. 234.
27. *Ibid.*, p. 135.

Castellani dans sa *rappresentazione* met l'accent sur la pompe impériale. En plus du trône est mentionné le char de triomphe[28] sur lequel l'empereur, accompagné de la sonnerie de divers instruments, entre dans Rome ou se rend au Capitole pour le bain de sang. La gloire et la pompe sur lesquelles l'auteur insiste sont plus celle de Rome et de l'empire que de Constantin lui-même. Castellani intéressé par l'aspect institutionnel et juridique met l'accent sur les édits de l'empereur en matière de religion. Après la conversion de l'empereur, lors de son baptême est affirmé plus nettement que dans les deux autres *rappresentazioni* le lien entre le paganisme et le Diable. Constantin doit en même temps renier le Diable et abandonner complètement le paganisme :

> E rinnegar el diavol del profondo
> E in tutto lasciar il paganesimo[29].

À la fin de la première partie, apparaît pour la première fois le nom de Mars à côté de celui de Jupiter. À ces dieux qu'on ne doit plus louer sont opposés Dieu et le Christ :

> Non si dia laude più a Giove e Marte,
> Ma la lor setta sia destrutta e spenta ;
> E dica ognun che tal misterio ha visto :
> Cresca il regno di Dio, e viva Christo[30].

Dans la deuxième partie de l'œuvre, Constantin demande aux Romains d'adorer le vrai Dieu et d'abandonner le culte profane des dieux. La victoire sur la religion juive est assurée au terme d'une confrontation entre saint Sylvestre et trois docteurs juifs amenés à Rome par Hélène, la mère de l'empereur. Deux philosophes païens servent d'arbitres. Le premier docteur accuse les chrétiens d'idolâtrie parce qu'ils adorent trois dieux. Pour expliquer le mystère de la sainte Trinité, Sylvestre montre que l'on peut faire trois plis dans le même vêtement. Cet épisode et celui du taureau tué d'un mot par le troisième docteur et ressuscité par Sylvestre permettent une visualisation qui allège l'aride dispute, pourtant simplifiée

---

28. *Ibid.*, p. 206 :
> Parata or sia la trionfal carruca,
> Acciò che in quella al tempio io mi conduca.
29. *Ibid.*, p. 210.
30. *Ibid.*, p. 211.

par rapport aux sources puisque le nombre des docteurs juifs est passé de douze à trois. Sylvestre triomphera de même des deux autres docteurs. La supériorité de la foi chrétienne étant établie, il ne reste plus qu'à convaincre l'ensemble des païens. Ceux-ci font appel à Constantin parce qu'un dragon les tue l'un après l'autre depuis que, sur ordre impérial, ils ne sacrifient plus aux dieux. Ce dragon, élément spectaculaire efficace, rappelle celui que promenait dans les rues de Florence la compagnie de saint Georges, le jour de la Saint-Jean ; il est aussi une représentation du Diable. Grâce à Sylvestre et à la relique de la Croix, le dragon est vaincu et doit regagner l'Enfer : les païens alors se convertissent. L'auteur suit fidèlement la *Légende dorée*.

La première *commedia spirituale* semble avoir été *La Conversione di Santa Maria Maddalena* écrite par Antonio Alamanni pour la compagnie de San Marco et publiée en 1521[31]. Si l'on compare cette œuvre très séduisante avec la *sacra rappresentazione* attribuée à Castellano Castellani qui porte le même nom[32], on constate que la scène où Jésus prêchait devant Marie Madeleine a disparu. On voit seulement réapparaître la pécheresse convertie après sa rencontre avec le Christ. L'ange qui annonçait la représentation est remplacé par le génie de l'auteur qui se dit envoyé par les dieux[33]. La littérature profane de Laurent et de Politien revit dans une Florence en pleine restauration médicéenne. Il n'est pas sûr que cette œuvre ait été jouée par et pour des enfants[34]. Par la suite, un auteur de comédies, Giovanmaria Cecchi, composa pour des compagnies d'enfants ou des couvents de nombreuses *commedie spirituali* ainsi que des *farse spirituali*. Dans la Morte del Re Achab écrite en 1559 pour la compagnie d'enfants de San Giovanni Evangelista[35], les prêtres et les prophètes du culte de Baal qui ont su gagner la confiance du roi de Samarie sont présentés comme formant une secte sans scru-

---

31. Alamanni A., *Commedia della Conversione di Santa Maria Maddalena*, edizione critica a cura di Jodogne P., Bologna, Commissione per i testi di lingua, 1977.
32. On peut lire la *rappresentazione* de Castellani dans *Sacre rappresentazioni fiorentine del Quattrocento*, a cura di Ponte G., Milano, Marzorati, 1974.
33. Alamanni A., *Commedia della Conversione...*, *op. cit.*, p. 16 : *mandato dagli dei per aiutallo*.
34. Il existait au XVe siècle une compagnie d'enfants de San Marco appelée aussi compagnie della Purificazione (*Nuovo Corpus di Sacre Rappresentazioni...*, *op. cit.*, p. 283). Sur la compagnie de San Marco qui représenta la comédie d'Alamanni, voir les indications fournies par P. Jodogne (*Commedia della Conversione...*, *op. cit.*, p. XXVII-XXVIII). La comédie s'ouvre par un dialogue entre deux prostituées. L'une veut assister à la représentation, l'autre refuse.
35. Plaisance M., « L'Exaltation de la Croix... », *op. cit.*, p. 19-20.

pules, avide de richesses et de pouvoir. Parodiant les œuvres que nous avons examinées plus haut, Cecchi fait apparaître devant le roi Achab le prophète de Baal, Sedecchia, plein de fureur, armé d'une paire de cornes en fer fichée au bout d'une lance, qui s'écrie :

> Il grande Dio queste ferrate corna
> Manda a te, re potente di Samaria,
> Con le quai vuol che l'inimici tuoi
> Tutti mandi per terra e che li uccida[36].

Imploré par le prophète Michée, à la scène 2 de l'acte II, Dieu, le Dieu d'Israël, apparaît. Le ciel s'est ouvert, il trône en majesté entouré d'anges, avec à ses pieds la Miséricorde et la Justice. Comme sortis du centre de la terre, jaillissent d'une trappe deux diables qui vont exécuter les ordres de Dieu : faire mourir Achab et Jézabel.

Près d'un siècle après la représentation du drame sacré de Laurent le Magnifique, en 1589, à l'occasion des noces de Ferdinand de Médicis qui avait succédé à son frère Francesco en 1587, la compagnie de San Giovanni Evangelista met en scène, avec ses intermèdes, une *commedia spirituale* de Giovanmaria Cecchi, mort deux ans auparavant, intitulée *L'Esaltazione della Croce*[37]. Dans un contexte religieux et politique profondément modifié, l'œuvre, écrite en 1586, renoue d'une façon originale avec la thématique de la Croix et qui plus est dans le même lieu. Avec le roi des Perses, Chosroes, la tentation que peut avoir le détenteur d'un pouvoir absolu de se prendre pour Dieu, atteint, dans sa démesure, à la folie. Après s'être emparé de la relique de la Croix, Chosroes a cédé le pouvoir à un de ses fils et s'est enfermé avec des courtisanes, des bouffons, des musiciens, des chanteurs et des danseurs, au dernier étage d'une tour et veut être considéré comme Dieu. Son trône resplendit de pierreries comme un soleil. À sa droite il a fait placer le bois de la Croix, représentant le Fils, à sa gauche un coq d'or, sorte d'automate qui bat des ailes représente le Saint Esprit et, au

---

36. *Commedie di Giovammaria Cecchi*, per cura di Milanesi G., Firenze, Le Monnier, 1856, vol. I, p. 547. À l'acte IV, scène 2, un dialogue très intéressant s'engage. Comment reconnaître le vrai Dieu quand ils ont tous leurs textes sacrés, leurs prophètes et leurs prêtres : Le vrai Dieu est le Dieu d'amour.
37. Voir Plaisance M., « Les premières éditions de *L'Exaltation de la Croix* de Giovan Maria Cecchi », dans *Arts du spectacle et Histoire des idées*, recueil offert en hommage à Jean Jacquot, Tours, CESR, 1984, p. 67-71.

milieu, il est le Père[38]. Une machinerie lui permet de déchaîner à sa guise les éclairs, le tonnerre et la pluie. On peut penser, comme j'avais cherché à le montrer, que Cecchi visait indirectement François de Médicis, sa cour et le luxueux théâtre de goût maniériste aux machineries sophistiquées, inauguré en 1586[39].

Après la défaite des Perses, la relique de la Croix est ramenée à Jérusalem et l'empereur vainqueur, Héraclius, qui avait fait le vœu de la conduire au Calvaire, entend jouer le premier rôle lors de son transport. Accompagné de trompettes et de tambours, entouré de soldats qui l'acclament, l'empereur sur son char de triomphe tient la Croix de sa main. Le décor représente une porte de Jérusalem. Le Patriarche de Jérusalem s'adresse à l'empereur en célébrant la Sainte Croix dans des strophes qui reprennent les thèmes des intermèdes. Lorsque l'empereur veut franchir la porte, celle-ci disparaît en se fondant dans la muraille. Un ange apparaît et oppose à la pompe impériale et aux riches parements d'Héraclius l'humilité du Christ en lui jetant une couronne d'épines et des vêtements grossiers. L'empereur, après avoir été éclairé par le Patriarche, descend de son char, ceint la couronne d'épines, change de vêtements et place la Croix sur son épaule. La porte réapparaît alors quand il heurte la muraille avec la relique. Les didascalies donnaient toutes les indications nécessaires. Lors de la représentation de 1589, le ciel de la perspective s'illumina soudainement, l'ange apparut dans un nuage[40]. Dans le premier intermède, précédant le premier acte, qui avait pour thème le songe de Jacob, donc dès le début de la représentation, Dieu le Père était apparu sur son trône, dans un ciel serein, vêtu de velours rouge avec un manteau de velours bleu bordé d'or. Sous sa main gauche un livre ouvert où se lisaient les lettres grecques alpha et omega indiquant que Dieu est le début et la fin de

---

38. *Sacre rappresentazioni dei secoli XIV, XV e XVI, op. cit.*, vol. III, p. 10 :
    E dal canto
    Destro di questo seggio, ha posto il legno
    Della croce di Cristo ; in sur un piede
    Di berilli, dall'altra banda, ha fermo
    Un gallo d'oro, qual per via di certi
    Tirari, batte l'ali, e stando in mezzo,
    Dice d'essere il Padre, e che la Croce
    Rappresenta il Figliuol, sì come il gallo
    Fa lo Spirito Santo.
39. Plaisance M., « L'Exaltation de la Croix… », *op. cit.*, p. 34-37.
40. *Sacre rappresentazioni dei secoli XIV, XV e XVI, op. cit.*, III, p. 136.

toute chose, sur sa tête un diadème triangulaire figurant la Sainte Trinité. Le trône sembla descendre et se rapprocher. Jacob vit arriver vers lui une échelle guidée par deux anges. Cette échelle reliant le ciel à la terre préfigurait la Croix du Christ. Penché vers Jacob, d'une sonore voix de basse Dieu se mit alors à chanter pour annoncer l'Incarnation[41].

Le pouvoir temporel des Médicis, dont les noces de 1589 permettent d'assurer la survie, ne peut plus après le concile de Trente s'affranchir de la tutelle d'un pouvoir spirituel solidement établi. La machinerie théâtrale se met de nouveau au service de Dieu.

---

41. *Ibid.*, p. 126. Si Dieu apparaissait dans les églises quand les machineries représentaient le Paradis, il se manifestait assez rarement sous une forme visible dans les *sacre rappresentazioni* du XVe siècle. Si l'on prend le recueil de N. Newbigin, il est présent dans une *rappresentazione* dont le sujet est la Création et il apparaît avec son fils au début de la *Rappresentazione di San Giovanni Battista quando fu decollato*.

Francesca Bortoletti

Les dieux au grand banquet : textes et spectacles des cours italiennes du XVᵉ siècle

Jusqu'au début de la Renaissance, les dieux dans la scène théâtrale connaissent une période si faste que leur représentation constitue le principal spectacle de Cour. À partir de la moitié du XVᵉ siècle, les figures d'Orphée, d'Apollon, des Muses et de toute la Cour païenne apparaîtront, de plus en plus souvent, dans les fresques, les sculptures et les œuvres artistiques, « dialoguant » dans les œuvres poétiques et présentant un aspect bien précis dans les représentations théâtrales.

La Cour et les petits centres municipaux en sont le pivot et le symbolisme de la mythologie classique assume de nouvelles significations adaptées à la réalité politique contemporaine et aux circonstances historiques et ambiantes qui lui sont propres. La Cour s'offre comme un lieu de création privilégié dans lequel l'affirmation du pouvoir dynastique constitue un pôle d'attraction constant. Ici, l'Image, l'Écriture, le Spectacle prennent racine dans le mythe et la culture classiques et créent les moyens d'expression nécessaires à l'affirmation du pouvoir et à l'acquisition du consentement. La récupération de l'héritage païen, qui symbolise sans aucun doute l'Antiquité, alimente un système idéologique organisé, construit sur la pensée humaniste, qui soutient le pouvoir des princes et des seigneurs[1].

Fêtes nuptiales, démonstrations de prestige économique et politique, réceptions somptueuses lors des séjours de nobles et de seigneurs contribuent à l'apothéose des rois et des princes : cortèges d'arrivée ou de

---

1. Seznec J., *La Sopravvivenza degli antichi dei*, Paris, 1940 ; Warburg A., *La Rinascità del paganesimo antico. Contributi alla storia della cultura* raccolti da Bing G., Florence, La Nuova Italia, 1966 ; Wind E., *Misteri pagani del rinascimento*, Londres, 1968.

réception donnent souvent lieu à de véritables spectacles de théâtre, où des personnages allégoriques – Vertus ou divinités païennes – apparaissant dans une étape successive et dans des endroits spécialement agencés sous forme d'arc de triomphe, récitent des vers de bienvenue, de vœux et de louange à la cour arrivante ; tournois, joutes, jeux de balles sont autant d'occasions de spectacles sur les places, avec l'organisation, dans certains cas, de tournois « à thème », c'est-à-dire incluant des dialogues au contenu allégorique-mythologique. D'autres spectacles étaient ensuite présentés à l'intérieur du Palais. Parmi ceux-là, le banquet nuptial, en particulier, joue un rôle central dans l'histoire du spectacle du xve siècle, étant généralement le moment culminant et *privé* de la fête : dans beaucoup de cas, la présentation même des plats devient spectacle mythologique ; dans d'autres cas, le spectacle était proposé une fois le banquet terminé avec la présentation des *fables* mythologiques, d'églogues dramatisées ou, encore, de comédies[2].

À partir de l'analyse de certaines écritures et de certains spectacles liés à la fête et à la célébration, cette étude a pour but de cerner quelques-uns des termes d'actualisation de la culture païenne dans le panorama de la littérature et du spectacle de la fin du xve siècle. Il a paru intéressant prendre en considération des typologies d'œuvres et d'événements de spectacles différents, afin de relever et de fixer certains des éléments et des passages de la pensée et de l'action humaniste en matière de spectacle.

Première étape de notre *cursus*, les joutes dites « joutes des Médicis » : il s'agit de deux épisodes de spectacle, ceux de 1469 et de 1475, qui s'intègrent parfaitement dans la tradition de la fête florentine et présentent la structure traditionnelle du jeu chevaleresque ; deux événements qui, toutefois, par la participation de Lorenzo et de Giuliano de Médicis, prennent un sens nouveau et subtil, explicite et souligné par les pièces en vers commandées par les Médicis, et qui les louent : la *Giostra* de Luigi Pulci et le *Stanze* d'Angelo Poliziano[3].

---

2. Cruciani F., « Per lo studio del teatro rinascimentale : La festa », dans *Biblioteca Teatrale*, V, 1972, p. 1-17 ; Tissoni Benvenuti A. et Mussini Sacchi M.P. (dir.), *Teatro del Quattrocento. Le corti padane*, Turin, UTET, 1983, p. 9-28.
3. Les deux petits poèmes ont été récemment publiés respectivement dans Pulci L., « La giostra », dans *Id., Opere minori*, éd. Orvieto P., Milan, 1986 ; Poliziano A., *Le Stanze*, éd. Mario Martelli, Alpignano, 1979.

Nous sommes en 1469 et, à Florence, Lorenzo de Médicis, protagoniste et vainqueur de la joute qui avait été organisée en son honneur, se présente à sa ville en tant que noble chevalier, avec un étendard sur lequel est inscrit : *le tems revient*, le temps se renouvelle[4]. Comme on l'a déjà remarqué[5], la maxime qui exhorte le Magnifique à la victoire présente un double aspect : d'un côté, le choix de la langue française renvoie au lien solide entre la tradition florentine, la France et la culture chevaleresque ; de l'autre, le leitmotiv du « temps renouvelé », qui s'inspire des vers de Virgile de la IVe Églogue consacrés au retour de l'Âge d'or, glorifie Lorenzo en tant que futur gouvernant de la ville et artisan incontestable d'une ère favorable. L'image du prochain gouverneur de Florence est accompagnée de nouvelles valeurs symboliques, reprises et amplifiées par Luigi Pulci dans sa description élogieuse de la joute[6]. La requête de consentement pour la confirmation de la montée au pouvoir n'est pas simplement liée à l'aptitude spécifique à gouverner et à la capacité de concilier les familles les plus puissantes, qui avait amené les Médicis à prendre le pouvoir à Florence[7] ; les modalités et la valeur de l'acquisition du consentement doivent répondre à de nouvelles exigences et à une nouvelle façon de présenter le pouvoir, qui prend racine dans l'acceptation consciente du mythe : le mythe de l'Âge d'or, justement, qui, célébré dans le rituel spectaculaire de la joute (et sous l'enseigne d'un étendard), trouve ensuite, dans l'*écriture* – dans le petit poème de Pulci – un véhicule expressif efficace du pouvoir et de la définition d'un projet culturel assez complexe.

---

4. Pour une description détaillée de l'étendard, voir Ventrone P. (dir.), *Le tems revient. 'l tempo si rinuova. Feste e spettacoli nella Firenze di Lorenzo il Magnifico*, Milan, Silvana Editoriale, 1992, cat. n. 3, 17.
5. Ventrone P., « Feste e spettacoli nella Firenze di Lorenzo il Magnifico », dans *Ead., op. cit.*, p. 21 ; Benassi S., « Il principe, il filosofo e il mito estetizzante della politica », dans Secchi Tarugi L. et Cesato F. (dir.), *Cultura e potere nel Rinascimento*. Actes du IXe Colloque international, Chianciano-Pienza 21-24, luglio 1997, p. 181-194 ; Ruffini F., « Cultura della tradizione e cultura colta », dans Zorzi L. (dir.), *Il teatro dei Medici*, numéro monographique de *Quaderni di Teatro*, II, 7, 1980, p. 77-84 ; voir aussi Jaitner-Hahner U., « La poesia d'occasione : intorno all'anno 1469 », dans *La Toscana al tempo di Lorenzo il Magnifico*. Actes du Colloque de l'Université de Florence, Pise, Sienne, 5-8 novembre 1992, Pise, Pacini, 1996, p. 725-733.
6. *E' mi prea sentir sonare Misero/quando in sul capo Lorenzo giungea/sopra un caval che tremar fa il terreno;/e nel suo bel vexillo si vedea/di sopra un sole e poi l'arcobaleno,/dove a lettere d'oro si leggea:/« le tems revient », che può interpretarsi/tornare il tempo e 'l secol rinnovarsi […]*, Pulci, *op. cit.*, LXIV, v. 1-8.
7. En effet, Lorenzo continua la politique commencée par Cosimo, qui dut affronter les violentes oppositions internes, dues à la précarité constante d'une principauté privée de

L'appel de l'antique, révélé, en l'occurrence, par le ton chevaleresque de la composition du poète des Médicis et par un imaginaire spectaculaire qui s'inspire fortement du monde des cours nordiques, prend une nouvelle signification très liée à la réalité politique contemporaine. Il part de la conception, entièrement humaniste, de la poésie interprétée comme force constructrice et formatrice du monde des hommes et de la vision des Muses, « non seulement maîtresses d'une douce harmonie – comme l'écrivait Guarino au début du XVe siècle – mais aussi modératrices des États » (*Musas ispsas non modo chordarum et chitarræ, sed rerum etiam publicarum moderatrices*[8]). L'exhibition équestre de Lorenzo en 1469 et son adaptation littéraire dans le petit poème élogieux de Pulci étaient donc un instrument de promotion personnelle, entourant le personnage de Lorenzo d'une aura exceptionnelle et contribuant ainsi à la création d'un mythe, celui de l'Âge d'or, autour duquel les successeurs du Magnifique élevèrent les fondements dynastiques de la famille[9].

Le chant de Poliziano dans ses *Stanze*, consacré à la joute organisée, en grande pompe, le 29 janvier 1475 en l'honneur, cette fois, de Giuliano de Médicis, produit un effet élogieux similaire. Ici aussi, l'écriture et l'image, la création poétique et l'organisation du spectacle sont le véhicule expressif du pouvoir. Le rappel au monde mythologique et à la tradition païenne, que la culture humaniste réalisait dans le respect de la rigueur scientifique et dans la récupération des formes et des contenus païens, progressait de la même façon que la prise de conscience, de la part des humanistes,

---

son statut juridique et aux fortes tensions présentes sur le plan politique national. Dans ce contexte, l'hégémonie personnelle de Lorenzo, si d'une part, elle réussit à se consolider et à être reconnue par les cours voisines, de l'autre ne parvint ni à garantir son invulnérabilité ni à conserver une autonomie de décision, même dans le domaine des choix culturels. Voir Ventrone P., *op. cit.*; Benassi S., *op. cit.*; Del Lungo I., *Florentia*, Florence, 1897; Barfucci E., *Lorenzo de Medici e la società artistica del suo tempo*, Florence, 1945.

8. Il s'agit d'une lettre de 1419 à Giovanni Nicola Salerno (éd. de Sabbadini, *Epistolario di Guarino Veronese raccolto, ordinato, illustrato*, Venise, 1915, vol. I, p. 261; voir Garin E., « Poliziano e il suo ambiente », dans *Id.*, *Ritratti di Umanisti*, Milan, Bompiani, 1996², p. 131-161 [p. 135].

9. Sur l'entreprise complexe que fut l'idéalisation de l'hégémonie de Lorenzo et de son mécénat artistique et festif, voir, parmi les multiples contributions, les études fondamentales d'André Chastel, *Art et Humanisme Florence au temps de Laurent le Magnifique. Études sur la Renaissance et l'Humanisme platonicien*, Paris, PUF, 1959, trad. it., Turin, 1964, p. 13-31; Gombrich E.H., « Il mecenatismo dei Medici », dans *Id.*, *Norma e forma. Studi sull'Arte nel Rinascimento*, Turin, 1973, p. 51-83; L. Zorzi, *Il teatro e la città. Saggi sulla scena italiana*, Turin, 1977; Ventrone P., *op. cit.* Dans son étude, P. Ventrone remet en perspective le rôle déterminant généralement attribué à Lorenzo pour obtenir sur le plan culturel le consentement à un projet politique.

de leur rôle civique et politique ; mais en même temps ce rappel ouvrait la voie à une ferveur culturelle croissante qui alimentait de nouvelles recherches et de nouvelles inventions. Si, en effet, le poème de Poliziano s'intègre dans la tradition, désormais solide, du genre élogieux et de la « joute », il s'en détache en même temps : en laissant de côté la description du combat, de l'exhibition des chevaliers et du cortège – cliché narratif propre au « genre » – les cent soixante et onze huitains des *Stanze* se concentrent sur la description du triomphe d'Amour sur Giuliano. S'alignant sur la conception platonicienne et ficinienne de l'amour et de la poésie philosophique, Poliziano transforme les tribulations guerrières en une initiation du protagoniste aux responsabilités conscientes de la maturité : c'est-à-dire le passage de la vie des sens – représentée par la biche blanche, créée du néant par Cupidon pour attirer Iulio (Giuliano de Médicis) dans le royaume de l'amour – à la vie de la raison et de la politique – représentée de manière allégorique par Simonetta Cattaneo – et de celle-ci à la vie contemplative – représentée par le royaume de Vénus[10].

Si, dans le petit poème de Pulci, le combat équestre, intégré dans le cadre de l'amour de Lorenzo pour la belle Lucrezia Donati, se nourrit encore de valeurs et de signes propres à l'imaginaire et au langage chevaleresques et courtois, dans le poème de Poliziano, l'amour de Iulio-Giuliano pour la jeune Simonetta Cattaneo s'intègre dans les réflexions de l'Académie platonicienne, qui étendait sur Florence une solide hégémonie culturelle[11]. Et si dans la *Joute* de Pulci la fonction du symbole de l'éloquence civilisatrice nourrissait son œuvre de valeurs humanistes, dans le poème allégorique de Poliziano, elle est tout à fait dépassée, et l'accent mis plutôt sur la vertu consolatrice de la poésie et de la musique, perçues comme instruments permettant d'atteindre la perfection.

Le choix de commencer notre *cursus* de textes et spectacles des cours italiennes du XVe siècle par les deux joutes florentines et par les compositions poétiques qui en témoignent nous permet une première réflexion sur l'assimilation de la tradition païenne par la culture humaniste et sur la perspective nouvelle que celle-ci formule. Il est en effet possible, après

---

10. Parmi les spécialistes les plus attentifs au problème de la symbolique contenue dans les *Stanze*, citons le travail de Martelli M., « Il mito di Orfeo nell'età laurenziana », dans *Interpres*, VII, 1988, p. 7-40 [p. 33] ; *Id.*, « Simbolo e struttura delle *Stanze* », avant-propos de Poliziano, *op. cit.*
11. Voir Chastel A., *Marsile Ficin et l'art*, Genève, Droz, 1975, qui propose une chronologie de l'action de l'Académie platonicienne.

une première analyse, d'observer comment, dans des conditions géographique, culturelle et contextuelle identiques – Florence, les Médicis et le tournoi – la composition poétique de Pulci et celle de Poliziano prennent des connotations différentes. En effet, elles présentent une variation révélatrice d'une appartenance culturelle différente et de certains des itinéraires à travers lesquels la culture humaniste et celle de l'Académie ficinienne en particulier ont intégré les mythes païens dans l'imaginaire poétique de la Renaissance et dans les lieux et les temps du spectacle. Comme l'observait Francastel, « la *Giostra* de 1475 est une dernière image de la chevalerie médiévale glissant par l'allégorie vers une figuration des mythes antiquisants de la Renaissance »[12]. Le mouvement néoplatonicien qui faisait écho, à Florence (mais pas seulement là), au malaise dû à une inquiétude généralisée dans les lieux de culture, stimula et modifia cette transition. Les « thèmes à l'antique » que favorise le néoplatonisme et les allégories plus ou moins compliquées qu'il inspire conditionnèrent la perception de l'Antiquité par les intellectuels et les modes d'actualisation des mythes classiques dans la société courtisane et catholique. La recherche humaniste et néoplatonicienne évoluait aux confins entre croyances, thèmes et causes de l'humanité antique et ceux appartenant au monde contemporain.

Les *Stanze* de Poliziano étaient, selon l'intention de l'auteur, l'œuvre qui devait faire revivre « dans leur style les temps antiques » (*in suo stile gli antichi tempi*), qui devait faire renaître la poésie antique à travers la sienne et ennoblir et magnifier le jeune Giuliano, et avec lui toute la famille des Médicis, les élevant à une dimension mythique et leur offrant ainsi une renommé immortelle. Ainsi parle Vénus au début du IIe livre :

> Ma prima fa mestier che Iulio s'armi
> Si che di nostra fama el mondo adempi ;
> E tal del forte Achille or canta l'armi
> E rinnuova in suo stil gli antichi tempi,
> Che diverrà testor de' nostri carmi,
> Cantando pur degli amorosi esempi :
> Onde la gloria nostra, o bel figliuolo,
> Vedren sopra le stelle alzarsi a volo. (II, 15)

---

12. Francastel P., *La réalité figurative*, Paris, Gonthier, 1965, p. 245, trad. it. *Guardare il teatro*, Bologna, Il Mulino, 1987. Voir aussi Chastel A., *Art et Humanisme…* ; Bigi E., *La cultura del Poliziano e altri studi umanistici*, Pise, Nistri Lisci, 1967 ; Garin E., *La cultura filosofica del Rinascimento italiano*, Florence, 1961, p. 335-363 ; *Il Poliziano e il suo tempo. Atti del IV Convegno Internazionale di studi sul Rinascimento*, Florence, Sansoni, 1957.

La modernisation des dieux païens ne se limitait pas, dans le petit poème de Poliziano, à une intention de propagande purement élogieuse ; les thèmes et les personnages antiques n'étaient pas de simples instruments de demande de consentement ; ils représentaient un patrimoine culturel vivant, qui s'intégrait aux traditions et aux nouvelles créations. L'activité culturelle et l'intérêt du Poliziano et du cercle de Lorenzo pour l'Antiquité étaient un moyen d'exploration et de recherche ; lieu de projet du lien entre les différents domaines du savoir et enfin moment d'analyse d'une interprétation possible à travers une conduite éthique et une action politique.

Déplaçant notre centre d'intérêt de Florence à Bologne et du contexte chevaleresque de la joute au contexte privé du banquet nuptial, nous trouvons d'autres itinéraires tracés et parcourus par la culture humaniste dans la reprise des thèmes antiques et dans l'utilisation d'allégories plus ou moins compliquées. Dans le panorama des cours italiennes des trente dernières années du XVe siècle, la culture classique était devenue, comme on l'a déjà dit, un fait de mode généralisé, mais la modernisation des dieux païens suit des directions différentes, prenant, parfois, des sens nouveaux et répondant à de nouvelles motivations.

Sunt hæc frivola, nec inficior, sed curiositas nihil recusat et frivolis plerumque graviora pensitamus, commente, par exemple, Philippo Beroaldo dans son compte rendu officiel sur le spectacle mythologique donné pendant les festivités pour les noces d'Annibale Bentivoglio et Lucrezia d'Este à Bologne en 1487, suggérant de s'inspirer des valeurs plus profondes que la *fable* dissimule derrière le spectacle apparemment frivole[13]. Le soir du 29 janvier, dans la *grande salle* du Palais, on donne, en effet, la représentation de la « transformation des dieux », telle que la définit le chroniqueur officiel, ou plutôt la dispute entre Junon, Diane et Vénus, c'est-à-dire la représentation allégorique de Mariage, Chasteté et Amour[14].

---

13. Beroaldo P.B., « Nuptiæ bentivolorum », dans *Id., Orationes Multifariæ a Philippo Beroaldo*, 1500. L'intention élogieuse à l'égard de Giovanni Bentivoglio caractérise l'œuvre de Beroaldo, qui, relatant les moments les plus significatifs des journées festives, en observe la perfection et la magnificence. Fazion P., « *"Nuptiæ bentivolorum". La città in festa nel commento di Filippo Beroaldo* », dans Basile B. (dir.), *Bentivolorum magnificentia. Principe e cultura a Bologna nel Rinascimento*, Bologna, Bulzoni, p. 115-133 ; Cazzola G., « "Bentivoli machinatores". Aspetti politici e momenti teatrali di una festa quattrocentesca bolognese », dans *Biblioteca teatrale*, XXIII-XXIV, 1979, p. 14-39.
14. Pour une étude sur la représentation allégorique organisée pour les noces d'Annibale Bentivoglio et de Lucrezia d'Este de 1487 voir Zannoni G., « Una rappresentazione

Le fil conducteur en est simple : il s'agit d'une interprétation du thème classique de la nymphe égarée, en l'occurrence Lucrezia d'Este, aux prises avec les insidieuses propositions de Vénus et la sévérité de Diane, lesquelles cherchent, pour des raisons différentes, à la détourner du mariage. La première invite la Nymphe à jouir des plaisirs de la vie, la seconde l'encourage à rester chaste. Mais à la fin c'est Junon qui persuade la Nymphe-Lucrezia à s'unir à son compagnon, Annibale, dans les liens sacrés du mariage. Il s'agit d'un spectacle de banquet sous forme de chant, de danse et de musique mêlées selon des références habilement construites sur la base du répertoire mythologique figuratif et thématique. Un spectacle qui révèle le sens plus profond de l'histoire du jugement de Pâris, auquel, selon Beroaldo, il semble qu'on assiste, *quoniam Juno et Venus affuerunt* et qui célèbre la victoire de l'amour conjugal.

Le processus de l'allégorie que la cour avait l'habitude d'utiliser dans ce genre de spectacle d'inspiration mythologique, exaltant ses propres mythes ainsi qu'elle-même, est relaté dans la description de Beroaldo et amplifiée par la récupération d'une image et d'un épisode bien connus dans la mythologie classique. Assimilant le spectacle nuptial au chant homérique et au thème mythique de Pâris, le chroniqueur officiel s'applique à élever le banquet nuptial au niveau des représentations mythologiques et des thèmes et motifs archéologiques mis en valeur par une grande partie du savoir et de la pratique des cours. Il lit et écrit les éléments du spectacle en fonction d'un jugement officiel, le point de vue de la culture dominante : une perception déjà organisée pour refléter la splendeur et la magnificence de l'évènement festif et pour diffuser l'image *royale* de la cour des Bentivoglio parmi les princes italiens. La lecture du sens général de l'allégorie, renforcée par des références classiques, reflète la vision des organisateurs et s'accorde aux circonstances spécifiques pour lesquelles le spectacle a été préparé : consacrer, à travers la célébration de l'amour conjugal devant les dieux et à travers la solennité du spectacle, le lien du mariage mais aussi le sceau de la nouvelle alliance entre la famille Bentivoglio et la cour d'Este.

Le sens général de l'allégorie est mis en évidence, aussi, par un autre chroniqueur bolonais ; il s'agit du notaire et homme de lettres Angelo Michele Salimbeni, qui, décrivant d'une façon essentielle, dans *Ephita-*

---

allegorica a Bologna nel 1487 », *Atti della Reale Accademia dei Lincei, Rendiconti*, IV, vol. VII, 1891, p. 414-427 ; Bortoletti F., « An allegorical "fabula" for the Bentivoglio-d'Este marriage of 1487 », dans *Dance Chronicle*, XXV, 3, 2002, p. 321-342.

lamium, l'explication de l'action chorégraphique tout entière, assimile la cour en fête à la cour divine, descendue comme cela s'était produit « à celui de Peleo » (*a quel di Peleo*), pour rendre hommage au *grand banquet* et aux *noces*[15] :

> Qui mille cose potriano esser conte/chio lasso per non far longo sermone/che mentre erammo amensa vene un monte/altri edificii fatti con ragione/e qui Diana con le Nymphe prompte/ offerse al tribunal un gran leone/e credendo possarsi in loco fido/non stetto che venne Cupido./Onde ella a le sue Nimphe il traditore/mostrò dicendo fugiti il nimico/oimè questo è colui che è ditto amore/zovene senza vista impudico/fugite nimphe e salvate lhonore/ivi ricordo il mio stato pudico/fugite nimphe mie fugite al bosco/che qualche gran pericol ci conosco./E fugite con l'altre una rimase/ispaventata : et ecco Vener bella/che la conforta a sue dilette case/Infamia e Gelosia eran con ella/che daffanni e pensier non eran rase/vien poi di Iove la moglie e sorella/e lei marita a un giovane signore/representando il cognugale amore. (c.d.2 v°)

Dans bien des cas, la nécessité de synthèse, souvent révélée par les chroniqueurs eux-mêmes, portait à des choix qui tendaient à préférer le sens de l'histoire représentée. Ici, l'attention de Salimbeni est portée sur le thème de la victoire de l'amour conjugal sur les pièges de Vénus et les avertissements de Diane, donc sur le salut de qualités telles que l'honneur et la vertu de la nymphe-Lucrezia, assimilées à celles de Diane qui, malgré les attaques de Vénus, sont sauvées par l'intervention de Junon, qui « la marie » (*lei marita*) au « jeune seigneur » (*giovane signore*) Annibale.

On est donc en présence d'une opération qui essaye de récupérer le mythe et la culture païens, comme allégorie de la réalité et comme moyen de transmission des messages politiques et moraux. La présence des dieux sur la scène ne répondait pas seulement à une exigence précise du goût contemporain, largement documentée sur les arts figuratifs, mais avait

---

15. Salimbeni A.M., *Epithalamium pro nuptali pompa magnifici D. Annibalis nati illustrissimi principi D. Ioannis Bentivoli, Laurentio Medices viro magnifico et in omni vitæ colore tersissimo dicatum*, Bononiae, De Benedetti, 1487. Écrite en vulgaire et dans le mètre de *l'ottava rima*, la chronique de Salimbeni présente le caractère d'une narration épique. Tous les moments de célébration sont évoqués. Il réserve beaucoup d'espace aux descriptions des us et coutumes de Bologne, conférant à l'œuvre un ton politique et élogieux en ce qui concerne Giovanni Bentivoglio et sa ville.

en fait d'autres motivations : elle permettait l'évasion dans un monde surhumain, auquel les seigneurs étaient assimilés de droit à travers des comparaisons et des identifications aux dieux et aux déesses de l'Olympe, qui prêtaient leurs apparences à la représentation de la Cour royale tout entière, élevant celle-ci au rang des dieux.

Dans la vie de cour, l'aspect chorégraphique avait toujours beaucoup d'importance, impliquant des conséquences politiques et jouant un rôle prédominant dans toutes les circonstances familiales ou citadines qui demandaient une solennité particulière : le faste et la présence d'hôtes illustres reflétaient la puissance politique et économique de la famille. Les représentations théâtrales constituent donc une partie importante de la politique culturelle de beaucoup de seigneurs, perçue et présentée avec efficacité par les chroniqueurs et les témoins du spectacle.

Dans le domaine de la *fable* nous avons conservé aussi une description détaillée de l'*Hymaneo* de Giovanni Sabadino degli Arienti[16]. Il s'agit d'un document précieux non seulement pour la richesse des détails sur le mécanisme de l'organisation et de la fête, mais surtout pour les particularités uniques rapportées sur le spectacle allégorique ; il permet d'aller au-delà du sens générique de la représentation et d'observer concrètement l'utilisation de l'allégorie et le déroulement de l'action chorégraphique en fonction du développement narratif dont est constitué le spectacle. L'attention que ce document porte aux différents moments du spectacle est singulière ; il bat le rythme caractéristique de la représentation, relatant les changements successifs du décor mobile, les entrées des personnages et leur position sur la scène, décrivant scrupuleusement le déroulement des actions et enregistrant l'intervention de la musique et des chorégraphies à l'intérieur de la représentation :

---

16. Parme, Bibl. Palatina, cod. H.H. 1.78, 1487. Sabadino Degli Arienti G., *Hymeneo*. Écrite en vulgaire et offerte par l'homme de lettres affirmé de l'entourage des Bentivoglio au prince Giovanni, la relation d'Arienti est divisée en 35 paragraphes, dont quatre (du XVe au XVIIIe siècle) décrivent la journée 29 janvier, du déjeuner luxueux à la liste des cadeaux jusqu'à la représentation allégorique. De la fête bolognaise de 1487 demeurent encore autres chroniques : Naldi N., *Nuptiæ domini Hannibalis Bentivoli Illu. Principis filii Naldi Naldii Florentini Carmen nuptiale. Ad Illu. Principes Ioannem atque Hannibalem Bentivolos*, Florence, 1487 ; Ferrare, Archivio Bentivoglio, misc. F. n° 8, cc. 39. *Narratione particolare delle nozze della Ill.ma Prencipessa di Ferrara in Bologna col Ill.mo Signor Annibale Bentivoglio nel MCCCCLXXXVII à di XXVIII di Gènaio*.

LES DIEUX AU GRAND BANQUET

> [...] subito al suono dele tube inla sala aparve uno homo peloso come silvano vestito cum irsuta barba et lunga: & Capilli horendi cum un troncho in mano: cum lo quale facendo far largo ala gente, fu portata artificiosamente una Torre de legno bene intesa: ballando: che non se vedea da chi fusse portata. Et poi posta de sotto la sala oposita a la Richa credentia: inlaquale Torre era la Dea Iunone cum due legiadri gioveni: Di quali uno presentava la persona del nobilissimo sponso. posata la Torre sença indusia venne uno palazo ballando: che proprio parea venisse non vedendosi chel portasse: inloquale era Venus cum el faretrato Cupido: & cum due donne. Luna era grande cum due grande Ale: & di bruto viso: et questa era la Infamia. L'altra era de passionato aspecto: & vestita de vestimenta piena de infiniti occhii: et questa era la geloxia. Et eranli quatro Imperatori adcompagnati ciascuno da una bellissima donna. Et così decto palazo se possò un poco presso la Torre. Di poi similmente ne venne una montagna de bosco circundata: nel cui corpo era a modo una speloncha: dove Diana cum Octo Nynphe dimorava: & danzando ando a diposare quasi a lato la Torre da laltro lato. Di poi venne un saxo anchora danzando: inloquale era una bella giovane cum octo a fogia moresca vestiti [...]. (cc. 37 v °-38 v °)

L'efficacité descriptive d'Arienti fait apparaître, dès les premières lignes de son développement, la dynamique chorégraphique avec laquelle furent introduits dans l'espace de la représentation les décors et accessoires de la scène en ouverture du spectacle allégorique et permet la lecture immédiate du contenu symbolique dont ces constructions et les personnages qui y sont présents étaient porteurs: la *Tour* contenant la déesse Junon, symbole dans la mythologie classique de l'amour conjugal, et deux jeunes gens, « dont l'un – explique le chroniqueur – jouait le rôle du très noble époux »; le *Palais*, celui de la luxure, dans lequel régnait Vénus avec son Cupidon, lieu non seulement du plaisir des hommes et des femmes représentés par les quatre couples de dames et d'empereurs, mais aussi champ d'action de l'Infamie et de la Jalousie. En opposition au Palais et symbole de chasteté apparaît la *Montagne*, où Diane *cum octo nymphe dimorava*, dont une représentant Lucretia; et enfin un *Rocher* où se trouve une belle jeune fille *cum octo a fogia moresca vestiti*. L'entrée de ces décors dans la salle « au son des trompettes » comme s'ils « dansaient » et le fait de prendre place l'un à côté de l'autre en face des époux et de la cour, font de ces édifices

463

des dispositifs scéniques polyfonctionnels à l'articulation dramaturgique de l'allégorie et à la solennité de l'événement festif. Laissés dans la salle toute la durée de la représentation, ces édifices sont en fait utilisés comme des attractions spectaculaires, des images riches de contenu symbolique, comme toile de fond de la scénographie et comme lieux destinés à l'action scénique. C'est par là que les différents personnages allaient et venaient pour se rendre au centre de la salle où l'action principale se déroulait.

Le spectacle auquel assiste la cour dans la grande salle du palais présente, d'après le récit d'Arienti, un certain niveau de préparation, alternant les parties chorégraphiques et musicales, les actions de pantomime et les parties récitées en vers. L'alternance entre les danses et les poésies indique le niveau de complexité auquel arrivait la fusion entre les éléments verbal et chorégraphique dans l'équilibre de la représentation. Le contraste entre Junon, Diane et Vénus était un thème simple, mais contenait aussi des facteurs spectaculaires entraînants ; il favorisait l'apparition d'animaux féroces et de personnages sylvestres ; il prévoyait l'alternance de contrastes verbaux et d'actions de pantomime ; il permettait la scène dansée de la chasse, de l'amour comme lien moral et comme force régénératrice et introduisait en encadrement du spectacle tout entier des danses (mauresques pour la plupart) et des bals (auxquels participent les nobles spectateurs).

La transfiguration de l'imaginaire mythologique était prétexte à la réalisation d'un projet dramaturgique, ainsi que politique, plus ou moins complexe, où le montage des techniques du passe-temps était éprouvé, mais restait disponible aux combinaisons des différents éléments du spectacle. Le fait d'introduire des parties musicales, chantées et dansées dans une structure dramatique plus ou moins complexe n'était certainement pas une pratique nouvelle. Il en existe quelques exemples déjà à partir des années quarante du XVe siècle. La présence de la musique et du chant pendant les banquets était, en outre, l'un des points d'intérêt de l'esthétique humaniste, qui visait à retrouver par là les traditions mythiques classiques[17]. La pratique du chant et de la danse jouait, de temps à autre, dans l'économie de l'événement spectaculaire et de la représentation théâtrale, des rôles différents, arrivant dans certains cas à un glissement du spectacle de musique dans le temps des intermèdes.

---

17. Walker D., « Le chant orphique de Marsile Ficin », dans Id., *Musique et poésie au XVIe siècle*, Paris, CNRS, 1954, p. 15-33 ; Warden J., « Orpheus and Ficino », dans Id., *Orpheus. The Metamorphoses of a Myth*, Toronto, Univ. of Toronto Press, 1982, p. 85-110 ; Chastel A., *Art et humanisme...*, *op. cit.* ; Kristeller P.O., *Studies in Renaissance Thought and Letters*, Roma, Ed. di

C'est le cas, par exemple, de la *Favola de Cefalo* de Niccolò da Correggio[18], représentée à Ferrare en 1487 au cours des noces entre Giulio Tassone et Ippolita Contrari[19]. Dans ce drame mythologique d'inspiration ovidienne sont introduits des interludes musicaux et dansés qui commentent et complètent l'action dramatique centrale : un dialogue chanté des bergers, c'est-à-dire une églogue chantée, par exemple, apparaît à la fin du deuxième acte ; une danse des satyres, effrénée et orgiaque, complète le troisième acte ; la fin des premier, quatrième et cinquième actes est animée par le chant des Muses : d'abord un chœur en octosyllabes, mené par Aurore, puis un chapitre en décasyllabes et enfin une rengaine accompagnée par les nymphes. Le spectacle se termine ainsi avec une fête de chants et de danses et c'est la muse Calliope qui congédie. Ce qui est, à mon avis, remarquable dans cette œuvre est, même au premier coup d'œil, le degré d'expérimentation sur la métrique, qui puise dans les différents répertoires, en particulier le répertoire « bas », de la poésie destinée à la récitation et rend possibles des hypothèses d'exécution originales[20].

Storia e Letteratura, 1956 ; voir aussi Guarino R., « Figures et mythes de la musique dans les spectacles de la Renaissance », dans *Imago Musicæ*, XVI-XVII, 1999-2000, p. 11-22 ; Gallo A., *Musica nel castello*, Bologne, Il Mulino, 1992, p. 95-152, où est présentée et discutée l'identification des chanteurs contemporains avec Orfeo dans l'oratorio. Le rappel du chant orphique à la lyre de Marsilio Ficino est le rappel d'un monde mythique, qui, réintroduit dans le lieu et le temps festifs, s'enrichit de nouvelles significations (idéologiques, littéraires, etc.), mais aussi de nouvelles fonctions de l'usage exécutif. À travers la réflexion néoplatonicienne, la conjonction entre poésie et usage récitatif, entre chant et présence simultanée du chanteur – identifié au chanteur mythique – permet un processus de sublimation et d'élévation des pratiques de chant et des techniques habituelles de l'art profane.

18. De ce texte, sept éditions vénitiennes du début du XVe siècle ont survécu (1507, 1510, 1513, 1515, 1518, 1521, 1533). Aujourd'hui nous connaissons, en outre, un manuscrit, vénitien lui aussi, mais actuellement londonien (Add. 16438=L), indépendant de la tradition imprimée et plus correct en peu de points. Pour une édition moderne du texte voir Niccolò Da Correggio, *Opere*, éd. Tissoni Benvenuti A., Bari, 1969, p. 5-45.

19. Sur la représentation voir « Diario Ferrarese dall'anno 1409 sino al 1502 di autori incerti », dans *Rerum italicarum scriptores*, Bologne, Zanichelli, 1928, XXIV, VII, p. 122 ; Zambotti B., « Diario Ferrarese », *ibid.*, p. 178 ; Città del Vaticano, Bibl. Vaticana, ms. Chigiani I.I.4, *Diario di Ugo Caleffini*, éd. partielle dans Pardi (dir.), *Diario di Ugo Caleffini (1471-1494)*, 2 vols., Ferrare, Tip. Sociale, 1938-1940, p. 46 ; Modène, Archivio di Stato, ms. Bibl. Estense, a F. 5, 18, cod. it. 178, *Cronaca estense di Girolamo Maria Ferrarini*.

20. La forme métrique dominante est l'*ottava rima*, mais elle est entrecoupée d'autres mètres, la *terza rima* et la chanson. Ce n'est pas un hasard, par exemple, que le compositeur décide d'utiliser, dans l'églogue située en conclusion du deuxième acte, une chanson, accompagnée, comme cela est indiqué par les didascalies, par une cornemuse et un luth (c'est-à-dire les deux instruments caractéristiques respectivement de Pan et de Apollon).

La *fable* de Niccolò da Correggio se montre très sensible aux résultats de l'expérimentation de la bucolique en langue vulgaire et aux nouveautés théâtrales du moment. Elle s'oriente vers une structure classique du genre comédie, sans renoncer aux thèmes, aux goûts et au style de la culture néo-courtoise et se montre sensible à l'expérience du théâtre sacré et aux exemples dramatiques contemporains : on pense à l'*Orpheo* de Politien et à son remaniement théâtral le plus éloquent, l'*Orfei Tragœdia*, également issu du creuset ferrarais.

Après tout, quand Niccolò da Correggio, actif dans les cours de Ferrare, Mantoue et Milan, compose sa *Fabula*, le succès du drame pastoral mythologique italien a obtenu des résultats exceptionnels : la *Fabula di Orfeo* de Politien était désormais le modèle de référence riche de références poétiques classiques et d'inventions dramatiques ; son remaniement, l'*Orfei Tragœdia*, avait été déjà écrit ; dans toutes les cours de la Péninsule, l'usage de la représentation mythologique ou des églogues dramatisées s'intensifie[21]. En même temps la comédie latine avait elle aussi connu une reprise, représentée en vulgaire à Ferrare justement, alors que les représentations religieuses, généralement liées à des solennités citadines, continuaient à avoir un certain succès[22].

Voir Zanato T., « Percorsi della bucolica laurenziana », dans Carrai S. (dir.), *La poesia pastorale nel Rinascimento*, Padova, Antenore, 1998, p. 109-150 ; Pasquini E., « Gli esperimenti di Leon Basttista Alberti », dans *Id.*, *Le botteghe della poesia*, Bologna, Il Mulino, 1991, p. 245-329 ; De Robertis D., « L'ecloga volgare come segno di contraddizione », dans *Metrica*, II, 1981, p. 61-80.
21.   À Rome, en 1473, le cardinal Raffaele Riario organise en l'honneur d'Éléonore d'Aragon un banquet mémorable au cours duquel apparaissent Mercure, Orphée et d'autres personnages et divinités païens, Vénus, Cérès, Bacchus, etc. Une représentation mythologique, qui témoigne de l'ingéniosité et de l'habileté poétique de Giovanni Santi, fut montée à Urbino en 1474 à l'occasion de la visite de Frédéric d'Aragon en voyage pour la Bourgogne. Ainsi, l'année suivante à Pesaro, à l'occasion des noces entre Costanzo Sforza et Camille d'Aragon, le repas est servi dans le cadre d'une chorégraphie mythologique zodiacale complexe. À Naples Sannazzaro avait déjà mis en scène chacune de ses farces. Voir Falletti C., « Le feste per Eleonora d'Aragona da Napoli a Ferrara », dans Chiabò M. et Doglio F. (dir.), *Spettacoli conviviali dall'Antichità classica alle corti italiane del' 400*, Viterbo, Agnesotti, 1983, p. 269-289 et « Le feste per Eleonora d'Aragona tra Napoli e Roma nel 1473 », dans *La Fête et l'écriture. Théâtre de cour, Cour-Théâtre en Espagne et en Italie, 1450-1530*, Aix-en-Province, Univ. de Provence, p. 257-276) ; Guidobaldi N., *La musica di Federico : immagini e suoni alla corte di Urbino*, Firenza, Olschki, 1995 ; De Marinis T., *Le nozze di Costanzo Sforza e Camilla d'Aragona celebrate a Pesaro nel 1475*, Firenze, Vallecchi, 1946 ; Guidobaldi N., « Musique et danse dans une fête "humaniste" : les noces de Costanzo Sforza e Camilla d'Aragona (Pesaro 1475) », *Actes du Colloque Musique et Humanisme*, Paris, Presses de l'ENS, 1993, p. 25-35 ; Croce B., *I teatri di Napoli dal Rinascimento alla fine del XVIII*, Bari, 1916.
22.   Faccioli E. (dir.), *Il teatro italiano. I. Dalle Origini al Quattrocento*, Turin, 1975, p. 467-507 ;

La *Fabula di Cefalo* de Niccolò da Correggio s'introduit dans ce panorama culturel[23]. Il s'agit d'une pièce qui recherche, du point de vue littéraire et théâtral, un équilibre entre tradition et innovation, comme l'indique aussi le huitain de conclusion de l'*Argumento* :

> Non vi do questa già per commedia,
> che in tuto non se observa il modo loro ;
> né voglio la credati tragedia,
> se ben le ninfe ge vedreti il coro :
> fabula o istoria, quale ella se sia,
> io ve la dono, e non perciò d'oro. (v. 49-56)

« *Fabula* ou *historia*, quelle qu'elle soit », le *Cefalo* de Corregio est une expression authentique du théâtre de cour[24]. Elle montre le degré encore expérimental de l'élaboration littéraire relative à la pratique récitative, sensible à l'opération typiquement humaniste de récupération d'éléments classiques qui doivent coexister avec ceux de la poésie amoureuse de romance et de la poésie à la manière de Pétrarque, témoignant d'intuitions originales et nouvelles à la vitalité particulière. L'introduction du chant d'Aurore et du chœur des Nymphes est originale, comme l'est aussi la présence, dans les premier et quatrième actes, du personnage de

---

D'Ancona A., *Origini del Teatro italiano*, Rome, Fabri editore, II, p. 5-8 ; Egidio Scoglio, *Il teatro alla corte estense*, Lodi, Biancardi, 1965 ; Tissoni Benvenuti A., « L'Antico a corte : da Guarino a Boiardo », dans Bertozzi M. (dir.), *Alla corte degli Estensi. Filosofia, arte, cultura a Ferrara nei sec. XV e XVI*, Actes du Colloque international d'Études, Ferrare, Univ. degli Studi, 1994, p. 389-401 ; Cruciani F., « La sperimentazione teatrale fra Quattro e Cinquecento : lo spazio delle rappresentazioni », dans Bertozzi M., *op. cit.*, p. 209-216.
23. Voir aussi Luzio A. & Renier R., « Niccolò da Correggo », dans *Giornale storico della letteratura italiana*, 21, 1893, p. 205-294 ; 22, 1983, p. 65-119 ; Arata A., *Niccolò da Correggio nella vita letteraria e politica del suo tempo*, Bologne, Zanichelli, 1934 ; Piromalli A., *La cultura a Ferrara al tempo dell'Ariosto*, Florence, La Nuova Italia, 1953, p. 74-78 ; pour ce qui est de la production littéraire voir Dionisotti C., « Nuove rime di Niccolò da Correggio », *Studi di filologia italiana*, XVII, 1959, p. 135-188 ; Tissoni Benvenuti A., *Opere*, Bari, Laterza, 1969, p. 5-45, (p. 165) ; Anderson J., « Il risveglio per l'interesse delle Muse nella Ferrara del Quattrocento », dans *Le Muse e il Principe*, Catalogue de l'exposition, Milano, 1991, Modena, Panini, 1991, I, p. 165-185.
24. On sait qu'une autre mise en scène du mythe de Céphale fut donnée à Bologne pour les noces Pepoli-Rangoni en 1475. Inspirée par le mythe que narre Ovide dans les *Métamorphoses*, la *fable* bolognaise est insérée entre deux moments spectaculaires : une *fabula* en vers vulgaire (perdue) introduite par l'*argumentum* et conclue par des vers en latin de vœux aux époux, déclamés par Jupiter ; les chants en l'honneur des convives et des époux (perdus eux aussi) entonnés par Apollon, les Muses et les trois Parques, symboles de l'alliance du pouvoir, du savoir et des arts. Cavicchi F., *Rappresentazioni bolognesi nel 1475*, Bologna, Zanichelli, 1909.

la servante, clairement inspiré de Plaute; l'intervention d'un *vieux berger*, à la fin du deuxième acte, qui empêche le fuite de Procris et favorise sa réconciliation avec Céphale, est elle aussi originale, de même que celle du faune qui, amoureux de Procris, lui révèle la trahison présumée du mari, provoquant la rupture entre les deux amants; la fin, aussi, est très originale, transformée en finale heureux grâce à l'intervention de Diane, qui ressuscite Procris, car « la mort est une trop grande peine pour une erreur si minime » (*troppo gran pena è morte a un poco errore*). Le tragique du mythe de Céphale est donc résolu en un *exemplum* pour avertir les femmes et les nouvelles épouses afin qu'elles ne se laissent pas dominer par la jalousie, dont les conséquences sont dangereuses. Et l'invention de la fin heureuse, par rapport à la source classique, est en harmonie avec l'ambiance de fête du repas nuptial.

Ces genres de réécriture d'actualisation ne voulaient pas, du reste, se présenter comme des récupérations antiques corrigées, sous peine d'incompréhension du public; ils suivaient la direction du goût de la cour et répondaient aux exigences de la société courtisane, portant sur scène un monde métahistorique, enclin, comme nous l'avons vu dans le cas de la *favola* mythologique bolonaise, à l'exaltation du noble courtisan, mais aussi à l'expression et à l'affirmation, sous forme d'enseignement, des valeurs et des idéaux de la société de cour. Il s'agit d'œuvres de circonstance, de toute façon, rédigées à l'occasion de festivités particulières, dans un milieu culturel bien déterminé et où les formes allusives de la bucolique et le sens allégorique du mythe sont souvent utilisés afin de célébrer la magnificence des princes et des seigneurs. Le lieu de la fête est donc transfiguré en lieu mythique et la Cour des Seigneurs, à travers l'œuvre littéraire et la mise en scène dramatique, est identifiée à la Cour des Dieux.

Anna Maria Testaverde

La « rappresentazione del Paradiso » a Siena. Spettacolo e culto mariano tra XIII e XVI secolo

La storia della spettacolarità a Siena si giustifica concettualmente nella coscienza profondamente religiosa della città che ha costruito la propria identità storico-politica sul culto devozionale della Vergine Maria. Già dal XIII secolo le pagine dei cronisti senesi documentano una consolidata tradizione spettacolare-performativa che, in ogni sua forma, è esplicita espressione di quel presunto rapporto privilegiato che Siena ha ritenuto di avere nei confronti del Dio Padre, grazie alla protezione della sua illustre patrona, la Vergine Maria[1]. Sul culto devozionale mariano la città toscana ha costruito il mito del « buon governo senese », inteso come espressione terrena della Giustizia divina.

Ancora oggi la corsa del Palio, indissolubilmente legata alla spazialità scenografica della piazza del Campo, si corre nel giorno in cui si celebra l'assunzione della Vergine (15 agosto)[2]. D'altra parte, come è stato scritto, se « la storia di Siena è la storia della sua Piazza »[3], le vicende di questo « palco-scenico » urbano motivano intimamente i tempi e le forme espressive della spettacolarità cittadina. La consapevolezza che questa piazza rappresentasse la sintesi simbolica della storia urbanistica e politica di Siena, ha nei secoli

---

1. Siena, città filoimperiale, già nel 1260, dopo la battaglia di Montaperti, fu una delle prime città in Europa a consacrarsi, con delibera del Comune, alla Madonna, dichiarandosi vassalla e chiamando la Vergine Signora Feudataria del proprio comune e del contado.
2. Per una sintesi della storia di questo celebre spettacolo e per una documentazione archivistica ampia e articolata si veda: *L'immagine del Palio. Storia, cultura e rappresentazione del rito di Siena*, a cura di Cepponi Ridolfi M.A., Ciampolini M., Turci P., Siena, Monte dei Paschi, 2001.
3. Heywood W., *Nostra Donna d'agosto e il palio di Siena*, a cura di Falaschi A., Siena, Protagon, 1993, p. 24.

guidato gli interventi del governo cittadino per delineare la fisionomia con appropriati interventi di arredo qualificante e simbolico che si richiamavano ai valori civici e all'antica devozione religiosa. (la Fonte Gaia, la Cappella di Piazza e la Lupa capitolina[4]). Plasmare l'immagine allegorico-simbolica di questo inusuale anfiteatro naturale, scenario di antiche sommosse, di assemblee popolari, di preghiere collettive ma anche di sanguinosi scontri agonistici, ma vero « cuore » palpitante della storia cittadina, rappresentò dunque l'obiettivo costante dei Senesi. Di conseguenza anche l'iconografia del Campo ha acquisito nel tempo un significato allegorico, quale espressione ideale di un diretto dialogo tra gli organi di governo, i cittadini e la sua Patrona, protettrice privilegiata e mediatrice con Dio Padre[5]. La morfologia stessa dell'invaso urbano è stata nel tempo identificata con la lettera M (iniziale di Monarchia e quindi allusione grafica all'aquila imperiale[6]), ma soprattutto nella struttura del mantello protettivo della Madonna[7].

---

4. L'allegorico richiamo alle origini romane della città, un tempo celebrate pubblicamente con il mantenimento di una lupa viva racchiusa in un recinto davanti ad una delle arcate del palazzo pubblico, nel 1429 si trasformò in un elemento di arredo permanente, quando il Comune fece realizzare da Giovanni e Lorenzo Tubino una lupa in stagno dorato predisponendola su una colonna. La presenza della Cappella di Piazza, eretta nel 1376, alla base della Torre del Mangia su progetto di Domenico di Agostino, allude alla protezione della Madonna alla quale l'edificio fu dedicato per sciogliere un voto dopo la pestilenza del 1348. Nel corso del Quattrocento questi elementi di arredo urbano divennero poi parte integrante delle scenografie allestite in occasioni di pubblici spettacoli. Anche la Fonte Gaia (costruzione iniziata nel 1343) è dedicata alla Madonna ed i suoi ornamenti statuari, oltre a sviluppare il tema della protezione mariana, esaltano i valori morali e religiosi che devono ispirare il « buon governo » della città. Si veda in proposito: Guidoni E., *Il Campo di Siena*, Roma, Bulzoni, 1971; *Piazza del Campo. Evoluzione di un'immagine. Documenti, vicende, ricostruzioni*, catalogo della mostra a cura di Franchina L., Forlani Conti M., Morandi U., Siena, S.e., 1983. Per una storia dell'urbanistica e dell'architettura senese si vedano inoltre: Cairola-Enzo Carli A., *Il palazzo pubblico di Siena*, Roma, Editalia, 1962; Bortolotti L., *Siena*, Bari, Laterza, 1983; Quadroni L., *Siena, centro storico: conservazione e recupero*, Milano, Electa, 1983; Gubitosi C., *Siena: disegno e spazio urbano*, Napoli, Giannini, 1998.

5. Guidoni ha in sintesi così delineata la funzione reale e simbolica del Campo: « il cuore, o più precisamente, il luogo centrale destinato alle manifestazioni pubbliche ed allo svolgimento di un dialogo diretto tra gli organi del potere e la totalità dei cittadini. Il Palazzo Pubblico, il cui profilo scattante si staglia come un fondale scenografico, e la Piazza, chiusa da una serie compatta e uniforme di palazzi, sono i due poli del dialogo, rappresentando i due organi della città ducentesca, il Consiglio della Campana, suprema magistratura della Repubblica, ed il parlamento, la sua base popolare ». Vedi Guidoni E., *Il Campo di Siena*, op. cit., p. 55-56.

6. Al riguardo si veda il celebre passo di Dante Alighieri, *La divina commedia*, a cura di Sapegno N., Ricciardi, Milano-Napoli, 1957, p. 1008-1009, v. 94-111.

7. Anche nel 1260, nella battaglia di Montaperti, secondo le testimonianze di alcuni cronisti « Fu veduto per la maggior parte della gente uno mantello bianchissimo il quale copriva

Nel corso del Quattrocento il costante uso festivo di questo spazio simbolico cittadino contribuì a definire nell'immaginario collettivo l'identità della città stessa e rappresentò il più efficace metodo di ritualizzazione della storia religiosa di Siena, da sempre propagandata nel mondo cristiano come città che ha dato i natali a santi (fra tutti San Bernardino degli Albizzeschi, dell'ordine dei Frati Minori di San Francesco e Santa Caterina Benincasa) e ad illustri pontefici (Enea Silvio Piccolomini, Pio II e Francesco Todeschini Piccolomini, Pio III). Questo programma celebrativo fu costruito e consolidato nel tempo attraverso la definizione di una tipologia di rappresentazione drammaturgico-spettacolare che molti studiosi hanno stentato a definire. In proposito Alessandro D'Ancona ha sostenuto che gli spettacoli quattrocenteschi senesi siano derivati dagli antichi « Giochi Giorgiani »[8] e da quella « festa commemorativa »[9], citata da Apostolo Zeno, che si sarebbe fatta a Siena l'anno 1273 per celebrare l'assoluzione dalla scomunica portata ai propri concittadini dal beato Ambrogio Ansedoni[10]. Con la definizione « festa commemorativa » lo studioso ha così tentato di descriverne il carattere, tutto incentrato sulla « drammatizzazione » del rito di canonizzazione dei suoi santi e dei suoi pontefici illustri. Poichè si trattava di onorare la grandezza morale e la religiosità di alcuni concittadini passati alla storia, i Senesi concepirono forme di festeggiamento in cui il nucleo centrale prevedeva la rappresentazione simbolica della discesa tra i mortali della propria Patrona e, successivamente, il rito di « assunzione » al cielo, tra la schiera dei Beati, anche dei personaggi ancora viventi come i pontefici. Proprio per la presenza di un nucleo drammaturgico, il D'Ancona ha anche definito queste celebrazioni come « pompa simbolica con qualche sprazzo di forme drammatiche », suggerendo la possibilità che esse rappresentassero le « primi origini della Rappresentazione volgare[11] ». Pur non potendole definire appartenenti al teatro religioso delle Sacre Rappresentazioni fiorentine, esse recuperano molti elementi caratteristici quali l'uso dello spazio urbano come luogo

---

il campo de'sanesi e la città di Siena ». La visione fu allora giustificata con l'immagine del mantello virginale, disteso a protezione della città e dei suoi strenui combattenti. La citazione è contenuta in Heywood W., *Nostra Donna d'Agosto*, op. cit., p. 41.

8. Il Mazzi afferma che questi celebravano la battaglia di Montaperti nel 1260. *Cf.* Mazzi C., *La congrega dei Rozzi nel secolo XVI*, Firenze, Le Monnier, 1882, vol. I, p. 6-7.

9. D'Ancona A., *Origini del teatro italiano*, Torino, Bottega d'Erasmo, 1971, p. 105 (rist. anastatica del 1891).

10. *Ibid.*, p. 100-105.
11. *Ibid.*, p. 100.

deputato alla rappresentazione e l'adozione di una macchineria scenica di memoria « brunelleschiana »[12]. Sebbene infatti l'esperienza senese rievochi la tecnica degli « ingegni » ideati da Filippo Brunelleschi a Firenze nel primo trentennio del secolo, è difficile stabilire quanto la storia della spettacolarità senese abbia ereditato da questa. E' più credibile ritenere che queste forme semireligiose siano state l'estrema espressione di una tradizione di antica data e che la loro organizzazione abbia poi dato forma ad un modello ripetitivo di *performance* che giunse sicuramente integro fino alle soglie del Cinquecento.

L'utilizzo pubblico dello scenografico invaso del Campo per queste forme di cerimonie simboliche ne determinò una lenta e costante trasformazione in uno scenario « paradisiaco », adeguato ad esprimere lo spirito devozionale mariano della città. Nel celebre dipinto raffigurante *San Bernardino predica nel Campo* (attorno al 1425), il pittore Sano di Pietro ha documentato con perizia sia l'uso cerimoniale della Piazza per funzioni religiose collettive che la tipologia del suo ornamento festivo. La dislocazione di un arazzo floreale dietro un grande palco sul quale si svolge la predica e accoglie i rappresentanti eminenti della città, suggerisce in proposito la « chiusura » dello spazio del Campo con una « protezione » floreale effimera (Fig. 1).

I primi documenti che testimoniano l'inscindibile rapporto che lega le forme spettacolari al culto devozionale mariano e allo spazio scenografico del Campo potrebbero risalire ai secoli in cui architettonicamente e urbanisticamente ne fu organizzato l'impianto (fine XIII-inizi XIV). E' probabile che a questa altezza cronologica siano da collocare le originarie forme performative che troveremo poi ben definite nel corso del Quattrocento. Le più antiche notizie risalgono al 1256 quando nei registri dell'Uffizio della Biccherna furono registrate le spese « *pro ludo Mariarum, quod fuit in Campo fori die veneris sancti* »[13]. Nel 1311 un anonimo cronista ricorda come l'ingresso del re Ruberto fosse stato celebrato con « giostre e balli » e che furono fatti « falò per le torri e in sul Campo come è usanza fare a un uomo come lui »[14].

Occorre giungere ai primi decenni del Quattrocento perché si possano aggiungere interessanti dettagliati riguardanti l'uso pubblico del Campo

---

12. In proposito si veda *Il luogo teatrale a Firenze*, a cura di Zorzi L., Fabbri M., Garbero Zorzi E., Petrioli Tofani A.M., Milano, Electa, 1975.
13. Le notizie sono citate in D'Accone F.A., *The Civic Muse. Music and Musicians in Siena during the Middle Ages and the Renaissance*, Chicago/London, The Univ. of Chicago Press 1997, p. 678, n. 45.
14. Ibid.

*Fig. 1 - Bernardino di Betto detto il Pinturicchio,
Incoronazione di papa Pio III Piccolomini, Libreria Piccolomini, Duomo, Siena.*

per prediche, ricevimenti ufficiali e riti festivi, nonché per conoscere la tipologia di arredo festivo di questo spazio urbano. Nel 1432, in occasione del ricevimento tributato dai Senesi per la visita dell'imperatore Sigismondo, i cronisti descrivono la costruzione di « un magnifico palco nella Pubblica Piazza in quel luogo che noi chiamiamo Pianata dei Signori, sul quale fu posto una magnifica sedia »[15]. Un altro cronista ricorda che « si fe' un palco dal sale a la Lupa molto largo e bello e alto sopra l'uscio di palazzo, e in sul palco si ferno e' gradi più alto l'uno de l'altro e nel più alto et in mezzo si fe' la sedia imperiale coperta di drappo »[16].

Si definisce in quegli anni la collocazione di un enorme palco ligneo, disposto sullo spazio (definito « spianata ») che si estende davanti al Palazzo Pubblico, compreso tra la Cappella di Piazza e la Colonna della Lupa. Su di esso, come su un palcoscenico all'aperto, si proponeva ai cittadini un'azione performativa. Nel 1443, nel momento del passaggio da Siena del futuro pontefice Eugenio IV alla volta di Roma, « certi studenti e molti Romani ordinarono una bella festa, e fecero apparecchio in capo de la piazza, dove li era uno papa con li Cardinali, e in piede de la piazza li Imperatore con cavalieri e baroni [...] et lì in piè della piazza el' Papa incoronò lo ditto imperatore: et fatto questo fecero gran feste e balli »[17].

La macchineria scenica, caratteristica di queste rappresentazioni, prevedeva l'organizzazione di un congegno meccanico, definito « Paradiso », dislocato nei primi anni del Quattrocento sulla Cappella di Piazza, utilizzata come struttura portante. Il 24 maggio del 1450 « fu canonizzato San Bernardino da Siena [...] el quale San Bernardino morì a dì 14 di maggio l'anno 1444 nella città dell'Aquila. E adì 14 e 15 di giugno se ne fe' in Siena una bella festa e rappresentazione de la sua canonizzazione »[18]. Elementari sistemi di manovra consentivano effetti spettacolari di grande presa attrazione per gli spettatori:

> Di poi a capo la Cappella e a la finestra del podestà si fé di legname un Paradiso ornato di panni e una ruota di lumi e uno artificio dove santo Bernardino in similitudine andò in Cielo, con tutti li stromenti che si potè avere [...] Sopra alla

---

15. Provedi A., *Relazione delle pubbliche feste date in Siena dall'anno 1291 al 1791*, s.l., All'insegna del guerriero, 1981 (rist. anastatica del 1791), p. 24.
16. *Cf.* Fecini T., « Cronaca senese », in Muratori L.A., *Rerum Italicarum scriptores*, t. XV, parte VI, p. 846.
17. D'Ancona A., *Origini del teatro italiano, op. cit.*, p. 281.
18. La descrizione è contenuta in Mazzi C., *La congrega dei Rozzi, op. cit.*, p. 28.

> nobil cappella di piazza, in piedi alla gran torre, era un palco riccamente vestito di drappi, sopra il quale era con un gran ordine disposti ed ornati gli uomini in modo che rappresentavano la gloria de'beati in Paradio [...] Da terra a quel palco sorgeva un sottil ferro con tale artifizio composto, che su per quello con facilità si saliva a quella Gloria [...] ma quello che certamente in tutti generò stupore fu che, nel corso della messa, cadute le tende, apparve sopra il tetto della cappella un ritratto vivo della Gloria celeste, in mezzo al suono di ogni sorte di musicali strumenti, accompagnati con mille voci che maestrevolmente concertavano questo o quell'altro santo, disposti con bell'ordine intorno al trono di Dio. Allora quel coro de' beati, coll' artifizio di quel ferro da noi poco di sopra descritto, con stupore di tutto il circostante popolo, quello che rappresentava la persona di San Bernardino alzarono per aria, e soavemente facendolo salire, lo ricevettero nel numero loro[19].

Per l'occasione il Campo fu chiuso da una decorazione arborea (« Ciascheduna delle bocche della piazza ornata di festose fronde di verdeggiante edera. D'alloro e di bussolo; consertati con lungo ordine i fiori, e sparsa, coperta la terra tutta di freschi giunchi »[20]) che trasformò l'incavo della piazza in un effimero giardino. La medesima decorazione fu predisposta nel 1458, quando i Senesi vollero porre in scena sul Campo l'assunzione al cielo di un pontefice allora vivente, il vescovo di Siena Enea Silvio Piccolomini, che era stato recentemente eletto papa con il nome di Pio II:

> Grandiosi intanto erano i preparativi, che si facevano nella piazza Grande, e nei più celebri luoghi della città, adornandogli con frondi di bossolo, d'edera, e di alloro, coll' intesserne vaghe corone, adornate di armi, e di targhe, nelle quali era scritto il nome del nuovo Pastore[21].

Il meccanismo del Paradiso fu in quell'anno allestito non più sulla Cappella ma direttamente sul grande tavolato, fulcro visivo della maestosa cerimonia:

> Avanti il Palazzo del Supremo Magistrato (fu) innalzato un altare, e così questo, come gli spazi circonvicini adornati

---

19. *Ibid.*, p. 29.
20. *Ibid.*, p. 28.
21. Provedi A., *Relazione delle pubbliche feste*, op. cit., p. 31.

di cortine, e panni d'arazzo fu fabbricato all' intorno un magnifico palco dell'altezza di 80 cubiti, e di lunghezza 60 e 40 di larghezza. Nel più eminente luogo di esso si vedeva innalzato un eccelso Trono, intorno al quale vi erano i seggi dei più qualificati astanti[22].

L'azione drammaturgia si articolò in due principali azioni, la prima delle quali presentava l'assunzione della Vergine:

> [...] nel momento che era per alzarsi l'Ostia sacratissima, levate in un istante le tende, si vidde all'improvviso l'abitazione dei Beati, e le sedi del Paradiso che vivi si rappresentava, spettacolo certamente preclaro, per cui si raddoppiarono dal popolo gli evviva in mezzo la suono di musicali strumenti [...] Finito il sacrificio si rappresentò l'Assunzione del glorioso Vescovo da uomo in abito della Vergine, e quelli che facevano da Angeli furono assunti a quel Cielo, quale era superbamente fabbricato, ed ivi fu coronato per le mani della santissima Vergine, e con pie e devote voci al medesimo Papa Pio la dolce Patria racomandita[23].

In un secondo momento apparve al pubblico la Madonna, collocata al centro dei Beati, la quale, sostituendosi a Dio Padre, accolse e incoronò il pontefice:

> Ac, peractis sacrificiis, mirabili artificio gloriose Virginis assumptio rapresentata est: et humo, aspectatium miraculo, Virginia habitu homo et qui Angelos agebant assunti sunt in id coelum[24].

Nel luglio del 1461 il cronista Tizio testimonia le medesime procedure festive adottate anche per festeggiare l'avvenuta canonizzazione di un'altra illustre concittadina, Caterina Benincasa:

> Senenses interea, augusti die sexta decima, foro publico exornato, cum universa civitate, supra capellæ marmoræ tecto Paradisum constituentes, celebritatem divæ Catharinæ senensis, nobilissimam, atque lætissimam agere cantantis atque rithmis, nec musicis, instrumentis ad lætitiam adhibiti[25].

---

22. *Ibid.*
23. *Ibid.*
24. La citazione di un anonimo cronista è trascritta integralmente in Mazzi C., *La congrega dei Rozzi, op. cit.*, p. 36.
25. *Ibid.*, p. 38-39. L'opera dello storico senese è ora edita in Tizio S., *Historiæ Senenses*, a cura di Tomasi Stussi G., Roma, Istituto Storico Italiano per l'età contemporanea, 1995.

Definita la struttura del festeggiamento semireligioso della « canonizzazione simulata », l'azione drammaturgica proponeva invece varianti nella presenza in scena dei personaggi che rappresentavano la Vergine e Dio. Se per i Santi Bernardino e Caterina l'assunzione avveniva tra le schiere dei beati e degli angeli e i personaggi beatificati si trovavano direttamente al cospetto del Padre, diversamente per l'incoronazione dei pontefici, mortali di chiara fama ma non ancora consacrabili alla beatitudine, si dimostrava necessaria una mediazione. L'intercessione presso il Padre non poteva che essere facilitata dalla Vergine Maria, patrona della città, che, discesa tra i mortali, poteva aiutare il pontefice, che era prima di tutto un Senese, ad ascendere al cospetto di Dio.

Alle soglie del Cinquecento la tradizione spettacolare senese, profondamente motivata dal culto devozionale nei confronti della propria illustre Patrona, trovò il suo epilogo nell'ultima grande manifestazione festiva pubblica allestita nel 1503 per onorare l'elezione del cardinale Francesco Todeschini Piccolomini, divenuto pontefice con il nome di Pio III. Preziose testimonianze documentarie ed iconografiche ci testimoniano un'organizzazione festiva articolata e complessa, modellata su uno schema ormai ben consolidato. La descrizione della cerimonia, contenuta in un prezioso codice appartenuto alla famiglia senese dei Borghesi (tra i principali artefici della festa) ci ha restituito l'immagine di un fastoso allestimento, il testo drammaturgico recitato e il disegno dell'apparato costruito sul Campo[26]. Di questo ornamento architettonico possediamo molte informazioni tecniche che confermano la qualità del progetto che sembra avere poi influenzato profondamente la simbologia urbanistica del Campo e tutti i successivi programmi di trasformazione urbanistica (Fig. 2). L'opera fu affidata ad un esperto e abile intagliatore, Antonio Barili, che in quegli anni aveva eseguito, proprio su commissione dell'arcivescovo Piccolomini, i banchi lignei per la libreria dedicata all'interno del Duomo all'illustre antenato Pio II[27]. Lo storico Tizio ricorda che verso la fine della rappresentazione il palco rovinò malamente dando adito a funesti presagi circa il futuro del nuovo pontificato, il quale infatti si concluse a pochi giorni di distanza con la morte del Piccolomini. Dopo l'improvvisa morte del pontefice (18 ottobre 1503), Andrea,

---

26. Si veda : BNCF, *Codice Magliabechiano*, Classe XXVII, Cod. 118. Il codice è stato parzialmente descritto dalla scrivente in « Il Paradiso sul Campo di Siena. Tradizione e rapporti con l'arte del visuale », *Quaderni di teatro*, VII, 25, 1984, p. 20-30.
27. Vasari G., *Le vite de'più eccelenti pittori scultori ed architettori scritte da Giorgio Vasari*, Firenze, Sansoni, 1906, vol. IV, p. 41. Si veda in particolare Trionfi Honorati M., « Antonio e Andrea Barili a Fano », in *Antichità Viva*, 1975, p. 35-42.

Fig. 2 - BNCF, Codice Magliabechiano, Classe XXVII. Cod. 118, c.1r.

il fratello dell'estinto, commissionò al pittore Pinturicchio l'esecuzione di un dipinto nell'omonima libreria all'interno del Duomo che verosimilmente documenta il ricordo di questo effimero apparato sul Campo (Fig. 2).

Un elegante loggiato formato da ventiquattro colonne ioniche, secondo uno stile architettonico rispondente all'allegorica azione drammatica e al carattere sacrale dell'apparato, si estendeva davanti al palazzo per una lunghezza pari a m.40[28]. Un ricco fastigio alternava alle tiare papali l'emblema dei Piccolomini (luna dorata) con le lupe senesi, mentre ghirlande di fiori e foglie ornavano la composizione:

> Firmata erant trabium fastigia in columnarum abacis et ipsam suo non fraudata decore. Nam curiatum Zophorum lunis aureis cesio colore distinctis conspersum. Denticulum Summitas et relique que profecti Corona et edificii huius fastigia ruis et urbis nostre insigniis floribus ac foliis quibusdam intervalla tenentisbus terminabantur[29].

---

28. « Longitudo vera cubitorum circiter XC longitudo hec intervallis columnarum distincta pulcherrimam venustatem aspicientibus ostendebat. Erant aut columne numero XII quorum stylobates a terra a tabulati solio porrecte V cubitis terminabantur in hii altere erant stilobate in quibus columne et edifitii moles insidebat; erant hec columne omni simmetrie arte decore. Capitulis, Timpanis, Caulis volutis Abacis, peripetris, Spiris, Stragulis, superciliis Cathetis et rebus reliquis sua simmetria compositis ad amussim ornate erant », BNCF, *Magliabechiano, op. cit.*, c. 6v°.

29. *Ibid.*, c. 7r°.

Fig. 3 - Sano di Pietro, San Bernardino predica nel Campo, Siena, Pinacoteca.

L'impianto iconografico della struttura e la dislocazione del Paradiso, descritto dal relatore, è strettamente vincolata ai modelli figurativi mariani senesi: 300 angeli divisi secondo le gerarchie celesti, con abiti immacolati, chiome profumate e cinte di arbusti erano disposti alla destra del trono[30]. In posizione più prossima all'altare invece, ubicate sulle gradinate come le gerarchie angeliche, i rappresentanti degli ordini religiosi senesi recitavano la parte di santi e beati del Paradiso: « habiti complures induti us et vestibus pro religionum diversitate urbis nostre Sanctos ac Beatos agentes stabant »[31]. I santi senesi Caterina e Bernardino occupavano invece uno spazio emergente e privilegiato all'interno del *sacellum* e, come ricorda anche il testo del relatore, mostravano di avere con la loro posizione eminente un prestigio immortale presso Dio immortale: *Iuxta sacelli columnas astabant senenses Catharina et Divus Bernardinus: qui quodam micanti splendore maximum apud Deum immortalem auctoritatem habere pro se ferebant*[32]. A sinistra delle gradinata sia trovava il trono pontificio con l'interprete che impersonava la figura del pontefice[33]. All'interno di questo *sacellum* (luogo sacro recitato con altare), occultato alla vista del pubblico da cortine era sistemato un congegno che consentiva i movimenti della macchina-trono della Madonna:

> a superiori parte edificii et totum cesis pannis celum suis signis ornatum plurimisque lunis distinctim referentibus erat opertum, tronus pendebat in cuius medio Beata Virgo, divina cinta ministris, quorum duo coronam triplici aureo diademate insignem defererebant omnibus, cospicua insidebat[34].

Il meccanismo del *tronus* era congegnato in maniera che questo fosse « pensilis [...] dispositus ut facile a superiori posset in unam partem discendere ». L'azione scenica fu introdotta dal sermone recitato dal famoso agostiniano Egidio da Viterbo, dopo il quale, dato un segno, al centro del palco si aprì un meccanismo a forma di fiore e un « angelus miro ornatu decorus prosiluit ». Secondo la formula caratteristica dell'invocazione al silenzio,

---

30. Si veda Bisogni F., « L'iconografia di Maria », in *Maria Vergine Madre Regina*. Catalogo della mostra, a cura di Lenardi C.-A., Roma, Degl'Innocenti, 2000, p. 161-169.
31. *Ibid.*, cc. 7v°-8r°.
32. *Ibid.*, cc. 12-14.
33. Lo storico Sigismondo Tizio nelle sue *Historiarum Senesium* ci riferisce che questa parte fu sostenuta dall'ottuagenario Blasius, presbitero della Chiesa di San Salvatore, scelto per la provata religiosità e l'irreprensibile condotta morale.
34. BNCF, *Magliabechiano, op. cit.*, c. 8r°.

pronunciata dall'« angelo annunziante » delle sacre rappresentazioni fiorentine e senesi, l'angelo sollecitò emotivamente gli spettatori presenti a prestare attenzione all'evento al quale avrebbero assistito:

> Verba Angeli ad populi
> Magnifico et excelso Magistrato
> Tribunal degni et ciptadini prudenti
> Quel vero Dio che di nulla ha creato
> La terra el cielo et tuti gli elementi
> Et formò l'homo perfecto beato
> Et per lui morire volse con tormenti
> Mantenga questa nostra alma Ciptade
> In pace, in abundantia et libertade
> Sì con silentio state al parlar mio
> Prestando all'intelletto ogni attenzione
> Del Pontefice assunto tertio Pio
> Hoggi vedrete l'incoronation
> Volle tuo spirti Siena a l'alto Dio
> Et rende gratie con devozione
> Del don concesso a Maria tua Patrona
> Che come vedi mai non abbandona.

Da quell'istante seguì una breve azione performativa in cui Maria annunciava al pontefice l'imminente sua incoronazione, richiesta e sostenuta in Paradiso dai santi senesi:

> Mariae verba loquentis ad Pontificem
> Servo fedele et popul mio dilecto
> Sempre ho pregato el mio figlio et signore
> Che impetri gratia dal divin conspecto
> Che a Christian mei dessi un pio Pastore
> Et tu quel pregho sì grato et accepto
> Che fu electo senza alcuno errore
> Quel Pio excelso a te presente secondo
> Lume et splendore dell'universo mondo
> Hor mossa a prieghi del tuo Bernardino
> Di Catherina e di ciascun Beato
> Ansan, Crescenthio, Vectorio et Saverio
> Che come insieme hanno gratia impetrato
> D'eleger te Pastore Padrone divino
> Che la tua fede et la patria harrai salvato
> Dal ciel discesa so come Padrona
> Con proprie mani a darti oggi corona.

Il pontefice, alzatosi dal suo seggio, si pose poi a pregare la Vergine perché gli concedesse le forze per governare la Chiesa e al termine dell'invocazione, « *amotis velis quibus Beate Virginis ornatus tronus celabatur* », un congegno fece discender dall'alto il trono della Vergine e si svolse la simbolica cerimonia dell'incoronazione.

Per la prima volta descritta con ampi elementi narrativi l'azione scenica del 1503 conferma la definizione di un modello drammaturgico che recuperava sia le forme della Sacra rappresentazione (annuncio dell'Angelo; dialogo tra la Vergine e il Pontefice; ascensione al cielo) che la macchineria (congegno del paradiso « apribile »; cortine che disgelano il sacellum; discesa della macchina-trono; volo dell'angelo). Il Paradiso è però diventato lo spazio rappresentativo focale, luogo in cui avviene nuovamente l'incoronazione « divina » del Pontefice, lo spazio scenico eminente per una simile rappresentazione. Ma anche l'uso del Campo, vissuto come ampio spazio teatrale, acquisisce ora un valore simbolico inequivocabile, sia per la tipologia architettonico del « porticato » che per l'arredo effimero della piazza, trasformata in un immenso *jardin du Paradis*.

Lo spazio trasfigurato del Campo accolse nel 1503 il portico del Paradiso come all'interno di un « sacro recinto ». La piazza, anfiteatro naturale, fu opportunamente ornato come un edenico giardino di memoria medievale:

> Forum præterea suo quoque ornatu mirum immodum decorum spectabatur. Si quidam hostis viarum omnia festa fronda busso et pallenti hedera prematuris iam migrante corymbios ornata spectabantur[35].

E' evidentemente il tentativo di evocare iconograficamente l'immagine del Paradiso terrestre, ricco di piante, fiori con al centro la fonte della vita (la Fonte Gaia), una rievocazione che riproduce su scala urbanistica l'immagine medievale del Paradiso descritto come *hortus conclusus*, chiuso da una muraglia, spazio isolato dal mondo esterno, luogo della felicità e dell'età dell'innocenza, forse non troppo lontano dalla « Gerusalemme celeste » nella quale Siena potrebbe essersi idealmente identificata[36]. Inoltre l'immagine dell' *hortus conclusus* del Paradiso terrestre suggeriva il sim-

---

35. BNCF, Magliabechiano, *op. cit.*, c. 9r°.
36. Per approfondir la storia concettuale e iconografico dell'idea di Paradiso, si veda: Delumeau J., *Storia del Paradiso. Il giardino delle delizie*, Bologna, Il Mulino, 1994.

bolismo mariano e la verginità di Maria, a quello rassomigliante perché, « come in un giardino chiuso [...] Cristo è sceso in lei come rugiada »[37].

All'interno di questo luogo teatrale edenico, il palcoscenico ideale non può che rinviare all'immagine di un *locus amoenus*, sede dei Beati e sede dei più illustri religiosi Senesi. E questo *sancta santorum* fu costruito veramente, in quell'immenso palcoscenico-porticato che conteneva il *sacellum*. In tal modo la sua struttura architettonica può essere considerata la simbolica concretizzazione sul Campo di quel Tempio di Salomone, luogo di sapienza e di religiosità (al suo interno è descritto con un *sacellum* e un'ara)[38].

Il Paradiso, rievocato a Siena nel tempo rituale della festa quattrocentesca, finì con rappresentare un'immagine metonimica che identificò nei secoli il Campo stesso, ora denominato « teatro », ora « paradiso ». Tra Seicento e Settecento la scelta di trasformare la piazza senese in uno scenografico complesso urbanistico, pur ispirata da una « poetica della piazza baroccamente intesa come agitato organismo unitario »[39], sembra ancora profondamente influenzata dal ricordo di antiche soluzioni scenografiche effimere. L'archetipo di questi programmi di metamorfosi urbana sembra proprio attingere nella struttura del loggiato-portico, considerato il più adeguato modello di ristrutturazione del luogo. Le molte delibere del governo e i progetti urbanistico-architettonici, pur non essendo mai stati condotti a compimento, rivelano il desiderio, mai assopito nella coscienza cittadina, di realizzare una scenografica quinta unitaria che potesse rimodellare i disorganizi organismi architettonici del Campo. Il loggiato teatrale, concepito nel tempo della festa per uno spazio scenico temporaneamente trasformato, segnò a lungo l'unico costante riferimento per la trasformazione di uno stabile Paradiso sul Campo[40].

---

37. *Ibid.*, p. 163. L'affermazione appartiene a San Girolamo.
38. Sui rapporti iconografici tra il tempio di Salomone e l'architetura del rinascimentale restano ancora significativi i saggi di Battisti E., « L'antichità di Niccolò V e l'iconografia della cappella Sistina », in *Il mondo antico nel Rinascimento*, Firenze, Sansoni, 1956, p. 207-216 e *Id.*, « Il significato simbolico della Cappella Sistina », *Commentari*, 1957, 2, p. 96-100.
39. Gabriele Morolli, *La regola gioiosa. Architetture senesi della prima metà del Seicento tra ortodossia classicista e novità barocche*, p. 89.
40. Sulla definizione dell'immagine seicentesca di Siena, strettamente congiunta alla storia della spettacolarità cittadina e al culto devozionale per la Madonna, si veda: Testaverde A.M., *L'immagine di Siena tra Seicento e Settecento*, in *Atlante mondiale del barocco*, in corso di stampa.

Bob Godfrey

The Deity Displaced?
The Theater of John Rastell
and a Humanist Agenda

My title began life as a statement – The Deity Displaced – with a sub-title. However, well aware that in the historical period with which I am concerned there can have been no question that a belief in the divine order of things was abandoned, a question mark has appeared after the first phrase. This will serve to indicate a more tentative approach to my proposed re-positioning of the deity and a greater sensitivity to the theme of the Colloquium. In addition and somewhat to my alarm I have been led to entertain the suspicion, as the paper has progressed, that another query around the notion of « a humanist agenda » might be needed. I have put that aside, however, since it would, I think, appear stylistically eccentric to have so many queries in one title. Nevertheless, it remains a matter of central concern that, amongst a section of British society at the turn of the 16th century, a shift in perspective became apparent in the areas of social and political relations with a strong feeling for reform and innovation. I shall set out to show there is some evidence that, at this early date, such a perspectival shift may have been less dependent upon the influence of an élite group's apparent embrace of « humanist » principles than has often been suggested. It may have depended as much upon directly perceived injustices actually occurring in the relationship between the ruled and their rulers under the law. In this respect the writings attributable to John Rastell provide significant evidence and the play *Gentleness and Nobility*[1] a prime site for the public demonstration of his ideas.

---

1. For all quotations from *Gentleness and Nobility*, see: Axton R. (ed.), *Three Rastell Plays*, Cambridge, D.S. Brewer, 1979.

While Christian cosmology, in the medieval tradition, perceived humankind as at the pinnacle of a created order, yet it continued to represent it as remaining subservient to Providence in even the most practical matters. This perception no doubt explains, to some extent, the success and holding power of the Cycle dramas in Britain, offering, as they did, what might be termed a « classic realist » narrative, God's narrative, of the providential history of the world. The perspectival shift to which I have referred had the effect, however, of decentring God's narrative in favour of secular preoccupations with fairness, justice and equality under the law. For the emergent cultural and political changes of the early Tudor period, changes which in themselves would bring on reformation in both Church and State, showed an increasing concern with the place and function of humankind within a culturally and a socially defined material milieu. In other words a new narrative was emerging with a similar setting but now with different characters and a different understanding of the plot.

Nor should it seem surprising that this new narrative became manifest especially through cultural forms such as art, literature and the drama whose representational function inclines them to reflect what is most immediate to the consciousness of a culture. Nor is it any accident that such innovation as was effected was both encouraged and sustained in the early sixteenth century by the growing trade in printed books. This was itself an innovative enterprise and one in which my central character John Rastell was prominent. The immense success of Erasmus's *Praise of Folly*[2] and Thomas More's *Utopia*[3], for instance, suggests that there was both a reading public and a readiness in that reading public to acknowledge, if not embrace, the often subversive and severely critical ideas contained in them. Similarly, Rastell's *Gentleness and Nobility* shows human beings at the centre of a political and social as well as a moral and religious network of responsibility. His play takes its place beside the two more distinguished texts as part of the decentring process to which I refer. Additionally I would assert that his play, in offering a similarly alternative perspective on human affairs, fulfils a role as what the anthropologist Clifford Geertz would call a « metasocial commentary »[4]. That is to say,

---

2. Adams R.M. (ed.), *Erasmus Desiderius, The Praise of Folly and Other Writings*, New York, W.W. Norton and Co, 1989.
3. Thomas More, *Utopia*, trans. and ed. Turner P., Harmondsworth, Penguin, 1965.
4. Turner V., *The Anthropology of Performance*, New York, PAJ Publications, 1988, p. 87.

that it serves to foreground a present state of affairs and offers a way of understanding and even changing it for something better. Finally, my theme of « The Deity Displaced ? », even with its large question mark, also derives encouragement from a remark made by Rastell's biographers, A.J. Geritz and Amos Lee Laine, who suggest that in their subject's cosmology God is placed « in the position not of prime mover but of divine observer »[5].

Turning then to Rastell's life and contribution to the « perspectival shift » it is of interest that his putative birth date is given as 1475, making him Thomas More's senior by three years and junior to Erasmus by perhaps as much as ten years. They all died within a year of each other, More beheaded in 1535, Erasmus and Rastell from natural causes in 1536, though it should be added that the latter died while imprisoned in the Tower of London. Rastell was born and grew up in Coventry where his family, from his grandfather's generation at least, had been involved in public service and the law. His father was Coroner for Coventry, a role to which he himself succeeded in 1506 some short time after his marriage to Thomas More's sister Elisabeth. His education, it is thought, included some time at Oxford where, in order to earn the title accorded to him of « litteratus », it is likely that he pursued studies in what we should now call the humanities and social sciences[6]. He, like More, also spent time gaining qualifications in law at the Middle Temple in London before while serving as Coroner he took the side of « common citizens against the hierarchy of church and wealthy burghers »[7]. Furthermore, on one occasion he was named executor of a will in which one of the bequests was an « English Bible », a matter of some significance in 1507. Ownership of such a Bible suggested, at the least, an anticlerical attitude often in itself judged to be heretical. Rastell may not have been seriously implicated by his role as executor but there is evidence to suggest that his attitude to the « religious » throughout his life was one of deep suspicion of them and of their adherence to the laws of Rome. This may go some way to explaining his rather sudden conversion to Protestantism around 1533. Also, in 1535, he is credited with a proposal to print a Prayer Book in English « to bryng the people which rede them from the beleve of the popes neughty doctrine »[8].

---

5. Geritz A.J. & Laine A.L., *John Rastell*, Boston, Twayne, 1983, p. 67.
6. *Ibid.*, p. 2.
7. *Ibid.*, p. 107, n. 12.
8. Devereux E.J., *A Bibliography of John Rastell*, Montreal, McGill-Queen's Univ. Press, 1999, p. 20.

Such evidence of anticlerical and Protestant leanings would certainly not serve to make Rastell a humanist, nor would it seem likely to have earned him the respect of his brother in law Sir Thomas More, especially in the later years of that great man's Chancellorship. In the early years, the pre-Utopian period, however, when More placed himself in opposition to Henry VII and was asking specific questions about good government and the best organisation of the commonwealth Rastell might indeed be described, circumstantially at any rate, as strongly associated with him. Indeed, Rastell's first adventure into printing about 1510 was to produce an edition of More's translation of the *Life of Pico della Mirandola*. Briefly it is important to note that Pico was an Italian humanist whose chosen life of study, secular piety and public service seems to have served as a role model for More. Rastell, therefore, can be credited with some knowledge of and sympathy for humanist principles, at least by association.

However, it must be said that he always behaved more like an informed and enthusiastic like-minded follower than like a humanist intellectual and theorist. Indeed, his concerns were focussed mainly upon the law, whose practice he was trained in, then upon the lawgivers and the law enforcers and, finally, upon the ordinary citizens who have to live within the bounds of the law. He seems to have been anxious for the maintenance of good order in the commonwealth and deeply concerned about the abuse of power and privilege. His later keenness to reform the « religious » and promote a new order of religious observance stemmed as much from an intense desire to serve the national interest as from any special religiosity. His response to what in another context has been called « the moving spirit of the age » was quite as individualistic in such respects as that of the « humanists » Linacre, Colet or any of the other members of the supposed « More Circle ». In the end, however, he gained far less recognition. This was due in part to the fact that he operated at a more modestly pragmatic level than any of them and in part to the fact that his idealism often went beyond what he could satisfactorily deliver.

To flesh out our picture of this man we need briefly to look at his career after he left Coventry and moved to London. In 1508 he went to work in the newly created Department of State known as the King's Prerogative under the authority of Sir Edward Belknap. Apart from bureaucratic legal duties this led to other administrative responsibilities linked to the Crown. For instance, in the two wars with France in 1513 and 1523, he was responsible respectively for the transport and storage of ordinance and for trenchmaking. He was also used in the preparation of pageants and disguisings for important State occasions. He was part of a team, for instance, which in 1520 put together entertainments for the Field of the Cloth of Gold and again, in 1522, for the Ceremonial Entry of Charles V into London. He is reputed to have written an Interlude (now lost) as well as prepared scenic devices for the entertainment of the French Ambassadors at Greenwich in 1527. Over a period, therefore, he became known not only for organisational but also for his creative skills.

Through his involvement in these Court displays and performances it would seem that he formed an ambition to become a theatrical producer in his own right. He is even credited with building what might have been the first commercial stage at his house in Finsbury. As a playmaker Rastell would also have been party to the idea of spectacle and drama as « persuasion » and there can be little doubt that the two activities of printing and playmaking came together purposefully for him in the late 1510s and early 1520s. He was, for instance, able to print the modest but significant total of seven plays before 1530, an achievement which outnumbered the total output of all his competitors put together. Indeed there is some justice in F.P. Wilson's remark that without John Rastell, and his son William who succeeded him, « our knowledge of early sixteenth century drama [...] would have dwindled to a point »[9].

It may also be claimed that amongst all the plays that Rastell chose to publish during these years none shows more clearly the range and focus of his interests than the dialogue *Gentleness and Nobility*. It seems likely that the play came to press sometime between 1523 and 1525 but its authorship has not gone undisputed. On the one hand, largely on the evidence of his early piece *Witty and Witless*, his apparent predilection for the debate form and his work in providing interludes at court, Rastell's son in law John Heywood has been credited with the play. On the other hand its critical, not to say satirical, tone, reflected most in the Ploughman's and the Philosopher's roles, has suggested that may be Rastell had more than a printer's interest in it. The issue has focussed by turns upon technical or thematic evidence. A.W. Reed, for instance, in his study *Early Tudor Drama*, cites many verbal parallels between the text of the Ploughman's role and ideas expressed both in Rastell's *Boke of Purgatory* and in his interlude *The Nature of the Four Elements*. It is, as a result, difficult to avoid

---

9. Wilson F.P., *The English Drama 1485-1585*, Oxford, Oxford Univ. Press, 1969, p. 23.

Reed's conclusion that Rastell did indeed write as well as print the whole piece[10]. In matters of prosody, however, J.E. Bernard takes an opposing view showing that 90 % of the play is written in tetrameter couplets which he claims as a distinguishing feature of Heywood's style[11]. Neither of these points of view is conclusive, however, despite the fact the K.W. Cameron, in his exhaustive study of analogues, allusions and close textual parallels, weighed in against Reed in support of John Heywood. He concluded that « the preponderance of commonplace, the exaggeration of humorous effect and the probability of court presentation, [...] taken together, remove the play from the category of propaganda or of strongly personal animus »[12]. Cameron did concede, however, that the epilogue of the Philosopher echoes the style of « dull toastmaster moralist » Rastell and its tone and topics are recognisable from *The Nature of the Four Elements*. Richard Axton, in his *Three Rastell Plays*, reported this dispute over authorship, and though tending to favour Heywood added the fact of mixed stage directions in Latin and English as indicators of a possible « collaboration or revision » in the process of going to print[13]. He might also have suggested that it was an indication that the text has been used for more than one performance. Finally, in his *Tudor Drama and Politics*, David Bevington casts his vote strongly on behalf of Rastell and suggests that « The Philosopher in *Gentleness* is perhaps Rastell's most unabashed spokesman »[14].

By taking a performance perspective on the text, however, it becomes clear that the play exhibits characteristics that strongly support the idea of Rastell's intervention if not quite his absolute claim to authorship. For *Gentleness and Nobility* is not just a polite rehearsal of well-known commonplaces concerning the concepts of nobility, gentleness and virtue as Cameron argues. It is easy to overlook, for instance, how often the Merchant has to remind the other two characters not to stray from these issues, which they certainly do. Similarly the didactic note is far from being general in the way Cameron affirms since it is so clearly to be identified with the character of the Ploughman. Indeed a far more robust approach to

---

10. Reed A.W., *Early Tudor Drama*, London, Methuen, 1926, p. 107-112.
11. Bernard J.E., *The Prosody of the Tudor Interlude*, New Haven, 1939, p. 54.
12. Cameron K.W., *Authorship and Sources of « Gentleness and Nobility »*, North Carolina, The Thistle Press, 1941, p. 11-12.
13. Axton R. (ed.), *Three Rastell Plays, op. cit.*, p. 20.
14. Bevington D., *Tudor Drama and Politics: A critical Approachh to Topical Meaning*, Cambridge-Mass., Harvard Univ. Press, 1968, p. 84.

social and moral issues is established by the playwright's decision to set the dialogue between three secular estates, Merchant, Knight and Ploughman. The Ploughman is positively disadvantaged by his existing social status even though he is given articulate and extensive means to represent his distinctive and oppositional case. Indeed it could be argued that Rastell is here picking up early in the century the tradition of radical polemics associated with the figure of Piers Plowman. His is certainly the first and most sustained use of the figure as representative of an underclass struggling for recognition of its role in the « commonwealth » and critical of the abuses to which they are subjected by the activities of an unworthy and extortionate upper class.

The dialogue begins quietly enough with the question of what qualities go to make a gentleman and a nobleman. This might be commonplace notion enough, except that it is the merchant, successor to a line of artificers, who opens the play with the claim that wealth derived from trade entitles a man to be regarded as both wise and noble. The knight opposes the upstart with claims of family nobility and long experience of authority. The discussion is significantly transformed when the merchant takes up the theme of what fits a man for authority. And it is this that marks off the treatment given to the commonplace assumptions in this play from the tradition to which Cameron draws attention. Assumptions which underlie the claims of the self-styled « noble » and « gentle » to take positions of authority are held up for inspection. These ideals are subjected to a stiff review and this is achieved theatrically through the *persona* of the Ploughman.

Here is no simple Chaucerian ideal of honest labour, however, even though, towards the end of the play he lays claim to a simple and virtuous life. Rather, he rails against abuses by authority and takes a peculiarly Aristotelian stance when he chooses to exemplify the finer points. From this figure of low social status the playwright has forged a uniquely contentious character and it is this quality above all which gives the role and the play its special identity. The dynamic of *Gentleness*, then, derives essentially from this challenge to the complacent acceptance of the assumed sanction which gentleness and nobility give to a ruling group. In both tone and content it makes a resonant parallel not only with *The Nature of the Four Elements* and *The Boke of Purgatory*, as Reed and Bevington assert, but also with an early preface which Rastell provided for his volume of *La Graunde Abbregement de le Ley*. As early as 1513, therefore, he was moved to write that the true commonwealth was founded only upon good laws well administered because:

> Being therefore in itself a good thing, the furtherance of the commonweal cannot involve the doing of any evil to others[15].

From this he went on to express as radical a view of the evils of wealth, power and glory as might have come from the Ploughman himself:

> Now the pursuit of wealth involves the poverty of others, great puissance in one nation implies relative weakness in another, and great glory a corresponding shame and reproof. Wealth, power and great glory are therefore in themselves evil things, since they cannot be achieved except at the cost of impoverishment, subjection and humiliation. They cannot, for that reason, constitute the commonweal[16].

The attack upon these principles certainly chimes in with some of the ideas expressed both in More's *Utopia* and in Erasmus's *Praise of Folly*. It is clear, nevertheless, that, for Rastell, it represented an independent and personal view. Rastell saw an attack upon traditional views as a means to emphasise the need to work for « the increasing of good maners and condicions of men »[17]. He is alert to the ways in which those with wealth, power and assumed status abuse their positions to the detriment of the good order and benefit of the commonwealth. These sentiments so expressed are not easily to be found in the more general moral exhortations of the period and yet they are the staple of the Ploughman's complaint. Consider his criticism of Merchants:

PLOWMAN   Many be good and worshipful also, [...]
But some be covetous, and full falsely
Get theyr goodis by dysseyt and usury,
And when they have a thousand pound in theyr cofers,
They wyll rathyr suffer theyr neyghbers
To sterve for hunger and cold and to dye,
Or they wyll gyfe to help them a peny.
And yet, more over, when any of them be
Promotyd to rule or auctoryte,
They dysdayn all lernyng law and reason,
And jugge all by wyll and affeccyon. (l. 661-674)

---

15. Reed A.W., *Early Tudor Drama, op. cit.*, p. 207.
16. *Ibid.*
17. *Ibid.*, p. 208.

There is a great contrast between the tone and line of this accusation and the statements given to the Knight and Merchant. The Merchant, for instance, introduces himself in this way:

MERCHANT Wherfore now because of my grete ryches,
Thoroughowt this land in every place doutles
I am magnyfyed and gretly regardyd,
And for a wyse and noble man estemyd. (l. 7-10)

The Knight, of course, as representative of the hereditary nobility, is critical of this presumption. But by the beginning of the 16th century there were enough examples of such aspiration and achievement available in the great London Merchant Guilds, for instance, to make the claim true for a considerable proportion of a contemporary audience. Predictably and without hesitation the Knight puts the Merchant down by drawing attention to his perceived lack of status as the successor to a mere artificer, « Your fader was but a blake smyth, perde » (l. 16). He goes on to make the confident but vacuous assertion:

KNIGHT: Mary, I call them gentylmen that be
Born to grete landys by inherytaunce,
As myn auncestours by contynuance
Have had this five hundred yere. (l. 30-33)

That these two estates exhibit such complacency in their assumed superiority, even though they cannot even agree amongst themselves, seems part of the playwright's strategy to discredit them. In total opposition to this complacency statements about equal human rights are given particular weight when the Ploughman claims that:

PLOWMAN: Thy blood and the beggars of one colour be;
Thou art as apt to take seknes as he.
Yf thou be in the body woundyd,
Thy flesh is as yll as his to be helyd. (l. 521-524)

And in this play approval of the qualities of « gentleness » and « nobility » is predicated upon the assumption, also voiced in the Philosopher's epilogue, that every person is equally frail and sensual. Pragmatically then, authority should be invested only temporarily in those individuals who may be recognised as fit to carry it. Once more it is the Ploughman who is given the burden of this argument which contains echoes of that tradition which exalts virtue over either of the other qualities. He asserts that inheritance, almost above everything else, is irrelevant to the issue:

> PLOWMAN: And such people of vertuouse condycyons
> And no nother shuld be chosyn governours,
> And thei shuld have landys to maintain their honours
> Terme of theyr lyvys as long as they take payn
> For the commyn welth; [...]
> Such men as be apt to all such thyngis
> Shuld have landys to mayntayne theyr lyffyngis.
> So enherytaunce is not besemynge
> To let them have landys that can do no such thing. (l. 776-780, 789-792)

Virtue, in other words, cannot either automatically or necessarily be associated with inheritance or wealth. Thus the Ploughman deals with the arguments of his interlocutors.

The centrality of the Ploughman's role, while easily recognised in this analysis of the arguments inscribed in the text, may be best appreciated, however, when viewed from a more theatrical perspective. Let us refer back to the printer's headline to the text in which it is advertised that the play has been:

> compilid in maner of an enterlude with divers toys and gestis
> addyd therto to make mery pastyme and disport. (p. 98)

Now, these « divers toys » and « mery pastyme » of *Gentleness and Nobility* seem to be invested solely in the role of the Ploughman. At his entrance, for instance, he ridicules the « bybbyll, babbyll, clytter clatter » (l. 175) of the Merchant and the Knight whose conversation up to then has been conducted in a generally serious vein. « By Goddes body, well hit/Of one that hath but a lytyll wyt! » (l. 276-277) he exclaims at one of the Merchant's arguments. To an attempted put down of the Knight's against his critique of extortions in rents he responds even more contentiously echoing the Knight's use of the derogation « knave » with « What, thou proud horeson fole, whom dost thou knave? » (l. 709), a riposte which is followed by a whipping for the Knight.

It is possible, of course, to argue from these and other examples that the whole of the Ploughman's role is conceived and written as merely a comic disruption, a period of Misrule. But a serious message regarding the nature and conduct of authority which, as the Philosopher says, is « only – to rebuke syn » (l. 1131), is transmitted through the play and it is carried in the comedic characteristics of the Ploughman's role in performance. It takes little imagination to evoke the likely effect on audiences in hall or court of the sight of a Ploughman whipping a Knight and a Merchant to « make them [the audience] mery » (l. 718). It becomes clear that this transgressive act is used to establish in the most vivid theatrical way the challenge that the Ploughman poses to the status and assumptions of his more privileged competitors. That they are not allowed any significant retaliation reinforces this impression. Then the fact that this act is repeated in the second half of the play just at the moment when the Ploughman is in full flow bringing accusations of « vyce and iniquyte » (l. 690) against gentlemen and merchants reinforces the sense of a deliberate and sustained attack on the abuses identified. The audience seems expected to carry away a critical not to say a radical view of the issues represented.

It is somewhat surprising, therefore, that the Ploughman, who has so consistently challenged and undermined the arguments of his opponents, indeed has, as Cameron notes, determined « the direction of the conversation »[18], should leave the action with an *envoi* which seems to retreat into the status quo:

> For exortacyons, techyng, and prechyng,
> Gestyng, and raylyng, they mend no thyng. (l. 1002-1003)

This self-referential disclaimer offers what might be interpreted as a critique of the method which I would claim has been inscribed in his role, thereby coming near to rendering it ineffectual. Or perhaps it might be expected to act in a Brechtian way provoking the audience through a species of performance dialectic to take sides in the debate or even to consider action in response to the arguments presented.

Either way the playwright, after the Ploughman's final exit, reintroduces the Merchant and the Knight and allows them the opportunity to recuperate their position. The Merchant makes it clear:

> I hard not a chorll thys sevyn yere
> Shew so curst reasons as he hath don here
> For the mayntenaunce of hys oppynyon.
> Yet he hys dyssevyd for all hys reason. (l. 1016-1019)

The Knight echoes the sentiment, but from his own perspective:

---

18. Cameron K.W., *Authorship and Sources of « Gentleness and Nobility »*, op. cit., p. 19.

> [...] for by experyens we see
> That Gentyll condycyons most commenly be
> In them that be of noble blode borne. (l. 1050-1052)

Thus it may be seen that the two upper class characters have conceded nothing at all. They show no recognition of the radical issues raised in the dialogue. If this point in the text is regarded as the true end of the piece then one would have to conclude that the playwright, aware of the likely response of his hall or court audience, grants them a release from the implications of the Ploughman's challenge. The Ploughman's role might then be fairly compared to the temporary status of « Misrule ». But this would be difficult to sustain since the Ploughman has throughout dominated the discussion. He is, for instance, given more than 50 % of the dialogue, the Knight 30 % and the remainder to the Merchant. This disproportionate distribution would seem to indicate that the playwright has a quite specific interest in promoting the views expressed by the Ploughman despite the way in which the structure of the ending leads to an apparent inconclusiveness.

This then creates a situation that gives considerable significance to the entry of the Philosopher to deliver the Epilogue which takes up the Ploughman's cause. As Joel Altman has argued the entry of the Philosopher makes the play an excellent example of a *controversia* that reveals the progressive aspect of an argument « in utramque partem »[19]. Thus the play reveals a genuinely dialectical dimension. Two at first irreconcilable points of view are brought into a necessary collocation. The epilogue gives final authority to the most privileged but perhaps least immediately acceptable of those discourses. While, therefore, it may remain questionable whether Rastell was responsible for the whole piece the tenor of the epilogue as well as its links with the dissident ideas represented through the Ploughman continue to make a strong case on his behalf.

What this episode in theatrical history illustrates, then, is the fact that Rastell, as a representative figure of the age, is finding novel theatrical means for the expression of doubts and questions about the dominant narratives by which people are persuaded to accept traditional hierarchies of authority. In order to achieve this he has chosen to exile the Deity and his dominant narratives from the public stage. So the Deity has indeed been displaced by a human concern, may be even a humanist one.

---

19. Altman J.B., *The Tudor Play of Mind*, Berkeley, Univ. of California Press, 1978, p. 496.

Greg Walker

Thunderbolts and Lightning (Very, Very Frightening?): Playing with Jupiter in John Heywood's *Play of the Wether*[1]

John Heywood's « new and... very mery enterlude of all maner wethers »[2], now commonly known as *The Play of the We[a]ther*, has long been thought to reflect the political events of the moment of its creation, although opinions differ over when precisely that moment was. David Bevington and others initially favoured a date in the mid-1520s[3], then Alistair Fox and I, working independently in the later 1980s, argued that it was written and performed in 1529-1530[4]. While interpreting the play quite differently, we each saw it as an immediate response to (and reflection upon) the fall from favour of Cardinal Thomas Wolsey, the shift in royal governmental style that followed, and the turbulent events of the first session of the Reformation Parliament that began in November 1529. Subsequently Richard Axton and Peter Happé's edition of Heywood's plays appeared, suggesting per-

---

1. I should like to record my gratitude to the Leverhulme Trust for funding the period of research leave during which this paper was written through the award of a Major Research Fellowship. I am also very grateful to my colleague Dr Anne Marie D'Arcy, who generously read the essay in draft and offered many helpful suggestions and references concerning the iconographic traditions available to Heywood for the portrayal of Jupiter.
2. All quotations are from the text in Axton R. & Happé P. (eds.), *The Plays of John Heywood*, Cambridge, D.S. Brewer, 1991; see also Walker G. (ed.), *Medieval Drama: An Anthology*, Oxford, Blackwell, 2000.
3. Bevington D., *Tudor Drama and Politics: A Critical Approach to Topical Meaning*, Cambridge, Mass., Harvard Univ. Press, 1968, p. 64-70.
4. Fox A., *Politics and Literature in the Reigns of Henry VII and Henry VIII*, Oxford, Blackwell, 1989, p. 252-254; Walker G., *Plays of Persuasion: Drama and Politics at the Court of Henry VIII*, Cambridge, Cambridge Univ. Press, 1991, p. 133-168; Id., *The Politics of Performance in Early Renaissance Drama*, Cambridge, Cambridge Univ. Press, 1998, p. 88-91 *sqq*.

suasively that *Weather* may well have been performed still later, perhaps as late as March 1533, and so might reflect not only those earlier events but also Henry VIII's subsequent assault upon ecclesiastical liberties, his adoption of the title of Supreme Head of the Church in England, and the « Great Matter » of his attempts to secure the annulment of his marriage to Catherine of Aragon and contract a new marriage to Anne Boleyn[5].

If Axton and Happé are correct (and what follows will accept that they are), *The Play of the Wether* presented its « mery » account of the court and person of Jupiter, king of the gods (a figure with clear associations with Henry VIII)[6], to the king and his court at the precise moment when Henry's royal ambitions were seemingly at their peak and his assertions of jurisdictional omnicompetence in both secular and ecclesiastical politics at their most vehement and contentious)[7]. *Wether* may well thus have been, as Axton and Happé suggest, Heywood's « most politically audacious » interlude[8]. For, as we shall see, it subjects the king, through his divine classical analogue, to deflating (even, in Bakhtinian terms, « uncrowning ») irony in an « Erasmian », « Lucianic » attempt to laugh him out of folly and counsel caution in religious policy[9].

---

5. Axton R. & Happé P. (eds.), *The Plays of John Heywood, op. cit.*, p. xiv and 50-52; Forest-Hill L., *Transgressive Language in Medieval English Drama : Signs of Challenge and Change*, Aldershot, Ashgate, 2000, p. 135-136.
6. John Skelton had used Jupiter as an analogue for Henry in his *Speke, Parott* (1521), thus perhaps establishing a precedent, see Scattergood J. (ed.), *John Skelton : The Complete English Poems*, Harmondsworth, Penguin, 1983, p. 242, l. 399 and p. 243, l. 405-410; and Walker G., *Plays of Persuasion, op. cit.*, p. 148-149. More generally, the god was used as a symbol for what Vives called « the majesty of kingship » (Vives J.L., *On Education*, cited in Baldwin T. W., *William Shakspere's Small Latine and Lesse Greeke*, 2 vols., Urbana, Univ. of Illinois Press, 1944, I, p. 194). More direct links between classical deity and Tudor sovereign will be identified in what follows.
7. R. Axton and P. Happé (*The Plays of John Heywood, op. cit.*, p. 52) remain agnostic concerning the interlude's auspices, suggesting a performance to either the court or « a coterie of like-minded Roman Catholics in the London household of a baron of the realm ». In a subsequent essay Peter Happé has suggested « it was more likely intended for a court performance, though there remains a possibility that it was meant to be given in the house of an eminent person who might have influenced court matters obliquely », Happé P., « Laughter in Court : Four Tudor Comedies (1518-1585) from Skelton to Lyly », in Mullini R. (ed.), *For Laughs (?) : Puzzling Laughter in Plays of the Tudor Age : Tudor Theatre, Collection Theta VI*, Bern, Peter Lang, 2002, p. 111-127, p. 111. What we know of Heywood's milieu and employment history suggests to me that a production in the royal household was the more likely.
8. Axton R. & Happé P, *The Plays of John Heywood, op. cit.*, p. 52.
9. Cameron K.W., *John Heywood's « Play of the Wether »*, Raleigh, North Carolina, Thistle Press, 1941, p. 20-26. The inspiration for Jupiter's hearing of contradictory suits probably came

Another Henrician courtier-poet, Sir Thomas Wyatt, was to hit upon an aptly jovial meteorological metaphor for the extreme perils of life close to the seat of power, borrowing the tag « *circa regna tonat* » (translated by R.A. Rebholz as « he thunders around thrones ») from Seneca's *Phædra*[10]. But in crafting *Wether* Heywood seems to have been oblivious to the threat of thunderbolts and lightning from a king notoriously protective of his royal prerogative and honour. How and why might this have been so? And what might this tell us about both Heywood's own position and the moment at which he was writing? In order to answer such questions it is necessary briefly to remind ourselves of the nature of the play itself – in which Jupiter enters the playing space announcing his adoption of new and far-reaching powers over the weather, and then settles down to receive petitions from his earthly subjects concerning how best to exercise them – and the political and religious context in which it was written.

Mery Report and the Context of Performance

Jupiter's account, in his opening speech, of a parliament in heaven, « late assembled by comen assent/For the redres of certayn enormytees » (l. 24-25) strongly suggests an allusion to the Reformation Parliament[11], which

---

from scenes in *Icaromenippus* and *The Double Indictment*. In the former Menippus, having flown to heaven on wings taken from a vulture and an eagle, is allowed to witness Zeus listening to the contradictory prayers of mariners for north and south winds, of farmers for rain and washer-men for sunshine, although the god explicitly rejects a number of the « impious » prayers in this scene, see *Icaromenippus: or The Sky-man*, in Harmon A.H. (ed. and transl.), *Lucian*, Loeb Classical Library, 8 vols., London, Heinemann, 1915, II, p. 267-323, 311-312. In the latter rival suitors appear before the god in person. Heywood may well have found further inspiration from a number of other dialogues. In *The Double Indictment* and *Zeus Rants* (Harmon A.H., *Lucian, op. cit.*, II, p. 90-169), the comic relationship between Zeus and Hermes is played upon, and the latter acts as his father's herald and court usher. The inconveniences and confusion caused by the contradictory claims and demands of philosophers are also a regular theme of the dialogues, see, for example, *Icaromenippus, op. cit.*, p. 277 sqq.; *The Double Indictment*, in Harmon A.H., *Lucian, op. cit.*, III, p. 85-151, and Forest-Hill L., « Lucian's Satire of Philosophers in Heywood's *Play of the Wether* », *Medieval English Theatre*, 18, 1996, p. 142-60, p. 142-145. For a useful overview of Lucian's habitually irreverent treatment of the gods and its implications, see Branham R.B., *Unruly Eloquence: Lucian and the Comedy of Tradition*, Cambridge, Mass., Harvard Univ. Press, 1989, p. 136-144; Duncan D., *Ben Jonson and the Lucianic Tradition*, Cambridge, Cambridge Univ. Press, 1979, p. 1-41.
10.   Rebholz R.A. (ed.), *Sir Thomas Wyatt: The Complete Poems*, London, Penguin, 1978, p. 424.
11.   Walker, G., *Plays of Persuasion, op. cit.*, p. 154 sqq; Fox A., *Politics and Literature in the Reigns of Henry VII and Henry VIII, op. cit.*, p. 253.

Lord Chancellor Sir Thomas More had opened with a call to reform both « very insufficient and unperfect » old laws and « divers new enormities [...] sprung amongest the people, for the whiche no law was yet made to reforme thesame [...] ». Rather than settling down to peaceful discussion as instructed, however, the assembly had quickly degenerated into fractious disputes between the clergy and laity when the latter « assembled in the nether house [...][and] began to common of their grefes wherwith the spiritualitie had before grevously oppressed them »[12].

It is possible that there are direct allusions to prominent contemporary individuals in Jupiter's account of the four « weather gods », Saturn, Phebus, Eolus, and Phoebe and their dispute in the Olympian parliament[13]. But beyond such potential specificity, there is a general contemporary resonance to the opening of the interlude, concerned as it is with a turbulent parliament and a realm divided between mutually antagonistic social groups and classes[14].

The play also rooted more generally in contemporary situations, revealing in particular an abiding interest in the textures and material culture of life in the royal household, an interest reflected most obviously of all in the figure of Mery Report, the play's most striking creation. The latter is the mouthpiece for a variety of perhaps genuine concerns as well

---

12. Hall E., *The Union of the Two Noble Families of Lancaster and York*, Scolar Press Reprint of the 1550 ed., Menston, Scolar, 1970, p. 764-765.
13. Might the « fallen » « father moste aincyent » (l. 6 and 37) represent Wolsey, and Phoebe Henry's new consort Anne Boleyn? (Axton R. & Happé P, *The Plays of John Heywood, op. cit.*, p. 51-52.) And, taking this suggestion further, might Eolus and Phebus suggest the Dukes of Norfolk and Suffolk, each of whom had cause to distance themselves from both Wolsey and Anne while the Reformation parliament was in session? If this reading is correct, then perhaps the eclipsed Saturn's « frosty mansion » might be, not Whitehall but Esher or the more northerly (and so more « frosty »?) houses in the Cardinal's York archdiocese to which he was sent in internal exile after his fall in 1529. It might even suggest Leicester Abbey, Wolsey's final resting place, where he died of a (possibly deliberately self-induced) flux on his way back to London in 1531. Equally plausibly, one might take the allusion to be to Henry VIII's literal father, Henry VII. The context of the description, however, with its deliberate and arch references to its « ancient » setting, would seem to militate in favour of a more conventional, classical frame of reference. For the classical and iconographic traditions behind the idea that Jupiter's benevolent aspect « neutralised » the harmful effects of Saturn's malign influence, see Klibansky R., Panofsky E., & Saxl F., *Saturn and Melancholy: Studies in the History of Natural Philosophy, Religion, and Art*, London, Thomas Nelson and Sons, 1964, p. 140 and 271 *sqq.*
14. That events in the Olympian parliament and the suitors in the play are symptoms of the same disorder and provide a political lesson to the audience is made clear in Jupiter's statement that « Such debate as from above ye have harde,/Suche debate beneth amonge your selfes ye se./As long as heddes from temperaunce be deferd,/So longe the bodyes in dystemperaunce be » (l. 1132-1135).

as a good deal of in-house humour concerning the staff and protocols of the English royal household. This environment was, of course, one with which Heywood was most intimately familiar, being himself a courtly entertainer, singing man, player of the virginals, and probably also at this time a sewer of the King's Chamber (and so a household servant in the formal as well as the merely practical sense).

In Mery Report, as I have argued elsewhere, Heywood offers a representation of contemporary worries concerning the unruly court « hanger-on » as a source of both social and sexual misrule[15]. The character, identified on the title-page of the printed text as « the Vice », oversteps the accepted protocols of courtly behaviour in both the political and moral spheres, treating Jupiter with an informality bordering on disrespect, and subsequently subjecting the suitors to his court with a mixture of social and sexual harassment, bawdy wordplay, and abuse. Such behaviour seems, in part at least, to draw its energy from an ongoing concern among legislators and pedagogues alike with the inappropriate and unruly conduct of certain suspect social groups at court (chiefly referred to as « rascals », « vagabonds », or « boys ») ; a concern that permeated the courtly conduct books and surfaced from time to time in prohibitive ordinances and legislation[16].

---

15.   Walker G., *Plays of Persuasion, op. cit.*, p. 138-142.
16.   In this context both Cameron (*John Heywood's « Play of the Wether », op. cit.*, p. 45) and R. Axton & P. Happé (*The Plays of John Heywood, op. cit.*, p. 51) cite those clauses of the Eltham Ordinances of 1526 designed to restrict the access of « boys and vile persons » to the area around the doors of the king's Chamber. We might also note the proclamation issued in 1533, within months of the putative date for the performance of *Wether*, which ordered « all vagabonds, masterless folk, rascals, and other idle persons which have used to hang on, haunt, and follow the court » to depart within twenty-four hours or face imprisonment, and declared that thereafter, no courtier or officer « of what estate or degree he or they be of, shall suffer any of his or their servants to enter the king's gate but such as shall be like men to rest in good order, excluding from them in any wise all boys and rascals, upon pain of the king's grievous displeasure », Hughes P.L. & Larkin J.F. (eds.), *Tudor Royal Proclamations*, 3 vols., New Haven, Yale Univ. Press, 1964, I, p. 211-212. Note also the further injunction in the Eltham Ordinances restricting « the great confusion, annoyance, infection, trouble, and dishonour that ensueth by the numbers as well of sicklie, impotent, inable, and unmeete persons, as of rascals and vagabonds, now spred, remayning, and being in all the court », and the prohibitions in the same document against the encroachments of « boys or rascals », « vagabonds and mighty beggars » at court. (The Society of Antiquaries, *A Collection of Ordinances and Regulations for the Government of the Royal Household Made in Divers Reigns*, London, John Nichols, 1790, p. 146-147, and 150. The passage cited by Cameron is at p. 152). The struggle to exclude undesirable classes and individuals from the innermost areas of the royal household was, however, a perennial feature of court life. The, so called, *Black Book* of Edward IV, a detailed series of regulations and ordinances covering every aspect of household service, instructed court officers to ensure that « the rascals and hangars uppon

There is probably also an element of criticism here of those household officers and royal companions – most obviously the Yeomen Ushers of the Chamber, whose job it was to guard the Chamber doors and ensure that no undesirable persons were allowed access (see Appendix), and the Gentlemen of the Privy Chamber, the newest and most intimate of household offices, who gained authority and influence from their proximity to the king, and who were appointed directly by the sovereign according to his whim or personal preference, so by-passing the normal channels of patronage and recommendation[17].

More overtly there was also a wry treatment of the thankless lot of the loyal and honest household servant, the man who does not exploit his office for personal gain but relies upon the allegedly meagre legitimate rewards that it affords.

> Every man knoweth not what goddes servyce is;
> Nor I my selfe knew yt not before this.
> I thynke goddes servauntes may lyve holyly,
> But the devyls servauntes lyve more meryly.
> I know not what god geveth in standynge fees,
> But the devyls servauntes have casweltees
> A hundred tymes mo than goddes servauntes have. (l. 986-992)

If, as Axton and Happé persuasively suggest, Heywood himself played the part of Mery Report, leading a cast otherwise made up largely, or even exclusively, of boy actors drawn from among the choristers of the Chapel Royal or St Paul's[18], then the potential ironies and inversions of role and expectation involved in the performance would have been all the more rich and various. Here was a household servant, moonlighting as an actor in a play of his own devising, who seeks employment within that play as a household servant to a sovereign (with an obvious resemblance to his real employer Henry VIII) who was played by a boy for whose musical instruc-

---

thys court be sought out and avoyded from every offyces monthely » (a clear recognition of the intractability of the problem), and drew up a due process of examination and punishment for any household officers suspected of themselves being « a theof or outrageous royatour in much haunting sclaunderous places, companyes, and other » or those « known for a comyn dayly drunkyn man », Myers A.R. (ed.), *The Household of Edward IV: The Black Book and Ordinance of 1478*, Manchester, Manchester Univ. Press, 1959, p. 63 and 162-163.
17. Walker G., *Plays of Persuasion*, op. cit., p. 138-142.
18. Axton R. & Happé P., *The Plays of John Heywood*, op. cit., p. 11-13 and 26.

tion he, Heywood, may have been responsible. Heywood was donning a role that was already his own, wittily proclaiming his inadequacy to perform it. But the schoolmaster has become the servant, and the pupil the prince; the grave schoolboy must strive to maintain order on stage while the naughty tutor breaks all the rules.

That this performance was the centrepiece of a production put on, most probably, for the entertainment of Henry himself and his court, would have effectively blurred the distinctions between one form of royal service, one form of household performance, and another, between the actors' roles as household servants and their service as actors in a household play. In such a production it seems almost futile to try to distinguish between play-world and real world (what Robert Weimann has recently termed the « world-in-the-play » as against the act of « playing in the world », and T.G. Bishop has referred to simply as the « there » of narrative and the « here » of performance[19]). The actors are acting out fictional events set in the great hall of a fictional king in the real great hall of a king, and they play for the court's entertainment a world so similar to their own that it is almost indistinguishable from it. And Heywood characteristically plays up the resonances that this ambiguity creates for all that they are worth.

In accepting Mery Report into his service, Jupiter seems to be committing the cardinal sin of the prince in the courtly Morality tradition, inviting into his confidence a minion with no concern for either justice or protocol, whose sole aim is to follow his own inclinations. Indeed, in his lengthy speech of self-justification, Mery Report tacitly puns on the senses of disinterested and *un*interested, claiming that his fitness for appointment as a royal herald is evident most obviously in his capacity to be « indyfferent » and « wythout affecyon » (l. 154-155) towards any of the petitions that are likely to arise.

> Son lyght, mone lyght, ster lyght, twy lyght, torch light,
> Cold, hete, moyst, drye, hayle, rayne, frost, snow, lightnyng, thunder,
> Cloudy, mysty, wyndy, fayre, fowle, above hed or under,
> Temperate or dystemperate – what ever yt be,
> I promyse your lordshyp all is one to me. (l. 156-160)

---

19. Weimann R., *Author's Pen and Actor's Voice: Playing and Writing in Shakespeare's Theatre*, Cambridge, Cambridge Univ. Press, 2000, *passim*; Bishop T.G., *Shakespeare and the Theatre of Wonder*, Cambridge, Cambridge Univ. Press, 1996, p. 2 *sqq*.

Thus the carelessness and irresponsibility that will become the stock-in-trade of the Vice in later interludes are repackaged here as the impartiality of the good counsellor and the honesty of the loyal servant. But the appointment of a rogue to a position of influence at court, a move that in Skelton's *Magnyfycence* (probably performed at court in 1519) brings political catastrophe and personal ruin, is in Heywood's interlude merely the cue for a series of comic vignettes more reminiscent of a comedy of manners rather than a political satire. Jupiter's negligence provokes no catastrophe. The state does not totter, even a little, and everything turns out well in the end, with Jupiter being able to please everyone – seemingly all of the time – without ever exercising his new-found powers. How is this happy ending achieved? There are hints of the situation described by Henslowe in Tom Stoppard's script for *Shakespeare in Love*: « What do we do? » « Nothing. Strangely enough it all turns out well. » « How? » « It's a mystery. » (*Shakespeare in Love*, Miramax Films, 1998). But there is more to it that serendipity or the miraculous. Heywood's Jupiter is able to satisfy everyone by doing nothing precisely because nothing is really wrong. The petitions of his subjects do not identify real injustices – something rotten in the meteorological state of Henrician England – they are merely attempts to unsettle a stable polity in the pursuit of personal comfort or prosperity. Hence the solution is simply to ignore each of the requests while seeming to listen to them all; a policy that the self-centred and solipsistic Jupiter is ideally suited to perform. Unlike Skelton who saw evil-counsel about the king as a serious problem and the « expulsion of the minions » of 1519 as a necessary means of purging the household, and so forged a drama to stage and celebrate that event[20], Heywood flatters Henry and his courtly audience by presenting a state secure in its fundamentals; the only threat to which comes from the partisan motives of its selfish citizenry.

Heywood's interlude is thus « Lucianic » not only in its comic spirit and inspiration but also in its outcome and political ethos. As Robert Bracht Branham puts it, Lucian's dialogues ultimately « evoke a static mythical world at once strange and familiar, rather than tell a story [...] Each conversation coheres as a unit [...] with a beginning, a middle, and

---

20. Walker G., *Plays of Persuasion, op. cit.*, p. 60-101; *Id.*, « The Expulsion of the Minions of 1519 Reconsidered », *Historical Journal* 32, 1989, p. 1-16, reprinted in revised form in *Id.*, *Persuasive Fictions: Faction, Faith, and Political Culture in the Reign of Henry VIII*, Aldershot, Ashgate, 1996, p. 35-53.

an end, which, far from surprising us with a punch line or unexpected [...] ending, usually serves to return us to the beginning »[21]. In this aspect of the dialogues Heywood found a usefully flexible serio-comic approach to parody and satire, imitation of which allowed him to tilt at serious targets playfully – the feature which arguably commended Lucian most obviously to Erasmus and More in the heyday of humanist reform in the first decades of the century. But in Lucian Heywood also found an ultimately conservative ethos, and a wry but essentially tolerant attitude to the absurdities of the *status quo* that equally suited his own agenda in the very different circumstances of the period 1529-1533[22].

If Axton and Happé are correct both about the dating of the play to around March 1533 and in their claim that the scenes between and among Mery Report, Jupiter, and the Gentylwoman are filled with in-jokes concerning Anne Boleyn, her pregnancy, and Henry's willingness or otherwise to marry her (he had, of course, already discretely married her in January 1533, a fact that may well have been an open secret in inner-court circles by March), then the comic resonances of the play would be all the more pointedly mischievous[23]. Henry's desire to keep his marriage secret may well be alluded to in the exchanges between the god-king and his squire:

MERY REPORT: And yf yt be your pleasure to mary
Speke quyckly, for she [the Gentylwoman] may not tary.
In fayth I thynke ye may wynne her anone,
For she wolde speke wyth your lordshyp alone.

JUPITER: Sonne, that is not the thynge at this tyme ment. (l. 782-786)

The scene with the Gentylwoman may also draw upon another literary source, Leon Battista Alberti's *Virtus* (1494), one of his *Intercenales* or « Dinner Pieces ». This dialogue between Mercury and Virtue was itself a conscious imitation of the Lucianic style and mode, and was even printed

---

21. Branham R.B., *Unruly Eloquence, op. cit.*, p. 142-143.
22. Robinson C., *Lucian and His Influence in Europe*, London, Duckworth, 1979; Jones C.P., *Culture and Society in Lucian*, Cambridge, Mass., Harvard Univ. Press, 1986, especially p. 33-35; Duncan D., *Ben Jonson and the Lucianic Tradition*, 1979, p. 1-41; D'Ascia L., « Humanist Culture and Literary Invention in Ferrara at the Time of the Dossi », in Ciammitti L., Ostrow S.F., & Settis S. (eds.), *Dosso's Fate: Painting and Court Culture in Renaissance Italy*, Los Angeles, The Getty Research Institute Publications, 1998, p. 309-332.
23. Axton R. & Happé P., *The Plays of John Heywood, op. cit.*, p. 52 and 298; Forest-Hill L., « Lucian's Satire of Philosophers in Heywood's *Play of the Wether* », *op. cit.*

among Lucian's works in Italy in 1525. In it Virtue waits at Jupiter's door in the hope of an audience in which she can complain about her ill-treatment at the hands of Fortune. She has, however, been put off with ever more trivial excuses, being told, for example, that all the gods are busy checking that butterflies have correctly coloured wings, or that the pumpkins are flowering in the proper way. Thus she appeals to Mercury to intercede with the father of the gods on her behalf. He, having listened to her suit, chooses not to intervene, however, and advises her instead to lay low until Fortune's hostility subsides: another « mery » and politically quiescent « solution » to a problem. The dialogue was the inspiration for two works by the Ferrarese painter Dosso Dossi, both given the modern titles *Jupiter, Mercury, and Virtue*, one, a painting of c. 1524 now in the Kunsthistorisches Museum in Vienna, the other a fresco in the Sala del Camin Nero in the Castello del Buonconsiglio, in Trent[24]. Thus, if the Gentylwoman evoked echoes of Alberti's Virtue as well as of Henry's Anne, this may well have helped to mitigate some of the potential controversy that the scene might otherwise have aroused.

Certainly Heywood shows no sign of having caught a tiger by the tail, despite what may be quite bawdy references to the prospect of the king's change of wives. How was it that the playwright felt able to treat such subjects in so open – and so openly comic – a fashion in a courtly play? A number of cultural traditions provided Heywood with the licence to play with royal (and divine) authority in the ways that Mery Report contrives to do. But each brought with it its own ambiguities and internal tensions. The notion of good counsel, already alluded to, and the principle that drama, like literature and art more generally, could provide a mirror in which princes might view both good and bad examples and judge their own behaviour by analogy, these were medieval ideas that gained added impetus from humanist educational theory with its turn towards panegyric, offering opportunities for the playwright to couch political advice and personal criticism in improving, moral terms. The classical

---

24. For English readers, the dialogue is most readily accessible in Fallico A.B. & Shapiro H. (eds. and trans.), *Renaissance Philosophy, I: The Italian Philosophers, Selected Readings from Petrarch to Bruno*, New York, Random House, 1967, p. 31-33. For the relationship between Dosso's images and Alberti's text, see Ciammitti L., « Dosso as a Storyteller: reflections on His Mythological Paintings », in Ciammitti L., Ostrow S.F., & Settis S. (eds.), *Dosso's Fate, op. cit.*, p. 83-113. I am very grateful to my colleague Dr Anne Marie D'Arcy for suggesting to me the similarity in scenarios of Heywood's interlude and Dosso's paintings.

sources from which the play borrowed the outline of its plot (such as it is) and much of its ethos, chiefly Lucian's dialogues, but also the comic dramatic tradition of Plautus and Terence, in which mischievous servants play familiarly with their less street-wise masters[25], similarly gave Heywood license both to portray Jupiter in a comic mode and to touch on some sensitive contemporary cultural nerves. But awareness of these traditions does not quite prepare one for the degree of audacity with which the playwright deploys his material in presenting the character of Jupiter, most obviously in that long speech of self-explanation and justification which opens the play, to which I will turn in the latter part of this chapter, before returning to the « hows » and « whys » of Heywood's motivation in the final moments.

Playing Jupiter

The crucial aspect of Jupiter as a literary and iconographic figure – the factor that arguably commended him to Lucian as well as to humanists like Erasmus and Heywood – was that he was profoundly, indeed fundamentally, ambivalent. He was a god with many attributes, many roles and embodiments, and a complex and deeply ambivalent personal and sexual history. For every story that revealed his wisdom and benevolence there was another that betrayed his self-interest, lust, or manipulative nature. He was, as Frances van Keuren has recently suggested, a symbol of both potent personal authority and of magisterial, even profligate male sexuality, « the ever-potent father of countless gods and mortals, most of whom were conceived outside the… marriage bed »[26]. He was a father and a ruler, but he was also an adulterer, a rapist, and a pædophile (Hardly the sort of figure to sit easily with Henry VIII's current assertions of the impeccable moral reasons behind his need to be released from his marriage to Catherine of Aragon). Even his control over the weather, the aspect of his

---

25. Burnett M.T., *Masters and Servants in English Renaissance Drama and Culture: Authority and Obedience*, Basingstoke, Macmillan Press Ltd, 1997, especially p. 80 and following. Burnett suggests (p. 81) that the trickster-servant character's « pleasure in his own inventiveness », with other of his characteristics, mark a new departure in the dramaturgy of late sixteenth and seventeenth century England. But all the features of the figure that he describes seem present and well developed in Mery Report.
26. van Keuren F. (ed.), *Myth, Sexuality and Power: Images of Jupiter in Western Art*, Archæologia Transatlantica XVI, 1998, Providence Rhode Island and Louvain-la-Neuve, 1998, p. xi.

authority that is the focus of attention in Heywood's play, was a site of deep contradiction, for his use of that power, as readers of Ovid's *Metamorphoses* would have been aware, was all too often capricious, self-interested, and intimately bound up with his own libidinous agenda, as when, in Ovid's Book I, he gathered clouds and darkness to inhibit the flight of the nymph Io and to cover his sexual assault upon her.

Hence any representation of Jupiter, and any statement about him carried a potential for double meaning. He was a text that always already carried its own parodic subtext with it. Even the brief account of his adoption of supreme power offered in the opening lines alluded to a contested mythological narrative, a story in which Jupiter was either a conquering hero or a usurping tyrant, depending upon one's viewpoint. While the dominant tradition saw Jupiter's conquest of his father Saturn as instigating the Age of Reason, a period of justice and plenty as noble in its own way as the preceding Golden Age, a rival tradition interpreted it as doing precisely the reverse. In the *Epitomes* of the third century Christian euhemerist Lactantius, the Golden Age of Saturn was interpreted, following the inspiration of Hesiod, as the age of monotheism, universal peace and morality; a period brought to an end by Jupiter's usurpation and his establishment of a cult in his own honour. What followed was the fallen age of Jupiter, the time of men, of division, of the seasons, and hence, significantly for our purposes, of variations in the weather. In this model, then, the Original Sin was the pride of the divine monarch himself rather than that of his mortal subjects[27]. Hence, when Heywood's Jupiter reminds the audience of his relationship to his « auncyent » father, Saturn, he was drawing their attention to a story with more than one possible moral. And it will be the argument of this chapter that Heywood exploited such ambiguities to the full before an educated audience that was well equipped to appreciate them.

Jupiter, as he is presented in the interlude, is magisterial, certainly, but in a humorous, ironic vein rather than a straightforwardly portentous one. The title-page of the printed text is unequivocal – if somewhat bathetic – in

---

27. Lactantius, *The Epitome of the Divine Institutes*, cap. 10, *Corpus scriptorum ecclesiasticorum latinorum*, Vienna, 1866. The attitude towards Jupiter can be judged from the following rhetorical questions concerning him: « Why, therefore, is he called best and greatest, since he both contaminated himself with filth, which is the part of one who is unjust and bad, and feared a greater than himself, which is the part of one who is weak and inferior? » (*ibid.*). The Sibylline Oracles took a similar line (Boas G., *Primitivism and Related Ideas in the Middle Ages*, Baltimore, Johns Hopkins Univ. Press, 1948, p. 33-38).

its description of the character as « Jupiter, a god », but this is of little help in describing the nature and impact of the role. The question arises, what did contemporary audiences, who did not have the benefit of this explicatory list of *dramatis personæ* before them, *see* when they looked at this Jupiter, and (perhaps more importantly in a culture that habitually spoke of going to *hear* a play) what did they hear from him when he spoke?

The visual impact of the figure raises some interesting possibilities. As Axton and Happé suggest, the actor may well have worn a golden mask and crown, as those playing the god-king at John's College, Cambridge did in the 1540s[28]. Such props would have acted as markers of royalty and dignified otherness, and would have associated the character with the iconographic tradition behind representations of God the Father and the risen Christ in the religious drama, where gilded faces and masks were also used. But if, as has been suggested, Jupiter was played here by a child-actor (of whatever age), then much if not all of the potential dignity and grandeur of the role may have been compromised in performance. What audiences would have seen was not maturity and authority but the reverse: all the more so given that the majority of the god-king's scenes placed him alongside Mery Report, probably played, as we have seen, by Heywood himself, who seems to have been tall, even by adult standards[29]. Hence the conscious harping upon distinctions of height and age in the play (Jupiter refers to Mery Report as « sonne » or « my sonne » on numerous occasions[30]; little Dick, the Boy – specifically referred to on two occasions as « the le[a]st [i.e. shortest] that can play » – refers to Jupiter as his « godfather », and puns on « greatness », height, and « unmissability »[31] with Mery Report) would serve further to widen the disjunction between human actor and divine role, character and performance that I will discuss further below. And if, as Axton and Happé suggest[32], Mery Report consciously alludes to the figure of Mercury/Hermes (the son of Zeus) in his costuming, the paternal relationship would be more literal (and incongruous), and might create a further visual « pun », Mercury's *caduceus* doubling as the Tudor household servant's rod of office[33].

28. Axton R. & Happé P, *The Plays of John Heywood, op. cit.*, p. 290.
29. *Ibid.*
30. For the former, see, for example, l. 161, 786, 1123, for the latter, l. 244 and 342.
31. See l. 1000-1005.
32. Axton R. & Happé P., *The Plays of John Heywood, op. cit.*, p. 30.
33. *Ibid.*, p. 26 sqq.

For those schooled in the traditions and history of ancient Rome, moreover, the idea of playing Jupiter was already rich with implicit ironies concerning claims to omnipotence and pomposity. For, in the central Roman ceremony of the triumph, the honourand enacted just such an impersonation of Jupiter, even down to the use of face-paint. On the day of the triumph, the *triumphator* was driven in a two-wheeled chariot – the *currus triumphalis* – to the temple of Jupiter Capitolinis, where he would achieve his apotheosis and make his sacrifice to the *optimus maximus*. He did so clad in the *ornatus Jovis*: the embroidered purple toga and tunic that were – depending upon which source one follows – either those that normally adorned the statue of the god himself, or replicas of those garments. Carrying in his left hand a laurel branch and in his right a sceptre crowned with an eagle, Jove's bird, the *triumphator* appeared transfigured, his hands and face covered with the pungent red pigment cinnabar (another borrowing from representations of the god, redolent of his adopted otherness and divinity), while above his head (which already bore a laurel coronet) a slave held the heavy golden *corona Etrusca* (again, perhaps, taken from the statue of Jupiter Capitoline). But, famously, as he neared his apotheosis, that same slave (a figure with more than a passing resemblance to the role played by Mery Report in the interlude) would repeat in his ear the words « *Respice post te, hominem te esse memento* » : « Think of what follows ; remember that you are a man ». To play Jupiter was, then, even for the victorious Roman commander in his pomp, also to be reminded of how far short of divinity a human actor really was[34].

Heywood's Jupiter and the Rhetoric of Supremacy

If the visual presentation of Jupiter creates comic distinctions between role and performance, the aural element – the words he speaks – most obviously in his opening speech, create still more potent ironic effects. There is an interesting, and potentially paradoxical tension in the opening speech between the god's eternal and immutable aspirations and the merely temporal and contingent nature of the events and powers he describes. That he is, as he claims, « Beyond the compas of all comparyson » (l. 9), and has possessed an matchless glory since his father's fall in « auncyent »

---

34. Versnel H.S., *Triumphus: An Inquiry into the Origin, Development, and Meaning of the Roman Triumph*, Leiden, E.J. Brill, 1970, especially p. 1-6 and 56-93.

times, sits awkwardly against the stress upon the present moment (« at this season » and « for tyme present ») as the zenith of his powers:

> For syns that heven and erth were fyrste create
> Stode we never in suche tryumphaunt estate
> As we now do [...]. (l. 13-15)

Jupiter's « auncyent estate » seems to have been very recently created (or perhaps, as Axton and Happé suggest, it (like Henry VIII's Royal Supremacy) is an « ancient » jurisdiction that has been « rediscovered », having been there all along, unnoticed and un-thought-of, until its (re)assertion by a « parlyament [...] late assembled »)[35].

The speech begins with an extended *occupatio* that effectively casts doubt upon the supposedly self-evident nature of the truth it seeks to establish.

> Ryght farre to[o] long as now were to recyte
> The auncyent estate wherin our selfe hath reyned,
> What honour, what laude, gyven us of very ryght,
> What glory we have had dewly unfayned
> Of eche creature whych dewty hath constrayned [...]. (l. 1-5)
>
> If we so have ben as treuth yt is in dede
> Beyond the compas of all comparyson,

---

35. Axton R. & Happé P., *The Plays of John Heywood, op. cit.*, p. 288. It is just conceivable that Heywood is here indulging in an additional erudite reference, playing with the kind of objections raised by St. Augustine concerning Jupiter's paradoxical nature with regard to time, he being supposedly both « an eternal divinity » and the son of Saturn, who was taken by association between Chronus and Kronos to be Time itself. « We interpret Saturn to be universal time, which his Greek name shows. For he is called *Chronus*, which by the addition of an aspirate, is the name of Time. Wherefore also in Latin he is called *Saturnus*, as if he were saturated with years. What now should be done with those who, trying to interpret in a better fashion the names and images of their gods, confess that their major god, father of the others, is time, I do not know. For what else do they mean than that all their gods are temporal, whose father they set up as time itself? Their more recent Platonic philosophers, who have been living in Christian times, have been ashamed on this account. And they have tried to interpret the name *Saturn* otherwise [...]. For they saw how absurd it was, if Jupiter were to be held to be the son of time, he whom they either thought of, or wished others to think of, as eternal [...] », Augustine, *De consensus evangelistarum*, lib I, cap. 23, in Migne, *Patrologia Latina*, XXXIV, p. 1057 sqq., quoted and translated in Boas G., *Primitivism and Related Ideas in the Middle Ages, op. cit.*, p. 196-197. See also Klibansky R., Panofsky E., & Saxl F., *Saturn and Melancholy, op. cit.*, p. 162-163. For a useful discussion of the Kronos figure, see Panofsky E., « Father Time », in *Studies in Iconology: Humanistic Themes in the Arts of the Renaissance*, Torchbook edition, London, Harper and Row, 1962, p. 69-94.

> Who coulde presume to shew for any mede
> So that yt myght appere to humayne reason
> The hye renowme we stande in at this season?
> For syns that heven and erth were fyrste create
> Stode we never in suche triumphaunt estate
>
> As we now do, wherof we woll reporte
> Suche parte as we se mete for tyme present,
> Chyefely concernynge your perpetuall conforte
> As the thynge [it]selfe shall prove in experyment,
> Whyche hyely shall bynde you on knees lowly bent
> Soolly to honour oure hyenes[s] day by day.
> And now to the mater gyve eare and we shall say. (l. 8-21)

The assertive digressions and qualifications (« If we so have ben […] », « As the thynge [it]selfe shall prove […] ») that qualify rather better than they assert the points being made, the insistence upon the need to demonstrate and verify those claims (« So that yt might appere to humayne reason » [l. 11], « As the thynge [it] selfe shall prove in experyment » [l. 18]), coupled with the repeated assertion that such things are beyond merely mortal comprehension, all add up to a speech that ultimately registers self-contradiction and inadequacy rather than omnipotence. While the final determination to return to the point (« And now to the mater gyve eare and we shall say […] » [l. 21]), merely points up the digressive, indirect nature of what has gone before.

The language of consent and consensus dominates Jupiter's account of his supremacy (« They have in conclusyon holly surrendryd/Into our handes […]/The full of theyr powrs for terme everlastynge » [l. 71-74] – a surrender « as of our parte, no parte requyred/But of all theyr partys ryght humbly desyred » [l. 76-77]). But despite this, and despite his talk of the tranquility and comfort that his regime will bring to all, this is not one of those long opening speeches that in the mouth of God the Father in the Cycles or virtues such as Mercy in the Moralities would call for understatement and a calm, measured delivery. Such speeches, helpfully described by Alexandra Johnston as informed by a stagecraft of stillness, are central to the essentially Augustinian moral and theological economies of the overtly Christian drama. In such plays the calm, wholeness, and stasis of virtue are set against a fragmented prosody and the frenetically *active* dramaturgy of evil[36]. But the cadences of Jupiter's speech are

---

36. Johnston A.F., « "At the Still Point of the Turning World" : Augustinian Roots of

not those of scripture or moral treatises, and the vocabulary avoids the heavily Latinate terms of Mercy's invocation of the presiding values of *Mankind*. Jupiter's speech echoes rather (as I shall suggest more fully in a moment) the assertive, repetitive, tones and convoluted syntax of statute or government propaganda. And it does so in ways that seem to subvert the authoritative resonances of that language rather than reinforce them. The speech calls, not for the understated, self-effacing delivery of a Mercy, who subordinates « character » to the dictates of regular meter and syntax, but a far more proactive, performative delivery, alive to the many potential ironies in the lines. The syntax itself, the enjambment of lines and over-run stanza breaks, the insistent rhymes, and the very distinctively Heywoodian delight in puns and repetitions (« Whyche thynge, as of our *parte*, no *parte* requyred/But of all theyr *partys* ryght humbly desyred » [l. 76-77]), turning a single word over and over on the tongue until every possible flavour, sense, and nuance has been explored – all these suggest a self-conscious cleverness and a delight in language for its own sake that detract attention from what is being said to how it is being said, by whom, and for what effect. This is a speech of striving, of potentially self-entangling persuasiveness, rather than of calm authority, a vaunting that has reminded some critics of the ineffectual boasting of a Pilate or the bathos of the York Herod, who talks of both felled giants and slaughtered swans in the same breath[37].

But Jupiter does not rant and threaten in the manner of Herod, Pilate, or the other tyrants of the religious drama. As Stephen May pointed out in an early issue of *Medieval English Theatre*, what distinguishes tyrants from good kings in such plays tends to be, not *whether* they threaten but *whom* they threatened. Tyrants raged against Christians, whereas good kings menaced pagans and the enemies of Christ[38]. But beyond a passing reference to his commanding a loyalty from his subjects that « shall bynde

---

Medieval Dramaturgy », *European Medieval Drama* 2, 1998, p. 1-19 ; but see also Dillon J., *Language and Stage in Medieval and Renaissance England*, Cambridge, Cambridge Univ. Press, 1998, p. 54-69.

37. For Herod's swans (« Agaynst jeauntis ongentill have we joined with ingendis,/And swannys þat are swymmyng to oure swetnes schall be suapped », York, *Christ before Herod*, l. 14-15) see Walker G., *Medieval Drama, op. cit.*, p. 112. For the comparison between Jupiter and Herod, see Axton R. & Happé P., *The Plays of John Heywood, op. cit.*, p. 288 *sqq*. (« The antithesis and witty play on sound and sense [in the "hyely... lowly" pun] barely conceal a vaunt of absolute power that links Jupiter with the boasting tyrants of the miracle play stage »).

38. May S., « Good Kings and Tyrants: A Reassessment of the Regal Figure on the Medieval Stage », *Medieval English Theatre* 5: 2, 1983, p. 87-102.

you on knees lowly bent » (l. 19), Jupiter threatens no one. He thus seems neither very tyrannical nor truly « good ». What Jupiter does is talk lovingly about his superiority to his fellow gods, his wisdom, and his powers. There is pomposity here, certainly, and a degree of deflating self-contradiction, as we have seen, but little of the frantic vitriol that marks the villainy of the York Pilate[39].

As he recounts the debate in the Olympian parliament, Jupiter's delivery becomes brisker, and the subordinate clauses in his speech more purposeful, with each end-stopped stanza adding a further sense unit to the narrative (l. 36-63). But as soon as he returns to talking about himself, he falls back into the introverted, enjambment-ridden manner of speaking that characterised the opening stanzas.

> And also that we, evermore beynge,
> Besyde our puysaunt power of deite,
> Of wysedome and nature so noble and fre –
> From all extremytees the meane devydynge,
> To pease and plente eche thynge attemperynge –
> They have in conclusion holly surrendered [...]. (l. 66-71 *sqq.*)

The convoluted syntax, the repeated deferral of the completion of the main clause by the accumulation of repeated variations on a given theme, all of these traits are characteristic, not of the blustering tyrants of the Cycle plays, but of Henrician statute and proclamation. The rhythms of Jupiter's speech, I would argue, betray Heywood's acute ear for the cadences and tropes of Henrician public utterances, the same sensitivity to the language and tones of formal situations and specific groups and communities that informed the legal pastiches of the *Play of Love* or the confessional polemic in *The Pardoner and The Frere*. Perhaps there is even a direct echo of the Act of Appeals (1533) itself here, the founding document of Henrician « imperial » authority, which, beyond its famously sonorous opening declaration, enacts just such a piling-up of syntactically tortuous, sense-deferring clauses in search of a full-stop, and the gathering together of at times near synonymous words and phrases without the drawing of any obvious distinctions between them. Extensive quotation from the first paragraph of the Act (in

---

39. « Yhe cursed creatures þat cruelly are cryand,/Restreyhe you for stryvyng for strength of my strakis ;/Youre pleyntes in my presence use plately applyand,/Or ellis þis brande in youre braynes schalle brestis and brekis », *Christ Before Pilate I: The Dream of Pilate's Wife*, 1-4, in Walker G., *Medieval Drama, op. cit.*, p. 99.

reality a single extended and seemingly infinitely extendable sentence) will both give a sense of the text as a whole that takes one beyond the apparent succinctness of the endlessly quoted opening clause, and indicate the habitual modes of Henrician statute more generally.

> Where by divers sundry old authentic histories and chronicles it is manifestly declared and expressed that this realm of England is an Empire, and so hath been and accepted in the world, governed by one supreme head and king having the dignity and royal estate of the imperial crown of the same, unto whom a body politic, compact of all sorts and degrees of people, divided in terms and by names of spirituality and temporality, be bounden and owen to bear next to God a natural and humble obedience; he being also institute and furnished by the goodness and sufferance of Almighty God with plenary, whole, and entire power, pre-eminence, authority, prerogative, and jurisdiction to render and yield justice and final determination to all manner of folk residents or subjects within this realm, in all causes, matters, debates, and contentions, happening to occur, insurge, or begin within the limits thereof, without restraint or provocation to any foreign princes or potentates of the world, the body spiritual having power when any cause of the law divine happened to come in question or of spiritual learning, then it was declared, interpreted, and shewed by that part of the said body politic, called the spirituality, now being usually called the English Church, which always hath been reputed and also found of that sort that both for knowledge, integrity, and sufficiency of number, it hath always been thought and is also at this hour sufficient and meet of itself, without the inter-meddling of any exterior person or persons, to declare and determine all such doubts and to administer all such offices and duties as to their room spiritual doth appertain; for the due administration whereof and to keep them from corruption and sinister affection the king's most noble progenitors, and the antecessors of the nobles of this realm, have sufficiently endowed the said Church both with honours and possessions: and the laws temporal for trial of propriety of lands and goods, and for the conservation of the people of this realm in unity and peace without ravin or spoil, was and yet is administered, adjudged, and executed, by sundry judges and administrators of the other part of the said body politic called the

> temporality, and both their authorities and jurisdictions, do conjoin together in the due administration of justice, the one to help the other [...][40].

More closely analogous still, within a year of the notional date for the performance of *Wether*, the Act of Parliament that formally recognized Henry as Supreme Head of the Church in England was to make a very similar claim to that advanced in Jupiter's speech, announcing, with a very Jupiter-like flourish and seemingly unconscious irony, that, although the king's authority over « his » church was manifest, just, and universally recognised within the realm, it was nonetheless necessary to announce and establish it in the present parliament in statutory form.

> Albeit the King's Majesty, justly and rightfully is and oweth to be the supreme head of the Church of England, and so is recognised by the clergy of this realm in their convocations, yet nevertheless for corroboration and confirmation thereof, and for increase of virtue in Christ's religion within this realm of England, and to repress and extirp all errors, heresies, and other enormities and abuses heretofore used in the same, Be it enacted [...] that the king our sovereign lord, his heirs and successors kings of this realm, shall be taken, accepted, and reputed the only supreme head in earth of the Church of England called *Anglicana Ecclesia*, and shall have and enjoy annexed and united to the imperial crown of this realm as well the title and style thereof, as all honours, dignities, pre-eminences, jurisdictions, privileges, authorities, immunities, profits, and commodities, to the said dignity of supreme head of the same church belonging and appertaining[41].

There may also, in some of Jupiter's more delightfully self-regarding utterances (« And now, accordynge to your obedyens/Rejoyce ye in us wyth joy most joyfully,/And we our selfe shall joy in our owne glory » [l. 183-185]; « we nede no whyte our selfe any farther to bost,/For our dedes declare us apparauntly /[...]/Our prudens hath made peace unyversally./Whyche thynge, we sey, recordeth us as pryncypall/God and governour of heven,

---

40. Luders A. (ed.), *Statutes of the Realm*, 9 vols., London, HMSO, 1810-1824, III, p. 427 *sqq*.
41. *Ibid.*, III, p. 492 (An Act for the King's Highness to be Supreme Head of the Church of England and to have authority to reform and redress all errors, heresies, and abuses in the same).

yerth, and all. » [l. 1241-1242, 1245-1247]), be conscious echoes of the kind of vaunting descriptions of Henry's qualities to be found in statutes such as the Act Concerning the Pardon of the Clergy of 1531 (which talked of « his Highness, having always tender eye with mercy and pity and compassion towards his said spiritual subjects, minding of his high goodness and great benignity so always to impart the same unto them as justice being daily administered, all rigour be excluded »), and would later produce, in the Act Concerning Payment of First Fruits and Tenths of 1534, a description of the king as his subjects « most dread, benign, and gracious Sovereign Lord, upon whom and in whom dependeth all their joy and wealth, in whom also is united and knit so princely a heart and courage, mixed with mercy, wisdom, and justice, and also a natural affection joined to the same, as by the great, inestimable, and benevolent arguments thereof being most bountifully, largely, and many times shewed, ministered, and approved towards his loving and obedient subjects hath well appeared, which requireth a like correspondence of gratitude to be considered according to their most bounden duties »[42].

Heywood seems, then, to be playing with a range of representations of Henry VIII in this presentation of Jupiter, drawing his inspiration from both earlier classical and courtly entertainments and the King's official self-presentation in proclamations, speeches to parliament, and statutes. And what he creates from this bricolage of ingredients is not a god-king awesome and magisterial in the full panoply of his new-found, « ancient » powers, but a monarch with feet (and very possibly other body-parts) of clay. He turns an association between the English King and his Olympian counterpart inside out and then back again, turning what had been a panegyric device in Skelton's *Speke, Parott* into a much more mischievous exploration of Henry VIII's current political and marital ambitions. It is a relatively affectionate portrait, certainly, far from the contemptible tyrants of the religious drama, but it is a deeply ironic and « mery » portrait nonetheless[43].

To return to our initial questions of motivation and significance: what Heywood's treatment of Jupiter suggests, then, is a clear sense of license on the part of the playwright to touch upon highly sensitive political and

---
42. 22 Henry VIII, c. 15, cited in Elton G.R., *The Tudor Constitution: Documents and Commentary*, 2nd edition, Cambridge, Cambridge Univ. Press, 1982, p. 346-347; and 26 Henry VIII, c.3, *Statutes of the Realm*, III, p. 493, cited in *EHD* V, p. 746-747.
43. This qualifies the view advanced in Walker, 1991, p. 144 and following.

personal issues central to the king's current preoccupations in a comic vein, apparently without fear of recriminations, and seemingly in the expectation of a favourable reception. Heywood's aim, in part at least, would seem to have been to open an obvious ironic distance between the vaunting language of Jupiter's assertions and the more pragmatic realities of political action – or, as here, of inaction – required to solve the dilemmas raised during the play. Just as the god-king's claims to absolute and immutable power and authority prove largely irrelevant to the situation in which he finds himself in the play, so the drama suggests that the language of those Henrician proclamations and statutes associated with the Break with Rome and the Supremacy – the vaunting, discursive language that Sir Geoffrey Elton associated with the ministry of Thomas Cromwell and the notional revolution in government that Elton claimed he inspired, but which is now linked more generally with the team of scholars and bureaucrats around Edward Fox that Henry established to provide documentary ammunition for the divorce campaign and went on to provide the theoretical basis of the Supremacy as well – so that language, and the authority it proclaims are equally inappropriate in the context of the disputes provoked around the Reformation Parliament[44]. The moral of the play – if we can think in such simplistic terms for a moment – seems thus to have been the same as that of Heywood's roughly contemporaneous interludes *The Four PP* and *The Pardoner and the Frere*: the best response to the current wave of confessional strife was not inflammatory rhetoric and radical legislative action, especially not of an anticlerical kind, but sober common sense and tolerant accommodation[45]. Rather than assert new and unsettling powers, the King is best advised to restore the *status quo ante*, allowing all sides to assume that they have got what they wanted, albeit if only for some of the time.

Such an ironic, comedic approach to contemporary politics relies, of course, on a number of assumptions: that the king is willing to listen, and willing to accept such well-intentioned, « mery » criticism cast in

---

44. Elton G.R., *The Tudor Revolution in Government: Administrative Changes in the Reign of Henry VIII*, Cambridge, Cambridge Univ. Press, 1953; *Id., Policy and Police: The Enforcement of the Reformation in the Age of Thomas Cromwell*, Cambridge, Cambridge Univ. Press, 1972; *Id., Reform and Renewal: Thomas Cromwell and the Common Weal*, Cambridge, Cambridge Univ. Press, 1973; Nicholson G., « The Act of Appeals and the English Reformation », in Cross C., Loades D., & Scarisbrick J.J. (eds.), *Law and Government Under the Tudors*, Cambridge, Cambridge Univ. Press, 1988, p. 19-30.

45. Walker G., *The Politics of Performance in Early Renaissance Drama, op. cit.*, p. 51-75.

an « Erasmian vein » on a matter close to his heart. It assumes that the « private » Henry VIII, the man who would take Thomas More by the arm in his garden and encourage him to argue politics with him, the king who had told his counsellors in 1519 that they should tell him if ever those close to him – and by implication he himself – ever began to behave inappropriately, was detachable from the sovereign of public policies and formal utterances, that Henry was able to read his own publicity ironically, see the joke in Jupiter, and take the point. It may well have been that March 1533 was the last moment at which such assumptions held good at court, and at which a writer in Heywood's position was able to attempt such liberties with the king, risking Jove's thunderbolts in order to offer him the good counsel that all princes needed. Within little more than a year such confidence in the capacity of literature and drama, and of well-intentioned good counsel more generally, to speak harsh truths to power in Henry VIII's England would, of course, be in tatters, and the experience of the small circle of writers, entertainers, and scholars around More and the courtly humanists would be engaged with the far more earnest endeavour to find a mode of operating at court, and remaining true to their ideals, that did not run the risk of condign punishment of a very earthly and murderous kind.

Appendix
Mery Report and the Royal Household

Mery Report claims, on returning to the place after issuing his proclamation, to be « squyre for goddes precyous body » (l. 191), but this may be merely wishful thinking on his part, and intended to raise a laugh from a knowledgeable courtly audience. The precise gradations of office-holding and service within the chamber and Privy Chamber were, of course, matters of acute concern and sensitivity, with the duties and rewards of each post being stipulated in the various ordinances and regulations to prevent individuals either claiming greater status, responsibilities, or perquisites than their offices warranted or evading their more onerous duties.

The *Black Book* of Edward IV provided for four esquires for the body, each of whom must be « noble of conditions » (which Mery Report clearly is not), of whom two should « alwey be attendaunt uppon the kynges person to aray and unray hym, to wache day and ny[gh]t, [and] to dresse hym in his clothes ». The post was a highly sensitive one (« their business is many secretes », observed the *Black Book*), and carried a not inconsiderable status. Its occupants could claim for the upkeep of two servants each as well as for their own wages, livery, and bouge of court. Below the esquires, socially at least, were the gentlemen ushers of the Chamber, of whom there were also four, working in two shifts of two. Their responsibilities included « continually » sitting « at mete and sopers in the kinges chambre to see everything done in dew order and to kepe silence [...] Also [...] to sett all the astates, gentyls, and straungers at the bourdes in the kinges chambre in dew order [...] Hym owith to be cunnyng, curteys, and glad to receve, towche, and direct every man in serves doyng, and to know all the custumes and cerimoniez used aboute the king and other astates according whan they cum ». « He assigneth the yomen of the crown and chambre, gromez, and pagez, to attendauncez and other busynes inwarde and outewarde for the king ». Beneath the gentlemen ushers in rank and status, and responsible to them, were the four yeomen of the Chamber, some of whom were appointed to « make beddes, to bere or hold torches, to sett bourdes, to apparayle all chambres, and suche othyr servyce as the chaumbrelayn or [gentlemen] usshers of the chambre command or assign, to attende the chambre; to wache the kinge by course [i.e. by turns]; [and] to go messagez ». Two of these yeomen of the Chamber were appointed yeomen ushers, and their duties (as we shall see) concerned the micro-management of the Chamber. All of these yeomen could appoint servants of their own. Below the yeomen were the ten grooms of the Chamber, who performed a range of more manual chores, carrying wood, straw, and rushes into the Chamber, making fires, etc. They shared one servant between every two of them, slept two to a bed, and took a penny a day in wages. Finally, beneath even the grooms were the four pages of the Chamber who performed the lowliest and most menial of tasks, and shared a single « child » who acted as servant to all four of them (and who was thus the very lowest of the very low in the Chamber hierarchy). It fell to the pages « to wayte uppon and to kepe clene the kinges chambre, and most honest fro fautes of houndez as other, and to help trusse and bere harneys, cloth, sackes, and other thinges necessary as they be com-maunded by suche as are above them »[46].

---

46. See Myers A.R., *The Household of Edward IV, op. cit.*, p. 111-121.

In this hierarchy of offices, Mery Report's role would seem to correspond most closely to that of the yeoman usher of the Chamber[47]. The Eltham Ordinances would subsequently elaborate upon the duties of this office, instructing its holders to be at the Chamber door by 8 o'clock in the morning « at the farthest [i.e. the latest] [...] to attend and take the charge thereof, and not to depart from the same, except he deliver the same charge to some other yeoman [...] and that he permitt nor suffer any man to come in the same chamber, but lords, knights, gentlemen, officers of the King's house, and other honest personages, as by his wisedome and discretion shall be thought good ». He should also « have good regard upon all the personages being within the said chamber », and be ready to « incontinently expel » anyone « not convenient to be therein ». Such a discretionary, door-keepers role would seem to be precisely the one the Vice goes on to perform in the play. But, given that, in the series of Articles drawn up in the reign of Henry VII, similar responsibilities to keep the doors of the privy chamber and the dining chamber were given to the esquires of the body and the gentlemen ushers respectively, it may well be that the distinctions in play were very subtle ones[48]. Part of the joke probably relied upon the fact that Mery Report, a man apparently from a social class suited only for the post of yeoman usher, tries to adopt the manners and responsibilities of a gentleman or esquire (although he has none of the intimate duties prescribed by Ciammitti for the esquires for the body nor the supervisory responsibilities of the gentlemen ushers), hence the Vice's pointed reference upon entering the place to his « brother » among the crowd who was evidently one of the torch-bearers in the hall; for, as we have seen, one of the duties of the yeomen of the Chamber was « to bere and hold torches ».

---

47. See Walker G., *Plays of Persuasion, op. cit.*, p. 138-141.
48. See The Society of Antiquaries, *A Collection of Ordinances, op. cit.*, p. 152-153, and 109.

Michael Hattaway

Marlowe's *Dido* and the Gods : from Fable to « Mythology »

My students ask me whether references to the pagan gods in the texts they read are a manifestation of « the Renaissance », and whether those God-fearing English Reformation Christians of the sixteenth century who wished to redefine the sacred regarded the gods of antiquity as « heathen ». In the English Renaissance the pagan gods *were* sometimes associated with evil: in Greene and Lodge's *A Looking Glass for London and England* (1588), luxury is associated with invocations of classical avatars while a moral chorus is provided by Oseas the prophet. In Greene's *Friar Bacon and Friar Bungay* (1589), the figure of Hercules conjured by Bungay in 3.2 is, it is hinted, « the fiend ». In « On the Morning of Christ's Nativity » (1629), Milton (like Tasso before him) celebrated the silencing of the oracles and the flight of Isis and Osiris. Milton's position, however, among « literary » writers at least, is unrepresentative, although there are some interesting examples of prejudice against the heathen pantheon, particularly those affiliates who behaved in a lubricious manner. One has only to think of reactions to the erotic epyllia written by Marlowe, Shakespeare, Beaumont, Marston etc. Marlowe's translation of Ovid's *Amores* was among the books ordered to be burnt by ecclesiastical authorities in 1599[1].

Contrariwise, however, pagan gods represented a tradition of learning and experience that could not be abandoned. In particular instances they could aggrandize a narrative and could be deployed as signs of authentication in, for example, dreams and visions as they are in Greene's *Orlando Furioso* (4.2) and Shakespeare's *Cymbeline* (5.4).

---

1. McCabe R.A., « Elizabethan satire and the bishops' ban of 1599 », *Yearbook of English Studies*, 11, 1981, p. 188-194.

As an induction – and to indicate the complexity of our historical-critical problem – I should like briefly to consider one aspect of *King Lear* in which textual and historical problems are inextricably bound up with problems of critical reading. Early in the play Kent implicitly rebukes Lear for paganism:

KENT	See better, Lear, and let me still remain
	The true blank of thine eye.
LEAR	Now, by Apollo –
KENT	Now, by Apollo, King, thou swear'st thy gods in vain. (I.1. l. 152-154)

Later, when Lear discovers Kent in the stocks, he returns to the charge:

LEAR	[...] What's he that hath so much thy place mistook
	To set thee here?
KENT	It is both he and she:
	Your son and daughter.
LEAR	No.
KENT	Yes.
LEAR	No, I say.
KENT	I say yea.
LEAR	By Jupiter, I swear no.
KENT	By Juno, I swear ay. (II.4. l. 11-19)[2]

In this context, we may have to enter a caveat. Although, according to Richard Dutton (in a private communication), there are no examples of references to pagan deities being censored from dramatic texts, it is probable that classical invocations and imprecations in English dramatic texts are printed as a *response to censorship*, in particular to the 1606 Act to Restrain Abuses of the Players, which sought to remove oaths and touches of papistry[3]. It is conceivable that Lear and Kent may have originally sworn « by Jesu » and « by Mary ».

Overall, however, the gods survived, as Jean Seznec long ago demonstrated, throughout the middle ages[4]. In England, as it is not difficult

---

2. It is significant that l. 19 does not appear in the Quarto version of the play; Shakespeare may have added Lear's response to remind the audience of Lear's ungodliness.
3. Wickham G., Berry H., & Ingram W. (eds.), *English Professional Theatre, 1530-1660*, Cambridge, Cambridge Univ. Press, 2000, p. 131-132.
4. Seznec J., *The Survival of the Pagan Gods: The Mythological Tradition and its Place in Renaissance Humanism and Art*, trans. Sessions B.F., Princeton N.J., Princeton Univ. Press, 1953.

to demonstrate, they also endured through the Reformation. They appear, in what we recognise as the Euhemeristic tradition, as historical personages (think of Hercules in *Love's Labour's Lost*), as figures in moral allegories (there are countless examples, including Peele's *The Arraignment of Paris*), or as agents in the physical universe (Oberon and Titania in *A Midsummer Night's Dream*). There was no wide-spread call to rename the planets, and the Neo-Platonic ambition to reconcile classical and Christian traditions as well as much of the iconology of praise for Elizabeth depended upon classical antiquity. An important collection of English verse was entitled *England's Parnassus* (1600). So allusions to classical mythology, either as instruments of characterization or as part of rhetorical tropology, are neither a clear sign of « the Renaissance » or « humanism », nor an obvious sign of profanity.

What I think is more interesting is that in the more sophisticated texts we encounter an ambivalence towards the pantheon that had been a feature of certain classical philosophies. In the *De Natura Deorum* Cicero had had the Stoic Balbus make a distinction between what we might call « mythology » and what in the Renaissance could be designated as « fable ». The distinctions that evolve provide us with a convenient tool for critical analysis:

> [...] both the forms, ages, ornaments, and apparel of the gods are become familiar to us; moreover their pedigree, marriages, kindred; and every thing brought down to the measures of human weakness. And so they are likewise represented to have their perturbations and passions, for we hear tell of their lusts, griefs, angers. Nay, and according to fable, they have not been without their wars neither, and bloody conflicts [...]

> [...] These things are both delivered and believed with equal folly, and are little else beside pure vanity and emptiness. But yet (these fables apart) a god there is, that shows himself in the nature of every thing: as Neptune in the water, Ceres in the earth [...] whence may be understood both what and by what name custom had delivered them over to us, and what deities we ought to adore and worship. Now the best, the most chaste, holy, and devout worship of the gods is this, to reverence them always with a pure, upright, and unpolluted mind and voice. For not philosophers only, but our ancestors also, have separated religion from superstition[5].

---

5. Marcus Tullius Cicero, *Three Books Touching the Nature of the Gods*, trans. Hindmarsh J., London, 1683, p. 115.

In 1614 Sir Walter Ralegh was to doubt whether « there be any truth in prophane antiquity »[6]. In the Renaissance one of the meanings that could be given to « fable » was untruth: Sir John Davies' *Nosce teipsum* (1592) uses the word to indicate scepticism about metamorphosis:

> Therefore the fables turned some men to flowers,
> And others did with brutish forms invest;
> And did of others, make celestial powers,
> Like angels which still travel yet still rest. (l. 1069-1072)

« Fable » can be defined against « mythology » as we find the latter word employed in Philemon Holland's translation of Plutarch's *Moralia*:

> Concerning Apopis, brother to the sun [who] warred against Jupiter [...] Osiris aided Jupiter and helped him to defeat his enemy; in regard of which he adopted him for his son, and named him Dionysus, that is to say Bacchus. Now the *mythology of this fable* [emphasis added] [...] accordeth covertly, with the truth of Nature: for the Egyptians call the wind Jupiter, unto which nothing is more contrary than siccity and that which is fiery [...][7].

Modern critics and commentators have been, I feel, overmuch concerned with fable rather than with « mythology », with plot rather than with action. Moreover, the positions of Balbus and Plutarch are useful – they relieve authors from kindling, in their readers or spectators, belief in the letter of their texts, which in the context of writing about pagan gods would have been anathema to Christian moralists.

My essay centres on the « mythology » of Christopher Marlowe's *Tragedy of Dido Queen of Carthage*, written probably about 1585-1586, although it was not printed until 1594, the year after the author's death. Its source, of course, is Virgil's *Æneid*. That fable was one frequently dramatised in the Renaissance: in England, there had been two university Latin plays on the subject, one (lost) by Edward Halliwell (1564) and the other by William Gager (1583). Marlowe had a French predecessor: Etienne Jodelle's *Didon se sacrifiant* dates from about 1555 (and there are three further French dramatisations of the myth before 1643)[8].

---

6. Sir Walter Ralegh, *A History of the World*, London, 1634, Book 2, p. 268.
7. Plutarch, « Isis and Osiris », *Moralia*, trans. Holland P., London, 1603, p. 1302.
8. Alexandre Hardy, *Didon se sacrifiant*, 1603; Scudéry, *Didon*, 1636; Boisrobert, *La Vraye Didon*, 1643.

It seems to me that, characteristically, Marlowe was attempting something new, adding an epic dimension to the sort of classical allegorising characteristic of court plays produced earlier in the period, particularly those of John Lyly. Lyly's texts were written largely for the Paul's Boys: Marlowe's play, written for the « Children of her Majesty's Chapel » (titlepage), may signal the beginning of a rival tradition. After they lost their lease at Blackfriars in 1584 this company is not known to have played at court: *Dido* may therefore have had its first performance in a provincial great house. The text, however, indicates that the play was probably subsequently adapted for a public playhouse, and, if this was the case, references in Henslowe's *Diary* to performances of « Dido » enable us to be fairly certain that it was revived for the Admiral's Men. Further evidence comes from stage directions: 2.1.303 SD reads « Enter VENUS [with CUPID] at another door and takes ASCANIUS by the sleeve », which is typical of public playhouse stage directions (although these doors could equally have been set in the screen of a great hall at court). Thomas Nashe's name appears on the play's title-page. My ear does not detect much in the way of non-Marlovian accents[9]: possibly he was responsible for the revision.

I want to argue that this is a very fine play. Much critical work has concentrated on the « fable », on Marlowe's treatment of his source. It has been treated condescendingly as an early work, and censored for inconsistency of tone. I want to submit that a further charge of a comparative lack of « characterization » in the fable is not a failing. Rather we should concentrate on the *pattern* of the play, on the « mythology ». The gods, out of whose domestic squabbles emerges an imperial mission for Æneas, conspire to thwart Dido, while her lovers, Æneas and Iarbas, compete for her favours.

Like so many plays of the period it offers declamation rather than discourse: it resembles opera or oratorio. It also, as I shall go on to argue, is interesting by virtue of its distinctive patterns of spectacle. We could borrow the category of the « tragic pageant » which Muriel Bradbrook applied to a much later « private playhouse » play, *Timon of Athens*[10]. The story of Dido and Æneas involves intervention by gods in human fortunes: Marlowe may have incorporated gods and adopted an epic style not only to authenticate

---

9. For authorship see Christopher Marlowe, *Dido Queen of Carthage and The Massacre at Paris*, ed. H.J. Oliver, *The Revels Plays*, London, Methuen, 1968, p. xx-xxv; and for the revival see p. xxxi-xxxii.
10. Bradbrook M.C., « The Tragic Pageant of *Timon of Athens* », *The living monument: Shakespeare and the theatre of his time*, Cambridge, Cambridge Univ. Press, 1976.

his tale but to legitimate and aggrandise the action, to relate a theatrical fancy of « frolic thoughts » (4.2.5) to the imperial theme within a frame of high Renaissance art.

It is important to fix the *tone* of the play since that may help us make some decisions about staging methods. The action of *The Tragedy of Dido, Queen of Carthage* intersperses scenes on Parnassus or an unspecified classical heaven with scenes in Carthage. I do not detect a tone of pastiche. The gods are not made petty[11], nor do I think Marlowe treats the gods in the manner of Lucianic satire[12]. Rather the gods are there to represent adversity, the role of *Moira* in Homer: They « control proud Fate and cut the thread of Time » (1.1. l. 29). It does not seem to me that the opening *Gestus* of Jove « *dandling* GANYMEDE *upon his knee* » (1.1.0 SD) is lubricious, or in any sense « homosexual », even camp. Nor do I believe that the curtailment of Dido's laments suggest cursory or parodic writing: pathos is kindled but made subservient to the imperial theme.

I want to argue that above all the play is a political tragedy rather than a pathetical love story[13]. I want to concentrate on Æneas' mission rather than Dido's plight – the topic of much recent criticism[14]. In this context we must re-iterate that it was Virgil's imperial account of the tale that Marlowe followed, not the cursory version offered by Ovid[15].

Overall the play is concerned with notions of manliness: Æneas must free himself from the snares or moral demands of love[16]. It is a praise of Herculean endeavour. Here, early in the play, is Jupiter speaking of Juno to Ganymede, a vignette that surely announces an informing archetype:

---

11. Leech C., « Marlowe's Humor », in *Essays on Shakespeare and Elizabethan Drama in Honor of Hardin Craig*, ed. Hosley R., Columbia, Univ. of Missouri Press, 1962.
12. A summary of the problem of the gods in *Dido* is to be found in Marlowe's *Dido Queen of Carthage, ibid.*, p. XLI.
13. Stump reads the play topically with relation to Elizabeth's marital negotiations with the Duc d'Anjou (1579-1581), « Marlowe's Travesty of Virgil: Dido and Elizabethan Dreams of Empire », *Comparative Drama*, 34, 2000, p. 79-107.
14. See, for example, Hendricks M., « Managing the Barbarian: *The Tragedy of Dido, Queen of Carthage* », *Renaissance Drama*, 23, 1992, p. 165-188; and Purkiss D., « The Queen on Stage: Marlowe's *Dido, Queen of Carthage* and the Representation of Elizabeth I », in *Representing Dido*, ed. Burden M., London, Faber, 1998, p. 151-167.
15. Ovid's version of the tale of Æneas comes in *Metamorphoses*, XIV, ed. Nims J.F., trans. Golding A., New York, Macmillan, 1965, p. 95 *sqq*.
16. See 3.4. l. 42-50 where Æneas pledges his love to Dido.

> I vow, if she but once frown on thee more,
> To hang her meteor-like 'twixt heaven and earth,
> And bind her hand and foot with golden cords,
> As once I did for harming Hercules! (I.1. l. 13-15)

The punishment of Juno for persecuting Hercules comes from Homer: it figures in a mural painted by Correggio in 1518-1519 for the Camera di San Paulo in Parma[17]. I disagree with the play's editor, H.J. Oliver: « [...] little as we know of Marlowe – he is not exactly the man likely to admire without qualification Virgil's "pius Æneas", the right-thinking hero with a divine mission, the agent of the Gods in the founding of Rome »[18]. Rather, Marlowe is concerned with Æneas' cause rather than his character, and this image of the humiliation of a woman prefigures the « mythology » of the text: Æneas must escape female influence.

Æneas in lots of ways resembles Hamlet, a man with a mission imposed upon him by a supernatural power but unwilling to follow the paths of violence. Ophelia is Hamlet's Dido. My reading of the text in fact takes off from what seems to have been at the centre of Shakespeare's reading – he paid homage to the play in the Pyrrhus speech in *Hamlet*[19]. Æneas is obsessed by the *hamartia* of Priam who admitted into Troy the wooden horse whence issued the son of Achilles, Neoptolemus or Pyrrhus, a man of steel and blood. Æneas, of course, stands for *pietas*, Pyrrhus for *furor*, the force in Virgil that threatens civilized order[20]. The « furious Pyrrhus », as Marlowe categorises him (II.1. l. 223), represents a vision of manhood that haunts Æneas:

> Then he unlock'd the horse, and suddenly
> From out his entrails Neoptolemus,
> Setting his spear upon the ground, leapt forth,
> And after him a thousand Grecians more,
> In whose stern faces shin'd the quenchless fire

---

17. This is reproduced and discussed in Seznec J., *The Survival of the Pagan Gods: The Mythological Tradition and its Place in Renaissance Humanism and Art*, trans. Barbara F. Sessions, Princeton, N.J., Princeton Univ. Press, 1953, p. 117-118.
18. Christopher Marlowe, *Dido Queen of Carthage and The Massacre at Paris*, ed. H.J. Oliver, The Revels Plays, London, Methuen, 1968, p. XL.
19. Bradbrook M.C., « Shakespeare's recollections of Marlowe », *Shakespeare's Styles: Essays in Honour of Kenneth Muir*, ed. Edwards P., Ewbank I.-S. and Hunter G.K., Cambridge, Cambridge Univ. Press, 1980, p. 191-204; Hattaway M., *Hamlet, The Critics Debate*, London, Macmillan, 1987, p. 88-90.
20. Wells R.H., *Shakespeare on Masculinity*, Cambridge, Cambridge Univ. Press, 2000, p. 131.

> That after burnt the pride of Asia.
> By this, the camp was come unto the walls
> And through the breach did march into the streets,
> Where, meeting with the rest, « Kill, kill! » they cried.
> Frighted with this confused noise, I rose,
> And looking from a turret might behold
> Young infants swimming in their parents' blood,
> Headless carcases piled up in heaps,
> Virgins half-dead dragged by their golden hair
> And with main force flung on a ring of pikes,
> Old men with swords thrust through their aged sides,
> Kneeling for mercy to a Greekish lad,
> Who with steel pole-axes dash'd out their brains. (II.1. l. 182-199)

We think of Coleridge's note on the Pyrrhus speech in *Hamlet*: « This admirable substitution of the epic for the dramatic »[21]. But the Virgilian intertextuality creates a paradox: the mission of Æneas is to proceed to Italy to found, by conquest, a city and an empire, « *Roma æterna*: the Apotheosis of Power »[22]. Yet Rome also stood for order – and for peace, and Æneas first dreams of a « a sensuous and beautiful new Troy » to anneal the wounds of war[23]:

> Triumph, my mates, our travels are at end;
> Here will Æneas build a statelier Troy
> Than that which grim Atrides overthrew;
> Carthage shall vaunt her petty walls no more,
> For I will grace them with a fairer frame
> And clad her in a crystal livery
> Wherein the day may evermore delight;
> From golden India Ganges will I fetch,
> Whose wealthy streams may wait upon her towers
> And triple-wise entrench her round about;
> The sun from Egypt shall rich odours bring,
> Wherewith his burning beams, like labouring bees
> That load their thighs with Hybla's honey's spoils,

---

21. Coleridge S.T., *Coleridge's Essays and Lectures on Shakespeare*, London, Everyman, n.d., p. 149.
22. Cochrane C.N., *Christianity and Classical Culture*, Oxford, The Clarendon Press, 1944, the title of Chap. III.
23. Henderson D.E., *Passion Made Public: Elizabethan Lyric, Gender, and Performance*, Urbana, Univ. of Illinois Press, 1995, p. 133.

> Shall here unburden their exhaled sweets
> And plant our pleasant suburbs with her fumes. (V.1. l. 1-15)

However, in order to achieve that peace Æneas had to abandon that feminine Carthage, abandon Dido. She in turn becomes « *furiosa* » :

> O serpent that came creeping from the shore
> And I for pity harbour'd in my bosom,
> Wilt thou now slay me with thy venomed sting
> And hiss at Dido for preserving thee?
> Go, go, and spare not; seek out Italy;
> I hope that that which love forbids me do
> The rocks and sea-gulfs will perform at large
> And thou shalt perish in the billows' ways,
> To whom poor Dido doth bequeath revenge,
> Ay, traitor, and the waves shall cast thee up,
> Where thou and false Achates first set foot. (V.1. l. 165-175)

A larger destiny awaits, and Æneas must become a kind of Pyrrhus himself, overcoming Turnus and winning the battle for Latium.

I would suggest that the play needs to be read in the context of a set of texts which urge Elizabeth to create a true British Empire[24], not the fiction of empire that is celebrated in Spenser and the poems of George Peele that were written for the Accession Day celebrations during the reign of Elizabeth. In the Act of Appeals of 1533, England's declaration of independence from Rome, Henry VIII had commanded a bold proclamation: « This realm of England is an empire »[25]. It is arguable that texts like Marlowe's *Tamburlaine* imply that this formula – an « empire » in the context of the Act designated a state that owed no allegiance to another state – was a deceptive fiction. Elizabeth needed to create a « real » empire with subservient princes – the captive kings in *Tamburlaine* are their emblems – and the Roman empire provided the obvious model. This « modern » notion is hinted at by Jupiter who prophesies that « No bounds but heaven shall bound [Æneas'] empery » (I.1. l. 100) Perhaps Marlowe could not dramatise the end of Æneas' mission, given that Elizabeth's imperial mission had not begun.

---
24. These include John Dee's *The British Monarchy* (1577) and a 1584 text by Richard Hakluyt that has come to be known as the *Discourse of Western Planting*.
25. Elton G.R. (ed.), *The Tudor Constitution: Documents and Commentary*, Cambridge, Cambridge Univ. Press, 1972, p. 344.

Staging

This reading of the play can be related to a model for early staging. Interestingly, the text seems to demand *décor simultané*, and there is no reason but to believe that simultaneous staging could have been used in performances of *Dido* in both halls and public playhouses – a crossover that was denied by Chambers[26]. Iarbas may well have simply walked from one scenic property to another between IV.1 and IV.2, thus obviating the need for an exit followed immediately by a re-entrance.

The opening stage direction reads: « *Here the curtains draw* » to discover Jupiter and Ganymede with Mercury lying asleep. At the Rose the curtains could have been those concealing a discovery space: at court I conjecture a « house » or « mansion » – or possibly an entrance in a hall screen. I disagree with Chambers who wrote,

> I think that when the Elizabethans spoke of « houses » on the stage, they were perhaps regarding them primarily as the habitations of the actors rather than of the personages whom these represented. They were the tiring-houses, in which the actors remained when they were not in action and to and from which they made their exits and their entrances[27].

The gods may have remained in sight and viewed the action, each from his or her mansion. Their presence would have signalled a controlling presence or necessary direction for the action (we could compare the way in which Revenge views the action of *The Spanish Tragedy* from aloft).

A French text, the 1582 *Ballet Comique de la reine fait aux noces de Monsieur le Duc de Joyeuse et Mlle de Vaudremont*, also known as *Circé*[28], contains a well-known engraving of a proto-operatic representation of a Virgilian subject. Perhaps Marlowe's Jupiter occupied a cloud palace like that in the engraving, or possibly an elaborate rock of the sort used in English court masques[29]. Alternatively he could have occupied the « chair » (II.1. l. 83), or throne that later was used by Dido, in her case a sign of female *hybris*.

---

26. Chambers E.K., *The Elizabethan stage*, 4 vols., Oxford, The Clarendon Press, 1923, III, p. 88-89.
27. *Ibid.*, I, p. 231.
28. de Beaujoyeulx B., et al., *Le ballet-comique de la reine*, New York, Broude, 1971.
29. Chambers E.K., *The Elizabethan stage, op. cit.*, I, p. 232.

In public playhouse performances, this may have been let down by means of a crane in the « heavens » above the stage.

In I.1 we find references to trees, and at the end of Act 2 there are references to a « grove » where Venus lulls Ascanius to sleep so that Cupid may take his place and touch Dido with his arrow to make her love Æneas. At the opening of Act 2 there are several references to the walls of Carthage: these I take to designate another mansion or « frame »: Henslowe's scenic properties included, after all, « the city of Rome ».

Significant problems arise from the cave and the tomb, possible mansions that may be identified respectively in the text and in Henslowe. At III.4.1 the stage direction reads, « *The storm. Enter ÆNEAS and DIDO in the cave at several times* ». The cave might have constructed under the grove or under the rock – or, in an amphitheatre playhouse, the discovery space could have served. Henslowe's inventory of 10 March, 1598 lists « One tomb of Guido, one tomb of Dido, one bedstead »[30]. There is, however, no reference to Dido's « tomb » in the text. This crux engenders various hypotheses: perhaps, like the hell-mouth in *Faustus*, a tomb stood on stage throughout the action as tragical signifier. It could have been an altar-like structure or hearse that could produce the flames into which Dido finally casts herself. (Iarbas sacrifices on an altar in IV.2). Perhaps the « cave » could contain a device to produce flames so that it could also serve as the « tomb »: the same mansion figuring as House of Love and House of Death. We might even conjecture that in Henslowe the person that drew up the list caught the « tomb » from the previous entry, the « tomb of Guido » – perhaps the reference should have been to the« cave of Dido ».

If, at an occasional performance, the monarch was present, he or she would have occupied a conspicuous chair that would constitute another mansion, as the engraving of *Le Ballet comique* shows Marie de Medici as part of the spectacle. If the Queen were present the players would have made certain the she and the audience picked up the pun on « Elissa » (Dido's original name in Virgil) and « Eliza » in Iarbas' plaint while sacrificing:

> Come, servants, come, bring forth the sacrifice,
> That I may pacify that gloomy Jove,
> Whose empty altars have enlarged our ills [...]

---

30. Rutter C.C. (ed.), *Documents of the Rose Playhouse*, Manchester, Manchester Univ. Press, 1984, p. 135-137.

> Hear, hear, O hear Iarbas' plaining prayers,
> Whose hideous echoes make the welkin howl,
> And all the woods « Eliza » to resound. (IV.2. l. 1-3, 8-10)

This technique of *décor simultané* particularly suited a text like *Dido*, which at appropriate performances served to compliment and persuade. The presence of gods within the same playing space as the monarch would create a compliment, and the freedom from historical or psychological truth conferred by the « mythological » dimension allowed Marlowe or his patrons to offer both scenes of pathos and exhortation. London had long been celebrated by Spenser and others as « New Troy » : in *Dido*, I would submit, Marlowe was urging Elizabeth to convert « New Troy » to « New Rome ».

Roberta Mullini

Nemesis in *Respublica* as an Emblem for Queen Mary

When looking for pagan gods on the English stage, one usually goes to the Stuart and Jacobean masques, where they are frequently present and play relevant roles in the political game of courtly spectacles, being enriched as they are with all their allusive and almost esoteric power. On the contrary, it is not easy to find them in earlier forms of dramatic entertainment, unless one takes into consideration Tudor royal entries, progresses and allegorical pageants (but here, too, they are not very frequent). On the whole it is not the rule for the English drama of the first part of the sixteenth century to show pagan gods and goddesses on the stage. Heirs to a strong allegorical tradition of Christian origin, English playwrights nearly always chose to personify vices and virtues still in the 1530s-1540s by connecting them to Christian values, especially because of the powerful necessity of propaganda at the time of the Reformation. Even in the morality plays whose main concern focuses on politics, such as Bale's *King Johan* (with its mixture of historical personages and allegories) and Lindsay's *Ane Satire of the Thrie Estaitis*, characters take after old allegorical models, sometimes notwithstanding their new « political » names. Or else they are named after a whole class of people, or, literally, an estate[1]. The British dramatic tradition was, in those years, still void of pagan gods, even if humanism had already gone a long way in the British court and universities.

Actually, there are only three extant examples of gods walking the early sixteenth-century stage: one, the earliest, is Jupiter in John Heywood's *The Play of the Wether* (1533?), another is Mulciber in Nicolas Udall's *Thersites*

---

1. It is true that Lindsay's play offers a large scope of roles, some of which – like Sowter, Taylour and their respective wives – are taken from everyday life, but it must also be remembered that the author knew French drama, especially farces and sotties.

(1537), the last is Nemesis in Udall's *Respublica* (1553)[2]. Of course there are differences between these plays: first, the latter two are attributed to the same author, who wrote them, respectively, for Oxford University students and for Queen Mary, while the former was written for a courtly audience, or at least for an audience conversant with courtly life. Secondly, Nicholas Udall was a school teacher of Latin (he taught at Eton before being connected with Westminster Choir Boys and the court of Mary Tudor), whereas John Heywood started his career at Henry VIII's court – according to extant documents – in 1519 as « singer and player of virginals » and there remained till some time before the king's divorce. The two playwrights' humanism, therefore, had different roots: Udall's came from the discovery of Greek and Latin works, Heywood's came mainly from his personal attachment to the court and the cultural milieu of the so called « More circle ». One was mainly a teacher, the other an entertainer. Nevertheless, their respective backgrounds helped them introduce gods and goddesses into their plays, even if differently and with dissimilar weight in the plots.

Furthermore, *Thersites* cannot be attributed a political meaning (and therefore it will not be discussed here), while both *Wether* and *Respublica* are plays where politics, the management of power and courtly affairs play a dominant role. Differences, therefore, do not only mark the plays as products of two culturally different authors, but also distinguish texts within the production of one single playwright.

Not only in the early sixteenth century, though, does the English drama offer occasions for a deity to appear on a stage: God the Father had very often been represented in the mystery cycles and Christ was at the centre of the cycles both in his humanity and in his divinity, but the morality of state and the drama debating political issues show a clear detour from the cycles in their themes. Furthermore, the latter, even if embedded in a moral-play « container », so to speak, take on novel nuances, especially because political issues necessarily develop an earthly vision of many problems which had previously been dealt with on an exclusively religious level. As a single example suffice it to mention the characters of Verity (or Truth) and Justice, who come from *The Castle of Perseverance* and from the N-Town cycle, but who acquire new relevance in a context that has to cope with general problems such as the way of guiding a state.

---

2. *Respublica*, An Interlude for Christmas 1553 attributed to Nicholas Udall, ed. Greg W.W., EETS o.s. 226, Oxford, Oxford Univ. Press, 1952.

In this view, they are invested with secular power, and Justice – in particular – will somehow merge with social aspects like imprisonment and a very worldly administration of the law.

It is also true that not all drama touching on political aspects uses pagan gods and goddesses, on the contrary the legacy of the Greek and Latin tradition appears to be made use of only scantily, since theatrical symbols of the sovereign in previous and contemporary plays were allegories such as Magnificence or his later Scottish correspondent Rex Humanitas, or a king proper like King John, whose works are justified in the end by the allegorical Imperial Majesty. The novelty of Heywood's and Udall's plays is that allegories are substituted by gods and goddesses. Therefore to wonder why this took place is more than a legitimate question. Perhaps humanist culture suggested that « new clothes » were necessary for the « emperor », according to the spreading of the rediscovery of classical myths (even if they had never been forgotten during the Middle Ages). But at the same time this happened because the old pagan gods were read through the filter of neo-platonic new allegory and invested with symbolic power, made acceptable, in a way, to Christianity as well. In this way the structure of medieval allegory remains (and in *Respublica* especially it mixes fruitfully with the product of the new episteme), without causing relevant cultural and religious clashes.

Some notes on Jupiter in *The Play of the Wether*

Recent criticism has re-dated John Heywood's *The Play of the Wether*, on the basis of internal evidence and topical allusions: in spite of its being printed in 1533 by William Rastell, Heywood's brother-in law, the date of composition does not clearly correspond to the year of printing, so that « one may confidently say that composition of *Wether* was between 1527 and 1533 », as Richard Axton and Peter Happé maintain in their edition of Heywood's plays[3]. But, as the two editors make clear while discussing the play and in the notes to it, they tend to date the play in 1533 itself, with a possible performance at Shrovetide. On the other hand, Greg Walker seems to prefer 1529-1530, because of the allusions to the parliament of gods in the play, to be understood as hints of the recent parliamentary

---

3. Axton R. and Happé P. (eds.), *The Plays of John Heywood*, Cambridge, D.S. Brewer, 1991, p. 52.

acts which led to the strengthening of Henry VIII's power as an absolutist monarch[4]. In a more recent article Lynn Forest-Hill, while agreeing with Axton and Happé on 1533, reads the text as showing Heywood's condemnation of theologians who, on the Catholic and Reformist opposite sides, were discussing against or in favour of the king's divorce around that year[5].

Dates and purposes, time and occasion seem to underpin the different interpretations of the play's motives and of its satirical impact: for example Forest-Hill argues that the Wind Miller and the Water Miller are representatives of the clergy disputing about the divorce, while Walker underlines the « curious lack of any of the clerical figures normally so well represented in social satires »[6]. But what is mainly affected by the various views, in their turn related to different times of composition, is the role of Jupiter in the play.

All critics agree that Jupiter represents Henry VIII, but the weight of the god's presence varies. For Walker Jupiter is the perfect absolutist sovereign who offers Henry a model of political behaviour in order to sedate parliamentary controversies and to subdue household courtiers' pride and dishonesty. Forest-Hill stresses the role of Jupiter/Henry in prodding the overcoming of future sectarianism.

I am not going to enter into the problem, but I would only like to highlight that, in any case, Jupiter is introduced into the play because chief of gods and goddesses, able to govern his celestial and earthly subjects, according to the Greek and Latin tradition which had never died even during the Middle Ages, while prospering, on the contrary, through the allegorical and astrological interpretations of ancient gods[7]. And it is not by accident that Heywood uses the image of the parliament of gods at the beginning of the play: whether he drew it from Gil Vicente's *Cortes de Jupiter* (1521) or not, this motif allows the narration, in Jupiter's monologue, of a debate among gods appointed to regulate the weather on earth and to influence human life via stars and planets. Actually Jupiter complains about Saturn, Phebes, Eolus, and Phebe's abusing:

---

4. Walker G., *Plays of Persuasion*, Cambridge, Cambridge Univ. Press, 1991, p. 133-168 [163].
5. Forest-Hill L., « Lucian's Satire of Philosophers in Heywood's *Play of the Wether* », *METh* 18, 1996, p. 141-160.
6. Walker G., *Plays of Persuasion*, op. cit., p. 163.
7. Seznec J., *The Survival of the Pagan Gods*, trans. Sessions B.F., New York, Pantheon Books, Bollinger Series XXXVIII, 1953.

> [...] ryght farre out of frame
> The dew course of all theyr constellacyons
> To the great damage of all yerthly nacyons. (l. 33-35)

In so doing, the playwright offered his spectators, whether the court itself or a coterie audience, a type of sovereign who pursues both political and religious harmony, because the power Jupiter receives first from the gods, according to the former's narrative, and later from mankind, as the rest of the play shows, is used only to achieve « peace universally » (l. 1246). The equal distribution of any kind of weather is aimed at social concord, so

> That eche wyth other ye shall hole remayne
> In pleasure and plentyfull welth certayne. (l. 1209-1210)

Certainly, Heywood passed his advice to Henry « almost subliminally »[8], nearly « self-mockingly, in the guise of an allowed fool »[9] and under the mask of carnival[10], but he was able to use the power of a re-discovered humanist god in order to portray his ideal king.

Nemesis in *Respublica*

When writing *Respublica* in 1553, Nicholas Udall did not only face the problem of having to build a play for a Catholic sovereign[11] but also that of dealing with a queen regnant, the first in English history (apart from mythic figures like Boadicea), as opposed to all queens consort[12]. All pre-

---

8. Walker G., *Plays of Persuasion, op. cit.*, p. 167.
9. Bevington D., *Tudor Drama and Politics*, Cambridge, Mass., Harvard Univ. Press, 1968, p. 64.
10. See Mullini R., « "Better be Sott Somer than Sage Salamon" : Carnivalesque Features in John Heywood's Plays », in Eisenbichler K. & Husken W. (eds.), *Carnival and the Carnivalesque*, Amsterdam and Atlanta, Rodopi, 1999, p. 29-42.
11. See Walker G., *The Politics of Performance in Early Renaissance Drama*, Cambridge, Cambridge Univ. Press, 1998, p. 163-195.
12. Anglo S., *Images of Tudor Kingship*, London, Seaby, 1992, p. 99. *Respublica* is the first English play divided into the 5-act structure of classical rules (or it may be the second, the first being *Ralph Roister Doister* by the same playwright, Nicholas Udall, written at about the same time). It is a morality of state, that is, a political play concerned with the government of the realm. Respublica, the heroine, is a widow in need of good counsellors in order to face the difficult situation of her country, when four such personages offer her their services. But they are bad counsellors, actually, whose real names are Avarice – the Vice of the play as he is called in the list of the *Dramatis Personæ* – Insolence, Adulation, and Oppression. By disguising themselves as Policy, Authority, Honesty, and Reformation – respectively – they

vious political plays had represented male sovereigns or their allegories (Jupiter as a mask for Henry VIII in *The Play of the Wether* is an example), therefore the playwright had no direct model to follow, nor was there a handy iconography to be copied or drawn upon. Certainly there had been England, in Bale's *King Johan*, but she represented the state and not a queen (actually Udall « copied » Bale's character for his *Respublica*, the title role, making her « a widow », in need of a male sovereign in order to be governed properly[13]). But besides that, Udall invented a new character, Nemesis, to face the unprecedented government of a female sovereign, only that she leaves the kingdom at the end of the text – in spite of what the « Prologue » to the play says when assimilating her to Mary, that is, to the hopefully long-living new queen. This leads to that merging effect described by Walker when he writes that « Respublica quickly blurs the distinction between state and sovereign, becoming a figure inextricably associated with the new queen herself »[14].

As I mentioned above, the available iconography for Tudor sovereigns did not offer any clue for a queen: the red and white Tudor rose, the greyhound, and the portcullis appeared in banners, in official documents, in coins and in royal seals, in works of art and were sung in poetry, and when the kings of England had been represented in pageants they had nearly always been portrayed as Christian religious characters and symbols or paralleled to Arthurian heroes, or to very traditional pagan gods. As to this phenomenon Sydney Anglo maintains that « Tudor civic spectacle differed from its continental counterparts only in its comparative infrequency, poverty and the rarity of its classical imagery »[15]. Therefore it might sound strange and far-fetched that the « Prologue » to *Respublica* introduces Nemesis as the alias of Queen Mary, in very explicit terms:

> Soo for goode Englande sake this presente howre and daie
> In hope of hir restoring from hir late decaye,
> we children to youe olde folke, bothe with harte and voyce

---

deceive Respublica and cause the ruin of the state and of its people (there is a character named People who represents citizens at large). After Respublica's many prayers to God, four ladies arrive: Misericordia, Verity, Peace, and Justice, who help discover the evil-doers and send them to Nemesis. This goddess restores Respublica to her true power, has the culprits punished and jailed, then leaves the country.
13.   See Walker G., *The Politics of Performance in Early Renaissance Drama, op. cit.*, p. 192-195.
14.   *Ibid.*, p. 193.
15.   Anglo S., *Images of Tudor Kingship, op. cit.*, p. 108.

> maie Ioyne all togither to thanke god and Reioyce
> That he hath sent Marye our Soveraigne and Quene
> to reforme thabuses which hithertoo hath been,
> And that yls whiche long tyme have reigned vncorrecte
> shall nowe foreuer bee redressed with effecte.
> She is oure most wise and most worthie Nemesis
> Of whome our plaie meneth tamende that is amysse. (Greg ed., l. 45-54)

Why Nemesis, then, when characters with similar functions to Nemesis' as described in the « Prologue », but not belonging to « classical imagery », had been present in other moralities of state? Let Redresse in *Magnyfycence* and Divyne Correcctioun in *Ane Satire of the Thrie Estaitis* be remembered. But one must not forget that Udall was the Latin teacher who had published the *Flowers of Latin Speaking* (1533-1534), one well conversant with contemporary Renaissance production (for example *Thersites* comes from a Latin dialogue by Ravisius Textor[16] and that Plautus' *Aulularia* is made use of to characterise Avarice in *Respublica* itself[17]). Therefore it is not difficult to assume that the author must have known classical sources which have Nemesis among their gods. But not only that.

What is interesting, is that Nemesis has a very limited role in the play and at the very end of the text, being present only in one scene (*Actus quinti scena decima*), the last one, while she is described by Veritee in a relatively long and extremely revealing passage just before her arrival (*Actus quinti scena nona*):

> *Veretee*. Nowe you see, what thei are, the punishment of this
> muste bee referred to the goddesse Nemesis
> she is the mooste highe goddesse of correccion
> Cleare of conscience and voide of affeccion
> she hath powre from a bove, and is newlie sent downe
> T<o> redr<esse a>ll owtrages in cite and in Towne
> she hathe powre from godde all practise to repeale
> which might bring Annoyaunce to ladie comonweale.
> To hir office belongeth the prowde toverthrowe
> and suche to restore as iniurie hath browght lowe.

---

16. Mullini R., « *Thersites*: uma farça de estudantes », *Adágio. Revista do Centro Dramático de Évora* 28/29, Janeiro/Maio, 2001, p. 92-99.
17. Mullini R., « Euclio britannicus, ovvero l'*Aulularia* nel Cinquecento inglese », in Raffaelli R. e Tontini A. (a cura di), *Lecturæ plautinæ sarsinates III: "Aulularia"*, Urbino, QuattroVenti, 2000, p. 117-124.

> tys hir powre to forbidde and punishe in all eastates
> all presumptuous immoderate attemptates.
> hir cognisaunce therefore is a whele and wings to flye,
> in token hir rewle extendeth ferre and nie.
> A rudder eke she bearethe in her other hande,
> As directrie of all thinges in everye Lande.
> Than pranketh she hir elbowse owte vnder hir side,
> To keape backe the headie and to temper theire pride.
>
> (V, 9, l. 1780-1797)

Where could such a description come from, when, as Anglo argues, « classical imagery » was not normally applied to English sovereigns? In order to try and find out what source Udall looked up for his Nemesis, continental Renaissance culture can be of help, and, since he describes his goddess in full detail, as if he had a picture in front of him, images (or their descriptions) are perhaps a possible source.

Actually there is something that matches Verity's words almost perfectly: on one side an emblem of Andrea Alciati's[18], and on the other a description included in Giglio Girardi's *De deis gentium historia*[19].

Alciati's *Emblematum Liber* was first published in Latin in Augsburg in 1531, but was soon translated into many European languages and, above all, underwent many editions which stemmed out of famous printing houses: in 1536 the French version appeared, printed by Wechel in Paris; in 1542 a German translation was ready at the same printer's; a Spanish translation was issued by Bonhomme in Lyons in 1549[20], where an Italian text appeared in the same year published by « Guglielmo Rovillio » and translated by Giovanni Marquale. In Alciati's collection short verses are accompanied by illustrations which, from the rather clumsy style of the first engraver, became more and more elaborate. There was no English translation until Geoffrey Whitney's *Choice of Emblems*, printed by Raphelengius in Leiden in 1586, and, as the title suggests, it was a partial one. What, after the first edition, became Emblem XXVII is devoted to Nemesis, with a motto and an epigram accompanying the engraving.

---

18. Alciati Andrea, *Emblematum Liber*, Augsburg, Steyner, 1531, first edition.
19. Giraldi Giglio [or Lilio] Gregorio, *De deis gentium*, Basileæ, Oporinus, 1548, first edition.
20. Alciati Andrea, *Andreas Alciatus. Index emblematicus*, ed. by Daly P.M., Callahan V.W., Cutler S., 2 vols., Toronto, Toronto Univ. Press, 1985.

The motto reads: « *Nec verbo, nec facto quenquam lædendum* » [Neither by word nor deed must injury be done to anybody], while the four-line original epigram is the following:

> *Assequitur, Nemesisque, virum vestigia servat,*
> *Continet & cubitum duraque frena manu.*
> *Ne male quid facias, neve improba verba loquaris:*
> *Et iubet in cunctis rebus adesse modum.*
>
> Nemesis follows and watches men's steps,
> she holds in her hand both a cubit rule, and a sharp bridle.
> To prevent one from doing evil, and from saying villainous words:
> and she orders that moderation should be our guide in all things.
> (my translation)

It is not difficult to hear a bell ring when these lines are read together with Verity's presentation of Nemesis in *Respublica*, even if the correspondence is not complete, since Alciati's Nemesis has a cubit rule in one hand and a bridle in the other to rule and guide men, while Udall does hint at « her rewle » (l. 1793), which is very probably used as a synonym for « government » or « law », but joined to a rudder (l. 1794). However, it is the whole icon we get from Verity's speech that echoes the iconographic tradition of Nemesis as it accompanied Alciati's epigram. Udall's Nemesis has a wheel on which presumably she stands and has wings to fly, the two details being « hir cognisaunce » (l. 1792), i.e. her device, in other words her emblem.

The first illustrator of Alciati's Nemesis did engrave both wheel and wings, and a bridle in her left hand (Fig. 1[21]). There is no trace yet of the cubit rule, because this detail was understood only later, since « The printing of Alciato's emblem [...] displays a range of different iconographic approaches and the illustrators' usual carelessness towards the details of the author's text »[22]. In editions later than 1531 both the wheel and the wings have disappeared (Fig. 2[23]). Actually « it is not until 1583 that the goddess is reunited with her missing attribute »[24] (Fig. 3[25]).

---

21. Figure 1 (Nemesis), taken from Alciati 1531 (S.M. 19, f° A7 r°), is reproduced by permission of the Glasgow University Library.
22. Manning J., « A Bibliographical Approach to the Illustrations in Sixteenth-century Editions of Alciato's Emblemata », in Daly P.M. (ed.), *Andrea Alciato and the Emblem Tradition*, New York, AMS Press, 1989, p. 127-176 [p. 143].
23. Figure 2 (Nemesis) is taken from Alciati, *Emblemata cum Claudij Minois I.C. Commentarijs. Ad postremam Auctoris editionem auctis & recognitis*, Ex Officina Platiniana Raphelengii,

Fig. 1

Fig. 2

Fig. 3

Fig. 4

Something could be said about line 1796 («Than pranketh she hir elbowes owte vnder hir side») in Udall's text: on one hand the playwright seems to be under the straight influence of Alciati's words, on the other he appears uncertain about what use to make of «cubitum», since it is not included in the pictures of Nemesis available at his times. Nevertheless, the word is there, and Udall introduces it, in its meaning of «elbow», as an addition to the other – correct – attributes of the goddess, indicating the energetic movements of her body and somehow reproducing the attitude of the goddess in the Italian edition printed in 1549 (Fig. 4[26]).

Therefore, if Alciati's work was known to Udall either through the first edition or some subsequent one up to 1553, he could not possibly have seen the definitive picture in which the goddess Nemesis carries both the bridle and the cubit rule. On the other hand, he was certainly able to understand the words of Alciati's emblem, and to adapt them to his goddess. In any case, the description of the character in *Respublica* is already something extraordinary, given the fact that no book of emblems was either translated into English or published in England at that time. It must have been Udall's humanist culture and competence which put him in touch with a continental product that was to be so influential later in the sixteenth and seventeenth centuries[27].

There is, however, another possible source for Udall's image of Nemesis, especially for that detail – the rudder instead of the bridle – which does not match Alciati's words properly: this seems to be Giglio Giraldi's *De deis gentium historia* which was published in Basle in 1548. To testify to the

---

Leiden, 1608, 33 (an edition which did not yet follow the «new» correct interpretation of Alciati's verse), by permission of the Biblioteca Comunale di Imola. The omission of the rule in this rather late edition is due to the printer's use of the same pictures as redesigned for Plantin in 1577.
24. Manning J., «A Bibliographical Approach ... », *op. cit.*, p. 144.
25. Figure 3 is reproduced by permission of the Biblioteca Comunale di Imola. It comes from a 1661 Paduan edition of Alciati's emblems (*Emblemata cum commentarijs amplissimis*, Patavij, Typis Pauli Framboti, MDCLXI, p. 157), which uses the same engravings as Tozzi's 1618 edition: in the picture Nemesis' rule is quite evident.
26. Figure 4 (Nemesis) is drawn from Alciati 1549, 28 and reproduced by permission of the Biblioteca Universitaria di Urbino.
27. Even if, as Peter M. Daly maintains, «educated Englishmen were aware of Continental emblems and imprese long before any emblem book had been published in England, or in English» («England and the Emblem: The Cultural Context of English Emblem Books», in Daly P.M. (ed.), *The English Emblem and the Continental Tradition*, New York, AMS Press, 1988, p. 1-60 [p. 3]), no other occurrence of this awareness seems so early and poignant as Udall's.

wide spread of symbolic reading of pagan gods in continental Europe[28], this volume, too, draws from the same Greek and Latin sources as Alciati's (both poetry and history) when describing gods and goddesses of ancient times (one must remember, though, that Giraldi's work is not illustrated and that it consists only of descriptions and references to ancient sources). About the goddess Nemesis Giraldi says:

> Pennas ideo huic deæ fabulosa vetustas aptavit, ut adesse velocitate volucri cunctis existemaretur. Eidem gubernaculum dedit, et rotam subdidit, ut universitatem regere per elementa discurrens omnia non ignoraretur[29].
>
> To this goddess ancient mythology attributed wings, in order for her to be near all things with maximum celerity. A rudder was given to her and a wheel was located under her feet, so that she was known to rule the world while running through all elements. (my translation)

And, on the following page (p. 447, l. 33), Giraldi observes that « Extat & distichon, quo Nemesis effingitur cum freno et mensura cubiti » (« There is also a distich in which Nemesis is portrayed with a bridle and a cubit rule »). The similarities between Udall's two possible sources are evident, the main difference being that no rudder is mentioned in Alciati's verse nor in the picture, while it appears in Giraldi's description of the goddess. Furthermore, Giraldi is even more explicit when he adds that « Sunt qui Nemesin Fortunam faciant » (« There are some who consider Nemesis as Fortune », p. 447, l. 49), whereas in Alciati's emblems nothing is said about the possible overlapping of the attributes of the two goddesses. Nevertheless, the images of Fortune (and especially of Occasion) and of Nemesis show more than one merging point in the illustrations of Alciati's editions posterior to 1531.

---

28. Seznec J., *The Survival of the Pagan Gods, op. cit.*; Allen D.C., *Mysteriously Meant. The Rediscovery of Pagan Symbolism and Allegorical Interpretation in the Renaissance*, Baltimore, The Johns Hopkins Press, 1970; Bath M., *Speaking Pictures. Emblem Books and Renaissance Culture*, London, Longman, 1994.
29. Giraldi Giglio [or Lilio] Gregorio, 1580, *De deis gentium varia et multiplex historia, Libris sive syntagmatibus XVII comprehensa, in Operum quæ extant omnium... Tomi duo*, Basileæ, per Thomam Guarinum, (Tomus I), l. 25-28.

Actually, later editions show no wheel under Nemesis' feet, nor wings, while attributing these details to the goddess Occasion (Fig. 5[30]), who, in her turn, sometimes is engraved standing on a round stone and not on a wheel – for example in Tozzi's 1618 edition – with an influence, perhaps, from the description of Fortune in *Cebes' Tablet*. It is clear from all these influences that Renaissance culture operates very powerfully in modelling new images and in substituting a new symbolic level to Chistian allegory. But at the same time, symbols and their iconography are blurred and often merge, so as to give life to mixed images. Udall, in fact, seems to draw on a multiplicity of sources, some, in any case, previously unknown (or, at least, not yet used) in England.

If we consider what I have just argued, i.e. that representations of gods tended to mix attributes and to create new multifaceted entities, another detail may be of interest, especially in view of the overlapping of Nemesis' and Fortune's attributes.

Fig. 5

When speaking of « Fortuna conservatrix », Giraldi says that the goddess was portrayed with a rudder in her right hand (« dextra vero temonem habentis »[31]). As is evident from Nemesis' and Fortuna's descriptions, both goddesses are thought of as holding a rudder (« gubernaculum » for Nemesis, and « temonem » for Fortune), thus contributing to the confusion of detail attributed to the two goddesses. This attribute (a rudder for both Nemesis and Fortune), is what appears in Vincenzo Cartari's treatise *Le imagini de i dei de gli antichi*, printed in Venice in 1556[32]. Cartari, like Giraldi, published

---

30. Figure 5 (Occasion) is reproduced from Alciati, *Emblemata cum Claudij Minois I.C.*, 1608, *op. cit.*, 128 (« emblema CXXI »), by permission of the Biblioteca Comunale di Imola. It is not surprising that this same picture is the one used for the same goddess in Whitney's *Choice of Emblems* (1586), since the 1608 edition of Alciati and Whitney's volume were published in Leiden by the same printer, François Raphelengius, in his « Officina Plantiniana ».
31. Giraldi Giglio [or Lilio] Gregorio, *De deis gentium varia et multiplex historia...*, *op. cit.*, p. 451 [for 450], l. 19.
32. Cartari Vincenzo, *Le imagini con la spositione de i dei de gliantichi [sic] raccolte per Vincenzo Cartari*, in Venetia per Francesco Marcolini, MDLVI (1556).

his book with no pictures, but when, in 1571 (and in all later issues of the volume), some were added, the engraver imagined Nemesis and Fortune in a very similar way (Fig. 6-7[33]).

Obviously Cartari's various editions could not possibly be known to Udall in 1553, but they show, nevertheless, the influence of Giraldi's book, as, we are brought to surmise, it was felt by Udall when he composed *Respublica*.

But apart from the iconographic details, one may wonder why Nemesis was chosen to represent Queen Mary. Again, it is to the Greek and Latin tradition that one must look in order to find some hints to this point, especially for the meaning of Alciati's verse. Nemesis, he writes, prevents evil speaking and punishes it, guiding men towards moderation, according to the maxim that nobody must be injured by deeds or words. This allegorical meaning comes from many ancient sources, retrievable, particularly, from the *Anthologia Palatina* (or Greek Anthology), where many poets refer to Nemesis' power to punish idle words[34]. But besides those, a passage from Macrobius' *Saturnalia* seems to be relevant[35]:

> *Et ut ad solis multiplicem potestatem revolvatur oratio, Nemesis, quæ contra superbiam colitur, quid aliud est quam potestatis, cuius ista natura est ut fulgentia obscuret et conspectui auferat, quæque sunt in obscuro illuminet offeratque conspectui?* (I, XXII, 226)
>
> And to go back to the multifaceted power of the sun, what is Nemesis, whom man invokes against pride, but this power, whose nature is to obscure what shines and to reveal and bring to light what is in the dark? (my translation)

---

33. Figure 6 (Nemesis) and 7 (Fortune), engraved by Bolognino Zaltieri for the 1571 edition, are reproduced from Cartari, *Le imagini de i dei de gli antichi con bellissime e accommodate figure nuovamente ristampate*, Venetia, presso Francesco Ziletti, 1587, p. 375 and 386 respectively, by permission of the Biblioteca Comunale di Imola.

34. The goddess who punishes « light words » is mentioned, for example, by Antipholos of Byzantium (VII, 630, l. 6), who calls her « the enemy of the tongue », and by Meleagros in XII, 141. Besides this, Alciati's words according to which Nemesis « follows men's steps » reproduce a line from Diodoros' epigram (IX, 405, l. 2) where Nemesis is the virgin « who follows men's footprints ». Pausanias, in the first book of his *Periegesis* (*Græciæ Descriptio*), describes Nemesis' temple and her statue (XXXIII, 2-3 and 7), adding that the goddess was sometimes portrayed with wings, since also connected with love and therefore depicted with this attribute of Eros'.

35. Macrobius, *Les saturnales*, I (livres I-III), trad. Henri Bornèque, Paris, Garnier, s.d. [*Conviviorum Saturnaliorum Septem Libri*].

Fig. 6

Fig. 7

Nemesis, therefore, according to this tradition, is the deity who helps truth to be revealed and, at the same time, is the scourge of the proud and of evil-doers. With this in mind, it does not seem difficult to recognise the function of the goddess as it was interpreted in the classical era and its correspondent in Udall's play: Nemesis the redresser, Nemesis in charge of destroying vices and of raising innocent people oppressed by proud enemies. Actually, in the narrative of the play, the Vice Avarice and his companions act out of pride, besides being – each of them – representative of a specific evil. And Nemesis' classical role as a guide to moderation really appears to fulfil all wishes of Udall's, who, being clearly committed to the Reformation, could see all the perils deriving from the reign of a Catholic sovereign[36].

To what extent, then, is Nemesis really a « figure by an allegorye » of the queen (« Prologue », l. 18)? According to the text, the goddess has a very liminal part in the play and, soon after restoring Respublica to her status, leaves the action:

> Wel I muste goe hens to an other countreye now
> That hathe of redresse the like case that is in youe. (V, 10, l. 1926-1927)

The goddess says she is going to other places where redress is needed, totally complying with the characteristics of her emblem, the wheel and the wings, which, in Giraldi's words, allow her « to be near all things with maximum celerity ». Udall, in a way, while paying his tribute to the new queen by introducing her directly into his play, seems to keep her at a distance, rendering the state as such – the *res publica* – the real protagonist. In other words, Udall is saying – with as much indirectness as possible – that once the worst evils of the previous government have been brought to light and amended, the new sovereign ought to keep a low profile, so to speak. It is not a case, in my opinion, that the administration of justice is left to worldly officers, such as People and a constable (mentioned at l. 1910), previously called « the hedd Officer/which hathe Authoritee Justice to mynister » by Nemesis herself (l. 1908-1909). With the help of the « Four Daughters of God » as reminders of the morality-play tradition, the goddess has discovered the evil doers, especially because « Verity, the daughter of old father time »[37], as Avarice names Truth, is the principal

---

36. Walker G., *The Politics of Performance in Early Renaissance Drama*, op. cit., p. 166-167.
37. Mary had adopted « the motto *Veritas temporis filia* for her personal device » (Broude Ronal, « *Vindicta Filia Temporis*: Three English Forerunners of the Elizabethan Revenge

means to find out the vices and bring them to punishment, and because Justice is an *alter ego* of Nemesis herself, certainly one of the Daughters of God, but, at the same time, a pillar of every earthly and secular state[38].

Perhaps Nemesis has such a short, though relevant, role in *Respublica* because its author desired the queen to act with moderation in the difficult situation of the kingdom, a kind of behaviour towards which it is the special function of the goddess Nemesis to lead men. Through a pagan icon, even if reconciled to Christian values like all other emblems, Udall found the image of the « queenship » he wanted. The knowledge of Alciati's *Emblematum Liber* and of Giraldi's *De deis gentium historia* offered him a way out, a solution to the lack of specifically female images of power in the English political and iconographical tradition. At the same time Udall possibly thought of the reign of Mary as a short period during which the worst evils of the realm could be amended and redressed, perhaps a reign of transition towards another sovereign (who could be nobody else but Elizabeth). Or, though we can only work through hypotheses once more, he chose a symbol of a passing goddess, since Mary was a woman, the first queen regnant in English modern history, therefore a person whose ability in governing – *qua* woman – was still to be accepted and tested both on a personal and on a political level. By comparing the queen to Nemesis, furthermore, Udall seems to foresee the cult of a woman sovereign as a goddess, that is, what followed in the rest of the sixteenth century as an exaltation of Elizabeth I as Astrea[39].

Play », *JEGP* 72: 4, 1973, p. 489-502 [493]). This motto was also inscribed around the oval picture used by Francesco Marcolini as the device of his printing house (it appears in Cartari's first edition – 1556 – in the frontispiece and at the end of the volume): the picture shows a female figure (Truth) raised from the earth by a winged man soaring above (Time with a sand-glass in his left hand), while another woman (representing Falsehood by her serpent-like tail) is trying to hit her and prevent her from rising.

38. By quoting classical sources, moreover, Nemesis is called « Iustitiæ filiam » by Ravisius Textor in his *Officina (Theatrum Poeticum atque Historicum, sive Officina,* Basileæ, Sumptibus Andreæ Cellarii, 1600, IIX, 1101; first edition 1505), an epithet also used by Giraldi (*De deis gentium varia et multiplex historia, Libris sive syntagmatibus XVII comprehensa, in Operum quæ extant omnium... Tomi duo,* Basileæ, per Thomam Guarinum, Tomus I, 1580, 446). In the Italian translation of Alciati's emblems, Nemesis' name has become « Giustizia » (*Diverse imprese accommodate a diverse moralità con versi che i loro significati dichiarano, tratte da gli Emblemi dell'Alciato,* in Lione da Guglielmo Rovillio [trans. by Giovanni Marquale], 1549, 28).

39. According to a tradition drawing on Hesiodus, Nemesis was a virgin and there are sources which appear to mix her attributes with Astrea's (the latter being also connected to Justice as the former, and both returning to heaven after their short stay on the earth; see Giraldi, *De deis gentium varia et multiplex historia, op. cit.,* 466 [for 448]).

The relationship I have found between the Italian emblematic discourse and Udall's play cannot rely on documented evidence, but only on textual proofs according to which words and images from the Italian emblems merge to build a novel picture not only of an English sovereign, but of the first English sovereign who was a woman. Perhaps, the mingling of the attributes of Fortune, Nemesis and Occasion also wanted to show a path to the queen's first periods of government: Mary, who had been touched by Fortune after the death of her half-brother Edward VI, had to grasp Occasion and show herself a righteous Nemesis and an example of moderation. This was, perhaps, Udall's hope, and it is not by chance, then, that he chose Nemesis as the emblem for the queen: in fact, some lines printed at the top of Alciati's first edition (1531, A7r°) as sort of an introduction to this goddess may help understanding the playwright's position:

> *Spes simul et Nemesis nostris altaribus adsunt, scilicet ut speres nisi quod liceat.*
>
> Hope and Nemesis are together on our altars, in order for man to desire only what is right and lawful. (my translation)

According to these words, Hope and Nemesis go hand in hand in guiding mankind's behaviour so that the latter goddess tempers, so to speak, the former and so that people (and especially a sovereign) act only rightfully and lawfully.

Unfortunately, there is no historical evidence of how the queen reacted to Udall's advice; certainly the allegorical figure the playwright coined for Mary was intended to work as a powerful reminder for her future policies. But, as history shows, Udall's hope went disregarded.

Cinquième partie

Dieu, les dieux et les mythes

Raimondo Guarino

Du système du savoir à l'ordre des mythes. Les dieux antiques dans les spectacles italiens du XVe siècle

Du Paradis à l'Olympe : un mimétisme archéologique

Par la présence des dieux antiques dans les rues et dans les fêtes des chrétiens du XVe siècle, l'héritage gréco-romain sort de l'enceinte des bibliothèques, des écoles et des collections et touche aux pratiques symboliques collectives des citoyens.

Vagantur et simulati gigantes et fauni per urbem, atque centauri. [...] *Alius enim in nymphæ morem succinctus arcum et pharetram vel iaculum gestat.* « Les géants, les faunes et les centaures se promènent dans la ville » écrit un témoin des processions pour la fête de saint Jean à Florence, en 1475[1]. L'apparition des nymphes, des satyres et d'autres monstres mythiques et divinités mineures est un trait fréquent dans les apparats triomphaux, dans les entrées des princes et ensuite dans les célébrations patronales du Quattrocento. On peut donc parler d'un paganisme répandu dans la célébration urbaine. On connaît la théorie d'Erwin Panofsky, suivie par Jean Seznec dans son ouvrage sur la survivance du panthéon classique, selon laquelle l'accomplissement du style et de l'iconographie de la Renaissance serait dû à la réintégration de l'unité des formes et des sujets classiques, et à la réconciliation des traditions plastiques avec la tradition littéraire, après la dissociation survenue pendant le Moyen Âge[2]. Mais pour que

---
1. La lettre de Pietro Cennini est transcrite dans Mancini Girolamo, « Il bel san Giovanni e le feste patronali di Firenze descritte nel 1475 da Pietro Cennini », *Rivista d'arte*, VI, 1909, p. 185-227 [p. 224].
2. On se réfère évidemment à l'ouvrage de Jean Seznec, *La Survivance des dieux antiques*, London, The Warburg Institute, 1940. Le principe de la « réintégration » est énoncé dans Panofsky E. et Saxl F., « Classical Mythology in Medieval Art », *Metropolitan Museum*

les dieux revivent dans les spectacles, une réintégration plus vaste doit enchaîner les dimensions des livres et des images peintes, sculptées et enluminées et le domaine des représentations vivantes. La sphère des images cosmologiques, historiques, morales inspirées de l'Antiquité prend corps, littéralement, dans les rituels et dans les pratiques de représentation, donc dans les situations de la célébration moderne. Cela s'explique d'un côté par la circulation des images et des récits, mais aussi par une correspondance entre la notion de la multiplicité du divin et certains aspects de la religiosité en Europe avant la Réforme.

La survivance des dieux dans les spectacles requiert qu'on interroge les mobiles et les sujets des actions collectives et qu'on retrace les liens entre les savoirs et les pratiques. La multiplicité du divin, qui inspire le polymorphisme théorisé dans la théologie néoplatonicienne, anime aussi bien un pluralisme des rites et des symboles et s'enracine dans le polythéisme implicite de la religion de la ville chrétienne, caractérisée par le culte de la Vierge et des saints, les privilèges et les fonctions des ordres religieux et des confréries, les dévotions et les cultes parallèles et particuliers des associations des laïcs[3].

La réconciliation entre la *prisca theologia* des savants anciens et le christianisme, qui donne lieu à la *theologia poetica* des néoplatoniciens, concerne les significations profondes touchées par l'usage des thèmes païens. Mais les aspects concrets des *acta religionis* sont aussi concernés par la connaissance et la considération historique des mœurs et des croyances antiques. Dans certains milieux humanistes on reconstruit et on restaure les cultes païens. On a étudié l'influence du polythéisme de Gemiste Pléthon sur les humanistes italiens, sur les cercles des platoniciens florentins et surtout dans l'Académie romaine de Pomponio Leto[4]. La dévotion aux dieux de l'Olympe est souvent littéraire, mais parfois, comme chez les *sodales* de Pomponio, se lie à des lieux et à des cérémonies spécifiques. Le mouvement

---

Studies, IV, 1933, p. 228-279 et repris dans les ouvrages postérieurs de Panofsky E. (*Studies in Iconology*, Oxford, Oxford Univ. Press, 1939 ; *Renaissance and Renascences in Western Art*, Stockholm, Almqvist & Wiksell, 1960).
3. Voir Vauchez A., *Les Laïcs au Moyen Âge. Pratiques et expériences religieuses*, Paris, Les Éditions du Cerf, 1987.
4. Sur la restauration du polythéisme chez Gemiste Pléthon et son influence sur les humanistes italiens, voir Garin E., *Medioevo e Rinascimento*, Bari, Laterza, 1954 ; Masai F., *Pléthon et le platonisme de Mistra*, Paris, Les Belles Lettres, 1956 ; Wind E., *Pagan Mysteries in the Renaissance*, London, Faber & Faber, 1958, 1968[2] ; Woodhouse C.M., *Gemisthos Plethon. The Last of the Hellenes*, Oxford, Oxford Univ. Press, 1986.

qui intéresse les spectacles est beaucoup plus large, diffusé, contaminé par la circulation autonome des lectures, des images, des histoires, et se traduit dans ce qu'on peut définir comme le syncrétisme des célébrations. C'est là que la *religio altera* de certains humanistes se retrouve mêlée avec des pratiques symboliques traditionnelles. Il n'y a pas de relations de causalité, mais des correspondances et des processus très subtils de passage d'objets, de notions, de valeurs.

Pierre Francastel a voulu entrevoir dans l'éclosion de la fête mythologique à Florence, au Quattrocento, « le lien [...] entre la Renaissance florentine et les traditions du peuple ». Cette liaison est évidemment soumise aux conditions du contexte, qui donnent de nouvelles valeurs à l'imagerie antique. Francastel a souligné « l'élaboration vivante de nouveaux rites » et a identifié « un mouvement non pas de retour au paganisme ancien, mais d'institution réfléchie d'un rituel allégorisant et paganisant étroitement lié aux intentions politiques des maîtres du pouvoir »[5]. À part les hypothèses sur la liaison des spectacles mythologiques aux rites folkloriques et les questions ouvertes sur l'usage politique du paganisme, il faut retenir, dans l'approche de Francastel, la référence aux actions collectives de la célébration urbaine : la danse, le combat chevaleresque, le chant, donc les *ludi* de la civilisation communale. Ces indications élargissent l'héritage de l'Antiquité au spectacle moderne au-delà de l'archéologie du théâtre et du drame.

La redécouverte du théâtre comme lieu des spectacles de la ville ancienne, les expériences de traduction et de représentation de la comédie et, plus rarement, de la tragédie latine sont des phénomènes limités aux écoles et aux milieux des humanistes, qui débouchent plus tard dans les fêtes de cour. Mais le mimétisme de la célébration urbaine dépasse les limites de l'archétype théâtral. La ville moderne transforme ses lieux solennels, ses cérémonies, ses célébrations à l'instar de ce qu'on connaît de la ville antique, et notamment de Rome. La conscience de la *religio* et de ses dimensions historiques s'impose à la survivance encyclopédique des dieux et anime la restauration des figures et des histoires mythiques dans les rites contemporains. Cette comparaison et cette assimilation se lisent pleinement dans le deuxième livre du traité de l'humaniste Flavio Biondo *De Roma triumphante* (rédigé entre 1456 et 1459), où les cultes publics, les

---

5.   Francastel P., « La Fête mythologique au Quattrocento. Expression littéraire et visualisation plastique », dans Id., *La Réalité figurative*, Paris, Gonthier, 1965, p. 241-274 (les citations aux p. 242, 261, 257).

ludi et les *pompæ* des Romains sont comparés aux processions, aux tournois, aux solennités des villes italiennes du xve siècle. Dans le dixième et dernier livre du même ouvrage, on imagine un triomphe chrétien, en soulignant les analogies entre la *pompa triumphalis* et les *machinæ* et les *spectaculi* des processions florentines de la Saint-Jean[6]. La confrontation avec la fête païenne ne se produit pas seulement dans le regard, les écritures et dans la conscience du passé et du présent des humanistes. Les mirages archéologiques sont parallèles aux démarches concrètes à l'œuvre dans la peinture et dans les spectacles et se matérialisent dans le polymorphisme de la religion urbaine. Dans la variété des signes qui parcourent les milieux de la célébration, on adapte la reviviscence des images classiques aux valeurs et aux instruments du spectacle chrétien, on reconduit l'Olympe et le Parnasse au Paradis.

En 1490, à Milan, pour la fête des noces de Gian Galeazzo Sforza avec Isabelle d'Aragon, Léonard de Vinci réalise un dispositif qui montre Jupiter avec les autres dieux planétaires, leur descente sur un mont, Mercure qui les annonce et confie à Apollon les Grâces et les Vertus, comme dons pour les époux. Il s'agit d'une des transfigurations courantes en festival mythologique de la célébration nuptiale des princes. La théophanie classique de Milan est baptisée *festa del Paradiso*. « Et on l'appelait Paradis parce que le génie et l'art de Léonard de Vinci y avaient fabriqué le paradis avec toutes les sept planètes qui tournaient, et les planètes étaient représentées par des hommes, dans la forme et avec les costumes décrits par les poètes »[7], écrit Bernardo Bellincioni, l'auteur des textes de la représentation. Évidemment la mécanique, la lumière et la musique déployées dans le dispositif olympien recouraient à la tradition de la machinerie qui s'appelait *paradiso* ; celle-ci représentait, dans les spectacles de certaines églises et confréries florentines, le ciel feint des chrétiens et les épiphanies de leur Dieu et de ses anges (Vasari attribue à Brunelleschi l'invention de l'*ingegno* pour la fête

---

6. Sur les écrits de Biondo et le spectacle à la Renaissance, voir les analyses fondamentales de Cruciani F., *Teatro nel Rinascimento. Roma 1450-1550*, Roma, Bulzoni, 1983, p. 90-93.
7. Voir la description du spectacle dans la relation de l'ambassadeur Giacomo Trotti transcrite dans Solmi E., *Scritti vinciani*, Firenze, « La Voce », 1924, p. 8-14. Le texte de Bellincioni dans *Le rime di Bernardo Bellincioni*, éd. Fanfani P., Bologna, Romagnoli, 1876-1878, II, p. 208 : « Et chiamasi Paradiso, però che v'era fabbricato, con il grand'ingegno e arte di maestro Leonardo Vinci fiorentino, il paradiso con tutti li sette pianeti che giravano, e li pianeti erano rapresentati da homeni in forma e habito che si descriveno dalli poeti, li quali pianeti parlano tutti in laude della prefata duchessa Isabella ».

de l'Annonciation dans l'église de san Felice[8]). À Milan, en 1490, la survivance des dieux dans les noms et les images des planètes et leur apparition dans l'espace de la cour se conjuguent à la machinerie chrétienne. Dans l'essor commun du mimétisme archéologique, l'évocation du panthéon classique entraîne plusieurs foyers et plusieurs styles de célébration : la fête des humanistes, les rituels civiques, les célébrations des confréries, les spectacles de cour. On propose ici un aperçu de trois épisodes qui, dans des domaines différents, aident à reconstruire les niveaux de signification et le concours des langages mobilisés par la représentation vivante des mythes et des dieux païens dans la première Renaissance italienne.

Ferrare 1433 : les dieux, masques de la fête

Pendant les fêtes de Carnaval à la cour de Niccolò III d'Este, à Ferrare, en 1433, un poète sicilien qui a étudié à Sienne et à Padoue, Giovanni Marrasio, organise un cortège de dieux antiques. Une description latine de Niccolò Loschi apporte un témoignage sur les figures du défilé. Les dieux de Marrasio apparaissent parmi les *larvati saltantes* des danses de cour. Apollon ouvre le cortège avec son manteau doré, suivi par Bacchus au pas chancelant, donc ivre, et le thyrse à la main, interprété, disait-on, par le même Marrasio (*hanc aiunt Marrasium formam suscepisse*). Venaient ensuite Esculape, Mars furieux et Bellona, déesse de la guerre, Mercure, les ailes aux pieds, Priape, Vénus, aux formes ravissantes, son fils Cupidon avec les deux flèches, celle d'or et celle de plomb. Suivaient les Furies (*Furiæ insanæ*), qui semaient la terreur, les trois Parques, Hercule, avec la peau du lion et les trois têtes de Cerbère. Et il y en avait beaucoup d'autres[9].

Après le défilé, Cupidon déclame un poème, une élégie latine. Dans le texte de l'élégie, Marrasio décrit son cortège comme le défilé des masques engendrés par Vénus dans la nuit et destinés à mourir tout de suite et à renaître, grâce aux plaintes de la mère, dans les jours des jeux annuels (*Statuere uno funera nostra die/Tandem nostra parens divos et fata rogavit/Nec potuit lacrimis fata movere suis./Sed sibi deflenti nos concessere renasci/Postque mori, annalis conficiendo iocos*). Ces *larvæ* sont donc les masques du carna-

---

8. Voir Ventrone P., *Gli araldi della commedia*, Pisa, Pacini, 1993 ; Newbigin N., *Feste d'Oltrarno. Plays in Churches in Fifteenth-Century Florence*, Firenze, Olschki, 1996.
9. Voir la description de Loschi dans Sabbadini R., *Epistolario di Guarino Veronese*, Venezia, Deputazione di Storia Patria, 3 vols., 1915-1919, III, p. 294-296 ; les textes des élégies de Marrasio et Guarino, *ibid.*, II, p. 149-154.

val, qui vivent leur brève existence en jouissant des dons de Bacchus, de la musique et de la danse. Marrasio n'est pas un poète inconnu et sans ambition. Il compte parmi ses connaissances Cyriaque d'Ancône, le marchand antiquaire qui parcourt la Méditerranée en dessinant les statues et les bâtiments, les temples et les épigraphes, les survivances monumentales de la civilisation classique[10]. Marrasio lui donne et lui dédie avec un distique le texte de l'élégie prononcée par Cupidon (*Kyriace, hinc larvas accipe, amice, novas* : « reçois, mon ami Cyriaque, ces masques nouveaux »). Et ses vers déclenchent une dispute intéressante. L'humaniste Guarino Veronese, arbitre de la culture classique dans l'université et la cour de Ferrare, lui répond que ses masques ne sont pas si obscurs mais peuvent vanter un passé digne des Muses qui honorent la cour des marquis d'Este, car ils ont été introduits par Eschyle dans le théâtre, sur la scène tragique. Tout en remerciant le savant humaniste, le poète sicilien insiste. Il connaît bien ses classiques. S'il avait voulu rappeler l'origine des masques du théâtre, il aurait cité Thespis, suivant Aristote et Horace. Mais les masques du carnaval de la cour ne sont pas ceux que cultivaient les premiers théâtres (*Non ego descripsi quam prima theatra colebant/Larvam sed quam nunc regia queque tenet*). Les *larvæ* de Vénus s'éteignent, confirme Marrasio, dans le temps et l'espace des fêtes de la cour. Il conclut par une avance burlesque, en proposant le mariage de ses masques avec ceux de Guarino pour enfanter le monstre d'un masque à deux visages.

Dans le carnaval de la cour de Ferrare, au-dessous des noms des dieux, apparaissent les masques. Et ces masques, selon le poète qui les a évoqués, ne sont pas les mêmes que le savoir classe parmi les instruments et les signes du théâtre. Dans la fête de 1433 il y a donc, au moins, trois regards qui voient d'une façon différente les apparitions du cortège masqué. Le regard de la description qui reconnaît et nomme les figures des dieux ; celui de l'humaniste qui les relie à l'origine et au retour du théâtre ; et le regard du même poète Marrasio qui a évoqué ces « masques nouveaux » et les chante comme fils de Vénus et démons, à la fois périssables et renaissants, des réjouissances carnavalesques. Ces trois regards nous révèlent que les masques sont moins mais aussi bien plus que le théâtre, et bien plus que les noms et les images des dieux.

Ernst Gombrich a mis en valeur, dans son essai *Icones Symbolicæ*, la couche symbolique fondamentale où, avant de se prêter aux significations

---

10. Voir Bodnar E.W., *Cyriacus of Ancona and Athens*, Bruxelles-Berchem, Latomus, 1960.

allégoriques, la présence des dieux et des personnifications agit dans les fêtes comme font les masques dans les rituels :

> *Perhaps the idea was under the threshold of conscience that by being in the « right » attire, these figures became genuine « masks » in the primitive sense which turn their bearers into the supernatural beings they represent*[11].

À ce niveau fondamental, le passage du savoir relatif à l'Antiquité dans les fêtes de la Renaissance est aussi un passage des pouvoirs liés à la connaissance du passé, passage qui se produit au point de rencontre des images et des motifs littéraires archéologiques avec les pratiques symboliques. À la lumière de la phrase de Gombrich, on peut reconsidérer l'importance des signes et des gestes des dieux antiques. Leur révélation ne consiste pas dans la simple démonstration ou déduction d'un savoir, mais dans la force et dans la présence des figures. On touche ici à la « vertu des images » redécouverte par Ficin (voir le chapitre *De virtute imaginum secundum antiquos* dans le traité *De vita triplici,* III, 13), vertu des images qui explique le privilège de l'intuition sur la connaissance conceptuelle. « Pour contrôler les actions occultes et incessantes des divinités planétaires il est essentiel de pouvoir les nommer et leur donner un visage »[12]. On retrouve ici la justification magique et psychique de la persistance des divinités gréco-romaines dans la tradition astrologique. Les noms et les images des dieux agissent sur les forces de l'univers. Si l'on fouille dans les couches de significations (cosmologiques, historiques, morales), et dans la relation à la fois énigmatique et protectrice du symbole avec les vérités cachées, on reste dans le sillon de la persistance de la *fabula* qui parcourt la continuité du platonisme médiéval[13], et qui se reverse aussi dans la tradition didactique et édifiante de l'*Ovide moralisé*[14]. Ici, par contre, dans l'éclatement des pouvoirs de l'image et dans l'émotion spécifique de l'image mouvante,

---

11. Gombrich E., *Symbolic Images. Studies in the Art of the Renaissance*, London, Phaidon Press, 1972, p. 176 (« Au dessous du seuil de la conscience, il y avait l'idée que le fait d'avoir un costume "correct" faisait de ces figures d'authentiques "masques" au sens primitif du terme, c'est-à-dire quelque chose qui transforme ceux qui les portent dans les êtres surnaturels que les masques représentent »).
12. Chastel A., *Marsile Ficin et l'art*, Genève, Droz, 1954, p. 84. Et, sur la vertu des images dans le néoplatonisme, Gombrich E., *Symbolic Images, op. cit.*, p. 172-174.
13. Dronke P., *Fabula. Explorations into the uses of myth in medieval platonism*, Leiden, Brill, 1974.
14. Seznec J., *La Survivance, op. cit., passim.*

c'est la force de la représentation par elle-même qui intéresse. L'évocation des pouvoirs surnaturels ne contredit pas le nouveau savoir sur les civilisations antiques. Dans la notion historique des rites païens et des ruines des monuments, des *fragmenti della sancta antiquitate* (selon les mots de Francesco Colonna dans l'*Hypnerotomachia*), acquise par l'humanisme et par la recherche sur l'Antiquité, la relation à l'Antiquité n'est jamais une survivance inerte : représenter les dieux équivaut à franchir une distance temporelle et culturelle[15]. Les images des dieux, et, à plus forte raison, leurs images vivantes, acquièrent le halo des revenants dans la production des figures et des pratiques, impression fixée et facile à retrouver dans les peintures et les sculptures, difficile à saisir mais même plus imposante dans l'univers des actions physiques et publiques des spectacles.

À Ferrare on rencontre la pratique de la mythologie comme déguisement savant à l'intérieur de la fête de cour. Avant que la contribution des humanistes ne produise la récitation de la dramaturgie littéraire ou l'intérêt philologique et architectonique pour le lieu théâtral des Anciens, dans la mascarade néoclassique la présence des dieux marque les débats des intellectuels et l'ambiance de la fête, dans un milieu où les images de l'Antique scellent la *magnificentia* des princes.

Padoue 1466 : les jeux de l'homme et la présence des dieux

Entre le système du savoir et l'ordre des mythes, des récits vivants, il y a l'univers des techniques, des pratiques de la représentation. La danse, comme dans le contexte du cortège de Ferrare, le chant, comme dans l'exemple du chant orphique, qui soude, à Florence, les méditations des néoplatoniciens aux transfigurations mythiques de la poésie en vulgaire[16] et le combat chevaleresque, répandu dans les traditions de la célébration européenne à la fin du Moyen Âge, comme exhibition d'*ethos* aristocratique et courtois imitée par les seigneurs et les notables de la ville[17]. « Danser, chanter, lutter, nous sommes en pleine fête mythologique »[18]. Sur l'ensemble

---

15. Settis S., « Continuità, distanza, conoscenza. Tre usi dell'antico », dans Settis S. (dir.), *Memoria dell'antico nell'arte italiana. III. Dalla tradizione all'archeologia*, Torino, Einaudi, 1986, p. 375-486.
16. *Cf.* Guarino R., « Figures et mythes de la musique dans les spectacles de la Renaissance italienne », *Imago Musicæ*, XVI/XVII, 1999/2000, p. 11-24.
17. Sur l'imitation, par la danse et les jeux chevaleresques, des mœurs aristocratiques dans la ville marchande, Trexler R., *Public Life in Renaissance Florence*, New York, Academic Press, 1980.
18. Francastel P., *La Réalité figurative*, op. cit., p. 248.

de ces pratiques portent la transfiguration et le mimétisme archéologique à l'œuvre dans les spectacles, et dans ce mouvement on saisit le passage des dieux depuis les salles peintes et des manuscrits illustrés jusqu'aux actions collectives.

Dans l'histoire des typologies du spectacle au XVe siècle, la *giostra*, l'*hastiludium* monté à Padoue en 1466, précède les appareils mis en place à Florence pour les jeunes Médicis dans les années suivantes (1469 pour Laurent et 1475 pour Julien). La joute avait été organisée par un capitaine humaniste vénitien, Ludovico Foscarini, orateur et mécène. La source la plus détaillée est un poème de Ludovico Lazzarelli (un humaniste dont on verra le singulier parcours), *De apparatu patavini hastiludii*, poème dont plusieurs copies manuscrites sont conservées dans les bibliothèques européennes[19].

Dans les premiers vers, l'auteur s'adresse au recteur des étudiants anglais, qui est aussi un des arbitres du combat.

> Tu liras les délices et les pompes, et par le mime se succèderont les splendides monuments des Anciens, et les rites antiques et les guerres des anciens capitaines. Et on verra combien sont distantes les affaires récentes des entreprises des Anciens. Tu reconnaîtras Jupiter armé de foudres, Mars pris dans le filet. [...] Et Pégase aux pieds ailés, le cheval fantastique qui soulève Bellérophon, celui qui avec ses armes glorieuses a dompté les Amazones. Tu verras Mercure au sommet du Parnasse avec son bâton enveloppé de serpents, et les Muses, les neuf nymphes qui habitent près des sources. [...] Et si Calliope aide à mon chant, tu pourras discerner les choses d'aujourd'hui mêlées aux choses antiques[20].

Dans ces vers, l'auteur ramasse les clichés qui permettent la reconnaissance des dieux en tant que signes de l'Antiquité dans les jeux de guerre

---

19. Kristeller P.O., *Studies in Renaissance Thought and Letters*, Roma, Edizioni di Storia e Letteratura, 1956, p. 225. Sur les autres sources de la joute de Padoue, voir Guarino R., *Teatro e mutamenti. Rinascimento e spettacolo a Venezia*, Bologna, Il Mulino, 1995, p. 84n.

20. Venise, Biblioteca Nazionale Marciana, ms. Lat. XIV, 262 (4719), f° 1r°-v°: « Sæpe leges pompas delitiasque leges/Splendida sic mimo veterum monumenta subibunt/Et ritus veteres bellaque prisca ducum/Antiques quantum distentque recentia factis./Fulminei nosces et tela trisulca Iovis,/Retibus implicitum poteris cognoscere Martem [...] Bellerophonteam poteris spectare chimeram./Pegasus alatis sublevat hunc pedibus./Hic et potuit nitidis spetiosus in armis/Termodontias perdomuisse nurus./Mercurium summo Parnasi in vertice nosces./Anguibus implicitum substinet hic baculum./Inde novem cernes habitantes flumina nimphas. [...] Rebus et antiquis sic mixta recentia cernes/Si faveat ceptis Calliopea meis ».

de la ville moderne. Ces noms et les apparences évoquées font surgir un complexe de récits mythiques qui tournent autour de la légende d'Anthénor comme fondateur de Padoue et de la reviviscence des fables liées au cycle troyen. Dans le texte du poème on lit la transfiguration des capitaines dans les héros, l'appareil triomphal de leurs suites et des divinités qui les protègent, les cortèges des nymphes et la danse des corybantes, les disputes et les défis entre les héros et les dieux. Ces visions se déroulent sous une image du ciel. « *Maxima coelati speties cognoscitur orbis*. On voit la grande image de l'orbe céleste, la Terre au centre entourée par les vagues de Thétis, les eaux entourées par l'air et l'air par le feu. Et dans la région du pôle, tu peux connaître les formes des douze signes du Zodiaque »[21].

Il s'agit de l'horloge astrale monumentale projetée et réalisée entre 1348 et 1360 par Giovanni Dondi, dit pour cela « dell'Orologio », un ami de Pétrarque qui est aussi un des premiers antiquaires italiens, auteur d'un *Iter Romanum* et d'un traité d'astrologie[22]. L'emplacement du tournoi était donc la Piazza dei Signori. Dans le texte de Lazzarelli émerge l'association de l'imaginaire cosmographique et de la mythologie qui inspire la décoration des salles des palais des cours et des sièges des pouvoirs publics, dans les cycles de la peinture monumentale profane. Parmi les monuments de la figuration du temps cosmique, on compte la salle du palais de la *Ragione* à Padoue, peu distante de la *piazza* aménagée pour la joute, dont le programme astrologique a été référé aux écrits de Pietro d'Abano[23]. Dans cette salle on garde, depuis le XIXe siècle, le grand cheval en bois apparu, comme cheval de Troie, dans la chorégraphie de la guerre mythique de 1466. Une autre version de la mythologie cosmique est traduite dans les fresques de la salle des Mois du palais *Schifanoia* à Ferrare, où les jeux et les métiers de la ville sont rangés sous la protection des dieux olympiens « seigneurs des mois », dans un modèle emprunté au poème *Astronomica* de Manilius (Ier siècle), qui est superposé aux couches de figures astrales plus anciennes, transmises par l'astrologie arabe, et aux figures et aux mœurs de la ville moderne[24].

21.   *Ibid.*, f° 2 r°-v°.
22.   Voir les études contenues dans Giovanni Dondi, *Tractatus Astrarii*, éd Barzon A. *et al.*, Città del Vaticano, Biblioteca Apostolica Vaticana, 1960 ; et Cipolla C.M., *Clocks and Culture, 1300-1700*, London, Collins, 1967, p. 45-46.
23.   Saxl F., *Verzeichnis astrologischer und mythologischer illustrierter Handschriften des lateinischen Mittelalters. II. Die Handschriften der Nationalbibliothek in Wien*, Heidelberg, Winter, 1926, p. 49-68 ; Federici Vescovini G., « Pietro d'Abano e gli affreschi astrologici del Palazzo della Ragione di Padova », *Labyrinthos*, 9, 1985, p. 50-73.
24.   La bibliographie est très riche, après l'étude de Warburg A., « Italienische Kunst und

L'image mythique du temps cosmique est liée à la définition des lieux solennels des rituels civiques[25]. Il faut considérer les salles de cour, qui sont souvent les lieux des spectacles, comme les endroits où se concentrent les images et les pratiques. L'ordre des mythes produit le passage entre le savoir archéologique et les cérémonies civiques et pourvoit le répertoire d'histoires fondamentales qui réalisent le retour des fêtes romaines. Dans ce retour, les signes de l'encyclopédie céleste se projettent dans l'histoire des communautés, dans leurs généalogies imaginaires, dans leurs déguisements solennels. Dans la composition des spectacles, la célébration de l'Antiquité dépasse l'héritage du théâtre classique. Il y a une culture antiquisante de la représentation qui ne puise pas dans la connaissance de Vitruve, ni dans les structures du drame latin. Les moules de ces grandes représentations fondent les pratiques de la célébration urbaine avec la connaissance des images et des histoires antiques. Le génie du paganisme, dans l'Europe du XVe siècle, se nourrit de croyances et créations collectives et de l'évocation des images survivantes et vivantes d'une religion ancienne, transformée en savoir et restituée aux pratiques, renouvelée par l'évidence des actions.

« Missing link », mémoire vivante

Le partage du savoir, la circulation des figures ne sont pas des formules vagues, mais des processus concrets. Les écrits de Ludovico Lazzarelli, le chantre de la joute de Padoue, sont parmi les chaînons qui transmettent les noms des dieux des cercles des humanistes aux apparitions dans les rues, au milieu visuel de la ville de la Renaissance. Selon sa biographie, « il trouva dans une boutique de libraire, à Venise, une collection de très belles figures des Divinités des Gentils avec plusieurs images qui représentaient les Arts libéraux. Sur ces images il composa son ouvrage intitulé *De deorum gentilium imaginibus*, qu'il envoya à Frédéric, duc d'Urbino »[26].

Internationale Astrologie im Palazzo Schifanoja zu Ferrara » (1912), dans *Id.*, *Gesammelte Schriften*, éd. Bing G., Leipzig-Berlin, Teubner, 1932, II, p. 459-481, p. 627-644. Plusieurs contributions dans Varese R. (dir.), *Atlante di Schifanoia*, Modena, Panini, 1989.
25. Sur le « lieu solennel » dans la peinture et dans l'espace des cérémonies et son rapport à l'introduction de la perspective, Chastel A., « "Vues urbaines peintes" et théâtre », dans *Id.*, *Fables, Formes, Figures*, Paris, Flammarion, 1978, I, p. 49, 3-503.
26. Deux exemplaires du *Libellus*, où il déclare « priscorum formas sequor et simulacra deorum », dans la Biblioteca Apostolica Vaticana, mss Vat. Urb. Lat. 716-717. Sur les desseins et les textes du *Libellus*, avec la notice sur l'achat des images des dieux à Venise, extraite

Quelques années après, il est à Rome, où il écrit (entre 1475 et 1480) un poème inspiré des *Fastes* d'Ovide, les *Fasti christianæ religionis*. Dans ce poème, où le calendrier des saints et des solennités de l'Église est chanté à l'instar des festivités païennes de Rome, Lazzarelli décrit comme des apparitions parnassiennes les cérémonies des humanistes de l'Académie de Pomponio Leto pour l'anniversaire de la fondation de Rome, les *Palilie*[27]. Dans un incunable intitulé *Epistola Enoch*, il célèbre l'entrée à Rome, en 1484, du prétendu prophète Giovanni Mercurio da Correggio, qui avance orné d'une couronne d'épines, mais qui se fait appeler Mercure et Pimandre, comme les interlocuteurs des dialogues du *Corpus Hermeticum*[28]. Cette entrée solennelle est racontée comme une des causes de la conversion de Lazzarelli des valeurs classiques au christianisme hermétique, voire, pour citer sa préface à un recueil manuscrit d'ouvrages hermétiques, de son passage du Parnasse à Sion[29]. À noter que le titre de l'incunable qui décrit l'entrée du prophète, *Epistola Enoch*, est identique à celui d'un texte de l'apocalyptique judaïque.

Telles sont les traces parsemées dans les écrits de Lazzarelli. Les images des dieux, probablement imprimées, donc multipliées, rencontrées à Venise ; la recherche des images verbales des *simulacra deorum* dans le répertoire des humanistes ; les formules qui reviennent dans le maquillage néoclassique de la joute, et qui se retrouvent dans les rites particuliers de l'Académie de Pomponio ; jusqu'à la révélation par le prophète de la nouvelle foi syncrétique qui imite l'entrée du Christ à Jérusalem. Dans ce flux, le spectacle est le moment où se manifeste avec une pleine évidence et dans une opération collective et complexe la relation de l'histoire au mythe dans les jours et les faits solennels du présent. La pratique du spectacle trouve d'ailleurs dans le réveil des dieux la marque de l'efficacité des actions symboliques. Les signes de cette relation avec un passé absolu, éloigné, reviennent dans la mémoire des témoignages. Le spectacle retrouve dans le langage pluriel de ces passages les sources et les valeurs qui l'ont engendré.

---

d'une biographie écrite dans le XVIIIe siècle, voir Donati L., « Le fonti iconografiche di alcuni manoscritti urbinati della Biblioteca Vaticana. Osservazioni intorno ai cosiddetti "tarocchi del Mantegna" », *La Bibliofilia*, LX, 1958, p. 48-129.
27. Sur les *Palilie* et le théâtre à Rome, Cruciani F., *Teatro nel Rinascimento. Roma 1450-1550*, Roma, Bulzoni, 1983.
28. Cruciani F., *Teatro nel Rinascimento*, op. cit., p. 173-179.
29. Kristeller P.O., *Studies*, op. cit., p. 243.

Cette relation est très lisible dans un document exceptionnel, un manuscrit enluminé conservé dans la Bibliothèque Vaticane (ms. Vat. Urb. Lat. 899). Ce manuscrit contient la description de la fête de Pesaro de 1475 pour les noces de Camilla d'Aragona avec Costanzo Sforza, illustrée par les enluminures qui représentent les figures des ambassadeurs des dieux, et des dieux mêmes, intervenus pendant les deux journées du banquet nuptial[30].

Dans la fête de Pesaro, avant que les dieux planétaires n'apparaissent sur leurs chars, comme les dieux « seigneurs des mois » dans les fresques de *Schifanoia* à Ferrare, les divinités olympiques ont envoyé d'autres figures mythiques, des héros et des demi-dieux comme ambassadeurs, pour rendre hommage et remettre les dons aux époux. Erato, Orphée, les Dioscures, le vieux Silène et beaucoup d'autres sont les messagers de l'Olympe, introduits dans une séquence qui accompagne les entrées des mets du banquet. Le genre du banquet mythologique a été reconnu comme une étape fondamentale de la dramaturgie néoclassique dans les cours italiennes[31]. Mais, pour revenir à l'importance du document, le manuscrit a été choisi par Aby Warburg, avec la séquence intégrale des miniatures, pour la planche 36 de son atlas d'images *Mnemosyne*, où, par le montage des documents iconographiques, il retrace les passages et les survivances de l'Antiquité à la Renaissance et dans la modernité[32]. Dans une conférence de 1928 dédiée à l'identité de la fête à la Renaissance (*Festwesen*), en commentant ces images, Warburg parvient à la définition des figures vivantes de la fête comme *missing link* entre l'art et la vie et comme traces de la mémoire vivante :

> Ohne das illustrierte Buch könnten wir gerade jene Gestalten des Festwesens, die das « missing link » wurden zwischen Leben und Kunst, niemals erfassen : denn eben in jenen Schöpfungen des Festwesens steht die Tragik der Vergänglichkeit im schmerzlichsten Gegensatz zu der überwältigend sinnfälligen Überzeugungskraft ihrer körperlichen Augenblicksexistenz[33].

---

30. Parmi les nombreuses études sur le spectacle de Pesaro, Guidobaldi N., « Musique et danse dans une fête "humaniste" : les noces de Costanzo Sforza et Camilla d'Aragona (Pesaro 1475) », dans *Actes du Colloque Musique et Humanisme*, Paris, Presses de l'ENS, 1993, p. 25-35.
31. Voir Pirrotta N., *Li due Orfei*, Torino, Einaudi, 1975.
32. Warburg A., *Gesammelte Schriften. II-1. Der Bilderatlas Mnemosyne*, éd. Warnke M. et Brink C., Berlin, Akademie Verlag, 2000.
33. Warburg A., *Vortrag Handelskammer 1928. Festwesen*, London, Warburg Institute Archive, texte dactylographié, p. 18 (« Sans le livre illustré, nous ne pourrions jamais saisir

Dans le livre à figures, on saisit la rencontre entre un passé reconnu comme éloigné, séparé par la distance des civilisations, et l'instant de la vie corporelle qui est le propre, l'essence de la fête hantée par les dieux antiques. Dans la situation du spectacle mythologique, la relation entre les figures de l'Antiquité et la scène du présent parvient à la sensation « très douloureuse » qui accompagne l'apparition des revenants dans la vie de l'instant[34]. On comprend, par cette page de Warburg, quel est l'enjeu de l'avènement des dieux, de leurs ambassadeurs, de leurs simulacres. La force des représentations franchit la distance entre les rites païens et la célébration moderne. Warburg établit une correspondance entre la relation livre-fête, la parade des apparitions et un état psychique. Cet état psychique est le reflet des paradoxes du retour des signes du monde classique dans la Renaissance, et de l'idée même de Renaissance : la présence dans la distance, la répétition dans la discontinuité, l'image inanimée qui engendre l'action, la vie dans la mort.

Le livre de la fête de Pesaro et les textes de Lazzarelli ne sont pas de simples documents. Il s'agit d'objets et d'énoncés qui fixent dans le spectacle le lieu et le temps de la survivance comme vie nouvelle des symboles incarnés de l'Antiquité. On ramasse les attributs et les clichés littéraires des dieux, des demi-dieux et des héros et on les recompose dans le temps fort de la fête, dans les gestes et les voix de leurs apparitions. La mémoire des images enluminées et des *loci* littéraires fixe le retour des dieux antiques comme retour des images à la vie et comme nœud du savoir et des pratiques. Le spectacle devient un événement mémorable parce qu'il garde les signes de la mémoire vivante et déclenche le choc culturel qui est l'évocation du passé comme présent, redonnant la vie aux restes de l'Antiquité et imprimant dans les figures et dans les mots les reflets de cette survie, l'ombre et les noms de ses résidus.

---

ces images propres de l'essence de la fête [*Festwesen* peut se traduire soit comme "essence de la fête", soit comme "ordre, système de la fête"], qui sont devenues le "missing link" entre la vie et l'art ; car, dans ces créations de l'ordre de la fête, le tragique de la caducité se situe dans une très douloureuse opposition à la puissante et sensuelle force de conviction de son existence corporelle dans l'instant »).

34. Pour l'interprétation de la « survivance » chez Warburg, voir maintenant l'ouvrage de Didi-Huberman G., *L'Image survivante*, Paris, Minuit, 2002.

Venise 1493 : un rameau d'olivier et une mythologie d'État

L'exemple que j'ai choisi pour montrer un passage du paganisme diffusé à une mythologie de l'État est l'ensemble des spectacles donnés à Venise à l'occasion de la visite de Béatrice d'Este, épouse de Ludovico Sforza, dit le More, duc de Milan, entre la fin de mai et le début de juin de 1493[35].

L'idée du « mythe de Venise » est très solide et répandue dans les études. On ne se pose pourtant pas la question de savoir comment ce qui est proprement les mythes, les répertoires des récits anciens, ont produit le système d'histoires et d'images qui expriment la mythologie, au sens large et figuré, des valeurs politiques. Il est possible de tracer les liens et les synthèses sous-jacentes à l'imaginaire d'État en suivant la présence des dieux anciens dans les rues, dans les salles et dans les livres qui produisent et qui reflètent les spectacles.

Les traces sont nombreuses dans les différents domaines de la célébration. Un poème latin sur une fête de noces de 1497 introduit l'éloge de la Vierge et de Vénus comme protectrices de la ville avec Mercure, et décrit la représentation de la lutte des dieux contre les Géants, tirée du premier chant des *Métamorphoses* d'Ovide[36]. On peut associer ces motifs aux figures des dieux comme symboles et patrons des vertus de Venise, notamment à la présence de Neptune et de Mercure qui s'imprime dans le plan de la ville gravé par Jacopo de' Barbari en 1500. Mais cette iconographie se produit aussi bien par la diffusion des images vivantes dans les célébrations du régime. Les spectacles pour l'accueil de Béatrice en 1493 sont le symptôme de la profondeur de l'investissement politique de l'imaginaire mythique dans les apparats d'État.

Voici la relation écrite par la même Béatrice dans une lettre à son mari Ludovic le More :

> Pendant le cortège sur le Canal Grande, une barque s'approcha du Bucentaure, et sur la poupe de ce bateau on avait monté un échafaud avec la représentation de Minerve et Neptune. Les dieux étaient assis face à un mont avec un château sur le sommet. D'abord, Neptune dansa des entrechats et, après sa danse, Minerve suivit en faisant de même. Ils s'approchèrent

---

35. Sur les sources des spectacles de 1493, voir Guarino R., *Teatro e mutamenti. Rinascimento e spettacolo a Venezia*, Bologna, Il Mulino, 1995, p. 86-95.
36. Venise, Biblioteca Nazionale Marciana, ms. Lat. XI 46 (4014).

> l'un de l'autre et dansèrent ensemble. Par la suite Minerve frappa le mont avec un dard, et y apparut un olivier. Neptune frappa la pierre avec son trident et en sortit un cheval. Il y avait, à côté du mont, des gens avec des livres qui signifiaient le jugement qu'on devait porter sur le nom à donner à la ville sur le mont. Et on jugea en faveur de Minerve, parce que c'est la paix qui maintient les États, et pour cela c'est aux dieux qui sont propices à ses effets de donner leur nom aux villes. Et cela s'est passé pour Minerve, qui a donné son nom à Athènes, où est, comme on dit, l'origine du savoir.

L'enjeu n'est pas seulement le nom de la ville ancienne, mais le destin sur terre et sur mer, de guerre et de paix, de pouvoir et de prospérité, de la nouvelle Athènes. La mythologie n'est pas ici seulement le répertoire d'un imaginaire religieux élargi et localisé. Elle fonctionne aussi comme parabole d'un conflit de valeurs. Dans le récit d'Ovide qui est une des sources de l'épisode (*Métamorphoses*, VI, v. 70-82), les savants qui jugent les dons des dieux sont, à leur tour, un concile des dieux (parmi les autres sources, Hérodote, VIII, 55; et Apollodore, *Bibliotheca*, III, 14). Et on peut remarquer le contraste entre le dynamisme de la danse et la tension dialectique du débat, qui est ici le jugement des savants « avec des livres », et qui constitue un élément figuratif et spectaculaire dans les représentations du thème d'Hercule au carrefour et du sujet analogue du jugement de Pâris[37].

Du point de vue strictement iconographique, on peut rappeler la présence d'Athéna avec le rameau d'olivier, symbole de la paix, dans un des premiers projets visibles des mythologies d'État, les frises des trois piédestaux en bronze des étendards de la *piazza San Marco* (1505-1506), précisément dans le cortège allégorique du piédestal du milieu[38]. Mais les spectacles pour Béatrice ne s'achèvent pas avec la dispute des dieux.

Quelques jours après, dans la fête au Palais Ducal, à la fin des danses, à la suite des symboles des princes qui ont créé une ligue et d'un cortège

---

37. Voir Panofsky E., *Hercules am Scheidewege und andere antike Bildstoffe in der neueren Kunst*, Leipzig-Berlin, Teubner, 1930.
38. Pour l'analyse des frises des piédestaux, Jestaz B., « Requiem pour Alessandro Leopardi », *Revue de l'Art*, 55, 1982, p. 23-34 (qui souligne les relations avec les apparats des fêtes); Rosand D., « Venezia e gli dei », dans Tafuri M. (dir.), *Renovatio urbis*, Roma, Officina, 1984, p. 201-215; Fortini Brown P., *Venice and Antiquity*, New Haven/ London, Yale Univ. Press, 1996, p. 265-268.

d'animaux exotiques et fantastiques, on représente l'histoire de Méléagre. Béatrice écrit, dans une autre lettre à son mari :

> Vinrent quatre chars de triomphe : dans le premier il y avait Diane, dans le suivant la Mort, dans le suivant la mère de Méléagre, dans un dernier d'autres gens armés. Sur chacun des chars il y avait quatre à cinq personnes, et tous étaient faits pour représenter la vie de Méléagre, qui fut représentée de la naissance jusqu'à la mort très dignement par des danses (*qual cum balli fu representata dal nascimento fino alla morte molto dignamente*).

L'aspect le plus pertinent est la relation entre la dispute des dieux et le mythe du héros de Calydon, relation qui a échappé aussi bien aux études sur l'accueil à Béatrice qu'aux recherches sur l'iconographie du mythe de Venise. Il faut chercher le sens originaire des associations des symboles aux récits mythiques pour toucher à la signification qui a guidé le choix des histoires antiques. Dans un essai intitulé *Un éphèbe, un olivier*[39], Marcel Détienne a souligné le lien entre la plante dominante, nourricière et dispensatrice de vie dans l'économie d'Athènes (avec son repère étiologique dans le récit d'Hérodote sur la dispute entre Athéna et Poséidon), et les récits mythiques autour de certains héros. Dans une version du mythe de Méléagre, l'enfant royal est né sortant du ventre de sa mère Althaia avec une pousse d'olivier (*thallos elaias*), et ce rameau devient et reste son corps parallèle, celui qui est destiné à provoquer en brûlant la mort du héros. Le rameau d'olivier est l'objet où la relation sous-jacente aux deux récits mythiques se manifeste. Ce même objet introduit aussi un parallélisme évident avec le motif du *lignum vitæ* chrétien. Et c'est surtout l'élément qui explique la liaison entre le spectacle dans le bateau et le spectacle dans la salle et qui démontre la profondeur de la conception mythologique des deux représentations.

Pour retracer le *missing link* entre Méléagre et l'olivier, qui seul explique la liaison des deux épisodes mythiques, il faut remonter aux commentaires byzantins des mythes classiques. Que la branche qui garde la vie du héros soit un rameau d'olivier n'est pas dit en effet dans Hérodote, ni dans Ovide ou Apollodore. Il s'agit d'une version dont témoignent les commentaires du grammairien Tzetzès (XIIe siècle) à l'*Alexandra* de

---

39. Detienne M., *L'Écriture d'Orphée*, Paris, Gallimard, 1989, p. 71-84.

Lycophron[40], et auparavant dans la *Chronographia* de l'historien Malalas (VIe siècle)[41], où les mythes grecs sont inscrits dans la géographie et la chronologie de l'histoire humaine.

Le motif de l'olivier marque le renversement d'un signe de vie et de paix, dans un mythe de fondation, en signe et instrument de mort dans un récit de discorde familiale. Ce renversement, qu'on peut lire en relation avec les présages de guerre et les auspices de paix de la république, exige un langage en même temps précis et pathétique, qui passe des dons et des débats des dieux au drame familial du héros de Calydon. On sait que l'histoire de Méléagre avait été traitée par Euripide dans une tragédie perdue. On assiste ici, selon la description de Béatrice et selon l'autre source sur le spectacle qui est une lettre de l'humaniste Sabellico, à une tragédie sans parole, à un récit chorégraphique animé par les actions et les figures de la chasse, de la guerre, de la vengeance, de la mort, étalées dans les chars qui modulent dans l'espace la succession des épisodes. Cette histoire est racontée par la danse, c'est-à-dire par un langage propre à la fête de cour et diffusé à Venise dans les écoles de danse auxquelles étaient confiés les cortèges mythologiques, dits *momarie*, effectués dans les rues et les *campi* au temps de Carnaval[42]. Et il faut rappeler ici le vers de Lazzarelli sur le spectacle de la joute mythologique de Padoue : *Splendida sic mimo veterum monumenta...* C'est le mime qui raconte souvent les histoires des héros prêtées aux princes et aux citoyens du XVe siècle.

Il y a une dramaturgie des actions qui régit, sur l'échafaud monté dans un bateau ou parmi les chars qui traînent les éléments du mythe dans le lieu de la fête, l'agencement de la danse, du discours et des figures, et la liaison difficile mais signifiante entre la dispute des dieux et la légende de Méléagre. Cette dramaturgie ne dérive pas des modèles littéraires de la tragédie classique, mais actualise le mythe avec les moyens et les langages, et dans les espaces, de la fête moderne.

Pour conclure ce bref parcours, il faut retenir quelques concepts fondamentaux. Un mimétisme archéologique général inspire le passage des signes et des images de l'Antiquité depuis l'officine des savants jusqu'aux milieux de

---

40. *Lycophronis Alexandra*, éd. Scheer E., Berlin, Weidmann, 2 vols., 1881-1908, I, p. 178.
41. Malalas I., *Chronographia*, éd. Thurn H., Berlin, de Gruyter, 2000, VI, 21, p. 128.
42. Sur la danse, la pantomime et les mythes dans les *momarie*, voir Guarino R., *Teatro e mutamenti*, op. cit., passim ; Tichy S., *Et vene la mumaria. Studien zur venezianischen Festkultur der Renaissance*, München, Scaneg Verlag, 1997.

la cour et de la ville et aux chantiers de la célébration. Un polymorphisme déjà à l'œuvre dans la religion des citoyens explique le syncrétisme des simulacres dans les fêtes et le polythéisme des récits, des monuments, des histoires communautaires, à côté des spéculations et des syncrétismes proprement philosophiques et des survivances littéraires et visuelles. La composition des spectacles témoigne du dépassement des modèles de la dramaturgie littéraire et démontre l'importance autonome de la danse, de la musique, de la pantomime. Ces techniques et ces langages reçoivent des mythes classiques une marque d'anoblissement et leur apportent une nouvelle puissance d'expression, par le choc culturel qu'opère le retour d'un passé éloigné dans les actions symboliques du présent.

Ces lignes de recherche invitent à explorer la richesse des langages et la profondeur des sens où puisaient les créateurs de spectacles mythologiques à la Renaissance, dans le sillon des grandes lectures des spectacles des cours des Valois et des Médicis au XVIe siècle proposées par A. Warburg et F. Yates[43]. Par les images vivantes des dieux, par leur survie, par leur vie renouvelée, se dégage le sens du spectacle et de ses chantiers pour les hommes de la Renaissance, et la valeur de ses comparaisons au spectacle de l'Antiquité. Ce qu'on appelle théâtre était pour eux le jeu profond de la consécration des gestes : le déguisement sous les masques de divinités et de démons hétérodoxes ; l'appel aux puissances des dieux revenants et à l'envergure des récits mythiques, à la beauté et au prestige des appareils archaïsants ; le travail de la genèse, de la répétition et de l'appropriation des symboles. Dans ces jeux et ces œuvres se cachent et se métaphorisent les énergies, les savoirs et les désirs d'une civilisation, et sa relation complexe, inquiète, souvent ambiguë, avec les sphères et les signes du sacré.

---

43. Warburg A., « I costumi teatrali per gli intermezzi del 1589 » (1895), dans Id., *Gesammelte Schriften*, Leipzig-Berlin, Teubner, 1932, I, p. 259-300 ; Yates F.A., *The French Academies of the Sixteenth Century*, London, The Warburg Institute, 1947.

Juan Carlos Garrot Zembrana

Hercule protecteur des jésuites de Séville : sur l'utilisation de la mythologie dans quelques pièces du théâtre de collège

> Aire de Roma andaluza
> le doraba la cabeza
> FGL

Depuis ses débuts le théâtre castillan compte parmi ses *dramatis personæ* quelques habitants de l'Olympe, notamment Vénus et son fils, ainsi qu'Apollon. C'est le cas dans les œuvres de Juan del Encina, « père » de ce théâtre. Rien d'extraordinaire à cela puisqu'il s'agit de pièces créées à la fin du xve siècle dans Salamanque l'humaniste, pour fêter le mariage du fils des Rois Catholiques, ou encore dans la cour romaine du Pape Jules II[1]. Elles inaugurent un mouvement qui, presque toujours lié aux milieux courtisans, se développera pendant le xvie siècle et prendra son essor sous la plume de Calderón de la Barca, dramaturge officiel des deux derniers Habsbourg. Il faut avouer toutefois que la question, malgré les efforts de Teresa Ferrer, est loin d'avoir été analysée dans toute sa complexité, du fait notamment du manque de continuité entre les textes à sujet mythologique jusqu'au milieu du siècle, et du problème de savoir à quel public (ou publics) ce genre d'œuvres était adressé : cercles universitaires, cours de rois – ou de vice-rois, théâtres publics[2]. Raison de poids qui nous a

---

1. Il s'agit respectivement de la *Representación por Juan del Enzina ante el muy esclarecido y muy illustre príncipe don Juan*, et de l'*Eglogue de Plácida y Vitoriano*. Voir Juan del Encina, *Teatro*, éd. d'Alberto del Río, Barcelona, Crítica, 2001, p. 101-116 et 179-258.
2. Je songe par exemple à un dramaturge comme Alonso de la Vega, homme de théâtre très peu étudié qui semble avoir eu un fort penchant pour Cupidon : celui-ci intervient dans les trois pièces signées par lui qui nous sont parvenues. Voir Alonso de la Vega, *Tres comedias*, 1566, éd. Menéndez y Pelayo M., Dresde, 1905. Pour le théâtre de cour au xvie siècle,

incité à associer les deux pôles de notre colloque, Dieu et les dieux, dans un univers culturel plus homogène, celui de la production scénique des pères de la Compagnie de Jésus, et dans un laps de temps plus court, la deuxième moitié du XVIe siècle. Notre corpus prendra en considération quatre exemples, le *Lucifer furens*[3], la *Comedia Metanea*, le *Dialogue fait à Séville* et l'intermède *Hercule vainqueur de l'Ignorance*[4], représentatifs des disparités de traitement d'un matériel donné, et qui résument à eux seuls les attitudes très variées de l'Église envers le monde païen; attitudes qui se déploient sur une longue durée, de l'Antiquité jusqu'à l'Âge Moderne, et qui seront mises en œuvre sur une quarantaine d'années, dans deux collèges andalous[5]. Toutefois nous nous devons de justifier quelque peu le choix, car le nombre de pièces qui nous sont parvenues est assez conséquent et, même en restant à l'intérieur des limites temporelles que nous nous sommes fixées, nous aurions pu analyser d'autres ouvrages, tels *Occasio* du même père Acevedo, ou bien le *Gadirus Herculanus* du père Rodríguez et la *Tragicomedia de Santa Catharina*. Voici nos raisons : d'un côté nous avons voulu éviter les redites car parfois les pièces renvoient les unes aux autres sans grands changements de sens; dans d'autres cas, le dialogue inclut quelques vers où il est question d'une déité sans pour autant l'intégrer dans l'action[6]; il y a aussi le problème de l'accès aux textes, qui sont pour la

---

on se reportera aux travaux de Teresa Ferrer, notamment à son *Nobleza y espectáculo teatral (1535-1522). Estudio y documentos*, Valencia, UNED-Univ. de Sevilla-Univ. de Valencia, 1993. Voir aussi son plus récent « Bucolismo y teatralidad cortesana bajo el reinado de Felipe II » dans *Voz y Letra*, X/2, 1999, p. 3-18. En ce qui concerne Calderón, ses pièces mythologiques ont été longtemps délaissées par les chercheurs. Il faut rendre honneur à Neumaister qui en fait le centre de ses études depuis les années 1970 et dont la thèse vient d'être traduite en espagnol : Neumaister S., *Mito clásico y ostentación. Los dramas mitológicos de Calderón*, Kassel, Ed. Reichenberger, 2000. Voir aussi : Greer M., *The Play of the Power. Mythological Court Dramas of Calderón de la Barca*, Princeton, Princeton Univ. Press, 1991.

3. Dans Picón García V. (dir.), *Teatro escolar latino del siglo XVI. La obra de Pedro Pablo de Acevedo*, Madrid, Ediciones Clásicas, 1997, p. 47-119 (édition, traduction et notes d'Esperanza Torrego qui est aussi l'auteur d'une éclairante introduction à laquelle nous renvoyons le lecteur qui voudrait mieux connaître la pièce).

4. Ces trois dernières pièces ont été éditées par Julio Alonso Asenjo, *La Tragedia de San Hermenegildo y otras obras del teatro español de colegio*, 2 vols.,Valencia, UNED-Univ. de Sevilla-Univ. de Valencia, 1995.

5. Le père Bonifacio, le dramaturge le plus marquant de la province de Castille, a délaissé l'Olympe en faveur de sujets bibliques, ce qui explique l'origine des textes.

6. Voir par exemple, *Athanasia*, jouée à Séville en 1566 où il est question des Parques. Voir González Gutiérrez C., « El teatro escolar de los jesuitas en la Edad de Oro », I, dans *Cuadernos para la investigación de la literatura hispánica*, 18, 1993, p. 67-69. D'ailleurs il s'agit encore d'une pièce du père Acevedo qui aurait accaparé trop de notre attention.

plupart des manuscrits conservés dans la Bibliothèque de la Real Academia de la Historia de Madrid, ce qui empêcherait bon nombre de chercheurs de vérifier le bien-fondé de nos conclusions. Nous avons hésité néanmoins à inclure la *Tragicomedia de Santa Catharina* d'Hernando de Avila[7], œuvre qui par sa grande qualité mériterait d'être éditée et dont le ton aurait pu nuancer l'idée d'une religion païenne mise au service presque exclusif du rire ou parfaitement assimilée vers la fin du XVIe siècle[8]. Mais ici l'enjeu de la pièce, la lutte de la foi du Christ contre la religion païenne, laisse Jupiter et ses acolytes en dehors des tréteaux[9]. De plus, le manuscrit que nous avons pu consulter n'est pas complet puisque l'intermède où apparaissait Orphée n'a pas été transcrit[10].

En revanche, l'avantage de notre démarche est que l'on peut y reconnaître un processus entamé par les Pères de l'Église, allant du rejet le plus absolu à l'assimilation à des fins morales, voire, dans le dernier cas, à d'autres beaucoup plus égoïstes : la glorification des jésuites et de leur action éducative.

En effet, le christianisme n'a pas attendu la Renaissance pour se poser la question de la place de la culture païenne en général et plus précisément, de ses divinités, dans la cité de Dieu. Jean Seznec notamment a montré comment cette interrogation remonte aux premiers temps de l'Église. Et la réponse n'a pas été univoque. Certes les déités apparaissaient comme des ennemies de la Foi et ne pouvaient que provoquer le rejet ; toutefois elles n'étaient pas toutes de même nature, et, tandis que certains niaient toute réalité aux mythes gréco-latins, pour d'autres ceux-ci existaient bel et bien et s'apparentaient à des êtres démoniaques. En outre, pouvait-on

---

7. Voir *Tragicomedia de Santha Catherina,* incluse dans un volume qui rassemble plusieurs œuvres attribuées (faussement en ce qui concerne notre pièce) au père Calleja, intitulé *Poesías,* f° 106-191 v° (Bibliothèque nationale de Madrid, ms. 17288). Le ton de la pièce renvoie à celui de la *Tragedia de San Hermenegildo* dont nous allons étudier l'intermède. Il y a de fort intéressantes considérations sur la tragédie et ses conventions dans son prologue, (voir f° 106 v°-108 v°).
8. Voir plus loin notre analyse des œuvres jouées au collège de Saint Herménégilde.
9. Les divinités sont mentionnées dans le dialogue ; Catherine les considère comme des êtres humains selon l'interprétation d'Evhémère. Voir par exemple le f° 119 v°.
10. Voir González Gutiérrez C., « El teatro escolar », *op. cit.,* p. 134. Dans une deuxième partie de son étude, ce même chercheur dresse un catalogue des manuscrits comportant des pièces. Voir « El teatro escolar », II, *Cuadernos para la investigación de la literatura hispánica,* 19, 1994, p. 112-125.

faire table rase de la culture classique, culture qui était d'ailleurs celle des Pères de l'Église[11] ?

Voilà un problème qui gardera encore toute son acuité après la victoire sans partage du christianisme; même s'ils avaient perdu de leur dangerosité du point de vue religieux, ces mythes restaient encore vivants ne serait-ce qu'en tant que « noms, fables, figures morales »[12]. L'Église donc décide de les assimiler par différentes méthodes bien connues de tous après le travail de Seznec : évhémérisme, interprétation allégorique ou morale, voire typologique qui seront utilisées dans les champs littéraire et artistique.

On commence par accepter qu'aient pu exister de bons païens, ensuite on les intègre avec des contorsions intellectuelles plus au moins hardies dans les desseins de la Providence. Suivant Evhémère on considère que certains dieux ont été des hommes en chair et en os; ainsi Apollon et Mercure sont tantôt de magiciens bienfaisants tantôt des philanthropes qui après avoir découvert certaines sciences les ont apprises à l'Humanité. Ensuite, les divinités sont identifiés avec les idées platoniciennes, c'est-à-dire des intelligences célestes qui avaient leur rôle « entre la Chute et la Rédemption »[13]. Ce sont des serviteurs de Dieu et Jupiter était le serviteur suprême en quelque sorte. Mieux encore, chez Dante, Dieu et Jupiter ne font qu'un :

> […] O sommo Giove
> che fosti in terra per noi crocifisso,
> son gli giusti occhi tuoi rivolti altrove[14] ?

Finalement, les figures concrètes deviennent des allégories des vertus et des vices qui s'affrontent dans des psychomachies.

On pourrait déduire de cette synthèse l'existence de différentes étapes qui mènent fort logiquement à l'allégorie comme dernier stade de cette entreprise de récupération ; ce serait une grosse erreur car plusieurs méthodes interprétatives vont être utilisées de manière synchronique, que

---

11. Voir Seznec J., *La Survivance des Dieux antiques*, Paris, Flammarion, 1980, ouvrage fondamental que nous avons abondamment sollicité et qui est à la base des recherches menées par la suite dont nous nous sommes également servi.
12. Voir Jung M.R., *Hercule dans la littérature française du XVIe siècle*, Genève, Droz, 1966, p. 105.
13. Voir Simon M., *Hercule et le Christianisme*, Strasbourg, Université, 1955, p. 31.
14. *Purgatorio*, 6, 118 sqq., cité par Simon M., *ibid.*, p. 32.

ce soit dans les domaines des Arts ou bien dans celui des manuels ou des recueils des mythes[15] et, bien évidemment dans le théâtre.

En outre, de même que l'évhémérisme montre le chemin à saint Isidore, quelques mythes ayant été déjà moralisés par les Grecs eux-mêmes, l'allégorisation commence bien avant la naissance du christianisme[16]. C'est le cas d'Hercule « à la croisée des chemins »[17], de telle sorte que comme l'affirme Simon : « les travaux d'Hercule deviennent un combat contre le vice »[18] ; de là à la construction d'un Hercule chrétien il n'y avait qu'un pas qui fut aisément franchi[19].

Or la méthode évhémériste aura des conséquences autres que la simple acceptation de l'existence de Mercure ou d'Apollon, puisque si les figures de l'Olympe étaient des hommes et des femmes, leurs activités sur terre ne se bornaient pas à répandre un certain nombre de connaissances ou à fonder telle ou telle ville ; elles étaient censées procréer, ce qui permit à des rois ou à de grandes familles d'élargir sensiblement leur arbre généalogique. Et de la même façon qu'Hercule était à l'origine de Séville, Cadix, Barcelone, La Corogne, pour ne citer que la Péninsule Ibérique, il faisait également partie de bon nombre de blasons et les ducs de Bourgogne notamment le tenaient pour leur ancêtre[20]. Rien d'étonnant à ce qu'un héros dont l'allégorie renvoyait à des qualités telles que la prudence, la sagesse, la maîtrise de soi, la force et le courage fût pris comme modèle pour les souverains[21]. Rien d'étonnant non plus à son association avec Charles Quint au long du XVIe siècle[22]. Panofsky nous apprend comment on peut se servir du motif d'Hercule à la croisée des chemins, où le héros doit choisir entre le Vice et la Vertu, la Sensualité et la Sagesse, pour éduquer et flatter un jeune prince.

---

15. Voir par exemple Juan Pérez de Moya, *Philosofía secreta*, 1585, éd. Clavería C., Madrid, Cátedra, 1995, contemporain des œuvres que nous allons étudier et qui suit une longue tradition espagnole et bien entendu italienne.
16. Voir Seznec, *La Survivance…*, op. cit., p. 81 sq.
17. Voir Panofsky E., *Hercule à la croisée des chemins*, 1939, Paris, Flammarion, 1999.
18. Voir Simon M., *Hercule et le Christianisme*, op. cit., p. 79.
19. Voir *ibid.*, p. 169 sq.
20. Voir Jung M.R., *Hercule…*, op. cit., p. 57 sq.
21. On peut retrouver chez Pérez de Moya une liste des qualités herculéennes (*Philosofía secreta, op. cit.*, p. 441 sqq.). En outre, les entrées royales fournissent d'abondants témoignages.
22. En ce qui concerne l'Espagne, l'étude fondatrice est : Camón Aznar J., « La mitología y el arte español del Renacimiento », *BRAH*, 1952, CXXX, p. 63-209, qui consacre de longues pages à l'Hercule *hispano*. Julián Gállego, *Visión y símbolos en la pintura española del Siglo de Oro*, Madrid, Aguilar, 1972, et Sebastián Santiago, *Arte y humanismo*, Madrid, Cátedra, 1982, reprennent de façon rapide les idées de Camón. Beaucoup plus exhaustive est Rosa López

Le futur empereur est le protagoniste d'un jeu scénique où il se substitue à Hercule dans le difficile apprentissage des vertus d'un souverain[23]. Les entrées royales de leur côté fournissent en Espagne mais également en Europe, et cela même en dehors des domaines des Habsbourg, maints exemples de cette identification[24].

Mais avant d'analyser le fonctionnement de ces approches dans le théâtre scolaire, il convient de regarder, fût-ce de façon rapide, la structure dans laquelle il s'intègre : les collèges de la Compagnie de Jésus.

La fondation de ces collèges en Espagne, à partir de 1546, ressemble fort à une entreprise d'occupation ou de conquête, tant son succès fut rapide et sans partage : dix années plus tard on comptait déjà dix-huit établissements et à la fin du siècle, soixante-deux[25]. Un tel succès s'explique par le très bas niveau de l'éducation en Espagne : les jésuites étaient des enseignants mieux formés et de plus, ils mettaient en œuvre une approche pédagogique nouvelle qui leur attira non seulement les élites mais aussi des familles soucieuses de l'instruction de leurs enfants[26].

L'apprentissage de la langue et de la culture latines avait une place de choix dans leur programme éducatif qui, comme le dit Seznec :

Torrijos, *La Mitología en la pintura española del Siglo de Oro*, Madrid, Cátedra, 1985, chap. VI. Enfin, pour l'association Hercule-Charles Quint, voir Checa F., *Carlos V y la imagen del héroe en el Renacimiento*, Madrid, 1987, p. 114-124.

23. Voir Panofsky E., *Hercule…*, op. cit., p. 83-84.
24. Voir Checa F., *Carlos V…*, op. cit. À l'occasion de sa visite en 1540, la ville de Paris offrit à l'empereur une statue d'un Hercule « couvert de sa peau de lion dorée, tenant dans ses deux mains deux coulonnes, comme les plantans par force en terre… ». Voir Huon A., « Le thème du Prince dans les entrées parisiennes », dans Jacquot J. (dir.), *Les Fêtes de la Renaissance*, I, Paris, CNRS, 1973, p. 21-30 [p. 23].
25. Voir Segura F., « El teatro en los colegios de jesuitas », *Miscelánea*, XLIII, 1985, p. 299-327, p. 309-313. Depuis les études pionnières de García Soriano, synthétisées dans *El Teatro universitario y humanístico en España*, Toledo, Tipografía de R. Gómez Menor, 1945, les travaux sur les collèges et le théâtre des jésuites se sont multipliés. Pour une bibliographie actualisée nous renvoyons à Asenjo, cité plus loin ; au sujet du binôme théâtre et pédagogie, avec une attention particulière portée au public, il convient de mentionner Roux L.E., « Cent ans d'expérience théâtrale dans les collèges de la Compagnie de Jésus en Espagne », dans Jacquot J. (dir.), *Dramaturgie et société*, II, Paris, CNRS, 1968, p. 479-523, et, enfin, en ce qui concerne l'ensemble de la production théâtrale avec un dépouillement assez complet des sources manuscrites, voir González Gutiérrez C., « El teatro escolar de los jesuitas », *op. cit.*
26. Sur la pédagogie des jésuites Voir González Gutiérrez C., *ibid.*, I, p. 19 sq., ainsi que la fort intelligente synthèse d'Asenjo, *La Tragedia, op. cit.*, I, p. 13-48.

> intègre résolument les lettres païennes dans l'enseignement
> chrétien, et ceci en un temps où la logique, la prudence et la
> bonne foi paraissaient devoir les en bannir. Placés dans des
> circonstances analogues à celles où s'étaient trouvés les Pères
> au IVe siècle, c'est-à-dire en face d'une culture qu'ils savent
> contraire à leur foi, mais dont le prestige traditionnel est
> immense, et à laquelle ils doivent leur propre formation, ils
> adoptent la même attitude : ils admettent ce qu'ils n'ont pas
> la force d'extirper, ni de remplacer [...].[27]

Ajoutons à cela l'importance attachée à la déclamation, aux techniques de la persuasion, bref à la Rhétorique, et on peut en conclure qu'une pareille démarche trouvait un prolongement naturel dans la représentation des pièces latines à l'instar de ce qui était déjà mis en œuvre dans le monde universitaire.

Et certainement la pédagogie est tellement liée au théâtre dans les établissements de la Compagnie qu'un critique a pu dire que s'intéresser à la création des premiers collèges équivaut à étudier la naissance de l'activité dramatique que l'on y pratiquait[28].

Or cette entreprise se heurtait à un obstacle de taille : le choix des modèles. La littérature et le théâtre antiques suscitaient bon nombre de réticences et plus précisément Térence, auteur qui fut l'objet de condamnations sévères pour le contenu de ses dialogues, tout en provoquant l'admiration, parfois chez le même critique. Tel fut le cas de l'une des personnalités les plus marquantes de la période, le père Bonifacio, qui interdit sa lecture à ses étudiants, suivant en cela les directives de saint Ignace, mais le prône comme modèle d'écriture une fois expurgé consciencieusement[29].

Dramaturgie donc à vocation didactique qui se voyait imposer de ce fait plusieurs contraintes allant du choix des sujets, du but moralisateur bien mis en évidence, à l'architecture de la pièce elle-même dont l'action foisonnait de personnages afin de permettre d'exercer leur talent au plus grand nombre d'acteurs-élèves[30]. Cependant, sur la fonction didactique

---

27. Voir Seznec J., *La Survivance...*, *op. cit.*, p. 242.
28. Voir Segura F., « El teatro ... », *op. cit.*, p. 307-308. Sur l'intérêt porté au théâtre dès l'inauguration du premier collège, celui de Gandía, voir *ibid.*, p. 314.
29. Voir Menéndez Peláez J., *Los Jesuitas y el teatro en el Siglo de Oro*, Oviedo, Universidad, 1995, p. 34-37.
30. Nous touchons là l'un des lieux communs de la critique. Voir par exemple Roux L., « Cent ans d'expérience théâtrale », *op. cit.*, p. 484.

des représentations s'en greffait une autre tout aussi importante : elles constituaient une vitrine pour les collèges et remportaient un vif succès dû non seulement à la bienveillance des parents attendris devant les performances de leurs rejetons, puisque le public débordait amplement l'entourage familial, incluant le gratin de la ville (noblesse, autorités civiles et religieuses, etc.) et parfois également des couches sociales plus basses[31]. Les textes, écrits en latin et en langue vernaculaire, mais de plus en plus souvent composés en castillan afin d'atteindre un auditoire peu cultivé (au moins dans le domaine des lettres classiques), dosaient de manière savante *prodesse* et *delectare* et faisaient la part belle au rire par le biais d'intermèdes qui, selon l'usage hispanique, accompagnaient la pièce principale[32]. Et c'est dans ce type d'œuvres que se trouve à notre avis l'un des apports les plus remarquables des jésuites à la scène espagnole[33]. Par ailleurs, les congrégations accordaient la plus grande importance à la mise en scène : décors, costumes, accessoires, rien n'était négligé pour arriver à un spectacle dont la richesse dépassait de loin celle des austères mises en scènes des *corrales*. Or, cet éclat avait un prix et les dépenses afférentes suscitaient des critiques à l'intérieur de la Compagnie elle-même[34]. En outre, l'engouement fut si grand que des dispositions furent prises afin de diminuer le nombre de représentations tout au long de l'année scolaire, suivies avec plus ou moins d'ardeur selon les villes[35]. Victoire donc d'un théâtre moral qui se voulait une arme contre le théâtre public dont les

---

31. Voir *ibid.* et Asenjo, *La Tragedia, op. cit.*, I, p. 27 sq.
32. Ces aspects qui relient le théâtre des jésuites aux sermons ont été abordés par toute la critique ; en ce qui concerne l'organisation complexe des représentations, García Soriano y faisait déjà allusion.
33. Ce n'est pas l'occasion de nous pencher sur l'un des grands topiques des études sur le théâtre de collèges, celui de l'influence exercée sur des dramaturges postérieurs et, partant, sur l'évolution de la scène espagnole. Déjà dans notre thèse *Le Thème juif et converso dans le théâtre religieux espagnol. Notamment dans celui de Calderón (fin XVe-XVIIe siècle)*, soutenue à Paris en 1992, nous soulignions la valeur de certains intermèdes du Père Bonifacio. Nous nous réjouissons du fait que cette facette de la dramaturgie des jésuites, obscurcie par le poids des pièces allégoriques, soit de plus en plus appréciée. Voir l'introduction à *Coloquio de las oposiciones*, éd. Madroñal A., Rubio M. et Varela D., *Criticón*, 68, 1996, p. 31-100.
34. Voir Menéndez Peláez J., *Los Jesuitas..., op. cit.*, p. 44. En annexe, Menéndez reproduit un texte assez révélateur. González Gutiérrez, de son côté, met en avant le profit que les établissements tiraient des représentations tout en faisant état des critiques contre des dépenses excessives qui empêchaient de consacrer cet argent à l'enseignement. Voir « El teatro... », *op. cit.*, I, p. 33-34.
35. Pour le calendrier des représentations, Voir Segura F., « El teatro... », *op. cit.*, p. 314-315. Les chercheurs soulignent la volonté de contrôler l'activité théâtrale dont fait preuve la

Pères essayaient de détourner leurs brebis[36], mais victoire acquise contre la volonté d'importants membres de la Compagnie, tellement les admonitions, les mises en garde sont nombreuses : il fallait s'assurer que les textes étaient bien censurés avant de procéder à leur représentation, que « les dieux antiques » ainsi que tout ce qui n'était pas strictement religieux en étaient bannis et que la langue utilisée était exclusivement le latin[37]. Heureusement ces normes, si strictes, ne furent jamais appliquées.

Tout d'abord les Pères mirent en scène des pièces appartenant aux cercles universitaires flamands comme l'*Acolatus* ou bien l'*Euripus*[38], mais très tôt ils furent en mesure de développer leur propre production – qui suivra le courant dit du « Térence chrétien », déjà à l'œuvre dans ces cercles-là, dont les modèles esthétiques seront Plaute, Térence et Sénèque.

Ainsi, notre premier exemple, la *Comedia Metanea*[39], est une adaptation de l'*Euripus* mentionné plus haut, jouée à Cordoue pour la première fois en 1556[40]. L'action met aux prises Metanea, la Pénitence[41], avec le Démon. Tous deux essayent de séduire les âmes de quelques jeunes gens, donc de les faire choisir entre le bon et le mauvais chemin ; et dans ce combat allégorique les divinités païennes jouent un rôle non négligeable.

Compagnie. Voir par exemple, Menéndez J., *ibid.*, p. 43, suivant Griffin, et González Gutiérrez C., *ibid.*, p. 35-37. Il semblerait qu'en France une polémique semblable se soit développée. Voir de Dainville F. « Allégorie et actualité sur les tréteaux des Jésuites », dans Jacquot J. (dir.), *Dramaturgie et société*, II, *op. cit.*, p. 433-443 [p. 433].

36.   Voir Arróniz O., *Teatros y escenarios del Siglo de Oro*, Madrid, Gredos, 1977, p. 42-43, qui s'appuie sur un témoignage du père Pineda. Certains jésuites, tel Mariana, deviendront des ennemis acerbes du théâtre. Au sujet de la polémique relative au théâtre, voir la thèse de Marc Vitse, *Éléments pour une théorie du théâtre espagnol du XVIIe siècle*, Toulouse, Université, 1988.

37.   Voir González Gutiérrez C., « El teatro… », *op. cit.*, I, p. 35-36. Ce même chercheur transcrit une lettre adressée par Juan Ramírez à saint François de Borja riche de sens à ce sujet. Celui-là ayant assisté à la représentation d'un *auto sacramental* de Juan de Bonifacio, s'émeut de la présence de Dieu le Père et de son Fils parmi les *dramatis personæ* ; « détail aggravant », le Fils contait fleurette à l'Humaine Nature en paraphrasant le *Cantique des Cantiques* et, pour enfoncer le clou, induisant plus facilement le spectateur au péché, on avait introduit des intermèdes comiques (*ibid.*, p. 32-33).

38.   Voir Segura F., « El teatro … », *op. cit.*, p. 324. Asenjo, s'appuyant sur un travail inédit de Griffin, donne une liste des représentations de cette pièce dans différents établissements, ce qui prouve son énorme popularité (*La Tragedia*, *op. cit.*, p. 94).

39.   Je suis l'édition bilingue d'Asenjo, *ibid.*, p. 110-212.

40.   *Ibid.*, p. 99. Pour une étude plus complète, je renvoie à l'introduction de ce critique ainsi qu'à celle de Lucette Roux, « Cent ans… », *op. cit. Metanea* possède beaucoup de points communs avec une pièce plus tardive du père Acevedo, *Occasio*, éd. Sierra de Cózar A., dans Picón García, *Teatro escolar, op. cit.*, p. 125-297.

41.   Le père Acevedo explique le choix de ce mot grec dans son *Prologus*, p. 110.

Dès son apparition sur scène, le Démon invite les humains à jouir des plaisirs, dans un *carpe diem* truffé d'allusions aux dieux et notamment à la déesse de l'Amour et à Cupidon, lui-même s'identifiant à Jupiter (p. 120-126). Pour y parvenir il compte sur deux collaborateurs redoutables, le Monde et Eros. Il n'est pas étonnant que Vénus ne joue pas un rôle dans l'action ; non que les Pères de la Compagnie, malgré les injonctions des premières *Ratio Studiorum*[42], éliminassent systématiquement les personnages féminins, bien entendu interprétés comme tous les autres par des élèves[43], mais sa présence aurait posé des problèmes de jeu et aurait nui sans doute à la morale de la fable si l'on avait voulu être tant soit peu fidèle à l'iconographie et au sens du mythe[44]. En revanche, son fils peut occuper la scène sans crainte, ce qu'il fait pendant trois actes avant de disparaître du dialogue d'une manière assez brusque[45].

Le père Acevedo, certes avec retenue, a décidé cette fois-ci de jouer la carte du burlesque[46] pour rendre plus amène une action exemplaire qui risquait d'ennuyer son public par l'accumulation d'éléments doctrinaux[47] ; il construit donc des situations dans lesquelles les ennemis de la Vertu se chamaillent sans cesse, la plupart des railleries émanant de l'effronté Cupidon. Or celui-ci est également tourné en ridicule et souffre quelques mésaventures, notamment lorsqu'il essaie de pervertir un jeune et pur étudiant, Scholasticus, en lui brossant un lascif tableau des plaisirs qui pourraient lui être offerts. Mais Scholasticus s'en remet au doux et chaste Jésus et arrive non seulement à vaincre la tentation, mais aussi à punir son adversaire, puisqu'il le ligote à un arbre (p. 146-154). C'est dans cette mauvaise posture que le Démon et le Monde vont le retrouver ; mais ses

---

42. *Nullæ prorsus introducantur feminæ, neque ullo modo foemineis ornentur vestimentis.* Reproduit par González Gutiérrez C., « El teatro… », *op. cit.*, I, p. 35.
43. Voir par exemple la *Tragedia de san Hermenegildo*.
44. Asenjo souligne que Vénus intervenait dans *Euripus* (*La Tragedia, op. cit.*, p. 150, n. 19).
45. En fait ce sont tous les adjuvants du Démon qui quittent la scène après le troisième acte pour laisser celui-ci comme seul représentant du mal. Il faut souligner en outre que le texte ne nous est pas parvenu dans son intégralité et que l'on retrouve une certaine confusion, voire de la désinvolture, dans l'identification des personnages. Voir l'Introduction d'Alonso Asenjo à ce sujet.
46. En contradiction avec le Prologue qui insiste bien sur le fait que la Pénitence elle-même (Metanea) lui ordonne de ne pas mêler le plaisant au sérieux (p. 112). Il conviendrait néanmoins de ne pas oublier que nous avons affaire à une adaptation et non à une œuvre originale.
47. Tourner en ridicule des personnages négatifs, nous le savons, est l'un des procédés les plus exploités du théâtre religieux. Voir Hess R., *El Drama religioso románico como comedia religiosa y profana*, Madrid, Gredos, 1976.

malheurs ne finissent pas là, car ses propres acolytes le châtient pour avoir échoué et il sera roué de coups (p. 156-160).

La dernière de ses interventions est en revanche loin de revêtir un caractère aussi plaisant, et nous plonge dans une atmosphère troublante. En effet, après un nouvel échec, le Démon triomphera d'un groupe de jeunes insouciants qui participent à la danse de Cupidon, autour d'un puits, et tombent au pouvoir du Malin (p. 174-176[48]). À n'en pas douter, une telle scène devait frapper les spectateurs, notamment les plus visés, les élèves, grâce à la savante utilisation de la parole et du mouvement scénique. D'ailleurs, la volonté clairement affichée de détourner des dangers de la sensualité les tendres âmes dont la Congrégation avait la charge conduit à un dénouement dans lequel vont s'opposer les destinées de ceux qui suivent l'étroit chemin de la Vertu et de ceux qui s'enlisent dans le péché. Ainsi, Erastus gagnera la gloire éternelle tandis que le mauvais Adolescent qui se laisse aller aux plaisirs est puni de son vivant : il sera poignardé par de jeunes gens offusqués par ses forfaits, et finira bien entendu en Enfer où l'attendent Crésus, Héliogabale et, de manière quelque peu surprenante, Alexandre le Grand[49].

Le but moralisateur dont nous venons de parler fait apparaître Eros sous deux angles bien différents tout au long du dialogue, car la fonction comique qui lui est dévolue risque de le rendre pour le moins inoffensif. Or il convient de montrer que ce qu'il incarne est porteur des dangers les plus redoutables ; pour cette raison, la danse de l'Amour qui mène tout droit en Enfer se doit de provoquer l'effroi.

C'est sans doute la peur de faire apparaître l'Olympe sous un jour trop attirant qui explique et le parti pris d'*Occasio* et l'utilisation des dieux antiques dans le *Lucifer furens*, signé par le même dramaturge, joué à Séville en 1563[50]. Il n'y a presque pas de personnages appartenant au monde païen, à l'exception de Mégère, l'une des Érinyes ; toutefois les dieux de l'Olympe et la culture classique en général sont présents de façon bien curieuse dès le début. En effet, les premiers mots que l'on entend nous préviennent du fait qu'il ne serait pas ici question de louer Jupiter, Bacchus, Cupidon ou Vénus (p. 64) mais bien l'Enfant Jésus. On pourrait

---

48. La même association entre l'Amour Sensuel et la Mort, bien que très atténuée, se trouve dans *Occasio* (voir *Teatro escolar, op. cit.*, p. 254 sq.).
49. Voir le dernier Acte.
50. Voir González Gutiérrez C., « El teatro… », *op. cit.*, I, p. 50.

croire qu'une fois ces noms évoqués, accompagnés peut-être de quelque notice érudite à leur sujet, on assistera à la lutte entre les forces du Mal (Lucifer) et du Bien (Jésus). Et bien, ces attentes ne seront pas confirmées car, par la suite, le monde de l'Antiquité apparaît sans cesse et qui plus est de manière parfaitement intégrée à l'univers chrétien; ainsi, Lucifer habite le Tartare (p. 66) et invoque les Furies (p. 71), l'oracle de Delphes est associé de manière subalterne aux prophètes de l'Ancien Testament, et plus surprenant encore, Phœbus voilera ses feux lors de la crucifixion (p. 95). Enfin, Dieu le Père ressemble par ses attributs à Jupiter (p. 69). C'est dire que le monde classique ne se réduit pas à une série de noms dont la connaissance est indispensable à une personne cultivée[51]; il n'apparaît pas non plus sous la forme d'entités maléfiques qui n'ont plus droit de cité, mais il commence à faire partie d'un tout, subordonné comme cela va de soi aux principes de la Foi.

Les deux autres œuvres qui vont nous occuper par la suite forment un bloc cohérent qui les distingue des deux précédentes à plusieurs titres. D'abord, par la langue, puisque maintenant les rapports se sont inversés et le latin, lorsqu'on y a recours, est réduit à la portion congrue[52], ensuite par le ton badin qui envahit le dialogue, et en dernier lieu, par leur caractère de pièces de circonstances, sans lequel elles n'auraient pas lieu d'être, et qui les relie à l'établissement où elles ont été jouées pour la première fois[53]: le collège sévillan de Saint Herménégilde.

En raison de son succès dans ce qui était à l'époque la capitale économique et culturelle de l'Espagne, la Compagnie fut obligée d'abandonner les premiers bâtiments qui l'avaient accueillie et d'en construire d'autres[54]. Les travaux furent longs et très coûteux mais, connaissant les appuis dont bénéficiaient les jésuites, on n'est guère surpris d'apprendre que le conseil municipal sut se montrer extrêmement généreux[55], ce qui, évidemment,

---

51. La meilleure preuve étant les nombreuses tirades érudites qui révèlent aux spectateurs quelles sont les différentes déités mentionnées au cours de l'action.
52. La victoire de l'espagnol sur le latin qui ne ferait que se confirmer prouve bien le décalage existant entre les directives émanant de Rome et la pratique concrète de chaque Congrégation.
53. N'oublions pas que les pièces circulaient largement parmi les différents collèges de la Compagnie en Espagne et ailleurs.
54. Voir García Soriano, *El Teatro…*, *op. cit.*, p. 86 sq.
55. Voir Asenjo, *La Tragedia*, *op. cit.*, ii, p. 466, n. c.

n'a pu que raviver l'hostilité de certains milieux opposés à l'influence de plus en plus envahissante de la Congrégation[56].

Entre 1589 et 1590, ce collège fut visité par l'une des personnalités marquantes de la Compagnie à cette période, le Père José de Acosta, grand historien des Indes qui dans sa jeunesse avait taquiné la muse[57]. Les inspections des établissements scolaires étaient une excellente occasion de se faire valoir auprès des autorités qui en avaient la charge ; comme tout événement, elles offraient un bon prétexte pour monter un spectacle, en l'occurrence le *Dialogue fait à Séville*[58], écrit en latin et en espagnol par le père Ximénez, pièce de circonstances donc, et à double titre parce que l'action consiste en un développement allégorique de la visite dont la pièce elle-même était issue. Ces particularités laissent penser que cette fois-ci le public était restreint, seulement composé de la Congrégation et des autorités chargées de la visite en question[59].

Le prologue en langue vernaculaire annonce l'habillage allégorique et en fournit les clés aux spectateurs : l'arrivée d'Apollon, le Père visiteur[60], bouleverse la tranquillité du collège et le Mensonge entend en profiter pour y introduire Cupidon et le Sommeil. Mais tout de suite il nous est dit que ces ennemis ne sont pas à craindre lorsque l'on est vigilant.

Le premier dialogue fournit d'autres renseignements et le Mensonge lui-même nous en apprend davantage sur le sens allégorique. Ainsi, il est l'entremetteur de l'Amour impur « faussement appelé par les Anciens Cupidon » (p. 370) et le Sommeil paresseux, tous deux proscrits du collège par ses enseignants, et très désireux de s'y faufiler. Pour cela ils ont confié au Mensonge la tâche de parvenir à abuser les jeunes pensionnaires, qui loin d'être dupes, et fidèles à la réputation de gens à l'esprit éveillé qu'ont encore les Sévillans, déjouent toutes les ruses : l'Amour Sensuel et ses acolytes seront bernés et Apollon rentrera au collège suivi de ses serviteurs. En ce sens il n'y a pas de véritable conflit dramatique entre ces deux divinités ;

---

56. González Gutiérrez C., *El Teatro*..., I, *op. cit.*, p. 119, reproduit un document qui fait état d'oppositions aux travaux d'agrandissement du collège.
57. Voir Asenjo, *La Tragedia, op. cit.*, I, p. 50-51, avec des nombreux renvois.
58. J'abrège le titre complet : *Diálogo hecho en Sevilla por el padre Francisco Ximénez, a la venida del padre visitador de las escuelas*, édité *ibid.*, p. 362-422, intr. p. 347-360.
59. Voir *ibid.*, p. 364.
60. Le père Ximénez emprunte cette association à d'autres pièces de la Compagnie. Asenjo, *La Tragedia, op. cit.*, p. 350, cite le *Dialogus de Præstantissima Scientiarum eligenda* (1584) et le *Gadirus Herculanus* (1586).

mieux encore, on ne voit jamais s'affronter sur scène ces deux figures, le père Ximénez se contentant de les opposer dans les dialogues par le biais de commentaires faits par les autres personnages ou bien par des sortes d'auto-présentations. En fait, Cupidon joue un rôle secondaire puisque c'est le Mensonge, vieux ridicule, qui occupera le devant de la scène.

En ce qui concerne les traits distinctifs de Cupidon, ils s'inscrivent jusqu'à un certain point dans le droit fil de ceux qu'on avait rencontrés chez Acevedo, c'est-à-dire : un enfant espiègle, douillet, presque efféminé (v. 385) qui n'hésiterait pas à se plaindre à sa maman si par hasard quelque petite déconvenue lui arrivait (v. 387, 401). Affichant une morgue certaine il se prévaut d'être le fils de Mars et de Vénus et d'avoir mis à ses pieds des guerriers invaincus ; par conséquent, son échec devant les élèves du collège (v. 400) prouve jusqu'à quel point ceux-ci sont vertueux. En revanche, il n'est pas ridiculisé par les jeunes étudiants, mais plutôt par les railleries de son serviteur le Mensonge, qui, prudent et rusé qu'il est, prend soin de le critiquer *sotto voce*. Il manque aussi ce désir d'angoisser le pécheur si présent dans *Metanea*, mais rappelons-le, la pièce est sous le signe du rire et l'introduction d'une pédagogie de la peur, comme nous l'avons vu chez Acevedo avec la danse d'Eros, serait malvenue. Qui plus est, le comique ne se cantonne pas aux moqueries des « méchants » car le Mensonge brosse un tableau assez enjoué d'Apollon[61] et se laisse aller à des plaisanteries légèrement anticléricales. Voici comment il envisage son avenir en cas d'échec : il peut se pendre, ou bien quémander à l'évêque un ermitage ou encore une charge de sacristain, ce qui lui permettrait de s'adonner à la boisson en toute tranquillité[62].

Mais oublions les faire-valoir et venons au visiteur si attendu.

Apollon jouissait d'une palette d'attributs assez large, celui entre autres de dieu de la lumière puisque Soleil, ce qui lui vaudra d'être utilisé comme représentation de la royauté, comme ce sera notamment le cas de Philippe II et des rois d'Espagne en général[63] ; mais aussi dieu de la Beauté, de la Musique, protecteur des Muses, dont la Renaissance avait fait une allégorie de la Sagesse[64]. N'oublions pas ses aventures amoureu-

---

61. Asenjo, p. 378, n. 33, renvoie à l'intermède du *Gadirus Herculanus* pour une plaisanterie semblable.
62. Voir p. 387. Il y a des allusions constantes à son goût immodéré pour le vin.
63. *Ibid.*, p. 307.
64. Seznec J., p. 144. López Torrijos souligne que Valeriano dans ses *Ieroglyphica* le fait apparaître comme *Sapientia*, *La Mitología…*, *op. cit.*, p. 300-301.

ses, en particulier celle de Daphné, chantée par Ovide et par une multitude de poètes... Bien entendu, c'est la Sagesse qui est mise en exergue tout au long du dialogue[65]. Apollon fait donc son entrée au collège de Saint Herménégilde, accompagné non des Muses ou de sa sœur, la chaste Diane, mais de l'Honneur et de la Joie véritable, qui découlent d'une vie consacrée à l'étude, au travail. Or ce fils de Jupiter, adoré par les Romains, représente le père Acosta; pour cette raison il devient nécessaire de souligner qu'il est soumis, comme le veut d'ailleurs la tradition, à Dieu le Père[66]. Ce petit jeu quelque peu flagorneur envers l'autorité du Visiteur, parsemé d'éloges de la ville de Séville et de ses habitants, constitue un premier pas dans l'appropriation des dieux de l'Olympe par les pères jésuites.

Le couronnement d'une pareille entreprise arrivera avec la *Tragédie de Saint Herménégilde*, jouée en 1590 ou 1591[67], due à la plume de plusieurs auteurs travaillant en étroite collaboration[68]. Spectacle d'une grande magnificence qui voulait faire échec aux adversaires de la Compagnie, et notamment à ceux qui reprochaient aux membres du Conseil municipal sa prodigalité envers elle. En dehors de cette pièce mise en scène avec un grand faste il y eut un intermède, *Hercule vainqueur de l'Ignorance*. C'est un ensemble de presque 8000 vers, plus quelques passages en prose latine, dont 1900 pour la pièce comique à elle seule[69].

Autant le *Dialogue* était conçu pour un usage interne, autant la *Tragédie* se voulait un événement destiné au tout Séville, comme en témoignent les chiffres des dépenses engendrées par la mise en scène ainsi que la liste des spectateurs appartenant à la très haute noblesse, à la hiérarchie ecclésiastique, aux autorités civiles et à l'oligarchie économique en général[70]. Si le spectacle prétendait signifier les noces de la Science, c'est-à-dire, l'établissement, avec Herménégilde, devenu depuis 1585 un saint à l'exclusive

---

65. Voir en particulier sa propre présentation, p. 406.
66. *Cf.* Pérez de Moya.
67. Asenjo fait une mise au point à ce sujet : *La Tragedia, op. cit.*, II, p. 458 sq.
68. *Ibid.*, p. 464-465.
69. L'éditeur a décidé de numéroter les vers de l'intermède comme faisant partie de l'ensemble, il commence donc par le vers 1134, ce qui nous donne la distribution suivante : 1er acte : v. 1134-1715 ; 2e acte : v. 2674-3435 ; 3e acte : v. 5187-5730.
70. Voir Asenjo, II, p. 466-467 pour les dépenses et 467-471, pour le public. Lorsque l'on sait que les échevins de Séville appartenaient à cette même oligarchie et que l'on met en parallèle les noms de certains spectateurs avec la liste des membres du Conseil municipal et celle des acteurs, notamment en ce qui concerne les premiers rôles, on comprend que la munificence des autorités n'avait rien de désintéressé. Pour les acteurs, voir *ibid.*, p. 472-473.

dévotion des Espagnols[71], l'intermède qui l'accompagnait avait encore une autre ambition, puisqu'il se proposait de sceller l'union entre la métropole andalouse et la Compagnie de Jésus, grâce à la figure d'Alcide. Il s'établissait de la sorte un lien quelque peu étrange entre le martyr dont on considérait qu'il avait ouvert le chemin à la conversion des rois wisigoths et le héros grec, modèle de vertu ; ce lien profitant de l'ancrage local de ces deux figures car, si certains chroniqueurs assuraient que le prince rebelle avait fait de Séville sa capitale et que son père, le roi Léovigild, l'avait fait décapiter en ce lieu, personne n'ignorait la ténacité des légendes très anciennes qui attribuaient à Hercule la condition de fondateur de la ville, comme le paysage urbain lui-même en témoignait[72].

Toutefois, la meilleure preuve nous est donnée par les deux apothéoses herculéennes[73] qui d'un point de vue temporel entourent l'intermède.

En 1570 le roi Philippe II visite celle qui se voulait une nouvelle Rome[74] et ses habitants ne lésinent pas sur les frais afin d'offrir à leur souverain une entrée splendide. Le grand humaniste Juan de Mal Lara, chargé des festivités, nous a laissé un récit assez détaillé des événements, incluant la description des architectures éphémères dressées en différents points de la ville, récit qui laisse apparaître l'omniprésence des figures païennes, notamment Hercule, dont l'association avec Philippe II était mise en relief[75].

La deuxième est la décoration du palais du duc d'Alcalá, connu sous le nom de maison de Pilate, plus précisément celle du plafond du cabinet

---

71. Voir Menéndez Peláez, *La tragedia*, op. cit., p. 143-144.
72. Par exemple les colonnes de l'*Alameda de Hércules* et la *Puerta de Goles*, corruption populaire du mot *Hercoles*. Rodrigo Caro passe en revue les auteurs qui affirment que Séville a été fondée par le dieu (3 v°-5) ; avec maintes précautions, dans un effort pour ne pas s'opposer à une tradition qui compte parmi ses défenseurs saint Isidore, Caro infirme une telle opinion. Le fondateur serait Hispalo ou Hispano (5v°), Hercule viendrait après et serait responsable d'une importante mission civilisatrice (6) et en ce qui concerne Séville il se contenta de l'agrandir (6v°). Voir Rodrigo Caro, *Antigüedades y principado de la ilustríssima ciudad de Sevilla*, Sevilla, Andrés Grande, 1634. Nous utilisons l'édition fac-similé suivante : Sevilla, Alfar, 1982. Pour les colonnes et la *Puerta de Goles*, voir f° 9. Voir aussi Mal Lara, cité plus loin, et sur les sculptures consacrées à Hercule, Camón Aznar J., « La mitología… », *op. cit.*, p. 178.
73. Nous empruntons l'expression à José Camón Aznar, *ibid.*, p. 177.
74. Voir Lleó Cañal V., *Nueva Roma*, Sevilla, Libarió, 2000, en particulier les p. 234-236.
75. Voir Juan de Mal Lara, *Recibimiento que hizo la muy noble y leal ciudad de Sevilla…*, éd. de Bernal Díaz M., Sevilla, Université, 1992, en particulier les p. 92 sq. Il transcrit, p. 98, quelques vers se trouvant aux pieds de la statue d'Hercule : *Hanc urbem statui, posuit tibi moenia Iulus./Carolus ornabit, tu meliora dabis*. L'auteur ajoute dans sa *relación* un sonnet qui reprend la même idée : *A esta ciudad di yo (Hercule) principio y gente/fuerzas dio Julio, Carlos hermosura,/pero de ti, señor, más bien se espera.*, *ibid.*, p. 99. Il est rare de voir associé Philippe II

de don Fernando, œuvre de Francisco Pacheco[76]. Ici, Hercule n'est plus proposé comme modèle pour les rois mais pour le courageux chef de la famille la plus importante de l'aristocratie sévillane[77].

Entre le Roi Prudent et les Enríquez-Ribera la Compagnie de Jésus va prouver qu'il y avait de la place pour elle dans ce mariage entre Hercule, symbole de quelques Espagnols particulièrement méritants, et Séville.

La Science est enfermée dans le château fort de l'Ignorance sous l'étroite surveillance d'un Barbare[78]. Son enfant, l'Amour de la Science, qui vient de rencontrer l'Amour de l'Honneur, est venu la chercher car il a des projets pour la délivrer. En effet, après avoir parcouru le monde, il a trouvé son salut à Séville, ville extraordinaire par son climat, ses beautés naturelles et par l'esprit de ses habitants, de telle sorte qu'elle paraît destinée à être le siège de sa mère. Cette hypothèse est d'autant plus vraisemblable qu'Alcide, le roi, s'est donné comme but la délivrance de la prisonnière (v. 1302-1334). L'entreprise ne saurait pas échouer et le héros a déjà commencé à bâtir la demeure où la Science sera installée après sa libération[79].

L'éloge de la grande métropole andalouse est complété par Hercule qui se sent supérieur à son père Jupiter, car son royaume des rives du Guadalquivir dépasse de loin tout ce qui existe au ciel et sur terre (v. 2681-2685). À tel point que la renommée du héros sera due à Séville; d'ailleurs la louange de la ville s'étale sur de longs vers. Parmi tous les joyaux dont elle peut se vanter, il y en a un qui ressort: la Maison de la Science, nulle activité ne pouvant rivaliser avec l'éducation de l'homme (v. 2742 *sqq.*[80]).

à Hercule: Checa passe en revue les quelques occurrences, par exemple des entrées dans des villes flamandes à la fin des années 1540, deux œuvres de Leoni et, finalement, il reproduit une gravure de Philippe II, entouré de deux images d'Hercule, prise dans Francesco Terzi, *Austriacæ gentis imagines*, Innsbruck, 1569. Voir Checa F., *Felipe II, mecenas de las artes*, Madrid, Nerea, 1992, p. 81 *sq.*

76. Voir Camón Aznar J., « La mitología... », *op. cit.*, p. 179 *sq.* et López Torrijos, *La Mitología...*, *op. cit.*, p. 129-137.

77. Sur les prétentions de la famille à descendre d'un légat de Jules César, voir *ibid.*, p. 131. Les Enríquez-Ribera n'étaient pas les seuls à vouloir rivaliser avec Charles Quint. Don Alvaro de Bazán, le grand marin, fit de même dans son propre palais. Plus encore, on y retrouve le motif d'Hercule à la croisée des chemins (*ibid.*, p. 125-128).

78. Asenjo avance deux hypothèses: ou bien le Barbare apparaissait sous la forme d'un sauvage ou bien sous celle d'un paysan grossier. Voir *ibid.*, p. 530-531. Cette dernière est la plus vraisemblable puisqu'elle permettrait de différencier la tenue vestimentaire du Barbare de celle d'Hercule.

79. Ces aspects ont été étudiés par Garzón-Blanco (1976a), cité par Asenjo, *ibid.*, n. 33.

80. Général dans un premier temps, le dithyrambe se fait plus précis. Quelques monuments sont énumérés, par exemple les colonnes d'Hercule (2740), et puis des bâtiments

Dithyrambe de la ville et fable morale construite sur le personnage mythique vont dorénavant de pair. Le protagoniste se retrouvera d'abord « à la croisée des chemins ». Or ni la description repoussante qui lui est faite de la Science (elle brutalise les enfants, elle est laide, maigre, boudeuse, mélancolique et de plus, possède un teint olivâtre[81]), ni les appâts du chemin d'une Science moins pénible, d'un savoir consistant à jouir du monde, choix d'autant plus simple qu'il est à portée de la main, puisque Séville regorge de plaisirs de toutes sortes (v. 3030 sqq.) et notamment de tout cet argent en provenance du Nouveau Monde (3060 sqq.), rien donc ne pourra détourner notre héros de sa voie, en fait une allégorie des travaux d'Hercule.

Celui-ci se transforme en un chevalier qui échangerait sa lance contre la massue et son armure contre la peau de bête qui lui sert de vêtement ; en revanche, nous y avons déjà fait allusion, il sert une dame à laquelle il conte fleurette et qui l'encourage dans ses joutes depuis la tour du château[82]. Le héros s'est engagé sur le chemin de la vertu, plein de souffrances et d'efforts (v. 5447 sq.). D'abord il met en déroute une armée de barbares, puis il affronte des bêtes féroces : un lion (symbole de la superbe, comme on nous l'explique : v. 5467 sq.), un ours friand de miel (le plaisir sensuel qui empêche les abeilles-étudiants de butiner les connaissances, v. 5511 sq.), un serpent à sept têtes (la cupidité : v. 5555 sq.[83]). Hercule sort vainqueur des combats contre les vices, sa mission est donc accomplie (v. 5599 sq.).

Une fois la victoire acquise, la Science change la toilette noire qu'elle portait en signe du deuil provoqué par son bannissement pour une autre très luxueuse, le château s'effondre et, pour clore l'intermède, la fiancée couronne son champion : le couple peut faire son entrée à Séville.
Ce petit parcours, dont les limites on été signalées[84], nous a permis d'assister à plusieurs attitudes envers les divinités de l'Olympe allant

---

emblématiques : la *Casa de la Moneda*, la *Lonja* (Bourse de commerce), l'Hôpital, et pour clore la liste, la Maison de la Science.
81. Voir les vers 2903-2904 : *fea, fraca y mohina,/melancólica y cetrina*. Au sujet de la laideur de la Vertu, voir Panofsky E., *Hercule à la croisée des chemins*, op. cit., p. 61 sq.
82. Soulignons à ce propos l'utilisation d'un vocabulaire qui renvoie également au roman de chevalerie : *empresa*, v. 5376, *caballero*, v. 5375.
83. Le serpent n'a pas épuisé ses possibilités allégoriques puisqu'il devient maintenant la Jalousie : pour en finir avec les médisances il faut arracher ses dents une par une. Une fois semées en terre elles vont donner naissance à six enfants qui s'entretuent. En note, Asenjo explique le sens : ces vers renvoient au mythe de Cadmos (p. 732).
84. D'ailleurs, un historien de l'art serait à même d'entreprendre une étude fouillée sur l'iconographie (tableaux, emblèmes), qui dépasse de loin nos compétences.

du pur et simple rejet, lorsqu'elles sont identifiées à des entités démoniaques et donc à des ennemies de la Foi, à une distinction entre des dieux récupérables qui affrontent d'autres dieux associés au vice. Pour paraphraser Seznec, le profane se réconcilie avec le sacré afin d'illustrer une fable morale[85]. Le tout finit par une assimilation complète qui efface les frontières entre les deux mondes devenus un seul univers conceptuel. Ou, pour être encore plus précis, on transpose une figure païenne dans un contexte qui lui est étranger et qui appartient d'un bout à l'autre à la tradition chrétienne, voire locale.

En effet, on ne trouvera point de trace de Cupidon ni d'une déité quelconque parmi les forces du Mal, qui renvoient au contraire à un référent, réel autant que littéraire, bien hispanique. Le Barbare qui garde le château parle le jargon des paysans et bergers de théâtre, le *sayagués*; l'Amour Sensuel et l'Amour de l'Argent, antagonistes de l'Amour de la Science et de l'Amour de l'Honneur, sont deux petits gitans zozotant comme le veulent les conventions de l'époque[86]. Il n'est plus question d'Alcide le Thébain mais du fondateur de Séville, du roi d'Espagne, de celui qui d'après les chroniques du Moyen Âge était grand astrologue et homme vertueux. Les jésuites d'Avignon n'hésiteront pas à relier leur Hercule gaulois à Henri IV[87]; leurs frères andalous feront preuve de plus d'audace: l'Hercule sévillan devient la Compagnie elle-même, qui apparaît ainsi comme l'âme de la cité. Aucune des activités déployées dans ce haut lieu du commerce et des Arts, dans cette porte des Indes, ni la construction de beaux bâtiments, ni le fait de battre monnaie, de soigner les malades, rien ne peut se comparer en noblesse, en transcendance, à la tâche dévolue au collège de Saint Herménégilde: faire des jeunes élèves des hommes capables de jouer un rôle de respon-

---

85. Voir Seznec J., *La Survivance...*, *op. cit.*, p. 242.
86. Ce trait phonétique servait à lui seul à constituer le parler des Gitans littéraires comme le prouvent ces vers de Lope de Vega, tirés de l'*Arenal de Sevilla*: *La lengua de las gitanas/nunca la habrás menester,/sino el modo de romper/las dicciones castellanas./Que con eso y que zacees,/a quien no te vio jamás/gitana parecerás* (Lope de Vega, l'*Arenal de Sevilla*, dans *Comedias escogidas*, III, éd. d'Eugenio Haertzenbusch, Madrid, Atlas, 1950 [BAE, 51], p. 535a). Les gitans suivent de près le stéréotype qui faisait d'eux, entre autres choses, des voleur délurés: voir sur ce point, parmi de nombreuses études, Julio Caro Baroja, « Los gitanos en cliché », dans *Temas castizos*, Madrid, Istmo, 1980, p. 103-139.
87. Voir McGowan M., « Les Jésuites à Avignon... », dans Jacquot J. (dir.), *Les Fêtes de la Renaissance*, III, Paris, CNRS, 1975, p. 153-171. Les jésuites français affectionnaient ce genre d'association. Un siècle plus tard ce sera le tour de Louis XIV. Voir de Dainville F., « Allégorie et actualité... », *op. cit.*

sabilité dans le monde tout en étant des soldats du Christ[88]. Ce faisant, les bons pères sont allés au-delà du programme que l'Église s'était tracé au XVIe siècle, « admettre ce qu'on n'a pas la force d'extirper » et s'en servir « pour illustrer les vérités de la Foi »[89], *ad majorem gloriam dei*.

Ici la mythologie est moralisée pour la plus grande gloire de ses serviteurs les plus zélés, les fils de saint Ignace, responsables de la naissance d'une autre Séville, nouvelle Rome chrétienne, cultivée et andalouse.

---

88. Voir le texte suivant qu'Asenjo cite à partir de Griffin : *se tienen dos fines : el uno, que salgan los hombres muy insignes y rraros en letras ; el otro fin es que, enseñando letras, juntamente se enseñen los oyentes biuir pía y christianamente, y se puedan endereçar a lo que fuere mayor seruicio de Dios nuestro Señor* (Asenjo, I, p. 28).
89. Voir Seznec J., *La Survivance...*, op. cit., p. 241.

Ana Perches

Moros y cristianos, pièce espagnole d'origine médiévale. Une version chicana encore jouée dans le Nouveau-Mexique contemporain

Depuis le Moyen Âge en Espagne comme dans les colonies hispaniques du Nouveau Monde à partir du XVIe siècle, la pièce à laquelle on donne le titre *Moros y cristianos* a pris différentes formes. Cette pièce véhicule la lutte entre, d'abord, chrétiens et Maures (Espagne) ; ensuite entre colons espagnols (chrétiens) et peuples indigènes (notamment les Aztèques du Mexique) ; et enfin, dans les villages du Nouveau-Mexique de nos jours (villages à forte composante hispanique), la lutte entre l'hégémonie pérenne du colonialisme américain contre la culture mexicaine écrasée. La présente conférence a pour sujet une mise en scène de cette pièce en 1994, à Chimayó, village près de Santa Fe dans le Nouveau-Mexique. Nous parlerons également de l'histoire de cette pièce et des différentes interprétations qui varient selon le contexte historique et le cadre social de la représentation.

Origines

Les spécialistes du théâtre populaire de l'Espagne médiévale ont retenu comme base de cette pièce, plusieurs « batailles théâtralisées » entre Maures et chrétiens, qui remontent au XIIe siècle, notamment à partir de 1150, date de la célébration d'un mariage royal à Lleida (Lérida) ; cependant, cette année-là ne doit pas être prise comme point d'origine de la pièce, vu l'ambiguïté des sources. On observe dans les siècles suivants, d'autres « batailles » de ce type, utilisant des chevaux-jupons et des costumes pour mettre en scène les combats des chrétiens tantôt contre les Turcs, tantôt contre les Maures. Il existe, en outre, d'autres exemples de ces batailles théâtralisées, dites *juegos de cañas* ou « jeux de bâtons » introduits en Espagne par les Maures. Pour certains spécialistes de la matière, comme Max Harris, c'est à partir du xve siècle qu'on constate une institutionnalisation du spectacle *Les Maures et les chrétiens,* au moment où se dégradèrent les relations entre Maures et chrétiens suite à la politique des « Rois Catholiques » Ferdinand et Isabelle.

Comment déchiffre-t-on aujourd'hui une pièce médiévale ? En l'occurrence cette pièce *Moros y cristianos* portera-t-elle le même message aujourd'hui en Espagne, au Mexique et au Nouveau-Mexique ? Pas du tout. Le « message » en sera multiple et variable, voire contradictoire, puisque les événements historiques d'un pays à l'autre ont pris un chemin à la fois semblable et différent. Nous parlerons donc de la réception moderne de cette pièce en Espagne, au Mexique, et au Nouveau-Mexique. Ce faisant nous verrons d'étonnantes transformations de cette pièce au cours des quelque neuf cents ans depuis ses origines dans l'Espagne médiévale, jusqu'à ses avatars modernes dans le sud-ouest hispanophone des États-Unis.

Espagne

Quand on joue cette pièce dans l'Espagne contemporaine, les Maures sont-ils toujours l'ennemi ? Si on demande à un spectateur qui des deux ont été le vainqueur, il n'est pas rare d'entendre répondre, « Personne, on continue la bataille simplement ». Donc, dans l'Espagne d'aujourd'hui, une pièce comme *Moros y cristianos* suscite des réactions correspondant à l'idéologie particulière de chaque spectateur. Pour prendre des cas extrêmes, un catholique de Séville pourrait voir dans la récupération de la croix un souvenir de la victoire franquiste contre la force républicaine sectaire et souvent agnostique ; ainsi ce spectateur aurait une réaction proche du sens original de la pièce, en professant une attitude de supériorité envers tout ce qui n'est pas chrétien, ou plutôt catholique. Il s'agirait donc, dans son esprit, d'une victoire catholique. À l'autre extrême, un autre spectateur espagnol pourrait très bien s'identifier autant avec le chrétien qu'avec le Maure ; c'est ce qu'a trouvé Max Harris en interrogeant un spectateur qui lui a affirmé *todos somos moros.* Et puis une troisième possibilité dans l'Espagne de nos jours, un Marocain, par exemple, pourrait se sentir mal à l'aise sinon harcelé face aux *viva !* qui retentissent de tous côtés au moment de la victoire chrétienne. Entre ces extrêmes, on peut imaginer toutes les gradations ; mais en général, le catholicisme fervent dans l'Espagne contemporaine s'associe à une politique de droite. Les fêtes religieuses n'y ont pas d'arrière-pensée occulte de résistance, comme on en trouve au Mexique aussi bien que dans le Nouveau-Mexique américain. En somme, ces fêtes servent à réaffirmer en Espagne le discours officiel catholique/chrétien du pouvoir. Ce n'est pas le cas au Mexique.

Mexique

Aujourd'hui au Mexique, les indigènes s'identifient-ils aux Maures ou aux chrétiens? Rappelons que de nos jours au Mexique, ce sont surtout les indigènes (catholiques bien sûr) qui mettent en scène les festivals religieux du type *Moros y cristianos*. Quand Hernán Cortès arriva au Mexique (Tenochtitlan) en 1519, la population autochtone jouissait d'une riche tradition théâtrale qui employait la danse, la poésie et le chant dans les rites et les célébrations. Pour Cortès, dont le paradigme politico-religieux mettait aux pôles opposés chrétiens et non-chrétiens (que ces derniers soient Maures ou juifs), les temples aztèques ne correspondaient à rien de comparable en Espagne. En voyant donc ces magnifiques temples aztèques, le *conquistador* espagnol, ancien élève de l'université de Salamanca, savait bien qu'il ne s'agissait ni d'églises ni de cathédrales; dans les lettres qu'il adressait à Charles-Quint, il les appelait *mezquitas*, des mosqués. C'est dans ce contexte qu'il faut voir l'insertion du drame des *Moros y cristianos*, en tant que véhicule d'évangélisation. Aujourd'hui, de même qu'en Espagne les organisations catholiques au Mexique (sauf dans le cas de la théologie de libération) ont une idéologie conservatrice et bourgeoise. Mais au Mexique les choses sont plus compliquées, selon que le catholique fervent en question est un indigène ou non. Or les rites comme la pièce *Maures et chrétiens* sont réalisés par les communautés indigènes qui n'ont pas du tout l'idéologie hégémonique, au contraire. Pour eux, les rites apportés par les Espagnols comme *Moros y cristianos*, leur appartiennent à eux, indigènes, et n'appartiennent qu'à eux; voilà ce qui ressort très clairement de la manière dont ils exécutent ces rites. Porteurs d'une culture mixte et contradictoire, ils savent que chaque fois qu'ils les mettent en scène, il n'y a qu'eux qui comprennent la vraie signification de ces rites. Car en dépit de leurs origines espagnoles, ces rites expriment aujourd'hui une forme de résistance culturelle et idéologique vis-à-vis de l'hégémonie qui les exclut du pouvoir. Harris en donne de nombreux exemples. En ce qui concerne le Mexique, cette pièce comme d'autres danses et drames de la Conquête en est venue, avec le temps, à dramatiser l'ambivalence que ressentent les indigènes envers le catholicisme que leur ont apporté les Espagnols. Comme Harris le fait observer, dès qu'une quelconque tradition étrangère passe dans le répertoire du peuple, qui la fait sienne, cette tradition devient une forme de résistance culturelle contre l'hégémonie et la domination coloniales. C'est ce qui s'est passé dans la transformation progressive au Mexique de l'apport culturel des Espagnols. Cependant, au Mexique il existe une grande scission entre les indigènes et la population dite mexicaine, dans sa majorité *mestiza*, qui, en dépit de son origine mixte espagnole-indigène ne s'identifie pas avec la culture indigène. Le Mexicain moyen verrait donc ces rites comme « choses d'indiens » et ne s'identifierait ni aux Maures, ni à ces étranges chrétiens médiévaux avec leurs drôles de costumes de *conquistadores*. Car il faut savoir que le Mexicain ne se voit pas du tout comme le descendant de *conquistadores*; pour lui, ces derniers ne sont après tout que des *gachupines* (« Espagnols », terme péjoratif). Comme disait Octavio Paz, les Mexicains ne veulent être ni espagnols ni indiens. Donc pour la plupart des Mexicains (y compris moi-même), des hommes, à cheval, avec une armure de *conquistador*, représentent l'envahisseur, fier et arrogant, auteurs de notre servitude. Comme la plupart des Mexicains ne connaissent donc pas l'histoire et la culture des peuples indigènes, et comme ils ont une attitude de supériorité envers eux, les rites du type *Moros y cristianos* leur apparaissent comme une manifestation des peuples qui ne sont pas encore « civilisés ». D'autres Mexicains verraient ces rites simplement avec curiosité, d'autres encore avec indifférence, ou avec une condescendance paternaliste. Enfin, Max Harris estime que les masques portés par les indigènes représentent souvent une forme de résistance subliminale, voire inconsciente. Ce qui nous amène au contexte américain: dans le Nouveau-Mexique de nos jours, quels sont ces masques, et qu'est-ce qu'ils représentent? Autrement dit, comment comprend-on aujourd'hui une pièce d'origine médiévale aux États-Unis?

Nouveau-Mexique

Certains historiens contemporains de la littérature américaine (Bruce-Novoa, Luis Leal), font remonter les origines de la littérature dite « américaine » non pas aux auteurs anglais de la colonisation, mais bien à la tradition orale des autochtones (*Native Americans*), suivie par les textes du XVIe siècle écrits en espagnol. Dans cette optique, l'une des premières œuvres écrites aux États-Unis porte le titre *Naufragios* (*Les Naufrages*), écrite par Alvar Núñez Cabeza de Vaca, en date de 1542. Dans cette même optique le premier poème de la littérature américaine est une épopée, composée dans le style de la Renaissance et ayant pour titre *Historia de la Nueva Mexico*, par Gaspar Pérez de Villagrà et publiée en Espagne à Alcalà de Henares en 1610. Or en plus de ces œuvres narratives, soulignons que les États-Unis possèdent, sans le savoir, aux origines de la littérature américaine, une pièce d'origine médiévale espagnole, représentée dans le « Nouveau Monde » sans discontinuer, depuis 1598. Cette pièce s'appelle *Moros y cristianos* et elle s'y représente encore aujourd'hui.

Comment cette pièce est-elle parvenue jusqu'au Nouveau-Mexique ? Il serait utile à ce propos de donner quelques brèves indications sur l'histoire du Mexique et du « Nouveau-Mexique ». Comme je l'ai dit plus haut, Hernán Cortés est arrivé au Mexique en 1519. Deux ans plus tard, les Espagnols ont vaincu les Aztèques et la couronne espagnole a établi *el virreinato*, la vice-royauté. La Nouvelle-Espagne concentrait ses activités surtout dans les endroits riches en minéraux, au centre du pays. Le nord, désertique, ne l'attirait pas encore. Après plusieurs tentatives pour coloniser le nord, il a fallu la détermination d'un Juan de Oñate pour y étendre l'aventure. Oñate donc, organise et finance, avec l'autorisation du roi Philippe II, l'expédition dans la région qu'on allait appeler le Nouveau-Mexique.

Le *Nuevo Mexico* appartenait donc à la Nouvelle-Espagne de 1598 jusqu'à l'indépendance du Mexique acquise en 1821. Cette Nouvelle-Espagne, organe colonial et impérialiste de l'Espagne, était immense, bien plus grande que l'Espagne elle-même. Partout dans la Nouvelle-Espagne, des frères franciscains et dominicains convertissaient les indigènes. Et partout dans cette région, il y avait des pièces, des *autos sacramentales*, auxquelles s'ajoutait justement l'œuvre dite *Moros y cristianos*. Il est important de rappeler à cet égard que de nombreuses pièces d'archives conservent l'enseignement de ces *autos* et de ces danses que les frères apprenaient aux indigènes, tantôt apportées d'Espagne, tantôt écrites sur place et représentées en *nahuatl*, la langue des acteurs indigènes.

Après la guerre de l'Indépendance (1810-1821), la prochaine grande étape historique arrive quand la République du Mexique est scindée en deux en 1848 ; en effet la prise de la moitié septentrionale du Mexique par les États-Unis entre 1846 et 1848 résulte de l'invasion que les Américains appellent la *Mexican-American war*. Cela fait que les habitants de cette moitié septentrionale du Mexique désormais américaine, ainsi que leurs descendants actuels, n'ont jamais traversé de frontière ; autrement dit, ces gens-là (qu'on appelle *chicanos*) ne sont pas des « émigrés » aux États-Unis, ils n'ont jamais quitté leur sol ancestral. Il s'agit donc d'un peuple colonisé sur place (comme vos ancêtres les Gaulois, par les Romains ; nos chicanos sont dans la même position que vos Gaulois). Passons maintenant au spectacle à Chimayó.

Festival à Chimayó

Chaque année, au mois de juillet, dans un village près de Santa Fe dans le Nouveau-Mexique, des villageois de Chimayó représentent le spectacle médiéval *Moros y cristianos*. D'un côté, on a les Maures (hommes, femmes, enfants). De l'autre côté, les chrétiens (seuls des hommes adultes), habillés à la manière de *conquistadores* du XVIe siècle, plus ou moins. La trame de l'histoire est simple : les Maures ayant volé aux chrétiens leur croix, ces derniers, indignés, luttent pour la récupérer (c'est la *Reconquista*). À cheval, ils se battent avec bâtons ou fusils. Les Maures perdent toujours la bataille, bien entendu. La pièce se termine par la conversion des Maures au christianisme, et les chrétiens bénissent la croix, se réjouissant de leur conquête. Quelques photos que j'ai prises d'une représentation de cette pièce à Chimayó en 1994 sont rassemblées en appendice.

Nous avons vu à quel point peuvent diverger les mises en scène et les interprétations de *Moros et cristanos* en passant de l'Espagne contemporaine au Mexique. Le cas de Chimayó est plus particulier encore. Si les chrétiens dans cette pièce sont les *nuevomexicanos*, qui diable sont les « Maures », et qu'est-ce qu'ils représentent? D'abord, ils ne représentent pas forcément l'ennemi. Comme le *nuevomexicano* d'aujourd'hui ne fait pas le lien entre le spectacle qu'il a sous les yeux et le sens de ce rite en Espagne ou au Mexique, il ne lui vient pas à l'esprit de détester les Maures ; d'ailleurs il est peu probable qu'il sache ce que c'est que les Maures. Cette population ne déteste pas non plus les Espagnols de la *Conquista* car il lui arrive même de s'identifier à eux, à la différence des Mexicains du Mexique qui eux, nous l'avons vu, abhorrent les *conquistadores*. Vous voyez, c'est compliqué. Ce qui est important pour le chicano du Nouveau-Mexique, c'est *la croix*, dans la mesure où celle-ci représente une affirmation. Cette croix représente le Dieu du catholicisme par opposition au protestantisme des Anglo-américains. Pour les chicanos catholiques américains (établis rappelons-le en Amérique depuis 1598), évoluant dans un pays aujourd'hui pour la plupart protestant, le Dieu de leurs traditions hispaniques guide toujours en leur faveur le déroulement et l'issue de cette pièce, prenant leur parti contre les ennemis de leur culture, de leurs coutumes et de leur langue, car la pièce est jouée en espagnol, bien entendu. La croix c'est aussi la terre qu'ils ont perdue, et par là l'affirmation de l'identité qu'ils veulent récupérer contre l'anglicisation de leur ancien territoire. Et voilà leur *Reconquista*. Comme les indigènes du Mexique aujourd'hui, les chicanos de Chimayó, ainsi que les chicanos du Texas ou d'Arizona, de Californie ou d'ailleurs, s'accrochent à leur résistance contre l'idéologie hégémonique. Le seul fait d'avoir conservé cette pièce, et de l'avoir gardée vivante dans un pays qui ignore résolument l'apport des chicanos dans la culture américaine, est réellement pour eux une *Reconquista*, fondée pourtant sur une tout autre idéologie que celle de la *Reconquista* espagnole, qui posait le peuple espagnol chrétien comme un peuple supérieur. Et en cela, les chicanos présentent une curieuse analogie avec les Maures d'Espagne, qui tout en ayant tant contribué à la culture du pays, sont toujours considérés comme des envahisseurs. Il va sans dire que dans tous les pays et dans toutes les régions « hispaniques » du monde, il reste l'empreinte des Maures. Ainsi, contre la façon dont Cortès mettait sur le même plan – inférieur – les temples aztèques et les mosquées, la réalité contemporaine du « Nouveau Monde » fait éclater les dichotomies occidentales classiques comme le bien et le mal, les Maures et les chrétiens.

ANA PERCHES

Yves Peyré

Le rôle de Némésis dans la tragédie élisabéthaine

Qui donc est Némésis dans le théâtre anglais de la Renaissance ? Les additions interprétatives successives surimposées, au cours des siècles, aux sources grecques et latines prêtent un visage inévitablement multiple à cette déesse, qui assume, dans certaines tragédies élisabéthaines, un rôle en partie inspiré par ces traditions textuelles, mais aussi en partie nouveau, dont on pourra se demander dans quelle mesure il contribue à définir, ou plus modestement, à éclairer, les conceptions du tragique qui se font jour dans ce théâtre.

Dans la tragédie d'Euripide, Antigone s'adresse à Némésis, « grondant éclair de Zeus, feu éblouissant de la foudre,/toi qui fais taire la superbe jactance »[1]. Que cette déesse punisse l'hubris est confirmé par Pausanias dans la *Description de l'Attique* : [à Rhamnonte] « il y a un sanctuaire de Némésis, déesse inexorable pour les hommes coupables de démesure »[2], texte repris dans *Le Imagini de i Dei de gli Antichi* de Vincenzo Cartari, adapté en anglais par Richard Linche : « It is written with Pausanias that Nemesis was the most severe and cruell punisher of arrogancie and vainglory af all others […] »[3].

Chez Ovide, l'orgueil que punit Némésis est très spécifiquement celui qui consiste à refuser l'amour. C'est elle, « *Rhamnusia* » (III, 406), qui exauce le

---
1. Euripide, *Les Phéniciennes*, 181-182, *Théâtre complet*, éd. et trad. Delcourt-Curvers M., Paris, Gallimard, « Bibliothèque de la Pléiade », 1962, p. 1033-1034.
2. Pausanias, *Description de l'Attique*, trad. Yon M., Montpellier/Paris, François Maspéro, 1972, I, XXXIII, 2, p. 172.
3. « Il est écrit dans Pausanias que Némésis, de toutes les divinités, était celle qui punissait l'arrogance et la vanité avec le plus de sévérité et de cruauté », Linche R., *The Fountaine of Ancient Fiction*, Londres, Adam Islip, 1599, sig. Bb r°; Cartari V., *Imagines Deorum*, Lyon, Étienne Michel, 1581, p. 308-309.

vœu d'Écho dédaignée par Narcisse ; Vertumne incite Pomone à s'ouvrir à l'amour de peur d'attirer sur elle la colère de Rhamnuse : le traducteur des *Métamorphoses* en anglais, William Golding, développe « *memorem* [...] *Rhamnusidis iram* » (XIV, 694)[4] en « Rhamnuse whoo dooth eyther soone or late/Expresse her wrath with myndfull wreake » (XIV, 795-797)[5], de même qu'en traduisant « *Rhamnusia* » (III, 406) par « The Goddesse *Rhamnuse* (who doth wreake on wicked people take)[6] » (III, 507), il incorpore dans son texte un commentaire usuel des annotateurs d'Ovide rappelant que la déesse châtie toute forme d'orgueil[7].

Mais la définition de Némésis que propose Thomas Cooper dans son dictionnaire anglais publié en 1565, deux ans plus tôt que la traduction de Golding, illustre une polysémie plus complexe de la déesse : Némésis est en effet

> The name of a goddesse, whom the paynims supposed to be the punisher of greevous offenders : some call hir fortune. Erasmus saith, Nemesis is a goddesse, the revenger of insolensie and arrogancie[8].

C'est aux *Parabolæ sive similia* d'Érasme que se réfère Cooper ; la déesse y est en effet définie comme « *Rhamnusia, id est Nemesis indignationis dea, superbiæ et insolentiæ ultrix : sunt a quibus pro Fortuna capitur* »[9]. Giraldi comme Cartari considèrent aussi Némésis comme un avatar de la Fortune, à la suite des Mythographes I et II du Vatican[10], qui formulent cette inter-

---

4. « La colère de Rhamnuse, qui n'oublie jamais ».
5. « Rhamnuse, qui n'oublie jamais, assouvit tôt ou tard un courroux vengeur ».
6. « La déesse Rhamnuse, qui assouvit son courroux sur les insolents ».
7. Voir par exemple Raphaël Regius ad *Met.*, XIV, 694, dans *P. Ovidii Nasonis metamorphoseos libri moralizati*, Lyon, Jacques Huguetan, 1518, f° CXIII r°.
8. « Nom d'une déesse qui, selon les païens, punissait les offenses graves ; certains l'appellent Fortune. Érasme dit que Némésis est une déesse qui châtie l'insolence et l'arrogance », Cooper T., *Thesaurus linguæ Romanæ et Britannicæ*, Londres, Berthelet, 1565.
9. « Rhamnusia, c'est-à-dire Némésis, déesse de l'indignation, vengeresse de l'orgueil et de l'arrogance : certains les prennent pour la Fortune », Érasme, *Parabolæ sive similia*, éd. Margolin J.C., *Opera omnia*, Amsterdam, I, 5 (1975), p. 331. Ce texte d'Érasme est également repris par Giraldi L., *De Deis Gentium varia et multiplex Historia*, Bâle, Jean Oporin, 1548, XVI, p. 641 a.
10. Giraldi L., *De Deis Gentium*, op. cit., XVI, p. 642 a ; Cartari, *Imagines*, op. cit., p. 307 ; Linche, *Fountaine*, op. cit., sig. Aa 4 v°. Mythogr. I, I, 185, dans *Scriptores Rerum Mythicarum Latini Tres Nuper Reperti*, éd. Bode G.H., Celle, Schulze, 1834, p. 56 ; Mythogr. II, II, 180, *Scriptores Rerum Mythicarum Latini Tres, op. cit.*, p. 135.

prétation au neuvième siècle. Cette assimilation de Némésis à Fortune avait pu être favorisée par la remarque d'Hérodote selon laquelle Némésis fait succéder le malheur au bonheur, surtout quand ce dernier est excessif (*Histoires*, 1, 33, 207 ; 3, 36)[11].

À une date aussi tardive que 1632, George Sandys, dans son commentaire sur les *Métamorphoses* d'Ovide, décèle une combinaison de la mutabilité et de la rétribution divine dans la généalogie de Némésis :

> She is said to be the daughter of Oceanus and Nox, in regard of the vicissitude of things, and unrevealed secrecy of the divine judgement. For as the Ocean successively flowes and ebbs, so men in this enterlude of life are exalted and cast downe by a constant exchange, of which we neede not seeke far for examples : neither is the divine judgement agreeable with our humane ; and therefore well fained the daughter of night, in that occult and separated from apprehension[12].

Ce texte est emprunté, mot pour mot, à l'analyse de Francis Bacon dans le chapitre XXII de *The Wisedome of the Ancients*, intitulé « *Nemesis, or the Vicissitude of things* »[13]. La réflexion de Bacon est clairement syncrétique. Associant la généalogie d'Hésiode, pour qui Némésis est fille de la Nuit (*Théogonie*, 223) et celle de Pausanias, pour qui elle « est la fille d'Océan »[14], son interprétation, qui tente de concilier les idées de rétribution divine et de vicissitude, rappelle la notion de Némésis-Fortune tout en s'en éloignant. La Nuit n'est pas l'aveuglement de la Fortune mais l'impénétrabilité des desseins divins ; l'Océan, par son flux et son reflux, semble évoquer la Fortune, mais il élève et abaisse « by a constant exchange », « par un échange ininterrompu », expression qui suggère une autre interprétation de Némésis.

---

11. Sur l'iconographie de Némésis-Fortune, voir de Tervarent G., *Attributs et symboles dans l'art profane, 1450-1600*, Genève, Droz, 1958, col. 13 et 14.
12. « On dit qu'elle est fille d'Océan et de Nuit en raison de la vicissitude des choses et de l'impénétrable secret du jugement divin. Car de même que l'Océan est soumis au flux et au reflux, les hommes, l'espace de leur vie, sont portés au faîte ou jetés bas par un échange constant dont il n'est guère besoin de chercher loin pour trouver des exemples ; de plus, le jugement divin dépasse notre jugement humain, et c'est pourquoi Némésis est dite à juste titre fille de la Nuit, en raison de son caractère occulte, qui échappe à notre compréhension », Sandys G., *Ovid's Metamorphosis*, éd. Hulley et Vandersall, Lincoln, Univ. of Nabraska Press, 1970, p. 158.
13. Francis Bacon, *The Wisdome of the Ancients*, Londres, John Bill, 1619, p. 99-104.
14. Pausanias, *Description de l'Attique, op. cit.*, p. 173.

Ange Politien, dans les *Silves*, avait donné de la déesse une description des plus élaborées :

> Il est une déesse qui, au sein des espaces aériens, planant dans les célestes hauteurs, s'avance, ceinte au côté d'un nuage, mais resplendissante de blancheur dans son manteau, mais irradiée de sa chevelure, accompagnée du sifflement de ses ailes. C'est elle qui anéantit les espoirs démesurés, c'est elle qui, avec acharnement, menace les orgueilleux, c'est à elle qu'il appartient de briser les esprits hautains des hommes et de bouleverser les réussites et les fortunes excessives. Cette déesse, les Anciens l'appelèrent Némésis ; elle fut engendrée, disaient-ils, par l'Océan, son père, et naquit de la Nuit silencieuse. Des étoiles parent son front, elle tient en ses mains des rênes et une coupe. Elle rit d'un rire toujours redoutable, elle s'oppose aux entreprises insensées, mettant un frein aux désirs malhonnêtes et, faisant du plus haut au plus bas tourner la roue de Fortune, elle bouleverse et ordonne tour à tour nos actions ; çà et là, elle est emportée par le tourbillon des vents[15].

Dans cette allégorie composite, Perrine Galand interprète le nuage comme symbole de mystère ; selon son analyse, les ailes sont celles de la Fortune, la coupe celle d'Hygie, déesse de la médecine, le manteau blanc celui de la justice, et les rênes indiquent qu'« elle régit la destinée humaine »[16]. Les textes connus suggèrent toutefois d'autres directions. Les ailes sont mentionnées par Pausanias, qui note que « ni la statue du temple de Rhamnonte, ni aucune autre sculptée dans les temps anciens ne possède d'ailes, car même les antiques statues, très vénérées, de Smyrne n'ont pas d'ailes » ; il ajoute cependant que « les artistes qui ont vécu ensuite, voulant que la déesse se manifestât surtout comme une suite de l'amour, ont donné pour cette raison des ailes à Némésis comme à Éros »[17]. La coupe rappelle peut-être la coupelle, dont parle Pausanias, « sur laquelle sont représentés des Éthiopiens »[18]. Dans un de ses emblèmes, George Whitney éclaire la

---

15. Politien A., *Les Silves*, éd. et trad. Galand P., Paris, Les Belles Lettres, 1987, p. 138-139.
16. *Ibid.*, p. 361, n. 11.
17. Pausanias, *Description de l'Attique*, XXXIII, 7, *op. cit.*, p. 174.
18. Pausanias, *Description de l'Attique*, XXXIII, 3, *op. cit.*, p. 173 : « elle porte sur la tête une couronne avec des cerfs et de petites figures de Victoires, et tient dans les mains, d'un côté une branche de pommier, et à droite une coupelle ».

signification des rênes. Citant longuement le texte de Politien, l'emblématiste anglais présente Némésis comme « the Goddesse iuste » :

> Heare, Nemesis the Goddesse iuste dothe stande,
> With bended arme, to measure all our waies,
> A raine shee houldes, with in the other hande,
> With biting bitte, where with the lewde shee staies:
> And pulles them backe, when harme they doe intende,
> Or when they take in wicked speeche delite,
> And biddes them still beware for to offende,
> And square their deedes, in all thinges vnto righte:
> But wicked impes, that lewdlie runne their race,
> Shee hals them backe, at lengthe to theire deface[19].

Retenant les excès, Némésis, comme l'a montré David M. Greene, se laisse assimiler à Tempérance[20], et en prend les attributs. L'une de ses représentations les plus fréquentes la dépeint tenant une bride et une équerre, emblèmes de mesure[21]. En la montrant munie d'une bride, Whitney, comme Corrozet dans l'*Hécatomgraphie*[22], reprend l'emblème d'Alciat selon lequel

> Nemese, est vengence ineuitable des malfaictz, & maldictz, de laquelle la crainte retient les mains de malfaire, & refrainct la langue de mal dire[23].

C'est également ainsi que la décrit Cartari, traduit par Linche:

> She is oftentimes also depainted, as holding the bridle of a horse in one of her hands, and in the other a small and long peece of wood of a certain measure, which we call an ell or a yard: unshadowing thereby, that men ought to rule and

---

19. « Voyez ici Némésis, déesse juste,/Le bras plié, qui mesure nos actions./Elle tient une rêne, et de l'autre main/Un mors mordant, dont elle retient les mauvais sujets/Et les tire en arrière quand ils veulent mal faire,/Ou qu'ils prennent plaisir à parler méchamment./À son ordre, ils se gardent de commettre des offenses,/Et se conforment en tout point à ce qui est juste./Mais les misérables, quand leur méchanceté s'emballe,/Elle les retient, et les mène à leur ruine », Whitney G., *A Choice of Emblems*, Plantin, Leyde, 1586, p. 19.
20. Greene D.M., « The Identity of the Emblematic Nemesis », *Studies in the Renaissance*, 10 (1963), p. 25-43.
21. Voir Tervarent, *Attributs et symboles*, coll. 160, 277, 278.
22. Corrozet G., *Hecatomgraphie*, Paris, Denys Janot, 1540, sig. f°4v°-f°5r°.
23. André Alciat, *Toutes les emblèmes*, Lyon, Guillaume Roville, 1558 (Paris, Aux Amateurs de Livres, 1989), p. 49.

restrain their tongues from evill and corrupting speeches, and that they should administer justice and true measures with whom they deale or doe converse[24].

Némésis, avait dit Macrobe dans les *Saturnales* (XXII, 1), est la force du soleil, dont la clarté efface les étoiles, mais qui exalte et illumine aussi ce qu'elle tire de l'ombre. Si cette belle image a séduit Giraldi et Cartari, qui la rapportent[25], c'est qu'elle illustre bien l'idée d'une Némésis Tempérance, qui réduit les excès en abaissant les grands et en élevant les humbles. Cette idée n'est pas incompatible avec l'acception du substantif « νεμησις », « distribution », « largesse », qui conduit à faire de la déesse une image de la justice distributive. Pour Cartari, dans la version de Linche,

> [Nemesis] was held and taken to bee the goddesse, to whom only it belonges to punish and castigate the offences of the wicked and malefactors, afflicting them with paines and torments, according to the qualitie of their sins; and also rewarded the vertuous and well-livers with advancements, honour, and titles of place and dignitie[26].

Némésis était effectivement pour Platon « messagère de Justice » (*Lois*, IV, 717 d), idée largement reprise, par Ammanius Marcellinus dans l'*Historia Romanorum* (XIV, xi, 25-26), et largement répercutée dans la plupart des écrits mythographiques.

Or, c'est là une Némésis qui représente l'une des fonctions de Dieu, car, selon Samuel, « Yahweh appauvrit et il enrichit, il abaisse et il élève » (I, *Samuel*, 2. 7). L'Évangile de Luc précise: « Il a renversé les puissants de leurs trônes et élevé les humbles » (*Luc*, I. 52). « The Lord maketh poor, and

---

24. « Elle est aussi parfois représentée tenant dans une main une bride de cheval et dans l'autre une longue et fine baguette servant à mesurer, que l'on appelle aune ou verge: ce qui signifie que l'on doit retenir et réfréner sa langue pour lui interdire toute parole mauvaise et corruptrice, et qu'il convient de procéder avec justice et mesure envers tous ceux avec qui on traite ou converse », Linche, *Fountaine*, op. cit., sig. Bb r°; Cartari, *Imagines Deorum*, op. cit., p. 308. Némésis punit déjà l'intempérance verbale, en particulier envers les parents, dans les *Lois* de Platon (IV, 717 d).
25. Giraldi, *De Deis Gentium*, op. cit., XVI, p. 619 ab; Cartari, *Imagines Deorum*, op. cit., p. 307.
26. « Némésis était considérée comme la déesse à qui il appartient en propre de punir et de châtier les offenses des méchants et des hommes de mal; elle leur infligeait peines et tourments selon la nature de leurs péchés, et récompensait aussi les vertueux qui mènent une vie juste en les comblant d'avancements, d'honneurs, de titres et de dignités », Linche, *Fountaine*, op. cit., sig. Aa 4 v°, traduction de Cartari, *Imagines Deorum*, op. cit., p. 307.

maketh rich, bringeth low, and heaveth up on high », traduit Tyndale, pour le texte de Samuel (1537); « the Lord maketh poore and maketh riche : bringeth lowe, and exalteth », dit la Bible de Genève (1560). Le texte de Luc apparaît chez Tyndale comme « He putteth down the mighty from their seats, and exalteth them of low degree »; La Bible de Genève reprend presque terme à terme : « He hathe put downe the mightie from their seates, and exalted them of lowe degre ». À d'infimes variantes près, cette formulation est reprise dans la Version autorisée de 1611. Chaque fois, l'organisation symétrique des syntagmes et du vocabulaire tend à souligner le rééquilibrage divin auquel ressemble celui qu'effectue Némésis-Tempérance. Comme le montre Roberta Mullini[27], c'est cette même Némésis-Tempérance, qui, dans l'interlude *Respublica* (1553), représente la reine Marie Tudor comme « the goddes of redresse and correction, a goddesse »[28].

Cependant, à partir des années 1580, c'est une Némésis très différente que l'on voit apparaître au théâtre. Au croisement de la tradition sénéquienne et des pièces d'hubris dans la lignée du *Tamburlaine* de Marlowe (1587-1588), elle devient bientôt une puissance cruelle, sauvage, maléfique, appelant l'excès plus qu'elle ne le modère. Se souvenant des défis de Tamburlaine envers la Fortune[29], Selimus l'incroyant s'en prend à cette fonction de Némésis dans *The Tragical Reigne of Selimus* (1586-1593), attribué à Robert Greene :

> O thou blindful mistress of mishap
> Chief patroness of Rhamnus' golden gates
> I will advance my strong revenging hand
> And pluck thee from thy ever-turning wheel[30]. (v. 681-684)

C'est plus précisément de la fortune des combats que la déesse est souvent responsable. Pausanias rapportait qu'elle avait mis en déroute les Perses qui, trop sûrs de défaire les Athéniens, s'étaient munis, avant même la bataille, du bloc de marbre dont ils feraient un trophée. C'est dans ce sens

---

27. Dans ce même volume.
28. « La déesse du redressement et de la correction, une déesse », *Respublica*, liste des personnages, dans *Tudor Interludes*, éd. Happé P., Harmondsworth, Penguin, 1972, p. 224.
29. « I hold the Fates bound fast in iron chains/And with my hand turn Fortune's wheel about » (I, 174-175), « Je tiens les Destinées dans des chaînes de fer/Et de ma main contrôle la roue de la Fortune ».
30. « Aveugle maîtresse du malheur,/Patronne des portes dorées du temple de Rhamnonte,/ En dressant la puissance de mon bras vengeur,/Je viendrai t'arracher à ta roue éternelle ».

que l'héroïque chevalier anglais Talbot est appelé Némésis des Français, « Your kingdom's terror and black Nemesis », « terreur et noire Némésis de votre royaume », dans les guerres que met en scène The First part of Henry VI (1592, IV, vII, v. 78). Dès la première partie de Tamburlaine, Cosroe s'en remettait à elle, « she that rules in Rhamnis' golden gates/And makes a passage *for all prosperous arms* »[31] (1, II, III, v. 37-38). C'est encore elle, « she that rules Rhamnis golden gate »[32], qui accorde la victoire dans *The Lamentable Tragedy of Locrine* (1591-1595, II, I, v. 20-21; V, II, v. 45-46). Dans *Edward III* (env. 1590-1595), à la veille d'une bataille, le roi de France appelle la déesse à la rescousse (III, I, v. 120-122). Loin d'être équanime, loin de favoriser l'équilibre des pouvoirs, cette nouvelle déesse laisse libre cours au soufre et à la fureur. Doublure de Bellone, elle devient une puissance démoniaque, qui attise les feux de la guerre et de l'enfer. Dans *The Battle of Alcazar* (1588-1589) de George Peele, son tambour éveille non seulement Mars (v. 36-37) mais aussi les Furies (v. 289-293), de même que dans l'anomyme *Tragedy of Cæsar and Pompey, or Cæsar's Revenge* (env. 1592-1596), où Discorde lui ordonne d'appeler « with horror of thy dubbing Drum/[…] the snaky furies from below »[33] (v. 1113-1115).

Elle est décrite, dans *Tamburlaine*, comme une déesse du carnage :

> […] mounted on a lion's back,
> Rhamnusia bears a helmet full of blood
> And strews the way with brains of slaughtered men[34]. (2, III. v. 56-58)

C'est en averses de sang qu'elle se manifeste dans *Cæsar and Pompey* (v. 2307). Dans ce rôle de maîtresse des massacres, elle incarne en effet la vengeance. Elle est « thou Revengful great Adastria Queen »[35] dans *Cæsar and Pompey* (v. 1113) ou « Queene of Revenge, imperious Nemesis »[36] (*ibid.*, 2304), et « high mistress of revenge »[37] dans *The Battle of Alcazar* (v. 35). Ces pièces, où se confondent vengeance et carnage, présentent Némésis

---

31. « qui commande les portes dorées du temple de Rhamnonte/Et ouvre la voie à la victoire des armes ».
32. « qui commande la porte dorée du temple de Rhamnonte ».
33. « de l'horrible roulement de ton tambour/[…] les Furies infernales hérissées de serpents ».
34. « […] montant un lion,/Rhamnuse porte un casque empli de sang/Et pave son chemin des cervelles de soldats/Massacrés ».
35. « Adrastée, grande reine vengeresse ».
36. « Reine de la vengeance, impérieuse Némésis ».
37. « puissante maîtresse de la vengeance ».

comme une divinité infernale. Dans les deuxième et troisième pantomimes de *The Battle of Alcazar*, brandissant un fouet sanglant semblable à celui de Mégère, elle est entourée de diables, de fantômes et de Furies. C'est une déesse sanguinaire, qui entraîne ses victimes aux enfers pour les y torturer :

> Ride Nemisis, ride in thy firie cart,
> [...]
> And having bath'd thy chariot wheeles in bloud,
> Descend and take to thy tormenting hell,
> The mangled bodie of that traitor king[38] [...]. (v. 1143-1149)

Parallèlement, une autre Némésis apparaît au théâtre, qui se contente d'agir sur les esprits et les âmes. Dans *The Wounds of Civil War* (1587-1592) de Thomas Lodge, Marius ressent en son âme les brûlures provoquées par « The baleful babes of angry Nemesis »[39] (III, IV, v. 64). Dans quelques pièces universitaires, Némésis punit ainsi les tyrans. Accompagnée des trois Furies, Alecto, Mégère et Tisiphone, elle préside à la tragédie de Néron, dans la pièce latine de Matthew Gwinne (1602-1603). Dans l'une des dernières scènes de *The Raging Turk* (env. 1613-1618) de Thomas Goffe, le tyran Bajazet s'est endormi : autour de lui vient s'assembler, dans un *dumb show*, la troupe de ses victimes, conduite par Némésis. Les coups d'épée que chacun porte à l'empereur sont détournés par la déesse de telle sorte que seule son âme souffre :

> But I coniure you not to touch his skinne
> [...]
> But vex his soule with your deluding blowes,
> And let him dreame of direfull anguishments[40]. (v. 3390-3395)

Peut-être s'approche-t-on, dans de telles scènes, d'une Némésis qui serait l'instrument de la rétribution divine, la Némésis que présente Robert Burton dans *The Anatomy of Melancholy* (1621) : c'est en effet le jugement de Dieu :

> which the poet expressed by Adrastea, or Nemesis : *Assequitur*

---

38. « Avance, Némésis, dans ton chariot de feu/[...]/Baigne de sang les roues de ton sang,/Entraîne avec toi dans les tourments de l'Enfer/Le corps déchiqueté de ce traître de roi ».
39. « Les funestes enfants de la furieuse Némésis ».
40. « Mais je vous en conjure,/Épargnez à sa peau la moindre égratignure ;/[...]/Mais tourmentez son âme de vos coups fallacieux,/Et emplissez ses rêves de cruelles angoisses ».

> *Nemesisque virum vestigia servat,/Ne male quid facias.* [nemesis follows in the track of man, therfore sin not] And she is, as Ammianus, lib. *14*, describes her, « the queen of causes, and moderator of things », now she pulls down the proud, now she rears and encourageth those that are good » [*Regina causarum et arbitra rerum, nunc erectas cervices opprimit*][41].

Il n'en reste pas moins qu'au théâtre, Némésis semble être moins l'instrument de la justice divine que sa perversion, ou sa dénaturation infernale. Lorsque dans *The Spanish Tragedy* (1582-1592), Horatio l'appelle « wrathfull Nemesis, that wicked power,/Envying at Andreas praise and worth »[42] (I, IV, v. 16-17), il met en désaccord avec la justice divine une Némésis vindicative, qui s'acharne contre le juste. Indirectement, il oppose à la justice divine la vengeance humaine de celui qui, cédant aux sollicitations de Némésis, se fait lui-même justice. Cette Némésis-là asperge les hommes de sang pour les inciter à la vengeance:

> Ride, Nemesis, [...]
> And sprinkle gore amongst these men of warre,
> That either partie eager of revenge,
> May honor thee with sacrifice of death[43]

s'écrie l'un des personnages de *The Battle of Alcazar* (v. 1143-1146). Cette déesse-là est antithétique de celle qui, selon Robert Burton, rappelle que la vengeance n'appartient qu'à Dieu: « Vengeance is mine, and I will repay, saith the Lord [...] Nemesis comes after, sero sed serio [slowly but surely], stay but a little and thou shalt see God's just judgment overtake him »[44]. Aussi, dans *Lust's Dominion, or The Lascivious Queen* (1600), la Tragédie est compagne de Némésis, « Rhamnusias pew-fellow » (v. 48-49), et dans

---

41. que le poète désigne par Adrastée, ou Némésis: *Assequitur Nemesisque virum vestigia servat,/Ne male quid facias* [Némésis suit les hommes à la trace, ne pèche donc pas]. Elle est aussi, comme la décrit Ammanius au livre 14, « reine des causes et arbitre des choses, qui abaisse les orgueilleux, soutient et encourage les vertueux » [*Regina causarum et arbitra rerum, nunc erectas cervices opprimait*], Burton R., *The Anatomy of Melancholy*, III, IV, 2, 3, ed. Holbrook J., Londres, J.M. Dent, 1972 (1932), p. 403.
42. « Némésis courroucée, puissance maléfique,/Qui envie la valeur et la gloire d'Andreas ».
43. « Avance, Némésis, [...]/Asperge de sang tous ces combattants,/Que chaque partie, assoiffée de vengeance,/Commette en ton honneur de mortels sacrifices ».
44. « La vengeance m'appartient, je ferai justice, dit le Seigneur [...] Némésis vient à la suite, *sero sed serio* [lentement mais sûrement], attends un peu, et tu verras le jugement de Dieu le rattraper », Burton, *Anatomy of Melancholy, op. cit.*, II, III, p. 195-196.

Hoffman, or A Revenge for a Father de Henry Chettle (1602), Sarlois lui dédie ses crimes de vengeance :

> Now scarlet Mistris from thicke sable clouds
> Thrust forth thy blood-staind hands, applaud my plot[45]. (v. 1294-1295)

C'est ainsi que dans la troisième pantomime de *The Battle of Alcazar*, les Furies apportent à Némésis une balance, façon de souligner que la Némésis tragique est une perversion de la Némésis des philosophes, que ce soit dans sa fonction de Tempérance, de Rétribution divine ou de Justice distributive.

Une divergence du même ordre apparaît clairement dans le troisième chœur de la *Cleopatra* (1593) de Samuel Daniel. Les choristes s'adressent à la déesse en ces termes :

> O fearefull frowning Nemesis,
> Daughter of Justice, most severe,
> That art the worlds great arbitresse,
> And Queene of causes raigning heere :
> Whose swift-sure hand is ever neere
> Eternal justice, righting wrong :
> Who never yet deferrest long
> The prowds decay, the weaks redresse :
> But through thy power every where,
> Dost raze the great, and raise the lesse[46]. (v. 745-754)

Les expressions « great arbitresse » et « Queen of causes » rappellent Ammanius Marcellinus, de même que « righting wrong », et « the weaks redresse », qui sonne en écho de « the goddess of redress » de *Respublica*. C'est bien du principe d'équilibre et de justice qu'il s'agit ici, qui abaisse l'orgueilleux, grandit et fortifie le faible. Mais trois strophes plus loin, les mêmes choristes semblent avoir oublié cette conception de Némésis pour déplorer que la chute des grands entraîne inévitablement le malheur des humbles, qui payent ainsi pour des fautes qu'ils n'ont pas commises :

---

45. « Écarlate maîtresse, d'épais nuages noirs/Sors tes mains tachées de sang, applaudis mon complot ».
46. « Redoutable Némésis au sourcil froncé,/Fille de la Justice, très sévère,/Tu es la grande arbitre du monde,/Et reine des causes ici régnant./Ta main rapide et sûre est toujours proche/ De la Justice éternelle, et redresse les torts./Tu ne retardes jamais longtemps/La ruine des puissants, la réparation des faibles/Mais en tous lieux, par ton pouvoir,/Tu abaisses les grands, élèves les humbles ».

> But is it Justice that all wee
> The innocent poore multitude,
> For great mens faults should punisht be,
> And to destruction thus pursude?
> O why should th'heavens us include,
> Within the compasse of their fall,
> Who of themselves procured all?[47] (v. 781-787)

Deux visions s'opposent, l'une idéaliste, selon laquelle sont préservés un équilibre fondamental et une justice absolue, l'autre réaliste, montrant que, comme va le monde, la punition même d'une transgression s'accompagne de désordres qui la dépassent.

Le contraste est semblable à celui qui confronte la Némésis des tragédiens à celle des philosophes. Némésis-Tempérance et Némésis-Justice symbolisent un état des choses idéal dont Némésis-Vengeance est la perversion. Dans son étude sur la faute tragique, Suzanne Saïd suggère que l'hostilité de Platon envers la tragédie n'est pas étrangère au fait que ce genre littéraire privilégie les tensions, les conflits, les divergences et les oppositions, et « se nourrit des antinomies que le philosophe tente de résoudre »[48]. L'œuvre de Platon « représente une tentative de définir une religion et des lois qui seraient en parfait accord avec la morale et de rétablir un lien indissoluble entre l'impiété, l'illégalité et l'injustice », alors que la tragédie « est l'occasion d'une prise de conscience des contradictions que peuvent présenter le droit, la morale et la religion »[49].

C'est ainsi que Némésis-Tempérance, maîtresse de l'équilibre et de la justice distributive, devient, dans la tragédie, symbole d'excès, de désaccord et de rupture[50]. Au lieu de décourager ou de punir l'*hubris*, Némésis

---

47. « Mais est-il juste que nous autres,/Tous les pauvres innocents,/Soyons punis par la faute des grands/Et menés à notre perte?/Pourquoi sommes-nous par le Ciel associés/À la chute de ceux/Qui sont les seuls coupables? ».
48. Saïd S., *La Faute tragique*, Paris, Maspéro, 1978, p. 508.
49. *Ibid.*
50. Dans *Les Travaux et les Jours* (200), compagne d'Aidos, la conscience individuelle, Némésis est « la conscience publique, l'opinion, et par suite la crainte de cette opinion, le respect humain, les deux seuls freins qui peuvent arrêter les passions humaines », d'après Paul Mazon, dans son édition, Paris, Les Belles Lettres, 1986. Pour George Chapman, il s'agit de « Shame » et de « Justice », « Clad in pure white », dans sa traduction des *Travaux et des Jours* (1618), et de « just shame » dans sa traduction de l'*Iliade*, XIII, 122 (1611). C'est aussi de cette vergogne, garante de la stabilité personnelle et sociale dont s'affranchissent certains héros tragiques.

encourage la démesure, en particulier celle qui tend à faire oublier aux hommes les limites de leur condition, lorsqu'ils s'arrogent la prérogative divine de la vengeance. Alors, la gardienne de l'esprit de mesure, qui assure l'équilibre de l'univers face au chaos, et celui du corps social face au désordre, se transforme en divinité qui fomente les troubles conduisant au désordre et ramenant au chaos. Perversion fondamentale, qui dénature et corrompt celle-la même qui est chargée de corriger et de restaurer : cette forme du tragique, dans l'Angleterre élisabéthaine et sans doute ailleurs, privilégie ce qui va à l'encontre, dans une société donnée, d'un certain nombre d'idéaux profonds, construisant ainsi, touche à touche, comme l'image en négatif de nos aspirations.

Françoise Maurizi

Dieu et les dieux dans le théâtre castillan de la fin du XVe et du début du XVIe siècle

À la fin du XVe siècle, en Castille, un poète salmantin écrit pour le duc et la duchesse d'Albe, cousins germains des Rois Catholiques, des représentations et fait jouer ses pièces en leur présence, dans un cadre aulique, leur cour. Il écrit aussi des poèmes religieux ou profanes, traduit les *Bucoliques* de Virgile, qu'il dédie au prince héritier Juan, ainsi qu'un *Art de la poésie*. Imitant Pétrarque, il compose également pour le prince un *Triomphe de l'Amour* tandis que son *Triomphe de la Renommée* veut chanter les faits et gestes des Rois Catholiques. Ce dramaturge, né en 1468, qui a reçu les ordres mineurs, est particulièrement conscient de son écriture tant poétique que dramatique, de sa qualité de théoricien, puisqu'en 1496 il fait imprimer sous le nom de Juan de la Encina, matronyme qu'il semble avoir adopté assez tôt, ses œuvres dans un *Chansonnier* dont il est, fait remarquable pour l'époque, le seul auteur. Cet incunable est supervisé par lui-même. Ayant saisi promptement l'intérêt de l'imprimerie, et celle-ci l'intérêt d'éditer un jeune poète au succès indéniable, il publie toute sa production littéraire composée, dit-il, entre ses quatorze et vingt-cinq ans, et précédée d'arguments et dédicaces à ceux qu'il sert ou souhaite servir. C'est ainsi que la compilation manuscrite de son travail offert en 1493 à la duchesse d'Albe lors d'une représentation théâtrale sort des presses de Salamanque à peine trois ans plus tard. Sa notoriété est telle que son *Chansonnier* est réédité en 1501 à Séville, en 1505 à Burgos, puis, avec de nouvelles pièces, en 1507 et 1509 à Salamanque, en 1516, enfin, à Saragosse. Des éditions séparées, moins onéreuses que les œuvres complètes, de certaines représentations sont imprimées tant leur succès est grand. C'est le cas pour les pièces produites après l'édition de l'incunable de 1496, qui vont aussi être l'objet de cette étude.

État de la question : un théâtre aulique et de commande
Les représentations enciniennes : de l'édition princeps de 1496 à 1497

On peut partager en deux parties la production théâtrale d'Encina telle qu'elle se présente à nous en 1496 : les œuvres religieuses, d'une part, que constituent les quatre premières pièces ; les pièces profanes, d'autre part, qui sont les quatre suivantes, la transition étant marquée par la VI et la VII qui sont dites de « carnaval », de Mardi-Gras, veille du Mercredi des Cendres. Les n° 7 et 8 mettent en scène une pastourelle, dans un temps qui est celui de l'amour, le mois de mai, à travers des personnages qui sont des bergers et un écuyer.

Les pièces religieuses
Les quatre premières œuvres suivent le temps liturgique : Nativité, Passion, Résurrection. Les églogues I et II, formant diptyque, constituent le cycle de Noël, les personnages y sont des bergers, deux, dans un premier temps, Jean et Mat(t)hieu qui deviennent dans la deuxième églogue des bergers évangélistes ; Luc et Marc entrent eux en scène, dès l'ouverture du deuxième volet, apportant la bonne nouvelle de la naissance du Christ révélée à Luc par un ange qui lui est apparu. L'évangéliste éponyme Jean est joué par Juan del Encina lui-même. Tous partent à Bethléem adorer l'enfant en entonnant une chanson, le *villancico*, car Encina est aussi musicien[1].

La *Représentation de la Passion* met en scène deux personnages érémétiques, l'un âgé, l'autre jeune, qui se rencontrent sur le chemin du Saint-Sépulcre. Devant le tombeau du Christ, ils trouvent Véronique qui leur relate la Passion de Jésus et leur montre le linge qu'elle lui a donné pour s'essuyer le visage, relique sainte qu'ils révèrent aussitôt ; un ange apparaît qui leur annonce la Résurrection du Seigneur. Une chanson clôt la pièce : tous se réjouissent de l'heureuse nouvelle et manifestent ainsi leur allégresse[2].

Dans la *Résurrection du Christ*, quatre personnages, Joseph, Marie-Madeleine, Cleofas et saint Luc contemplent le Saint-Sépulchre, un ange leur apparaît et leur annonce que la Résurrection du Christ a déjà eu lieu et qu'il convient maintenant d'éprouver non plus de l'affliction mais de la

---
1. La première églogue comporte 180 octosyllabes découpés en strophes de 9 vers ; la deuxième exactement le même nombre d'octosyllabes plus la chanson finale, le *villancico*, de 80 vers.
2. La *Passion* est composée de septains octosyllabiques dont un tétrasyllabique : 350 vers en tout plus le *villancico* final de 18 octosyllabes.

joie. La pièce de 180 vers seulement se clôt elle aussi par une chanson[3]. De cette esquisse, que peut-on inférer ?

D'une part, qu'en 1492, Dieu et le Christ ne sont pas des *dramatis personæ*, ils n'apparaissent jamais sur scène, on ne les « joue » pas. D'autre part, que le Christ seul est objet de discours et qu'Encina suit les Évangiles et les *Apocryphes*. Par contre, certains personnages néo-testamentaires, Joseph, Marie-Madeleine, sont eux « joués ». Les anges, intermédiaires entre Dieu et l'homme, ministres de la volonté divine, signes inéquivoques de la présence de Dieu, sortent eux aussi sur scène pour annoncer la résurrection du Christ.

Discours sur le Christ, discours des évangélistes, de personnages néo-testamentaires donc, qui se posent en tant que témoins. Il s'agit de faire revivre dans ce théâtre de cour qui est aussi de commande, les grands moments de la liturgie non à des fins didactiques ou édifiantes, puisque l'intention n'est pas de rappeler au peuple la vie du Christ, ni de l'inciter à la dévotion, à la piété, mais de commémorer pour un public chrétien représentant de l'idéologie dominante, du pouvoir, ces temps forts selon une tradition bien ancrée. Pas de machinerie, pas de diables, ni de pétards, comme sur la place publique ou le parvis dans le but d'étonner le spectateur et de le rappeler à ses devoirs, comme dans les grandes manifestations du *Corpus Christi* dont les archives de la cathédrale de Tolède nous ont rendu compte[4]. Nous sommes encore près, dans ce théâtre aulique, bien que dans une langue et un ton parfois très originaux, des tropes de la *Visitatio Sepulchri*, du *Quem Quæritis*, ou de l'*Officium pastorum*, qui ont servi de point de départ à tout un théâtre liturgique. Les didascalies, généralement implicites, ne nous donnent aucun renseignement précis ; les personnages sont représentés par leurs attributs. Ce théâtre est peu disert car c'est un théâtre courtisan, un théâtre de convention.

Les pièces profanes, l'amour objet de discours
Je passerai sur les Églogues de Carnaval[5] pour évoquer brièvement les deux Églogues profanes qui closent les représentations théâtrales de 1496 et qui sont des requêtes d'amour, la théâtralisation d'une pastourelle très

---

3. Le *villancico*, comme dans la *Représentation* précédente, compte, lui-aussi, 18 vers.
4. Les travaux de Carmen Torroja Menéndez et María Rivas Palá sur le sujet sont d'une lecture indispensable, en particulier : *Teatro en Toledo en el siglo XV. « Auto de la Pasión » de Alonso del Campo*, Anejos del Boletín de la RAE, Anejo XXXV, Madrid, 1977.
5. Pour une étude de ces deux églogues voir Maurizi F., *Théâtre et traditions populaires*.

édulcorée où l'amour courtois est de mise, la pastoure et le berger bien faussement naïfs puisque tous vont à la cour malgré leurs différences sociales[6].

L'amour est ici objet de discours et il le restera dans les pièces que j'aborderai maintenant – excepté une écrite en 1498 qui a de nouveau pour objet la Nativité.

C'est dans ces églogues que se perçoit un certain changement de discours du poète-dramaturge. Mais les circonstances festives sont autres. En 1497, le prince héritier vient d'épouser Marguerite d'Autriche. Après Burgos, le couple arrive à Salamanque où se succèdent entrées princières, fêtes et réjouissances[7]. Encina écrit sans doute trois pièces pour don Juan. Nous savons qu'au moins une, la *Représentation d'Amour*, a été jouée en sa présence, l'argument ou rubrique qui figure au début de l'œuvre est explicite sur ce point[8] (le prince quelques jours plus tard décède, victime de son amour pour la princesse, selon ses proches[9]).

Le contexte d'énonciation a changé et le poète compose pour son royal spectateur à l'occasion de ce mariage une œuvre où l'amour est roi. L'amour y est si bien objet de discours que le dieu apparaît immédiatement en scène en chair et en os avec son carquois et ses flèches. Dans un long monologue introductif de 100 vers exactement, Amour fait sa propre apologie, il est tout-puissant et sa juridiction ne connaît pas de limites. Personnage allégorique par excellence qui appartient à la lyrique des *Chansonniers*, le voici *dramatis persona* affrontant un berger. La blessure d'amour s'en trouve démétaphorisée puisqu'il tire une flèche sur le rustre qui le méconnaît et que ce dernier s'écroule blessé…

Juan del Encina et Lucas Fernández, Études Hispaniques n° 21, Publications de l'Univ. de Provence, Aix-en-Provence, 1994, chap. I à X, p. 15-97.

6. Ces deux églogues sont composées, pour la première, de 26 huitains octosyllabiques et un *villancico* de 45 vers ; pour la seconde, d'une première partie de 24 huitains octosyllabiques, puis d'un *villancico* de 27 vers, enfin, d'une deuxième partie de 36 huitains octosyllabiques ; un autre *villancico*, de 45 vers, clôt la pièce.

7. Voir dans l'édition complète des œuvres de Juan del Encina, éd. Rambaldo A.M., *Obras completas*, Clásicos castellanos, n° 2, Madrid, Espasa-Calpe, 1978, t. II, p. 157-158, le long poème de 800 vers, la *Tragedia trobada a la muy dolorosa muerte del príncipe don Juan*, écrit par le poète après la mort du prince héritier – mort qui allait bouleverser l'avenir de l'Espagne puisqu'elle a entraîné après les Rois Catholiques l'avènement de Charles I d'Espagne plus connu sous le nom de Charles V.

8. « Representación por Juan del Encina ante el muy esclarecido y muy illustre príncipe don Juan nuestro soberano señor ».

9. Selon les chroniqueurs et en particulier Pedro Mártir de Anglería, *Epistolario*, ed. et trad. de Juan López de Toro, Madrid, 1953.

Cupidon est joué pour la première fois au théâtre, il sort du dialogue poétique ou de la lyrique pour prendre corps et sens[10]. Il est à la fois objet de discours et *dramatis persona*, pour un temps. Il préside omnipotent aux destinées de l'homme, en tant que substitut païen du Dieu chrétien à la Cour où l'amour courtois est de rigueur puisque tout courtisan se doit d'appartenir à la Cour d'Amour selon les principes mêmes instaurés par Andreas Capellanus. La nouveauté réside aussi dans le face à face des personnages représentés, car Cupidon s'en prend à un paysan. La surprise de l'écuyer qui entrera par la suite en scène sera grande. Un berger blessé d'amour à la suite d'une altercation avec le jeune dieu est chose jamais vue et le destinataire royal de la pièce en aura certainement souri. Touché lui-même par l'amour, il aura apprécié le discours proche du topique ovidien *omnia vincit amor* – en effet tous sont dans ces vers concernés par le mal – qui se dégage de ces vers. Ici encore, aucune machinerie, seuls les attributs de chacun des personnages et leur langage permettent de connaître leur fonction dramatique.

Dans l'églogue de Cristino et Febea, très certainement écrite pour célébrer la présence du prince héritier mais non représentée en raison de sa mort brutale, l'amour est toujours objet de discours et Cupidon apparaît ici encore comme *dramatis persona*. Cependant la pièce, inspirée du *Dialogue entre l'Amour et un vieillard* de Rodrigo de Cota et d'une refonte anonyme faisant intervenir un troisième personnage, la *hermosa*, « la Belle », est sous-tendue par deux discours : l'amour de Dieu, incarné par le berger pseudo-rustique Cristino – prénom théophore on ne peut plus signifiant – qui sera oublié au profit de l'amour terrestre, incarné par la nymphe Phébée venue tenter le jeune berger devenu ermite. Cupidon, en suzerain outragé par la fuite de son homme-lige, veut punir le trop indépendant jeune homme et tel Dieu en colère décide de le ramener à lui en le rendant amoureux. Cristino connaît ainsi une des tentations du Christ mais ne peut résister. Soumis, il rendra à nouveau hommage à Cupidon, qui s'est brusquement dressé sur son chemin, à la fin de leur face à face. Il est intéressant de noter qu'Amour, ici, se présente sous un jour diabolique mais le diable lui-même, appelé aussi le « Tentateur » dans le théâtre religieux castillan, n'est-il pas au service de Dieu ? Une moralité semble curieusement se dégager au fil des répliques : il y a plusieurs

---

10.   Voir l'excellent article « La dramatisation de la lyrique *cancioneril* dans le théâtre profane de Juan del Encina » de Jeanne Battesti, dans *Juan del Encina et le théâtre au XVe siècle*, Actes de la Table ronde, oct-1986, Études-Hispano-italiennes n° 2, Univ. de Provence, 1987, p. 57-78.

façons de servir Dieu, se faire ermite n'est pas toujours la meilleure. Si tel est le cas, nous ne serions pas loin d'une volonté divine, proche de celle de l'*auto sacramamental* (et je pense bien sûr à celui de Calderón *El gran teatro del mundo*), qui donne a chacun sur terre un rôle, et le jeune berger Cristino aurait mal identifié le sien. Encina est-il réellement conscient de la portée de son discours ? Toujours est-il que, si nous replaçons la pièce dans le contexte d'énonciation qui aurait dû être le sien, nous percevons que la « tentation de Cristino » est encore une apologie de l'amour qui est mise en scène, amour auquel personne ne peut ni ne doit résister, le prince héritier moins que tout autre puisqu'il lui appartient d'assurer – par mandement divin – la pérennité de la royauté.

Dans l'églogue dite « des trois bergers », l'amour est encore et toujours objet de discours : point de Cupidon ici, seulement des personnages de convention aux noms plus virgiliens que rustiques et aux consonances évocatrices. La dramatisation du désespoir amoureux parfaitement repérable dans la lyrique des *Chansonniers* – y compris dans celle de Juan del Encina – ainsi que dans la fiction sentimentale, en particulier chez Diego de San Pedro dans son œuvre *Cárcel de Amor*, « Prison d'Amour », y est représentée. Fileno, fou d'amour pour Zefira, nom évocateur lui-aussi – il est inutile de préciser qu'elle n'apparaîtra pas sur scène –, ira jusqu'au suicide. Si, par bien des aspects, la pièce est comique, elle met en place devant le courtisan et pour la première fois une dialectique propre à l'époque : le service d'amour doit-il aller jusqu'au refus de vivre ? Le suicide, condamné par l'Église doit-il être l'aboutissement de ce service d'amour ? Keith Whinomm a très bien analysé les différentes positions de l'Église, des médecins et des poètes de la fin du XVe siècle, il est donc inutile d'y revenir[11]. La théâtralisation de ce qui n'était jusqu'à maintenant que discours offre une autre dimension à la réflexion du spectateur courtisan. S'il n'y avait pas conflit entre Dieu et l'Amour jusqu'à présent – « Dieus et Amors sont d'un acort » – cette mise en scène lui présente dramatiquement les effets de l'amour qui, jusque-là, n'était qu'un jeu rhétorique, parfois paronomastique ou basé sur le polyptote (*amor-mors*).

Dans un contexte aulique et courtois, ce théâtre courtisan semble ne refléter que les idéaux des princes et des nobles qui se regardent, se mirent et s'admirent par mimésis ou catharsis. Les trois églogues qui viennent rapidement d'être évoquées marquent donc un déplacement discursif dû au changement de contexte festif. Les circonstances liturgiques ou festives

---

11. Whinomm K. (ed.), *Cárcel de Amor*, Clásicos Castalia, n° 39, Madrid, 1984, p. 7-25.

qui marquent la vie de la cour déterminent leur contenu. En 1497, pour le séjour du prince héritier, l'Amour, allégorisé ou non, est bel et bien objet du discours et le restera dans la dernière pièce que j'évoquerai.

1498-1513 : Rome et l'églogue ou *Comédie de Plácida et Victoriano*

1498 est une date-clé. Le poste de chantre de la cathédrale est vacant. Le poète appartient toujours à la maison d'Albe, le prince héritier, au service duquel il espérait entrer, étant décédé le 4 octobre 1497. Il fait acte de candidature mais Lucas Fernández, autre poète et dramaturge, salmantin lui-aussi, dont je ne pourrai parler ici bien qu'une étude comparative eût été intéressante, lui est préféré, en 1499. Dépité, Encina décide de partir pour Rome où sont attirés tous ceux qui cherchent une reconnaissance et des revenus ecclésiastiques. Alexandre VI, étant un Borgia, accueille volontiers les Espagnols, et, dès 1500, le dramaturge obtient des bénéfices dans le diocèse de Salamanque et, sur ordre du pape, partage même, jusqu'en 1507, le traitement du poste de chantre avec son rival élu Fernández, au grand dam du conseil ecclésiastique de la cathédrale. Si l'on en croit les archives du Vatican, il est en 1500 au service de César Borgia, puis en 1505, au service du cardinal de Lorris. À partir de 1509, il fait de nombreux voyages entre Rome et Málaga dont il est nommé archidiacre par Jules II. De cette époque, il ne reste aucune trace de sa production musicale, poétique ou dramatique sauf une sur laquelle je m'arrêterai maintenant car elle entre dans le cadre de notre sujet. Ce que l'on peut affirmer c'est que, pendant plus de dix ans, Encina a eu le temps d'assister à maintes festivités, représentations, et d'entendre maintes messes et motets, de rencontrer maints compositeurs de musique profane ou sacrée ou de percevoir les influences diverses qui marquent les cours et les chapelles romaines.

1513, la Comédie de Plácida et Victoriano
Le jour de l'Épiphanie, le 6 janvier 1513, chez le Cardinal d'Arborea, à Rome, en présence du jeune Federico Gonzaga, fils du duc de Mantoue, et de l'ambassadeur d'Espagne, est représentée une pièce d'Encina, identifiée comme la *Comédie de Plácida et Victoriano*, que nous ne connaisssons que par deux éditions séparées[12].

---

12. Voir l'article de Maurizi F., « La *égloga de Plácida y Victoriano* a través de sus ediciones », *Actas del IV Congreso de la AISO* (julio 1996), Alcalá de Henares, 1998, p. 1033-1042.

Il est important de souligner que la pièce, qui comporte 2576 vers dans sa version la plus longue, est jouée dans un espace fermé, aulique, constitué de destinataires avertis en matière de théâtre, de poésie et de musique, et qu'elle s'inscrit dans un calendrier liturgique, celui de l'Épiphanie. Ces circonstances de représentation ne sont pas fortuites. L'*Argument* figure en tête de la pièce imprimée et, en ce jour des Rois, c'est un berger qui entre en scène pour présenter aux spectateurs ce que j'appellerais l'intrigue : deux amants qui s'aiment mais se séparent ; Plácida après avoir pleuré longuement l'absence de son galant et son désespoir, se suicidera ; Victoriano, parti à la recherche de sa dame, la retrouvera morte et voudra en finir avec la vie. L'amour et ses effets y sont encore et toujours objet de discours, mais une des nouveautés est l'introduction comme personnages des deux dieux de la mythologie, Vénus et Mercure, qui réuniront les amants. L'introduction des ces *dramatis personæ*, jusque là inconnues dans le théâtre d'Encina ou dans celui de ses contemporains castillans, donnent à la comédie une tonalité païenne qui est propre à la Renaissance et au néo-platonisme en particulier.

Cependant, l'intervention des dieux n'est pas aussi transparente qu'elle peut le sembler et il faut la remettre dans son contexte. En effet, si Plácida se suicide bien avec le couteau que son amant, invonlontairement, lui a laissé et si Victoriano, en la voyant morte, pense, désespéré, à mettre lui-aussi fin à ses jours, l'intervention de Vénus qui l'arrête au moment où il s'apprête à se tuer après s'en être pris à Cupidon – qui lui n'apparaît pas dans la pièce – laisse à réfléchir :

> Arrête ta main, arrête !
> Victoriano ! qu'est-ce ?
> Ainsi, tu veux te tuer ?
> Ainsi, tu désespères si vite ?
> allez, reprends-toi,
> cesse de désespérer,
> car tout ceci n'a été
> que pour éprouver ta foi. [...]
> Non, ne te désespère pas.
> Placida ne s'est tuée
> que pour te tuer, toi,
> et elle n'est pas morte.
> Je te la rendrai réveillée
> avant que nous ne partions d'ici[13].

---

13. La traduction est la mienne, voir le texte original dans la nouvelle édition de Alberto

Nous sommes dans un contexte païen, certes, où règne l'amour mais qu'est-ce que cette déesse qui veut éprouver l'amour des amants, affirme qu'il ne s'agit que d'une épreuve et appelle son frère Mercure afin qu'il ressuscite l'amante défunte? Les dieux semblent manipuler les hommes. Mercure, qui a pour fonction, entre autres, d'amener les âmes au royaume des morts, surgit du ciel sans doute grâce à une simple corde – une machinerie peu élaborée en tout cas – qui le fait descendre devant l'auditoire, comme semblent l'indiquer les didascalies implicites des dialogues. Par une conjuration proche des pratiques de la magie noire, le Psychopompe fait revenir l'âme de Plácida, partie jusqu'au Léthé, dans son corps sans vie et la rend à Victoriano. L'enfer, ici, n'est donc pas celui des chrétiens: le suicide ne semble pas être condamné. Cependant les deux courtisans, Suplicio et Victoriano, n'ont pensé qu'à enterrer chrétiennement le corps de l'amante défunte. En fait, depuis le début de la pièce, le champ lexical est celui du divin et du divin chrétien. Si Dieu et/ou son fils n'apparaissent pas comme *dramatis personæ*, il y a présence divine et références néo-testamentaires à foison.

Le champ lexical du divin
Commençons par les premiers indices textuels: Plácida, dans la lamentation qui ouvre la *Comédie*, se plaint de son malheur dû, pense-t-elle, à sa destinée: *en el Viernes de Passión/creo que fui bautizada* (« je crois que j'ai été baptisée le vendredi de la Passion »). L'amante abandonnée va, en effet, vivre sa passion jusqu'à... sa résurrection; car nous sommes bien dans un contexte pascal. Un des deux bergers ne s'appelle-t-il pas Pascual et son ami Gil ne précise-t-il pas au vers 2188: *Pascual, pues ora es tu fiesta...* (« Pascal, puisque c'est ta fête... »)?

Les indices temporels, quant à eux, nous font vivre la Passion de Plácida pendant trois jours, dans un *triduum* pascal que scandent le jour et la nuit marqués par les épisodes nocturnes de Victoriano rendant visite à son ami Suplicio (v. 341) puis à la prostituée Fulgencia, des deux bergers enfin, qui, apprenant la mort de la belle dame qu'ils ont vu fuir, veulent d'abord reprendre des forces et dormir jusqu'au matin avant d'aider à ramener son corps. C'est donc la représentation d'une passion humaine qui est donnée aux spectateurs mariant le divin et le profane de façon sinon toujours heureuse du moins très élaborée.

---

del Río, *Teatro. Juan del Encina*, ed. Crítica, n° 21, Biblioteca Clásica, Barcelone, 2001, p. 251, v. 2315-2331.

Mais il est possible d'aller beaucoup plus loin. *La Vigilia de la enamorada muerta*, que l'on pourrait traduire par la « Vigile de l'amante défunte », qui s'étend du vers 1548 à 2115 soit près de 600 vers, est une parodie liturgique de l'*Office des défunts* mais mise en scène. Elle retarde considérablement l'action qui stagne ainsi et dut par sa longueur mettre à dure épreuve la patience des spectateurs avec son *Invitatiorum*, ses trois psaumes, ses requiems et antiphones à Cupidon – où le dieu de l'amour apparaît comme l'égal du dieu des chrétiens – ses trois leçons, son oraison et son invocation finale[14]. Le parallèle final entre le *Paster Noster* et la prière à Cupidon, désigné comme *Paster Noster, niño y ciego* – « Notre Père, toi qui es enfant et aveugle » – est si frappante qu'il est inutile d'en donner les détails. Soulignons toutefois que le jeune dieu païen, comme Dieu le Père, n'est pas représenté. Quant à l'idée exprimée par Victoriano de se sacrifier pour racheter les péchés de la personne aimée, si elle est bien d'origine chrétienne, elle évoque aussi la métamorphose contée par Ovide de Pyrame et Thisbée et replace la *Comédie* dans un contexte profane et païen, sur lequel il faudra s'arrêter.

Revenons sur la parodie liturgique. L'invocation de Victoriano à Vénus reprend l'invocation à la Vierge, faisant de la déesse de la beauté et de l'amour une médiatrice entre l'homme et son fils Cupidon, le dieu tout puissant bien qu'enfant. La généalogie divine est en effet purement poétique puisque la déesse est donnée, afin de servir les intérêts de la fonction dramatique, comme la mère de Cupidon. En bref, nous nous retrouvons avec trois dieux : Cupidon, absent comme *dramatis persona*, mais présent dans le discours, qui « tire les ficelles », Vénus et Mercure, soit, devant une représentation divine de rythme triadique, devant une passion dramatisée qui respecte le *triduum* pascal, celle de l'amour humain, celle de Plácida.

En ce jour de l'Épiphanie, c'est une véritable théophanie profane qui semble être jouée à Rome, chez le Cardinal, devant l'auditoire lettré et cultivé constitué des grands personnages politiques que sont l'ambassadeur d'Espagne, le représentant de la cour de Mantoue et leur suite. Une théophanie qui fait aussi appel à la musique puisqu'il reste une trace, une seule, de la musique qui accompagnait la *Vigile de l'Amante défunte* dans le *Cancionero musical de Palacio* qui signale dans son *Index* la composition

---

14. Voir le méticuleux travail de Becker D., « De l'usage de la musique dans le théâtre de Juan del Encina », dans *Juan del Encina et le théâtre au xve siècle*, Actes de la Table ronde, oct-1986, Études-Hispano-italiennes n° 2, Univ. de Provence, 1987, p. 43-55.

comme figurant au folio 83, lequel folio a malheureusement disparu. La déploration parodique n'est pas un genre nouveau, nombreux sont ceux qui s'y sont déjà essayé ; il suffit de citer les *Lamentations de Job* de Sánchez de Badajoz, sans doute la plus connue. Ce qui est nouveau, c'est cette déploration parodique de l'*Office des défunts* mise en musique dans une représentation théâtrale, ce *Planctus*, propre, lui aussi, au drame de la Passion, particulièrement long dans la pièce et qui fait stagner l'action car, en réalité, il requiert un autre type d'écoute.

Dans cette parodie liturgique est lisible la présence divine bien qu'à travers un voile païen, une présence de Dieu sensible aussi dans la musique. Car cette mise en scène musicale est ambitieuse. Voulant rapprocher théâtre et musique, le dramaturge a cherché à offrir à des spectateurs avertis un spectacle où la *varietas* est de mise, où les hommes côtoient les dieux mythologiques dans un temps liturgique qui se veut chrétien, une mise en scène qui propose une synthèse entre la culture chrétienne et la culture antique. Le rapprochement du mythe païen et des sources chrétiennes est propre à la philosophie néo-platonicienne qui règne alors. L'influence de Marsilio Ficino est prépondérante d'abord à Florence, bien sûr, mais elle s'étend rapidement à toute l'Italie puis à l'Europe. D'où les rapprochements parfois singuliers entre les dieux païens et le Dieu des chrétiens, son Fils, les personnages vétéro ou néo-testamentaires qui cohabitent sans heurt, dans une même harmonie.

Au niveau musical, dans la *Vigile de l'Amante défunte*, on peut certainement lire un hommage indéniable à l'œuvre du compositeur Josquin Desprez qui, d'abord chantre à la cathédrale de Milan, appartint ensuite à la chapelle des Sforza, à Milan puis à Rome, puis à celle de la Cour de Ferrare et qui, pendant quarante-cinq ans, influença l'évolution de la musique tant son rayonnement fut grand en Italie et hors d'Italie – dès 1502, l'imprimerie édite et réédite les œuvres de Josquin – et dont les *messes-parodies* et les *Chansons* eurent très certainement sur Encina un impact non négligeable. La *Déploration* à Jean Ockeghem – hommage profane qu'il rend au grand compositeur – a-t-elle influencé indirectement, avec son *Requiem æternam* de l'*Introït* de l'*Office des morts*, le dramaturge castillan ? L'effervescence et la création sont telles dans ces années-là, en Italie, qu'il est impossible que le musicien qu'était Encina y soit resté insensible.

On note donc, dans la dernière œuvre du « poète-dramaturge », une volonté très nette de mélanger les genres, le divin et le païen tant au niveau poétique, théâtral que musical.

La pièce, certes, est ambitieuse, mêlant, sous des formes apparemment très différentes mais en réalité complémentaires, selon le principe néo-platonicien des transpositions ficiniennes, des sources païennes et chrétiennes, harmonisant le profane et le divin dans une représentation artistique inédite qui fait appel aussi aux connaissances de celui qui est connu et reconnu aussi comme musicien à travers ce *Cancionero Musical de Palacio* qui recueille plus de soixante de ses compositions.

À travers un parcours peu commun, celui d'Encina, on peut noter l'évolution d'un théâtre castillan, aulique, représenté entre 1492 et 1513, ainsi que l'apparition des dieux païens – l'amour divin restant objet de discours même si la Trinité n'apparaît jamais comme *dramatis persona*. Dans les pièces mises en scène pour les fêtes de la Passion, de la Résurrection et du *Corpus Cristi*, dans un espace ouvert: le parvis, les rues, les places, pour un public hétérogène, dans un souci d'édification et de ferveur religieuse, Dieu, son Fils, les anges, les saints apparaissent soit comme *dramatis personæ* soit sous forme d'une représentation iconographique[15].

Les auteurs postérieurs castillans écriront un théâtre sacré où la présence de Dieu sera de plus en plus forte: *Autos*, *Farsas sacramentales* (de Diego Sánchez de Badajoz à Calderón) ou bien, dans un registre totalement autre, des pièces profanes: *Pasos, entremeses* et *Comedias* où le divin, et Dieu moins encore, n'est plus objet de discours.

---

15. Voir l'outil de travail indispensable pour l'étude du théâtre religieux que constitue l'ouvrage déjà cité de Torroja C. & Rivas Palá M., *Teatro en Toledo en el siglo XV, op. cit.* Les documents produits attestent en effet l'existence d'un théâtre religieux en Castille et rendent caduques toutes les études antérieures ou celles qui ne tiennent pas compte de celles menées par ces deux auteurs. D'autre part, ils jettent sur le théâtre postérieur une lumière nouvelle et en expliquent les fondements.

Anke Van Herk

Dieu et les dieux dans la pièce de théâtre *Van Narcissus ende Echo* de Colijn Keyart

Des dieux classiques sur la scène des Pays-Bas

À quel moment les dieux classiques entrent-ils en scène dans l'histoire du théâtre des Pays-Bas ? Si l'on considère la plus ancienne collection de drames profanes, les *Abele Spelen*, datant de la deuxième moitié du XIVe siècle, on voit apparaître la déesse Vénus dans *Vanden Winter ende vanden Somer* (*De l'hiver et de l'été*). La déesse vient mettre un terme à la dispute entre les Saisons en les sommant de s'accommoder de l'ordre cosmique créé par Dieu. Dans cette pièce, Vénus est à la fois la déesse de l'amour et une planète, mais surtout elle est un juge, comme dans beaucoup d'allégories médiévales de l'amour[1].

Un bon siècle plus tard, Colijn Keyart écrit sa pièce *Van Narcissus ende Echo*. À l'histoire ovidienne (*Métamorphoses*, Livre III, v. 351-510) mettant

---

1. Poel D.E. van der, « De rol van Venus in "Vanden Winter ende vanden Somer" », dans *In de zevende hemel. Opstellen voor P.E.L. Verkuyl over literatuur en kosmos*, hrsg. van Dijk H. e.a., Groningen, 1993, p. 185-189. V.a. Bock Eug. de, *Opstellen over Colijn van Rijssele en andere rederijkers*, Anvers, 1958. Coigneau D., « Liefde en lichaamsbeleving op het rederijkerstoneel », dans *Jaarboek De Fonteine*, t. 34, 1984, p. 115-132. Gijsen A. van, « De amoureuze spelen. De herschepping van klassieke stof op het rederijkerstoneel », dans Dijk H. van, Ramakers B. e.a., *Spel en spektakel, middeleeuws toneel in de Lage Landen*, Amsterdam, 2001, [Nederlandse literatuur en cultuur in de Middeleeuwen, xxiii]. Gijsen A. van, « De tussenspelen uit de twee "Handels der Amo(u)reusheyt" », dans *Spel in de verte ; tekst, structuur en opvoeringspraktijk van het rederijkerstoneel* […], s.d., Ramakers B., numéro spécial de *Jaarboek de Fonteine* 41-42, 1991-1992, p. 59-86 ; Hilka A., « Das mittelfranzösische Narcissusspiel (*L'istoire de Narcisus et de Écho*) », *Zeitschrift für romanische Philologie* 56, 1936, p. 275-321 ; Hummelen W.M.H., *De sinnekens in het rederijkersdrama*, Groningen, J.B. Wolters, 1958 ; Lewis C.S., *The Discarded Image. An Introduction to Medieval and Renaissance Literature*, Cambridge, Cambridge Univ. Press, 1995 (1re ed. 1964).

en scène les héros éponymes viennent s'ajouter de nombreuses intrigues et de nouveaux personnages, parmi lesquels quantité de dieux classiques. On pense actuellement que cette pièce est la première d'un genre nouveau. Elle forme le point de départ d'une série de pièces où les dieux font figure de personnages et que l'on verra se multiplier au cours du XVIe et au début du XVIIe siècle. Ce corpus est intéressant en particulier parce qu'il fait apparaître une transition graduelle de la poétique et des idées des rhétoriqueurs vers le théâtre de la Renaissance – aussi bien du point de vue de la forme que du contenu[2].

Dans le cadre de cette contribution, je voudrais cependant me concentrer sur la position des dieux dont le rôle dépasse ici, pour la première fois, le stade du simple incident. La manière dont ils sont représentés pourrait nous renseigner sur l'idée que l'on se faisait de la mythologie classique aux Pays-Bas à la fin du XVe siècle. Quelles étaient les sources de Colijn Keyart ? Comment représentait-il les dieux sur la scène ? Quelle est leur fonction dans l'intrigue ? Et comment percevait-on le rapport entre héritage païen et héritage chrétien ?

La pièce *Van Narcissus ende Echo*

Le texte de la pièce nous vient de deux sources contenant chacun une version différente : un manuscrit du XVIe siècle et un recueil de pièces d'amour classique imprimé en 1621, *Den Handel der Amoureusheyt*[3]. Le manuscrit mentionne comme auteur « *den amoroesen Colijn* » alias Colijn Keyart. Il est probable que ce soit la même personne que Colijn Caillieu, poète officiel de la ville de Bruxelles de 1474 à 1485 et par ailleurs, jusqu'à la fin de sa vie en 1503, facteur d'une chambre de rhétorique bruxelloise. Ce Colijn Caillieu a laissé deux autres œuvres : une traduction du *Pas de la Mort* qui est devenu

---

2. Colleman T., « "Waer met nu meest elck Rymer soo pronckelyc pracht". Antieke goden als sprekende personages op het rederijkerstoneel », *Jaarboek de Fonteine*, 49-50, 1999-2000, p. 95-132.
3. Respectivement Gand U.B., ms. 900 et Houwaert J.B., *Den handel der Amoureusheyt inhoudende Vier Poetische Spelen, 1. Van Aeneas ende Dido. 2. Narcisse ende Echo. 3. Mars ende Venus. 4. Leander ende Hero. Poetelijck geinventeert ende Rethorijckelijck ghecomponeert, Door Heer ende Meester Johan Baptista Houwaert. Tot Rotterdam By Jan van Waesberghe de Jonge, op de Koren Merct Anno 1621*. Pour les différences entre les deux versions voir Doorn T.H. van, « Van Narcissus ende Echo ; een vergelijking tussen twee versies », *Taal en tongval* 21, 1969, p. 255-260. Cette contribution se base sur le texte manuscrit, qui selon Van Doorn ressemble davantage au texte originel de Colijn que l'édition modernisée de 1621.

Tdal sonder wederkeeren oft tpas der Doot, et une pièce sur la naissance de Marguerite d'Autriche en 1480. Par ailleurs, *Narcissus ende Écho* présente tant de similitudes avec la célèbre œuvre *Spiegel der minnen* (*Miroir d'amour*[4]) qu'il semble fort probable que Colijn Keyart/Caillieu soit aussi Colijn van Rijssele[5]. La pièce *Van Narcissus ende Écho* est pourtant considérée comme une étude préparatoire de *Spiegel der minnen*, œuvre beaucoup plus longue et plus consistante[6]. La pièce donc semble avoir été écrite à Bruxelles dans le dernier quart du XVe siècle par un poète de grande renommée qui connaissait bien la littérature en langue française.

Je voudrais tout d'abord résumer l'action de la pièce. Vénus et Cupidon, les dieux de l'amour, élaborent un plan pour réunir Narcisse et Écho, en dépit des menaces de Phébus qui prédit une fin tragique à cette rencontre. Les dieux font appel à Étrange Murmure (Wonderlyck Murmureeren) qui met Écho dans un état d'esprit favorable à une relation amoureuse avec Narcisse et capture ensuite le Cœur d'Écho ('t Herte van Echo) dans la Prison de l'Amour ('t Prysuen van Minnen) aidée par la Beauté de Narcisse (Narcissus' Scoonheit).

Entre-temps, Narcisse est présenté au public comme un chevalier noble et combatif, ne s'intéressant ni aux femmes ni à l'amour et ne s'occupant que de chasse. C'est la raison pour laquelle il est consacré à la déesse Diane. Au cours d'une chasse, l'un des chevaliers de sa suite, appelé Actéon, perd de vue le groupe. Dans la forêt, il rencontre Diane se baignant toute nue dans une fontaine. Entraîné par sa lascivité, il menace même de la violer. Elle le punit en le changeant en cerf. Cet incident renforce Narcisse dans son choix de rester chaste.

Son Cœur languissant en prison, Écho est en grande détresse. Elle demande alors à son père d'organiser un tournoi au cours duquel elle pourra rencontrer Narcisse. La déesse Vénus l'encourage à lui déclarer son amour. Bien que Peur du Refus (Angst voer Wederseggen) se soit emparée d'Écho et lui conseille de se faire accompagner de ses femmes de chambre Pudeur et Honneur (Scaemte en Eere), elle refuse de l'écouter. À la fin du tournoi, Narcisse et Écho se rencontrent. Elle finit par lui déclarer son amour, mais il la repousse. Ensuite, Écho est tourmentée par Chagrin et

---

4. Immink M.W., *Colijn van Rijssele « De spiegel der minnen »*, met inleiding, aantekeningen en woordenlijst, Utrecht, 1913.
5. Gijsen J.E. van, *Liefde, kosmos en verbeelding; mens en wereldbeeld in Colijn van Rijsseles Spiegel der Minnen*, Groningen, 1989 (« Neerlandia Traiectina », 30), p. 13-21.
6. Bock Eug. de, *Opstellen over Colijn van Rijssele en andere rederijkers*, Anvers, 1958, p. 147.

Regret (Druck en Spijt), un complice d'Étrange Murmure et de Beauté de Narcisse. Aidé par Étrange Murmure, il la met à deux doigts du désespoir. Puis, tous deux vont chercher Antropos (sic), le dieu de la mort, qui ne tue pas seulement Écho et son Cœur, mais aussi les malfaiteurs. À la demande d'Écho, Vénus et Cupidon se vengent de Narcisse. Pendant le procès qui suit, Cupidon est l'accusateur de Narcisse et Diane est son avocat. Narcisse est déclaré coupable et doit mourir de la même mort qu'Écho. Neptune et Cupidon veillent à ce que Narcisse voie son image reflétée dans une fontaine tandis que la Beauté de Narcisse le rend amoureux de son propre reflet et le fait tomber dans l'eau. Antropos finit par le tuer.

Une des sources de *Van Narcisse ende Echo*

L'histoire de la nymphe tombant éperdument amoureuse d'un beau jeune homme nommé Narcisse apparaît dans de nombreux textes que Colijn a pu connaître[7]. Il n'a pourtant pas puisé dans l'histoire originelle tirée des *Métamorphoses* d'Ovide. En effet, dans la pièce de Colijn, Narcisse se noie, alors que chez Ovide, il languit simplement au bord de l'eau.

S'il y a bien quelques ressemblances avec la légende d'Ovide, il y en a davantage avec une pièce française datant du XVe siècle et intitulée *L'istoire de Narcisus et de Écho*. C'est un drame à trois personnages : Echo, Narcisus et un Fol. De ces trois personnages, c'est Écho la plus loquace. Dans d'interminables monologues, elle nous confie les doutes et les désirs suscités par son amour pour Narcisus. Le Fol apporte son commentaire en aparté ; il explique cyniquement l'état amoureux d'Écho comme une éructation du bas-ventre tout en se plaignant dans le style courtois classique de l'insensibilité de Narcisus. Ce dernier se sert de la chasse pour garder la maîtrise de ses sens, mais il finit par être puni, car celui qui reçoit de l'amour doit y répondre de manière courtoise.

Dans la pièce de Colijn, Écho est aussi le personnage principal. Le rôle du commentateur n'est pas joué par un Fol, mais par trois personnages qui, dans le manuscrit, sont appelés *verraders* (traîtres). Ici, la chasse est pareillement un moyen pour repousser l'amour. Dans les deux pièces, Narcissus/Narcisse

---

7. Vinge L. (*The Narcissus theme in western european literature up to the early 19th century*, Lund, 1967) donne un sommaire de la tradition du Narcisse, mais ne mentionne pas les sources moyen-néerlandaises comme Dirc Potter, *Der minnen loep*, Hein van Aken, *Die Rose* et bien d'autres.

croit voir une femme dans l'eau de la fontaine tandis que chez Ovide et bien d'autres rédacteurs médiévaux, Narcisse y voit un visage de garçon.

Bien que le rapport entre la pièce néerlandaise et son pendant français soit vraisemblable, il n'apparaît pas avec évidence. Colijn prend en effet de grandes libertés envers sa source, en particulier en ce qui concerne l'univers des dieux.

L'introduction des dieux

Van Narcissus ende Écho se déroule sur trois niveaux de réalité : celui des hommes, celui des dieux et celui des traîtres qui sont la personnification de caractéristiques humaines, mais aussi les réalisateurs d'un plan divin. Parmi les personnages, on trouve les dieux suivants :

> Cupido, god der minnen (dieu de l'amour)
> Venus, godinne (déesse)
> Diana, godinne (déesse)
> Phebus, als die son (comme le soleil)
> Antropos, die god van die doot (dieu de la mort)
> Jupiter, god der natueren (dieu de la nature)
> Neptunus, god van die wateren (dieu des eaux)

Les autres dieux mentionnés dans le texte sont : Minerva, Juno, Pallas, Mars, Aurora, IJsis, Fama, Berecintia/Cibele, Othea et Orpheus.

Il est frappant de voir que tous ces noms, comme les autres noms de l'Antiquité cités dans la pièce sont orthographiés systématiquement selon les règles classiques. C'est inhabituel aux Pays-Bas à l'époque. Par ailleurs, les noms classiques apparaissent à des moments significatifs de l'histoire. Ils ne servent donc pas seulement d'ornement. Colijn a peut-être voulu témoigner de son érudition et placer le récit dans une couleur locale païenne[8].

L'apparence des dieux et leur place sur la scène

Le texte ne nous fournit que peu de détails sur l'apparence des dieux. La première fois que Vénus entre en scène, on annonce « une reine » (*een koeninginne*) ce qui pourrait être une indication de costume. Dans une autre pièce de Colijn, *De Spiegel der Minnen*, Vénus est décrite comme « une

---

8. Merci à Willem van Bentum, qui me l'a fait remarquer.

belle femme, portant couronne et un manteau parsemé de cœurs joints »[9]. Cupidon est peut-être représenté comme dans *Eneas ende Dido*, « nu et tenant à la main un carquois de flèches et un flambeau allumé »[10]. Dans *Spiegel der minnen*, on trouve à nouveau la description d'un dieu : Phébus y est « un homme au manteau parsemé de soleils, le visage étincelant »[11]. Diane a de longs cheveux blonds, probablement sous forme de perruque. D'après le texte, elle est nue pendant la scène avec Actéon. On ne sait pas si une femme nue apparaissait réellement sur la scène. Il était rare de voir une femme jouer sur scène, ce qui porte à croire que le mot « nu » ne devait pas avoir la connotation de nudité totale. Il existe aussi des témoignages qui évoquent un vêtement suggérant un corps nu[12]. Antropos, le dieu de la mort, devait sans doute ressembler davantage à la Mort de l'image médiévale qu'à la déesse grecque du destin, Atropos. D'abord, il s'agit ici d'une figure divine masculine qui utilise la flèche de la mort (strael des doots), un attribut que l'on voit aussi sur des illustrations médiévales de la Mort.

À l'ouverture de la pièce, Cupidon est présenté comme « le dieu de l'amour, assis sur son trône à côté de Vénus, la déesse » (« god der minnen, sittende in synen throone by Venus der godinnen »). L'endroit où ils se trouvent est aussi appelé « le palais de l'amour » (« palleis der minnen »). Phébus a également son propre trône ou « ciel » duquel il descend pour ce rendre au palais de Vénus, comme il le dit lui-même. Jupiter enfin siège au « ciel de la vie » (« de throon des leevens »). Quant aux déesses Vénus et Diane, elles ont chacune leur propre temple où elles sont vénérées par Écho ou Narcisse. Quand on essaie de se représenter les lieux de l'action avec les acteurs, on ne peut qu'imaginer une scène sous forme de façade. *Van*

---

9. « Een schoone vrouwe, ghecroont ende haer mantel besaeyt met tsamen gevoechde herten », Immink M.W., *Colijn van Rijssele, op. cit.*, p. 330.
10. « Naect mit eenen koker mit pijlen in die handt ende vierighen brandt » (Iwema K., « Cornelis van Ghistele "Van Eneas en Dido", Twee amoureuze spelen uit de zestiende eeuw, uitgegeven met inleiding en aantekeningen », dans *Jaarboek de Fonteine*, 1984, p. 103-243, au-dessus vs. 714) ; dans Houwaert J.B., (*Den handel der Amoureusheyt, op. cit.*), l'indication « *naect* » est omise. D'ailleurs, le texte d'*Eneas ende Dido* précède de plus de cinquante ans celui de *Van Narcisse ende Echo*. On ne peut donc savoir si la représentation de Cupidon sur scène (et bien sûr dans ce genre) n'a pas changé pendant cette période.
11. « Een man met een mantel bespraeyt met sonnen, het aensicht blinckende », Immink M.W., *Colijn van Rijssele, op. cit.*, p. 330.
12. Endepols H.J.E., *Het decoratief en de opvoering van het middelnederlandsche drama volgens de middelnederlandsche tooneelstukken*, Amsterdam, 1903, p. 13, n. 4. La suggestion d'un tricot couleur chair est basée sur une instruction de mise en scène du *Lucerner Bühnenrodel* concernant Adam et Ève : « In Leybkleyder alls nakt ». Une autre option pour la Diane bruxelloise ?

Narcissus ende Écho est donc l'une des premières pièces de théâtre des Pays-Bas où l'on s'est servi d'une façade de ce genre[13]. On plaçait sur la scène un écran troué de plusieurs ouvertures, créant ainsi un espace invisible aux spectateurs. Les acteurs entraient sur l'avant-scène par les ouvertures ou alors ils devenaient visibles quand on ouvrait un rideau. Pour cette pièce, l'auteur a dû concevoir une façade avec un étage ou même deux. Les cieux devaient se trouver en haut[14]. Les temples étaient sans doute situés en bas car Narcisse et Écho semblent y entrer sans difficulté. Il est fort probable que pendant la scène avec Actéon, Diane devait se trouver dans une pièce située derrière la façade que l'on pouvait fermer d'un rideau. Tous les lieux cités dans la pièce n'avaient d'ailleurs pas leur propre ouverture; des déclarations des personnages sur leurs déplacements permettaient d'utiliser une seule ouverture pour des buts différents.

Les différentes fonctions des dieux

Jean Seznec distingue quatre traditions dans le fonctionnement des dieux antiques au Moyen Âge jusqu'à la Renaissance : une tradition historique, une tradition physique, une tradition morale et une tradition encyclopédique[15]. Dans *Van Narcissus ende Echo*, ce sont les traditions physique et morale qui apparaissent en priorité dans le rôle des dieux. Je voudrais pourtant ajouter une autre catégorie, que j'appellerai la fonction spirituelle. Je voudrais m'attarder davantage sur ces trois fonctions, tout en sachant bien que mon approche ne rend pas totalement justice à la façon dont elles apparaissent dans la pièce. En effet, si l'accent est mis sur une fonction précise à un certain moment, tout de suite après il peut être mis sur une autre, et tous les dieux ont plusieurs fonctions.

La fonction naturelle

Lorsque, dans une des premières scènes, Phébus, « le dieu des choses secrètes » (« god van onkondighe dinghen »), analyse les caractères respectifs de

---

13. Hummelen W., « The stage façade reflected in *Narcissus ende Écho* of Colijn Caillieu (ca. 1503) », dans *European Theatre 1470-1600. Traditions and Transformations*, ed. by Gosman M. & Walthaus R., Groningen, 1996.
14. Le ciel de Phébus semble placé au-dessus de Vénus, puisque Phébus dit qu'il va « descendeeren » (descendre) au palais de Vénus. Une autre solution, plus facile à réaliser, serait de considérer ces paroles comme un décor verbal.
15. Seznec J., *La Survivance des dieux antiques. Essai sur le rôle de la tradition mythologique dans l'humanisme et dans l'art de la renaissance*, Londres, 1940.

Narcisse et d'Écho, il arrive à la conclusion qu'ils ne sont pas compatibles. En effet, Narcisse est un flegmatique, « froid et humide comme l'eau, c'est pourquoi il refuse l'amour des femmes » (« cout, wac en is den watere ghelyck, dies versmaet hy der vrouwen amoroesheit », f° 4v°) alors qu'Écho a le tempérament sanguin, « pleine de gaieté naturelle, elle éprouvera de l'amour pour une personne qui ne l'aimera pas » (« vol natuerlycker jojoesheit vluyende, en sall noch liefde draeghen up dies niet achten en zall », f° 4v°).

Ce passage est une bonne illustration de ce que Seznec appelle la tradition naturelle des dieux antiques. Dans cette tradition, les dieux sont assimilés aux différentes influences cosmiques (celles des planètes) sur la vie terrestre. Les dieux sont des planètes, ayant chacun leur caractère et leur influence propre sur les personnages terrestres.

Phébus nous explique que Narcisse subit l'influence de Diane, la déesse de la lune, et de Neptune, le dieu des eaux (sans planète!) qui est de nature plutôt flegmatique. Écho quant à elle doit son caractère à l'influence de deux planètes: Phébus, le soleil, et Vénus.

Dans cette scène, Colijn témoigne de ses connaissances en astrologie, une science respectée au Moyen Âge, mais également controversée. L'objectif du combat mené par les théologiens et les humanistes contre l'astrologie n'était pas tant de dénoncer le caractère fallacieux de la théorie que de sauvegarder le dogme du libre arbitre de l'homme contre un déterminisme astrologique exagéré. Quoiqu'il en soit, il est clair que les prédictions des astrologues jouaient un rôle important dans la vie quotidienne au XVe siècle[16].

La prédiction de Phébus, l'astrologue divin, se vérifie: Narcisse et Écho ne sont pas faits l'un pour l'autre. À première vue, Colijn semble donc adhérer au déterminisme des astres. Pourtant, à plusieurs reprises dans la pièce, des protagonistes humains ont explicitement le choix de suivre ou non leurs penchants. Écho, par exemple, refuse d'écouter Peur du Refus, qui lui conseille d'amener Pudeur et Honneur au rendez-vous avec Narcisse, et par conséquent elle est victime de ses propres penchants naturels.

Narcisse aussi fait des choix dans la pièce. D'abord, lors d'un entretien avec ses chevaliers qui essaient de le convaincre qu'il est du devoir d'un prince d'avoir des descendants, Narcisse se fâche et ne veut pas en enten-

---

16. *Ibid.*, p. 56-57.

dre davantage. Le destin d'Actéon, changé en cerf par Diane, le renforce dans ses convictions que le célibat est le meilleur choix. Tout cela le conduit à refuser l'amour d'Écho. Il aurait pu agir différemment, comme on le voit plus tard, au cours du jugement divin. À chaque fois, les penchants naturels l'emportent sur la libre volonté. La triste fin des protagonistes est en fait un avertissement au jeune public de ne pas se précipiter dans l'amour et de ne pas s'abandonner à une extrême aversion naturelle.

D'où viennent les connaissances de Colijn en astrologie ? Le fait qu'il nomme la déesse Othéa est une indication (f° 23r°). Othéa est en effet cette pseudo-déesse de la sagesse que Christine de Pizan avait fait naître dans son *Epistre Othéa*, un siècle plus tôt. Colijn connaissait-il cette œuvre ? Pas nécessairement, car la déesse apparaît très tôt dans de nombreux autres textes. Les rhétoriqueurs brabançons la connaissaient aussi[17]. On ne peut cependant pas l'exclure totalement. Nous savons en effet que pour son œuvre littéraire, Colijn a puisé dans des sources françaises et que l'*Epistre Othéa* était très populaire vers 1500[18]. On est frappé des similitudes entre l'*Epistre Othéa* et la pièce de Colijn en matière d'astrologie. En voici quelques exemples :

> Appollo, ou Phebus, c'est le soleil [...] et pour ce que vérité est clere et monstre les secretes choses, lui peut estre attribuee. (*Epistre Othéa*, IX, Glose)
>
> [...] Jupiter ou Jovis aouraient et tenoient [subj. : les poetes] pour leur plus grant dieu, pour ce que il est assis en la plus haulte espere des planettes soubz Saturnus. [...] Jovis ou Jupiter est planette de doulce condicion, aimable et joyeuse, et est figuree a la compleccion sanguine (*Epistre Othéa*, VI, Glose).

C'est aussi dans l'*Epistre Othéa* qu'Atropos est la personnification divine de la mort[19] :

---

17. Halina Didycky Loukopoulos mentionne des œuvres de Guillaume Alexis, de Jean Molinet et *Le Jardin de plaisance et fleur de rhétorique*, dans lesquelles Othéa apparaît. Dans la littérature des Pays-Bas, elle est mentionnée dans *Eneas ende Dido* et *Jupiter ende Yo* (*Classical Mythology in the works of Christine de Pisan, with an edition of « l'Epistre Othea » from the manuscript Harley 4431*, Ann Arbor, 1977, p. 66).
18. Loukopoulos compte 84 manuscrits du XVe siècle ; la première édition date de 1490, *Classical Mythology, op. cit.*
19. Dans la traduction anglaise du XVe siècle de Stephen Scrope, Acropos, Atropos est devenu une figure masculine ; le texte français ne donne aucun indication de le sexe d'Atropos.

> Ayes a toute heure regart
> A Atropos et a son dart,
> Qui fiert et n'espargne nul ame ;
> Ce te fera penser de l'ame. (*Epistre Othéa*, XXXIV, Texte)

Il semble donc que Colijn connaissait cet ouvrage de la fille d'un astrologue italien et qu'il l'a utilisé dans son œuvre. Une étude plus approfondie devrait permettre de le démontrer.

La fonction morale

Pendant tout le Moyen Âge, la mythologie antique est souvent expliquée sous l'angle de la morale : les récits des dieux étaient considérés comme des allégories des vertus et des vices. *Van Narcissus ende Écho* développe la thématique de l'amour et de la chasteté. La lutte entre eux deux est présentée à la fois au niveau des hommes (Écho et Narcisse étant les représentants respectifs de l'amour et de la chasteté) et au niveau des dieux. En premier lieu, nous avons bien sûr Vénus et Cupidon qui, au Moyen Âge, personnifiaient le pouvoir de l'amour. Ils se disent eux-mêmes les maîtres des amoureux et les instigateurs du bonheur comme du chagrin d'amour. Vénus est parfois représentée comme une reine, Cupidon comme le « régent de l'amour » (« regent van minnen ») qui délègue l'exécution de ses plans à d'autres personnages, les « traitres » (« verraders »).

Diane, déesse de la chasteté, est de tout temps l'adversaire de Vénus. À la chanson d'amour du « gardien » (« wachter »), elle oppose des couplets contre l'amour que l'on entonne, démonstrativement, sur la mélodie d'une chanson d'amour populaire. Dans une scène intercalée, l'auteur présente un autre récit tiré des *Métamorphoses* : celui d'Actéon et de Diane (Livre III, v. 138-252). Furieuse d'avoir été épiée pendant son bain, Diane change Actéon en cerf. Chez Ovide, le fait d'avoir vu la déesse nue est une raison de punition suffisante. Chez Colijn au contraire, Actéon est un symbole de lasciveté et fait donc pendant à Narcisse. L'auteur renforce ainsi le rôle de Diane comme personnification de la chasteté, un motif que Christine de Pizan avait souligné tout particulièrement[20].

Enfin, dans l'avant-dernière scène de la pièce, le jugement divin, nous retrouvons la majeure partie des dieux : Jupiter comme dieu et juge de la

---

20. Loukopoulos H.D., *Classical Mythology*, op. cit., p. 87.

nature, accompagné de Neptune et d'Antropos comme juges suppléants ; Cupidon, au nom de Vénus, comme accusateur ; Diane comme avocat de Narcisse. Le procès semble se dérouler entièrement selon la procédure médiévale, formulations standardisées comprises. Cupidon et Diane exposent à tour de rôle tous les arguments à charge et à décharge. Jupiter prononce la sentence définitive après quoi Neptune détermine la peine et l'exécute avec l'aide d'Atropos. Cette mise en scène est une variation d'un genre théâtral très populaire au Moyen Âge, le jugement céleste[21]. Son importance du point de vue didactique est évidente. Toutes les délibérations concernant la morale de l'amour sont présentées une fois encore au public en une scène imposante qui devait être magnifique.

La fonction spirituelle

C'est Jupiter, le « dieu de la nature » (« god der natueren »), qui incarne le plus clairement la fonction spirituelle. Les autres dieux, comme Vénus, Cupidon, Antropos, Neptune et Diane, lui parlent comme à un supérieur : « prince pur » (« prinche reene », f° 33 v°), « le très-haut de l'espèce » (« hoogst alder hoogste van sexien », f° 33 v°). C'est lui aussi qui a assigné aux autres dieux leurs tâches respectives comme en témoignent les paroles de Cupidon :

> Comme Jupiter m'en a chargé,
> j'influe, de mon naturel, sur le cours des choses.
>
> *Na dat Jupiter my dat gepast gheeft,*
> *muet ick inder natueren ganck wercken.* (f° 2 r°)

Il est également capable de leur donner des ordres et Narcisse parle de son pouvoir en ces termes :

> celui qui nourrit la nature
> selon les mouvements des planètes
>
> *die der natueren vuetsel gheeft*
> *werckelyck so delementen rueren.* (f° 3 r°)

Mais plus encore que chef de la création, Jupiter est le créateur lui-même. Quand Narcisse admire dans l'eau son propre reflet, il dit :

> Jamais Jupiter ne fit visage plus charmant,
> ou créature plus belle.

---

21. Mak J.J., *Uyt Ionsten Versaemt. Retoricale studiën 1946-1956*, Zwolle, 1957.

> *Noyt lieflycker ghesichte, noyt scoonder weesen*
> *en schiep Jupiter inder natueren maecxsele.* (f° 37v°)

Dans toutes les exclamations aussi – qu'il s'agisse de jurons ou de soupirs – le mot usuel de « Dieu » est remplacé par « Jupiter ». En utilisant de manière aussi systématique le nom de Jupiter au lieu de Dieu, Colijn situe explicitement sa pièce dans un monde non-chrétien. Il ne veut pourtant pas mettre le Dieu chrétien complètement de côté. Jupiter est présenté à chaque fois comme « le dieu de la nature » et ce n'est pas pour rien. Ce faisant, il lui donne en effet le pouvoir sur la Terre, sur la *physis*, mais non sur l'ensemble de l'univers. Si pour les personnages de la pièce Jupiter est considéré comme une divinité suprême, il ne l'est pas aux yeux de Colijn. On le voit clairement dans la réponse que donne Phébus, sommé de prévoir l'avenir de Narcisse et d'Écho :

> Glorifie celui qui a créé ma nature,
> La plus haute souveraineté dont les cieux sont revêtus,
> Qui m'a pourvu de telles connaissances
> Que je sais des choses secrètes.
> *Loff hem diet wesen van my gheschepen heeft,*
> *souvereynst van dat die hemel becleet,*
> *en sulke sciencie in my begreepen heeft*
> *daer ick oncondighe saecken by weet.* (f° 4r°)

Le créateur que Phébus évoque ici comme la plus haute souveraineté est sans aucun doute le Dieu chrétien ; le seul, selon la foi chrétienne, à détenir le don de Providence. En fait, Phébus n'est que la personnification d'un aspect du Dieu chrétien. Ce n'est pas une invention de Colijn car, dans bien d'autres textes, Phébus/Apollon est présenté comme un devin et même comme une personnification de la Providence divine[22]. La trouvaille dramatique du Bruxellois a été de le mettre en scène au début de la pièce pour piquer la curiosité du public. Peut-être le rôle de Phébus est-il aussi une réminiscence du devin Tirésias prédisant la mort de Narcisse dans les *Métamorphoses*.

On trouve d'ailleurs d'autres caractéristiques de la spiritualité médiévale chez ces dieux antiques. La façon dont Vénus et Diane sont présentées comme les protectrices d'Écho et de Narcisse rappelle le culte des saints. Vénus est la patronne d'Écho et Diane celle de Narcisse. Toutes deux ont

---

22. Gijsen J.E. van, *Liefde, op. cit.*, p. 69 et 155-156.

un temple où l'on implore leur secours et où on les vénère. On dirait que Colijn veut consciemment donner l'impression que cette pièce se déroule dans un monde où les hommes et les dieux ne connaissent pas le dieu du christianisme ; il décrit un monde foncièrement païen où Jupiter a les fonctions du Dieu médiéval chrétien, un monde où les dieux ressemblent à des saints. L'existence d'un Dieu chrétien n'est pas niée dans la pièce ; on y fait une vague allusion, mais pour le reste, on n'en parle pas.

L'introduction des dieux classiques dans le théâtre des rhétoriqueurs moyen-néerlandais s'est faite avec beaucoup de considération pour la tradition littéraire et la pensée chrétienne. Colijn a utilisé de manière fonctionnelle toutes les possibilités – ou presque – que lui offrait la tradition médiévale pour introduire les dieux antiques sans faire violence à l'idée chrétienne de Dieu. Dans le même temps, *Van Narcissus ende Écho* a introduit au théâtre des nouveautés dont on ne peut pas encore bien mesurer la portée. Cette innovation concerne surtout le caractère stratifié de la dramaturgie, dont les dieux font partie : la signification morale de l'intrigue est élaborée à plusieurs niveaux et elle apparaît visuellement aussi dans la représentation grâce à la mise en scène à étages. De plus, il semble qu'avec l'introduction des dieux, Colijn veuille apporter sa contribution au débat contemporain sur la nature et la raison, la prédestination et le libre arbitre. Dans quelle mesure cette première pièce a-t-elle entraîné un changement de normes dans le domaine des pièces de théâtre de l'amour ou, de manière plus générale, dans la présentation des dieux sur une scène ? Cela reste à étudier. Au XVIe siècle en tout cas, d'autres rhétoriqueurs puisent aussi dans la matière classique et mettent en scène les dieux antiques : Jan Smeeken, le successeur de Colijn comme poète officiel de Bruxelles qui écrit la pièce de théâtre *Hue Mars en Venus tsaemen bueleerden* ; Cornelis van Ghistele, poète d'Anvers, traducteur de plusieurs œuvres classiques, qui est l'auteur de la pièce *Van Eneas en Dido* et bien d'autres célèbres poètes encore[23]. En dépit des critiques contre cet usage de l'Antiquité qui apparaissent dès la seconde moitié du XVIe siècle[24], ces œuvres restent très appréciées jusqu'au XVIIe siècle, mais il est vrai, surtout en tant que textes à lire.

---

23. Colleman compte trente-neuf pièces de théâtre écrites entre 1500 et 1620 où les dieux sont des personnages parlants, « "Waer met nu meest elck Rymer soo pronckelyc pracht" », *op. cit.*
24. Spies M., « "Poeetsche fabrijcken" en andere allegorieën, eind 16de-begin 17de eeuw », dans *Oud-Holland* 105, 1991, n° 4, p. 228-243.

Index des auteurs et des œuvres

Les noms des auteurs figurent sous leur forme francisée quand elle existe ; les auteurs français du Moyen Âge figurent sous leur nom de baptême, le classement et la forme étant ceux du *Dictionnaire des Lettres françaises, Le Moyen Âge*, édition de 1999.

Abano (Pietro d') 566
Abele Spielen 635
Abraham de Northampton 40
Acevedo (Pedro Pablo) 585-586, 590
    Athanasia 578
    Occasio 578, 585, 587
Acolatus 585
Act to Restrain Abuses of the Players (1606) 524
Ad Representandum Conversionem Beati
    Apostoli 261
Æthelwold
    Regularis Concordia 20
Adam (Jeu d') voir *Ordo representacionis Ade*
Adam de la Halle
    Jeu de la Feuillée 237
Aken (Hein van)
    Die Rose 638
Alain Chartier
    La Belle Dame sans mercy 133
Alain de Lille
    De Arte prædicatoria 342
    De Planctu Naturæ 342
Alamanni (Antonio)
    La Conversione di Santa Maria Maddalena 448

Alberti (Leon Battista) 335, 466, 506
    Intercenales 342, 505
    Virtus 505
Albion, Knight 44
Alciat (Andrea Alciati)
    Emblematorum liber 542-543, 546-549, 553-554, 613
Alcuin 343
Alphonse X le Sage
    Cantigas 64, 66
Álvarez (Juan) 84
Amboise (Adrien d')
    Holoferne 394, 396
Ambroise (Saint) 56, 343
Ammien Marcellin 614, 619
    Historia Romanorum 614
Angleria (Pedro Mártir de)
    Epistolario 626
Anthologia Palatina 549
Antipholos of Byzantium 549
Apollodore
    Bibliotheca 572-573
Araldo (Antonio)
    Rapprezentazione del Dí del Giudizio 162

Arigo voir Schlüsselfelder
Aristophane
    La Paix 185
Aristote 313, 365, 373, 412, 562
    La Poétique 410
Arnoul Gréban
    Mystère de la Passion 14-15, 99-123, 125-138, 139-150, 237, 289, 304
Asunción de Nuestra Señora 84-85
Aubigné (Agrippa d')
    Les Tragiques 407
Aucto de la conversión de la Madalena 85
Aucto de la conversión de San Pablo 85
Aucto de la Ungión de David 84
Aucto del pecado de Adán 84
Auffray (François)
    Zoanthropie 371
Auger (Emond)
    Metaneologie 367
Augustin d'Hippone (Saint) 19, 27, 56, 101-102, 107, 110-111, 117-118, 121-122, 328, 341, 351, 433
    Confessions 374-375
    De consensu Evangelistarum 511
    De Genesi ad litteram 14
    De Fide et symbolo 102
    De Spiritu et anima 373-375
    De Trinitate 14, 102
    Enarrationes in Psalmos 375
Auto de acusación contra el género humano 85
Auto de Job 88
Auto de la Paciencia de Job 85-86
Auto de la prevaricación de nuestro padre Adán 84
Auto de la Redención del género humano 85
Auto de la Resurrección de Nuestro Señor 85
Auto de los Triunfos de Petrarca 85, 88
Auto de Naval i Abigail 84
Auto de quando Abrahán se fue a tierra de Canaán 84
Auto del despedimiento de Xpo de su Madre 85
Auto del hospedamiento que hizo Santa Marta a Xpo 85
Auto del martirio de Sant Justo y Pastor 84
Auto del Rey Nabucodonosor quando se hizo adorar 84
Auto del sacreficio de Abraham 84
Avila (Hernando de)
    Tragicomedia de Santa Catharina 578-579

B

Bacon (Francis)
    The Wisedome of the Ancients 611
Baïf (Jean-Antoine de), traducteur
    Antigone 384
Balbus 525, 526
Bale (John)
    Kyng Johan 43-44, 46-47, 535, 540
Béatrice d'Este 571-574
Beaujoyeulx (Balthazar de)
    Ballet comique de la reine 532-533
    Circé 532
Beaumont 523
Bède le Vénérable 343
Belcari (Feo) 151
    Rappresentazione del Dì del Giudizio 162
Bellarmin (Saint Robert)
    De Missa 367-368
    Explanatio in Psalmos 369
Bellincioni (Bernardo) 560
Bernard de Clairvaux (Saint) 18
Beroaldo (Philippo) 459-460
Bèze (Théodore de) 31, 401
    Abraham sacrifiant 32, 225-234, 393-396, 411
Bible de Genève 615
Bien Advisé Mal Advisé voir *Moralité de*
Bienvenu (Jacques)
    Comédie du Monde malade et mal pansé 371
Billard (Claude)
    Saül 394, 397
Bland
    Gesta Grayorum, or, The history of the high and mighty Prince Henry, Prince of Purpoole, Anno Domini 1594 184
Boaistuau (Pierre) 421-424, 433
    Histoires Prodigieuses 421, 424
Boccace (Giovanni Boccaccio) 235, 314, 344
    Decamerone 309
    De casibus 425
    Genealogia deorum gentilium 339, 343

Bodin (Jean)
    De la demonomanie des sorciers 365
Boèce
    De Consolatione Philosophiæ 351
Boisrobert (François de)
    La Vraye Didon 526
Boltz (Valentin)
    La Conversion de saint Paul 32
Bonaventure (pseudo Saint), voir
    Johannes de Caulibus
Bonifacio (Juan de) 578, 583-585
Borromée (Charles), voir Charles
    Borromée (Saint)
Bousquier
    *Le Petit Rasoir des ornements
    mondains* 371
Brant (Sébastien) 244, 314
    *De pestilentiali scorra sive mala de
    Franzos eulogium* 244
Bretog (Jean)
    *La Tragédie française de l'amour d'un
    serviteur* 305
Buchanan (George)
    Jephte sive votum 337, 393, 395, 397,
    398
Burton (Robert)
    The Anatomy of Melancholy 617, 618

Calderón de la Barca (Pedro) 63, 95,
    577-578, 634
    Comedia de la vida humana 94
    El gran teatro del mundo 55, 73, 75,
    82-83, 89, 92-94, 97, 628
    La Vida es sueño 94
    Obrar bien, que Dios es Dios 94
Calendar of State Papers 183
Calleja (le Père, s.j.) 579
Calvin (Jean) 32, 405, 407, 416
    Institution de la religion chrestienne
    109, 404
Campion and Davison
    Proteus and the Adamantine Rock 184
Campo (Alonso del)
    Auto de la Passion 625

Cancioneiro de Lisboa 59
Cancionero de Upsall 67
Cancionero de Barcelona 66
Cancionero musical de Palacio 53, 57-59, 62,
    632, 634
Caro (Rodrigo)
    *Antigüedades y principado de la
    ilustríssima ciudad de Sevilla* 592
Cartari (Vincenzo)
    Le immagini de i Dei de gli Antichi 235,
    548-549, 553, 609-614
Carvajal (Micael de) 84
Castellani (Castellano)
    *Rappresentazione di Costantino
    imperatore, san Silvestro papa e sant'Elena*
    445-448
Castellucci (Romeo)
    Genesi 34
Castelvetro (Lodovico)
    Poetica d'Aristotele vulgarizzata 410
Cecchi (Giovanmaria) 450
    L'Esaltazione della Croce 439, 449
    La Morte del Re Achab 448
Celse 352
Cervantès (Miguel de)
    La Conversion du Rufian bienheureux 213-
    224
Chanson de Roland 199
Chantelouve (Jean-François Gossombre de)
    Pharaon 394-395
Chapman (George) 620
Charles Borromée (Saint) 367
Château de Persévérance 43, 536
Chester Plays (cycle) 4-6, 12, 18, 22, 27, 151,
    153, 157-161, 163, 177, 187, 227, 249, 252-
    253, 255-261, 263-268
    C1 157-158; C2 256; C3 256; C4 157,
    177, 256, 259; C5 256-257; C6 262, 268;
    C7 157, 264; C9 157, 256; C10 262, 265-
    266; C11 256-258, 262, 265; C12 157, 262;
    C13 257, 260, 262, 265; C14 262; C15 157,
    257; C16 157; 266; C16A 266; C17 157,
    257; C18 157, 252, 258; C20 157-158; C21
    157, 256, 267; C22 267; C23 157, 267; C24
    157-158, 160-161

651

Chettle (Henry) 619
    Hoffman, or A Revenge for a Father 619
Chrétien de Troyes 344
Christine de Markyate (Sainte) 22
Christine de Pizan
    Epistre Othea 643-644
Cicéron 313, 352
    De Natura Deorum 525
    Tusculanes 349, 351
Claudel (Paul)
    Partage de midi 34
Claudien
    Contre Rufin 339
Clément d'Alexandrie
    Protreptique 19
Códice de Autos Viejos 72-73, 75, 84, 88
Coignac (Jérôme de)
    La Déconfiture de Goliath 394
Colard Mansion 235
Coleridge 530
Colijn Caillieu, voir Keyart (Colijn)
Colonna (Francesco)
    Hypnerotomachia 564
Comedia Metanea 578, 585, 590
Concordia Caritatis 22
Conversion de saint Paul voir
    Ad Representandum Conversionem Beati Apostoli ; *Aucto de la conversión de San Pablo* ; Boltz (Valentin)
Corneille (Pierre)
    Polyeucte 33
Correggio (Niccolò da)
    Fabula di Cefalo 465-467
Correr (Gregorio) 337, 352
    Progne 335-337, 339, 343-345, 347-348
Corrozet (Gilles)
    Hécatomgraphie 613
Cota (Rodrigo de)
    Dialogue entre l'Amour et un vieillard 627
Covarrubias y Horozco (Sebastián) 73, 75
    Parábola di San Mateo 81, 95
    Tesoro de la lengua castellana 82

D

Daniel (Jean)
    Moralité de Pyramus et Thisbé 299
Daniel (Samuel)
    Cleopatra 619
Dante Alighieri 56, 59, 238, 337, 340, 343
    La Divina Commedia 470, 580
Darès le Phrygien 335
Dati (Leonardo)
    Hiensal 335-337, 339-342, 344, 349-351
Dee (John) 185
    The British Monarchy 531
Denys l'Aréopagite (Pseudo-) 119, 272
Des Croix (Nicolas Chrétien)
    Amnon et Thamar 394
Des Masures (Louis) 385-386, 394-399, 405
    David combattant 385, 394
    David fugitif 386, 394, 396, 398-399
    David triomphant 394, 396, 401, 411
    Épistre au seigneur Philippe Le Brun 411
Dialogus de Præstantissima Scientiarum eligenda 589
Digby Mary Magdalene 177, 184
Diodoros 549
Diomède 339, 343
Dolet (Étienne) 426
Dondi (Giovanni)
    Iter Romanum 566
    Tractatus Astraii 566
Donne (John) 231
Du Bartas (Guillaume de Saluste)
    La Création du monde (La Sepmaine) 233
Du Pleix (Scipion)
    Métaphysique 374
Durand de Saint-Pourçain 27
Du Ryer (Pierre)
    Saül 432

E

Edward Halliwell 526
Edward III 616
Edward IV 502
    Black Book 501, 519-520
Egidio da Viterbo 480
Encina (Juan del, de la) 49, 62, 73, 75

Art de la poésie 623
Chansonnier 623
Déploration à Jean de Ockeghem 633
Églogues 624
Églogues de Carnaval 625
Églogue de Cristino et Febea 627
Églogue des Trois Bergers 628
Plácida et Victoriano (*Églogue* ou Comédie) 62, 577, 629
Representatión por Juan del Enzina ante el muy esclarecido y muy illustre príncipe don Juan 577
Représentation d'Amour 626
Représentation de la Passion 624
Représentation du Christ 624
Tragedia trobada a ma muy dolorosa muerte del príncipe don Juan 626
Triomphe de l'Amour 623
Triomphe de la Renommée 623
Vigilia de la enamorada muerta 632-633
Eneas ende Dido 640, 643
Enfant prodigue, voir *Moralité de l'—*
England's Parnassus 525
Entrada de Xpo en Jerusalén 85
Érasme 57, 309, 487, 505, 507
    Parabolae sive similia 610
    Éloge de la Folie 486, 492
Eschyle 562
Ésope 309, 314, 316
Euripide
    Les Bacchantes 12
    Médée 12
    Oreste 12
    Les Phéniciennes 609
    Rhésos 12
    Les Troyennes 12
Euripus 585-586
Eustache Marcadé (Mercadé)
    Mystère de la Passion d'Arras 14, 20, 28, 104, 125-134, 140
Everyman 296, 305

Farce de Maître Pathelin 308
Farce du Savetier qui ne répond que par chansons 281
Farsa del Sacramento de los Sembradores 85
Farsa del Sacramento del Amor divino 85
Farsa del Sacramento del Entendimiento Niño 85
Farsa del Sacramento llamada de los Lenguajes 85
Farsa del Sacramento llamada La Esposa de los Cantares 85
Farsa sacramental de la Bodas de España 85
Farsa sacramental de la Moneda 85
Fecini (Tommaso)
    Cronaca senese 474
Fernández (Lucas) 75, 626, 629
Fernel (Jean)
    Physiologie 373
Ferrers (George) 180, 184
Ferruz
    Auto de Caín y Abel 84
Ficin (Marsile) 457, 464, 465, 563, 633
Figueroa (Juan de) 75
Filleul (Nicolas)
    Achille 378
Flavio Biondo
    De Roma triumphante 559
Flavius Josèphe
    Antiquités judaïques 366-367
Folz (Hans) 311
Fountaine of Ancient Fiction 609, 610, 614
Foscarini (Ludovico) 565
Furetière (Antoine) 378

Gager (William) 526
    Dido 185
Gascoigne (George) 182
Jocasta 185
Garnier (Robert) 353-370, 379-380, 384, 387-390, 394, 396-397, 399-400, 402, 404-407
    Antigone ou la piété 354-356, 365
    Bradamante 368, 394
    Cornélie 354-357, 379, 381, 385, 390

Hippolyte 354, 356-357, 361, 367, 372, 383, 387, 404, 427, 430
Les Juifves 353-354, 356-357, 360-362, 364-365, 367-369, 377-380, 382, 385, 388, 390, 394-407, 427, 430
Marc Antoine 354, 356-358
Porcie 353-356, 358-359, 370
La Troade 354-355, 357-359, 361, 384
Gaulché (Jean)
L'Amour divin 371
Gemisthe Pléthon 558
Gengenbach (Pamphilus) 308-311
Die Gouchmat der Buhler 308
Die Totenfresser 309
Gerhoh de Reichersberg 19
Gerson (Jean) 17, 21, 101, 118-123
Collatio de angelis 120
De distinctione verarum visionum a falsis 119
De examinatione doctrinarum 119
In nomine Patris 121
La Montaigne de Contemplation 119
De probatione spirituum 119
Sermo devotissimus de Christi Nativitate 122
Si terrena dixi vobis 120-121
Theologia mystica 119
Videmus nunc per speculum in ænigmate 120
Ghistele (Cornelis van)
Van Eneas en Dido 647
Girardi (ou Girardi Gliglio ou Lilio) 235, 549, 552
De Deis gentium 542, 546-548, 553, 610, 614
Gnapheus (Guillelmus) voir Voldersgroft (Willem van de)
Godefroy de Bouillon 237
Goethe (Johann Wolfgang)
Erklärung eines altes Holzschnittes vorstellend Hans Sachsens poetische Sendung 330-331
Golding (Arthur) 225, 232-234, 528
Golding (William) 610
Gracián (Baltasar)
Agudeza y Arte de Ingenio 73, 91-92, 95

Greene (Robert)
Alphonsus, King of Aragon 187
A Looking Glass for London and England 523
Friar Bacon and Friar Bungay 523
Orlando Furioso 523
The Tragical Reigne of Selimus 615
Grégoire de Nazianze
Christos Paschôn 12
Grégoire Ier 328
Grévin (Jacques) 431
Grünpeck (Joseph) 244-245
Guarino Veronese 456, 561-562
Guillaume Alexis 643
Guillaume d'Auvergne
De faciebus mundi 208-211
Guillaume de Digulleville (ou Deguileville) 140, 210
Guillaume de Lorris
Le Roman de la Rose 341

H
akluyt (Richard)
Discourse of Western Planting 531
Hall (Edward) 174, 176, 183
The Union of the Two Noble Families of Lancaster and York 500
Hardy (Alexandre)
Didon se sacrifiant 526
Hécube 12
Hippolyte 12, 356, 372, 383
Hegel (G.W.F.) 329
Henslowe (Philip) 171, 186-188, 533
Diary 527
Herber (George) 231
Hercule vainqueur de l'Ignorance 578, 591
Hérodote
Histoires 572-573, 611
Hésiode
Théogonie 611
Les Travaux et les jours 620
Heywood (John) 489-490, 500-511, 519,
Play of Love 514
The Four PP 518
The Pardoner and The Frere 514, 518

The Play of the Wether 497-498, 535-537, 540
Zeus Rants 499
Heywood (Thomas)
The Silver Age 171, 188
Hilaire de Poitiers (Saint) 122
Holinshed
Holinshed's Chronicles of England, Scotland, and Ireland 175
Homère 314, 337
Iliade 50, 620
Homme pécheur (Moralité de l') 289, 291, 294-295
Horace 562
Art poétique 416
Horozco y Covarrubias (Juan de)
Emblemas morales 82
Houwaert (Johan Baptista)
Den handel der Amoureusheyt 636, 640
Mars ende Venus 636
Narcisse ende Echo 636
Van Eneas ende Dido 636
Hugo (Victor)
L'Année terrible 35

Innocent III 14
Irénée de Lyon
Adversus Hæreses 27
Isidore de Séville (Saint) 47, 343
Istoire de Narcisus et de Echo 635, 638

Jacques de Voragine (Jacopo da Varazze, Jacobus a Voragine)
Legenda aurea 22, 443, 448
Jardin de Plaisance et Fleur de Rhétorique 299, 643
Jean d'Abondance
Le Gouvert d'Humanité 298
Moralité du Monde qui tourne le dos a Chascun 295, 298
Moralité, Mystère et Figure de Nostre Seigneur Jesus Christ 289

Jean de Howeden
Philomena 345
Jean de le Mote (de Mota)
Le Jeu du Grant Dominé et du Petit 299-302
Jean de Meung
Le Roman de la Rose 372, 276
Jean de Salisbury 343
Jean Michel
Mystère de la Passion 15, 17, 20, 99, 108, 116, 142, 278
Jean Molinet 643
Jean Peckham 345
Jérôme (Saint) 56, 120, 318, 328, 343
Jeu d'Adam voir *Ordo representacionis Ade*
Jeu des Pèlerins d'Emmaüs voir *Peregrinus*
Jeux de Paradis de Vordenberg 18
Joannes Malalas
Chonographia 574
Jodelle (Étienne) 352, 431
Cléopâtre captive 383
Didon se sacrifiant 383, 389, 526
Johannes de Caulibus
Meditationes Vitæ Christi 18, 22
John Davies
Nosce teipsum 526
Josquin Des Prés 633
Jour du Jugement (Besançon) 163
Juan Manuel (don)
Conde Lucanor, Khalila e Dimna 67
Judgement Plays 177
Jugement Général (Jutgament General) 163
Jupiter endo Yo 643
Juste Lipse 365
Justicia divina contra el peccado de Adam (La) 84-85

Keyart (Colijn) ou Colijn Caillieu ou Colijn van Rijssele
Van Narcissus ende Echo 635-647
Kipling
The Receyt of the Lady Kateryne 174, 178
Kirchmayer
Pammachius 309

Knight of the Burning Rock 181, 184
Kyd (Thomas) 618
   The Spanish Tragedy 171, 532

La Boétie (Étienne de)
   Discours de la servitude volontaire 423
La Fontaine (Jean de) 67
La Taille (Jean de) 31, 361, 372, 380-381, 383, 394, 396, 399, 401-403, 406-407, 409-439
   De l'art de la tragédie 402, 406, 410, 414, 419, 433
   La Famine 381, 384-385, 389, 397, 399, 402, 403, 407
   Saül le furieux 31, 381, 394, 396-397, 401-403, 406, 409-411, 415-418, 421, 424, 426, 428, 431
Lactance
   De divinis institutionibus 508
Lamentable Tragedy of Locrine, The 616
Laus Pisonis 343
Lazarelli (Ludovico) 565-568, 570, 574
   De deorum gentilium imaginibus 567
   Epistola Enoch 568
   Fasti christianæ religionis 568
   Libellus 567
Leander ende Hero 636
Ledesma (Alonso de)
   Conceptos Espirituales 90
Leland 174
   De Rebus Britannicis Collectanea 174
Leoniceno (Niccolò) 244
Lindsay
   Ane Satire of the Thrie Estaitis 45, 535, 541
Lodge, Thomas 523
   The Wounds of Civil War 617
Lope de Rueda 84
Lope de Vega 73, 97, 213, 216, 595
   Arenal de Sevilla 595
López de Yanguas (Hernán) 73
Lorenzo de' Medici
   (Laurent le Magnifique) 439, 443, 446, 449, 455-457, 459
   Rappresentazione di San Giovanni e Paolo 440-442

Lorenzo de' Medici
   Rappresentazione della invenzione della Croce 443-446
Loschi (Antonio)
   Achilles 335-338, 343, 346, 348
Loschi (Niccolò) 561
Lovati (Lovato) 335
Luc de Tuy 27
Lucien 373
Lucifer furens 587
Lucrèce, *De rerum natura* 348
Ludi Coventriæ-Ludus Coventriæ 17, 99
Lust's Dominion, or The Lascivious Queen 618
Luther (Martin) 309-319, 321-330
   An den christlichen Adel deutscher Nation 330
   Biblia Germanica 310, 318-319, 322
   Exhortation aux seigneurs de l'Ordre Teutonique 328
   Que Jésus-Christ est né juif 317
   Sermon von dem Elichen Standt 328
   Summarien über die Psalmen 329
Lycophron 574
   Alexandra 573
Lymon et la Terre (Le) voir *Moralité du Lymon et de la Terre*
Lyly, John 498, 527

Macrobe 343
   Les Saturnales 549, 614
Mal Lara (Juan de)
   Recibimiento que hizo la muy noble y leal ciudad de Sevilla 592
Manilius
   Astronomica 566
Mankind 513
Manuel (Niklas)
   Totenfresser 309
   Vom Papst und seiner Priesterschaft 309
Marcé (Roland de) 397
   Achab 394, 399-400, 404
Marguerite de Navarre 15, 271-284, 418
   Chansons spirituelles 280

Comédie des parfaits amants 272-273
Comédie des quatre femmes 272-273
Comédie des Saints Innocents 279, 284
Comédie de la Nativité 272, 277
Comédie de Mont-de-Marsan 276, 278-279, 281, 283
Comédie du Désert 279
Comédie sur le trespas du Roy 275, 280, 283
Complainte pour un détenu prisonnier 280
Dialogue en forme de vision nocturne 271
Heptaméron 418
L'Inquisiteur 276, 280, 282-283
La Navire 271
Le Mallade 273, 275-276, 280, 283
Trop Prou Peu Moins 276-278, 283-284
Marguerite Porete
   Le Miroir des âmes simples 278, 282
Marie Madeleine voir Alamanni (Antonio); *Aucto de la conversión de la Madalena*; *Rappresentazione de Santa Maria Maddalena*
Marlowe (Christopher) 532, 534
   Amores (trans. Ovid) 523
   Dr Faustus 188
   Tamburlaine 188, 531, 615-616
   Tragedy of Dido Queen of Carthage 523, 526, 527, 528, 529
Marquale (Giovanni) 542
   Diverse imprese accommodate a diverse moralità (voir Alciat) 553
Marrasio (Giovanni) 561-562
Marston 523
Matthew Gwinne 617
Matthieu (Pierre)
   Aman 394
   Esther 394-395
   Vashti 394
Maximien 343
Meditationes Vitæ Christi voir Johannes de Caulibus
Meißen (Heinrich von)

Frauenlob 311
Melanchton (Philippe)
   Loci communes theologici 416
Meleagros 549
Mena (Juan de –)
   El laberinto de Fortuna 52
Metanea voir *Comedia Metanea*
Milton
   On the Morning of Christ's Nativity 523
Miracles de Nostre Dame par personnages 236
Mistere du viel Testament 17, 32, 108, 225, 227, 294, 417, 422, 432
Molière 427
   Amphytrion 33
   Les Fourberies de Scapin 11
Molina (Luis de) 222
Montaigne (Michel de) 39, 196, 373
Montchrestien (Antoine de) 371, 394-402
   Aman 394, 396, 398-400
   David 381, 394, 397-402
Moralité de Bien Advisé Mal Advisé 12, 30, 195-212, 285-287, 302-304
Moralité comment Jhesucrist est mis en prison 291
Moralité de l'Enfant Prodigue 299
Moralité des Blasphémateurs du nom de Dieu 289
Moralité du Lymon et de la Terre 297
Moralité pour le jour Saint Antoine 28, 304
More (Sir Thomas) 487, 500, 505, 519, 536
   Life of Pico della Mirandola 488
   Utopia 486, 492
Moros y cristianos 597-602
Mouque (Jean)
   L'Amour déplumé 371
Munday (Antony)
   Rare Triumphs of Love and Fortune 181
Murner (Thomas)
   Die Gäuchmatt 308
   Von dem großen lutherischen Narren 309
Mussato (Albertino) 335-341, 344, 346, 352
   Ecerinis 335-337, 339-340, 344, 346, 349
   Epîtres métriques sur la poésie 335
   Le Songe 335

Mystère de la Passion (Châteaudun, 1510) 125
Mystère de la Passion (Mons, 1501) 107, 125, 237
Mystère de la Passion (Valenciennes, 1547) 16, 125, 127
Mystère de la Passion d'Arras, voir Eustache Marcadé
Mystère de la Passion de Troyes 140, 147
Mystère de la Résurrection (autrefois attribué à Jean Michel) 99, 108
Mystère de saint Remi 237
Mystère du Jugement de Dieu (Modane) 163
Mystère du Siège d'Orléans 16

Nancel (Pierre de)
   Deborah 394
   Dina 394, 405
   Josué 394, 400
Naogeorg (Thomas) voir Kirchmayer
Narcisse (*Lai de Narcisus*) 344
Narcisus, voir *Istoire de Narcisus et de Echo*
Nashe, Thomas 527
New Custom 44
Nicholas Udall 535-537, 539-543, 546-549, 552-554
   Flowers of Latin Speaking 541
   Ralph Roister Doister 539
   Respublica 535-537, 539-541, 543, 546, 549, 553, 615, 619
   Thersites 535, 536, 541
Nicole de La Chesnaye
   La Condamnation de Banquet 239
N-Town plays 151, 161, 254, 262, 264, 266, 536
   N-1 41-42; N-4 41; N-7 41; N-10 257; N-20 41; N-21 41; N-41 161, 177; N-42 42, 160-161
   Newcastle Noé, Play 41
   Proclamation 161
   Núñez Cabeza de Vaca (Alvar) *Naufragios* 601
Nunnenbeck (Lienhard) 311

Octavie (pseudo Sénèque) 337, 345
Officium pastorum 625
Ordo representacionis Ade 13-15, 24, 132, 261
Orson de Beauvais 237
Osiander (Andreas) 314
Ovide 232, 241, 314, 335, 344-345, 467, 568, 571-573, 591, 609-611, 632, 635, 638-639, 644, 646
   Les Amours 523
   Les Fastes 345, 568
   Les Métamorphoses 232-233, 335, 344-345, 467, 508, 528, 568, 571-573, 591, 610-611, 635, 638, 644, 646
Ovide moralisé 232, 235, 344, 563

Palafox (Juan de)
   Le Berger de la nuit de Noël 93
Palingère 233
Panizza (Oscar)
   Le Concile d'amour 33
Pape malade (Comédie du) 371
Partage de midi 34
Paschôn Christos voir Grégoire de Nazianze
Pas de la mort 636
Passion (Bolzen, 1495) 32
Passion de Lucerne 108
Passion de Zuckmantel 18
Pathelin voir *Farce de Maître Pathelin*
Pausanias 549, 615
   Description de l'Attique 549, 609, 611-612
Peckham (Jean) 345
Peele (George) 531
   Arraignment of Paris 182, 525
   The Battle of Alcazar 616-619
Peregrinus 13
Pérez de Moya (Juan) 581
   Philosophia secreta 591
Perrin (François)
   Sichem ravisseur 394, 396
Pétrarque (Francesco Petrarca) 88, 180, 309, 314, 351, 467, 506, 566, 623
   Triomphe de l'Amour 180

Philemon Holland 526
    Moralia (trans. Plutarch) 526
Piccolomini (Enea Silvio, pape Pie II) 471, 475
    Euriolus et Lukrezia 309
Pineda 585
Pirckheimer 311, 313
Philomena 344
Philone
    Adonias 394
    Josias 394, 396, 400-401
Pierre Bersuire 235
Pierre de Lesnauderie 236, 239-246
    La Cène des dieux 236, 240, 243, 245-247
    La Farce des Pattes Ouaintes 240, 243, 246
Pierre Gringore
    Moralité de Peuple François, Peuple Ytalique 305
Pierre Lombard 105
    Livre des Sentences 130
Pintor 245
Platon 365, 620
    Ion 281
    Lois 614
    La République 378
Plaute 313, 468, 507, 585
    Aulularia 541
    Les Menechmes 180
Play of the Antichrist 158
Pline l'Ancien 526
Plutarque 313-314
    Isis et Osiris 526
    Moralia 526
Politien (Angelo Poliziano)
    Stanze 448, 454-459, 612-613
    Orfeo 466
Pollux
    Onomasticon 185-186
Pomponio Leto 568
Potter (Dirc)
    Der minnen loep 638
Preston (Thomas)

Cambises 45
Procès d'un jeune moyne et d'un vieil gendarme 237
Provedi
    Relazione delle pubbliche fese date in Siena dall'anno 1291 al 1791 474
Prudence 343
    Psychomachie 341
Psautier de Saint-Albans 22
Aristote (Pseudo-)
    Problemata 352
Pulci (Luigi)
    Giostra 454-458
Pyrame et Thisbé 344

Quem quæritis voir *Visitatio Sepulchri*
Quintilien 343

Rabelais (François) 21, 125
    Quart Livre 21
Racine (Jean) 393
    Athalie 33
    Esther 33
Ralegh (sir Walter) 526
    A History of the World 526
Raphelengius (François)
    Officina Plantiniana 548
Rappresentazione de Santa Margherita 448
Rappresentazione di San Giovanni Battista quando fu decollato 451
Rasser (Johann)
    Spil von Kinderzucht 309
Rastell (John) 487-488, 496
    Boke of Purgatory 489, 491
    Gentleness and Nobility 485-486, 489-490, 494-495
    La Graunde Abbregement de le Ley 491
    The Nature of the Four Elements 489-491
    Witty and Witless 489
Rastell (William) 537
Ravisius Textor 541
    Officina 553

Recueil Trepperel 237, 239-240, 243, 246, 291, 297
Regius (Raphaël)
   P. Ovidii Nasonis Metamorphoseos libri moralizati 610
Reuchlin (Johannes)
   Henno 308
Richard Linche 610, 613-614
   The Fountaine of Ancient Fiction 609
Ringoltingen (Thüring von)
   Maguelone 309
   Melusine 309
Rivaudeau (André de)
   Aman 380, 394-395, 397-399, 401
Robert Ciboule 118-119
Rodríguez, *Gadirus Herculanus* 578, 589-590
Ronsard (Pierre de) 233
Rotrou (Jean)
   Le Véritable Saint Genest 279
Ruiz (Juan)
   Libro de Buen Amor 52
Rupert de Deutz 22
Rutebeuf
   Le Miracle de Théophile 127
Rutilius Namatianus 343

Sabadino degli Arienti (Giovanni) 462-464
   Hymaneo 462
Sabellico 574
Sachs (Hans) 307-331
   Comedia, das Christus der war Messias sey 317
   Disputation zwischen eine Chorherren vnd Schuchmacher 316
   Fraw Keuscheyt 315
   Das hoffgesindt Veneris 312
   Lieder 315
   Lucretia 316
   Der verlorn son 308
   Der Wittembergisch nachtigall 315
Sachsenheim (Hermann von) 314
Sacreficio de Abrahan 86
Salimbeni (Angelo Michele)
   Epithalamium 460-461

Salluste
   La Guerre contre Jugurtha 335
San Pedro (Diego de)
   Carcél de Amor 628
Sánchez de Badajoz (Diego)
   Farsa de los doctores 76
   Farsa del juego de cañas 74
   Farsa militar 74
   Farsa moral 74
   Farsa racional del libre albedrío 74
   Farsa teologal 77, 78, 81
   Lamentations de Job 633
   Recopilación en metro 75
   Recopilación en verso 74
Sandys (George)
   Ovid's Metamorphosis 611
Sannazzaro (Jacopo) 466
Sartre (Jean-Paul) 198
   Le Diable et le bon Dieu 218
Savonarola (Girolamo) 440-445
   Apologeticus de ratione poeticæ artis 443
Scheurl (Christoph) 313
Schlüsselfelder 309
Scudéry
   Didon 526
Seinte Resurreccion 13, 127
Sénèque 314, 337, 344, 418, 499, 585
   Hercule furieux 351, 417
   Hercule sur l'Œta 351
   Lettres à Lucilius 352
   Médée 348
   Phèdre 345, 360
   Thyeste 335, 345-347, 383
   Les Troyennes 361
   De tranquillitate animi 352
Sénèque (pseudo) voir *Octavie*
Shakespeare 232, 253, 348, 352, 378, 524, 528-530, 616
   A Midsummer Night's Dream 233, 525
   Cymbeline 171, 188, 523
   Hamlet 348
   Love's Labour's Lost 525
   Pericles 188
   The First part of Henry VI 616
   The Taming of the Shrew 233

The Tempest 188
Timon of Athens 527
Simon Bourgoin
   L'Homme juste et l'homme mondain 289-294, 302
Simon de Couvin 242, 244, 247
Skelton (John) 498, 504, 517
   Magnyfycence 504, 541
   Speke, Parott 498, 517
Smeeken (Jan)
   Hue Mars en Venus tsaemen bueleerden 647
Sophocle 355
   Antigone 383
Speculum humanæ Salvationis 22
Spenser 531, 534
De Spiegel der Minnen 637, 639-640
Spinelli (Gasparo) 180, 185
Steber (Bartholomeus) 244
Steinhöwel (Heinrich) 309
Stephen Scrope 643
Strindberg (August) 348

Tasso (Torquato) 523
Térence 313, 507, 583, 585
Tertullien 19
Terzi (Francesco)
   Austriacæ gentis imagines 593
Thiepolt Gart 308
   Joseph 308
Thomas Cooper 610
   Thesaurus linguæ Romanæ et Britannicæ 610
Thomas d'Aquin 20, 103-107, 118, 134-137
   Adoro te 134
   Commentaire des Sentences 105
   Somme théologique 14, 103, 136-137
Thomas Goffe 617
   The Raging Turk 617
Timoneda (Juan ou Joan de) 73
   Los Desposorios de Cristo 89
Tirso de Molina 73, 97
Tite Live
   Histoire romaine 345

Tizio (Sigismondo) 476-477, 480
   Historiæ senenses 476
Torres (Alonso de) 84
Torres Naharro 75
Towneley Plays 42, 151, 153, 155, 157, 177
   T13 156; T20 156; T25 154; T30 156
Tragedia de San Hermenegildo 578-579, 586, 591
Tragedy of Caesar and Pompey 616
Tretis of Myraclis Pleyinge 269
Trotti (Giacomo) 560
Tyndale 615
Tzetzès 573

Valdés (Alonso de)
   El Lactancio o diálogo de las cosas ocurridas en Roma 60
Valdivieso (Josef) 73
Valeriano
   Ieroglyphica 590
Vanden Winter ende vanden Somer 635
Vasari (Giorgio) 177, 560
   Le Vite de'più eccelenti pittori scultori ed architettori 477
Vega (Alonso de la) 577
Vicente (Gil) 49-69, 73, 75, 538
   Amadis 60
   Auto das Fadas 52
   Auto da Alma 56, 68
   Auto da Fe 51
   Auto da Sibila Cassandra 52, 68
   Auto de la Chananéenne 65
   Auto de la Foire de Noël 63
   Auto de Lusitanie 65
   Auto de Mofina Mendes ou des Mystères de la Vierge 66, 68
   Auto de san Martinho 51
   Auto des Quatre Saisons 53, 68
   Auto dos Reis Magos 50
   Auto pastoril castelhano 50
   La Barque de Gloire ou du Paradis 56-57
   La Barque de l'Enfer 54
   La Barque du Purgatoire 54
   Brève Histoire de Dieu 61
   Le Clerc de la Beira 60

Comedia do Viuvo 50, 58
Copilaçam 50
Cortes de Jupiter 58, 59, 538
Devise de la Cité de Coimbre 61
Dialogue entre les Juifs sur la Résurrection 61
Don Duardos 60
Exhortação da guerra 53
Farce des Médecins 69
Floresta dos Engannos 64
La Forge d'Amour 64
Guarino Meschino 53
La Nef des Amours 61
Primaleon 60
Le Temple d'Apollon 64
O Viejo da Horta 52
Vigenère (Blaise de)
   Le Psautier de David 378
Vincent de Beauvais 22
Vinci (Léonard de) 560
Virey (Jean de)
   La Machabée 394
Virgile 201, 337, 351, 526-529, 533, 623
   Bucoliques 455, 623
   Énéide 343, 352, 526
Visitatio Sepulchri 13, 63, 625
Vitruve
   De Architectura 185-186
Vittorino da Feltre 335
Voldersgroft (Willem van de)
   Acolastus, de filio prodigo comœdia 308
Voltaire 196
Vordenberg
   voir *Jeux de Paradis de –*

Wagner (Richard)
   Meistersinger von Nürnberg 311, 330-331
Waldis (Burkard)
   De parabell vam vorlorn szohn 308
Wickram (Jörg)
   Der jungen Knaben Spiegel 309
   Der Verlorene Sohn 308
Whitney (Geoffrey) 612
   Choice of Emblems 542, 548, 613

Widmann 244
Wilmot
   Gismond of Salerne 185
Wilson (Robert)
   The Cobler's Prophecy 188
Wolsey (Cardinal Thomas) 180, 184, 497, 500
Woodstock 45
Wyatt (Sir Thomas) 499
Wycliff 27
Wyle (Niklas von) 309

Ximénez
   Dialogue fait à Séville 578, 589-590

Y*ork Plays* 15, 151, 153-158, 160-161, 176, 177, 251, 257
   Y-11 15; Y-30 514; Y-31 513; Y-37 154; Y-43 176; Y-47 154, 155

Table des matières

Remerciements ◆ 7

CONFÉRENCE INAUGURALE

François Bœspflug (Université Marc Bloch, Strasbourg II)
Dieu en images, Dieu en rôles.
Positions théoriques et faits d'histoire ◆ 11

PREMIÈRE PARTIE : DIEU PERSONNAGE

Jean-Paul Debax (Université de Toulouse-le-Mirail, Toulouse II)
Dieu comme destinateur ? ◆ 39

Danièle Becker (Université de Paris IV Sorbonne)
Dieu, les dieux et la magie dans le théâtre de Gil Vicente ◆ 49

Nadine Ly (Université Michel de Montaigne, Bordeaux III)
Du Dieu des autos *du XVIe siècle au Dieu des* autos sacramentales
du XVIIe siècle : l'invention d'un personnage ◆ 71

Véronique Dominguez (Université de Nantes)
La vision et le don : la représentation de la Trinité
dans le Mystère de la Passion *d'Arnoul Gréban* ◆ 99

Jean-Pierre Bordier (CESR, Tours)
Le rôle de Dieu le Père dans la Passion *d'Arnoul Gréban :
un Dieu (trop?) humain* ◆ 125

Jean Subrenat (Université de Provence, Aix-Marseille I)
La caricature de Dieu dans l'enfer des mystères ◆ 139

Peter Happé (Université de Southampton)
Staging God in Some Last Judgement Plays ◆ 151

Janette Dillon (Université de Nottingham)
*Chariots and cloud machines :
gods and goddesses on early English stages* ◆ 171

DEUXIÈME PARTIE : DIEU, LES DIEUX ET LE DRAME DES HOMMES

Jonathan Beck (Université d'Arizona, Tucson)
*Le nom de Dieu en vain.
Désémantisations de « dieu » et « diable » dans le théâtre médiéval* ◆ 193

Jean Canavaggio (Université Paris X)
La Conversion du Rufian bienheureux,
ou le pari de l'homme devant Dieu selon Cervantès ◆ 213

Richard Hillman (CESR, Tours)
*Dieu et les dieux dans l'*Abraham sacrifiant *de Théodore de Bèze
et sa traduction anglaise par Arthur Golding* ◆ 225

Jelle Koopmans (Université d'Amsterdam)
De la survivance des dieux antiques à la survie de l'humanité ◆ 235

André Lascombes (CESR, Tours)
*Une question à régler :
violence et divinité dans le cycle de Chester* ◆ 249

Olivier Millet (Université de Bâle)
*Surnaturel et divinité dans le théâtre « profane »
de Marguerite de Navarre* ◆ 271

Alan Hindley (Université de Hull)
*« La Celestielle compaignie » : Dieu et le paradis
dans les moralités françaises* ◆ 285

Marie Lesaffre (Université de Lyon III)
La Bible de la Réforme sur la scène : Hans Sachs ◆ 307

TROISIÈME PARTIE : LE DIEU ET LES DIEUX DE LA TRAGÉDIE

Jean-Frédéric Chevalier (Université Paul Verlaine, Metz)
Dieux et divinités dans les tragédies latines (XIVe-XVe siècles) ◆ 335

Jean-Raymond Fanlo (Université de Provence)
Figures de la divinité dans le théâtre tragique de Robert Garnier ◆ 353

Marie-Madeleine Fragonard (Université de la Sorbonne-Nouvelle, Paris III)
La mémoire de Dieu ◆ 371

Charles Mazouer (Université Michel de Montaigne, Bordeaux III)
La colère de Dieu dans les tragédies bibliques de la Renaissance ◆ 393

Emmanuel Buron (Université de Haute-Bretagne, Rennes II)
*L'« art de la tragédie » humaniste comme refus de la « théologie ».
Saül le furieux de Jean de la Taille* ◆ 409

QUATRIÈME PARTIE : DIEU, LES DIEUX, LE POUVOIR ET LA CITÉ

Michel Plaisance (Université de Provence, Aix-Marseille I)
*L'empereur entre Dieu et les dieux :
de la* sacra rappresentazione *à la* commedia spirituale ◆ 439

Francesca Bortoletti (Université de Bologne/CESR, Tours)
*Les dieux au grand banquet :
textes et spectacles des cours italiennes du XVe siècle* ◆ 453

Anna Maria Testaverde (Université de Bergame)
*La « rappresentazione del Paradiso » a Siena.
Spettacolo e culto mariano tra XIII e XVI secolo* ◆ 469

Bob Godfrey (University College, Northampton)
*The Deity Displaced ?
The Theater of John Rastell and a Humanist Agenda* ◆ 485

Greg Walker (Université de Leicester)
*Thunderbolts and Lightning (Very, Very Frightening ?) :
Playing with Jupiter in John Heywood's* Play of the Wether ◆ 497

Michael Hattaway (Université de Sheffield)
Marlowe's Dido *and the Gods : from Fable to « Mythology »* ◆ 523

Roberta Mullini (Université d'Urbin)
Nemesis in Respublica *as an Emblem for Queen Mary* ◆ 535

CINQUIÈME PARTIE : DIEU, LES DIEUX ET LES MYTHES

Raimondo Guarino (Université de Rome III)
Du système du savoir à l'ordre des mythes.
Les dieux antiques dans les spectacles italiens du xve siècle   ◆ 557

Juan Carlos Garrot Zembrana (CESR, Tours)
Hercule protecteur des jésuites de Séville :
sur l'utilisation de la mythologie
dans quelques pièces du théâtre de collège   ◆ 577

Ana Perches (Université d'Arizona, Tucson)
Moros y cristianos, *pièce espagnole d'origine médiévale.*
Une version chicana encore jouée
dans le Nouveau-Mexique contemporain   ◆ 597

Yves Peyré (Université Paul Valéry, Montpellier III)
Le rôle de Némésis dans la tragédie élisabéthaine   ◆ 609

Françoise Maurizi (Université de Caen)
Dieu et les dieux dans le théâtre castillan
de la fin du xve et du début du xvie siècle   ◆ 623

Anke Van Herk (Université d'Amsterdam)
Dieu et les dieux dans la pièce de théâtre Van Narcissus ende Echo
de Colijn Keyart   ◆ 635

Index des auteurs et des œuvres   ◆ 649

Table des matières   ◆ 663